Ein Beitrag zur unternehmensübergreifenden Integration von Informationssystemen

Zur Erlangung des akademischen Grades eines

DOKTORS DER INGENIEURWISSENSCHAFTEN

von der Fakultät für Maschinenbau der
Universität Karlsruhe
genehmigte

DISSERTATION

von

Dipl.-Inform. Torsten Engel

aus	Landau in der Pfalz
Tag der mündlichen Prüfung:	17. Februar 2006
Hauptreferent:	o. Prof. em. Dr.-Ing. Prof. E. h. Dr. h. c. H. Grabowski
Korreferent:	o. Prof. Dr.-Ing. M. Abramovici

RPK

Forschungsberichte aus dem Institut für Rechneranwendung in Planung und Konstruktion der Universität Karlsruhe

Torsten Engel

Ein Beitrag zur unternehmensübergreifenden Integration von Informationssystemen

Herausgeber: o. Prof. em. Dr.-Ing. Prof. E.h. Dr. h.c. H. Grabowski

Band 1/2006

Shaker Verlag

Bibliografische Information der Deutschen Bibliothek
Die Deutsche Bibliothek verzeichnet diese Publikation in der Deutschen Nationalbibliografie; detaillierte bibliografische Daten sind im Internet über http://dnb.ddb.de abrufbar.

Zugl.: Karlsruhe, Univ., Diss., 2006

Printed in Germany.

ISBN-10: 3-8322-5068-9
ISBN-13: 978-3-8322-5068-3
ISSN 0945-5787

Shaker Verlag GmbH • Postfach 101818 • 52018 Aachen
Telefon: 02407 / 95 96 - 0 • Telefax: 02407 / 95 96 - 9
Internet: www.shaker.de • eMail: info@shaker.de

Vorwort des Herausgebers

Der Erfolg eines Unternehmens hängt heute entscheidend von der Zusammenarbeit mit Zulieferern, Kunden und Partnern in der gesamten Wertschöpfungskette ab. Unterschiedliche Formen der Zusammenarbeit haben sich herausgebildet: Integration einzelner oder mehrerer Unternehmensfunktionen, Integration zweier Partner oder Integration vollständiger Wertschöpfungsketten bzw. –netzwerken sowie temporäre oder permanente Kooperation von Unternehmen. Gemein ist diesen Formen, dass die Informationstechnologie ein zentraler Faktor für die Effizienz der Zusammenarbeit und der Schaffung durchgängiger unternehmensübergreifender Geschäftsprozesse ist.

Unternehmen stehen vor der Herausforderung, eine Vielzahl von Lösungen zu schaffen, um die eigenen Informationssysteme mit den Informationssystemen von Zulieferern, Kunden und Partnern zu integrieren. Die Konsequenz ist, dass ein hoher Anteil der Informationstechnologiekosten für die Erstellung, Wartung und Pflege von Integrationslösungen aufgewendet werden muss.

In der vorliegenden Arbeit wird ein Ansatz vorgestellt, der auf einem integrierten Modell zur Beschreibung aller Integrationslösungen in einem Unternehmen basiert, und sowohl die Pflege und Weiterentwicklung bestehender als auch die Realisierung neuer Integrationslösungen unterstützt. Das Modell betrachtet dabei ganzheitlich die Pragmatik, Semantik und Syntax von Informationsflüssen zwischen Unternehmen innerhalb unternehmensübergreifender Geschäftsprozesse.

Die Pragmatik wird hierbei in Form von unternehmensübergreifenden Geschäftsprozessmodellen, die Semantik in Form von Abbildungsvorschriften zwischen Datenstrukturen und die Syntax in Form von Datenmodellen beschrieben. Aus der Verknüpfung von Geschäftsprozess- und Datenmodellen wird eine Methode zur werkzeugunterstützten Bestimmung von Abbildungsvorschriften aufgezeigt. Eingebettet in eine Vorgehensweise zur Realisierung von Integrationslösungen entstehen Lösungsbausteine zur Beschreibung der Pragmatik, Semantik und Syntax der Lösung, die einen hohen Wiederverwendungsgrad ermöglichen.

Auf dem integrierten Modell wird ein Werkzeug aufgebaut, das Interdependenzen zwischen Integrationslösungen aufzeigt und Wartung, Pflege und Weiterentwicklung von Integrationslösungen wesentlich effizienter macht. Darüber hinaus wird der Aufwand für die Realisierung neuer Integrationslösungen durch die Wiederverwendung bestehender Lösungsbausteine deutlich verringert.

Hans Grabowski

Vorwort

Die vorliegende Dissertation entstand neben meiner Tätigkeit als wissenschaftlicher Mitarbeiter im Forschungsbereich Prozess- und Datenmanagement im Engineering (PDE) des Forschungszentrums Informatik (FZI) an der Universität Karlsruhe sowie am Institut für Rechneranwendung in Planung und Konstruktion (RPK) der Universität Karlsruhe (TH).

Herrn o.Prof.em. Dr.-Ing. Prof.E.h. Dr.h.c. Hans Grabowski danke ich für die Übernahme des Hauptreferats und das mir entgegengebrachte Vertrauen sowie die wissenschaftliche Betreuung bei der Entstehung der Arbeit. Hervorheben möchte ich ebenfalls die schnelle und unkomplizierte Abwicklung des Prozesses im Vorfeld der Promotionsprüfung. Herrn Prof. Dr.-Ing. Michael Abramovici danke ich für das der Arbeit entgegengebrachte Interesse und die Übernahme des Korreferats. Herrn Prof. Dr.-Ing. Jürgen Schmidt danke ich für die Übernahme des Prüfungsvorsitzes.

Bei meinen aktuellen und ehemaligen Kollegen des FZI und RPK bedanke ich mich für die intensive und lohnende Zusammenarbeit sowie die vielfältige Unterstützung und Hilfsbereitschaft. Insbesondere möchte ich die stets spannenden und fordernden Diskussionen und Gespräche mit meinem Kollegen Konstantin Krahtov in einer Vielzahl von Projekten und Aktivitäten hervorheben. Weiterhin möchte ich mich bei meinen studentischen Hilfskräften Stefan Schürle und Jens Mittag für ihre langjährige engagierte Mitarbeit in unseren Projekten und ihre stete Einsatzbereitschaft herzlich bedanken. Ferner gilt mein Dank allen Studien- und Diplomarbeitern, die zum Gelingen dieser Arbeit mit beigetragen haben.

Für die Durchsicht des Manuskripts und für viele wertvolle Hinweise und Anregungen, die die Arbeit in vielen Bereichen weiter verbessert haben, gilt mein besonderer Dank den Herren Dr.-Ing. Peter Adamietz und Dr.-Ing. Oliver Hornberg. Ersterem danke ich darüber hinaus, dass er mich bereits während des Studiums als wissenschaftliche Hilfskraft förderte und den Weg ans FZI ermöglichte.

Meinen Eltern danke ich für den Rückhalt während meiner ganzen Ausbildungszeit. Ihre Unterstützung hat mir diesen Lebensweg überhaupt erst ermöglicht. Ebenso danke ich Annelore und Werner, die kontinuierlich meinen Lebensweg unterstützten. Nicht zu vergessen ist mein Freundeskreis, der enorm wichtig war, den nötigen Abstand zu meinen wissenschaftlichen Gedankengängen zu finden.

Der größte Dank aber gilt meiner Frau Nadja, die neben der orthografischen Korrektur auch durch ihre verständnisvolle Unterstützung und den Verzicht auf viele gemeinsame Stunden einen wesentlichen Beitrag zu dieser Arbeit geleistet hat.

Karlsruhe, im Februar 2006 Torsten Engel

Inhaltverzeichnis

Abkürzungen

API	Application Programming Interface
ANSI	American National Standards Institute
ARIS	Architektur integrierter Informationssysteme
ARIS-HOBE	ARIS – House of Business Engineering
ArKoS	Architektur Kollaborativer Szenarien
ASCII	American Standard Code for Information Interchange
BMBF	Bundesministerium für Bildung und Forschung
BOV	Business Operational View
BPEL	Business Process Execution Language
BPEL4WS	Business Process Execution Language for Web Services
BPMI	Business Process Management Initiative
BPML	Business Process Modeling Language
BPMN	Business Process Modeling Notation
BPR	Business Process Reengineering
CAEI	Computer Aided Enterprise Integration
COM	Component Object Model
CORBA	Common Object Request Broker Architecture
CPFR	Collaborative Planning, Forecasting and Replenishment
CRM	Customer Relationship Management
CVS	Concurrent Version Systems
DCOM	Distributed Component Object Model
DIN	Deutsche Industrie-Norm
DIP	Data Information and Process Integration with Semantic Web Services
DTD	Document Type Definition
E-	Electronic
EAI	Enterprise Application Integration
ebXML	Electronic Business Extended Markup Language
EDI	Electronic Data Interchange
EDIFACT	Electronic Data Interchange For Administration, Commerce and Transport
Eito	European Information Technology Observatory

EJB	Enterprise JavaBeans
EPK	ereignisgesteuerte Prozessketten
ERP	Enterprise Resource Planning
ESA	Enterprise Services Architecture
EU	Europäische Union
FSV	Functional Service View
FZI	Forschungszentrum Informatik an der Universität Karlsruhe
GIOP	General Inter-ORB-Protocol
HTTP	Hypertext Transfer Protocol
IFV	Implementation Framework View
IIOP	Internet-Inter-ORB-Protocol
INTEROP	Interoperability Research for Networked Enterprises Applications and Software
IP	Internet Protocol
iproNet	Internet-basiertes Werkzeug zur unternehmensübergreifenden konfigurierbaren Unterstützung von produzierenden Unternehmen in Netzwerken
ISO	International Standards Organization
IT	Informationstechnologie
J2EE	Java 2 Enterprise Edition
JDK	Java Development Toolkit
JMS	Java Message Service
JRMP	Java Remote Method Protocol
MDM	Master Data Management Service
MERGE	Methoden und Werkzeuge für die rechnerunterstützte Gestaltung bedarfsgerechter Engineering-Anwendungsarchitekturen
MOF	Meta Object Facility
OASIS	Organisation for the Advancement of Structured Information Standards
ODETTE	Organisation for Data Exchange Through Tele-Transmission in Europe EDI Standards
OEM	Original Equipment Manufacturer
OMG	Object Management Group
ORB	Object Request Broker
OSI	Open Systems Interconnection

PDE	Prozess- und Datenmanagement im Engineering
PIP	Partner Interface Process
PPS	Produktionsplanung und -steuerung
SCM	Supply Chain Management
SCOR	Supply Chain Operations Reference Model
SOA	serviceorientierte Architektur
SOAP	Simple Object Access Protocol
STEP	Standard for the Exchange of Product Model Data
TCP	Transmission Control Protocol
UEML	Unified Enterprise Modeling Language
UML	Unified Modeling Language
UMM	UN/CEFACT Modeling Methodology
UN/CEFACT	United Nations Centre for Trade Facilitation and Electronic Business
UN/EDIFACT	United Nations Electronic data interchange for administration, commerce and transport
URL	Uniform Resource Locator
VDA	Verein Deutscher Automobilindustrie
WSDL	Web Services Description Language
WWW	World Wide Web
X-	Cross-
XMI	XML Metadata Interchange
XML	Extensible Markup Language
XSLT	Extensible Style Language Transformation

Bildverzeichnis

1 Einleitung

Der zunehmende globale Wettbewerb in Verbindung mit schwindenden politischen Grenzen, immer kürzeren Innovationszyklen und technologischen Neuerungen wie dem Internet zwingen die meisten Unternehmen, sich stärker als bisher auf ihre Kernkompetenzen zu konzentrieren (vgl. [Abra-03, S. 539]) und führen zu einer wachsenden Bedeutung von Kooperationen (vgl. [VaZS-05, S. 1], [Stat-04, S. 28]). Gerade im Bereich produzierender Unternehmen sind die Geschäftstätigkeiten durch ein hohes Maß an Engineering und Zusammenarbeit mit internationalen Partnern und damit durch die Koordinierung vieler Markteilnehmer auf verschiedenen Wertschöpfungsstufen gekennzeichnet [Sund-01].

Bei der Betrachtung unternehmerischer Wertschöpfungsketten kann daher ein zunehmender Wandel von einer unternehmensinternen zu einer unternehmensübergreifenden, netzwerkweiten Wertschöpfung spezialisierter Unternehmen konstatiert werden (s. a. [VaZS-05, S. 1]):

- SIMON prognostiziert Trends der Zerlegung und Rekonfiguration der Wertschöpfungskette sowie des Outsourcing interner Funktionen [Simo-02, S. 11].
- SCHEER identifiziert eine zweite Welle des Geschäftsprozessmanagements [SGHZ-02]: Statt einer reinen Betrachtung der unternehmensinternen Geschäftsprozesse werden in zukünftigen Geschäftsprozessmanagementprojekten die unternehmensübergreifenden Prozesse im Vordergrund stehen.
- MARTIN sieht die Zukunft in so genannten Echtzeit-Unternehmen, deren Wettbewerbskraft in den Geschäftsprozessen stecken, die durchgängig die Lieferanten der Lieferanten mit den Kunden der Kunden verbinden. Grundlage hierfür bildet eine Prozessintegration quer über Funktionen, Abteilungen und Unternehmensgrenzen [Mart-04].

Durch diese Intensivierung der Zusammenarbeit über Unternehmensgrenzen hinweg bekommen auch kleine und mittlere Unternehmen eine stärkere Rolle in internationalen unternehmensübergreifenden Wertschöpfungsnetzwerken [KaFJ-02]. Die Fähigkeit eines OEM (Original Equipment Manufacturer) mehrere Partner effizient in nahtlose Prozesse zu integrieren wird damit zu einem herausragenden Wettbewerbsvorteil (vgl. [KaFJ-02]).

Die enge Zusammenarbeit in unternehmensübergreifenden Wertschöpfungsnetzwerken konnte alleinig durch die rasante Weiterentwicklung der Informationstechnologie erreicht werden[1]. Durchgängige Geschäftsprozesse können nur dann geschaffen und effizient gestaltet werden, wenn auf moderner Informationstechnologie basierende Anwendungen zum Einsatz kommen [Boga-02]. Durch moderne Informationstechnologie unterstützte Prozesse übersteigen einfach zu duplizierende Automatisierungsprojekte und verbinden Unternehmen mit anderen Partnern um Win-Win-Beziehungen herzustellen [AtAt-04, S. 416]. Information ist heute nicht mehr lediglich unterstützendes Element des Waren- und Dienstleistungsaustauschs, sondern wird zum eigenständigen, wertschöpfenden Faktor [SGHZ-02, S. 11].

1 Das Internet ist heute ein Massenmedium. Benötigten Radio bzw. Fernsehen noch 38 bzw. 13 Jahre, um 50 Millionen Nutzer zu erreichen, schaffte das Internet dies in fünf Jahren [ZSGS-04, S. 233].

1.1 Bedeutung der unternehmensübergreifenden Integration von Informationssystemen

Zukünftig werden die Beziehungen zwischen einzelnen Unternehmen, d. h. die unternehmensübergreifenden Geschäftsprozesse, von zentraler Bedeutung sein [SGHZ-02, S. 9]. Damit werden unternehmensübergreifende Verbesserungen des Material- und Informationsflusses an Bedeutung zunehmen [DaPR-03]. Der Schlüssel zum zukünftigen wirtschaftlichen Erfolg eines Unternehmens liegt somit in der Fähigkeit seine Geschäftstätigkeit integrativ zu planen, zu gestalten und zu implementieren [VaZS-05, S. 1]. Unternehmen müssen daher ihre Anstrengungen fortsetzen und bei der Gestaltung ihrer Geschäftsprozesse Kunden, Zulieferer und andere Partner durch Einsatz moderner Informationstechnologie integrieren (vgl. [AtAt-04, S. 416]). Allein in Westeuropa wird das Transaktionsvolumen im Bereich des Internet-gestützten Business-to-Business nach einer Prognose des European Information Technology Observatory (Eito) durchschnittlich um 65,7 Prozent im Jahr wachsen, also im Jahr 2006 rund 1,9 Billionen Euro betragen [Born-04]. Knapp 29% aller Unternehmen in Deutschland und anderen europäischen Ländern im verarbeitenden Gewerbe, im Baugewerbe, im Handel und dem Gastgewerbe, in den Dienstleistungsbereichen Verkehr und Nachrichtenübermittlung sowie bei den Unternehmensdienstleistern kooperieren bereits heute in unterschiedlichen Formen mit anderen Unternehmen (vgl. [Stat-04, S. 12]).

Die Optimierung übergreifender Geschäftsprozesse hat ihre Bedeutung jedoch nicht nur in der Zusammenarbeit rechtlich eigenständiger Unternehmen. In global verteilten Konzernen agieren Organisationseinheiten eines global aufgestellten Konzerns wie z. B. Standorte, Landesgesellschaften etc. oftmals zu einem hohen Grad eigenständig. Die Integration dieser Organisationseinheiten in konzernweite Prozesse und der konzernweite Austausch von Informationen stellt eine Herausforderung dar, die mit der Zusammenarbeit von eigenständigen Unternehmen in Unternehmensnetzwerken vergleichbar ist. Die Häufigkeit von Zusammenschlüssen und Akquisitionen (engl.: *Mergers and Acquisitions*) in diesem Umfeld (vgl. z. B. [Tusc-03, S. 60]), bedeutet eine Dynamik in Form wechselnder Partner, wie sie auch in Unternehmensnetzwerken anzutreffen ist.

Die Unternehmen haben diese Herausforderungen teilweise erkannt und beginnen nicht genutzte Potenziale durch die unternehmensübergreifende Integration von Informationssystemen auszuschöpfen. In einer Studie der *Aberdeen Group* (s. [Schn-03]) gaben 38% der befragten Unternehmen als einen Grund für eine Systemintegration an, dass sie sich eine beschleunigte Implementierung neuer Anwendungen erhoffen. 20% der Befragten erwarten bessere Informationen über Informationssystemgrenzen und 18% bessere Kunden- und Lieferantenbeziehungen. Ein best-of-breed Strategie war für 14% der Befragten der Grund für eine Systemintegration, 10% sahen sich durch eine Fusion oder einen Unternehmenszusammenschluss vor der Herausforderung einer Systemintegration (s. Bild 1.1).

Wurden früher Probleme primär durch die Anschaffung von kostspieligen Tools zu lösen versucht (produkt- und technikorientierter Ansatz), so geht es heute in erster Linie darum, die versteckten Einsparungspotenziale der Informationstechnologie zu nutzen [Beau-04]. Im Bereich von Energieversorgungsunternehmen sind beispielsweise durch Automatisierung der Geschäftsprozesse über Firmengrenzen hinweg Kosteneinsparungen bis zu 70% möglich

[Entr-04]. Einer Studie [Tech-03] zufolge erwarten durch den Einsatz von informationstechnischen, unternehmensübergreifenden Lösungen (E-Business) 56 Prozent bundesdeutscher Mittelständler eine Optimierung ihrer Geschäftstätigkeit, 65 Prozent ein besseres Marken-/ Firmenimage und etwa 73 Prozent eine verbesserte Kundenbindung bzw. Kommunikation zu Kunden und Lieferanten. Des Weiteren werden Umsatzsteigerung mit 11 Prozent, Kosteneinsparungen in Vertrieb und Lager mit 27 Prozent bzw. 19 Prozent beziffert.

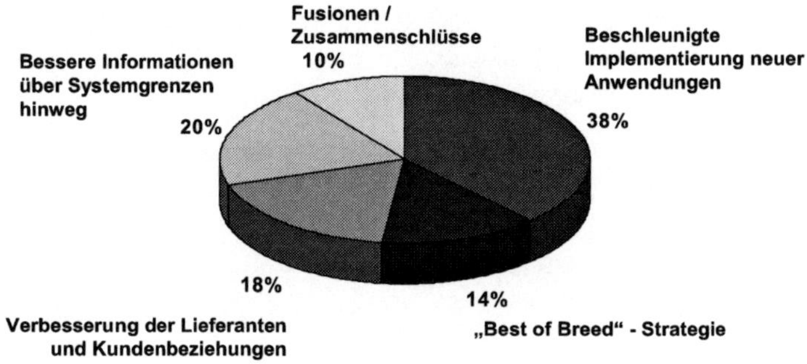

Bild 1.1: Gründe für Systemintegration (Quelle: Aberdeen Group, 2002, s. [Schn-03])

Trotz der steigenden Bedeutung der unternehmensübergreifenden Integration von Informationssystemen stehen Unternehmen heute vor technischen und organisatorischen Herausforderungen. Die Schwierigkeit bei der Verwaltung der IT[2]-Infrastruktur liegt nicht mehr in der Verwaltung einzelner Softwareumgebungen (vgl. [KeCh-03, S. 41]), sondern in der Verwaltung von Netzwerken miteinander verknüpfter Informationssysteme. Jedoch ist der Informationsaustausch zwischen Informationssystemen, insbesondere über Unternehmensgrenzen, mit teilweise hohem Aufwand verbunden (vgl. [Bast-04, S. 28]). Dies zeigt sich u. a. in der oben genannten Studie [Tech-03] in der sich immerhin 47 Prozent der befragten Industrieunternehmen wegen zu hoher Kosten gegen eine Einführung von E-Business aussprachen.

Die Notwendigkeit heterogene Systemumgebungen in unternehmensweite und über Unternehmensgrenzen hinausgehende IT-Infrastrukturen zu integrieren bedeutet eine neue Komplexitätsebene: Da Systeme gleichzeitig stärker miteinander verbunden und unterschiedlicher werden, sind Systemarchitekten immer weniger in der Lage Interaktionen zwischen Komponenten zu antizipieren und zu entwerfen und verschieben die Behandlung solcher Aufgabenstellungen zur Laufzeit (vgl [KeCh-03, S. 41]). Im Gegensatz zu ganzheitlichen Ansätzen wie bei ERP (Enterprise Resource Planning)-Systemen liegt der Integrationsaufwand bei der Verknüpfung von Informationssystemen nicht mehr bei den Systemanbietern, sondern bei den Unternehmen selbst (vgl. [JoSc-02, S. 35]).

---

2 Informationstechnologie

Die technische Komplexität wird ergänzt durch geschäftliche Bürden bei der unternehmensübergreifenden Zusammenarbeit (s. [LaBS-02, S. 22], [Bast-04, S. 24]): fehlendes Vertrauen, inkonsistente Semantik und unabgestimmte Prozesse. Insbesondere die Integration von Software unterschiedlicher Hersteller kann nur erreicht werden, wenn man eine Prozesssicht benutzt [JoSc-02, S. 35]. Doch gerade kleine und mittelständische Unternehmen haben nur begrenzte Möglichkeiten zur Erkennung der Zusammenhänge in Netzwerken [WaKA-02, S. 34].

Diese Umstände haben zur Folge, dass der Aufbau und die Pflege der informationstechnischen Unterstützung unternehmensübergreifender Zusammenarbeit in jedem einzelnen Unternehmen einen hohen Aufwand verursachen. Ältere wie neuere Untersuchungen zeigen, dass ein hoher Anteil der IT-Budgets von Unternehmen für Integrationszwecke aufgewendet wird:

- 35% (GARTNERGROUP, 2000, s. [NN-05]) bis 40% (OPEN APPLICATIONS GROUP, 1999, s. [WeMK-03]) aller IT-Budgets werden für Integrationszwecke verwendet.
- Rund 35% des Etats von IT-Abteilungen wird für das Erarbeiten von Schnittstellen aufgewendet (FORRESTER RESEARCH, 1999, s. [Lint-00, S. 2]).
- Die Schnittstellenwartung verschlingt vielfach bis zu 60% des gesamten IT-Budgets [ScKS-03].
- Nach der Überzeugung des Marktforschungsunternehmens GARTNER werden im Jahr 2005 sieben von zehn großen oder mittelgroßen Firmen jeden vierten Euro ihres IT-Budgets für die Integration ihrer externen Partner aufwenden [Born-04].

Zusammenfassend lässt sich feststellen, dass insbesondere mittelständischen Unternehmen eine Methodik zur effizienten Konzeption, Implementierung und Pflege einer Vielzahl von Integrationslösungen die Möglichkeit bieten würde, ihre Wettbewerbsfähigkeit durch die ermöglichte Einbindung in Unternehmensnetzwerke mit tragbaren Kosten zu erhalten oder gar zu steigern.

1.2 Zielsetzung der Arbeit

Gegenstand dieser Arbeit ist die Entwicklung eines ganzheitlichen Konzepts zur rechnergestützten, unternehmensübergreifenden Integration von betriebswirtschaftlichen Informationssystemen. Die Umsetzung dieses Konzepts reduziert die heute in Unternehmen anzutreffende Komplexität, die durch verschiedene interdependente Integrationslösungen verursacht wird, und den damit verbundenen Aufwand für die Realisierung und Pflege von Integrationslösungen. Im Einzelnen umfasst die Zielstellung die Entwicklung

- eines Konzepts zur konsistenten, ganzheitlichen Beschreibung aller Integrationslösungen, die ein Unternehmen zu konzipieren, zu realisieren und zu pflegen hat,
- einer Methode zur effizienten, wartungsgerechten Erarbeitung und (Weiter-)Entwicklung von Integrationslösungen basierend auf verfügbaren Beschreibungen existierender Integrationslösungen,

- eines Werkzeugs zur Unterstützung des Konzepts zur Beschreibung von Integrationslösungen und der Methode zur Bearbeitung und Weiterentwicklung von Integrationslösungen, und
- einer Vorgehensweise zur kontinuierlichen Pflege und Erweiterung der IT-gestützten unternehmensübergreifenden Zusammenarbeit eines Unternehmens basierend auf dem Konzept zur Beschreibung von Integrationslösungen und der Methode zur Bearbeitung und Weiterentwicklung von Integrationslösungen.

Ansatzpunkt hierfür bildet die Vision des *Autonomic Computing* nach KEPHART und CHESS [KeCh-03]. Die Vision beschreibt als Lösung zur Beherrschung der heute vorherrschenden Komplexität von Computersystemen, dass sich zukünftig Computersysteme selbst verwalten und sich dabei an Zielen orientieren, die auf einer höheren Ebene von Administratoren vorgegeben werden („*self-management*"). KEPHART und CHESS unterscheiden vier Aspekte des self-management:

- **Self-configuration**: Die automatisierte Konfiguration von Komponenten und Systemen folgt höherwertigen Vorschriften, der Rest des Systems stellt sich automatisch und nahtlos ein.
- **Self-optimization**: Komponenten und Systeme streben kontinuierlich nach Möglichkeiten, um ihre Leistung und Effizienz zu verbessern.
- **Self-healing**: Systeme detektieren, diagnostizieren und reparieren lokalisierte Software und Hardware-Probleme automatisch.
- **Self-protection**: Systeme verteidigen sich automatisch gegen böswillige Attacken und aufeinander folgende Fehler. Sie verwenden frühe Warnungen, um systemweite Fehler zu antizipieren und ihnen vorzubeugen.

In der vorliegenden Arbeit soll ein Beitrag für den Aspekt der *self-configuration* im Kontext unternehmensübergreifender Integrationslösungen entwickelt werden. Ausgehend von einer Modellierung unternehmensübergreifender Prozesse als eine Beschreibung höherwertiger Ziele von Integrationslösungen soll eine teilautomatisierte Realisierung der technischen Lösung unterstützt werden.

Die Realisierung des Lösungskonzeptes erfolgt in Form der Implementierung eines Softwareprototyps. Durch den Einsatz dieser Software in einer mit dem zu entwickelnden Vorgehensmodell konformen Weise werden die Tragfähigkeit des Konzeptes und dessen Nutzenpotenzial verifiziert. Hierzu dient ein reales, industrielles Anwendungsszenario aus dem Bereich des Maschinenbaus.

Den Ausgangspunkt für die Entwicklung eines ganzheitlichen Konzepts zur Integration von betriebswirtschaftlichen Informationssystemen bildet die Analyse der Grundlagen der Integration von betriebswirtschaftlichen Informationssystemen, insbesondere Formen der unternehmensübergreifenden Zusammenarbeit, deren organisatorischen Gestaltung und Lösungen zur informationstechnischen Integration von Informationssystemen. Bestehende Ansätze zur unternehmensübergreifenden Integration von betriebswirtschaftlichen Informationssystemen werden anschließend vor dem Hintergrund der oben beschriebenen Situation und Zielstellung bewertet (Kapitel 2). Die Ergebnisse der Analyse werden genutzt, um die Anforderungen an die Umsetzung der genannten Zielstellung zu detaillieren (Kapitel 3). Basierend auf diesen Anforderungen wird in Kapitel 4 ein Konzept für ein Werkzeug zur unternehmensübergreifenden Integration von Informationssystemen erarbeitet und dieses in Kapitel 5 in eine Vorgehensweise zur unternehmensübergreifenden Integration von Informationssystemen integriert.

2 Grundlagen und Analyse bestehender Ansätze

In diesem Kapitel werden zunächst einige Begriffe eingeführt, definiert und festgelegt, wie sie im Kontext dieser Arbeit verstanden werden. Anschließend werden Formen der unternehmensübergreifenden Zusammenarbeit, die heute bereits stattfinden, vorgestellt. Auf der Grundlage dieser Definitionen und Betrachtungen werden aktuelle Arbeiten aus Forschung und Industrie untersucht und bewertet, inwieweit diese für die geschilderte Problemstellung anwendbar sind bzw. an welchen Stellen noch Handlungsbedarf besteht. Die untersuchten Teilbereiche umfassen Methoden, Werkzeuge und Standards zur organisatorischen Gestaltung unternehmensübergreifender Zusammenarbeit, Technologien, die den elektronischen Austausch von Informationen im Rahmen der unternehmensübergreifenden Zusammenarbeit unterstützen, sowie bestehende Ansätze zur Gestaltung informationstechnisch unterstützter, unternehmensübergreifender Zusammenarbeit.

2.1 Begriffsabgrenzungen

Die Geschäftsprozessorientierung als Grundlage für die Gestaltung von Organisationsstrukturen ist seit Anfang der 90er Jahre zentraler Betrachtungsgegenstand zur Umgestaltung der bisher überwiegend funktionsorientierten Unternehmensstrukturen (vgl. z. B. [Schr-01]). In dieser Arbeit werden *Geschäftsprozesse* ebenfalls als grundlegendes Prinzip für die Gestaltung unternehmensübergreifender Zusammenarbeit zugrunde gelegt. Nach ADAMIETZ ist die *Unternehmensmodellierung* als Grundlage für die Gestaltung und das Management von Geschäftsprozessen anerkannt [Adam-02]. *Informationssysteme* können Aktivitäten innerhalb eines Geschäftsprozesses unterstützen und damit zu einer Effizienzsteigerung der betrieblichen Abläufe beitragen. Ein wesentlicher Faktor ist hierbei die Überwindung von Medienbrüchen zwischen den beteiligten Informationssystemen durch deren *Integration*.

In den nachfolgenden Abschnitten werden diese für die Arbeit vier wesentlichen Begriffe *Geschäftsprozess*, *Unternehmensmodellierung*, *Informationssystem* und *Integration* eingeführt, definiert und festgelegt, wie sie im Kontext dieser Arbeit verstanden werden.

2.1.1 Geschäftsprozess- und Unternehmensmodellierung

In der Literatur finden sich eine Vielzahl von Definitionen für den Begriff *Prozess*. JENNE hat die wesentlichen Merkmale eines allgemeinen Verständnisses von Prozessen zusammengefasst (s. [Jenn-01, S. 7f.]), das auch dem Prozessbegriff in dieser Arbeit zugrunde liegt:

- Ein Prozess setzt sich aus einer Folge von Aktivitäten zusammen, die in einer logischen und zeitlichen Ablauffolge durchzuführen sind. Jeder (Teil-)Prozess hat einen definierten Start und ein bestimmtes Ende.

- Ein Prozess generiert aus unterschiedlichen Inputs einen Output, also ein Ergebnis bzw. eine Prozessleistung. Er benötigt hierfür bestimmte Ressourcen, wie z. B. Bearbeiter, Verantwortliche und verwendete Betriebsmittel.
- Ein Prozess bezieht sich immer auf bestimmte Objekte, die darin bearbeitet und weiterentwickelt werden.

Werden die Aktivitäten auf ein Unternehmensziel hin ausgeführt, so spricht man von einem *Geschäftsprozess* (vgl. z. B. [MaSc-98]). Eine an solchen Geschäftsprozessen ausgerichtete Unternehmensgestaltung bezeichnet man als *Prozessorientierung* (vgl. [Schr-01, S. 11]). Geschäftsprozessorientierte Organisationsstrukturen werden durch formalisierte und visualisierte *Prozessmodelle* unterstützt [Schr-01, S. 11].

Diese Prozessmodelle sind zentraler Bestandteil von Unternehmensmodellen. In Unternehmensmodellen wird ein Unternehmen als offenes System aufgefasst, dessen Objekte vielfältige Beziehungen untereinander und zur Umwelt besitzen (vgl. [Adam-02, S. 20], [HeVr-04, S. 104]). Neben einer Prozesssicht bieten Unternehmensmodelle im Allgemeinen noch weitere Sichten auf ein Unternehmen wie z. B. eine Aufbausicht, eine Informationsflusssicht etc. Für den Begriff *Unternehmensmodell* wird in dieser Arbeit die folgende Definition verwendet [GGMW-96]:

> *Ein **Unternehmensmodell** ist die auf Funktions-, Struktur- oder Verhaltensähnlichkeiten basierende abstrakte Abbildung von Unternehmensobjekten und deren Abhängigkeiten. Es beschreibt konsistent und widerspruchsfrei alle für eine Zielsetzung relevante Sichtweisen (Diskurswelt) auf ein Unternehmen (Realwelt).*

Nach ADAMIETZ wird die Modellierung als reiner „Selbstzweck" nicht mehr akzeptiert. Es würden vielmehr Anwendungen erwartet, die die bei der Modellierung eines Unternehmens entstandene Wissensbasis nutzen und damit einen entsprechenden Mehrwert [Adam-02], z. B. zur Unterstützung unterschiedlicher Unternehmenssteuerungssysteme [KoNS-01, S. 20], schaffen. Die Geschäftsprozessmodellierung stellt damit ein essentielles Werkzeug bei der Entwicklung von Informationssystemen dar (vgl. z. B. [SWZC-04, S. 307]).

2.1.2 Informationssystem

Die Notwendigkeit des breiten Einsatzes von Informationstechnologie als Trägertechnologie für die effiziente Unterstützung der Unternehmensabläufe ist inzwischen allgemein anerkannt [Adam-02, S. 7]. In der Literatur spricht man in diesem Zusammenhang häufig von *Informationssystem(en)* und *Anwendungssystem(en)*. Allerdings finden sich unterschiedliche Definitionen für diese Begriffe. Unterscheidungsmerkmale der Definitionen sind insbesondere die Berücksichtigung organisatorischer und technischer Systeme sowie die Beziehung zwischen Anwendungs- und Informationssystemen in der Form einer ist-Teil-von-Beziehung.

Ältere Quellen betonen den Prozesscharakter der Informationsverarbeitung in Unternehmen: HAX und MALJUF bezeichnen als Informationssystem „den eher formalen Prozess des Sammelns, Verwertens, Filterns und Verteilens der für die Manager auf allen hierarchischen Ebenen relevanten Daten" [HaMa-88, S. 98]. Ähnlich definiert FISCHBACHER Informationssysteme „als institutionalisierte Prozesse der computergestützten Produktion und Distribution von Informationen" [Fisc-86, S. 14].

Die Mehrzahl der Autoren legt jedoch Wert auf die Betonung des Systemgedankens: Informationssysteme bzw. Anwendungssysteme sind allgemein *Systeme*, also „eine Anordnung von Gebilden, d. h. Komponenten, die aufeinander durch Relationen einwirken und die durch eine Hüllfläche, die Systemgrenze, von ihrer Umgebung abgegrenzt sind" [DIN-94]. JAGGI beschreibt in diesem Sinne ein *Informationssystem* als „die Gesamtheit der Elemente, welche für die Entscheidungszwecke nutzbare Informationen erzeugen und den Systembenutzern zur Verfügung stehen" [Jagg-75, S. 168].

Häufig werden die Begriffe Informationssystem und Anwendungssystem unterschieden. Ohne allgemeine Beschreibung des Begriffs Informationssystem definieren BIETHAHN, MUKSCH und RUF ein *betriebliches Informationssystem* als die Programme, Daten und daraus resultierenden Informationen, die benötigt werden, um den Prozess der Informationsversorgung möglichst systemtechnisch ablaufen zu lassen (vgl. [BiMR-00, S. 8]). *Anwendungssysteme* hingegen sind nach ihrer Definition Teile des betrieblichen Informationssystems. Sie bestehen aus *Anwendungsprogrammen* für spezielle betriebliche Aufgaben ergänzt durch die zugehörigen, für diesen Zweck organisierten und bereitgestellten Daten (vgl. [BiMR-00, S. 9]).

In Umkehrung dieser Beziehung zwischen Informationssystem und Anwendungssystem definieren STAHLKNECHT und HASENKAMP ein *Anwendungssystem* als „im engeren Sinn die Gesamtheit aller Programme, d. h. die *Anwendungssoftware*, und die zugehörigen Daten für ein konkretes betriebliches Anwendungsgebiet und im weiteren Sinn zusätzlich die für die Nutzung der Anwendungssoftware benötigte Hardware und Systemsoftware, die erforderlichen Kommunikationseinrichtungen und – je nach Betrachtungsweise – auch die Benutzer" [StHa-99, S. 344]. *Informationssysteme* stellen nach STAHLKNECHT und HASENKAMP einen besonderen Typ eines Anwendungssystems dar, die *Führungsinformationssysteme*[3] (vgl. [StHa-99, S. 410]).

Durch die Berücksichtigung von Benutzern als Elemente des Systems sind auch nicht-informationstechnische Elemente in einer erweiterten Betrachtungsweise nach STAHLKNECHT und HASENKAMP Bestandteile eines Anwendungssystems. In einigen Definitionen werden sogar explizit die nicht-informationstechnischen Elemente in einem System mitberücksichtigt. Diesen Definitionen ist gemeinsam, dass sie (ähnlich zur Definition von BIETHAHN, MUKSCH und RUF) Anwendungssysteme als Bestandteile von Informationssystemen betrachten.

3 Nach STAHLKNECHT und HASENKAMP haben Führungsinformationssysteme die Aufgabe, „Führungskräften (vorzugsweise der höheren Führungsebene, d. h. Managern) die für den Führungsprozess relevanten Informationen rechtzeitig und in geeigneter Form zur Verfügung zu stellen" [StHa-99, S. 410].

- Nach **BALZERT** ist ein *Informationssystem* „ein organisatorisches System zusammen mit sonstigen technischen Einrichtungen" [Balz-00, S. 25], wobei er „Mitarbeiter in ihrer Rolle als Aufgabenträger einschließlich Anwendern und Benutzern" [Balz-00, S. 25] als *organisatorisches System* bezeichnet. Ein Informationssystem bestehe also aus Menschen und Maschinen, die Informationen erzeugen und/oder benutzen und die durch Kommunikationsbeziehungen miteinander verbunden sind (vgl. [Balz-00, S. 25]). Gleichbedeutende Begriffe nach BALZERT sind *rechnergestütztes Informationssystem* und *Anwendungssystem*. Sie stellen ein spezielles Informationssystem dar, das ein oder mehrere Computersysteme enthält und bei dem die Erfassung, Speicherung, Übertragung, Auswertung und/oder Transformation von Informationen durch Computersysteme teilweise automatisiert ist (vgl. [Balz-00, S. 25]).

- Nach **KRCMAR** bzw. **SCHWARZER und KRCMAR** handelt es sich bei *Informationssystemen* „um soziotechnische („Mensch-Maschinen-") Systeme, die menschliche und maschinelle Komponenten (Teilsysteme) umfassen und zum Ziel der optimalen Bereitstellung von Information und Kommunikation nach wirtschaftlichen Kriterien eingesetzt werden" ([Krcm-00, S. 20], [ScKr-99, S. 11]). Sie liefern Informationen für die Durchführungs-, Führungs-, Analyse- und Entscheidungsfunktionen im Unternehmen und stellen dabei dem Benutzer über die Ablaufsteuerung eine Datenbasis sowie Funktionen zur Verfügung. [ScKr-99, S. 11]. *Anwendungssysteme* seien Subsysteme von Informationssystemen, die sich nach dem Verwendungszweck z. B. für die Administration, die Disposition und die Entscheidungsunterstützung unterscheiden (vgl. [Krcm-00, S. 20], [ScKr-99, S. 12]). Dabei besteht das Anwendungssystem aus einem Programm (der Anwendungssoftware), zugehöriger Hardware und Betriebssystem sowie dem organisatorischen Umfeld (vgl. [ScKr-99, S. 12]).

- **AMBERG** definiert ein betriebliches Informationssystem als das „gesamte, informationsverarbeitende Teilsystem eines betrieblichen Systems" [Ambe-99, S. 9], wobei ein betriebliches System „im weitesten Sinne Organisationen in Wirtschaft und Verwaltung, d. h. Unternehmen, Geschäftsbereiche von Unternehmen, Unternehmensverbunde und Verwaltungseinheiten" [Ambe-99, S. 9] bezeichnen. *Rechnergestützte Informationssysteme* automatisierten mit einem hohen Anteil die Erfassung, Speicherung, Übertragung, Auswertung und Transformation von Information. In Abgrenzung zum *betrieblichen Anwendungssystem* werde auch das nicht-automatisierte Teilsystem im Zusammenhang betrachtet. (vgl. [Ambe-99, S. 11]). Der Begriff betriebliches Anwendungssystem bezeichnet in einem umfassenden Sinn das gesamte automatische Teilsystem eines betrieblichen Informationssystems (vgl. [Ambe-99, S. 11]).

Nach ihrem Anwendungsfokus lassen sich Informationssysteme in betriebliche und überbetriebliche Informationssysteme einteilen [Krcm-00, S. 21]. In der Literatur findet sich teilweise die Unterscheidung von *Intraorganisationssystemen* (z. B. bei [AlCa-95, S. 2]) und *Interorganisationssystemen*. Dabei beschreibt der Begriff Intraorganisationssystem die unternehmensinterne Informationsverarbeitung, wohingegen der Begriff Interorganisationssystem zur Charakterisierung der Informationsverarbeitung in unternehmensübergreifend integrierten Informationsverbünden dient (vgl. [Schü-98, S. 38]). SCHÜPPLER definiert ein Interorganisationssystem als „...Informationssystem, welches eine oder mehrere rechtlich selbstständige

Einheiten bei der Durchführung von Aufgaben unterstützt, die in Zusammenhang mit einer Kooperation stehen. Die Notwendigkeit zur Erfassung, Übertragung, Transformation, Speicherung oder Bereitstellung von Informationen resultiert dabei aus einer überbetrieblichen Beziehung." [Schü-98, S. 39]

Bei vielen Informationssystemen ist heute eine klare Trennung zwischen Intraorganisationssystemen und Interorganisationssystemen nicht mehr möglich: Informationssysteme, die ursprünglich für den unternehmensinternen Einsatz konzipiert wurden, erhalten durch Erweiterungen Funktionen für den unternehmensübergreifenden Informationsaustausch. Intraorganisationssysteme stellen damit grundsätzlich auch potentielle Interorganisationssysteme dar. In dieser Arbeit werden daher unter dem Begriff Informationssystem sowohl Intraorganisationssysteme als auch Interorganisationssysteme verstanden.

In dieser Arbeit wird der Begriff Informationssystem wie folgt verwendet:

> *Ein **betriebliches Informationswesen** ist die Menge aller technischer Systeme sowie aller organisatorischen Subsysteme und Elemente eines Unternehmens, die für den Betrieb der technischen Systeme mit dem Ziel der optimalen Bereitstellung von Information und Kommunikation nach wirtschaftlichen Kriterien benötigt werden.*
> *Ein **rechnergestütztes Informationssystem** umfasst Anwendungssoftware für ein bestimmtes Anwendungsgebiet sowie zugehörige Hardware, Betriebssystem und Informationen. Ein rechnergestütztes Informationssystem ist dadurch gekennzeichnet, dass es formatiert Daten verwaltet, d. h. erfasst, ändert, löscht, sucht, sortiert und analysiert; die Daten befinden sich im Allgemeinen in einer Datenbank.*
> *Ein **rechnergestütztes Informationswerkzeug** umfasst Anwendungssoftware für die Unterstützung einer speziellen Aufgabe. Ein rechnergestütztes Informationswerkzeug ist dadurch gekennzeichnet, dass es das Erzeugen von Daten durch spezielle Benutzungsoberflächen und Funktionen unterstützt; die Daten werden im Allgemeinen in Dateien abgelegt.*
> *Zur besseren Lesbarkeit wird ein rechnergestütztes Informationssystem vereinfacht auch nur als **Informationssystem** bezeichnet.*[4]

2.1.3 Integration und Schnittstelle

Integration ist die „[Wieder]herstellung einer Einheit [aus Differenziertem]" bzw. „Einbeziehung, Eingliederung in ein größeres Ganzes" (s. [Dude-97]). Häufig findet man diesen Begriff auf die informationstechnische Unterstützung einer Zusammenarbeit durch enge Kopplung von Informationssystemen bezogen (z. B. [SGHZ-02, S. 11], [ÖsFA-01, S. 214], [IrTL-03,

---

4 Der Inhalt dieser Arbeit bezieht sich auf die Integration von rechnergestützten Informationssystemen. Ein Ansatz zur Integration von rechnergestützten Informationswerkzeugen findet sich z. B. bei RICHTER (s. [Rich-05]).

S. 177]), die eine Automatisierung von Geschäftsprozessen ermöglicht. Da Änderungen an informationstechnischen Lösungen häufig Änderungen in der Organisation nach sich ziehen und vice versa (vgl. z. B. [Adam-02]), können die organisatorische und informationstechnische Aspekte der Integration nicht voneinander getrennt betrachtet werden. In dieser Arbeit wird daher Integration entsprechend der Definition von SCHÜPPLER verstanden [Schü-98, S. 14f.]:

> *„**Integration** (...) meint die verschiedenen Formen der informatorischen Zusammenarbeit, die Auswirkungen auf überbetriebliche Strukturen und Verhalten haben (...). Integration wird (...) mit Bezug auf Ausgestaltung einer Kooperation als informatorische Kopplung oder informatorische Verschmelzung verstanden, die Auswirkungen auf die Informationsverarbeitung und die Organisation beteiligter Partner hat."*

Ein zentraler Begriff der Integration ist die *Schnittstelle*, die einen Anknüpfungspunkt darstellt, um eine informatorische Zusammenarbeit im Sinne der Definition von SCHÜPPLER zu ermöglichen. Allgemein ist eine Schnittstelle nach DIN 44300 als „gedachter oder tatsächlicher Übergang von Daten oder Signalen" [DIN-88] definiert. GOOS definiert im Kontext des Systembegriffs eine Schnittstelle als „eine Systemgrenze, auch die Grenze zwischen Systembausteinen, und die Beziehungen, die über diese Grenzen laufen" [Goos-95, S. 18]. Sofern ein System nicht nach außen abgeschlossen ist, bietet es mindestens einen Zugang, über den es Daten senden oder empfangen kann. Da es abgeschlossene Systeme nur in der Theorie gibt[5], wird in dieser Arbeit davon ausgegangen, dass ein System offen ist. Die *Aufgabe einer Schnittstelle* beschreiben BIETHAHN, MUKSCH und RUF als den Fluss von Elementen:

> *„Eine Schnittstelle zwischen zwei Teilsystemen regelt In- und Output zwischen diesen und sorgt insofern für die Art und Weise des Übergangs von einem zum anderen System. Sie wird durch die Angabe der gemeinsamen die Schnittstelle passierenden Elemente (und deren Elementtyp) und durch die Definition des Schnittstellenverhaltens festgelegt. Das Schnittstellenverhalten regelt alle Abläufe des Gesamtsystems, sofern sich diese an den Schnittstellen beobachten lassen." [BiMR-00, S. 97]*

Für die Umsetzung der Integration besteht die Notwendigkeit, die Kopplung von Informationsflüssen an Schnittstellen *semiotisch* zu definieren und zu verwalten (vgl. [Schü-98, S. 28], [ÖsFA-01, S. 214f.]). Zu unterscheiden ist dabei zwischen einer syntaktischen, semantischen und pragmatischen Ebene der Semiotik (vgl. [Schü-98, S. 29]):

---

5 GOOS erläutert, dass der Begriff *abgeschlossenes System* eine Idealisierung darstellt. Mit ihm teile man mit, dass man bewusst die Beziehungen zur Umgebung vernachlässigt, weil sie im gegebenen Zusammenhang unbedeutend sind [Goos-95, S. 18].

- Die **syntaktische Ebene** bezeichnet die formale Beschreibung von Datenfeldern und deren Strukturierung in unternehmensübergreifenden Informationsflüssen (Ordnung von Zeichen und Zeichenverbindungen innerhalb einer Nachricht).
- Die **semantische Ebene** beschreibt die inhaltliche Bedeutung spezifizierter Felder (Bedeutung und Inhalt einer Zeichenfolge/ Nachricht).
- Bestandteile der **pragmatischen Ebene** sind Vorgaben von Handlungs- und Reaktionsmustern, die auf einer verhaltens- und ablauforientierten Interpretation des Informationsflusses basieren.

ÖSTERLE, FLEISCH und ALT betrachten diese drei Ebenen der Semiotik in Anlehnung an KUBICEK [Kubi-92] als ergänzende Schichten des ISO/OSI-Referenzmodells[6] (vgl. [ÖsFA-01, S. 215]). Für jede der drei Ebenen der Semiotik fügen sie eine Schicht dem Referenzmodell hinzu (s. Bild 2.1). Sie fordern die Entwicklung und den Einsatz von Standards für jede dieser Schichten (s. [ÖsFA-01, S. 215]), merken allerdings auch an, dass insbesondere für die Semantikschicht und die Pragmatikschicht nur eingeschränkt Standards verfügbar sind [ÖsFA-01, S. 215f.].

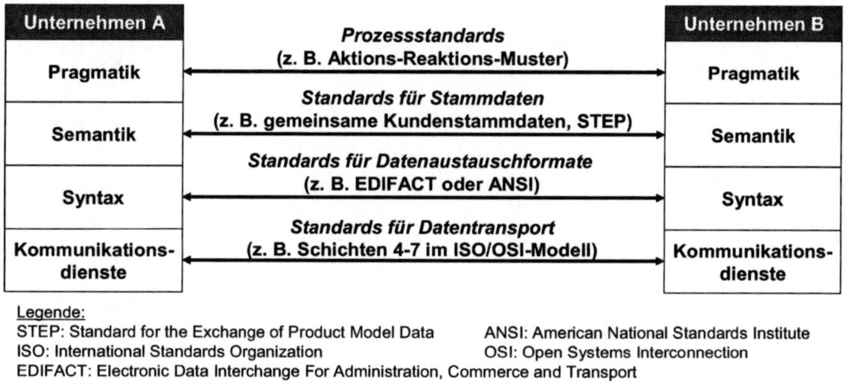

Bild 2.1: Standards im Kommunikationsmodell [ÖsFA-01, S. 215]

Um den Begriff der Integration als Form der informatorischen Zusammenarbeit nach SCHÜPPLER von den Arbeitsergebnissen zum Erreichen einer Integration zu unterscheiden, werden in dieser Arbeit die Begriffe Integrationskonzept und Integrationslösung verwendet:

> *Ein **Integrationskonzept** beschreibt die Vereinbarungen mindestens zweier Unternehmen, die die Informationsflüsse zwischen den Unternehmen für einen definierten Zweck auf pragmatischer, semantischer und syntaktischer Ebene festlegen.*

---

6 ISO – International Standards Organization, OSI – Open Systems Interconnection; zum ISO/OSI-Referenzmodell s. [Tane-03, S. 54ff.].

*Eine **Integrationslösung** ist die Umsetzung eines Integrationskonzepts durch Betrieb eines oder mehrerer informationstechnischer Systeme und notwendiger organisatorischer Maßnahmen.*

In den nächsten Abschnitten wird zunächst ein Überblick über heute vorzufindende Formen der unternehmensübergreifenden, informationstechnisch unterstützten Zusammenarbeit von Unternehmen gegeben, bevor anschließend Methoden und Technologien zur Erstellung von Integrationskonzepten und Integrationslösungen vorgestellt werden. Abschließend werden Ansätze zur Unterstützung der unternehmensübergreifenden Integration diskutiert.

2.2 Formen der unternehmensübergreifenden Zusammenarbeit

ATTARAN und ATTARAN halten fest, dass in den letzten Jahren die Kombination aus globalem Wettbewerbsdruck und der frustrierenden Ineffizienz von geschäftlichen Beziehungen zwischen Organisationen und Kunden oder Zulieferern Unternehmen dazu gezwungen hat neue Wege der Geschäftstätigkeiten zu erfinden. Als einen nachhaltigen Wettbewerbsvorteil nutzen Unternehmen IT-unterstützte Prozesse um ihre Organisationen mit anderen Partnern zu verknüpfen und Win-Win-Beziehungen zu erzeugen (vgl. [AtAt-04, S. 416]). Diese Beziehungen sind unterschiedlich ausgeprägt. Zur Beschreibung der Beziehungen können zwei unterschiedliche Gesichtspunkte betrachtet werden:

- Die **Beschreibung der betrieblichen Funktion**, deren Prozesse IT-unterstützt mit einem oder mehreren Partnern verknüpft werden sollen sowie
- die **Organisationsform**, z. B. permanente oder temporäre Zusammenarbeit, in der diese unternehmensübergreifende Zusammenarbeit stattfinden soll.

In den nachfolgenden Abschnitten werden Ausprägungen der unternehmensübergreifenden Zusammenarbeit unter diesen beiden Gesichtspunkten vorgestellt.

2.2.1 Integration von Unternehmensfunktionen

SIMON hat durch die Konzentration auf Kernkompetenzen zwei Richtungen des Umbaus von Unternehmen identifiziert (vgl. [Simo-02, S. 108]): Die Zerlegung und Rekonfiguration der Wertschöpfungskette sowie das Outsourcing interner Funktionen. Beiden Richtungen ist gemein, dass Funktionen entlang des Produktlebenszyklus wie z. B. Einkauf, Lieferung etc. innerhalb eines Unternehmens um den Aspekt der IT-unterstützten unternehmensübergreifenden Zusammenarbeit erweitert werden. In der Literatur hat sich eine Vielzahl von Begriffen gebildet, die eine Erweiterung einer oder mehrerer interner Funktionen benennen. Als Oberbegriffe für die Erweiterung von internen Funktionen werden *electronic Business* (E-Business oder eBusiness[7]) oder *electronic Commerce* (E-Commerce) verwendet.

- **Dangelmeier** definiert E-Business allgemein als „die elektronische Unterstützung von Geschäftsprozessen sämtlicher Bereiche der betrieblichen Wertschöpfungskette" [Dang-02].
- **Weisbecker und Otto** sehen als das Ziel von E-Business „die Rationalisierung standardisierbarer Abläufe an den Schnittstellen von Unternehmen... Die angewendeten Maßnahmen basierten auf der Überlegung, bei wiederkehrenden Prozessen die Zahl der manuellen Aktivitäten, die Zahl der Medienbrüche und die Durchlaufzeit der Prozesse zu minimieren" [WeOt-02, S. 33].

Der Begriff E-Commerce wird häufig als Bestandteil von E-Business betrachtet. Allerdings erfolgt die Abgrenzung des Begriffes E-Commerce von E-Business in der Literatur unterschiedlich:

- **Scheer, Erbach und Thomas** sehen in E-Commerce lediglich den elektronischen Datenaustausch in der unternehmensübergreifenden Kommunikation, während E-Business allgemein die Abwicklung der Geschäftsprozesse zusammenfasst (vgl. [ScET-00]).
- **Jablonski, Meiler und Petrov** hingegen grenzen E-Commerce anhand der unterstützten Unternehmensfunktionen von E-Business ab: Sie verstehen unter E-Commerce die „absatzseitige Ausprägung von E-Business" als Gegensatz zum E-Procurement, welches die Beschaffungsseite betrachte (vgl. [JaMP-02, S. 27]).
- Nach **Riehm et. al.** umfasst E-Business „sowohl Transaktionen innerhalb von Unternehmen und Unternehmenskooperationen als auch auf öffentlichen Märkten. Es wird darunter jede Art von wirtschaftlicher Tätigkeit auf der Basis computergestützter Netzwerke verstanden" [RiEt-03, S. 35]. E-Commerce sei ein Teilbereich davon. Es umfasse „diejenigen Transaktionen auf einem Markt, durch die der Austausch von wirtschaftlichen Gütern gegen Entgelt begründet wird und bei denen nicht nur das Angebot elektronisch offeriert, sondern auch die Bestellung (bzw. die Inanspruchnahme) elektronisch unter Verwendung interaktiver Medien ohne Medienbruch erfolgt" [RiEt-03, S. 35].

Diese Definitionen für E-Business und E-Commerce beschreiben allgemein eine IT-unterstützte, unternehmensübergreifende Zusammenarbeit. Für Unternehmensfunktionen, welche typischerweise erweitert werden, haben sich eigene Begriffe herauskristallisiert[8]. Allerdings werden diese Begriffe in der Literatur unterschiedlich verwendet oder werden unter-

---

7 Begriffe, die mit „electronic" beginnen, werden oftmals mit „e..." oder „E-..." abgekürzt. In dieser Arbeit wird die Form „E-..." bevorzugt und als gleichbedeutend mit „e..." angesehen.

8 Für die Zusammenarbeit von Mitarbeitern (unabhängig der Zugehörigkeit zu einer Unternehmensfunktion) aus unterschiedlichen Unternehmen haben sich Technologien wie Groupware-Lösungen (z. B. Microsoft Exchange), Infrastrukturlösungen (z. B. Lotus Workplace) sowie komplexe Portaltechnologien (z. B. Plumtree) entwickelt (s. [DIP-05]). Für Ansätze zur Erweiterung bestimmter Unternehmensfunktionen sind allerdings Lösungen notwendig, die über die reine Kommunikationsunterstützung hinausgehen und integrierte Informationsbestände schaffen. Die genannten Ansätze werden daher in dieser Arbeit nicht berücksichtigt.

schiedliche Begriffe für gleiche Erweiterungsansätze verwendet. In Bild 2.2 sind typische Ansätze Unternehmensfunktionen zugeordnet, die an den Prozessen *Produktentwicklung* und *Produktherstellung* beteiligt sind. Diese Ansätze werden in den nachfolgenden Abschnitten vorgestellt.

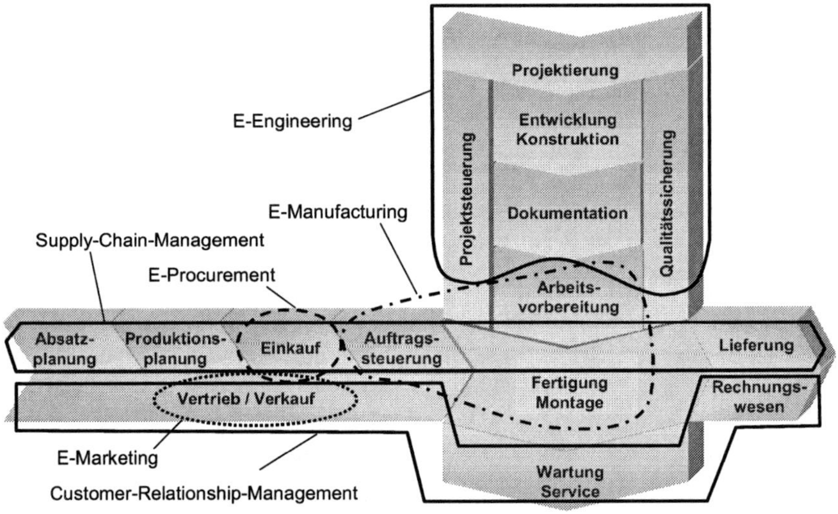

Bild 2.2: Übersicht über Begriffe der unternehmensübergreifenden Integration von Unternehmensfunktionen (Erweiterung der Darstellung nach ADAMIETZ *[Adam-02])*

E-Engineering

Produktlebenszyklen und damit auch die Reaktionszeit eines Unternehmens für das Erkennen von notwendigen Produktinnovationen haben sich in den letzten Jahren deutlich verkürzt [ZSGS-04, S. 235]. Unternehmen stehen vor der Herausforderung die Zeiten für Produkt- und Produktionsentwicklung zu verkürzen (vgl. [ZSGS-04, S. 235], [Abra-03, S. 539], [Horn-04, S. 3f.). Um effiziente Entwicklungsprozesse zu erzielen, müssen nicht nur technische, sondern auch entsprechende organisatorische Rahmenbedingung geschaffen (vgl. [RoCa-03, S. 275], [RöBr-04], [Horn-04]) und Ansätze zur Parallelisierung von Tätigkeiten erfolgreich umgesetzt werden (vgl. [ZSGS-04, S. 235]). Bereits Ende der Neunziger Jahre wurde bereits der Bedarf nach der Förderung kooperativer Prozesse erkannt (vgl. [GrGe-97]). Heute stehen gerade auch auch kleine und mittelständische Unternehmen, die immer mehr auch in die Produktentwicklung von OEM eingebunden werden, vor der Herausforderung sich in unternehmensübergreifende Engineering-Tätigkeiten zu integrieren und eine entsprechende IT-Infrastruktur aufzubauen (s. [GrEE-04], [OvEn-05]). Für die unterschiedlichen Ansätze zur Parallelisierung von Tätigkeiten im Engineering-Umfeld finden sich in der Literatur jedoch häufig keine eindeutigen Begriffsdefinitionen (vgl. [ZSGS-04, S. 235], [RöBr-04, S. 32]).

ZÄH, SUCHANEK, GENTNER und SCHACK verwenden *E-Engineering* als Oberbegriff für alle oben angesprochenen Ansätze (vgl. [ZSGS-04, S. 235]). Sie gehen dabei von dem allgemeinen Verständnis aus, dass „Engineering an sich durch ingenieur- und planmäßiges Arbeiten unter Anwendung wissenschaftlich fundierter Methoden und darauf aufbauender Werkzeuge charakterisiert ist“ [ZSGS-04, S. 235]. Darauf aufbauend definieren sie E-Engineering als „kooperatives Engineering unter Verwendung elektronischer Netze zur Unterstützung, Abwicklung und Aufrechterhaltung von Leistungsaustauschprozessen“ [ZSGS-04, S. 235]. Als Teilbereiche des E-Engineering grenzen sie die Begriffe des *Concurrent*, *Collaborative* und *Simultaneous Engineering* gegeneinander ab (vgl. [ZSGS-04, S. 235]):

- **Concurrent Engineering** ist die Arbeit unterschiedlicher Teams zur selben Zeit an unterschiedlichen Phasen des Entwicklungsprozesses.
- **Collaborative Engineering** ist die Zusammenarbeit unterschiedlicher Teams in der gleichen Phase des Entwicklungsprozesses aber an unterschiedlichen Produktkomponenten.
- **Simultaneous Engineering** ist die Zusammenarbeit unterschiedlicher Teams in derselben Phase des Entwicklungsprozesses an denselben Produktkomponenten.

Andere Autoren verwenden diese Begrifflichkeiten in anderer Weise, teilweise als übergeordnete Begriffe, teilweise fassen sie Teilaspekte zusammen. So verwendet HORNBERG als Synonym von E-Engineering den Begriff *Collaborative Engineering* (vgl. [Horn-04, S. 50]). Er fasst unter diesem Begriff die meisten Ansätze zusammen, „deren Hauptbestreben die Unterstützung bzw. Optimierung weltweit verteilter Zusammenarbeit im Engineering-Bereich ist“ [Horn-04, S. 51]. Bild 2.3 stellt die unter diesem Begriff zusammengefasste Vision dar (s. a. [Horn-04, S. 51]). Das Concurrent Engineering sieht er dadurch gekennzeichnet, dass mehrere Konstrukteure bzw. Ingenieure eine Aufgabe im Team lösen[9], während beim Simultaneous Engineering Ingenieurtätigkeiten begonnen werden, bevor traditionell vorangehende Tätigkeiten beendet wurden[10].

KERN verwendet den Begriff Collaborative Engineering ebenfalls in einer allgemeinen Weise. Nach ihrer Auffassung bezeichnet Collaborative Engineering „die durch Internettechnologien unterstützte Gestaltung verteilter, gemeinschaftlicher Produktentwicklungsprozesse aus technologischer, organisatorischer und personeller Sicht“ [Kern-03].

Im Rahmen einer Untersuchung zukünftiger Strategien im Bereich der europäischen Forschungsaktivitäten wurde von der Europäischen Kommission im Juni 2003 eine Studie zum Thema Collaboration durchgeführt (s. [BaEt-03]). Dabei wurde festgestellt, dass Lösungen im Bereich Collaboration nicht nur als Mittel zur Unterstützung der Zusammenarbeit verteilter Entwicklungspartner angesehen werden sollten, sondern das Konzept als solches auch einen eigenen Wert für die verteilte Zusammenarbeit besitzt. Die Studie verknüpft darüber hinaus das Thema Collaborative Engineering auch sehr eng mit der (zukünftigen) Verfügbarkeit mobiler Endgeräte.

---

9 Hierbei setzt er auf [Clee-92] und [Bull-96] auf.

10 Hierbei setzt er auf [Ever-89] und [Bull-96] auf.

EIGNER fasst unter dem Begriff *Cross-Enterprise Engineering* die konsequente Weiterentwicklung der Ansätze des Concurrent Engineering und Simultaneous Engineering zusammen [Eign-03]. Ziel sei die Integration sowie die organisatorische und systemtechnische Unterstützung aller Tätigkeiten im Produktlebenszyklus (engl. Product Lifecycle), d. h. von den frühen Phasen (z. B. Anforderungsentwicklung) bis zum Recycling.

ROUIBAH und CASKEY setzen ebenfalls auf dem Konzept des Product Lifecycle Management auf, verwenden allerdings den Begriff des Concurrent Engineering [RoCa-03, S. 275]: Nach ihrer Definition ist Concurrent Engineering ein systematischer Ansatz zur Betrachtung aller Aspekte des Product Lifecycle Managements unter Einbeziehung von Planung, Entwurf, Produktion und verknüpfte Phasen. Der Ansatz fokussiere die enge Kooperation unter Mitgliedern von multidisziplinären Arbeitsgruppen, oftmals innerhalb von Computernetzwerkumgebungen.

Bild 2.3: Vision des Collaborative Engineering (nach [GLHE-03])

Als informationstechnische Plattform und zentraler Datenspeicher dienen allen Ansätzen häufig Produktdatenmanagement (PDM)-Systeme. PDM-Systeme unterstützen das Konzept zur Verwaltung und Bereitstellung von Produktdaten aus Entwicklung und Konstruktion im ganzen Unternehmen [ADEK-05, S. 278]. Der VDI beschreibt in seiner Richtlinie 2219 PDM-Systeme und ihre Aufgaben [VDI-99]: „Produktdatenmanagement-Systeme sind technische Datenbank- und Kommunikationssysteme, die dazu dienen, Informationen über Produkte und deren Entstehungsprozesse bzw. Lebenszyklen konsistent zu speichern, zu verwalten und transparent für alle Bereiche eines Unternehmens bereitzustellen.“ Neben der rein unternehmensinternen Anwendung werden PDM-Systeme auch immer häufiger für den unternehmensübergreifenden Produktdatenaustausch eingesetzt.

Allen Ansätzen gemeinsam ist, dass die informationstechnische Einbindung von Partnern einen erfolgskritischen Faktor darstellt. Hierbei muss ein gemeinsames Verständnis der auszutauschenden Daten zugrunde gelegt werden. Einen Ansatz hierfür bildet ein integriertes Produktmodell (vgl. [GrAP-93]). In der Vergangenheit wurden Standards entwickelt, die diesen Ansatz unterstützen. Als wichtigster Standard sei hierbei STEP (Standard for the Exchange of Product Model Data, s. [GrAP-94a], [GrAP-94b], [GrAP-94c]) erwähnt. Darüber hinaus sehen 80 von ca. 100 in einer Studie befragte Experten an der Schnittstelle zwischen OEM und Zulieferer ein Marktpotenzial für so genannte e-Service-Provider (s. [AbSC-02]). Diese unterstützen die Aufgaben der ersten beiden Gruppen unter Nutzung von Internet-Technologien [Abra-03, S. 539].

Supply Chain Management

Ein zentrales Thema in der unternehmensübergreifenden Zusammenarbeit stellt heute die Integration von Zulieferern in den logistischen Prozessketten dar (vgl. z. B. [Born-04, S. 36]). Die Integration bietet erhebliche Potenziale zur Senkung von Prozesskosten und Zeitbedarf in der unternehmensübergreifenden Zusammenarbeit (vgl. [Born-04, S. 36]). SCHMITT beschreibt den Nutzen mit dem Vergleich aus der Welt des Sports: „Die Weltrekordzeit im Sprint liegt heute bei 9,79 Sekunden, bei der 4x100 Meter-Staffel mit 37,4 zeigt der durchschnittliche Wert jedes Staffelläufers 9,35 Sekunden, resultierend aus dem fliegenden Start. Der nachfolgende Staffelläufer beschleunigt bereits vorab auf die Geschwindigkeit des Vorläufers bei der Übernahme des Stabes“ [NN-01b].

Autoren nutzen für die Integration von Kunden und Zulieferern in die logistischen Prozesse im Allgemeinen den Begriff *Supply Chain Management* (SCM), definieren diesen aber unterschiedlich. Nach KUGELER kann unter SCM „die Planung, Steuerung, Durchführung und Kontrolle der gesamten Wertschöpfungskette, idealerweise von der Rohstoffgewinnung bis zum Endkunden, unter Beachtung der Material-, Informations- und Finanzflüsse“ [Kuge-02, S. 469] verstanden werden. WEISBECKER und OTTO umschreiben den Begriff des SCM anhand der Ziele, die mit SCM erreicht werden sollen: „SCM hat standardisierte Abläufe bei der Beschaffung und Distribution direkter Güter im Fokus. Ziel dabei ist die Effizienzsteigerung der Geschäftsprozesse durch eine Verkürzung der Durchlaufzeit der logistischen Prozesse. Diese Verkürzung wird durch eine integrierte Planung und durch den kontinuierlichen Austausch von Planungsdaten innerhalb von Produktions- und Logistiknetzwerken realisiert“ [WeOt-02, S. 34]. Das *Supply Chain Council*[11] hat in Zusammenarbeit mit über 500 Mitgliedern ein Referenzmodell für SCM und dessen Einführung erarbeitet. Das erarbeitete *Supply Chain Operations Reference Model* (SCOR) umfasst die fünf Kernprozesse Planung (*Plan*), Versorgung (*Source*), Herstellung (*Make*), Informations- und Werteflüsse (*Deliver*) sowie Rücknahme (*Return*) (vgl. [SCC-04], [NN-04, S. 5]).

---

11 Weitere Informationen über das Supply Chain Council findet man unter [WWW-5].

Teilweise finden sich in der Literatur noch weitere Begriffe, deren Definitionen sich mit den vorgestellten Definitionen für Supply Chain Management überdecken. So definieren ZÄH ET AL. zwar den Begriff der *integrierten Internet Supply Chain*, allerdings stelle diese lediglich die höchste Ausbaustufe der elektronischen Beschaffung dar. Dabei stehe die medienbruchslose Integration von Lieferant und Abnehmer im Vordergrund, um kosten-, zeit- und qualitätseffiziente Beschaffungsprozesse zu ermöglichen (vgl. [ZäEt-04, S. 318]). Die Integration von Kunden wird damit nicht berücksichtigt. Hingegen definieren ZÄH ET AL. unter dem Begriff *E-Logistic* „die Anwendung internetbasierter Technologien zur effizienten Planung und Steuerung unternehmensinterner und übergreifender Logistikprozesse" [ZäEt-04, S. 320]. LAARTZ, BENNI und SCHERDIN beschreiben unter dem Begriff des *Collaborative Planning, Forecasting and Replenishment* (CPFR) einen Ansatz, „der Partnern innerhalb einer Supply Chain hilft, sich besser zu vernetzen und unter Verwendung von kollaborativer Funktionalität eine Situation zu schaffen, von der alle Partner profitieren... Wesentliches Element am CFPR-Ansatz ist der Austausch von Informationen in beide Richtungen" [LaBS-02, S. 23], also vom Kunden zum Zulieferer und vice versa.

Der operative Betrieb des SCM wird durch *SCM-Systeme* unterstützt. Diese „unterstützen die Koordination der Aktivitäten entlang der Wertschöpfungskette, beginnend beim Lieferanten über den Hersteller und den Handel bis hin zum Kunden. Im Mittelpunkt der Betrachtung steht dabei vor allem die zwischenbetriebliche Koordination" [JaMP-02, S. 28]. ATTARAN und ATTARAN sehen in SCM-Systemen eine Kombination von vielen eng integrierten Applikationen, die die Planung und Koordination der Zulieferkette eines Unternehmens automatisieren (vgl. [AtAt-04, S. 418]).

E-Procurement

E-Procurement als ein Bestandteil des SCM hat das Ziel, die elektronisch gestützte Beschaffung von Gütern und Dienstleistungen durch Unternehmen zu erleichtern (vgl. [JaMP-02, S. 27]). Nach NEKOLAR hilft E-Procurement Unternehmen, „Waren und Dienstleistungen zu den geringsten Gesamtkosten zu beschaffen, wobei der gesamte Einkaufsprozess von der Planung über die Beschaffung bis zur Bezahlung automatisiert wird" [Neko-02]. SCHUBERT erweitert diese Definition um die Nutzung elektronischer Medien im E-Procurement: „E-Procurement unterstützt die Beziehungen und Prozesse eines Unternehmens zu seinen Lieferanten mit Hilfe elektronischer Medien" [Schu-02]. Typische Vertreter von E-Procurement-Lösungen sind so genannte Internet-Marktplätze. Im Bereich produzierender Unternehmen sind als Beispiel *Covisint* (Automobil, s. [WWW-11]), *SupplyOn* (Zulieferindustrie, s. [WWW-12]) und *steel24-7* (Stahlindustrie, s. [WWW-14]) zu nennen [ZäEt-04, S. 318].

Motiviert sind E-Procurement-Systeme durch das oft eklatante Missverhältnis von Beschaffungsaufwand zum Wert des zu beschaffenden Gutes [JaMP-02, S. 28]. ATTAWAN und ATTAWAN sehen im E-Procurement die beste Möglichkeit für Unternehmen, um entlang der Zulieferkette Prozesse zu verbessern, Kosten zu reduzieren und die Produktivität zu erhöhen. Sie zitieren eine Schätzung, nach der für jeden Dollar, den ein Unternehmen für den Verkauf eines Produkts ausgibt, 50-60 Cents für Güter und Dienstleistungen ausgegeben werden. Es werde geschätzt, dass die durchschnittlichen Kosten für die Abwicklung eines papierbasierten Einkaufsauftrags zwischen $50 und $200 variieren [AtAt-04, S. 420].

E-Manufacturing

Nach ZÄH ET AL. ist derzeit häufig die Verwendung von verteilten, unverbundenen oder inkompatiblen Systemen in der Planungs- (ERP-Systeme), der Prozessleit- (Leitstand/ PPS[12]-Systeme) und der Feldebene (Maschinensteuerung) zu beobachten. Diese führe zu einer geringen oder fehlenden Verfügbarkeit von Echtzeitdaten des Produktionssystems in der Planung und zu einem hohen Zeitverzug bei der Übermittlung von Plandaten bis zur Prozessleitebene (vgl. [ZäEt-04, S. 321]). Ziel des *E-Manufacturing* ist „ein durchgängiger Informationsfluss zwischen allen mit der Produktion zusammenhängenden technisch-organisatorischen Betriebseinheiten" [ZäEt-04, S. 321]. Dieser Zielsetzung könne durch den Einsatz von Internet-Technologien zum webbasierten Management von Produkt- und Produktionsdaten entsprochen werden [ZäEt-04, S. 321]. Insbesondere bietet die Vernetzung der unternehmensübergreifenden Produktionsorganisation mit informationstechnologischen Methoden durch die Bereitstellung von produktionsauftrags- und produktionsänderungsbezogenen Informationen große Potenziale (s. [UhYa-04]).

Customer Relationship Management

Das *Customer Relationship Management* (CRM) "gestaltet aktiv die Kundenbeziehungen und soll zu einer erhöhten Rentabilität des Unternehmens führen" [Kuge-02, S. 457]. ATTAWAN und ATTAWAN konkretisieren die Ziele des CRM: CRM konzentriere sich auf die Bewahrung von Kunden, indem Kundendaten von jeder Interaktion an verschiedenen Zugangspunkten (Telefon, Post, Internet oder im Feld) erfasst werden und anschließend konsolidiert und in personalisiertes vorhersagbares Wissen transformiert werden (vgl. [AtAt-04, S. 420]). KUGELER betrachtet dabei CRM als integralen Bestandteil von SCM (vgl. [Kuge-02, S. 457f.]). Allerdings finden sich in der Literatur auch eine Vielzahl von Ansätzen, die SCM und CRM als eigenständige Konzepte mit Anknüpfungspunkten sehen (vgl. z. B. aus Sicht der Fa. SAP).

In der IT-Architektur unterscheidet KUGELER drei Arten von Systemen, die an CRM-Lösungen beteiligt sind [Kuge-02, S. 465ff.]:

- **Analytische CRM-Systeme** dienen zur Analyse von Kunden-, Produkt- und Aktionsdaten. Hierdurch soll die Planung und Kontrolle sämtlicher CRM-Maßnahmen unterstützt werden.
- **Operative CRM-Systeme** bestehen vornehmlich aus unternehmensinternen ERP-Systemen, die um lieferantenorientierte IT-Unterstützung für das SCM erweitert werden.

---

12 Produktionsplanung und -steuerung

Diese Erweiterung wird benötigt, um Liefer- und Terminzusagen für die Kunden machen zu können sowie für eine reibungslose Auftragsabwicklung zu sorgen. Zudem umfassen die operativen Systeme Anwendungen für die Bereiche Vertriebs- und Service-Automatisierung. Kern des operativen CRM ist der *Customer Buying Cycle* mit den Teilprozessen Akquisition, Verkauf und Service (vgl. a. [Kuge-02, S. 458, 459]).

- **Kollaborative CRM-Systeme** stellen die Kommunikation mit dem Kunden sicher und müssen zwingend mit den operativen CRM-Systemen integriert werden, um reibungslose Abläufe zu gewährleisten.

E-Marketing

ZÄH, SUCHANEK, GENTNER und SCHACK orientieren sich bei der Definition des Begriffes E-Marketing an der Definition des Begriffes Marketing von MEFFERT. Nach dessen Definition beinhaltet das Marketing „alle auf die aktuellen und potenziellen Märkte ausgerichteten Unternehmensaktivitäten sowie die damit verbundene Planung, Koordination und Kontrolle mit dem Ziel der Verwirklichung der Unternehmensziele im gesamtwirtschaftlichen Güterversorgungsprozess durch eine dauerhafte Befriedigung der Kundenbedürfnisse“ [Meff-98]. An diesem Grundverständnis ändere auch das Attribut „E“ in der Begrifflichkeit E-Marketing nichts. Durch die Verwendung elektronischer Medien eröffneten sich jedoch für das Marketing interessante Optionen, seine Aufgaben effizienter und effektiver zu lösen (vgl. [ZSGS-04, S. 233]).

E-Marketing ist ein zentraler Bestandteil des operativen CRM (vgl. [Kuge-02, S. 460ff.]): Das *Marketing-Mix-Management* plant die einzusetzenden Marketinginstrumente und kontrolliert den Erfolg der umgesetzten Maßnahmen [Kuge-02, S. 460]. Durch den gezielten Einsatz der Informationstechnologie eröffnen sich neue und gezieltere Marketinginstrumente: Auf Grund des individualisierten Kundenkontakts ergeben sich unter dem Gesichtspunkt des CRM vom Kundenverhalten abhängige Möglichkeiten der Preisfestsetzung (vgl. [ZSGS-04, S. 234]); der Einsatz digitaler Medien ist interaktiv und bietet daher geradezu ideale Anwendungsmöglichkeiten im Hinblick auf eine gewünschte Individualisierung des Leistungsangebots (vgl. [ZSGS-04, S. 233]).

2.2.2 Organisationsformen unternehmensübergreifender Integration

Für die Integration von Unternehmensfunktionen gibt es eine Vielfalt von organisatorischen Gestaltungsmöglichkeiten, von losem, temporärem Zusammenarbeiten bis hin zu enger, permanenter Zusammenarbeit [Burm-02, S. 16]. Bild 2.4 beschreibt potentielle Formen der unternehmensübergreifenden Zusammenarbeit und deren Ziele, die GORA und SCHEID zusammengefasst haben (vgl. [GoSc-01, S. 12]).

Form	Ziele
Strategische Allianz	• Bündelung von Kapazitäten (z. B. bei kritischer Produktentwicklung) • Erzielung von Skaleneffekten durch höhere Marktanteile oder fachliche Synergien
Outsourcing	• Verlagerung ganzer Funktionsbereiche an einen spezialisierten Anbieter • Komplette Übertragung von Verantwortung und Pflicht zur Leistungserbringung
Franchising	• Kooperation zwischen Hersteller und selbständigen Unternehmen • Vertrieb von Waren oder Dienstleistungen unter einem einheitlichen Marketingkonzept
Joint Venture	• Von zwei oder mehreren Unternehmen gegründete und strategisch geführte Unternehmung • In aller Regel gleiche Kapitalbeteiligung
Konsortium	• Unternehmensverbindungen auf vertraglicher Basis zur Abwicklung von genau abgegrenzten Projekten • Häufig zur Realisierung von Großprojekten
Virtuelle Unternehmen	• Ausnutzung zeitlich begrenzter Marktpotenziale durch Kooperation • Verzicht auf Institutionalisierung zentraler Managementfunktionen

Bild 2.4: Formen der organisatorischen Zusammenarbeit nach [GoSc-01]

Nicht zuletzt durch die Rahmenbedingungen, die das Internet geschaffen hat, erlangt die Organisationsform des *virtuellen Unternehmens* eine entscheidende Bedeutung (vgl. [GoSc-01, S. 12]). Verwandte bzw. übergeordnete Konzepte des virtuellen Unternehmens stellen die *virtuelle Organisation* und das *erweiterte Unternehmen* (engl.: extended enterprise) dar. In den nachfolgenden Abschnitten werden diese drei Konzepte vorgestellt und miteinander verglichen.

Virtuelle Organisation

GOLDMANN ET AL. definieren eine virtuelle Organisation als ein strategisches Konzept einer Organisationsform: Die virtuelle Organisation sei ein dynamisches organisatorisches Werkzeug; es sei weder temporär noch permanent. Sich bietende Gelegenheiten stellten die Grundlage für eine virtuelle Organisation dar. Die virtuelle Organisation sei daher ein pragmatisches Organisationswerkzeug für Wettbewerber, die nach einem strategischen Konzept in einer Umgebung aus Wandel und Unstetigkeit streben [GoNP-95].

Bezugnehmend auf diese Definition weist BRÜTSCH darauf hin, dass bei der Definition einer virtuellen Organisation keine wirtschaftlichen Aspekte oder Kundenaufträge im Vordergrund stünden. Im Gegensatz zu einem Unternehmen sei eine Organisation ein allgemeiner Begriff und beschreibe soziale Gemeinschaften mit einem Ziel, das nicht näher spezifiziert sei (vgl. [Brüt-99, S. 46]). Organisationsformen für Unternehmensnetzwerke sind spezielle Formen der virtuellen Organisation. Sie erweitern die Definition der virtuellen Organisation um ein gemeinsames wirtschaftliches Ziel. Das *virtuelle Unternehmen* und das *erweiterte Unternehmen* (engl.: extended enterprise), sind zwei Vertreter dieser Organisationsform.

Virtuelles Unternehmen

Nach BYRNE ist ein virtuelles Unternehmen[13] ein temporäres Netzwerk von Unternehmen, die schnell zusammenkommen, um sich schnell ändernde Marktpotenziale auszuschöpfen. In einem virtuellen Unternehmen könnten Unternehmen Kosten, Fähigkeiten und Zugang zu globalen Märkten teilen, wobei jeder Partner das beiträgt, was er am besten kann [Byrn-93]. Die Definition von DAVIDOW und MALONE beschreibt zusätzlich die fehlende physische zentrale Organisationseinheit. Nach ihrer Auffassung ist ein virtuelles Unternehmen ein temporäres Netzwerk von unabhängigen Unternehmen, Zulieferer, Kunden und sogar einstige Rivalen, die durch Informationstechnologie verknüpft sind, um Fähigkeiten, Kosten oder Zugang zu den Märkten der jeweils anderen zu teilen. Es habe weder ein zentrales Büro noch ein Organigramm. Ebenso habe es weder eine Hierarchie noch eine vertikale Integration (vgl. [DaMa-92]).

Im deutschsprachigen Raum haben ARNOLD ET AL. eine Definition für ein virtuelles Unternehmen entworfen [AFHS-95]:

> *„Eine virtuelle Unternehmung ist eine Kooperationsform rechtlich unabhängiger Unternehmen, Institutionen und/oder Einzelpersonen, die eine Leistung auf der Basis eines gemeinsamen Geschäftsverständnisses erbringen. Die kooperierenden Einheiten beteiligen sich an der Zusammenarbeit vorrangig mit ihren Kernkompetenzen und wirken bei der Leistungserstellung gegenüber Dritten wie ein einheitliches Unternehmen. Dabei wird auf die Institutionalisierung zentraler Managementfunktionen zur Gestaltung, Lenkung und Entwicklung des virtuellen Unternehmens durch die Nutzung geeigneter Informations- und Kommunikationstechnologien weitgehend verzichtet.“*

Diesen Definitionen folgend werden virtuelle Unternehmen üblicherweise temporär und für eine bestimmte Aufgabe gebildet. In der Praxis hat sich gezeigt, dass spontanes Finden und Kooperieren von Unternehmen nur dann erfolgreich sein kann, wenn zuvor ein Netzwerk mit vorbereiteter organisatorischer und technischer Infrastruktur zwischen den Unternehmen aufgebaut wurde (vgl. [KeGi-00]). Solch ein strategisches Netzwerk wird im englischsprachigen Raum auch als *holonic network* bezeichnet (z. B. [McMW-95]). Das gesamte, weit verzweigte Beziehungsgefüge zwischen den Partnern des strategischen Netzwerkes ist latent – sprich

---

13 In der englischsprachigen Literatur finden sich die synonymen Begriffe *virtual corporation*, *virtual enterprise* und *virtual company* [Burm-02, S. 10], für die in dieser Arbeit die Übersetzung *virtuelles Unternehmen* verwendet wird.

dauerhaft, aber nicht immer aktiv – vorhanden, die konkrete Gestalt des Netzwerks kann sich jedoch problem- und fallspezifisch ändern, indem ein Teil eines Beziehungsgefüges ad hoc aktiviert wird [Brüt-99]

Extended Enterprise

Eine weitere Form einer virtuellen Organisation ist das Extended Enterprise. BROWNE definiert, dass das Extended Enterprise individuellen Unternehmen ermöglicht zusammenzuarbeiten, um unternehmensübergreifende Netzwerke über die gesamte Produktwertschöpfungskette zu bilden [Brow-95]. In diesem Sinne ist das Extended Enterprise ein Konzept von produzierenden Geschäftsaktivitäten, das alle Beteiligten in der Produktion eines Produkts berücksichtigt (vgl. [SFCW-95]). Der Unterschied zu herkömmlichen Unterauftragsbeziehungen ist der Umfang des Informationsflusses, der das Straffen von Herstellungsentwurf und Produktion erleichtert [SFCW-95].

BROWNE und ZHANG unterscheiden, dass das Konzept des Extended Enterprise auf langfristige Unternehmensbeziehungen entlang der Wertschöpfungskette fokussiert ist; das virtuelle Unternehmen hingegen legt eine dynamischer Umgebung nahe, in der individuelle Unternehmen für eine relativ kurze Zeit zusammenarbeiten, um ein Bedürfnis in einem Nichenmarkt befriedigen zu können [BrZh-99]. Sie unterscheiden die beiden Organisationsformen anhand der in Bild 2.5 aufgeführten Charakteristiken [BrZh-99].

Charakteristik	Extended Enterprise	Virtuelles Unternehmen
Strategische Ausrichtung	Verstärkt langfristige Ziele	Verstärkt kurzfristige Ziele
Ziel der Partnerschaft	Stabile Organisation von Unternehmen entlang der Wertschöpfungskette	Dynamische Organisation von Unternehmen mit Kernkompetenzen
Partnerbeziehung	Vertrauen und langfristige gegenseitige Abhängigkeit	Temporär und dynamisch
Grenzen	Langfristig vollständig verschwommen	Kurzfristig teilweise verschwommen
Organisationstyp	Basierend auf Produktwertschöpfungskette	Häufig Projekt- oder Nichenmarkt-bezogen
Koordination der Partnerschaft	Üblicherweise koordiniert der Hersteller die Partnerschaft	Häufig koordiniert ein ausgewählter Partner („Broker") die Kooperation
Informations- und Kommunikationstechnologie	Wird durch Informations- und Kommunikationstechnologie erleichtert und ermöglicht	Ausführung ist von komplexer Informations- und Kommunikationstechnologie abhängig.

Bild 2.5: Vergleich zwischen Extended Enterprise und virtuellem Unternehmen nach [BrZh-99]

2.3 Organisatorische Integration

Die Effizienz unternehmensübergreifender Zusammenarbeit ist nicht nur eine Frage der informationstechnischen Unterstützung. Geschäftsprozesse laufen unabhängig von existierenden Systemlandschaften und quer über existierende Informationssysteme ab. Waren bis Anfang der Jahre 2000 Informationssysteme das Zentrum eines Unternehmens, so sind es heute die Prozesse [Mart-04, S. 28]. Diesem Prinzip folgend muss die Umsetzung der informationstechnischen Integration von Unternehmen an den betriebswirtschaftlichen Anforderungen ausgerichtet sein (vgl. [KeCh-03, S. 41]).

Zentrales Element bei der Gestaltung unternehmensübergreifender Zusammenarbeit ist die Definition von unternehmensübergreifenden Geschäftsabläufen. Für die Darstellung unternehmensinterner Geschäftsabläufe hat sich die Modellierung von Geschäftsprozessen bewährt. (vgl. [Adam-02, S. 38f.], [VaZS-05, S. 1f.]). Hier gilt es zum einen bestehende Ansätze der unternehmensinternen Modellierung von Geschäftsprozessen um Aspekte der Modellierung unternehmensübergreifender Geschäftsprozesse zu erweitern. Zum anderen gilt es den Austausch von Geschäftsprozessmodellen zwischen Unternehmen zu unterstützen, um eine Verständigung oder eine Einigung auf den Ablauf von Geschäftstransaktionen zu ermöglichen. Abschnitt 2.3.1 bzw. Abschnitt 2.3.2 eruieren bestehende Ansätze zu diesen beiden Aspekten.

2.3.1 Modellierung unternehmensübergreifender Geschäftsprozesse

Für die Darstellung von Geschäftsprozessen haben sich verschiedene Modellierungsmethoden entwickelt. Diese unterscheiden sich zum einen in der Menge der zur Verfügung stehenden Modellierungskonstrukte, deren Beziehungen untereinander als auch der graphischen Darstellung. Ursprünglich waren diese Methoden als Teil der Unternehmensmodellierung auf die Darstellung unternehmensinterner Prozesse fokussiert. Nicht zuletzt durch den steigenden Bedarf an unternehmensübergreifenden Integrationslösungen wurden in den letzten Jahren Modellierungsmethoden entwickelt oder erweitert, die auch die Darstellung von unternehmensübergreifenden Prozessen unterstützen. In den nachfolgenden Abschnitten werden Modellierungsmethoden vorgestellt, die teilweise bereits dementsprechend erweitert wurden.

Unified Modeling Language (UML)

Die *Unified Modeling Language* (UML) dient zur Modellierung, Dokumentation, Spezifizierung und Visualisierung komplexer Softwaresysteme, unabhängig von deren Fach- und Realisierungsgebiet[14] [RuEt-05, S. 12]. Sie liefert die Notationselemente gleichermaßen für die statischen und dynamischen Modelle für Analyse, Design und Architektur und unterstützt insbesondere objektorientierte Vorgehensweisen [RuEt-05, S. 12]. Die aktuelle Version 2

14 Ein Kurzbeschreibung der UML befindet sich in Anhang B

versucht der Kritik entgegen zu wirken, die Sprache sei zu umfangreich und zu komplex, um sie schnell erlernen und angemessen benutzen zu können. Ebenso erforderten neue Programmiersprachen und Anwendungsbereiche wie die Modellierung von technischen Systemen mit harten Zeitanforderungen eine Erweiterung der Sprache (vgl. [RuEt-05, S. 15]).

Die Sprache stellt verschiedene Notationselemente zur Verfügung, die in vorgefertigten Diagrammtypen gruppiert werden. Darüber hinaus können basierend auf den vordefinierten Notationselementen eigene Diagrammtypen definiert werden. In der Version 2.0 verfügt die UML über die folgenden vorgefertigten Diagrammtypen (vgl. [RuEt-05, S. 31ff.], [OMG-04b]):

- Das **Klassendiagramm** bietet die Möglichkeit, die Struktur eines zu entwerfenden oder abzubildenden Systems darzustellen. Es zeigt dessen wesentliche statische Eigenschaften sowie ihre Beziehungen zueinander.
- Das **Paketdiagramm** gibt die Möglichkeit, die Struktur beliebiger Systeme zu gliedern und so Sichten in verschiedenen Abstraktionen auf ein System zu beschreiben.
- Das **Objektdiagramm** eröffnet die Möglichkeit, Instanzen von Klassen, Komponenten, Knoten, Assoziationen und Attributen zu modellieren.
- Ein **Kompositionsstrukturdiagramm** gibt die Möglichkeit, die interne Struktur eines Notationselements sowie seine Interaktionsbeziehungen zu anderen Systembestandteilen zu beschreiben.
- Mit dem **Komponentendiagramm** wird die Möglichkeit gegeben, die Struktur eines Systems zur Laufzeit darzustellen. Die Darstellung orientiert sich dabei an der gewählten Komponentenstruktur.
- Ein **Verteilungsdiagramm** zeigt die Zuordnung von Artefakten (und damit u. a. von Softwarekomponenten) auf Hardwareeinheiten, die als Knoten bezeichnet werden. Daneben stellt das Verteilungsdiagramm die Kommunikationsverbindungen und Abhängigkeiten zwischen diesen Knoten dar.
- Ein **Use-Case-Diagramm** zeigt das externe Verhalten eines Systems aus der Sicht der Nutzer, indem es die Nutzer, die Anwendungsfälle (engl.: Use cases) und deren Beziehungen zueinander darstellt. Ein Nutzer kann eine Person, aber auch ein Nachbarsystem sein.
- **Aktivitätsdiagramme** unterstützen die Modellierung von Abläufen. Dabei kann z. B. die Abarbeitung eine Anwendungsfalls oder einer Operation visualisiert, aber auch ein kompletter Geschäftsvorfall zu Papier gebracht werden.
- Mit **Zustandsautomaten** wird das Verhalten insbesondere von Klassen modelliert. Das Verhalten wird mittels Zuständen spezifiziert, die eine Klasse einnehmen kann, sowie Übergängen zwischen den Zuständen, die durch interne oder externe Ereignisse initiiert werden können.
- **Sequenzdiagramme** zeigen den Informationsaustausch zwischen beliebigen Kommunikationspartnern innerhalb eines Systems oder zwischen Systemen generell. Sie ermögli-

chen die Modellierung von festen Reihenfolgen, zeitlichen und logischen Ablaufbedingungen, Schleifen und Nebenläufigkeiten.

- Ein **Kommunikationsdiagramm** zeigt das Wechselspiel und den Nachrichtenaustausch von Teilen einer komplexen Struktur.
- Ein **Timing-Diagramm** zeigt das zeitliche Verhalten von Notationselementen in einem System.
- Ein **Interaktionsübersichtsdiagramm** zeigt das Zusammenspiel verschiedener Interaktionen, indem es Abfolgen von Interaktionen und Interaktionsreferenzen mittels einer Variante des Aktivitätsdiagramms darstellt.

Das Klassendiagramm als der Kern der gesamten Modellierungssprache (vgl. [RuEt-05, S. 95]) und das am häufigsten eingesetzte Diagramm (vgl. [BoEt-01, S. 34]) wird in einigen Unternehmensmodellierungsmethoden zur Modellierung der Datensicht eingesetzt. Die UML ist weder auf inter- noch intraorganisationelle Informationssysteme fokussiert. Da die Sprache ihren Ursprung in der Softwareentwicklung hat, fehlen allerdings einige für die Unternehmens- und Geschäftsprozessmodellierung wesentliche Modellierungskonstrukte wie z. B. Organisationseinheiten, Stellen, Rollen etc. So können zwar Aktivitätsabläufe z. B. in einem Aktivitätsdiagramm dargestellt werden, aber keine Zuständigkeiten für Aktivitäten modelliert werden. Ein ausschließlicher Einsatz der UML für die unternehmensinterne oder unternehmensübergreifende Geschäftsprozessmodellierung ist daher nicht empfehlenswert.

Business Process Modeling Notation (BPMN)

Die *Business Process Modeling Notation* (BPMN) wurde von der *Business Process Management Initiative* (BPMI, s. [WWW-2]) mit dem Ziel entwickelt eine Brücke zwischen dem Entwurf und der Implementierung eines Geschäftsprozesses zu bilden [Whit-04, S. 1]. Das der Notation zugrunde liegende Modell kann genutzt werden, um Spezifikationsdaten zu generieren, die den rechnerunterstützten Ablauf eines Geschäftsprozesses steuern. Die BPMN unterstützt hierfür die Spezifikation *Business Process Execution Language for Web Services* (BPEL4WS, s. a. Anhang C) [Whit-04, S. 1].

BPMN ist auf die Modellierung von Geschäftsprozessen fokussiert, bietet jedoch nur wenig Unterstützung für die Unternehmensmodellierung. Insbesondere fehlen Möglichkeiten, um Organisationsstrukturen und Informationsmodelle detailliert darzustellen. Die Darstellung von Organisationseinheiten und damit von Zuständigkeiten fehlt vollständig. Der Fluss von Informationen kann in Form von so genannten *Data Objects* zwar dargestellt werden, jedoch können keine weiteren Spezifikationen wie z. B. ein zugehöriges Datenmodell modelliert werden (vgl. [BPMI-04]).

BPMN kann daher zur graphischen Visualisierung und Konzeption der mit Hilfe der BPEL4WS-Spezifikation technisch implementierten Prozesse genutzt werden, für einen Einsatz bei der organisatorischen Gestaltung einer unternehmensübergreifenden Zusammenarbeit ist BPMN allerdings nicht geeignet. Die wichtigsten Mängel sind hier insbesondere das Fehlen von Modellierungskonstrukten für Organisationseinheiten sowie Datenmodellen.

MERGE

Die objektorientierte, integrierte Methode zur Unternehmensmodellierung *MERGE*[15] wurde am *Forschungszentrum Informatik an der Universität Karlsruhe* (FZI) entwickelt. Die Modellierungssymbole der Prozesssicht in der MERGE-Notation (s. a. Anhang C) entsprechen näherungsweise den Symbolen der DIN 66001 für Ablaufpläne [DIN-83]. Allerdings wurden Erweiterungen vorgenommen, die für den speziellen Anwendungsfall der Unternehmensmodellierung notwendig sind [Adam-02].

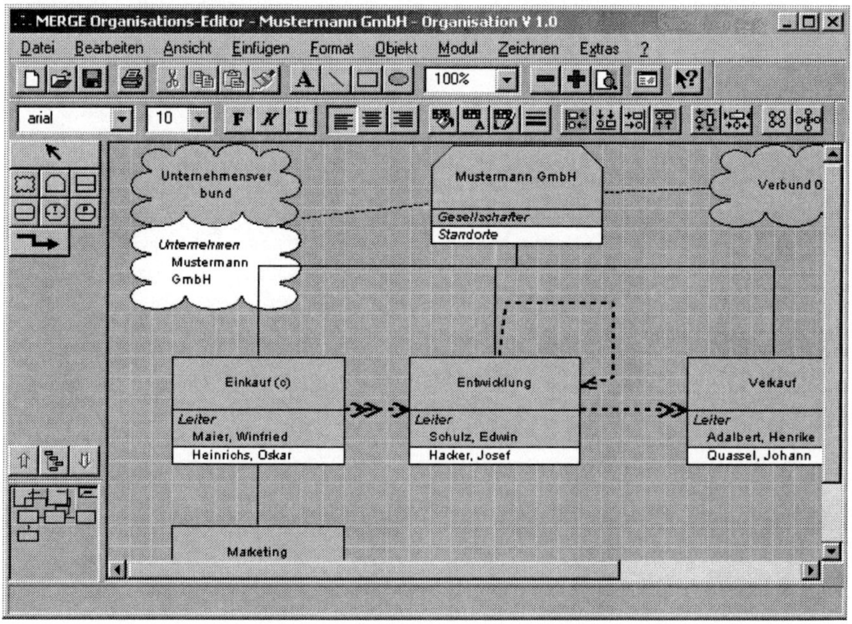

Bild 2.6: Erweitertes Organigramm im MERGE Pro Tool

Im Rahmen des durch das BMBF[16]-geförderten Verbundprojekts *iproNet*[17] wurde das MERGE-Unternehmensmodell um Objekte zur Modellierung von unternehmensübergreifen-

15 Methoden und Werkzeuge für die rechnergestützte Gestaltung bedarfsgerechter Engineering-Anwendungsarchitekturen

16 Bundesministerium für Bildung und Forschung

den Organisationen und Prozessen erweitert (s. [ipro-02]). Hierzu gehört das Einführen der Unternehmensobjekte *Unternehmen* und *Unternehmensverbund* (s. Bild 2.6) sowie entsprechende Beziehungen zu anderen Unternehmensobjekten, um Zuständigkeiten für und Zugehörigkeiten zu Unternehmen darstellen zu können

Überbetriebliche ereignisgesteuerte Prozessketten (EPK)

Zur Beschreibung von Unternehmen hat sich die ARIS[18]-Methode etabliert [KlKS-04]. Weite Verbreitung hat insbesondere die zugehörige Notation *ereignisgesteuerte Prozessketten* (EPK) gefunden, die als semiformale Modellierungsmethode zur fachkonzeptuellen Spezifikation von Unternehmensabläufen eingesetzt wird [KlKS-04]. Die EPK war ursprünglich für die Modellierung unternehmensinterner Geschäftsprozesse konzipiert worden. In den letzten Jahren wurden einige Erweiterungsvorschläge für unternehmensübergreifende Geschäftsprozesse erarbeitet, die nachfolgend vorgestellt werden.

Überbetriebliche EPK nach SCHÜPPLER

SCHÜPPLER verwendet bei seiner Darstellungstechnik unternehmensübergreifender Prozesse eine Spaltendarstellung. Durch eine gestrichelte senkrechte Linie wird eine externe Organisationssicht visualisiert (vgl. [Schü-98, S. 164]). Jede Spalte enthält die Aktivitäten eines am Prozess beteiligten Unternehmens (vgl. [Schü-98, S. 208). Die von SCHÜPPLER erarbeitete Methode unterscheidet sich von einer klassischen unternehmensbezogenen Darstellung darüber hinaus durch folgende Aspekte (vgl. [Schü-98, S. 164]):

- Die Beschreibung des Kontrollflusses und der logischen Zusammenhänge zwischen Prozessschritten erfolgt sowohl innerhalb der beteiligten Unternehmen als auch zwischen den Unternehmen.
- Durch Einbezug der Datensicht entsteht die Möglichkeit zur Darstellung lesender und schreibender Datenzugriffe auf externe Datenbestände.
- Identische, aber physisch nicht integrierte Datenelemente werden offen gelegt.

SCHÜPPLER hat das Problem unterschiedlicher Benennungen von Datenobjekten durch die beteiligten Partner (z. B. *Auftrag* und *Bestellung*, *Lieferung* und *Wareneingang* etc.) erkannt. In einem speziellen *Prozessobjektmigrationsmodell* wird die Entwicklung eines Prozessobjekts von seiner Erzeugung bis zu seiner Elimination verdeutlicht (vgl. [Schü-99, S. 164ff.]).

17 Internet-basiertes Werkzeug zur unternehmensübergreifenden konfigurierbaren Unterstützung von produzierenden Unternehmen in Netzwerken (s. [ipro-02], [GrAE-02])

18 Architektur integrierter Informationssysteme, s. [ScAJ-04]

Überbetriebliche EPK nach KUGELER

KUGELER greift den Ansatz von SCHÜPPLER auf und erweitert ihn um folgende Aspekte (vgl. [Kuge-02, S. 491]):

- Die **Prozessobjektmigration** wird nicht in einem speziellen Modell dargestellt, sondern anhand einer expliziten **Funktion**, deren Input der Ausgangsbegriff und deren Output der Zielbegriff ist. Da es sich bei diesem Informationsaustausch um eine Tätigkeit handele, die Ressourcen und Zeit verbrauche, sei auch die Modellierung einer besonderen Funktion gerechtfertigt.
- Es wird zwischen einer **Pull- und Push-Informationsaustauschbeziehung** unterschieden, um eindeutige Verantwortlichkeiten zuordnen zu können. *Pull* bedeutet, dass die Initiative des Informationsaustauschs vom Empfänger ausgeht, *Push*, dass die Initiative vom Sender ausgeht. Die Benennung einer Funktion nach dem Schema „(Objekt) übermitteln" bzw. „(Objekt) abrufen" kennzeichnet eine Push bzw. Pull-Beziehung.
- Das verwendete Kommunikationsmedium, die ausführende Stelle oder Organisationseinheit sowie die verwendeten Informationssysteme werden im Prozessmodell dargestellt.

Darüber hinaus fordert KUGELER, dass die unternehmensübergreifende Prozessmodellierung durch eine geeignete unternehmensübergreifende Datenmodellierung ergänzt wird (vgl. [Kuge-02, S. 493]). Diese Datenmodelle sollen u. a. die Basis zur Transformation in konkrete Nachrichtenformate sein.

Überbetriebliche EPK nach KLEIN, KUPSCH und SCHEER

KLEIN, KUPSCH und SCHEER haben unabhängig von SCHÜPPLER und KUGELER einen Vorschlag zur Erweiterung der EPK ausgearbeitet, der sich an der BPMN und UML orientiert (vgl. [KlKS-04, S. 8]). Folgende Änderungen werden von den Autoren vorgeschlagen (vgl. [KlKS-04, S. 8], s. Bild 2.7):

- Objekte der Aufbauorganisation (Organisationseinheit, Stelle, Rolle, Person) werden durch ein weiteres Attribut Organisation beschrieben. Damit lassen sich z. B. gleichnamige Abteilungen unterschiedlicher Unternehmen eindeutig identifizieren.
- Die Zuordnung einer Funktion zu einem Unternehmen kann entweder durch eine direkte Zuordnung zu einem (unternehmensspezifischen) Objekt der Aufbauorganisation erfolgen oder durch Eingliederung in eine so genannte *Swimlane.* Eine Swimlane repräsentiert eine Gruppe von Funktionen, die gemeinsame Eigenschaften aufweisen (z. B. Verknüpfung mit Unternehmen, Abteilungen, Rollen, Standorten). Die Darstellung erfolgt in Form eines Rechtecks um die grafischen Objekte der Funktionen. Bei Swimlanes werden *Pools* und *Lanes* unterschieden: Ein *Pool* repräsentiert einen eigenständigen Prozessbeteiligten. Eine Lane bezeichnet eine Subpartition, die vollständig innerhalb eines Pools positioniert ist.

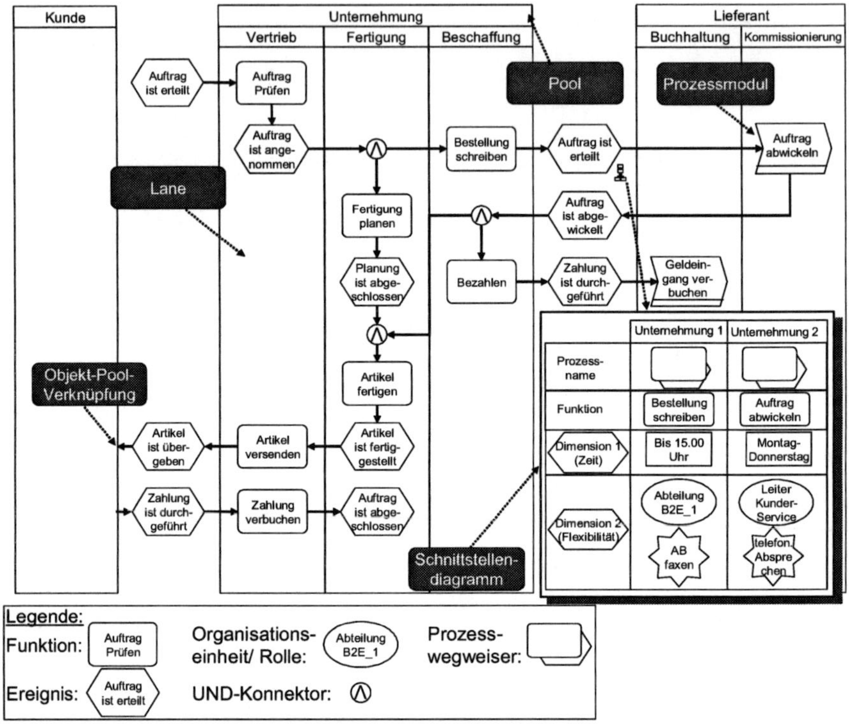

Bild 2.7: Übersicht über eingeführte Konstrukte in der Methode nach KLEIN, KUPSCH und SCHEER [KlKS-04, S. 23]

- Unternehmensinterne Geschäftsprozesse lassen sich abstrahieren und damit nach außen verbergen. Zum einen können leere Pools in ein Prozessmodell eingebunden werden, wenn beispielsweise die Interaktion mit einem Geschäftspartner abzubilden ist, gleichzeitig jedoch keine Detailinformationen vorliegen. Zum anderen wird der Objekttyp *Prozessmodul* eingeführt, welcher eine abgeschlossene logische Einheit symbolisiert, die einen sinnvoll und eindeutig abgegrenzten Teil eines Geschäftsprozesses widerspiegelt. Das Prozessmodul stellt also eine Kapselung einer Prozessinformation dar. Damit ist eine adressatengerechte, individuelle Möglichkeit der Informationsreduktion möglich.

- Ein Prozessmodul wird durch *Pre-* und *Post-Conditions* beschrieben. Pre-Conditions beschreiben sämtliche Bedingungen oder Zustände, die erfüllt sein müssen, damit das Prozessmodul gestartet werden kann. Post-Conditions bilden sämtliche Bedingungen oder Zustände ab, die beim erfolgreichen Abschluss des Prozessmoduls eintreten müssen.

- Als eine Besonderheit beim Management lose gekoppelter Netzwerke haben die Autoren identifiziert, dass die Ablaufsteuerung häufig ausschließlich über die Beschreibung von Input- und Outputleistungen stattfindet (s. [KlKS-04, S. 14]). Aus diesem Grund kann über gerichtete Kanten ein Objekttyp *Leistung* einer Funktion zugeordnet werden. Die beschreibenden Attribute *Menge*, *Zeit* und *Qualität* werden direkt im Prozessmodell abgebildet (vgl. [KlKS-04, S. 14]).

- Über einen Objekttyp *Kooperationsrisiko* kann eine mögliche Gefahr für einen unternehmensübergreifenden Prozess, das angestrebte Prozessziel nicht zu erreichen, dargestellt werden. Umfassende Informationen zum Umgang mit Schwierigkeiten lassen sich durch Hinterlegung des Modelltyps *Risiko-Detaillanalysemodell* festhalten.

Ein Schwerpunkt wurde darüber hinaus auf die detaillierte fachkonzeptuelle Spezifikation des Übergangs des Kontrollflusses von einem Prozesspartner auf den anderen gelegt. Liegen zwei sequentiell zu bearbeitende Funktionen in voneinander getrennten Organisationen vor, müssen Geschäftsprozessregeln definiert werden, die den reibungslosen Übergang des Kontrollflusses von einer Organisation auf eine andere sicherstellt. Um eine kompakte, intuitiv verständliche visuelle Repräsentation von Schnittstellen in Verbindung mit einer EPK zu erreichen, wird zu deren fachkonzeptueller Spezifikation ein *Schnittstellendiagramm* empfohlen [KlKS-04, S. 19]. Dieses Schnittstellendiagramm spezifiziert die Dimensionen *Zeit*, *Flexibilität*, *Ort* und *Output* einer Schnittstelle.

Die vorgestellte Modellierungsmethode unterstützt die Möglichkeit, unternehmensinterne Prozesse in unternehmensübergreifende einzubinden, ohne jedoch Details veröffentlichen zu müssen. Allerdings geht die Methode davon aus, dass sowohl unternehmensinterne als auch unternehmensübergreifende Prozesse durch die EPK dargestellt werden. Zwar wird eine Transformation von BPMN-Modellen diskutiert, jedoch ist keine allgemeine Einbindung anderer Prozessnotationen vorgesehen. Darüber hinaus wird die syntaktische Ebene einer Integration nicht berücksichtigt (vgl. [KlKS-04, S. 17]), wodurch ein Methoden- und Medienbruch zwischen Konzeption und Realisierung von Integrationslösungen entsteht.

E-Business Szenario-Diagramme

Die Firmen *SAP AG* und *IDS Scheer AG* entwickelten zusammen die Methode *C-Business Szenario-Diagramme* zur grafischen Modellierung von kooperativen Geschäftsprozessen (vgl. [SGHZ-02, S. 12]). Die IDS Scheer AG hat die Methode weiterentwickelt und den Namen in *E-Business Szenario-Diagramme* geändert. Ziel der Methode ist es, mittels einer leicht verständlichen Methode darzustellen, wie verschiedene Unternehmen und Teilnehmer zusammenarbeiten und die daraus resultierenden Wertschöpfungspotenziale zu dokumentieren (vgl. [SGHZ-02, S. 12]). Die Methode lässt sich in das ARIS-Konzept einordnen und mit Methoden der (klassischen) Geschäftsprozessmodellierung kombinieren [SGHZ-02, S. 12].

In E-Business Szenario-Diagrammen werden nicht nur unternehmensübergreifend kooperierende Unternehmen und deren Waren-, Informations- und Zahlungsflüsse dargestellt, sondern auch Funktionen und ihre (grobe) Reihenfolgebeziehung (s. Bild 2.8, vgl. [Kuge-02, S. 487]). Allerdings können keine komplexen Prozessstrukturen dargestellt werden, da die Notation keine Entscheidungsregeln erfasst [Kuge-02, S. 488]. KUGELER folgert daraus, dass diese Modellierungstechnik „nur für eine Prozessmodellierung auf hohem Abstraktionsniveau“

[Kuge-02, S. 488] sinnvoll sein könne und die Darstellung detaillierter Prozessstrukturen anhand anderer Modellierungsmethoden vorgenommen werden müsse [Kuge-02, S. 488].

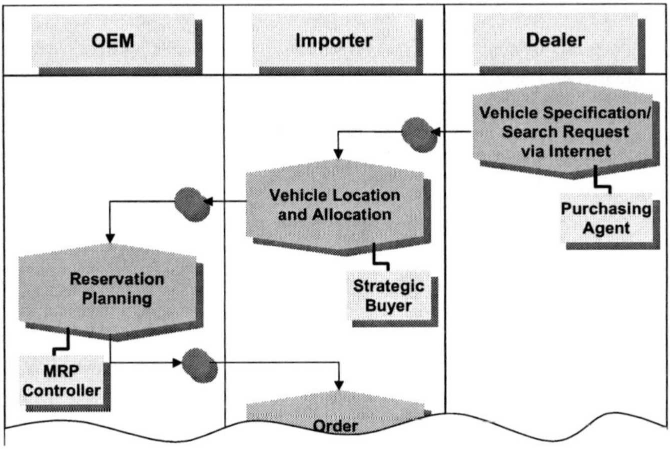

Bild 2.8: Beispiel eines E-Business Szenario-Diagramms (aus [IDS-04, S. 9])

2.3.2 Austausch von Geschäftsprozessmodellen

Wie bereits im vorherigen Abschnitt beschrieben gibt es heute eine Vielzahl von Modellierungssprachen für Geschäftsprozesse. Um trotz dieser Vielzahl an Modellierungssprachen Geschäftsprozessmodelle zwischen Partnern kommunizieren zu können, wurden neutrale Austauschformate definiert. Dabei kann zwischen Arbeiten unterschieden werden, die sich mit dem Austausch von Modellen im Allgemeinen und dem Austausch von Geschäftsprozessmodellen im Besonderen beschäftigen. Im nachfolgenden Abschnitt wird mit der *Extended Markup Language Metadata Interchange* Spezifikation ein allgemeiner Ansatz für den Austausch von Modellen vorgestellt. In den drei darauf folgenden Abschnitten werden Spezifikationen für den Austausch von Geschäftsprozessmodellen diskutiert.

Extended Markup Language Metadata Interchange (XMI)

Der *Extended Markup Language Metadata Interchange* (XMI) Standard (s. [OMG-03]) wurde von der *Object Management Group*[19] (OMG) entwickelt, um den Austausch von Metadaten zwischen Modellierungswerkzeugen, Repositories und Anwendungen in verteilten, heterogenen Umgebungen zu erleichtern [Carl-01, S. 298]. Der XMI Standard baut dabei auf dem

19 Weitere Informationen zur OMG befindet sich auf deren Homepage [WWW-10].

Meta Object Facility (MOF) Standard (s. [OMG-02]) auf, ein Rahmenwerk für den Aufbau von Metamodellen.

Für den Austausch von Modellen setzt der XMI-Standard auf dem Datenaustauschformat *Extensible Markup Language* (XML, s. Abschnitt 2.4.1) auf. XMI spezifiziert hierzu

- wie aus einem MOF-konformen Metamodell eine Spezifikation für eine Datei im XML-Format (die so genannte Document Type Definition, Abk. DTD, s. Abschnitt 2.4.1) generiert wird und
- wie aus einem MOF-konformen Modell ein XML Dokument generiert wird, das der Spezifikation der XML DTD entspricht.

Auf diese Weise bietet die XMI einen Standard, der sowohl die Spezifikation eines Austauschformats definiert als auch die Generierung der auszutauschenden Daten für ein Modell festlegt, die diesem Austauschformat entsprechen. Modellierungssprachen, die auf Basis des MOF Standards spezifiziert wurden, können auf diese Weise effizient in Werkzeug eingebunden werden, die den MOF-Standard unterstützen. Ein Beispiel eines solchen Werkzeuges ist die *Eclipse* Entwicklungsumgebung (s. [Assi-05]). Basierend auf einem Metamodell wird hier die Generierung einer Schnittstelle zum Austausch von Modellen sowie die Implementierung von grafischen Editoren unterstützt.

UN/CEFACT Modeling Methodology (UMM)

Das Hauptziel der UN/CEFACT[20] *Modeling Methodology* (UMM) ist eine Sicht auf Geschäftstransaktionen anzubieten, die auf die Aspekte des Entscheidens und der Vereinbarungen zwischen Personen zur Beschreibung von Geschäftstransaktionen beschränkt ist. Die UMM bietet eine Vorgehensweise um unternehmensübergreifende Geschäftsprozesse inklusive des Informationsaustauschs in einer technologieneutralen, implementierungsunabhängigen Art und Weise zu spezifizieren und zu modellieren. Hierzu verfügt die UMM über ein umfangreiches Metamodell für Geschäftsprozesse und Geschäftsinformationen sowie einer umfassenden Methode zur Prozessanalyse. Für die Modellierung wird eine Erweiterung der UML in Form eines UML Profils verwendet (vgl. [NN-03b]).

Durch die Standardisierung in einem angesehenen Standardisierungsgremium bietet die UMM einen Modellierungsansatz, der für den Austausch von Geschäftsprozessmodellen eine breite Akzeptanz finden kann. Ein eigenes Datenformat für den digitalen Austausch von Geschäftsprozessmodellen fehlt. Da allerdings UMM zur Modellierung eine Erweiterung der UML nutzt, ist ein Einsatz von XMI für den digitalen Austausch von Geschäftsprozessmodellen denkbar.

20 United Nations Centre for Trade Facilitation and Electronic Business, Zentrum der Vereinten Nationen für Handelserleichterung und elektronischen Geschäftsverkehr (s. [WWW-7])

Unified Enterprise Modelling Language (UEML)

Der Begriff *Unified Enterprise Modelling Language* (UEML) benennt sowohl ein *Thematic Network Project* (IST-2001-34229) als auch eine in diesem Projekt entwickelte Sprache zur Unternehmensmodellierung [WWW-3]. Die UEML wurde als neutrale Modellierungssprache entwickelt, die die Übersetzung eines Unternehmensmodells von einer Unternehmensmodellierungssprache in eine andere Unternehmensmodellierungssprache ermöglichen soll [ChVe-03, S. 276, 277] und so den Austausch von Modellen zwischen Modellierungswerkzeugen unterstützt.

Ein Ergebnis des Projekts war die Entwicklung des Kerns der Modellierungssprache UEML (*Core UEML*), der aus 17 verschiedenen Modellierungskonstrukten (s. [WWW-3]) wie z. B. *InformationObject*, *Activitiy* oder *MaterialResource* und Beziehungen zwischen diesen Modellierungskonstrukten besteht. Der Austausch von Unternehmensmodellen soll in XML erfolgen. Eine graphische Notation zu UEML existiert nicht. Stattdessen werden Modelle in UEML in Form von XML-Dateien dargestellt. Für die Validierung UEML-konformer XML-Dateien wurde ein XML Schema[21] definiert.

UEML bietet derzeit keine expliziten Konstrukte zur Modellierung von unternehmensübergreifenden Geschäftsprozessen. Der Einsatz von Core UEML bietet sich daher für die kooperative Gestaltung von unternehmensübergreifenden Geschäftsprozessen nicht an. Allerdings bietet UEML einen Ansatz, unternehmensinterne Geschäftsprozesse, die in unterschiedlichen Modellierungssprachen definiert sind, auszutauschen. UEML ist eine Initiative, die von einer Vielzahl von Forschern und Entwicklern von Unternehmensmodellierungssprachen unterstützt wird. Allerdings bietet Core UEML derzeit noch eine eingeschränkte Menge von Modellierungskonstrukten, sodass ein breiter Einsatz, der über einen Prototypenzustand hinausgeht, derzeit nicht möglich ist. Eine Erweiterung von Core UEML ist durch das *Network of Excellence* INTEROP (*Interoperability Research for Networked Enterprises Applications and Software*, s. [WWW-4]) zu erwarten, welches am 01. November 2003 gestartet ist und bis 31. Oktober 2006 noch läuft.

2.4 Informationstechnische Integration

Die informationstechnische Integration von Informationssystemen über Unternehmensgrenzen hinweg ist die technologische Basis, um unternehmensübergreifende Geschäftsprozesse zu automatisieren. Die unterschiedlichen Technologien und Verfahren lassen sich in drei aufeinander aufbauenden Komplexitätsstufen einteilen:

- **Datenaustausch**: Beim informationstechnisch unterstützten Datenaustausch werden Nutzdaten zwischen Informationssystemen ausgetauscht. Die Auswahl einer Funktion zur Weiterbearbeitung der Daten obliegt dem Empfänger.

21 Dieses XML Schema ist unter [WWW-3] verfügbar.

- **Funktionsaufruf**: Ein entferntes Informationssystem bietet Dienste oder Funktionen an, die von einem Informationssystem eines anderen Unternehmens aufgerufen werden. Durch Einsatz dieser Dienste lässt sich die Funktionalität eines Informationssystems virtuell erweitern.
- **Prozessausführung**: Informationssysteme werden als Teilhaber an Geschäftsprozessen eingebunden. Eine Abfolge von Aktions- und Reaktionsmustern zwischen Informationssystemen kann automatisch ablaufen.

In den nachfolgenden Abschnitten 2.4.1, 2.4.2 und 2.4.3 werden zu jeder dieser Komplexitätsstufen die grundlegenden Konzepte und Verfahren erläutert sowie Standards und Lösungen im industriellen Einsatz vorgestellt.

2.4.1 Datenaustausch

Um Geschäftsprozesse zu automatisieren müssen Informationen zwischen Partnern statt als einfache, unstrukturierte digitale Informationen in einer strukturierten, konsistenten Form ausgetauscht werden [EC-04, S. 32]. Für den Datenaustausch über Unternehmensgrenzen hinweg existiert zwar eine hohe Anzahl von Standards, jedoch sind viele branchen- oder anbieterspezifisch. Auf eine Darstellung dieser Standards wird daher an dieser Stelle verzichtet. Stattdessen werden die standardisierten Beschreibungssprachen *Electronic Data Interchange* (EDI) und *Extensible Markup Language* (XML) als Rahmenwerke für den elektronischen Datenaustausch in den nachfolgenden Abschnitten eruiert. EDI-basierte Stanndards werden hauptsächlich im produzierenden Gewerbe und im Einzelhandel eingesetzt, wohingegen XML-Standards stärker im Sektor Dienstleistungen für Unternehmen eingesetzt werden [EC-04, S. 32]. Im Allgemeinen lässt sich feststellen, dass der Anteil von Unternehmen, die standardisierte Daten austauschen, mit der Größe der Unternehmen zunimmt [EC-04, S. 32]. Allerdings ist vielen Unternehmen nicht bewusst, welche Standards sie einsetzen [EC-04, S. 32].

Electronic Data Interchange (EDI)

Die unternehmensübergreifende Integration ist vor allem auf Ebene der Datenintegration unter dem Begriff *Electronic Data Interchange* (EDI) schon seit langer Zeit bekannt und weit verbreitet [JaMP-02, S. 26]. Unter EDI werden Ansätze zur Automatisierung unternehmensübergreifender Informationsflüsse subsumiert, die eine schnellere, kostengünstigere und sicherere Abwicklung von Interaktionen zwischen Unternehmen erreichen sollen [Schü-98, S. 24]. EDI ist ein Standardformat für den Austausch von Geschäftsdaten [Seif-02, S. 94] wie z. B. Bestellungen, Rechnungen, Materialfreigabe, Versandpapiere oder Produktanfragen [AtAt-04, S. 419].

Eine EDI-Nachricht besteht aus einem Satz Datenelemente, von denen jeder ein bestimmtes Datum (wie Preis, Produktnummer, etc.) repräsentiert. Die einzelnen Datenelemente werden über Trennzeichen voneinander getrennt. Den gesamten Datensatz nennt man Datensegment.

Ein oder mehrere Datensegmente, die mit einer Titel- und Fußzeile eingerahmt werden, formen einen Nachrichtentyp. Die Nachrichtentypen stellen die EDI-Übertragungseinheiten dar [Seif-02, S. 94].

Es existieren eine Reihe unterschiedlicher EDI-Standards, die durch unterschiedliche Anforderungen der unterschiedlichen Anwendergruppen, Branchen und nationalen Regelungen geprägt sind[22] [Seif-02, S. 94]. Hervorzuheben ist dabei der UN/EDIFACT[23]-Standard, welcher als ISO-Standard (ISO-9735, s. [ISO-02]) verabschiedet wurde und der einzige EDI-Standard ist mit allgemeiner internationaler Gültigkeit (s. [Seif-02, S. 96]). Allerdings ist auch UN/EDIFACT sehr umfangreich, sodass Branchenverbänden, EDI-Intiativen und -Konsortien wohldefinierte Teilmengen (so genannte *Subsets*) von UN/EDIFACT-Nachrichten definieren [Seif-02, S. 96,97].

Der Einsatz von EDI erleichtert Geschäftstransaktionen, eliminiert papierbasierten Informationsaustausch und reduziert Kosten, hat aber nur geringfügige Bedeutung für Planung und Terminierung von Supply Chains [AtAt-04, S. 419]. Darüber hinaus wirkt sich die Existenz der vielen verschiedenen EDI-Standards hinderlich auf die Verbreitung des elektronischen Geschäftsdatenaustauschs via EDI aus [Seif-02, S. 96]. Nach Meinung von LINTHICUM ist EDI nicht für eine prozessorientierte, unternehmensübergreifende Integration von Informationssystemen geeignet (vgl. [Lint-01, S. 328]).

Extensible Markup Language (XML)

Die *Extensible Markup Language* (XML) [W3C-04a] bietet einen einfachen Weg, Daten in einer Datei zu gliedern. Die Spezifikation sieht vor, dass eine Datei sowohl die Auszeichnungen (engl.: markup) der Daten als auch die Daten selbst enthält (vgl. [AnEt-00, S. 33-37], [Lint-00, S. 263]). Beispielsweise enthält eine Datei neben dem Datum „99,95 EUR" auch die Auszeichnung, dass es sich bei diesem Datum um den Kaufpreis handelt. Dateien, die der XML-Spezifikation entsprechen, werden auch *XML Dokumente* genannt.

In XML werden *Literale* (engl.: tags) benutzt, um Metadaten in Form der Auszeichnungen zu beschreiben und vom eigentlichen Inhalt zu trennen. XML gibt dabei keine feste Menge von Literalen vor, beinhaltet allerdings einen Mechanismus für die Definition von neuen Literalen und deren Anwendung (vgl. [AnEt-00, S. 40]). Zur Beschreibung der verwendeten Literale und der Strukturierung eines XML Dokuments mit Hilfe der Literale können in einem XML Dokument Vokabulare referenziert werden. Ein *XML Vokabular* ist eine Beschreibung von Daten, die als Medium für den Austausch von Informationen aus einem bestimmten Anwendungsgebiet dienen (vgl. [AnEt-00, S. 41]). Zur Beschreibung von Vokabularen unterstützt XML zwei Spezifikationen: *Document Type Definitions* (DTD) und *XML Schemas*[24].

22 Einige Beispiele solcher Standards finden sich z. B. in [Seif-02, S. 94], [Burm-02, S. 45]

23 United Nations Electronic data interchange for administration, commerce and transport

24 Die XML Schema Spezifikation findet man in [W3C-04b], [W3C-04c], [W3C-04d]

Mittels DTD oder XML Schema ist damit eine syntaktische Beschreibung der Daten eines XML Dokuments möglich. Die gekapselte Beschreibung sowohl der Datenstrukturen als auch der Daten bewirkt, dass ein XML Dokument syntaktisch unabhängig von Systemen ist, die ein XML Dokument erzeugen oder weiterverarbeiten (vgl. [Lint-00, S. 263f.]). Durch die Unabhängigkeit von XML von den jeweilig verwendeten Datenformaten, Plattformen und Anwendungsprogrammen wird es ermöglicht, die übertragenen Daten zu verarbeiten [ScTh-99]. Für die Beschreibung, wie zwei XML Dokumente mit unterschiedlichen Vokabularien ineinander überführt werden können (so genanntes *Mapping*), wurde der auf XML basierende Standard *Extensible Style Language Transformation*[25] (XSLT) entwickelt. Mit XSLT können Transformationsregeln definiert werden, die kontextabhängig Transformationsoperationen oder die Sortierung von Daten auslösen.

Trotz der Standardisierung variiert die inhaltliche Beschreibung von Dokumenten wie Aufträgen oder Rechnungen von Unternehmen zu Unternehmen. Dieser Effekt ist insbesondere bei XML sehr stark ausgeprägt (vgl. [SGHZ-02, S. 14]). Weder XML noch die Spezifikation von Vokabularen mittels DTD oder XML Schema ermöglicht eine durch Rechner verarbeitbare, semantisch eindeutige Spezifikation von Daten. So kann z. B. in einer DTD oder einem XML Schema festgelegt werden, dass ein XML Dokument das Literal *Kaufpreis* enthält, es kann jedoch nicht definiert werden, dass das zugehörige Datum auch der im alltäglich Gebrauch verstandenen Semantik des Begriffs *Kaufpreis* entspricht. Im Gegensatz zu EDI lassen sich jedoch XML-Standards leichter ineinander überführen und Daten im XML-Format einfacher über das Internet austauschen [SGHZ-02, S. 14].

2.4.2 Systemübergreifender Funktionsaufruf

Über den reinen Austausch von Daten zwischen Informationssystemen über Unternehmensgrenzen hinweg haben sich in den vergangenen Jahren Technologien und Standards entwickelt, die einen Aufruf von Funktionen und Methoden entfernter Informationssysteme ermöglichen. Die konzeptionelle und oftmals auch technologische Grundlage dieser Standards und Technologien ist der in Bild 2.9 dargestellte Aufbau von Informationssystemen, so genannte *serverseitige Komponentenmodelle* (vgl. [Merz-99, S. 390], [Mons-04, S. 8]), die auf einer *Drei-Schicht-Architektur* basieren.

Bei Informationssystemen, die nach der Drei-Schicht-Architektur aufgebaut sind, werden Teile des Systems als separate Module (den Schichten) realisiert (vgl. [RaSc-03, S. 257]):

- **Präsentation**: Hierin werden alle Funktionen zusammengefasst, die dem Benutzer unmittelbar bereitgestellt werden. Dazu gehören z. B. die Verwaltung von Bedienelementen der grafischen Benutzungsoberfläche und die Handhabung von Benutzungsereignissen.

---

25 Die XSLT Spezifikation findet man in [W3C-99]

- **Ablauflogik**: Zur Ablauflogik gehören Funktionen, die unterhalb der Präsentation ablaufen und in den Verfahren zur Unterstützung der von dem Informationssystem zu bewältigenden Aufgaben implementiert sind.
- **Datenhaltung**: Funktionen der Datenhaltung umfassen die Eingabe, Änderung, Löschung und Abfrage von Daten.

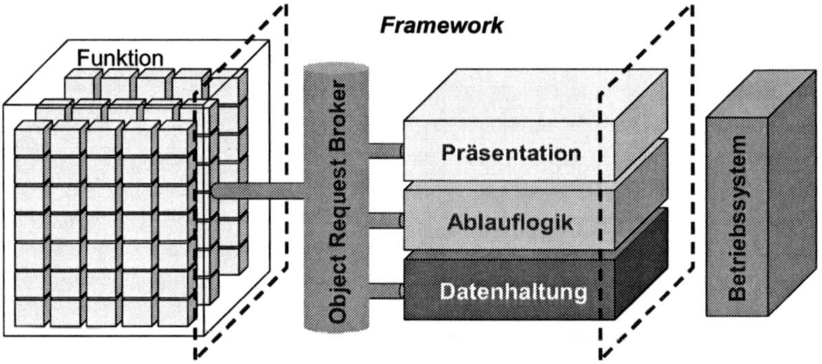

Bild 2.9: Frameworks und Zerlegung der Funktionalität in Fachkomponenten (vgl. [RaSc-03, S. 275f.])

Die Funktionalität eines Informationssystems lässt sich unterteilen in Anwendungsfunktionalität und Ablauflogik, welche die Abarbeitungsfolgen von Funktionen informationssystemübergreifend koordiniert (vgl. [RaSc-03, S. 267]). Aus objektorientierter Sichtweise bestehen diese vier Komponenten (Präsentation, Ablauflogik, Datenhaltung und Funktionen) eines Informationssystems jeweils aus einer Menge von Objekten. Um eine flexible Austauschbarkeit dieser Komponenten zu erreichen, rufen Objekte die Dienste eines Objekts in einer anderen Komponente nicht direkt auf. Stattdessen wird ein Vermittlungsdienst geschaffen, der die Dienste der Objekte zwischen diesen vermittelt. Eine Software, die Dienste zwischen Objekten vermittelt, wird *Objektschnittstelle* oder auch *Object Request Broker* (ORB) genannt (vgl. [RaSc-03, S. 270]).

Werden die anwendungsinvarianten Architekturelemente Datenhaltung, Ablauflogik, Präsentation und Objektschnittstelle zwischen Funktionalität und Betriebssystem gekapselt, so spricht man von einem *Framework* (vgl. [RaSc-03, S. 275]). Die Anwendungsfunktionalität wiederum lässt sich in *Fachkomponenten* zerlegen. Nach FELLNER, RAUTENSTRAUCH und TUROWSKI ist eine Fachkomponente „eine prinzipiell vermarktbare Komponente, die über eine wohldefinierte Schnittstelle verfügt, in zur Zeit der Entwicklung unvorhersehbaren Kombinationen mit anderen Fachkomponenten eingesetzt und an unternehmensspezifische Erfordernisse angepasst werden kann, sowie eine bestimmte Menge von Aufgaben einer betrieblichen Anwendungsdomäne implementiert“ [FeRT-99].

Auf Grund dieses Aufbaus von Informationssystemen ist zum einen ein Zugriff auf Fachkomponenten über wohldefinierte Schnittstellen möglich und zum anderen existieren bereits grundlegende Technologien für die Vermittlung von Diensten der Komponenten. Auf diesen Voraussetzungen setzen Standards und Technologien auf, die auch einen unternehmensübergreifenden Aufruf von Diensten ermöglichen. Daraus hat sich in jüngster Zeit das Prinzip der *serviceorientierten Architektur* (SOA, s. [Erl-04]) entwickelt. Diese stellt die fachlichen Dienste (Services) eines Unternehmens – als Basis einer Integration von Anwendungen – in den Mittelpunkt der Betrachtungen. Durch Zusammenarbeit und Verknüpfung (genannt *Choreografie* oder *Orchestrierung*) von Services auf Basis gemeinsamer Kommunikationsprotokolle entstehen neue oder erweiterte Dienste. Hierbei wird bewusst zwischen dem SOA-Konzept einerseits und Implementierungstechnologien andererseits getrennt [KoSt-05, S. 18].

Im nachfolgenden werden Standards und Technologien vorgestellt, die den beschrieben Aufbau eines Informationssystems sowie den übergreifenden Aufruf von Diensten unterstützen. Diese Technologien können damit insbesondere auch für den Aufbau einer serviceorientierten Architektur eingesetzt werden.

Web Services

Ein *Web Service* ist eine über ein Netzwerk zugängliche Schnittstelle zu Informationssystemfunktionen, die mit Hilfe von Standardtechniken des Internets realisiert wird [SnTK-02, S. 1]. Diese Schnittstelle wirkt sich als Abstraktionsschicht aus, die die plattform- und programmiersprachenspezifischen Einzelheiten des Dienstaufrufs abtrennt (vgl. [SnTK-02, S. 2]. Aufrufe und Parameter werden dabei entsprechend des *SOAP* (Simple Object Access Protocol) Standards (s. [W3C-03a], [W3C-03b], [W3C-03c], [W3C-03d]) codiert, einem auf XML basierenden Standard. Zur Unterstützung der Codierung und Decodierung einer Nachricht in das SOAP-Format werden Web Services samt ihren Parametern mittels der *Web Services Description Language* (WSDL) (s. [W3C-04e], [W3C-04f], [W3C-04g], [W3C-04h]) beschrieben [BBMW-03, S. 9]).

Web Services unterstützen eine dynamische Integration eines Dienstes. In Bild 2.10 ist die so genannte *Web Service-Architektur* dargestellt, die das der dynamischen Integration zugrunde liegende Prinzip veranschaulicht (vgl. [SnTK-02, S. 5f.]): Ein *Service-Provider* veröffentlicht eine Beschreibung der von ihm angebotenen Dienste mit Hilfe der *Service-Registry*. Der *Service-Konsument* durchsucht die *Service-Registry* nach einem Dienst, der seine Anforderungen erfüllt. Der *Service-Konsument* kann sowohl ein Mensch als auch ein Programm sein. Der Ausdruck *Bindung* in Bild 2.10 bezieht sich darauf, dass ein Service-Konsument tatsächlich einen von einem Service-Provider angebotenen Dienst benutzt.

Web Services stellen eine Technologie dar, die eine immer stärkere Bedeutung im industriellen Einsatz gewinnt. Durch die strikte Unabhängigkeit von Plattformen oder Programmiersprachen ist ein breiter Einsatz möglich. Da der für die Übertragung der Dienstaufrufe zugrunde liegende Standard SOAP auf XML basiert, ist zu erwarten, dass auch die Kodierung von Daten in XML weiterhin an Bedeutung zunehmen wird.

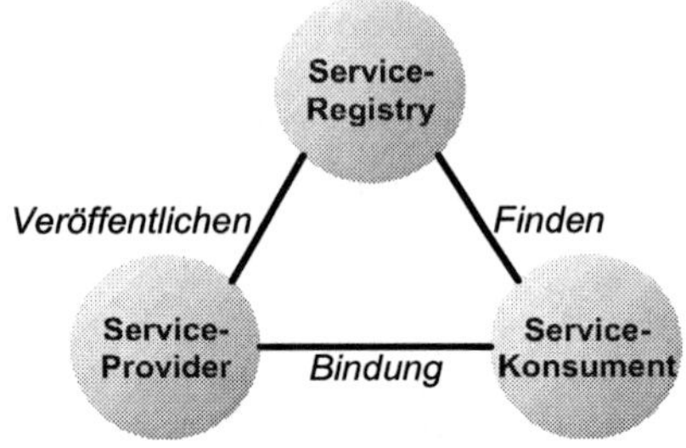

Bild 2.10: Web Service-Architektur (nach [SnTK-02, S. 5])

Common Object Request Broker Architecture (CORBA)

Die *Common Object Request Broker Architecture* (CORBA) ist ein Standard der OMG für die Implementierung eines ORB (vgl. [OMG-04a]) unabhängig von Rechnerarchitektur, Betriebssystem und Programmiersprache [Saye-99, S. 9]. Hierzu unterstützt CORBA sprachunabhängige Schnittstellendefinitionen von Komponenten und die transparente Verteilung von Objekten (vgl. [Merz-99, S. 395f.]). Auf jedem Rechner, den ein CORBA-basiertes Informationssystem nutzt, ist ein CORBA-konformer ORB implementiert. Ein Dienst auf einem entfernten Rechner wird aufgerufen, indem eine den Dienst repräsentierende Schnittstelle, das so genannte *stub interface*, aufgerufen wird. Das stub interface übergibt den Aufruf an den lokal installierten ORB, welcher wiederum den aufgerufenen Dienst lokalisiert und den Aufruf an den entsprechenden ORB weiterleitet. Dieser ORB ruft das so genannte *skeleton interface* des Dienstes auf, eine implementierungsunabhängige, lokale Schnittstelle des Dienstes. Diese Schnittstelle wiederum ruft den eigentlichen Dienst auf und liefert dessen Ergebnis an den ORB zurück. Über den ORB des aufrufenden Dienstes wird schließlich das Ergebnis an diesen zurückgeliefert (vgl. [Zaha-00]).

Um Dienste verschiedener Plattformen und damit unternehmensübergreifend aufrufen zu können, wurde das *General Inter-ORB-Protocol* (GIOP) [OMG-04a] entwickelt. Es definiert allgemeine Protokollspezifikationen wie die Darstellung von Datentypen. Davon ausgehend hat die OMG Implementierungsregeln für TCP/IP[26] entwickelt, die im *Internet-Inter-ORB-Protocol* (IIOP) zusammengefasst wurden (vgl. [Saye-99, S: 55]. Das IIOP behandelt Unterschiede zwischen ORB-Implementierungen wie z. B. die Byte-Reihenfolge und Anordnung auf Maschinenebene [FaCF-02, S. 97].

CORBA verliert zunehmend an Bedeutung gegenüber Web Services. Nachteile von CORBA sind zum einen, dass Schutzeinrichtungen gegen Angriffe auf Rechner (sog. Firewalls) teilweise den Einsatz von CORBA nicht ermöglichen. Zum anderen können bestehende Informa-

26 TCP – Transmission Control Protocol, IP – Internet Protocol; zum TCP/IP-Referenzmodell s. [Tane-03, S. 58ff.].

tionssysteme einfacher über Web Services um unternehmensübergreifende Schnittstellen erweitert werden.

Enterprise JavaBeans

Enterprise JavaBeans (EJB) [Sun-03] ist ein Industriestandard, der von der Firma *Sun* unter maßgeblicher Beteiligung der Firmen *IBM*, *Oracle* und anderen im März 1998 als Spezifikation verabschiedet wurde [Merz-99, S. 390]. Der Standard spezifiziert ein serverseitiges Komponentenmodell für verteilte Informationssysteme (vgl. [Mons-04, S. 5]). Er setzt dabei auf der Programmiersprache *Java* und den Technologien, die durch die Bibliotheken der *Java 2 Enterprise Edition* (J2EE) zur Verfügung stehen, auf.

Für den übergreifenden Aufruf von Diensten bietet EJB verschiedene Alternativen (vgl. [FaCF-02, S. 249]):

- **Web Services**: Fachkomponenten (in der EJB-Terminologie *Beans*) können direkt durch Web Services repräsentiert werden.
- **IIOP**: EJB unterstützt die Implementierung des IIOP-Standards von J2EE.
- **Java**: Der Standard von J2EE für den Aufruf von entfernten Methoden kann verwendet werden (*Java Remote Method Protocol*, Abk.: JRMP)
- **JMS**: Für den Einsatz von nachrichtenorientierter Middleware kann der *Java Message Service* (JMS) Standard verwendet werden.

Die ersten beiden Alternativen bieten dabei den Vorteil einer Java-unabhängigen Schnittstelle, während die beiden letzten Alternativen voraussetzen, dass sowohl Dienstnehmer als auch Dienstgeber mit Java realisiert wurden.

EJB unterstützt eine Vielzahl von Kommunikationstechnologien, die für eine automatisierte Ausführung von unternehmensübergreifenden Geschäftsprozessen benötigt werden. Durch die Kapselung von Funktionalität können Dienste programmiertechnisch erstellt werden, die für andere Unternehmen zur Verfügung gestellt werden. Allerdings bietet EJB keine Unterstützung bei der Transformation von unterschiedlichen Datenformaten für die Datenübertragung. Eine Integration von Unternehmen bleibt damit mit einem hohen Aufwand für projektspezifische Aufgaben verbunden.

.NET

Das .NET Framework der Firma *Microsoft* ist ebenfalls ein serverseitiges Komponentenmodell für verteilte Informationssysteme und steht damit in direkter Konkurrenz zum EJB-Standard (vgl. [Mons-04, S. 9]). Die Ursprünge des .NET Frameworks sind das *Component Object Model* (COM), welches ursprünglich nur für Arbeitsplatzrechner ausgelegt war, sowie dessen Nachfolger COM+. Für einen verteilten Zugriff auf Objekte konnte das *Distributed*

Component Object Model (DCOM) verwendet werden (vgl. [Mons-04, S. 9]. Die Kernfunktionalität von COM+ ist Bestandteil des .NET-Frameworks, allerdings werden Objektmethoden nun auf einer virtuellen Maschine ausgeführt (vgl. [Mons-04, S. 9], [BBMW-03, S. 3]).

Die grundlegende Technologie zur Realisierung eines ORB ist im .NET-Framework die Web Service-Technologie, wodurch ein universeller Zugriff auf Fachkomponenten gewährleistet ist (vgl. [Mons-04, S. 9]). Web Services werden von der Firma Microsoft daher als einer der Kernpunkte der .NET-Technologie bezeichnet (vgl. [BBMW-03, S. 9]). Damit wird im .NET-Framework die gleiche Technologie für den internen wie den externen Aufruf von Diensten verwendet.

Ähnlich wie EJB unterstützt .NET die Kommunikation zwischen Informationssystemen verschiedener Unternehmen. Hierbei ist durch die Fokussierung auf Web Services eine hohe Flexibilität bei der Realisierung von Schnittstellen gewährleistet, allerdings nur sofern beide Unternehmen Web Service Technologie unterstützen. Wie bei EJB ist auch bei .NET die Implementierung einer Schnittstelle und insbesondere die Datentransformation an einer Schnittstelle eine projektindividuelle Tätigkeit mit hohem Aufwand.

2.4.3 Ausführung systemübergreifender Geschäftsprozesse

Unter dem Begriff *Enterprise Application Integration* (EAI) haben sich bereits Ende der Neunziger Jahre und insbesondere zu Beginn des aktuellen Jahrhunderts Standards und Lösungen für die Ausführung von Geschäftsprozessen über Informationssystemgrenzen hinweg entwickelt. Hierbei unterscheidet man die Verknüpfung von unternehmensinternen Aktivitäten („private Prozesse“) als auch Nachrichtenaustausch zwischen internen Prozessen von kooperierenden Partnern („abstrakte Prozesse“) (vgl. [HaMö-04, S. 166]).

Standardisierungsbestrebungen haben zum Ziel, den Austausch von Prozesszuständen zwischen Unternehmen zu vereinfachen. In Anhang C werden als bekannte Vertreter dieser Standards die *Business Process Modeling Language*, die *Business Process Execution Language*, *RosettaNet* und die *Electronic Business Extended Markup Language* vorgestellt, auf die an dieser Stelle nicht weiter eingegangen wird. Darüber hinaus bieten Softwarehersteller Lösungen an, die den Austausch dieser Prozessdaten unterstützen. Als weit verbreitete Vertreter dieses Softwaretyps werden *Microsoft BizTalk*, *IBM WebSphere* und *SAP NetWeaver* eruiert.

Microsoft BizTalk

BizTalk war ursprünglich eine Bibliothek von XML Schemata und vorgefertigten XML Dokumenten (so genannte *message descriptions*), die den elektronischen Handel und die Integration von Applikationen ermöglichen sollte (vgl. [AnEt-00, S. 43]). Das BizTalk-Framework wurde von der Firma *Microsoft* in Zusammenarbeit mit vielen führenden Organisationen aus einer Vielzahl von Branchen ins Leben gerufen, um die Erstellung und Wartung von XML-

Datenschemata für den elektronischen Handel und die Anwendungsintegration zu fördern [AnEt-00, S. 621].

Das Biztalk-Framework spezifiziert eine Kernmenge von XML-Literalen, die in XML Dokumenten verwendet werden sollen [Lint-01, S. 288]. Auf diese Weise wird eine rein syntaktische Spezifikation von Daten durch XML um eine semantische Beschreibung der Daten ergänzt. XML Dokumente, die der BizTalk-Framework-Spezifikation genügen, werden auch als BizTalk-Dokumente bezeichnet.

Der BizTalk Server (s. [NN-03a]) ist Microsofts Implementierung des BizTalk-Frameworks für die Windows-Plattform [AnEt-00, S. 634]. Er stellt die Technologie dar, die auf dem BizTalk-Framework basierend den Austausch von Dokumenten zwischen Geschäftspartnern unterstützt [Lint-01, S. 294]. Hierzu bietet er eine sichere Umgebung, um Nachrichten zu senden und Quittungen zu empfangen, wobei eine Vielzahl von Kommunikationsmechanismen eingesetzt werden können [Lint-01, S. 295].

BizTalk ist stark informationsorientiert und verfügt über kein Prozessbewusstein [Lint-01, S. 287]. Im Gegensatz zu traditionellen Initiativen wie EDI unternimmt das BizTalk-Framework keine Anstrengungen, um Handelspartnern eine bestimmte Geschäftssemantik aufzuzwingen [AnEt-00, S. 622].

IBM WebSphere

Die Firma *IBM* bietet mit *WebSphere Business Integration* ein Lösungsportfolio für Integrationsanforderungen wie Anwendungsintegration und Geschäftsprozessintegration. IBM sieht dabei fünf Kernfunktionalitäten durch das Lösungsportfolio abgedeckt [IBM-05]:

- **Modellieren**: Grafische Modellierung von Geschäftsprozessen und deren Simulation nach individuell einstellbaren Parametern.
- **Integrieren**: Unternehmensweite Integration von Geschäftsprozessen und Anwendungen.
- **Verbinden**: Integration über Unternehmensgrenzen hinweg mit Partnern, Zulieferern und Kunden.
- **Monitoren**: Überwachung der Ausführung von Geschäftsprozessen.
- **Managen**: Dynamische Analyse der ablaufenden Prozesse und schnelle Verbesserung und Anpassung bei Änderungen der Rahmenbedingungen.

WebSphere Business Integration ist ein umfangreiches Lösungsportfolio, das sowohl die Konzeption von Integrationslösungen durch die Bereitstellung von Prozessmodellierungswerkzeugen als auch den operativen Betrieb einer Integrationslösung einschließlich deren permanenten Verbesserung unterstützt. Im Gegensatz zu BizTalk ist jedoch nicht eine Bibliothek mit vorgefertigten Datenformaten die Grundlage für das Lösungsportfolio, sondern in unterschiedlichen Projekten entstandene Softwarelösungen.

Die Integration von Informationssystemen erfolgt über *Adapter*, der Datenaustausch zwischen den Systemen über ein zentrales System, den *Broker*. Schwerpunkt der IBM WebSphere Business Integration ist die unternehmensinterne Integration. Die Realisierung von Adaptern (Syntaxschicht, s. Abschnitt 2.1.3) eines nicht von IBM unterstützten Systems ist nicht mit der Prozessmodellierung (Pragmatikschicht) verbunden und muss daher mit hohen Aufwand individuell realisiert werden.

SAP NetWeaver

SAP NetWeaver ist ein Konzept für eine Infrastruktur, auf die alle vorhandenen und zuzkünftigen Lösungen der Fa. SAP aufsetzen können (vgl. [HeRa-03, S. 34]). SAP NetWeaver soll eine servicesbasierte Plattform für alle SAP-Lösungen bilden und die technologische Grundlage für die so genannte *Enterprise Services Architecture* (ESA) sein (vgl. [Basl-03, S. 296]). ESA beschreibt, wie eine Integrations- und Applikationsplattform genutzt werden kann, um Geschäftsprozesse schnell und flexibel abzubilden und aufeinander abzustimmen (vgl. [Basl-03, S. 296]). Das technologische Integrationskonzept soll für die auf ihr laufenden (E-) Business-Applikationen folgende Punkte gewährleisten (s. [HeRa-03, S. 35]):

- Sicherheit, Skalierbarkeit, Zuverlässigkeit und Internationalisierung als Fundament dieser Architektur,
- Offenheit in der Verwendung von Plattformen,
- Unterstützung offener und standardisierter Internettechnologien,
- Bündelung von Informationen, Anwendungen und Prozessen unter einer gemeinsamen Benutzeroberfläche und
- vollständige Integration zur Realisierung unternehmensinterner und -übergreifender Zusammenarbeit von Geschäftsapplikationen.

NetWeaver nutzt Internet-Standards wie HTTP[27], XML und Web Services [Basl-03, S. 296]. Dadurch wird eine offene Systemarchitektur geschaffen, die kompatibel mit Java und J2EE, aber auch zu .NET von Microsoft ist [Basl-03, S. 296]. Zentrale Bestandteile von SAP NetWeaver sind das *Composite Application Framework* und der *Master Data Management Service* (MDM). Das Composite Application Framework erlaubt die funktionsübergreifende Abbildung von Geschäftsprozessen über unterschiedliche Applikations-, Service- und Organisationsebenen hinweg [HeRa-03, S. 35]. Das MDM ist ein standardisiertes Konzept, um die vielfältigen Herausforderungen, die bei der Integration von Daten aus einer Vielzahl von Quellen und heterogenen Systemlandschaften resultieren, zu lösen [HeRa-03, S. 35]. Oberstes Ziel des MDM ist die Sicherstellung der Datenintegrität in einem Unternehmensnetzwerk [HeRa-03, S. 35].

27 Hypertext Transfer Protocol

SAP NetWeaver bietet eine umfangreiche Technologie dar, auf deren Basis ein Unternehmen die unternehmensinterne und unternehmensübergreifende Integration von Informationssystemen realisieren kann. Allerdings ist heute noch ein Bruch zwischen der Konzeption und der Realisierung von Integrationslösungen vorhanden (s. a. [KaEt-05, S. 310ff.]). Es ist geplant, in der Zukunft diese Lücke durch eine enge Integration von ARIS (s. Abschnitt 2.3.1) zu schließen (s. [KaEt-05, S. 311]).

2.5 Bestehende Ansätze zur unternehmensübergreifenden Integration

In Industrie und Wissenschaft wurde die Komplexität erkannt, die aus der unternehmensübergreifenden Integration von Informationssystemen entsteht. Verschiedene Ansätze haben häufig einen Schwerpunkt auf organisatorischen oder technischen Maßnahmen, die zur Bewältigung der Komplexität notwendig sind:

- **Konzeptionelle Rahmenwerke** beschreiben, welche organisatorischen Strukturen aufgebaut oder kontinuierliche Maßnahmen im Unternehmen festgelegt werden sollten, sodass die informationstechnisch unterstützte, unternehmensübergreifende Integration mit Partnern als Teil des Informationsmanagements im Unternehmen verankert wird. Teilweise bieten konzeptionelle Rahmenwerke noch **Vorgehensweisen** für die Erarbeitung von Integrationslösungen. Vorgehensweisen beschreiben eine systematische Abfolge von Aktivitäten, die für die Erarbeitung einer Integrationslösung notwendig sind.
- **Werkzeugunterstützung** soll die Erarbeitung von Integrationslösungen durch Automatisierung von Teilaufgaben effizienter machen.

In den nachfolgenden Abschnitten werden Ansätze aus Industrie und Wirtschaft zu diesen zwei Kategorien vorgestellt und ihre Anwendbarkeit für eine kontinuierliche, rechnerunterstützte Erarbeitung und Verwaltung von Integrationslösungen eruiert.

2.5.1 Konzeptionelle Rahmenwerke und Vorgehensweisen

Die unternehmensübergreifende Zusammenarbeit mit einer Vielzahl von Unternehmen zu organisieren stellt eine komplexe Aufgabe dar. Für die Bewältigung dieser Aufgabe finden sich in der Literatur Rahmenwerke, die die ganzheitliche Lösung der Aufgabe in verschiedene, miteinander verbundene Bausteine auflösen und damit eine strukturierte Vorgehensweise vorgeben. In Rahmenwerken fehlt allerdings üblicherweise eine detaillierte und durchgängige Beschreibung, wie die organisatorischen Informationen für eine effiziente Realisierung von Integrationslösungen genutzt werden können. Insbesondere fehlen Methoden und Werkzeuge zur Realisierung von Integrationslösungen.

Die Rahmenwerke unterscheiden sich im Detaillierungsgrad, in dem die einzelnen Bausteine beschrieben sind. Teilweise setzen sie auf Konzepten auf, die für die unternehmensinterne, prozessorientierte Gestaltung eines Unternehmens entwickelt wurden. Dies bietet den Vorteil, dass bereits existierende (unternehmensinterne) Lösungen oder Konzepte in die neuen, unternehmensübergreifenden Lösungen integriert werden können.

X-Engineering nach CHAMPY

CHAMPY ist Koautor des Buchs "Re-engineering the Corporation" [HaCh-01], in der eine Vorgehensweise für eine Neugestaltung von Geschäftsprozessen (engl.: *Business Process Reengineering*, Abk.: BPR) vorgestellt wird. In seinem neuen Buch „X-Engineering" [Cham-02] sieht CHAMPY Reengineering lediglich als einen ersten Schritt [AtAt-04, S. 416]. Aus seiner Sicht müssen Unternehmen heute die Anstrengungen des Reengineering fortsetzen indem sie Technologien nutzen, um Kunden, Zulieferer und andere Partner der Prozessneugestaltung hinzuzufügen (vgl. [AtAt-04, S. 416]). CHAMPY nennt diesen Ansatz *X-Engineering*[28]. HORVÁTH und MAYER fassen zusammen, dass X-Engineering nichts anderes ist, als „die Kunst, mittels netzbasierter IT-Technologie Prozesse zu gestalten, die Unternehmen miteinander und mit ihren Kunden so verbinden, dass dramatische Effizienzverbesserungen generiert werden und zusätzlicher Wert für alle Beteiligten geschaffen wird" [HoMa-02, S. 48].

Die Vorgehensweise des X-Engineering beschreibt CHAMPY als Beantwortung der drei Fragen „Wie muss sich ein Unternehmen ändern?", „Was wird der Nutzen sein?" und „Mit wem sollten wir zusammenarbeiten?" (vgl. [Cham-02, S. 23], [AtAt-04, S. 421ff]). Aus seiner Sicht ergeben sich die Antworten, indem man drei Bereichen seine Aufmerksamkeit schenkt (vgl. [Cham-02, S. 23], [AtAt-04, S. 424], [Horn-04, S. 54]):

- **Process** beinhaltet alle Methoden die in geschäftlichen Angelegenheiten mit externen Mitstreitern wie Kunden, Zulieferern, Distributoren, Partnern und Teilhabern involviert sind.
- **Proposition** repräsentiert die größtmöglichen Anstrengungen eines Unternehmens, um Kundenbedürfnisse mittels Produkten oder Dienstleistungen zu befriedigen. Hierbei wird zwischen kundenspezifischer Anpassung (*customizing*) von Produkten, Innovation, Preis und Qualität, Service, Zeit (*time-to-market*) sowie Flexibilität unterschieden.
- **Participation** repräsentiert den Umfang der Teilnahme anderer an der Gestaltung gemeinsamer Prozesse.

Diese drei P (Process, Proposition und Participation) nennt CHAMPY das *Dreieck des X-Engineering* (vgl. [Cham-02, S. 24], [AtAt-04, S. 424], [Horn-04, S. 54]).

CHAMPY beschreibt die Vision der globalen Zusammenarbeit anhand von zahlreichen Anwendungsfällen aus der Industrie und gibt Ratschläge zur erfolgreichen Realisierung unternehmensübergreifender Zusammenarbeit [Horn-04, S. 54]. Allerdings beschreibt das X-Engineering Dreieck als Rahmenwerk für eine Unternehmensumgestaltung die Bausteine, aus

28 Im angloamerikanischen Sprachgebrauch wird „X" häufig als Akronym für „cross" eingesetzt. Im hier vorliegenden Kontext benennt ein Begriff mit einem „X"-Präfix einen unternehmensübergreifenden Aspekt.

denen ein Unternehmen seine Lösung aufbauen kann, nur sehr oberflächlich. Die Beschreibung einer Methode oder Vorgehensweise, wie die Vision des X-Engineering in einem Unternehmen umgesetzt werden kann, fehlt. Lediglich eine Liste mit zehn strategischen Fehlern (s. [Cham-02, S. 167ff]), die bei der Realisierung des X-Engineering vermieden werden sollten, werden von CHAMPY als Anleitung aufgeführt. Insbesondere werden weder technische Aufgabenstellungen (z. B. Datenkonvertierung, Schnittstellenanpassung) noch entsprechende Lösungsansätze besprochen.

Business Networking

ÖSTERLE, FLEISCH und ALT beschreiben *Business Networking* als einen von sieben Trends, die Unternehmen angehen müssen, um wettbewerbsfähig zu bleiben [ÖsFA-01, S. 324]. Sie definieren Business Networking als das Management von Beziehungen zwischen internen und externen Geschäftspartnern, die durch Informationstechnologie ermöglicht werden [ÖsFA-01, S. 2]. Ziele des Business Networking sind zum einen die Effizienz von Geschäftsprozessen zu erhöhen und zum anderen neue Geschäftsmöglichkeiten zu erschließen (vgl. [ÖsFA-01, S. 324]). Das grundlegende Modell des Business Networking setzt sich aus den in Bild 2.11 dargestellten vier Bausteinen zusammen (vgl. [ÖsFA-01, S. 327f.]):

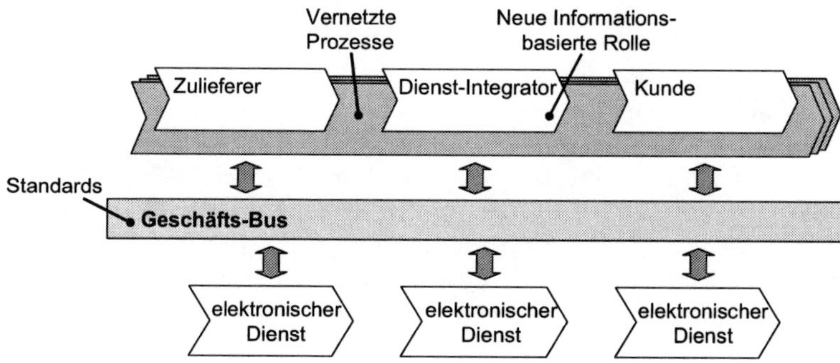

Bild 2.11: Bausteine des Business Networking Modells (nach [ÖsFA-01])

- **Vernetzte Prozesse**: Der Kern einer Business Networking Lösung sind die unterstützten Geschäftsprozesse, die sich über mehrere Geschäftspartner ausdehnen. Vernetzte Prozesse müssen von allen Partnern akzeptiert sein oder idealerweise innerhalb einer Branche standardisiert sein.
- **Elektronische Dienste**: Diese kleinen standardisierten Dienste sind über das Internet verfügbar und werden in Portale und digitale Marktplätze eingebunden.
- **Dienst-Integratoren**: Dienst-Integratoren sind Vermittler zwischen Anbietern von elektronischen Diensten und deren Nutzern.

- **Geschäfts-Bus**: Der Geschäfts-Bus ermöglicht Anbindung und Verbindung von elektronischen Diensten. Der Geschäfts-Bus besteht hauptsächlich aus Standards und bietet Middleware-Funktionalität. Business Networking setzt auf einer hohen Verwendung von Standards auf. Die Verfügbarkeit einer standardisierten Infrastruktur für das Business Networking wird daher als eine kritische Notwendigkeit erachtet.

Ausgangspunkt des Business Networking ist das *vernetzte Unternehmen*: Dies ist ein Unternehmen, welches sich als ein Knoten von mehreren Netzwerken betrachtet (vgl. [ÖsFA-01, S. 56]). Um die breite Vielfalt und hohe Komplexität von unternehmensübergreifenden Netzwerken handhabbar zu machen, werden *Koordinationsbereiche* (engl.: Coordination Areas) eingeführt [FlÖs-00, S. 12]. Diese umfassen Prozesse, die durch eine hohe Abhängigkeit charakterisiert sind und daher einen hohen Grad an Koordination erfordern [FlÖs-00, S. 12].

Das Ziel eines jeden vernetzten Unternehmens ist aus Sicht des Business Networking die Wettbewerbsfähigkeit durch höhere *Netzwerkfähigkeit* (engl.: networkability) zu erreichen [ÖsFA-01, S. 77]. Die Netzwerkfähigkeit umfasst dabei sowohl die interne und externe Fähigkeit zu kooperieren als auch die Fähigkeit rasch und effizient IT-unterstützte Geschäftsbeziehungen aufzubauen, zu betreiben und zu entwickeln [ÖsFA-01, S. 78]. Die Netzwerkfähigkeit eines Unternehmens wird durch unterschiedliche Aspekte oder *Gestaltungsobjekte* (engl.: design objects) beschrieben [ÖsFA-01, S. 78]. Bezogen auf diese Gestaltungsobjekte kann mit Hilfe quantitativer und qualitativer Kriterien die Netzwerkfähigkeit eines Unternehmens beschrieben werden. ÖSTERLE, FLEISCH und ALT haben Beispiele solcher Kriterien zusammengestellt [ÖsFA-01, S. 80f.].

Business Networking ist ein ganzheitlicher Ansatz für den Aufbau unternehmensübergreifender Zusammenarbeit, der Prozesse, Informationstechnologie und Standards integriert betrachtet. Im Gegensatz zu anderen Ansätzen steht beim Business Networking nicht eine einzelne Kooperationsbeziehung im Mittelpunkt, sondern ein Unternehmen, das ein Knoten in unterschiedlichen Netzwerken darstellt. Ausgehend von dieser Sichtweise werden Lösungen für die einzelnen Kooperationsbeziehungen abgeleitet. Auf Grund der Spezifikation einer Netzwerkfähigkeit hat ein Unternehmen ein Werkzeug zur Hand, das eine nutzenorientierte Festlegung von Business Networking Aktivitäten ermöglicht.

Aus technischer Sicht beschränkt sich das Business Networking auf den Einsatz von Standards. Die Verfügbarkeit von Standards wird sogar als essentielle Notwendigkeit angesehen (vgl. [ÖsFA-01, S. 327]). Fehlen Standards für ein Anwendungsgebiet, werden Schablonen (engl.: templates) als Ersatz für die Standards eingesetzt. Eine Beschreibung, wie solche Schablonen definiert oder sogar werkzeugunterstützt generiert werden können, fehlt allerdings. In Fällen, in denen keine Standards definiert sind, muss hier also eine individuelle Lösung manuell erarbeitet werden.

Business Process Excellence und Architektur Kollaborativer Szenarien

Das Konzept des *Business Process Excellence* ist eine Weiterentwicklung und Optimierung des ARIS – House of Business Engineering (ARIS-HOBE)[29] [SGHZ-02, S. 10]. Ein Schwerpunkt der Weiterentwicklung war die Erweiterung der Prozessgestaltung von einer unternehmensinternen Sicht hin zu einer Prozessgestaltung über Unternehmensgrenzen hinweg. Hierzu wurden die ursprünglich vier Ebenen des ARIS-HOBE *Prozessgestaltung*, *Prozessplanung und -steueurung*, *Workflow-Steuerung* sowie *Anwendungssystem* (s. [ScAJ-05]) zu zwei Ebenen zusammengefasst und um die Ebene der *Strategie* ergänzt (vgl. Bild 2.12) [SGHZ-02, S. 10].

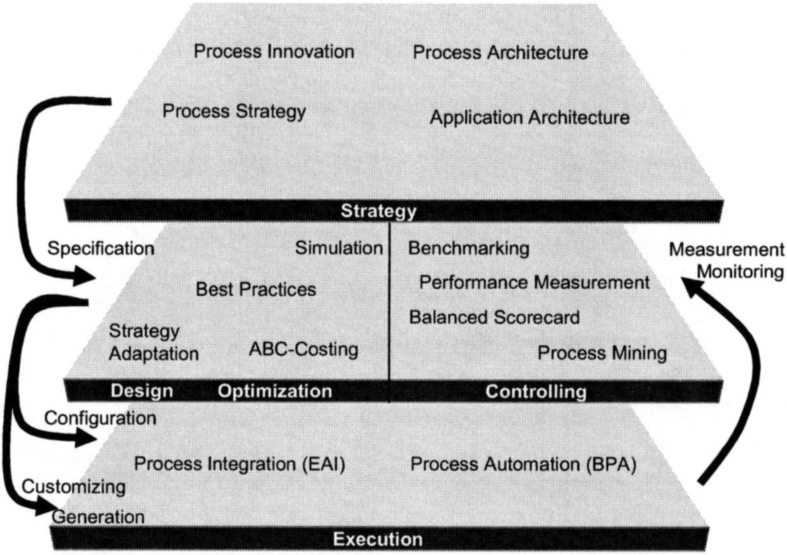

Bild 2.12: Konzept des Business Process Excellence ARIS (in Anlehnung an [IDS-04, S. 5])

Somit werden drei in diesem Ansatz relevanten Aspekte des Geschäftsprozessmanagements in drei Ebenen aufgeteilt, die wiederum über Regelkreise miteinander verbunden sind [SGHZ-02, S. 10]:

- Auf der Ebene der **Unternehmensstrategie** wird die gesamte Prozess- und Anwendungsarchitektur der Zusammenarbeit festgelegt. Die strategischen Ziele und die Prozesse, die die Zusammenarbeit betreffen, werden bestimmt. Hinzu kommt die Festlegung der organisatorischen, technologischen und kulturellen Rahmenbedingungen, die gekoppelt betrachtet werden.

---

29 Beschreibungen von ARIS und dem ARIS – House of Business Engineering findet man in [ScAJ-04]

- Basierend auf den strategischen Rahmenbedingungen werden unterschiedliche betriebswirtschaftliche Aspekte des unternehmensübergreifenden Prozessmanagements betrachtet, angefangen bei der **Prozessmodellierung und -optimierung** über das **Prozesscontrolling** bis zur Entwicklung, Bewertung und Auswahl von Gestaltungsalternativen. Diese Aspekte sollen durch ein adäquates Schnittstellenmanagement unterstützt werden, um die beteiligten Organisationseinheiten zu einer (virtuellen) Einheit zu integrieren. Durch die Definition von Key-Performance-Indikatoren, die mit Hilfe von Werkzeugen gemessen und analysiert werden können, wird der *Business Process Lifecycle* von Entwicklung, Ausführung bis hin zum Controlling und damit der kontinuierlichen Verbesserung von unternehmensübergreifenden Geschäftsprozessen geschlossen.
- Die Integration der Partnerunternehmen, beschrieben auf der Ebene unternehmensübergreifender Prozesse, ist die Basis für die Gestaltung der interorganisatorischen Informationssysteme und damit der **Prozessausführung**. Hier müssen Technologien wie z. B. EAI-Lösungen oder Portalsysteme für die Verknüpfung der Informationssysteme ausgewählt werden. Für die Ausführung der Prozesse wird der Einsatz von Standards empfohlen.

Im Forschungsvorhaben *Architektur Kollaborativer Szenarien*[30] (ArKoS) soll der Business Process Excellence Ansatz um unternehmensübergreifende Konzepte und Methoden ergänzt werden (vgl. [VaZS-05, S. 3]). Ziel des Forschungsvorhabens ist die ganzheitliche Unterstützung kooperations- und koordinationsintensiver Geschäftsprozesse über Unternehmensgrenzen hinweg [WWW-15]. In ArKoS soll die Entwicklung von Techniken zur Modellierung organisatorischer und technischer Prozesse sowie zur Definition von branchen- und produkttypischen Anwendungsarchitekturen hinsichtlich ihrer Schnittstelleneigenschaften und Kooperationsunterstützung vorangetrieben werden [WWW-15].

Die breite Akzeptanz des ARIS-HOBE und damit verbundene Kenntnis der ARIS-Methode erleichtert für viele Unternehmen das Erlernen und Anwenden des Business Process Excellence Konzepts. Durch die Einbindung unternehmensinterner Prozesse in eine unternehmensübergreifende Sicht wird die Weiterverwendung von bestehenden Prozessen und Prozessmodellen erleichtert. Wie beim Business Networking wird auch beim Business Process Excellence Konzept auf der Ausführungsebene auf den Einsatz von Standards gesetzt (vgl. [NN-02, S. 102]). Auch hier wird auf diese Weise das Problem nicht gelöst, wenn für einen Anwendungsfall keine adäquaten Standards verfügbar sind. Bei der Anwendung des Business Process Excellence Konzepts bedeutet dies in diesem Fall einen manuellen Aufwand für Implementierung und Pflege.

30 Das vom BMBF geförderte Verbundprojekt hat eine Gesamtlaufzeit von 36 Monaten und endet am 30.09.2006 [WWW 15].

Informationsmanagement in flexiblen, dynamischen Entwicklungspartnerschaften

HORNBERG beschreibt eine methodische, phasenorientierte Vorgehensweise für das Informationsmanagement in flexiblen, dynamischen Entwicklungspartnerschaften, die auch spezifische interkulturelle Problemstellungen berücksichtigt [Horn-04]. Im Rahmen dieser Vorgehensweise wird ein zentrales Datenmodell entwickelt, welches die Grundlage des Informationsaustauschs in der Entwicklungspartnerschaft darstellt. Zentrale Idee des Vorgehensmodells ist, nicht alle im Rahmen der gemeinsamen Produktentwicklung anfallenden Informationen, sondern lediglich die gemeinsam zu nutzenden Informationen im zentralen Datenmodell abzubilden. Hierzu hat HORNBERG eine Methodik entwickelt, um diejenige Untermenge an Informationen zu bestimmen, die für eine verteilte Zusammenarbeit notwendig ist und gleichzeitig den Effekt der Informationsüberflutung sowie die Offenlegung interner Informationen ausschließt.

Die methodische, phasenorientierte Vorgehensweise setzt sich aus insgesamt vier aufeinander folgenden Phasen zusammen (s. Bild 2.13):

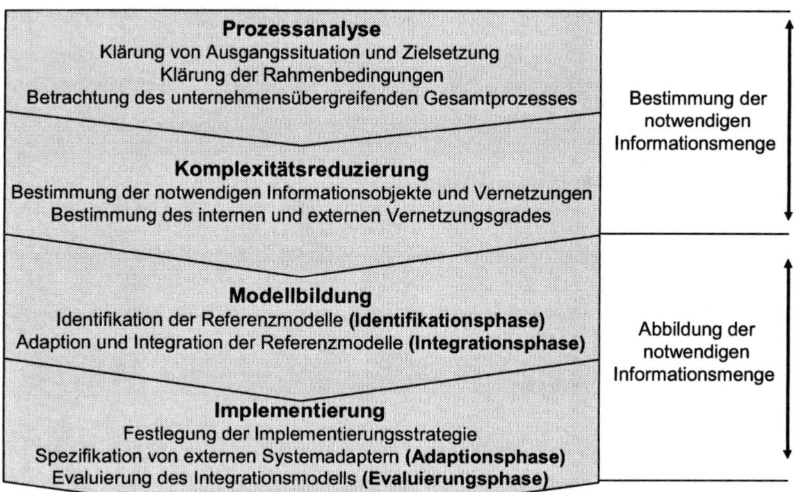

Bild 2.13: Informationsmanagement in flexiblen, dynamischen Entwicklungspartnerschaften nach HORNBERG [Horn-04]

- Im Rahmen der **Prozessanalyse** wird eine detaillierte Prozessbeschreibung erarbeitet sowie die beteiligten Systeme und Informationsflüsse identifiziert.
- In der Phase der **Komplexitätsreduzierung** folgt eine detaillierte Spezifikation der notwendigen Informationsinhalte und Vernetzungen sowie der interne und externe Vernet-

zungsgrad der anzustrebenden Lösung, mit deren Hilfe eine Umsetzungsstrategie bzgl. des verteilten Informationsmanagements festgelegt werden kann.

- In der Phase **Modellbildung** wird das *Integrationsmodell* erarbeitet, welches die Grundlage für die verteilte Zusammenarbeit bildet.
- Die Phase **Implementierung** lässt sich in eine Adaptionsphase und eine Evaluierungsphase unterteilen:
  - Im Rahmen der **Adaptionsphase** werden externe Systemadapter spezifiziert und implementiert. Mit Hilfe der Adapter kann das Integrationsmodell anhand der identifizierten Informationen und Vernetzungen instanziiert werden.
  - In der anschließenden **Evaluierungsphase** wird der Nutzen des Integrationsmodells ermittelt.

Der Ansatz der Vorgehensweise, nur die für die Entwicklungspartnerschaft notwendige Informationsmenge als Basis der Systemintegration zu identifizieren, bedeutet eine Effizienzsteigerung bei der Realisierung von Integrationslösungen. Allerdings lassen sich folgende Schwachstellen des Vorgehensmodells identifizieren:

- Den Schwerpunkt der Vorgehensweise stellen Entwicklungspartnerschaften dar.
- Die Vorgehensweise wurde für die Anwendung durch ein Projektkonsortium entwickelt. Die Verknüpfung der Integrationslösung für eine Entwicklungspartnerschaft mit bereits bestehenden Integrationslösungen eines Unternehmens sowie deren gegenseitigen Abhängigkeiten wird nicht explizit angesprochen.
- Zwar wird durch die Methodik zur Bestimmung der notwendigen Informationsmenge im zentralen Datenmodell sichergestellt, dass nur die notwendigen Datenmodellabbildungen programmiert werden müssen. Es ist allerdings keine Werkzeugunterstützung für diese manuelle, aufwendige Arbeit vorgesehen.
- Unternehmensübergreifende Prozesse werden lediglich im Rahmen der Prozessanalyse berücksichtigt, eine Gestaltung der Prozesse ist in der Methodik nicht enthalten.

2.5.2 Ansätze zur werkzeugunterstützten Integration

Über die außschließlich methodenbasierten Vorgehensweisen zur unternehmensübergreifenden Integration von Informationssystemen wurden in Forschungsvorhaben Ansätze für eine rechnerunterstützte Integration von Informationssystemen erarbeitet. In den nachfolgenden Abschnitten werden die Ansätze der zwei aktuellen Forschungsprojekte *Data Information and Process Integration with Semantic Web Services* (DIP) und *openXchange* eruiert.

Data Information and Process Integration with Semantic Web Services (DIP)

Die Vision des Forschungsvorhabens DIP [WWW-9] ist die weitere Entwicklung, Kombination und Erweiterung des Semantic Web[31]und der Web Service Technologie (s. Abschnitt 2.4.2), um eine neue Technologieinfrastruktur, insbesondere für E-Work und E-Commerce, zu produzieren, die so genannten *Semantic Web Services* [WWW-9]. Für diese Arbeit von besonderer Bedeutung ist hierbei die Anwendung der Projektvision auf die Integration von Informationssystemen. Semantic Web Services sollen einen Ansatz zur Integration von Informationssystemen liefern, der über den einfachen Austausch von Informationen hinausgeht. Stattdessen soll auf Applikationsdienste zugegriffen werden, die sowohl neue als auch alte Informationssysteme kapseln. Dies soll Unternehmen in die Lage versetzen, nicht nur Informationen zwischen Systemen auszutauschen, sondern Anwendungen aus Diensten zusammenzusetzen, die in einer beliebigen Zahl von verschiedenen lokalen oder entfernten Informationssystemen gefunden werden können [WWW-9]. Das Finden und Zusammenfügen von Diensten soll dabei nach Möglichkeit durch eine semantische Beschreibung von Diensten automatisiert erfolgen.

DIP erweitert die klassische Dreiecksarchitektur von Web Services (requester, provider, registry, vgl. Abschnitt 2.4.2) mit Semantik (Ontologien, Werkzeuge zur Beschreibung von Web Services, semantische Entdeckung, Komposition, Vermittlung) [DIP-04, S. 2]. Hierzu wird die klassische Architektur um die beiden Komponenten *Discovery* und *Mediator* erweitert (s. Bild 2.14), verbunden mit einer semantischen Beschreibung von Web Services (vgl. [DIP-04]).

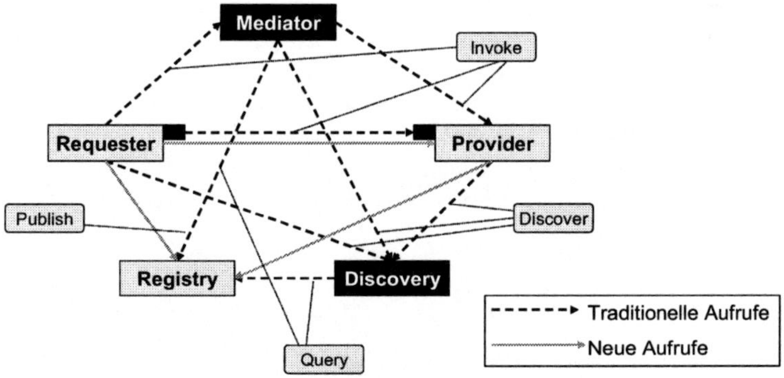

Bild 2.14: DIP Architektur für Semantic Web Services [DIP-04, S. 3]

31 Das Semantic Web (deutsch: semantisches Web) ist eine Erweiterung des World Wide Web (WWW) um maschinenlesbare Daten, welche die Semantik der Inhalte formal festlegen. Informationen sollen zusätzlich zu der für Menschen lesbaren Form auch formal, in einer für Maschinen verarbeitbaren Form repräsentiert werden, damit Programme darauf operieren können (vgl. [BeHL-01]).

- Die **Discovery-Komponente** unterstützt die Suche nach einem Web Service. Im Gegensatz zur klassischen Dreiecksarchitektur werden damit die für eine Suche notwendigen Daten (in der Registry-Komponente) von dem Entdeckenprozess (in der Discovery-Komponente) getrennt.
- Der **Mediatior-Baustein** erhält dann seine Bedeutung, wenn zwei Komponenten nicht direkt miteinander kommunizieren können, aber miteinander interagieren müssen. Gründe hierfür kann der Einsatz von syntaktisch unterschiedlichen Datenformaten sein sowie semantisch unterschiedliche Ontologien zur Beschreibung der Daten oder der Verwendung unterschiedlicher Choreographien.

Die Vermittlung zwischen zwei Komponenten durch den Mediator-Baustein kann auf zwei Ebenen erfolgen (vgl. [DIP-04]):

- **Datenebene**: Die Vermittlung auf der Datenebene erfolgt zwischen syntaktischen und semantischen Unterschieden.
- **Prozess-/ Protokollebene**: Die Vermittlung auf dieser Ebene berücksichtigt unterschiedliche Interaktionsprotokolle, z. B. unterschiedliche Reihenfolgen beim Aufruf von weiteren Subkomponenten (Web Services).

Im Rahmen des DIP-Projekts konnten bisher keine Konzepte für die Vermittlung auf der Prozess-/ Protokollebene entwickelt werden. Zur Vermittlung auf der Datenebene existieren zum aktuellen Zeitpunkt keine öffentlich zugänglichen Dokumentationen.

Semantic Web Services stellen einen hoffnungsvollen Ansatz dar, um die Automatisierung der Integration von Informationssystemen voranzutreiben. Allerdings befindet sich diese Technologie noch in einer frühen Entwicklungsphase. So gibt es noch keine verfügbaren Ergebnisse über den Ansatz zur Abbildung von Datenformaten und Prozessmodellen (Mediatior-Baustein). Ein Nachteil des DIP-Ansatzes stellt die Nichtberücksichtigung von Methoden oder Werkzeugen zur Optimierung von unternehmensübergreifenden Geschäftsprozessen dar. Hier sieht der Ansatz lediglich die Zusammenführung bestehender Prozesse bzw. Dienste vor, nicht aber die Bewertung oder sogar Optimierung des entstehenden, aggregierten Prozesses.

openXchange

Das EU[32]-geförderte Forschungsprojekt *openXchange*[33] [WWW-8] hat das Ziel, unter Anwendung einheitlicher Spezifikationen zur Beschreibung von Geschäftsprozessen wie ebXML (electronic business XML, s. Anhang C) und einheitlicher Austauschformate von Geschäftsdokumenten den Abstimmungsaufwand bei der Integration unternehmensübergreifender Geschäftsprozesse zu minimieren und die Ausführung der Prozesse zu automatisieren [WeOt-02, S. 37]. WEISBECKER und OTTO beschreiben das Prinzip von openXchange wie folgt: Für jedes

32 Europäische Union

33 IST 2001-28548

Unternehmen werden „Profile mit der Beschreibung der unterstützten Geschäftsprozessvarianten auf Basis von ebXML sowie mit der Beschreibung der technischen Infrastruktur erzeugt. Diese Profile werden anschließend automatisch mit den Profilen der Geschäftspartner abgeglichen. Kann während dieses Abstimmungsprozesses eine Übereinstimmung der Profile beider Unternehmen festgestellt werden, so werden die betreffenden Parameter in einer XML-Datei festgehalten. Durch diese Parameter kann dann der Geschäftsprozess zur Laufzeit gesteuert werden. Sollte keine Übereinstimmung gefunden werden, wird ein Fehlerprotokoll erzeugt, das eine Liste der Abweichung enthält. Auf Basis dessen kann anschließend eine entsprechende Konfiguration der beteiligten Systeme erfolgen“[34].

Zentrales Element der Projektergebnisse ist die openXchange Referenzarchitektur. Diese Architektur stellt ein Rahmenwerk für die Entwicklung von Software-Applikationen dar, die die Automation der Integration und Ausführung unternehmensübergreifender Geschäftsprozesse unter Anwendung der oben genannten ebXML-Prinzipien unterstützt [BlHF-05, S. 5]. Die Referenzarchitektur bietet einen Metaprozess, der einen Leitfaden darstellt, wie Unternehmen sich auf die automatisierte Ausführung von Geschäftsprozessen vorbereiten können. Dieser Metaprozess ist in vier Phasen aufgeteilt (vgl. [BlHF-05, S. 5ff], [WeOt-02, S. 37]):

- **Modellierung**: Im Rahmen des openXchange-Projekts wurden für bestimmte Industriezweige oder Domänen sektorspezifische Mengen mit Geschäftsprozesskomponenten spezifiziert. Aus UML-Aktivitätsdiagrammen zur Modellierung von Geschäftsprozessen werden XML-basierte Geschäftsprozessspezifikationen erzeugt, die mit dem ebXML-Standard für XML Schemas von Geschäftsprozessen konform sind.
- **Profilerstellung**: In dieser Phase werden technische und geschäftsrelevante Profile von Geschäftspartnern erzeugt. Das Ergebnis der Phase ist ein maschinenlesbares Partnerprofil mit technischen Informationen über vom Partner eingesetzte Schnittstellen und Transportprotokolle, Geschäftsprozessinformationen aus der Modellierungsphase sowie XML Schemas zu den Informationen, die während des Geschäftsprozesses ausgetauscht werden.
- **Einigung**: Ziel dieser Phase ist die Profile zweier Partner abzugleichen und ein *Einigungsdokument* zu erzeugen. Das Einigungsdokument definiert den gemeinsamen Geschäftsprozess und die Rahmenbedingungen, unter denen der Prozess ausgeführt wird.
- **Ausführung**: Während der Ausführungsphase werden die tatsächlichen Geschäftsaktivitäten durchgeführt. Ein auslösendes Ereignis bewirkt die Instanziierung eines bestimmten Geschäftsprozesses. Daraufhin werden Geschäftsdokumente nach den Vorgaben der Geschäftsprozessspezifikation ausgetauscht.

Das openXchange-Projekt verfolgt den Ansatz, Unternehmen in die Lage zu versetzen, sich in unternehmensübergreifende Geschäftsprozesse zu integrieren. Ebenso wurde die Notwendigkeit berücksichtigt, dass eine Abbildung von auszutauschenden Informationen notwendig ist.

---

34 Das Standardformat ebXML wird in Anhang C vorgestellt.

Durch die starke Konzentration auf den Standard ebXML ist openXchange kein allumfassender Ansatz. So erfordert z. B. eine effiziente Anwendung des openXchange-Ansatzes, dass auf standardisierte (ebXML-) Prozesskomponenten zurückgegriffen wird. Während der Modellierung werden nur unternehmensübergreifende Geschäftsprozesse berücksichtigt, deren Verzahnung mit unternehmensinternen Prozessen ist jedoch nicht Teil von openXchange. Für die Abbildung von auszutauschenden Informationen wurden nur allgemeine Leitfäden entwickelt. Eine vollständige Implementierung wurde im Projekt nicht umgesetzt.

2.6 Zusammenfassende Bewertung bestehender Ansätze

Die vorangegangene Analyse hat gezeigt, dass bei der unternehmensübergreifenden Integration von Informationssystemen immer wieder die gleichen Probleme auftreten, die durch die vorhandenen Ansätze nicht oder nur zum Teil abgedeckt werden. Im Wesentlichen liegt die mangelnde Unterstützung in den folgenden Punkten:

- **Keine Berücksichtigung der Zusammenhänge zwischen Integrationslösungen:**

  Integrationsprojekte werden in aktuellen Ansätzen als allein stehende Aufgabenstellungen betrachtet. Die Folge ist, dass Abhängigkeiten zu bereits bestehenden oder parallel zu erarbeitenden Integrationslösungen nur ad hoc berücksichtigt werden können. Die Dokumentation eines Integrationsprojekts ist auf die Wartung der Integrationslösung, nicht jedoch auf die Wiederverwendung von (Teil-) Lösungen eines Integrationsprojekts ausgerichtet. Die Folge ist, dass Know-how aus vergangenen Integrationsprojekten nur unzureichend weiterverwendet werden kann.

- **Nur unzureichende Berücksichtigung der gegenseitigen Abhängigkeit unternehmensübergreifender Integrationslösungen mit unternehmensinternen IT-Lösungen:**

  Eine optimierte Wertschöpfungskette oder ein optimierte Wertschöpfungsnetzwerk setzt sich aus einer Vielzahl unternehmensinterner Geschäftsabläufe zusammen, die unternehmensübergreifend für einen effizienten Informations- und Materialfluss aufeinander abgestimmt sind. In aktuellen Ansätzen wird die Verknüpfung zwischen unternehmensinternen IT-Lösungen und Geschäftsprozessen sowie unternehmensübergreifenden Integrationslösungen und Geschäftsprozessen vernachlässigt. Abhängigkeiten zwischen unternehmensinternen und -übergreifenden Lösungen sind damit nur ad hoc zu identifizieren. Die Folge ist, dass lokale, unternehmensinterne Optimierungen zu einer Verschlechterung des globalen, unternehmensübergreifenden Optimums führen können. Ebenso lässt sich nur schwer erkennen, dass scheinbare globale, unternehmensübergreifende Optima auf Grund von lokalen, unternehmensinternen Restriktionen nicht umgesetzt werden können.

- **Keine durchgängige Betrachtung der Pragmatik-, Semantik- und Syntaxschicht einer Integrationslösung:**

  Integrationslösungen umfassen sowohl die Pragmatikschicht (Aktions-/ Reaktionsmuster), Semantikschicht (Bedeutung der übertragenen Daten) und der Syntaxschicht (Datenstrukturen). Die betrachteten Ansätze berücksichtigen jedoch häufig nur eine oder zwei dieser Ebenen. Teillösungen auf den/der fehlenden Ebene(n) werden nur ad hoc, ohne systematische Vorgehensweise erarbeitet. Die Folge ist, dass entweder die organisatorisch geprägten Teilkonzepte (Pragmatikschicht) oder die stärker technisch geprägten Teilkonzepte (Syntaxschicht) vernachlässigt werden. Darüber hinaus ist eine Abschätzung der Folgen einer Änderung an Organisation auf die informationstechnische Umsetzung und vice versa nur schwer nachvollziehbar.

- **Hohe Anzahl von Methoden und Medienbrüche**

  Die einzelnen Phasen und Teillösungen während der Erarbeitung einer Integrationslösung werden in der Praxis oftmals mittels unterschiedlicher Methoden bearbeitet. Dies kann die Übergänge zwischen den einzelnen Phasen und die Identifikation von Abhängigkeiten zwischen Teillösungen erheblich behindern. Dazu kommen Medienbrüche, die insbesondere bei einem unterstützenden Werkzeugeinsatz die Übernahme von Ergebnissen aus anderen Phasen, von anderen Partnern oder aus anderen Teillösungen zusätzlich erschweren. Ein weiterer Einflussfaktor ist die notwendige Zusammenarbeit von Partnern, die keine gemeinsame hierarchisch übergeordnete Organisationseinheit haben. Durch einen nicht abgestimmten Medieneinsatz bei der Erarbeitung unternehmensinterner IT-Lösungen kann zu einem Einsatz einer Vielzahl von Medien in einem Integrationsprojekt führen.

- **Mangelhafte Unterstützung des Problems der Abbildung von unterschiedlichen Datenformaten:**

  Ein Kernproblem bei der Erarbeitung einer Integrationslösung stellt das Problem der Abbildung unterschiedlicher Datenformate dar: Die Beschreibung von ausgetauschten Informationen wie Aufträgen oder Rechnungen variiert zwischen Partnern. Die aktuellen Ansätze haben zwar dieses Problem erkannt, verweisen jedoch nur auf den Einsatz von Standards oder belassen diese Aufgabe als manuelle Tätigkeit. Insbesondere fehlt eine gezielte Werkzeugunterstützung zur Lösungsfindung, das über eine reine Unterstützung der Lösungsbeschreibung hinausgeht.

Insgesamt lässt sich feststellen, dass die vorhandenen Ansätze und Methoden keine ganzheitliche Unterstützung eines Unternehmens bei der unternehmensübergreifenden Integration von Informationssystemen erlauben. Die derzeit verfügbaren Methoden und Werkzeuge berücksichtigen nur einen Teil des komplexen Kontexts, in dem eine Integrationslösung erarbeitet und operativ betrieben wird. So werden Abhängigkeiten zu anderen Integrationslösungen, Zusammenhänge zwischen unternehmensinternen und unternehmensübergreifenden Lösungen, Übergang zwischen einzelnen Phasen eines Integrationsprojekts oder einzelne Integrationsschichten nicht berücksichtigt.

Die Folge ist, dass Know-how aus bestehenden Integrationslösungen nur ad hoc weiterverwendet wird. Der Aufwand für die unternehmensübergreifende Integration von Informationssystemen und die Wartung von Integrationslösungen ist immer noch relativ hoch und zudem schwer abzuschätzen. Die Unternehmen sind durch die fehlende Unterstützung durch geeignete Methoden und Werkzeuge kaum in der Lage, die unternehmensübergreifende Integration von Informationssystemen selbstständig und ohne externe kostenintensive Beratung durchführen zu können. Damit scheitert die unternehmensübergreifende Integration von Informationssystemen insbesondere in kleinen und mittleren Unternehmen.

Aufbauend auf der Untersuchung der einzelnen Ansätze sollen hinsichtlich der generellen Zielsetzung aus den Schwachstellen nachfolgend nun die Anforderungen an eine Methode zur unternehmensübergreifenden Integration von Informationssystemen hergeleitet werden.

3 Anforderungen an die unternehmensübergreifenden Integration von Informationssystemen

Die Untersuchung existierender Ansätze und Werkzeuge hat ergeben, dass es noch keinen Lösungsansatz gibt, der ganzheitlich die organisatorische und informationstechnische Integration eines Unternehmens in eine Vielzahl unternehmensübergreifender Wertschöpfungsnetzwerke als eine sich permanent wiederholende Aufgabe hinreichend unterstützt. In diesem Kapitel werden zunächst die allgemeinen Anforderungen an einen solchen Lösungsansatz postuliert. Nachfolgend werden die besonderen Anforderungen des Lösungsansatzes hinsichtlich der organisatorischen Gestaltung unternehmensübergreifender Integrationslösungen als auch der Schaffung der informationstechnischen Rahmenbedingungen beschrieben. Abschließend werden die Anforderungen an eine allgemeine Vorgehensweise zur Integration eines Unternehmens in verschiedene unternehmensübergreifende Wertschöpfungsnetzwerke dargestellt.

3.1 Allgemeine Anforderungen

In Abschnitt 2.5.1 wurden verschiedene Ansätze vorgestellt, die das Ausschöpfen von Optimierungspotenzialen aus der unternehmensübergreifenden Zusammenarbeit von Unternehmen zum Ziel haben. Aus wirtschaftlicher Sicht bedeutet dies, dass durchgängige, unternehmensübergreifende Geschäftsprozesse möglichst effizient ablaufen. Durchgängige Geschäftsprozesse können nur dann geschaffen und effizient gestaltet werden, wenn auf moderner Informationstechnologie basierende Anwendungen zum Einsatz kommen. Das Business Process Redesign (vgl. Abschnitt 2.5.1) und die unternehmensinterne Integration von Informationssystemen hat bereits gezeigt, wie Potenziale realisiert werden können, die aus der Organisation von unternehmensinternen Abhängigkeiten hervorgehen (vgl. [ÖsFA-01, S. 71]). Nachfolgend werden Anforderungen an einen ganzheitlichen Ansatz zur Gestaltung der unternehmensübergreifenden Zusammenarbeit eines Unternehmens postuliert, die sich unter anderem an den Erfahrungen aus unternehmensinternen Ansätzen orientieren.

Anforderung 1: *Die Integration einer Organisation in eine unternehmensübergreifende Wertschöpfungskette und deren informationstechnische Abbildung in Form der Integration von Informationssystemen mindestens zweier Unternehmen muss ganzheitlich betrachtet werden.*

Eine effiziente unternehmensübergreifende Zusammenarbeit kann nicht durch reine Technologieprojekte realisiert werden, sondern muss im Kontext mit geschäftlichen Fragestellungen betrachtet werden. Unternehmen stehen damit letztlich vor zwei zentralen Herausforderungen (s. a. [SGHZ-02, S. 10]):

- Zum einen geht es um die organisatorische Anpassung der Geschäftsprozesse an veränderte Rahmenbedingungen,
- zum anderen um die informationstechnische Umsetzung von neuen Szenarien.

Die Konsensbildung und Entscheidungsfindung zwischen den unterschiedlichen Interessengruppen innerhalb einer unternehmensübergreifenden Zusammenarbeit wird durch eine durchgängige Methodik von der gemeinsamen Konzeption eines unternehmensübergreifenden Geschäftsprozesses bis hin zur systemseitigen Implementierung in eine bestehende IT-Anwendungslandschaft wesentlich erleichtert. Darüber hinaus können Medienbrüche beim Übergang von Konzeption zur Realisierung vermieden werden sowie Auswirkungen von Änderungen an der Organisation auf die Informationstechnologie und vice versa während Konzeption und Betrieb schneller identifiziert werden.

Anforderung 2: *Die Beschreibung einer Integrationslösung muss alle Schichten der Integration, d. h. Syntax-, Semantik- und Pragmatikschicht, umfassen.*

Wie in Abschnitt 2.1.3 beschrieben, müssen bei der Integration von Informationssystemen die drei Schichten der Integration *Pragmatik*, *Semantik* und *Syntax* unterschieden werden. Während die Syntaxschicht einen stärkeren Bezug zu den informationstechnischen Aspekten einer Integrationslösung darstellt (Beschreibung der Datenaustauschformate), bietet die Pragmatikschicht einen stärkeren Bezug zu den organisatorischen Aspekten einer Integrationslösung (Beschreibung der Geschäftsaktivitäten im Rahmen der Zusammenarbeit). Die Semantikschicht verknüpft die beiden Sichten (s. Bild 3.1): Daten der Syntaxschicht bekommen eine Bedeutung innerhalb eines Geschäftskontextes; der Informationsaustausch innerhalb von Geschäftsprozessen wird durch einen Datenaustausch zwischen Systemen realisiert. Nur durch die Berücksichtigung aller drei Schichten kann eine Vollständigkeit eines Konzepts für eine Integrationslösung im Sinne der in Anforderung 1 postulierten Forderung nach einer ganzheitlichen Sicht auf Organisation und Informationstechnologie gewährleistet werden.

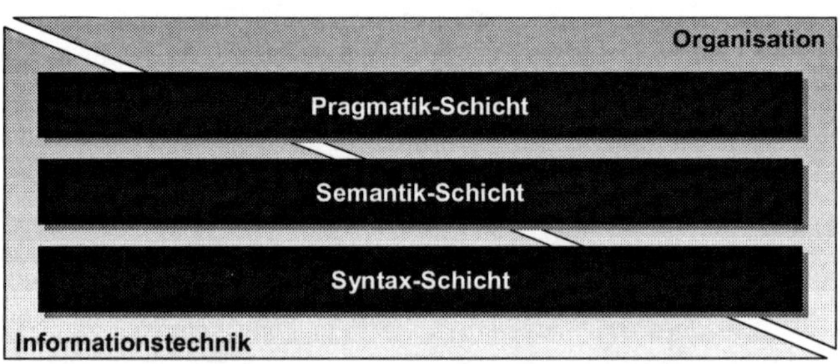

Bild 3.1: *Einfluss der Integrationsschichten auf Organisation und Informationstechnik*

Anforderung 3: *Die Gesamtheit aller unternehmensübergreifenden Integrationslösungen eines Unternehmens muss ganzheitlich betrachtet werden.*

In den Abschnitten 2.2.1 und 2.2.2 wurden verschiedene Formen der unternehmensübergreifenden Integration vorgestellt, für die oftmals jeweils eigene Integrationslösungen in einem Unternehmen erarbeitet werden. Hinzu kommt, dass teilweise mehrere Integrationslösungen für gleiche Integrationsszenarien (z. B. die Integration einer bestimmten Unternehmensfunktion) notwendig sind (s. Bild 3.2). Ein typisches Beispiel hierfür ist die Integration eines Zulieferers an die Einkaufsplattformen mehrerer Großkunden. Aus diesen Gründen trifft man in Unternehmen häufig auf die Situation, dass durch die Einführung von Lösungen zur Unterstützung der unternehmensübergreifenden Zusammenarbeit Insellösungen geschaffen wurden, die für sich gesehen zwar gut funktionieren, die Erfordernisse eines durchgängigen Geschäftsprozessmanagements jedoch selten erfüllen (s. a. [Boga-02, S. 37]).

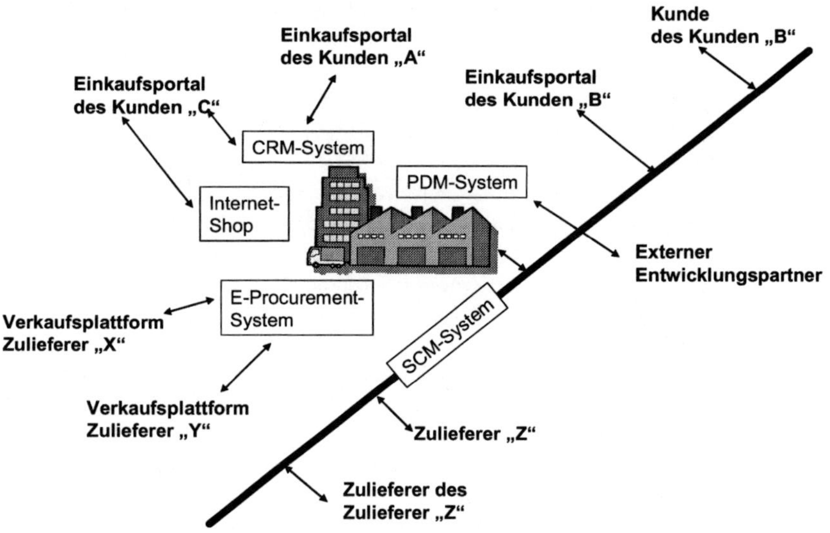

Bild 3.2: Beispielhafte Ausgangssituation eines Unternehmens mit mehreren Integrationslösungen, die im Unternehmen ganzheitlich betrachtet werden müssen

Eine übergreifende Sichtweise auf alle Integrationsprojekte ermöglicht, diese Situation zu verhindern, da die Konzeption von aufeinander abgestimmten Integrationslösungen erleichtert wird. Darüber hinaus kann Aufwand im Sinne von Zeit und Kosten für die Vielzahl von Integrationsprojekten reduziert werden, da eine nur einmalige Ausführung von gleichen oder wiederkehren Aufgaben in den Projekten erleichtert wird.

Anforderung 4: Die Gestaltung und Verwaltung von Integrationslösungen muss durch geeignete Werkzeuge unterstützt werden.

Laut der Firma *Hewlett Packard* leisten sich Fortune 500-Unternehmen durchschnittlich 45 verschiedene Systeme – einige Großunternehmen sogar weit mehr als 100 – auf verschiedenen hard- und softwaremäßigen Plattformen (vgl. [Simo-01]). Die Verwaltung aller unternehmensübergreifenden Integrationslösungen, an denen diese Systeme beteiligt sein können, bedeutet einen hohen Aufwand. Interdepedenzen zwischen einzelnen Integrationslösungen führen dazu, dass der Aufwand für die Pflege und Weiterentwicklung von Integrationslösungen mit steigender Zahl der Integrationslösungen sogar mehr als linear wächst. Aus der Vielzahl von Integrations-Insellösungen erwachsen neue organisatorische und IT-bezogene Probleme. Werkzeuge können unterstützen, die Verwaltung einer Vielzahl von Integrationslösungen und deren Interdependenzen beherrschbar zu halten. Sie bilden damit einen wesentlichen Baustein, um die Realisierung weiterer Integrationslösungen zu ermöglichen.

3.2 Anforderungen an die organisatorische Gestaltung unternehmensübergreifender Zusammenarbeit

Ziel einer Integration von Informationssystemen über Unternehmensgrenzen hinweg ist es, die Effizienz von unternehmensübergreifenden Geschäftsprozessen zu steigern. Hierzu wird angestrebt, einen möglichst hohen Teil eines Prozesses automatisiert ablaufen lassen zu können. Damit jedoch Prozesse automatisiert ablaufen können, müssen sie zunächst formal und eindeutig spezifiziert werden, im Allgemeinen durch Modellieren der Prozesse. Darüber hinaus ist es für eine effiziente Integrationslösung erforderlich, dass die Optimierung der Geschäftsprozesse nicht auf ihre Automatisierung bei der Ausführung beschränkt bleibt, sondern dass auch die vorausgehenden Maßnahmen der Modellierung und der Implementierung der Prozesse verbessert werden (s. a. [WeOt-02, S. 36]). Nachfolgend werden Anforderungen an die organisatorische Gestaltung in Form von unternehmensübergreifenden Geschäftsprozessmodellen postuliert.

Anforderung 5: *Die Konzeption einer Integrationslösung auf der Pragmatikschicht muss durch die Modellierung der unternehmensübergreifenden Geschäftsprozesse unterstützt werden.*

In Business Process Reengineering Projekten in einem unternehmensinternen Kontext hat die detaillierte Analyse von Prozessen zum Erfolg beigetragen (vgl. z. B. [HeVr-04, S. 87]). Die konsequente Fortführung dieses Ansatzes bedeutet, dass Integration von Partnerunternehmen, beschrieben auf der Ebene unternehmensübergreifender Prozesse, die Basis für die Gestaltung der Verknüpfung von Informationssystemen über Unternehmensgrenzen sein sollte.

Die Bedeutung der Modellierung von Geschäftsprozessen ist im unternehmensübergreifenden Kontext nochmals höher als in einem unternehmensinternen Kontext. Der Grund hierfür ist, dass im Gegensatz zu monolithischen Systemen wie z. B. ERP-Systemen, die alle notwendigen Funktionen und Daten zur Unterstützung bestimmter Unternehmensbereiche integriert zur Verfügung stellen, der Integrationsaufwand von Softwaresystemen oder -modulen über Unternehmensgrenzen hinweg bei den Unternehmen selbst liegt. Dabei ist die Abstimmung von Prozessen zwischen Geschäftspartnern primär eine geschäftliche und nur sekundär eine IT-Aufgabe. Insbesondere bei Integrationslösungen basierend auf einer serviceorientierten Architektur werden Unternehmen allein durch das Heranziehen der Geschäftsprozessperspektive das notwendige verbindende Element finden, um die einzelnen Teilkomponenten zu einer durchgängigen Lösung zu integrieren und somit unternehmensübergreifende Abläufe im Griff zu halten.

Anforderung 6: *Modellierungssprachen für unternehmensübergreifende Geschäftsprozesse müssen syntaktisch und semantisch die Besonderheiten des unternehmensübergreifenden Kontexts darstellen können.*

Der Einsatz semiformaler Geschäftsprozessmodelle erscheint gerade unter Berücksichtigung der im Vergleich zum unternehmensinternen Fall nochmals erhöhten Komplexität und der gestiegenen Anforderungen unumgänglich. Nur durch die Erweiterung von Modellierungssprachen für unternehmensinterne Prozesse um spezielle Modellierungskonstrukte für die Modellierung unternehmensübergreifender Geschäftsprozessmodelle kann den besonderen Aspekten der übergreifenden Prozesse Rechnung getragen werden (s. a. [GrEn-02]). In der Literatur finden sich je nach Anwendungskontext unterschiedliche Forderungen nach Konstrukten, die speziell für die Modellierung unternehmensübergreifender Prozesse als erforderlich angesehen werden. Nachfolgend ist eine Zusammenfassung dieser Anforderungen an die Modellierung unternehmensübergreifender Geschäftsprozesse aufgeführt:

- Klare Machtstrukturen und Kontrollinstanzen sichern das reibungslose Funktionieren einer Zusammenarbeit. Ein verbindliches Berechtigungskonzept muss daher festgelegt werden [SGHZ-02, S. 11]. Die Funktion einer externen Organisation sollte durch die Zuordnung von Rollen darstellbar sein [FrLa-03, S. 76]. Darüber hinaus sollten Stellen und Organisationseinheiten modelliert werden können, die innerhalb eines Unternehmens genau spezifizieren, welche Stelle bzw. Organisationseinheit eine Aufgabe durchführt (vgl. [Kuge-02, S. 485], [GrEn-03], [WeOt-02, S. 35]). Gegebenenfalls kann anhand der Zuordnung die Art der Verantwortung oder der Mitwirkung genau festgelegt werden [Kuge-02, S. 485].
- Statt Funktionen sollten Aufgaben definiert werden, um eine variable Zuordnung zu Kunde oder Lieferant zu ermöglichen [WaKA-02].
- In- und Outputs, welche Leistungen oder Daten definieren, die für die Durchführung einer Aufgabe notwendig sind bzw. welche durch sie geschaffen werden, sollten insbesondere an den Prozessschnittstellen zwischen Unternehmen genau spezifiziert werden [Kuge-02, S. 485].
- Bei der Übermittlung von Daten sollte der Kommunikationskanal modelliert werden, über den dieser Datenaustausch stattfindet [Kuge-02, S. 485]. Insbesondere sollten verwendete Protokolle und Standards modelliert werden können [FrLa-03, S. 76]. Da nach Möglichkeit Standardschnittstellen von Informationssystemen genutzt werden sollten, sollte eine Bibliothek wichtiger Standards verfügbar sein [FrLa-03, S. 76].
- Da Unternehmen für semantisch gleiche Datenobjekte (z. B. *Bestellung*) unterschiedliche syntaktische Repräsentationen verwenden, sollte zum einen die unterschiedliche syntaktische Repräsentation (Datenformat für *Bestellung*) dargestellt werden können und zum anderen die für die Kommunikation notwendige Transformation zwischen den Repräsentationen berücksichtigt werden [GrEn-03].

- Da bei unternehmensübergreifenden Prozessen auch Logistikprozesse zu berücksichtigen sind, sollten die eingesetzten Transportmittel abgebildet werden können [FrLa-03, S. 76].
- Für den Fall, dass spezifische Störungen oder Ausnahmen auftreten, sollte im Modell eine einheitliche Ausnahmebehandlung definiert werden können [FrLa-03, S. 76]
- Verschiedene Kommunikationsformen zwischen räumlich getrennten Stellen müssen darstellbar sein und man muss zwischen asynchronen und synchronen Kommunikationsformen unterscheiden können [Kopp-01, S. 34].

Nur wenn diese Modellierungskonstrukte sowohl syntaktisch als auch semantisch in einer Modellierungssprache für unternehmensübergreifende Geschäftsprozesse enthalten sind, können Modelle in dieser Modellierungsprache in einer medienbruchfreien Vorgehensweise weiterverwendet werden (z. B. für automatisches System-Customizing oder Auswertungen).

Anforderung 7: *Die Modellierung von unternehmensübergreifenden Geschäftsprozessen muss durch ein Modellierungswerkzeug unterstützt werden, dessen Modellierungssprache die semantische Abbildung von unternehmensübergreifenden Abläufen ermöglicht.*

Business Process Reengineering Projekte sind oftmals wegen Schwierigkeiten bezüglich der Erfassung und Analyse der Geschäftsprozesse gescheitert (s. z. B. [HeVr-04, S. 88]). Ein Grund dafür ist der geringe Einsatz von Modellierungswerkzeugen, um die Prozesse zu beschreiben [HeVr-04, S. 88]. Um die Transparenz von modellierten Strukturen und Prozesse zu gewährleisten, ist der Einsatz von Modellierungssoftware daher unabdingbar.

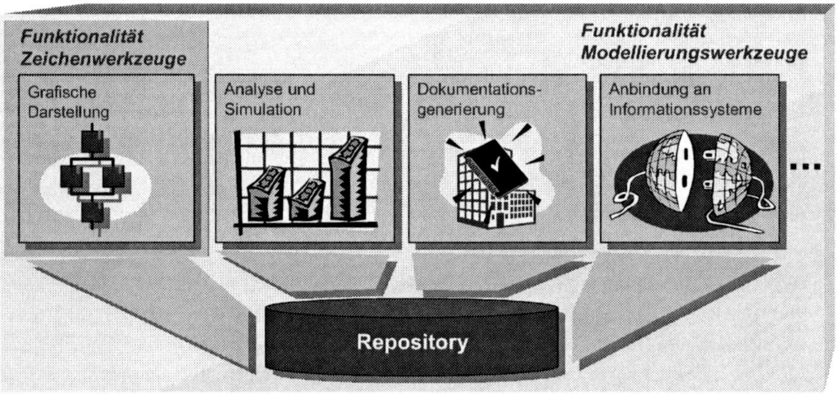

Bild 3.3: *Zusätzliche Funktionen von Modellierungswerkzeugen (nach [GrEn-03])*

Im Gegensatz zu reinen Zeichenwerkzeugen haben Modellierungswerkzeuge den entscheidenden Vorteil, dass sie auf der Verwaltung eines Unternehmensmodells in einem Repository aufbauen (vgl. [GrEn-03]). Dies ermöglicht neben der grafischen Darstellung weitere Anwendungsmöglichkeiten des Modells z. B. für die Analyse, automatische Dokumentation, modellbasierte Adaption von Informationssystemen (s. Bild 3.3) etc. Um eine hohe Werkzeugunterstützung beim Aufbau einer Integrationslösung zu erzielen, müssen Informationen der Geschäftsprozessmodelle weiterverwendet werden können. Daher ist der Einsatz von Modellierungswerkzeugen auch für die Gestaltung von unternehmensübergreifenden Geschäftsprozessen zwingend erforderlich.

Anforderung 8: *Die Gestaltung unternehmensübergreifender Geschäftsprozesse muss methodisch die Verknüpfung von unternehmensinternen Geschäftsprozessen der beteiligten Partner zugrunde liegen, unabhängig davon, ob eine bottom-up (zuerst unternehmensinterne Prozesse gestalten) oder top-down (zuerst unternehmensübergreifende Prozess gestalten) gewählt wird.*

Die Hauptaufgabe des Geschäftsprozessmanagements in einem unternehmensübergreifenden Kontext muss es sein, Geschäftstransaktionen mit ihrem Overhead an isoliert ablaufenden Teilprozessen in kosten- und zeitoptimierte unternehmensübergreifende Abläufe umzuwandeln und eine integrative, unternehmensübergreifende Prozesssteuerung und Kommunikation aufzubauen (vgl. [SGHZ-02, S. 14]). Dabei dürfen Unternehmen nicht den Fehler machen zu denken, dass Änderungen an den Grenzen eines Unternehmens keine Auswirkungen auf interne Prozesse hätten (s. a. [JoSc-02, S. 38]). So müssen sich z. B. Mitarbeiter mit neuen Abläufen vertraut machen und viele Prozesse, die bisher manuell oder papierbasiert verliefen, sind zu digitalisieren (s. a. [SGHZ-02, S. 11]). Statt einer reinen Fokussierung auf unternehmensübergreifende Abläufe müssen daher Konzepte und insbesondere Prozessmodelle als eine Verzahnung von mehreren unternehmensinternen Prozessen betrachtet werden. Hierdurch können Unternehmen Abhängigkeiten zwischen unternehmensinternen und unternehmensübergreifenden Abläufen identifizieren und Auswirkungen von Änderungen an internen oder übergreifenden Abläufen erkennen.

Anforderung 9: *Die Verknüpfung von unternehmensinternen Geschäftsprozessen zu unternehmensübergreifenden Geschäftsprozessen in einem Prozessmodell muss unabhängig von der Modellierungssprache der unternehmensinternen Prozesse möglich sein.*

Bei unternehmensübergreifenden Prozessen ist eine einheitliche Darstellungstechnik zu wählen, die von allen Beteiligten akzeptiert wird. Problematisch wird allerdings die Verwendung einer einheitlichen Methode für sowohl unternehmensinterne als auch -übergreifende Prozessmodelle, da verschiedene Unternehmen zumeist unterschiedliche Methoden für ihr jeweiliges Informationsmanagement einsetzen. Nur wenn Anforderung 9 erfüllt ist, kann auch Anforderung 8 mit vertretbarem Aufwand in einem Integrationsprojekt erfüllt werden.

Anforderung 10: *Für die Gestaltung unternehmensübergreifender Geschäftsprozesse soll eine möglichst einfache Modellierungssprache verwendet werden.*

Für die Modellierung sowohl von unternehmensinternen als auch -übergreifenden Prozessmodellen existiert keine einzelne beste Modellierungssprache, stattdessen sollte eine für den jeweiligen Anwendungsfall geeignete ausgewählt werden (vgl. [HeVr-04, S. 106]). In einem unternehmensübergreifenden Kontext müssen Mitarbeiter aus unterschiedlichen Unternehmen Prozessmodelle erstellen, anpassen und verstehen. Die Akzeptanz einer Modellierungssprache steigt durch ihre Einfachheit (s. [Kuge-02, S. 484]). Für die kooperative Erstellung von unternehmensübergreifenden Geschäftsprozessmodellen müssen alle Beteiligte die gewählte Modellierungssprache akzeptieren. Daher sollte eine Modellierungssprache zum einen relativ einfach zu verstehen sein und von allen Beteiligten akzeptiert werden. Zum anderen sollte die Modellierungssprache aber auch das Erstellen eines umfassenden Modells der Problemsituation ermöglichen.

Anforderung 11: *Bei der Darstellung unternehmensübergreifender Geschäftsprozesse müssen unternehmensinterne Aspekte gefiltert werden können, die unternehmensspezifisches Know-how darstellen.*

Um Integrationslösungen aufzubauen müssen Unternehmen bereit sein, ihr Wissen über ihre Strukturen und ihre Prozesse preiszugeben [SGHZ-02, S. 11]. Allerdings stellt diese notwendige Transparenz beim Aufbau von Integrationslösungen ein Problem dar, da Unternehmen oftmals Sorge tragen, Know-how über Alleinstellungsmerkmale oder Kernkompetenzen Mitwettbewerbern preiszugeben. Bei der Modellierung von unternehmensübergreifenden Prozessen sollten daher nur die für die Konzeption der Integrationslösungen notwendigen unternehmensinternen Informationen über Geschäftsabläufe und -strukturen verwendet werden. Durch Filtern oder Verbergen von vertraulichen, unternehmensinternen Informationen in Geschäftsprozessmodellen können Unternehmen in unternehmensübergreifende Prozesse eingebunden werden, ohne unternehmensspezifisches Know-how preisgeben zu müssen.

3.3 Anforderungen an die unternehmensübergreifende, informationstechnische Integration von Unternehmen

Nur durch die Integration von Informationssystemen wird die vollständige Integration von unternehmensinternen Geschäftsprozessen zu unternehmensübergreifenden Geschäftsprozessen gelingen (vgl. [SGHZ-02, S. 14]). Wie in Bild 3.2 an einem Beispiel dargestellt, können zur Unterstützung der unternehmensübergreifenden Prozesse eines Unternehmens die Realisierung einer Vielzahl von Integrationslösungen zu anderen Informationssystemen notwendig sein. In Abschnitt 2.4 wurden Technologien beschrieben, die die Realisierung solcher Integrationslösungen unterstützen. Allerdings existiert derzeit keine allgemeingültige, standardisierte (weder de jure noch de facto) Technologie, die für alle betriebswirtschaftlichen Anwendungsbereiche eingesetzt werden kann. Unternehmen benötigen daher Unterstützung, um die hohe technologische Komplexität zu beherrschen, die aus der Summe aller Integrationsaufgaben entsteht. Nachfolgend werden Anforderungen an ein Konzept zur Beherrschung der technologischen Komplexität der unternehmensübergreifenden Integration von Informationssystemen postuliert, bei dem die Existenz von Datenaustauschstandards nicht zwinged vorausgesetzt wird.

Anforderung 12: *Die Wiederverwendung bereits bestehender Integrationslösungen oder Integrationslösungskomponenten muss unterstützt werden*

Die Komplexität der Integrationsaufgaben wird verringert, wenn Unternehmen in der Lage sind, identische oder ähnliche Aufgaben bei der Realisierung von Integrationslösungen zu erkennen und wieder zu verwenden. Insbesondere müssen wieder verwendbare Teillösungen identifiziert werden, die bei zukünftigen Integrationsaufgaben wieder verwendet werden können und dementsprechend mit einem allgemeinen Fokus gelöst werden können.

Anforderung 13: *Die unternehmensübergreifende Integration von Informationssystemen zur Unterstützung von Geschäftsprozessen muss möglichst automatisiert ablaufen.*

Ein weiterer Schritt zur Reduzierung der Komplexität besteht darin, einen möglichst großen Anteil an Integrationsaufgaben automatisiert ablaufen zu lassen. Diese Anforderung an Integrationsaufgaben stellt einer Spezialisierung der allgemeinen Anforderung von KEPHART und CHESS nach *Autonomic Computing* (s. [KeCh-03]) zur Beherrschung der Komplexität heutiger IT-Landschaften und -Systeme dar: Autonome Elemente organisieren sich selbstständig nach vorgegebenen Vorschriften auf höherer Ebene. Jedes autonome Element ist verantwortlich für die Verwaltung seines internen Zustands und Verhaltens sowie die Organisation seiner Interaktionen mit einer Umgebung, die größtenteils aus Signalen und Nachrichten von anderen Elementen oder der externen Welt besteht. Das interne Verhalten eines Elements und seine Beziehungen zu anderen Elementen werden bestimmt durch

- die **Ziele** seines Entwicklers, die er in das Element eingebettet hat,
- **andere Elemente**, die Autorität über es besitzen, oder
- **Unterverträge** zu gleichgestellten Elementen mit seiner stillschweigenden oder expliziten Zustimmung.

Auf das Anwendungsgebiet der unternehmensübergreifenden Integration von Informationssystemen bezogen bedeutet dies, dass eine informationstechnische Verknüpfung der Systeme möglichst automatisiert erfolgen muss. Das interne Verhalten der Systeme bleibt dabei unberührt. Die Verknüpfung erfolgt nach Vorschriften auf höherer Ebene, die in Form von unternehmensübergreifenden Geschäftsprozessen formuliert sind. Damit wird auch der Forderung Folge geleistet, dass eine Integration von Informationssystemen an den betriebswirtschaftlichen Anforderungen ausgerichtet wird. Komplexität wird auf dieser Weise verborgen und Integrationsaufgaben können schneller, kostengünstiger und weniger fehleranfällig durchgeführt werden.

Anforderung 14 *Schnittstellen von Informationssystemen, über die eine unternehmensübergreifende Integration von anderen Informationssystemen möglich sein soll, müssen in einer semiformalen Beschreibung dokumentiert sein.*

Die Verknüpfung von autonomen Elementen, in diesem Anwendungsfall Informationssysteme, setzt voraus, dass die Elemente über vordefinierte oder nachträglich entwickelte Schnittstellen verfügen (s. [SGHZ-02, S. 11], [KeCh-03, S. 46]). Damit diese Schnittstellen genutzt werden können, muss deren Existenz bekannt sein und ihre Anwendungsmöglichkeiten, d. h. ihre Spezifikation verfügbar sein. Ist diese Spezifikation in einer (semi-)formalen Beschreibung verfügbar, ist eine rechnergestützte Nutzung dieser Spezifikation möglich. Dies bildet die Grundlage für eine (teil-)automatisierte Integration von Informationssystemen.

Anforderung 15: *Bei der automatisierten Integration von Informationssystemen müssen die ausgetauschten Daten semantisch und pragmatisch von den beteiligten Systemen interpretiert werden können, auch wenn keine standardisierten Datenformate eingesetzt werden.*

Der Informationsaustausch zwischen Informationssystemen setzt voraus, dass die ausgetauschten Daten von beiden Seiten identisch interpretiert werden. Ein wesentliches Hindernis für die breite Umsetzung von unternehmensübergreifender Zusammenarbeit stellen semantische Inkonsistenzen zwischen Geschäftspartnern dar, die durch Informationssysteme miteinander verbunden sind (s. a. [LaBS-02, S. 22]).

Standards für Datenformate sind ein Ansatz, der für ein eingeschränktes Anwendungsgebiet eine Interpretation von Daten vorgibt. Auch KEPHART und CHESS sehen vor, dass die Schnittstellen ihrer autonomen Elemente auf Standards aufsetzen (vgl. [KeCh-03, S. 46]). Allerdings hat die Analyse in Abschnitt 2.4 gezeigt, dass aktuelle Standards zumeist nur für Kommunikationsdienste oder auf der syntaktischen Schicht verfügbar sind. Standards für eine semantische und pragmatische Integration bleiben eine große Herausforderung (vgl. a. [ÖsFA-01], S. 76]). Ein weiteres Problem ist, dass Standards nur heute bereits bekannte Anwendungsgebiete unterstützen können, neue Anwendungsgebiete jedoch nur mit Zeitverzug berücksichtigen können. Ebenso ist die Vollständigkeit eines Standards innerhalb eines Anwendungsgebiets nur schwer zu erreichen.

Ein zwingender Methodenbaustein für die unternehmensübergreifende Integration von Informationssystemen sind daher Methoden und Werkzeuge, die die korrekte Interpretation von Daten auf semantischer und pragmatischer Schicht ermöglichen, ohne dass die zwingende Nutzung eines Standards notwendig ist. Nur mit diesem Methodenbaustein ist eine (teil-) automatisierte Verknüpfung von Informationssystemen in einem allgemeinen, nicht spezialisierten Anwendungskontext zu erreichen.

3.4 Anforderungen an ein Vorgehensmodell zur unternehmensübergreifenden Integration

Die genannten Anforderungen bilden die Grundlage für ein Konzept zur unternehmensübergreifenden Integration von Informationssystemen. Darauf aufbauend beschreibt ein Vorgehensmodell ein Phasenkonzept mit definierten Phasenergebnissen, in dem die Arbeitsschritte sowie die zu verwendenden Konzeptbausteine bzw. Beschreibungssprachen und Werkzeuge festgelegt werden. Das Vorgehensmodell verbindet einzelne Projekte zur Realisierung von Integrationslösungen zu einem kontinuierlichen Ausbau der Integrationsinfrastruktur in einem Unternehmen. Nachfolgenden sind Anforderungen an ein solches Vorgehensmodell postuliert, das auf einem Konzept zur unternehmensübergreifenden Integration entsprechend den zuvor beschriebenen Anforderungen aufbaut.

Anforderung 16: *Der Aufbau und die Erweiterung der Integrationsinfrastruktur eines Unternehmens in Form einer Vielzahl von Integrationslösungen muss in kleinen, iterativen Schritten erfolgen, die an einer Integrationsstrategie eines Unternehmens ausgerichtet sind. Ergebnisse der einzelnen Teilprojekte müssen in einer ganzheitlichen Dokumentation zusammengeführt werden können.*

Der Aufbau einer allumfassenden Integrationslösung für sämtliche Integrationsaufgaben bedeutet ein hohes Maß an Komplexität. In der Systementwicklung zeigt sich ein Trend zur inkrementellen statt einer reinen phasenorientierten, ganzheitlichen Vorgehensweise (vgl. [IrTL-03], [ADEK-05], [JoSc-02, S. 37]), die sich in verschiedenen Projekten bereits erfolgreich bewährt hat (s. z. B. [Mart-04], [Enge-05]). Kleine Integrationsprojekte mit kurzer Laufzeit bedeuten eine schnelle Integration in dynamische Unternehmensnetzwerke und ermöglichen so das Ausnutzen von kurzfristigen Marktchancen. Ein Nachteil, der bei kleinen, iterativen Projekten auftreten kann, ist, dass potenzielle Synergien der einzelnen Projekte unentdeckt und damit unausgeschöpft bleiben. Aus diesem Grund muss jedes Teilprojekt zum einen an einem übergeordneten Ziel ausgerichtet sein und zum anderen müssen Ergebnisse aus Teilprojekten in einer ganzheitlichen Dokumentation zusammengeführt werden. Diese Dokumentation muss darüber hinaus mit jedem Teilprojekt erweitert und an neue Gegebenheiten angepasst werden.

Anforderung 17: *Die kooperative, unternehmensübergreifende Erarbeitung einer Integrationslösung muss unterstützt werden.*

Unternehmensübergreifende Geschäftsprozesse weisen Schnittstellen an den Unternehmensgrenzen auf. Durch regelmäßige Abstimmung zwischen den beteiligten Unternehmen, die jeweils für einen Teil des gesamten unternehmensübergreifenden Geschäftsprozesses verantwortlich sind, können dabei auftretende Reibungsverluste reduziert werden.

Automatisierte Geschäftsprozesse können nur dann zur Zufriedenheit der beteiligten Unternehmen ablaufen, wenn ein gemeinsames Verständnis über die modellierten Geschäftsprozesse sowie über die zur Prozessunterstützung eingesetzten Technologien herrscht [WeOt-02, S. 36]. Soll ein unternehmensübergreifender Prozess gestaltet werden, müssen daher externe Partner von außerhalb eines Unternehmens eingebunden werden. Darüber hinaus müssen technische Entscheidungen wie z. B. eingesetzte Technologien oder Standards für die Verknüpfung von Informationssystemen gemeinsam von allen beteiligten Partnern getroffen werden. Dies kann nur durch eine kooperative, unternehmensübergreifende Erarbeitung einer Integrationslösung erreicht werden.

Die formulierten Anforderungen dienen im nachfolgenden Kapitel als Leitfaden für die Entwicklung eines neuen Konzepts, das auf der Beseitigung der identifizierten Defizite und Schwachstellen bei der unternehmensübergreifenden Integration von Informationssystemen zielt. Im daran anschließenden Kapitel wird ein auf diesem Konzept aufbauendes Vorgehensmodell entwickelt, das den postulierten Anforderungen entsprechend den Aufbau einer Integrationsinfrastruktur durch die Abfolge meherer Integrationsprojekte ermöglicht.

4 Konzept zur unternehmensübergreifenden Integration von Informationssystemen

Unter Berücksichtigung der aufgestellten und beschriebenen Anforderungen wird in den folgenden Abschnitten das Lösungskonzept für eine rechnergestützte, unternehmensübergreifende Integration von Informationssystemen (*Computer Aided Enterprise Integration*, Abk.: CAEI) hergeleitet. Die Hauptaufgabe der zu konzipierenden Methode besteht in der effizienten, ganzheitlichen Konzeption, Realisierung und Pflege von unternehmensübergreifenden Integrationslösungen, die ein Unternehmen durch das Mitwirken an einer Vielzahl von stabilen Unternehmensnetzwerken oder kurzfristigen Projekten zu erstellen und zu betreiben hat. Hierzu sollen bereits in frühen Phasen Abhängigkeiten zu bestehenden Integrationslösungen des Unternehmens berücksichtigt sowie Ergebnisse und Erfahrungen aus früheren Integrationsprojekten weiterverwendet werden können. Grundlage der Methode bildet die formale Dokumentation der unternehmensübergreifenden Integrationslösungen eines Unternehmens, die kontinuierlich und bedarfsabhängig erstellt und erweitert wird. Der entwickelte Lösungsansatz berücksichtigt dabei ganzheitlich alle die den drei Teilen der Semiotik entsprechenden Integrationsschichten, die in Abschnitt 2.1.3 vorgestellt wurden.

Zunächst wird der Lösungsansatz und seine Bestandteile in einer Übersicht vorgestellt, bevor die einzelnen Komponenten ausführlich entwickelt und beschrieben werden. Abschließend wird eine Architektur eines CAEI-Werkzeugs konzipiert und ein für die rechnergestützte Anwendung geeignetes Datenmodell spezifiziert. Der Lösungsansatz wird in Kapitel 5 durch die Erarbeitung eines Vorgehensmodells zur unternehmensübergreifenden Integration von Informationssystemen unter Einsatz eines CAEI-Werkzeugs vervollständigt.

4.1 Lösungsansatz

Der vorliegende Lösungsansatz für eine unternehmensübergreifende Integration von Informationssystemen betrachtet ganzheitlich die Syntax-, Semantik- und Pragmatikschicht des Integrationsschichtenmodells. Dabei baut er auf den vier folgenden Aussagen auf:

- Die unternehmensübergreifende Integration von Informationssystemen erfolgt durch einen informationstechnisch unterstützten Informationsfluss über Unternehmensgrenzen hinweg, der von einem Informationssystem initiiert wird und von einem weiteren Informationssystem in einer anderen Organisation konsumiert wird.
- Für die Beschreibung des betriebswirtschaftlichen Kontexts, in dem ein solcher Informationsfluss stattfindet, bieten Modelle unternehmensübergreifender Geschäftsprozesse einen geeigneten Ansatz. Mit Hilfe dieser Modelle werden die mit einem Informationsfluss verbundenen Aktions- und Reaktionsmuster beschrieben. Diese Einbettung eines Informationsflusses in einen unternehmensübergreifenden Geschäftsprozess stellt daher eine Spezifikation des Informationsflusses auf der Pragmatikschicht dar.

- Im Allgemeinen benutzen sendendes und empfangendes Informationssystem unterschiedliche Datenformate für die Informationsübermittlung. Jedes Informationssystem verfügt über Prozessoren, die die jeweils unterstützten Datenformate korrekt interpretieren. Für eine semantisch korrekte Interpretation der übertragenen Daten muss eine Übersetzung des vom Sender benutzten Datenformats in das vom Empfänger erwartete Datenformat erfolgen. Diese Übersetzung in Form einer Abbildungsvorschrift zwischen Datenformaten stellt daher eine Spezifikation des Informationsflusses auf der Semantikschicht dar.
- In einem Datenmodell lassen sich die zu übermittelnden Daten formell beschreiben. Das Datenmodell gemeinsam mit einer jeweils injektiven Codierung[35] der Datenmodelle stellen eine Spezifikation des Informationsflusses auf der Syntaxschicht dar.

Diese Aussagen werden im vorliegenden Ansatz zu einem Konzept zur unternehmensübergreifenden Integration von Informationssystemen entwickelt. Der Lösungsansatz setzt sich aus drei Komponenten zusammen:

- Der **Integrationsraum** ist eine Struktur zur Verwaltung der Informationen über alle Integrationslösungen eines Unternehmens.
- Das **CAEI-Werkzeug** bietet Funktionalitäten, die dic Konzeption, Implementierung und Pflege von Integrationslösungen unterstützen. Ihm liegt als Informationsstruktur der Integrationsraum zugrunde.
- Das **Vorgehensmodell** (s. Kapitel 5) beschreibt die Anwendung des CAEI-Werkzeugs und Nutzung des Integrationsraums, um neue Integrationslösungen effizient zu konzipieren und zu realisieren sowie die Pflege bestehender Integrationslösungen zu unterstützen.

Integrationsraum

Der *Integrationsraum* stellt die statische Komponente des Lösungsansatzes dar. Er ermöglicht die Abbildung und ganzheitliche Betrachtung aller Integrationslösungen innerhalb eines Unternehmens. Der Integrationsraum wird durch die drei Einflussgrößen Integrationsebene, Prozesse und Systeme aufgespannt (s. Bild 4.1):

- Die ***Dimension der Integrationsebenen*** umfasst die in Abschnitt 2.1.3 vorgestellten Schichten Pragmatik, Semantik und Syntax des Integrationsschichtenmodells.
- Die ***Dimension der Systeme*** bildet alle an Integrationslösungen eines Unternehmens beteiligten Informationssysteme des Unternehmens sowie der teilnehmenden Partner ab.
- Die ***Dimension der Prozesse*** wird von den Integrationslösungen eines Unternehmens unterstützten unternehmensübergreifenden Prozessen gebildet.

---

35 Es sei f: $A \rightarrow B$ eine Abbildung. f heißt *injektiv* oder eineindeutig, wenn aus $x_1, x_2 \in A$, $x_1 \neq x_2$ folgt, dass $f(x_1) \neq f(x_2)$ [DrWe-95]. DIN 44300 definiert *Code* wie folgt: „Eine Vorschrift für die eindeutige Zuordnung (Codierung) der Zeichen eines Zeichenvorrats (Urmenge) zu denjenigen eines anderen Zeichenvorrats (Bildmenge).“

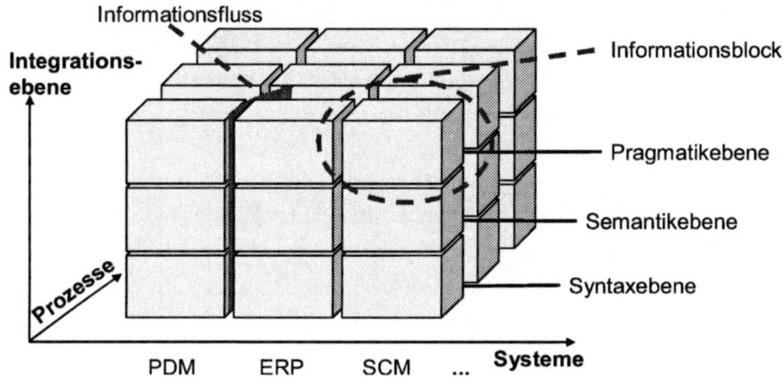

Bild 4.1: Integrationsraum

Informationen im Integrationsraum werden in *Informationsblöcke* eingeteilt. Ein Informationsblock beschreibt die Beteiligung eines Informationssystems in einem unternehmensübergreifenden Prozess aus der Sichtweise einer bestimmten Integrationsschicht. Unternehmensübergreifende Informationsflüsse stellen Vektoren zwischen Informationen im Integrationsraum in der System-Prozess-Ebene dar und verbinden so Informationen in verschiedenen Informationsblöcken. Auf diese Weise lassen sich Abhängigkeiten zwischen unternehmensübergreifenden Integrationslösungen identifizieren.

- Auf der ***Pragmatikebene*** werden abstrahierte und konkrete Modelle unternehmensinterner Prozesse verwaltet. Ein Informationsblock auf der Pragmatikebene beschreibt Teile eines unternehmensübergreifenden Prozesses, der durch ein bestimmtes Informationssystem unterstützt wird. Unternehmensübergreifende Informationsflüsse verknüpfen Teilprozesse zu unternehmensübergreifenden Prozessen.
- Auf der ***Semantikebene*** werden Abbildungsvorschriften zwischen Datenformaten beschrieben. Ein Informationsblock der Semantikebene enthält alle Abbildungsvorschriften, die für ein Informationssystem im Kontext eines unternehmensübergreifenden Prozesses definiert wurden. Informationsflüsse verbinden Abbildungsvorschriften verschiedener Systeme und beschreiben auf diese Weise die Informationsmanipulation im Rahmen eines unternehmensübergreifenden Prozesses.
- Auf der ***Syntaxebene*** werden Datenmodelle von Informationssystemen und/oder datentechnischen Schnittstellen[36] verwaltet. Ein Informationsblock auf der Syntaxebene enthält (Teil-) Datenmodelle eines Informationssystems, die die für einen (Teil-) Prozess relevanten Daten des Systems beschreiben. Informationsflüsse verknüpfen Datenmodelle und beschreiben auf diese Weise die an einem Informationsfluss beteiligten Daten aus unterschiedlichen Informationssystemen.

---

36 Datenmodelle der Parameter von Funktionen eines Systems, die über öffentliche Schnittstellen (so genannte Application Programming Interfaces, Abk. API) zugänglich sind.

CAEI-Werkzeug

Der Integrationsraum stellt mit der Abbildung und ganzheitlichen Betrachtung aller Integrationsinformationen als statische Komponente die Basis des Lösungsansatzes dar. Darauf aufbauend spielt die dynamische Komponente des Lösungsansatzes eine entscheidende Rolle. Für den Aufbau und die Verwaltung aller unternehmensübergreifenden Integrationslösungen eines Unternehmens wird ein *CAEI-Werkzeug* entwickelt, das alle Informationen des Integrationsraums integriert verwaltet und die Generierung von Informationen in Informationsblöcken unterstützt. Das System ist aus drei Komponenten *Prozessmodellierer*, *Abbildungsgenerator* und *Schnittstellen-Repository* aufgebaut (s. Bild 4.2):

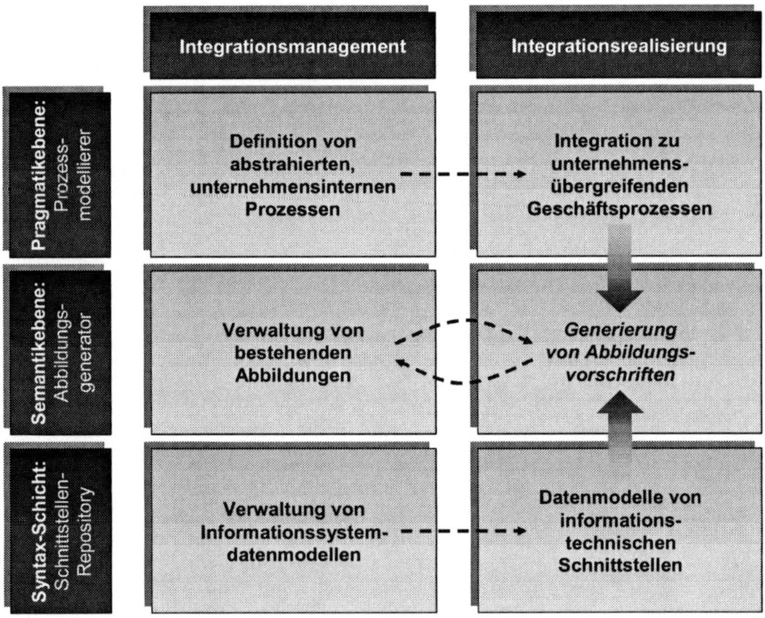

Bild 4.2: Übersicht über den Lösungsansatz

- Der **Prozessmodellierer** stellt die Funktionalität zur Verfügung, um Integrationslösungen auf der Pragmatikebene zu konzipieren. Als Erweiterung herkömmlicher Unternehmens- und Geschäftsprozessmodellierungswerkzeuge unterstützt er die Integration von systeminternen Geschäftsprozessen in übergreifende Informationsflüsse.
- Der **Abbildungsgenerator** unterstützt das Erzeugen von Abbildungsvorschriften zwischen unterschiedlichen Datenformaten. Für das Generieren dieser Abbildungsvorschriften greift der Abbildungsgenerator auf eine Datenbank zu, die Erfahrungen bei der Erzeugung ähnlicher Abbildungsvorschriften verwaltet.

- Im **Schnittstellen-Repository** werden alle Systemschnittstellen, die in Integrationslösungen genutzt werden oder für zukünftige Integrationslösungen zur Verfügung stehen, verwaltet.

Die Komponenten bestehen jeweils aus einer statischen und einer dynamischen Unterkomponente. Eine statische Unterkomponente verwaltet Informationen über Integrationslösungen und Integrationsprojekte. Alle statischen Komponenten zusammen stellen die *Integrationsmanagement*-Funktionalität des CAEI-Werkzeugs zur Verfügung. Eine dynamische Unterkomponente unterstützt die Realisierung neuer oder Anpassung bestehender Integrationslösungen durch Generierung oder Anpassung von Informationen. Alle dynamischen Komponenten zusammen stellen die *Integrationsrealisierungs*-Funktionalität bereit.

Das **Integrationsmanagement** stellt dem Benutzer eine Informationsbasis zur Verfügung, die den Aufwand für Realisierung und Pflege von Integrationslösungen reduziert:

- Durch die Verwaltung der Ergebnisse früherer Projekte und deren Verknüpfungen werden die **Konsequenzen von Änderungen** an Prozessen und Informationssystemen transparenter. Unerwünschte Seiteneffekte einer Änderung an einer Integrationslösung auf andere Integrationslösungen können identifiziert und der Umfang der daraus entstehenden Anpassungsarbeiten kann genauer abgeschätzt werden.
- Durch die strukturierte Verwaltung von Ergebnissen aus Integrationsprojekten wird die Möglichkeit diese **in späteren Integrationsprojekten wieder zu verwenden** erhöht. Von methodischer Seite ist es dabei wichtig, unternehmensspezifische Arbeiten bei der Realisierung einer Integrationslösung von unternehmensübergreifenden zu unterscheiden. Die Ergebnisse unternehmensspezifischer Aufgaben stellen das *Integrations-Know-how* eines Unternehmens dar, das durch geeignete Verwaltung und Bereitstellung in weiteren Integrationsprojekten genutzt werden kann.

Die **Integrationsrealisierung** unterstützt das Erarbeiten oder Anpassen einer Integrationslösung. Die Komponenten der Integrationsrealisierung sind Grundlage eines Vorgehensmodells zur unternehmensübergreifenden Integration von Informationssystemen, welches in Kapitel 5 entwickelt wird. Die Komponenten der Integrationsrealisierung verwenden die Informationen des Integrationsmanagements, um Aufgaben bei der Konzeption und Realisierung von Integrationslösungen durch geeignete Werkzeuge zu unterstützten und Teilschritte zu automatisieren.

Bild 4.3 zeigt den gestuften Aufbau des Lösungskonzepts. Die Reihenfolge der ersten drei Stufen entspricht der Abfolge bei der Erstellung einer Integrationslösung:

- Auf der **Pragmatikebene** (1) werden Modelle unternehmensübergreifender Geschäftsprozesse erzeugt indem unternehmensinterne Prozesse über unternehmensübergreifende Informationsflüsse verknüpft werden.
- Auf der **Syntaxebene** (2) werden Datenmodelle und -formate für die Datenübertragung bzw. den unternehmensübergreifenden Funktionsaufruf spezifiziert.

- Auf der **Semantikebene** (3) werden schließlich die Informationen der einschließenden Ebenen genutzt, um Abbildungsvorschriften für auszutauschende Daten zu definieren und zu implementieren.

Das **CAEI-Werkzeug** (4) bildet eine aus den obigen drei Komponenten integrierte Werkzeuglösung.

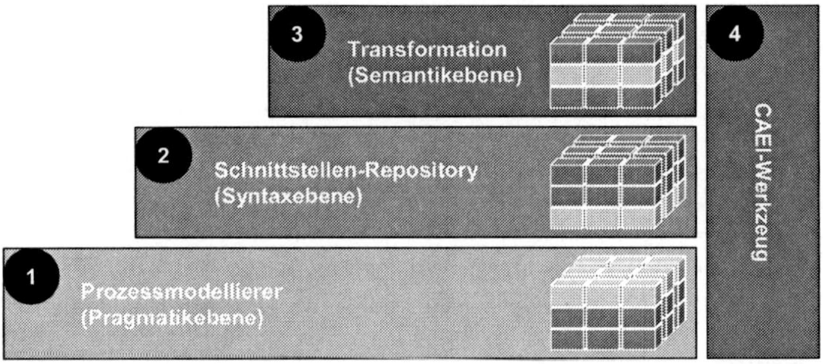

Bild 4.3: Aufbau des Lösungsansatzes

In den nächsten Abschnitten werden diese Stufen des Konzepts ausführlich entwickelt und anschließend in die Architektur des CAEI-Werkzeugs integriert.

4.2 Integration auf pragmatischer Ebene

Unternehmensübergreifende Prozesse verknüpfen unternehmensinterne Geschäftsprozesse über Unternehmensgrenzen hinweg. Die Verbindung zwischen unternehmensinternen Geschäftsprozessen definiert den Kontext eines Informationsaustauschs in Form eines Aktions-/ Reaktionsmusters. Die Definition eines unternehmensübergreifenden Geschäftsprozesses spezifiziert damit eine Integrationslösung auf pragmatischer Ebene. In diesem Abschnitt wird ein Ansatz zur Integration auf pragmatischer Ebene vorgestellt (s. Bild 4.4). Dies umfasst

- die **konzeptionellen Vorarbeiten** in einem Unternehmen (1), sodass die Randbedingungen und Möglichkeiten einer unternehmensübergreifenden Zusammenarbeit bekannt sind, und
- die Aktivitäten, die für die **Spezifikation eines unternehmensübergreifenden Prozesses** notwendig sind (2), sodass die Spezifikation zum einen für die Integration auf semantischer Ebene verwendet werden kann, und zum anderen, um Optimierungspotenziale in Wertschöpfungsnetzwerken zu identifizieren und auszuschöpfen (3).

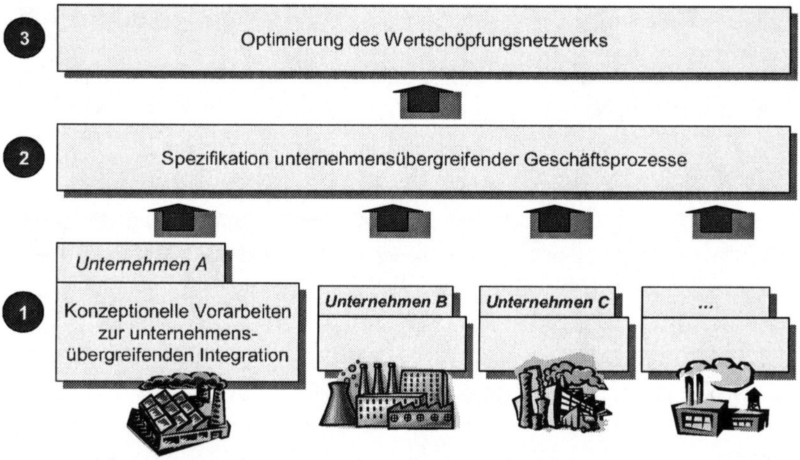

Bild 4.4: Ansatz zur Integration auf pragmatischer Ebene

Bevor in den nachfolgenden Abschnitten die konzeptionellen Vorarbeiten und die Methode zur Spezifikation unternehmensübergreifender Prozesse erarbeitet werden, wird eine zweidimensionale Sichtweise auf unternehmensinterne und -übergreifende Prozesse eingeführt, die dieser Arbeit zugrunde liegt. Schließlich wird ein Ansatz zur Ableitung weiterer Sichten für die Darstellung unternehmensübergreifender Zusammenarbeit vorgestellt, die eine grafische Auswertung der Prozesse ermöglicht.

4.2.1 Übergreifende und interne Sicht auf Geschäftsprozesse

Unternehmensübergreifende Geschäftsprozesse lassen sich zu einem großen Teil mit den gleichen grundlegenden Modellierungselementen darstellen, die für Modelle unternehmensinterner Prozesse verwendet werden (s. Abschnitt 2.1.1). Allerdings ist zu beachten, dass unternehmensübergreifende Geschäftsprozesse Einheiten (nämlich die Unternehmen) verknüpfen, die in keiner hierarchischen Beziehung zueinander stehen. Demzufolge ist üblicherweise keine hierarchisch übergeordnete Organisationseinheit verfügbar, die den im Prozess miteinander zu verbindenden Organisationseinheiten weisungsbefugt ist. Aus diesem Grund müssen bei der Gestaltung von unternehmensübergreifenden Prozessen im Vergleich zu unternehmensinternen Prozessen häufig einige Besonderheiten berücksichtigt werden:

- Bei internen Geschäftsprozessen besteht im Allgemeinen nicht der Bedarf **Teilprozesse zu verbergen**.
- Bei internen Geschäftsprozessen lässt sich der Einsatz von **Standards** für den Datenaustausch organisatorisch leichter durchsetzen.

- Integrationslösungen, die eine informationstechnische Durchgängigkeit eines Prozesses unterstützen, können in einem unternehmensinternen Kontext mit Hilfe von **zentralen technischen Systemen** als verbindendes Element realisiert werden. Aus Gründen der Datensicherheit und oftmals unklarer Kostenübernahme für den Betrieb eines solchen Systems wird eine zentrale, integrierende Lösung im unternehmensübergreifenden Kontext im Allgemeinen vermieden.

Die oftmals auf Abläufe innerhalb eines Unternehmens beschränkte Darstellung von Geschäftsprozessen wird aus diesen Gründen um eine unternehmensübergreifende Sicht in dieser Arbeit ergänzt, die die interne Sicht jedoch nicht ersetzt (vgl. Bild 4.5):

- In der **übergreifenden Sicht** werden Informations-, Material- und Geldflüsse über Unternehmensgrenzen hinweg dargestellt. Anknüpfungspunkte eines Unternehmens sind Aktivitäten, die einen Eingangsfluss aus einem anderen Unternehmen empfangen oder einen Ausgangsfluss an ein anderes Unternehmen auslösen. Aktivitäten, die lediglich mit Flüssen innerhalb des Unternehmens verbunden sind, sind in der übergreifenden Sicht nicht dargestellt.
- In der **internen Sicht** werden Aktivitäten, die innerhalb eines Unternehmens ausgeführt werden, dargestellt. Übergreifende Informationsflüsse werden als Eingangs- bzw. Ausgangsinformationsflüsse abstrahiert, die über die Unternehmensgrenzen hinweg stattfinden. Die interne Sicht eines Unternehmens kann für andere Unternehmen bewusst (Know-how-Schutz) oder unbewusst (Vermeiden von Informationsüberflutung) verborgen werden (vgl. *Schwarzer Kasten*, [Goos-95, S. 19]).

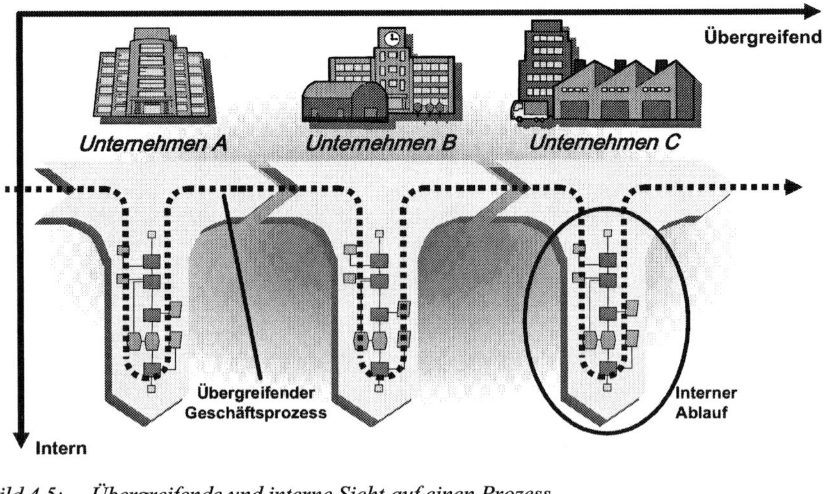

Bild 4.5: Übergreifende und interne Sicht auf einen Prozess

Durch die Verwendung dieser zwei Sichten statt separater Modelle ist gewährleistet, dass zum einen die speziellen Anforderungen der Darstellung unternehmensübergreifender Prozesse berücksichtigt werden können, zum anderen aber die Zusammenhänge zwischen internen und übergreifenden Elementen eines Prozesses nicht verloren gehen. Ein Verlust der Zusammenhänge zwischen internen und übergreifenden Elementen würde bedeuten, dass keine werkzeugunterstützten Analysen oder Auswertungen durchgeführt werden können, die beide Sichten berücksichtigen (z. B. Bewertung der Prozessperformanz, Analyse der Auswirkungen unternehmensinterner Prozessänderungen auf übergreifende Prozesse etc.).

In der internen Sicht ist ein Modellierungsobjekt eines Prozesses über bestimmte Merkmale, häufig der Name des Objekts, eindeutig identifiziert (so genannte *Schlüsselmerkmale*). In Modellen unternehmensübergreifender Prozesse kann es allerdings zu Kollisionen kommen, falls in zwei internen Prozessen Modellierungselemente mit den gleichen Schlüsselmerkmalen existieren, die unterschiedliche Semantik oder unterschiedliche syntaktische Repräsentation in einem Informationssystem haben.

Damit diese Merkmalsausprägungen bei der Integration in einen übergreifenden Prozess nicht geändert werden müssen, werden **Namensräume** für die beteiligten Unternehmen eingeführt. Innerhalb eines Namensraums werden Modellierungselemente wie bisher über ihre Schlüsselmerkmale identifiziert. In der übergreifenden Sicht ist zusätzlich der Namensraum des Modellierungsobjekts ein identitätsbestimmendes Merkmal.

Ist z. B. in Prozessmodellen zweier Unternehmen jeweils ein Informationsobjekt *Angebot* definiert, so kann in einem gemeinsamen Prozessmodell eine Kollision auftreten: Unterscheidet sich z. B. die datentechnische Darstellung des Informationsobjekts in Informationssystemen des jeweiligen Unternehmens, so müssen im gemeinsamen Modell zwei Informationsobjekte *Angebot* existieren. Durch die Möglichkeit dem Modellierungsobjekt ein Unternehmen als weiteres Schlüsselmerkmal zuzuordnen, können diese beiden Objekte unterschieden werden.

4.2.2 Unternehmensinterne Vorbereitungsmaßnahmen

Die Teilnahme eines Unternehmens an einer unternehmensübergreifenden Zusammenarbeit bedeutet die Einbindung der unternehmensinternen Prozesse in unternehmensübergreifende Prozesse. Entsprechend der zuvor eingeführten zweidimensionalen Sichtweise auf Prozesse ergibt sich aus einem konzeptionellen Blickwinkel die Notwendigkeit, Modelle unternehmensinterner Prozesse in Modelle unternehmensübergreifender Prozesse zu integrieren. Ausgangspunkt hierfür ist die Darstellung der unternehmensinternen Prozesse in einer Form, die zur Integration in übergreifende Prozesse geeignet ist. Dies verlangt

- die **Reduktion** der unternehmensinternen Prozessmodelle auf notwendige Elemente, die in der unternehmensübergreifenden Sicht benötigt werden,

- die eventuelle **Neutralisierung** der Prozessdarstellung durch Überführen in eine andere Notation, sowie
- die **Erweiterung** der neutralisierten Prozessmodelle um Informationen, die für die Verknüpfung zu unternehmensinternen Prozessen notwendig sind.

Diese Schritte sind Teil der unternehmensinternen Vorbereitungsmaßnahmen für Integrationsprojekte. Insbesondere die Aufteilung in eine Anpassung des Inhalts (Reduktion) und Anpassung der Darstellung (Neutralisierung) verbessert die Wiederverwendungsmöglichkeit von Ergebnissen aus früheren Integrationsprojekten: Reduzierte Prozessmodelle können in beliebigen Integrationsprojekten wieder verwendet werden; wird in zwei Integrationsprojekten auch die gleiche neutralisierte Notation verwendet, kann sogar die gesamte angepasste Darstellung des Prozesses wieder verwendet werden. In den nachfolgenden Absätzen werden die einzelnen Schritte dieser vorbereitenden Maßnahme im Detail erarbeitet.

Reduktion der Darstellung unternehmensinterner Prozesse

Zur Reduktion der Darstellung unternehmensinterner Prozesse werden mehrere Prozessschritte eines Prozesses zu *Prozessblöcken* zusammengefasst. Ein Prozessblock repräsentiert eine zusammenfassende, unternehmensinterne Aktivität, die durch einen eingehenden Informationsfluss von außerhalb des Unternehmens ausgelöst wird, und deren Ergebnis ein obligatorischer ausgehender Informationsfluss ist, ohne dass weitere ausgehende Informationsflüsse dazwischen erzeugt werden[37]. Aus informationstechnischer Sicht bedeutet dies, dass in einem automatisierten Prozess die durch einen Prozessblock repräsentierte Aktivität im Allgemeinen durch den Aufruf einer Informationssystemfunktion (Parameter als Eingangsinformationsfluss) ausgelöst wird, die wiederum ein Ergebnis (Ausgangsinformationsfluss) zurückliefert[38].

Ein Prozessblock wird gebildet, indem zunächst die obligatorischen, unternehmensübergreifenden Informationsflüsse identifiziert werden. Mit einem Startelement beginnend werden anschließend der Abfolge der Prozessschritte folgend alle Prozessschritte in einem Prozessblock zusammengefasst, bis man einen Prozessschritt erreicht hat, der einen obligatorischen Ausgangsinformationsfluss erzeugt. Nach diesem Prozessschritt beginnt ein neuer Prozessblock. Tritt unmittelbar nach dem Prozessschritt eine Verzweigung auf, so wird eine der Anzahl der Äste entsprechende Anzahl von neuen Prozessblöcken gebildet. Jeder Prozessblock erhält abschließend eine Bezeichnung, die eine übergreifende Beschreibung der Aktivitäten im Prozessblock wiedergibt.

Beziehungen zwischen Prozessblöcken werden aus den Beziehungen zwischen Prozessschritten abgeleitet: Vorgänger-Nachfolger-Beziehungen zwischen Prozessschritten aus unter-

37 Es ist auch denkbar, die Definition auf Material- und Finanzflüsse zu erweitern. Da das Ziel dieser Arbeit jedoch die Integration von Informationssystemen ist, sind hier nur Informationsflüsse Gegenstand der Betrachtung.

38 Die technische Spezifikation des Funktionsaufrufs wird in Abschnitt 4.3 hergeleitet.

schiedlichen Prozessblöcken werden als Vorgänger-Nachfolger-Beziehungen dieser Prozessblöcke beibehalten. Ebenso werden Ereignisse, die mit diesen Vorgänger-Nachfolger-Beziehungen verknüpft sind, übernommen.

In Bild 4.6 sind am Beispiel eines unternehmensinternen Prozesses *Auftrag vergeben* die daraus abgeleiteten Prozessblöcke dargestellt. Zunächst wurden die übergreifenden Informationsflüsse *Kaufteilanfrage (versendet)*, *Anfragebestätigung (empfangen)*, *Angebot (empfangen)*, *Nachbesserungsanfrage (versendet)*, *Auftrag (versendet)*, *Nachbesserungsantrag (abgelehnt)* und *Auftragsbestätigung (erhalten)* identifiziert. Diese Informationsflüsse sind in Bild 4.6 durch dicke Linien markiert.

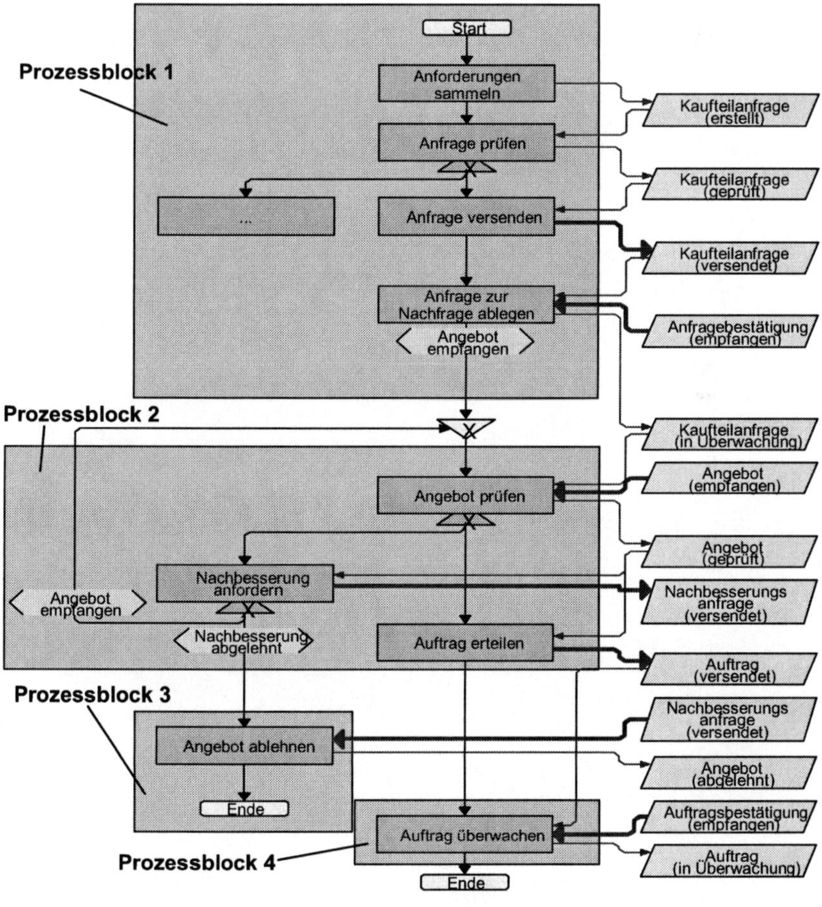

Bild 4.6: Erzeugen von Prozessblöcken am Beispiel des Prozesses „Auftrag vergeben" in der MERGE-Notation

Anschließend wurden der beschriebenen Vorgehensweise folgend die vier schattiert hinterlegten Prozessblöcke bestimmt. In weiteren Schritten wurden die Prozessblöcke als *Anfrage stellen, Angebot bearbeiten, Angebot zurückweisen* und *Auftragsmonitoring durchführen* benannt sowie die Verknüpfungen zwischen den Prozessblöcken aus der ursprünglichen Prozessdarstellung abgeleitet. Die so erzeugte reduzierte Prozessdarstellung des Beispiels aus Bild 4.6 ist in Bild 4.7 dargestellt.

Prozessblöcke verschiedener Unternehmen bilden die Komponenten, aus denen ein übergreifender Prozess erzeugt wird. Die Definition eines Prozessblocks kann daher auch zur Anforderungsbeschreibung an einen unternehmensinternen Prozess benutzt werden (top-down-Verfahren): Der unternehmensinterne Prozess muss in diesem Fall so umstrukturiert oder konzipiert werden, dass sich unter den abgeleiteten Prozessblöcken ein den Anforderungen entsprechender Prozessblock befindet.

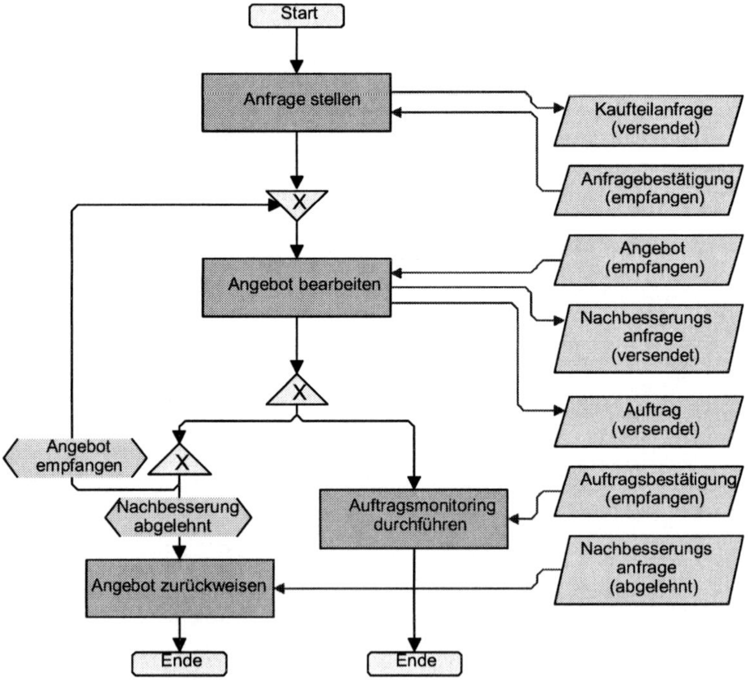

Bild 4.7: Reduzierte Darstellung des Prozesses „Auftrag vergeben" in der MERGE-Notation

Neutralisierung der Prozessdarstellung

Die Aufteilung der Darstellung eines Prozesses in eine übergreifende und interne Sicht ermöglicht die Nutzung von eigenständigen Notationen sowohl für die Modellierung interner Prozesse als auch deren Integration in ein übergreifendes Modell. Für die neutrale Beschreibung eines unternehmensinternen Prozesses innerhalb eines übergreifenden Prozesses wird eine so genannte *Prozesshülle* eingeführt, die die folgenden Merkmale aufweist:

- Die Prozesshülle eines unternehmensinternen Prozesses beschränkt sich auf Informationen über den Prozess, die für die Integration in einen übergreifenden Prozess notwendig sind (reduzierte Darstellung). Interne Details werden durch die Prozesshülle verborgen.
- Die Prozesshülle ist unabhängig von der Modellierungstechnik, die für die Beschreibung des unternehmensinternen Prozesses verwendet wurde. Dadurch entsteht in der übergreifenden Sicht eine homogene Beschreibung aller beteiligten unternehmensinternen Prozesse (vgl. Bild 4.8).

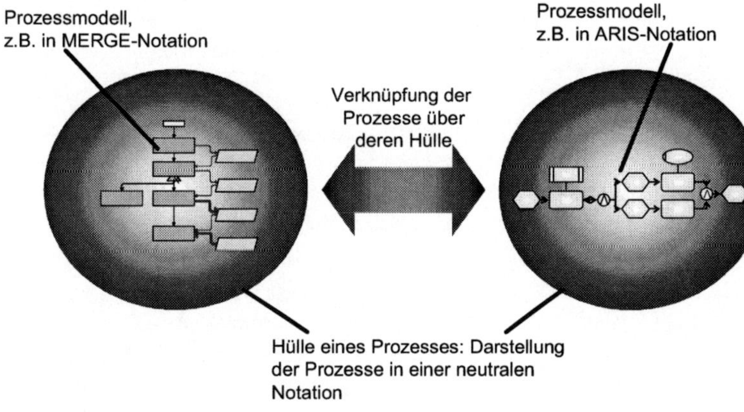

Bild 4.8: Schematische Darstellung von Prozesshüllen zur Verknüpfung von Prozessmodellen in unterschiedlicher Notation

Eine Prozesshülle wird gebildet, indem die reduzierte Darstellung eines Prozesses in die Prozessnotation überführt wird, die zur Darstellung unternehmensübergreifender Prozesse eingesetzt wird. In verschiedenen Integrationsprojekten können unterschiedliche Notationen für unternehmensübergreifende Prozesse (z. B. BPMN, E-Business Szenario-Diagramme etc.) verwendet werden. Im Allgemeinen wird die eingesetzte Notation innerhalb des Konsortiums festgelegt, das an einem Integrationsprojekt beteiligt ist. Allerdings sollte diese Notation die im nachfolgenden Abschnitt diskutierten Eigenschaften zur Modellierung unternehmensübergreifender Prozesse haben.

Erweiterung der Prozessdarstellung um Integrationsinformationen

Die neutralisierte Notation unternehmensübergreifender Prozesse hat die Ziele zum einen unternehmensinterne Aspekte eines Prozesses zu verbergen und zum anderen die speziellen Anforderungen an die Modellierung eines unternehmensübergreifenden Prozesses zu unterstützen. Letzteres erfordert, dass die Darstellung eines Prozessblocks in der neutralen Notation um spezielle Elemente ergänzt wird, welche

- die **Möglichkeiten** zur organisatorischen und informationstechnischen Einbindung eines Prozessblocks in einen unternehmensübergreifenden Prozess beschreiben und
- die **tatsächlich verwendeten** Informationstechnologien und organisatorische Umsetzung dokumentieren.

Ein Prozessblock, dessen Spezifikation um die informationstechnischen und organisatorischen Möglichkeiten zur Einbindung in einen unternehmensübergreifenden Prozess erweitert ist, wird in dieser Arbeit als *Integrationspunkt* bezeichnet. Die zusätzlichen beschreibenden Elemente werden als *Integrationselemente* eines Integrationspunktes benannt. In Abschnitt 2.3.1 wurden Forderungen an und Spezifikationen von Modellen unternehmensübergreifender Prozesse eruiert. Aus diesen Untersuchungen lassen sich die folgenden Integrationselemente eines Integrationspunktes zusammenfassen:

- **Informationsobjekt**: Ein Informationsobjekt beschreibt, welche Informationen an einem Integrationspunkt übermittelt (senden oder empfangen) werden und in welchem Zustand (Status) sich diese befinden. Das Informationsobjekt eines Integrationspunkts ist das Informationsobjekt, das bei der Reduktion der Prozessdarstellung das Ende des Prozessblocks spezifiziert.
- **Informationssysteme**: Die Verknüpfung eines Informationssystems mit einem Integrationspunkt spezifiziert, dass dieses Informationssystem das Senden oder Empfangen des Informationsobjekts unterstützt (im Allgemeinen durch Bereitstellen einer API). Das Informationssystem muss jedoch nicht unbedingt selbst die empfangenen Daten speichern oder zu sendende Daten bereitstellen.
- **Organisationseinheiten**: Eine Organisationseinheit beschreibt eine Zuständigkeit innerhalb eines Unternehmens für einen Eingangs- oder Ausgangsinformationsfluss. Weitere Organisationseinheiten können für die einzelnen Prozessschritte innerhalb eines Prozessblocks zuständig sein. Diese werden jedoch nicht am Integrationspunkt aufgeführt.
- **Format**: Ein Format spezifiziert die Strukturierung und Anordnung der Daten eines Informationsobjekts zur Datenübertragung. Mehrere mit einem Integrationspunkt verknüpfte Datenformate sind möglich, falls die Daten eines Informationsobjekts in unterschiedlichen Datenstrukturen übertragen werden können (weil z. B. sowohl ein EDI-Standard als auch ein XML-Format unterstützt wird). Die zur Verfügung stehenden Datenformate an einem Integrationspunkt sind im Allgemeinen abhängig von den Informationssystemen des Integrationspunkts.

- **Pull-/Push-Informationsfluss**: Die Pull- oder Push-Eigenschaft eines Integrationspunkts spezifiziert, wie der entsprechende Informationsfluss initiiert wird. Bei einem Pull-Informationsfluss fordert der Empfänger Informationen des Senders an. Hingegen übersendet der Sender in einem Push-Informationsfluss Informationen an den Empfänger und fordert damit diesen zur Ausführung bestimmter Aktivitäten auf. Der Empfänger wartet in diesem Fall üblicherweise auf das Eintreffen des Informationsobjekts.
- **Ereignis**: Die Verknüpfung eines Ereignisses mit einem Integrationspunkt beschreibt, welche Bedingungen eintreten müssen, damit ein Ausgangsinformationsfluss stattfindet. Diese Ereignisse können aus der Modellierung des zugrunde liegenden systeminternen Prozesses abgeleitet werden.
- **Obligatorisch/ Optional**: Obligatorische Integrationspunkte verdeutlichen, dass für die vollständige und korrekte Ausführung eines unternehmensinternen Prozesses die Verknüpfung eines korrespondieren Integrationspunkts notwendig ist. Optionale Integrationspunkte beschreiben Informationsflüsse, die ausgeführt werden können, aber für die Ausführung des Prozessblocks nicht notwendig sind.
- **Kommunikationsmedium**: Das Kommunikationsmedium legt fest, in welcher Art und Weise das Informationsobjekt übermittelt wird. Dies können traditionelle Wege sein, z. B. Fax oder Brief, oder informationstechnisch unterstützte Medien, z. B. das Internet.

Diese Modellierungskonstrukte dienen lediglich zur Darstellung ihrer Zugehörigkeit zu einem Integrationspunkt. Auf der Syntaxebene werden manche dieser Modellierungskonstrukte noch weiter im Detail beschrieben (s. Abschnitt 4.3), sodass die Erarbeitung einer Integrationslösung durch Werkzeuge entsprechend unterstützt werden kann:

- Die **Daten eines Informationsobjekts** werden durch ein Datenmodell spezifiziert.
- Die **Struktur eines Datenformats** wird definiert.
- **Technische Parameter** der eingesetzten Informationstechnologie (z. B. Übertragungsprotokolle, aufzurufende API) werden beschrieben.

4.2.3 Komposition unternehmensübergreifender Prozesse

Im vorherigen Abschnitt wurden die vorbereitenden Maßnahmen beschrieben, die ein Unternehmen für ein Integrationsprojekt durchführen muss. Die Ergebnisse dieser Maßnahmen werden für die Definition unternehmensübergreifender Prozesse benutzt. Die Durchführung erfolgt in zwei Teilschritten:

- Definition eines unternehmensübergreifenden Informationsflusses durch Verknüpfen von Prozesshüllen und
- Auswahl der notwendigen Integrationselemente zur Unterstützung des unternehmensübergreifenden Informationsflusses.

Werden während der Definition eines unternehmensübergreifenden Prozesses fehlende Integrationsmöglichkeiten bei einem oder mehreren Partnern erkannt (z. B. fehlende Unterstützung eines Transportprotokolls für den Informationsaustausch über das Internet), so müssen zusätzliche vorbereitende Maßnahmen angestoßen werden.

Definition eines unternehmensübergreifenden Informationsflusses

Ein unternehmensübergreifender Prozess wird durch Verknüpfen des Informationsobjekts eines Ausgangsinformationsflusses mit dem Informationsobjekt eines Eingangsinformationsflusses definiert. Die beiden Informationsobjekte repräsentieren die Sichten des sendenden und des empfangenden Partners auf zu übertragende Informationen. Beide Informationsobjekte stellen semantisch gleichbedeutende Objekte dar, die aber je nach Partner eine unterschiedliche Syntax aufweisen können. Im Folgenden werden zwei solche Informationsobjekte als *heteronyme*[39] *Informationsobjekte* bezeichnet.

Da Ausgangs- und Eingangsinformationsflüsse gerichtet sind, ergibt sich eine *implizite Vorgänger-Nachfolger-Beziehung* zwischen den zu den Informationsobjekten gehörenden Prozesshüllen. Bild 4.9 skizziert die Definition eines unternehmensübergreifenden Prozesses zwischen drei Partnern durch Verknüpfen von korrespondierenden Informationsobjekten.

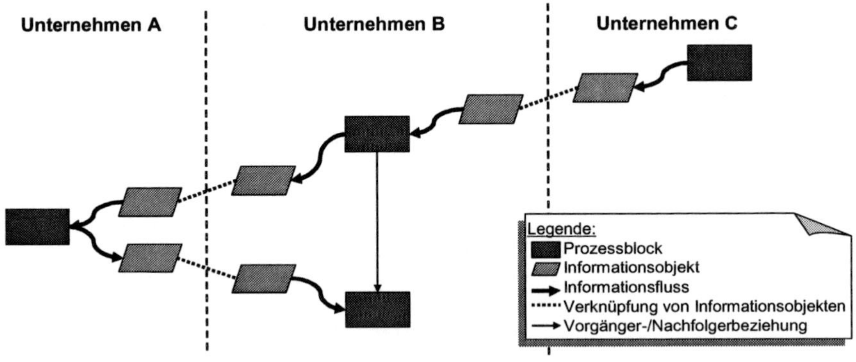

Bild 4.9: Schematische Darstellung der Definition eines unternehmensübergreifenden Prozesses

Im nachfolgenden Schritt müssen die Freiheitsgrade der verknüpften Integrationspunkte in Form der zur Verfügung stehenden Integrationselemente miteinander abgeglichen werden. Durch Auswahl übereinstimmender Integrationselemente wird die Grundlage geschaffen, um

39 Das Attribut *heteronym* wird in Anlehnung an den Begriff *Heteronym* verwendet: „Wort, das in einer anderen Sprache, Mundart oder einem anderen Sprachsystem dasselbe bedeutet“ [Dude-97].

eine informationstechnische Unterstützung des unternehmensübergreifenden Informationsflusses zu ermöglichen.

Auswahl von Integrationselementen

Zur Konkretisierung der informationstechnischen Unterstützung eines unternehmensübergreifenden Informationsflusses müssen die folgenden Integrationselemente festgelegt werden:

- **Informationssystem/Informationssystemfunktion**: Ein Informationssystem wird aus den potenziellen Informationssystemen eines Integrationspunkts ausgewählt. Die Auswahl legt fest, welches Informationssystem das mit dem Integrationspunkt verknüpfte Informationsobjekt sendet oder empfängt. Darüber hinaus wird die Funktion des Informationssystems, die den Sende- oder Empfangsvorgang ausführt, festgelegt.
- **Kommunikationsmedium**: Entsprechend den Möglichkeiten des ausgewählten Informationssystems werden die Kommunikationsparameter (z. B. Web Service Spezifikation, Übertragungsprotokoll, Port einer TCP/IP-Verbindung etc.) spezifiziert, die für die Übertragung des Informationsobjekts notwendig sind, und mit den Parametern des Partners abgeglichen. Parameterwerte werden auf der Syntaxebene angegeben.
- **Format**: Aus den zur Verfügung stehenden Formaten muss ein von beiden Partnern unterstütztes ausgewählt werden. Falls kein gemeinsames Format gefunden werden kann, muss festgelegt werden, welches Format zur Übertragung verwendet wird und welcher Partner einer Transformation des Übertragungsformats in ein für ihn verständliches Datenformat durchführt.

Bei der Datenformattransformation können die drei in Bild 4.10 skizzierten alternativen Strategien unterschieden werden:

- **Führendes sendendes Informationssystem** (vgl. Bild 4.10 (1)): Der Sender übermittelt das Informationsobjekt ohne Transformation. Der Empfänger muss eine Abbildung des empfangenen Informationsobjekts auf ein unterstütztes Datenformat durchführen, bevor er die empfangenen Informationen weiterverarbeitet.
- **Führendes empfangendes Informationssystem** (vgl. Bild 4.10 (2)): Der Sender übersetzt das zu übermittelnde Informationsobjekt in ein vom Empfänger unterstütztes Datenformat. Der Empfänger kann die übermittelten Informationen direkt weiterverarbeiten.
- **Neutrales Datenformat** (vgl. Bild 4.10 (3)): Zur Übermittlung der Informationen wird eine von beiden Partnern unabhängige Spezifikation (z. B. ein Standardformat) benutzt. Der Sender übersetzt das Informationsobjekt in das neutrale Datenformat vor dem Senden und der Empfänger übersetzt das übermittelte Informationsobjekt in ein von ihm unterstütztes Datenformat.

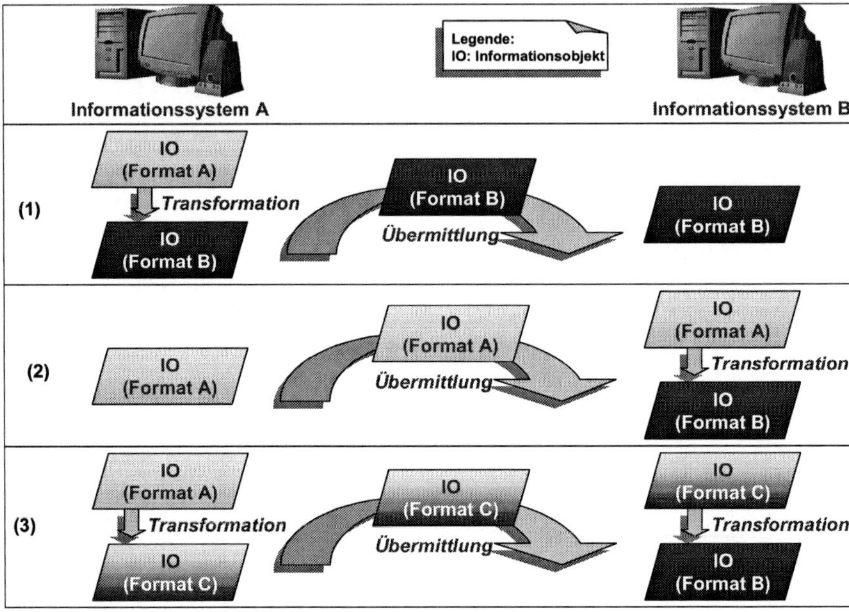

Bild 4.10: Strategien für die Übermittlung eines Informationsobjekts

Durch die Auswahl einer der drei Strategien legt man fest, welches Informationssystem (und damit welche Organisationseinheit) die Verantwortung für die Transformation der Informationen hat: Bei Strategie (1) ist dies der Sender, bei Strategie (2) der Empfänger. Ein Sonderfall stellt Strategie (3) dar: Sowohl das sendende als auch das empfangende System haben die Verantwortung eine korrekte Transformation in das neutrale Format durchzuführen[40]. Der Transformationsvorgang wird auf der Semantikebene (s. Abschnitt 4.4) spezifiziert.

Nach Spezifikation eines unternehmensübergreifenden Prozesses muss abschließend überprüft werden, ob

- alle Informationsobjekte von obligatorischen Integrationspunkten mit korrespondierenden Informationsobjekten verknüpft wurden und
- ob jeweils ein Pull-Ausgangsinformationsfluss mit einem Push-Eingangsinformationfluss und vice versa verknüpft ist.

---

40 Hier ist für die Modellierung zu beachten, dass während einer Übertragung eines Informationsobjekts nach Strategie (3) temporär ein *neutrales Informationsobjekt* existiert, dessen Format in keinem der beiden beteiligten Informationssysteme definiert ist. Im Gegensatz zu systeminternen Informationsflüssen kann das Informationsobjekt damit keinem Informationsspeicher zugeordnet werden. Ebenso ist das Modellierungsobjekt des neutralen Informationsobjekts keinem Unternehmen zugeordnet. Für die Modellierung von unternehmensübergreifenden Prozessen muss daher ein *unternehmensneutraler Namensraum* spezifiziert werden, dem unternehmensneutrale Objekte zugeordnet werden können.

4.2.4 Auswertung unternehmensübergreifender Prozesse

Die Sicht auf unternehmensübergreifende Prozesse ist Ausgangspunkt für Optimierungen entlang der Wertschöpfungskette. Weitergehende Auswertungen erfordern oftmals weitere Sichten. Ein Beispiel einer solchen Sicht ist ein *erweitertes Organigramm*, das zusätzlich zu Organisationseinheiten und deren Beziehungen zueinander Informationsflüsse zwischen den Organisationseinheiten darstellt. Mit Hilfe dieser Sicht kann z. B. ein Flaschenhals in Form einer Organisationseinheit identifiziert werden, die für eine überdurchschnittlich hohe Anzahl von Informationsflüssen verantwortlich ist.

Zur Darstellung der Beziehungen von Unternehmen als Basis für Auswertungsfunktionen werden neben dem Modellierungsobjekt *Unternehmen* noch die folgenden Modellierungskonstrukte definiert:

- **Unternehmensverbund**: Ein Unternehmensverbund stellt eine Menge von rechtlich eigenständigen Unternehmen dar, die für das Erreichen eines Ziels (z. B. Projekt, Kooperation entlang der Wertschöpfungskette, vgl. Abschnitt 2.2.2) kooperieren.
- **Unternehmensrolle**: Analog zur Definition einer Rolle eines Mitarbeiters in einem Unternehmen (z. B. Konstrukteur) wird eine Rolle für ein Unternehmen in einem Unternehmensverbund definiert. Eine Unternehmensrolle definiert die Funktion eines Unternehmens in einem Unternehmensverbund (z. B. *Entwicklungsdienstleister*), ohne explizit ein tatsächliches Unternehmen zu benennen.

Unternehmensverbünde und Unternehmensrollen können in unternehmensübergreifenden Prozessen eingesetzt werden, um für einen Integrationspunkt einen ausführenden Partner zu definieren, der zum Zeitpunkt der Modellierung noch nicht feststeht.

4.3 Integration auf syntaktischer Ebene

Auf der Pragmatikebene werden die organisatorischen Aspekte einer Integrationslösung durch Ableiten von Integrationspunkten sowie zugehöriger Prozessblöcke und -hüllen gestaltet. Korrespondierend hierzu werden auf der Syntaxebene die informationstechnischen Aspekte einer Integrationslösung definiert. Diese umfassen sowohl

- die informationstechnischen Möglichkeiten zum Initiieren oder Konsumieren eines unternehmensübergreifenden Informationsflusses zur Automatisierung von unternehmensübergreifenden Geschäftsprozessen, als auch
- die tatsächliche informationstechnische Realisierung, die einen unternehmensübergreifenden Informationsfluss initiiert oder konsumiert.

Zentrales Element in Informationsblöcken der Syntaxebene ist die *Unternehmensschnittstelle*. Sie repräsentiert eine informationstechnische Lösung zum Senden oder Empfangen eines bestimmten Informationsobjektes. Die Unternehmensschnittstelle ist das verknüpfende Element der Syntaxebene mit der Pragmatikebene im Integrationsraum (s. Bild 4.11): Werden auf der Pragmatikebene die relevanten Integrationspunkte und damit die mit einem Informationsfluss verbundenen Tätigkeiten (Prozessblöcke) identifiziert, so werden auf der Syntaxebene die technischen Gegebenheiten für das Senden bzw. Empfangen der Informationen beschrieben. Die informationstechnische Quelle und Senke eines unternehmensübergreifenden Informationsflusses ist jeweils eine Unternehmensschnittstelle. Die technischen Gegebenheiten einer Unternehmensschnittstelle umfassen

- die zu sendenden bzw. zu empfangenden **Daten**, sowie
- die zugrunde liegenden **Kommunikationseigenschaften** (z. B. Übertragungsprotokoll, beteiligte Informationssystemfunktion etc.).

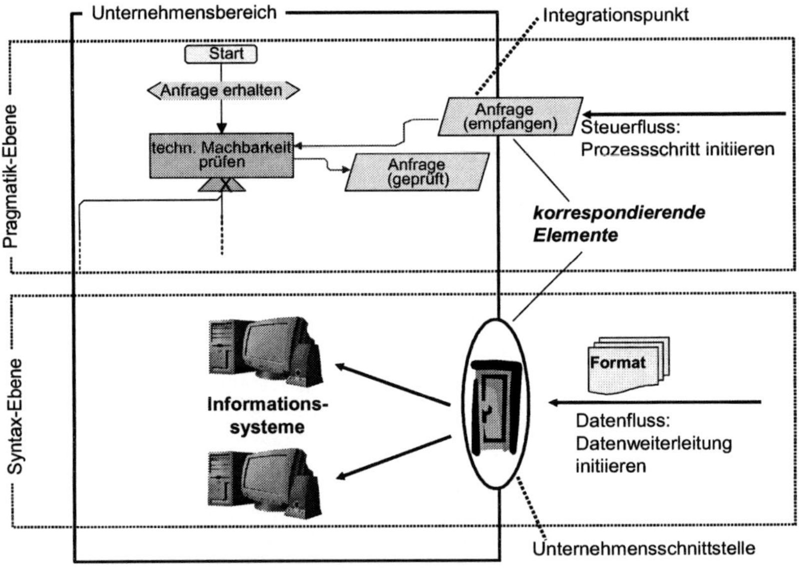

Bild 4.11: Verknüpfung zwischen pragmatischer und syntaktischer Ebene

Aus der Vereinigung der Datenmodelle aller Informationssysteme eines Unternehmens entsteht ein übergeordnetes Datenmodell über alle Datenelemente innerhalb eines Unternehmens. Dieses Datenmodell wird in dieser Arbeit als das *Unternehmensdatenmodell* definiert. Ein Datenmodell einer Unternehmensschnittstelle ist eine Untermenge der Modellierungselemente des Unternehmensdatenmodells.

Wird die Sprache UML (s. Abschnitt 2.3.1) zur Definition von Datenmodellen verwendet, so lässt sich mit Hilfe des Modellelements *Paket*[41] (engl.: package) ein Unternehmensdatenmodell erzeugen. Die Datenmodelle von Informationssystemen befinden sich hierbei in jeweils eigenen Paketen. Das Unternehmensdatenmodell wird durch die Integration dieser Pakete in ein übergeordnetes Paket, das Unternehmensdatenmodellpaket, gebildet.

Die Menge aller Unternehmensschnittstellen, über die ein Unternehmen verfügt, beschreiben die technisch bedingten Potenziale eines Unternehmens, an automatisierten unternehmensübergreifenden Geschäftsprozessen teilzuhaben. Diese Menge wird in dieser Arbeit als das *technische Integrationspotenzial* eines Unternehmens bezeichnet.

Die Unternehmensschnittstelle ist das logische Element zur Verknüpfung von unternehmensinternen Informationssystemen als statische Datenquellen und -senken auf der einen Seite sowie den Datenformaten zur Beschreibung der dynamisch fließenden Daten auf der anderen Seite. Diese beiden Zustände der Daten werden durch eine Abbildung von Teilen der Datenmodelle der Informationssysteme auf die Datenformatbeschreibungen der fließenden Daten ineinander überführt. In Bild 4.12 sind die vier Elemente *Informationssystem, Unternehmensschnittstelle, Datenmodell* und *Datenformat* sowie deren Beziehungen zueinander schematisch dargestellt.

- **Informationssystem:** Informationssysteme sind im Allgemeinen Quellen und Senken eines unternehmensübergreifenden Datenaustauschs. Ausnahmen bilden Benutzungsschnittstellen, die manuelle Eingaben von außerhalb des Unternehmens ermöglichen (z. B. über ein Internetportal, das Eingaben an ein Informationssystem weitergibt). In den nachfolgenden Abschnitten wird jedoch nur der Fall des Datenaustauschs zwischen zwei Informationssystemen betrachtet. Über systemspezifische Schnittstellen sind Schreibe- und Lesevorgänge auf der Datenbank des Informationssystems möglich. Durch diesen indirekten Zugriff auf die Datenbank des Systems wird die Konsistenz der Daten in der Datenbank entsprechend der Geschäftslogik des Informationssystems sichergestellt.
- **Unternehmensschnittstelle**: Eine Unternehmensschnittstelle ist einem einzelnen Informationsobjekt zugeordnet, das im Rahmen eines einzelnen Sende- oder Empfangsvorgangs verarbeitet wird. Ein einzelner Sende- oder Empfangsvorgang bedeutet in diesem Zusammenhang, dass keine weiteren Geschäftstätigkeiten während des Sendens bzw. Empfangens stattfinden, insbesondere nicht solche, die Einfluss auf die Daten des Informationsobjekts haben könnten. Die Daten eines Informationsobjekts können aus einem oder mehreren Informationssystemen stammen. Vor dem Senden müssen daher Daten aus mehreren Informationssystemen gesammelt werden. Ebenso müssen Daten nach dem Empfangen eines Informationsobjekts auf verschiedene Informationssysteme verteilt werden. Diese Aufgaben können entweder von einem Informationssystem, das Daten empfängt oder sendet („*führendes Informationssystem*“ für dieses Informationsobjekt), oder von einem speziellen Anwendungssystem übernommen werden. Das führende In-

41 „Pakete sind Ansammlungen von Modellelementen beliebigen Typs, mit denen das Gesamtmodell in kleinere, überschaubare Einheiten gegliedert wird. … Pakete können wiederum Pakete beinhalten“ [Oest-05a, S. 104]

formationssystem bzw. das spezielle Anwendungssystem stellt die zur Unternehmensschnittstelle zugehörige informationssystemtechnische Schnittstelle (API) für andere Unternehmen dar.

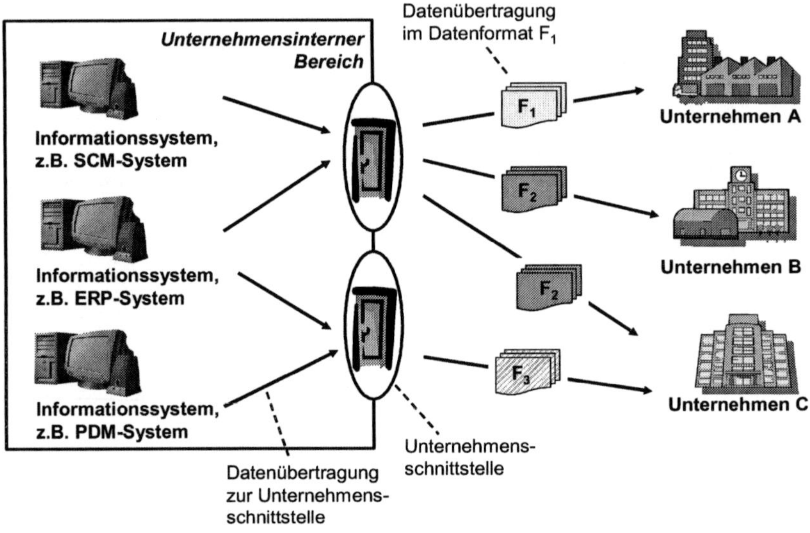

Bild 4.12: Prinzip der Integration auf der Syntaxebene

- **Datenmodell:** Datenmodelle beschreiben formell zum einen die durch ein Informationssystem zur Verfügung stehenden Datenstrukturen, zum anderen die Strukturen der an einer Unternehmensschnittstelle auszutauschenden Daten. In letzterem Fall wird in dieser Arbeit ein solches Datenmodell als das *Datenmodell einer Unternehmensschnittstelle* bezeichnet. Datenmodelle der Informationssysteme werden nur unternehmensintern zur Erarbeitung von Datenmodellen der Unternehmensschnittstellen genutzt. Die Datenmodelle der Unternehmensschnittstellen werden für Partnerunternehmen zugänglich gemacht, um das Erzeugen von Abbildungsvorschriften (Semantikebene, s. Abschnitt 4.4) zu ermöglichen. Auf diese Weise müssen nur die für einen Datenaustausch notwendigen Datenstrukturen unternehmensübergreifend zur Verfügung gestellt werden. Hierdurch wird zum einen ein Know-how-Schutz erzielt und zum anderen das Risiko einer Informationsüberflutung reduziert.

- **Datenformat**: Während das Datenmodell allgemein die an der Unternehmensschnittstelle verarbeiteten Daten beschreibt, definiert ein Datenformat den Aufbau des unternehmensübergreifenden Datenstroms aus Feldern und eventuellen Begrenzungszeichen oder Literalen. Felder eines Datenformats korrespondieren mit Elementen des Datenmodells einer Unternehmensschnittstelle. Eine Unternehmensschnittstelle kann ein oder mehrere Datenformate zur Datenübertragung der gleichen Datenstruktur unterstützen.

Die Zusammenhänge zwischen Informationssystem, Unternehmensschnittstelle, Datenmodell und Datenformat lassen sich anhand des folgenden Beispiels verdeutlichen: Ein Unternehmen habe ein PPS- und ein CRM-System im Einsatz. Für einen effizienten Lieferprozess bietet das Unternehmen eine Unternehmensschnittstelle zur informationstechnischen Übermittlung von Lieferabrufen. Die Daten eines Lieferabrufs werden zum einen an das PPS-System (Daten, die für Produktionsplanung notwendig sind, z. B. Artikelnummer, Bedarfsmenge) und zum anderen an das CRM-System (z. B. Kundeninformationen, welche später für Kundenauswertungen genutzt werden können) übermittelt. Die Datenmodelle der Informationssysteme beschreiben, welche Daten im jeweiligen System gespeichert werden können. Das Datenmodell der Unternehmensschnittstelle beschreibt die Datenelemente, die ein Kunde über die Schnittstelle übermitteln kann. Für die Datenübertragung könnten beispielsweise Datenformate nach dem VDA[42]- oder ODETTE[43]-Standard oder in einem proprietären Format übertragen werden.

In den nachfolgenden Abschnitten wird eine zweistufige Methode zur Überführung von Daten in Informationssystemen in zu übertragende Daten erarbeitet. Im ersten Schritt (Abschnitt 4.3.1) werden die an einer Unternehmensschnittstelle zu übertragenden Daten der Informationssysteme selektiert und zusammengeführt, und anschließend im zweiten Schritt (Abschnitt 4.3.2) die anzuwendenden Übertragungsformate abgebildet. Abschließend werden die Parameter zur Spezifikation der eingesetzten Kommunikationstechnologie ausgeprägt.

4.3.1 Definition eines Datenmodells einer Unternehmensschnittstelle

Bild 4.13 skizziert die Bildung des Unternehmensdatenmodells aus den Datenmodellen dreier Informationssysteme *A*, *B* und *C* sowie die Selektion von Modellelementen zur Definition eines Datenmodells einer Unternehmensschnittstelle. Für die Beschreibung der Unternehmensdatenmodelle werden in dieser Arbeit Klassendiagramme nach der UML (s. a. Abschnitt 2.3.1) verwendet. Für die Zuordnung von Datenelementen des Unternehmensdatenmodells zu Systemen und Unternehmensschnittstellen wird das Prinzip der Definition von Paketen zur Strukturierung von Datenmodellen verwendet.

Bild 4.14 skizziert an einem Beispiel den allgemeinen Aufbau des Unternehmensdatenmodells auf der Syntaxebene: Das Datenmodell eines Informationssystems wird in einem eigenen Paket gekapselt. Im Beispiel sind dies die Pakete *crmSystem*, *erpSystem* und *pdmSystem*. Auf diese Weise können Datenelemente verschiedener Informationssysteme mit dem gleichen Namen abgebildet werden, da jedes Informationssystem über einen eigenen Namensraum verfügt. Innerhalb dieser Pakete können noch weitere Pakete definiert werden, um die Datenmodelle der Informationssysteme weiter zu strukturieren. Die Pakete der Informationssysteme werden nochmals in einem Paket *unternehmensDatenmodell* zusammengefasst.

---

42 Verein Deutscher Automobilindustrie

43 Organisation for Data Exchange Through Tele-Transmission in Europe EDI Standards

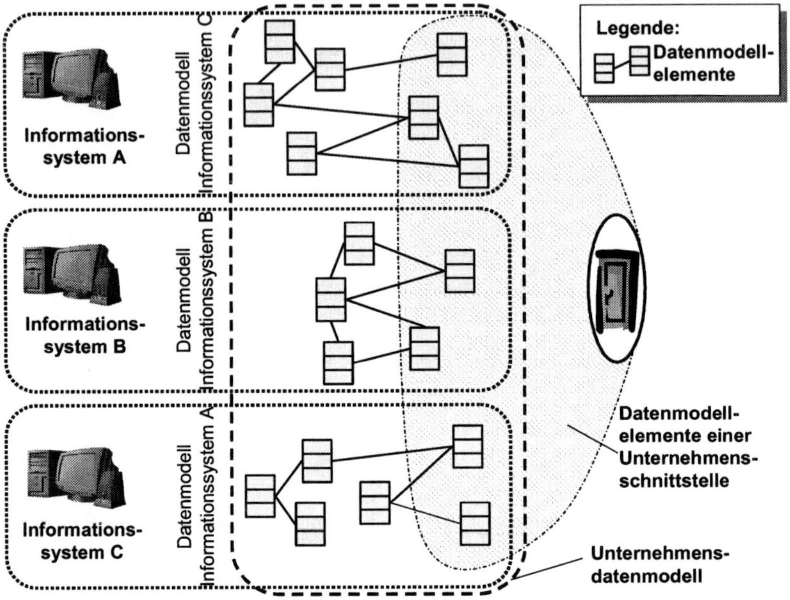

Bild 4.13: Schematische Darstellung der Zusammensetzung eines Datenmodells einer Unternehmensschnittstelle

Die Beschreibung einer Unternehmensschnittstelle wird ebenfalls in einem eigenen Paket gekapselt. Zur Identifizierung der besonderen Rolle, die diese Pakete spielen (keine permanente Speicherung, Veröffentlichung des Inhalts über Unternehmensgrenzen), wird der Stereotyp[44] *unternehmensSchnittstelle* eingeführt. Im Beispiel sind die Pakete der beiden Unternehmensschnittstellen *bestellung* und *anfrage* dargestellt.

Das Datenmodell einer Unternehmensschnittstelle kann auf zwei Arten erstellt werden:

- **Referenzmethode**: Datenelemente des Unternehmensdatenmodells werden im Paket einer Unternehmensschnittstelle referenziert.
- **Kopiermethode**: Im Datenmodell einer Unternehmensschnittstelle werden zusätzliche Datenelemente definiert und mit den korrespondierenden Modellelementen im Unternehmensdatenmodell verknüpft.

44 „Stereotypen sind formale Erweiterungen vorhandener Modellelemente des UML-Metamodells. Entsprechend der mit der Erweiterung definierten Semantik wird das Modellierungselement, auf das es angewendet wird, direkt semantisch beeinflusst. Stereotypen führen kein neues Modellelement im Metamodell ein, sondern versehen ein bestehendes mit zusätzlicher Semantik." [Oest-05a, S. 70]

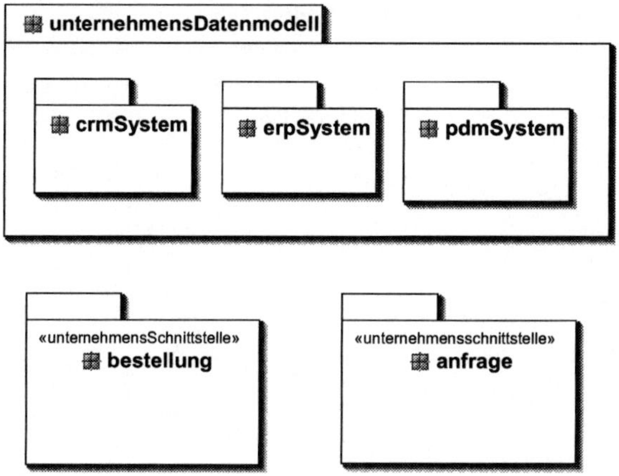

Bild 4.14: Beispiel eines Aufbaus der Datenmodellbeschreibung auf der Syntaxebene

Bild 4.15 zeigt ein Beispiel für die Anwendung der Referenzmethode: Die Klasse *Kunde* wurde im Paket *crmSystem* definiert, die Klasse *Artikel* im Paket *erpSystem*. Durch die Darstellung der Attribute *kundennr* bzw. *artikelNr* und *name* innerhalb des Pakets *bestellung* wird definiert, dass das Datenmodell der Unternehmensschnittstelle aus diesen drei Datenelementen besteht. Datenelemente der beiden Klassen, die in der Unternehmensschnittstelle nicht verwendet werden, werden ausgeblendet.

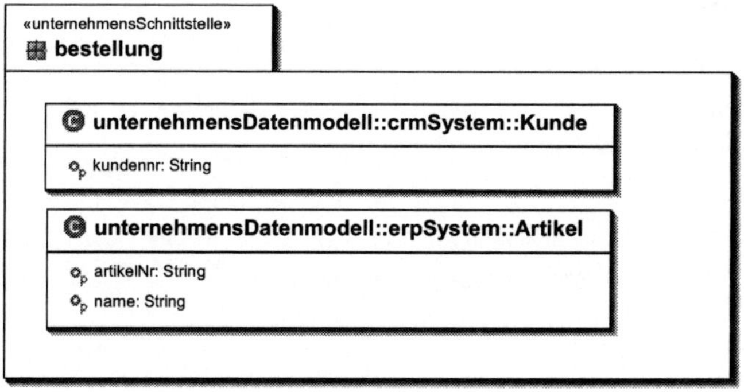

Bild 4.15: Anwendung der Referenzmethode

Ein Beispiel der Kopiermethode ist in Bild 4.16 dargestellt. Die Unternehmensschnittstelle *bestellung* definiert die Klassen *BestellungSchnittstelle*, *Kunde* und *Artikel*. Die Klasse *BestellungSchnittstelle* dient als *Ankerpunkt* für die Verknüpfung von Datenelementen aus verschiedenen Informationssystemen. Der Ankerpunkt ist mit dem Stereotyp *root* gekennzeichnet. Über den Stereotyp *systemref* wird definiert, dass die angegebenen Attribute der beiden Klassen *Kunde* und *Artikel* aus bzw. in Informationssystemen gelesen oder geschrieben werden. Das Attribut *defpackage* des Stereotyps[45] spezifiziert, zu welcher Klasse eines Informationssystemdatenmodells ein solches Attribut gehört. Im Beispiel hat der Stereotyp der Klasse *Kunde* den Wert *unternehmensDatenmodell::crmSystem::Kunde* und der Stereotyp der Klasse *Artikel* den Wert *unternehmensDatenmodell::erpSystem::Artikel.*

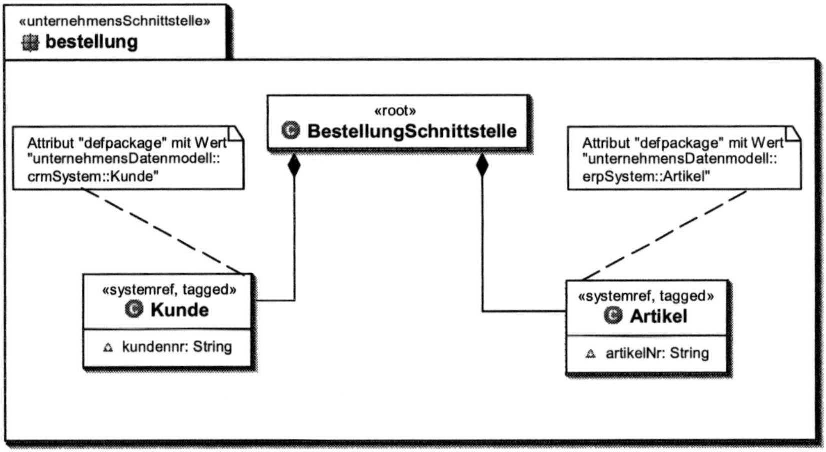

Bild 4.16: Anwendung der Kopiermethode

Bei der Kopiermethode werden eigene Modellelemente zur Spezifikation einer Unternehmensschnittstelle angelegt. Eine Generierung von Quellcode zur Erzeugung von Unternehmensschnittstellen lässt sich auf diese Weise einfach realisieren. Aus diesem Grund bietet sich die Kopiermethode an, wenn ein spezielles Anwendungssystem zur Realisierung einer Unternehmensschnittstelle implementiert werden soll.

Bei der Referenzmethode werden hingegen nur grafische Kopien der Modellelemente angelegt. Hierdurch lassen sich Auswirkungen, die aus Änderungen von Modellelementen resultieren (s. Abschnitt 4.5), einfacher identifizieren. Das Anwenden der Referenzmethode bietet sich daher an, falls eine Unternehmensschnittstelle mit Hilfe eines führenden Informationssystems realisiert wird.

45 Attribute von Stereotypen werden nicht in Diagrammen dargestellt. Trotzdem ist die Definition von Attributen für Stereotypen und eine Wertzuweisung in UML vorgesehen. Durch das Schlüsselwort *tagged* wird lediglich auf die Existenz eines Attributs hingewiesen. Im Bild sind daher die Attribute und deren Werte in Notizenfeldern dargestellt.

4.3.2 Zusammenführung von Datenmodell und Datenformat

Das Datenmodell einer Unternehmensschnittstelle ist eine Spezifikation der zu übertragenden Daten in einer für den Menschen leicht verständlichen Notation. Ein Datenformat spezifiziert die für einen Rechner verständliche Darstellung dieser Daten. Dabei können verschiedene *Datenformattypen* zur Strukturierung der Daten unterschieden werden, z. B. Textformate mit Literalen wie die Sprache XML, Textformate mit Sonderzeichen wie Tabulator oder Komma als Trennzeichen zwischen Datenelementen oder binäre Formate. Eine Unternehmensschnittstelle kann eine Vielzahl von Datenformattypen für die Übertragung der gleichen Daten bieten. Bei der Realisierung einer Integrationsschnittstelle muss ein Datenformattyp ausgewählt werden, der in diesem konkreten Anwendungsfall verwendet wird. In dieser Arbeit wird die Spezifikation eines Datenformats aus Anwendung eines Formatgenerierungsoperators φ_{dt} für einen ausgewählten Datenformattyp *dt* auf ein Datenmodell dargestellt. Wenn *DT* die Menge aller Datenformattypen ist, die ein Unternehmen unterstützt, so bezeichnet $\Phi=\{\varphi_{dt} \mid dt \in DT\}$ die entsprechende Menge aller Formatgenerierungsoperatoren.

Im Allgemeinen verwenden Informationssysteme an ihren Schnittstellen unterschiedliche Datenformate und Datenformattypen. Altsysteme haben für den Datenaustausch oftmals proprietäre Datenformate (*Systemformate*) definiert. Für die Weiterverwendung der Daten eines Informationssystems an einer Unternehmensschnittstelle müssen diese Daten in die durch eine Unternehmensschnittstelle angebotenen Datenformattypen transformiert werden können. Die Umwandlung der Daten eines Informationssystems *i* in den Datenformattyp *dt* wird in dieser Arbeit durch den *Formattyptransformationsoperator* τ_{dt}^{i} repräsentiert. Die Menge $T^{i}=\{\tau_{dt}^{i} \mid dt \in DT\}$ bezeichnet die Menge aller Formattyptransformationsoperatoren, die für ein Informationssystem *i* verfügbar sind. Ist *I* die Menge aller Informationssysteme in einem Unternehmen, so bezeichnet $T=\bigcap_{i \in I} T^{i}$ die Menge aller Formattyptransformationsoperatoren eines Unternehmens.

Bild 4.17 veranschaulicht die potenziellen Transformationen von Daten zwischen Informationssystemen bei einem unternehmensübergreifenden Informationsfluss. Zu Beginn werden Daten aus einem Informationssystem *A* in einem Unternehmen *X* in ein Format *A* exportiert, dem ein systemspezifischer Formattyp zugrunde liegt. Durch Anwendung des Formattyptransformationsoperators τ_A werden die Daten in das Übertragungsformat *B* transformiert. Das Übertragungsformat *B* wird durch Anwendung des Formatgenerierungsoperator φ_B auf das Datenmodell der Unternehmensschnittstelle und den Formattyp *FT* von *B* spezifiziert. Der Operator σ_B transformiert das Übertragungsformat in ein neutrales Übertragungsformat *C* vom gleichen Formattyp *FT*. Analog werden nach der Übertragung in das integrierte Unternehmen *Y* die Daten mit Hilfe des Operators σ_C in das Übertragungsformat *D* des gleichen Datenformattyps *FT* transformiert. Mit Hilfe des Operators τ_D werden die Daten in das Importformat *E* des Informationssystems transformiert.

Die Übertragungsformate *B*, *C* und *D* sind zwar vom gleichen Datenformattyp, strukturieren ihre Daten jedoch unterschiedlich. Beispielsweise können *B*, *C* und *D* jeweils XML-Dialekte sein, die zwar die semantisch gleichen Daten repräsentieren, aber unterschiedliche Literale verwenden. Die Operatoren σ_B und σ_C dienen zur Abbildung zwischen diesen Formaten. Dabei kann entweder eine direkte Abbildung von B nach D stattfinden oder wie im Beispiel temporär in ein neutrales Datenformat transformiert werden. Eine Methode zur Generierung eines σ-Operators wird in Abschnitt 4.4 erarbeitet.

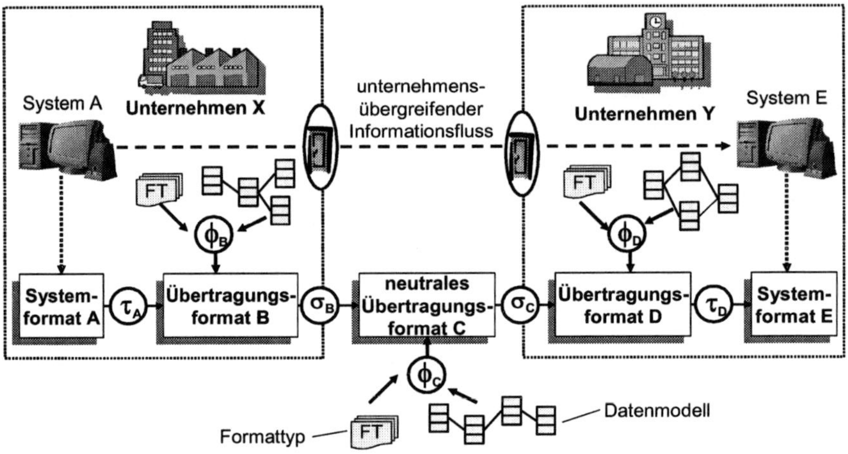

Bild 4.17: Abbildung eines Datenformats

Auch wenn die Erstellung von Formattyptransformationsoperatoren nach wie vor Implementierungsarbeit bedeutet, bietet die Trennung von τ, σ und φ Operatoren deutliche Vorteile:

- Durch die Trennung von τ- und σ-Operatoren wird eine Wiederverwendung von Integrations-Know-how ermöglicht: Einmal erstellte Formattyptransformationsoperatoren können in einer Vielzahl von Integrationslösungen wiederverwendet werden.
- Die Trennung von Formattyp und Datenmodell ermöglicht eine separierte Darstellung der übertragenen Daten unabhängig vom eingesetzten Datenformat. Dies erleichtert eine semantische Abbildung unterschiedlicher Datenstrukturen aufeinander (s. Abschnitt 4.4).
- Die Trennung von Daten und ihrer informationstechnischen Darstellung erleichtert Auswertungen (z. B. Auswirkungen von Änderungen des Datenmodells eines Informationssystems, vgl. Abschnitt 4.5) und Erweiterung einer Unternehmensschnittstelle: Allgemeine φ Operatoren ermöglichen eine effiziente Erweiterung einer Unternehmensschnittstelle zur Unterstützung weiterer Datenformattypen oder eine werkzeugunterstützte Anpassung der übertragenden Datenelemente.

Für verbreitete Datenformattypen existieren bereits eine Vielzahl von τ und φ Operatoren. Beispielsweise bieten viele Informationssysteme eine XML-Schnittstelle und UML-Werkzeuge unterstützen die Generierung von XML Schemas oder Quellcodegenerierung. Durch eine systematische Verwaltung der Operatoren, die in Integrationsprojekten erzeugt werden, entsteht eine *Transformationsumgebung* (T, Φ), die als Erfahrungsspeicher für zukünftige Integrationsprojekte genutzt werden kann.

4.3.3 Spezifikation der Kommunikationstechnologie

Für die Implementierung einer Unternehmensschnittstelle, d. h. insbesondere für die Implementierung der Transformationsoperatoren, können die zwei in Bild 4.18 dargestellten Ansätze angewendet werden:

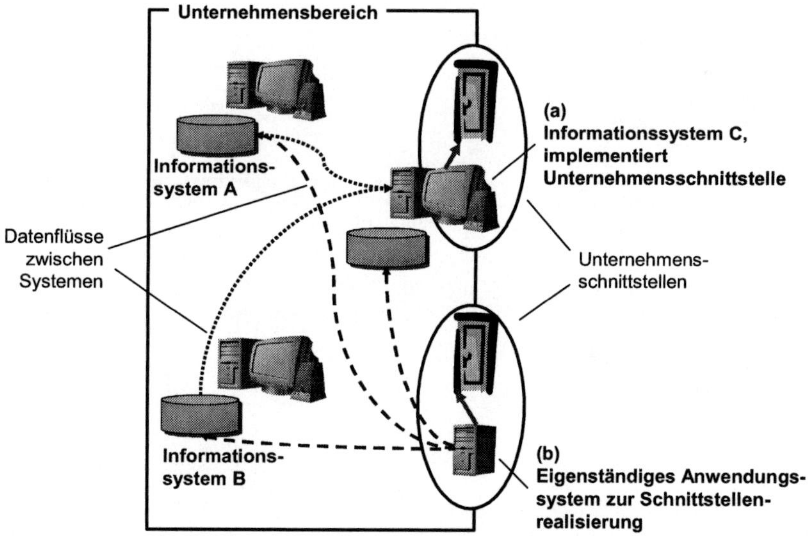

Bild 4.18: Alternative Realisierungsmöglichkeiten von Unternehmensschnittstellen

- Ein Informationssystem ist als *führendes System* die Basis der Implementierung (s. Bild 4.18 (a)). Im Allgemeinen wird in diesem Fall bereits bestehende Funktionalität des Systems (insbesondere APIs) für den unternehmensübergreifenden Datenaustausch genutzt. Diese Funktionalität wird erweitert um Daten aus anderen Systemen zu lesen und mit den eigenen Daten zur Übertragung zu verknüpfen bzw. empfangene Daten, die nicht im führenden System gespeichert werden, an andere Informationssysteme weiterzuleiten.
- Ein spezielles System wird als *Mediator*[46] für die Kommunikation über Unternehmensgrenzen hinweg eingesetzt (s. Bild 4.18 (b)): Der Mediator stellt die für den unterneh-

---

46 Das Entwurfsmuster *Mediator* (Vermittler) wird von GAMMA, HELM, JOHNSON und VLISSIDES wie folgt beschrieben: „Definiere ein Objekt, welches das Zusammenspiel einer Menge von Objekten in sich kapselt. Vermittler fördern lose Kopplung, indem sie Objekte davon abhalten, aufeinander explizit Bezug zu

mensübergreifenden Datenaustausch notwendigen APIs. Bei einem Sendevorgang sammelt er von den betroffenen Informationssystemen die notwendigen Daten und sendet diese anschließend weiter. Beim Empfang von Daten verteilt der Mediator die Daten auf die relevanten Informationssysteme, die diese Daten weiterverarbeiten.

Bei beiden Alternativen hängt die Möglichkeit, dass ein Informationsaustausch über Unternehmensgrenzen hinweg stattfinden kann, davon ab, ob eine Unternehmensschnittstelle die gleiche Kommunikationstechnologie unterstützt wie die zu verknüpfende Unternehmensschnittstelle. Bild 4.19 zeigt Beispiele für Parameter der Kommunikationstechnologie, die in Übereinstimmung sein müssen oder in Übereinstimmung gebracht werden müssen.

Ob zwei Unternehmensschnittstellen die gleiche Kommunikationstechnologie einsetzen, lässt sich teilweise werkzeugunterstützt durchführen. Beispielsweise kann durch Senden eines Testdatenpakets geprüft werden, ob bestimmte TCP/IP-Ports für die Datenübertragung genutzt werden können. Teilweise muss die Abstimmung der Kommunikationsparameter allerdings manuell erfolgen[47].

Parameter	Beschreibung	Beispiele
Web Service Spezifikation	Wird eine Unternehmensschnittstelle über einen Web Service realisiert, so können existierende Standards benutzt werden, um die Art und Weise, wie mit diesem Web Service kommuniziert werden kann, zu beschreiben.	Die *Web Services Description Language* (WSDL) ist z. B. eine auf XML basierende Beschreibung, die vorgibt, wie eine zustande gekommene Verbindung mit einem Web Service kommunizieren soll ([Basl-03, S. 298], s. a. Abschnitt 2.4.2).
Middleware	Die unternehmensübergreifende Kommunikation kann auf einer Erweiterung einer unternehmensinternen Middleware basieren. Durch die eingesetzte Middleware ist im Allgemeinen auch das Kommunikationsprotokoll sowie die Datencodierung vorgegeben.	s. Abschnitt 2.4.2
Sicherheit	Bei der Übertragung von vertraulichen Informationen werden häufig Verschlüsselungsverfahren eingesetzt. Der Einsatz einer Sicherheitstechnologie muss auf beiden Seiten einer Kommunikationsbeziehung abgestimmt sein.	Einsatz von *Secure Socket Layer* Technologie, Authentifizierungsverfahren, digitale Signaturen, Kommunikation über eine so genannte *Firewall*.

nehmen. Sie ermöglichen es Ihnen, das Zusammenspiel der Objekte von ihnen unabhängig zu variieren." [GHJV-04, S. 385]

47 Die Vorgehensweise (werkzeugunterstützt und manuell) zur Abstimmung der Kommunikationsparameter ist nicht Teil dieser Arbeit. Zu diesem Thema s. z. B. [HeAN-99], [TaSt-03].

Parameter	Beschreibung	Beispiele
Kommunikationsprotokoll	Das Kommunikationsprotokoll liegt dem Informationsaustausch zugrunde. Im Allgemeinen ist das Kommunikationsprotokoll sehr eng mit einer möglicherweise eingesetzten Middleware verbunden.	TCP/IP, Protokolle nach dem ISO/OSI-Referenzmodell
Parameter des Kommunikationsprotokolls	Kommunikationsprotokolle lassen sich über bestimmte Parameter variabel konfigurieren. Diese Parameter müssen zwischen Partnern abgestimmt oder öffentlich zugänglich gemacht werden.	Auf einem Rechner können mehrere TCP/IP-basierte Anwendungen angesprochen werden. Der Zugang zu einer solchen Anwendung wird als *Port* bezeichnet und mit einer Nummer, der *Portnummer*, identifiziert.
Codierung	Grundsätzlich muss zwischen einer binären und einer textbasierten Codierung der übertragenen Daten unterschieden werden. Werden textbasierte Datenformate für die Datenübertragung verwendet, muss darauf geachtet werden, dass die gleichen Zeichencodierungen verwendet werden.	ANSI_X3.4-1968, UTF-8, ISO_8859-1:1987 etc.

Bild 4.19: Beispiele für Parameter der Kommunikationstechnologie

4.4 Integration auf semantischer Ebene

In Informationsblöcken der Semantikebene werden Abbildungsvorschriften verwaltet, die die Grundlage für eine σ-Transformation sind. Eine Abbildungsvorschrift schließt die Lücke in der Konzeption einer Integrationslösung zwischen

- den auf der Pragmatikebene definierten Informationsflüssen zwischen zwei Partnern und
- den von den Partnern unterschiedlich strukturierten, auszutauschenden Daten auf der Syntaxebene.

In diesem Abschnitt wird eine Methode entwickelt, die das Erzeugen dieser Abbildungsvorschriften unterstützt.

Die Ausgangssituation, auf die diese Methode aufsetzt, ist in Bild 4.20 dargestellt: Auf der Pragmatikebene wurde durch die Verknüpfung zweier Integrationspunkte bzw. deren Prozessblöcken ein unternehmensübergreifender Informationsfluss definiert. Aus der Zuordnung von Unternehmensschnittstellen zu den Integrationspunkten wurde festgelegt, welche Daten gesendet und welche empfangen werden sollen (spezifiziert durch die Datenmodelle der Unternehmensschnittstellen). Hieraus lässt sich die Zielstellung der Methode ableiten, dass die beiden jeweils einer Unternehmensschnittstelle zugeordneten Datenmodelle aufeinander abgebildet werden müssen. Diese Abbildungsvorschrift definiert die Transformation von Daten bei der Datenübertragung in der operativen Phase.

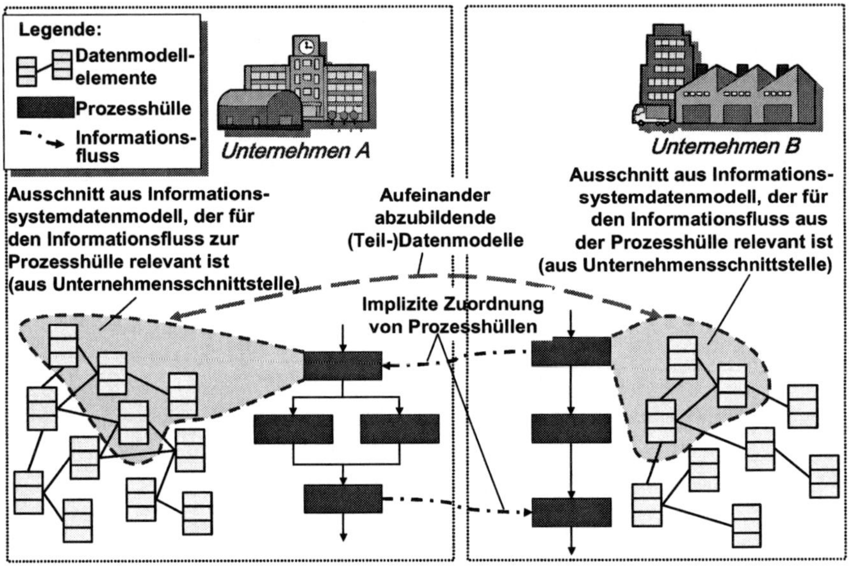

Bild 4.20: Zuordnung von (Teil-)Datenmodellen durch Prozesshüllenzuordnung

Das Erzeugen der Abbildungsvorschrift und eines darauf aufbauenden Prozessors zur Transformation von Übertragungsdaten erfolgt in den in Bild 4.21 dargestellten drei Schritten:

Im ersten Schritt werden heteronyme Modellelemente[48] in den beiden aufeinander abzubildenden (Teil-)Datenmodellen der Unternehmensschnittstellen identifiziert. Als Ergebnis dieses Schritts existieren eine Menge von **Zuordnungen zwischen Elementen** der beiden Datenmodelle. Im einfachsten Fall bestehen diese Zuordnungen aus jeweils genau einem Element. Falls jedoch nur eine Untermenge eines Datenmodells eine Einheit bildet, die semantisch einem Element des zweiten Datenmodells entspricht, so kann ein Zuordnungstupel aus einer Menge von Modellelementen und einem Modellelement bestehen. Im Allgemeinen können sogar beide Komponenten des Zuordnungstupels aus Mengen von Datenmodellelementen bestehen. Setzt sich z. B. eine Anschrift im Datenmodell des Senders aus den Attributen *Straße*, *Hausnummer*, *Postleitzahl* und *Ort* zusammen, während im Datenmodell nur ein einzelnes

48 Analog zur Definition heteronymer Informationsobjekte (s. Abschnitt 4.2.3) repräsentieren heteronyme Modellelemente dasselbe Objekt in der Realwelt, haben aber im jeweiligen Modell unterschiedliche Eigenschaften und/oder sind in unterschiedlichen Datenstrukturen eingebunden.

Attribut *Adresse* existiert, so wird eine Menge aus Attributen auf Seiten des Senders lediglich einem Attribut auf Seiten des Empfängers zugeordnet.

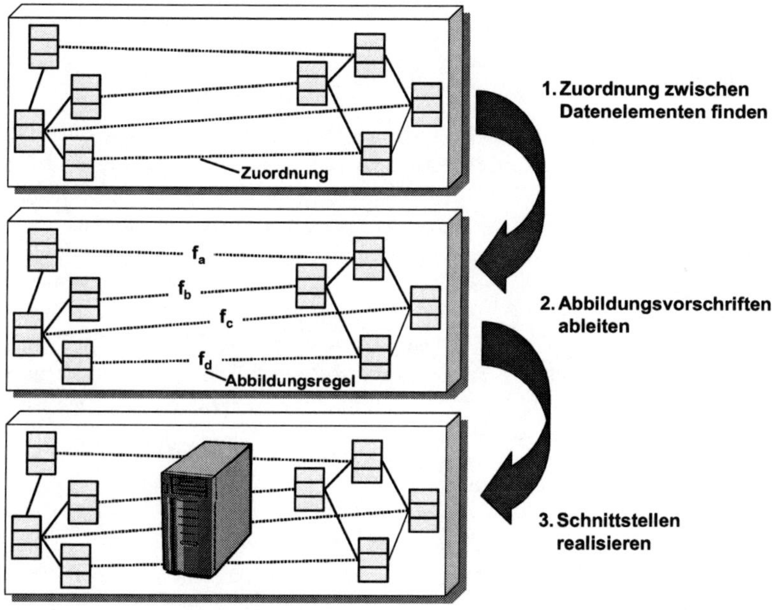

Bild 4.21: Schritte zur Generierung einer semantischen Abbildung von Datenelementen

Im zweiten Schritt werden zu jedem Zuordnungstupel **Abbildungsregeln** für eine Datentransformation spezifiziert. Im einfachsten Fall einer Zuordnung von genau jeweils einem Datenelement kann eine Abbildungsregel lediglich aus einem Kopieren eines Datums innerhalb der Datenstruktur des Senders an eine bestimmte Position innerhalb der Datenstruktur des Empfängers bestehen. Im Falle von einander zugeordneten Mengen von Datenelementen sind Funktionen zum Spalten und Zusammenfügen eines Datenelements eventuell notwendig. Im vorherigen Beispiel könnte dies eine Funktion sein, die aus den einzelnen Attributen eine einzige Zeichenkette als Adressbeschreibung generiert. Die Menge aller Abbildungsregeln bildet die *Abbildungsvorschrift* zwischen den beiden Datenmodellen für den zugrunde liegenden Informationsfluss.

Im dritten Schritt werden **Prozessoren** generiert oder konfiguriert, die entsprechend der Abbildungsvorschriften Datenstrukturen des Senders in die Datenstruktur des Empfängers transformieren. Die Art der Generierung des Prozessors ist u. a. davon abhängig, welche Kommunikationstechnologie an der Unternehmensschnittstelle zur Verfügung steht (vgl. Abschnitt 4.3.3).

In den nachfolgenden Abschnitten werden für jeden dieser drei Schritte aufeinander aufbauende Methoden entwickelt. Die Funktionalität des Abbildungsgenerators als Bestandteil eines CAEI-Werkzeugs (s. Abschnitt 4.1) basiert auf diesen Methoden.

4.4.1 Zuordnen heteronymer Datenelemente

Die Methode zur Identifikation von heteronymen Datenelementen setzt auf einer Methode von ADAMIETZ zur Zuordnung von heteronymen Unternehmensobjekten aus unterschiedlichen Unternehmensmodellen auf (s. [Adam-02, S. 70ff.]). Die Methode geht davon aus, dass zwei Objekte semantisch die gleiche Bedeutung haben, wenn sie eine hohe Ähnlichkeit aufweisen. Eine Ähnlichkeit zwischen zwei Objekten wird dabei durch den Vergleich von deren Eigenschaften berechnet. Zu den Eigenschaften eines Objektes gehören neben Attributen auch Beziehungen zu anderen Objekten. Hier tritt jedoch das Problem auf, das für eine Bewertung der Ähnlichkeit zweier Beziehungen vorausgesetzt werden muss, dass die Ähnlichkeit der jeweils verknüpften Objekte bereits berechnet wurde. Zu deren Berechnung müsste allerdings für die ursprünglich verglichenen Objekte bereits die Ähnlichkeit berechnet worden sein.

Um dieses Paradoxon zu umgehen, wird als Ansatz das in Bild 4.22 dargestellte Optimierungsproblem[49] gewählt. In der ersten Zeile ist die Zielfunktion des Optimierungsproblems dargestellt. Ziel des Optimierungsproblems ist eine Zuordnung von Objekten zu finden, sodass die durchschnittliche Ähnlichkeit einander zugeordneter Objekte maximal ist. Die nachfolgenden Zeilen beschreiben die Nebenbedingungen des Optimierungsproblems. Die Nebenbedingungen sagen aus, dass ein Objekt eines Modells höchstens einem Objekt des anderen Modells zugeordnet werden darf. Darüber hinaus dürfen nur Objekte einander zugeordnet werden, die der gleichen Klassen angehören.

$$\begin{cases} \max & \sum\limits_{o_1 \in Modell\ M_1} \sum\limits_{o_2 \in Modell\ M_2} sim(o_1,o_2) \cdot z[o_1,o_2] \\ u.\,d.\,N. & \sum\limits_{o_2 \in Modell\ M_2} z[o_1,o_2] \le 1, \forall o_1 \in Modell\ M_1 \\ & \sum\limits_{o_1 \in Modell\ M_1} z[o_1,o_2] \le 1, \forall o_2 \in Modell\ M_2 \\ & z[o_1,o_2] = 0, \text{falls } o_1, o_2 \text{ Objekte unterschiedlicher Klassen} \\ & z[o_1,o_2] \in \{0,1\}, \forall o_1 \in Modell\ M_1, \forall o_2 \in Modell\ M_2 \end{cases}$$

Bild 4.22: Optimierungsproblem für das Zuordnen von Objekten (nach [Adam-02, S. 70])

Im Optimierungsproblem definiert die Funktion sim: $M_1 \times M_2 \rightarrow [0; 1]$ die Ähnlichkeit zweier Objekte $o_1 \in M_1$, $o_2 \in M_2$, wobei 0 keine Ähnlichkeit bedeutet und 1 als vollständige Übereinstimmung zu interpretieren ist. Die Funktion z: $M_1 \times M_2 \rightarrow \{0; 1\}$ definiert, ob zwei Ob-

49 Zur ausführlichen Notation eines Optimierungsproblems vgl. [NeMo-04]

jekte $o_1 \in M_1$, $o_2 \in M_2$ einander zugeordnet sind ($z(o_1, o_2)=1$) oder nicht ($z(o_1, o_2)=0$). Zur Lösung des Optimierungsproblems wird ausgehend von einer initialen, zufälligen Zuordnung von Objekten durch mehrfache, zufallsgesteuerte Änderungen der Zuordnungen (Änderung von *z*) versucht, die durchschnittliche Ähnlichkeit aller Zuordnungen zu erhöhen (heuristisches Verfahren).

Für die Anwendung des Optimierungsproblems zur Identifikation heteronymer Datenelemente zweier Unternehmensschnittstellen müssen eine Ähnlichkeitsfunktion *sim* definiert und Elemente der Modelle M_1 und M_2 bestimmt werden. Grundsätzlich lässt sich feststellen, dass mit einer höheren Qualität[50] des Verfahrens zu rechnen ist, falls

- die Anzahl der von der Ähnlichkeitsfunktion *sim* berücksichtigten Eigenschaften erhöht werden kann, da die Wahrscheinlichkeit von zufälligen Übereinstimmungen von Eigenschaften sinkt, und
- die Menge der Objekte in M_1 und M_2 erhöht wird, da durch die Vernetzung der Objekte untereinander ein größerer Anwendungskontext der Objekte beschrieben ist.

Aus letzterem Grund befinden sich daher in den Mengen M_1 und M_2 nicht nur die Objekte der beiden aufeinander abzubildenden Datenmodelle, sondern auch weitere mit den Objekten der Datenmodelle verknüpfte Objekte. Beispielsweise können im Bewertungsverfahren Prozesshüllen, die mit einer Unternehmensschnittstelle verknüpft sind, oder die mit der Prozesshülle verbundenen zuständigen Organisationseinheiten mitberücksichtigt werden.

Im Gegensatz zu Objekten des Datenmodells kann allerdings hier der Fall auftreten, dass nicht heteronyme Objekte miteinander verglichen werden müssen, sondern *semantisch komplementäre Objekte*. Semantisch komplementäre Objekte sind zwei semantisch nicht gleichbedeutende Objekte, sich aber ergänzende Objekte. Wird z. B. eine Bestellung zwischen zwei Partnern ausgetauscht, so beschreiben die jeweiligen Datenmodelle der Partner die heteronymen Objekte, die eine Bestellung beinhaltet. Die Bestellung kann jedoch vom Einkauf eines Partners versendet und vom Vertrieb des anderen Partners empfangen werden. Einkauf und Vertrieb stellen in diesem Fall semantisch komplementäre Objekte dar.

In der Definition der Ähnlichkeitsfunktion *sim* müssen diese beiden Fälle unterschieden werden. Definiert die Menge $O_{\text{komplementär}}$ die Menge der einander zugeordneten Objektklassen, deren Objekte als semantisch komplementäre Objekte zu vergleichen sind, so lässt sich die Funktion *sim* wie in Bild 4.23 dargestellt definieren:

$$sim(o_1, o_2) = \begin{cases} sim_{komplementär}(o_1, o_2), \text{ falls Objektklassen der Objekte } o_1, o_2 \text{ in } O_{\text{komplementär}} \\ sim_{gleich}(o_1, o_2), \text{ sonst} \end{cases}$$

Bild 4.23: Definition der Funktion sim

50 Die Qualität lässt sich z. B. über das Verhältnis zwischen der Anzahl der korrekten Zuordnungen zwischen zwei Objekten und der Anzahl aller Zuordnungen messen.

In den nachfolgenden Abschnitten werden die in den Menge M_1 und M_2 enthaltenen Elemente spezifiziert sowie eine Definition der Funktionen sim_{gleich} und $sim_{komplementär}$ erarbeitet.

Identifikation heteronymer Objekte

Die Datenmodelle zweier in einem Integrationsprojekt zu verknüpfenden Unternehmensschnittstellen können unter Umständen aus nur wenigen Elementen bestehen, im Extremfall aus je genau einem Datenelement. Um eine hohe Ergebnisqualität des zuvor beschriebenen Optimierungsproblems zu erhalten, sind in den Mengen M_1 und M_2 nicht nur die Elemente der jeweiligen Datenmodelle enthalten, sondern auch Objekte aus dem Kontext des Datenmodells. Unter dem Kontext des Datenmodells wird die Menge von Objekten des Integrationsraums verstanden, die mit einem Element des Datenmodells oder dem Datenmodell selbst verknüpft ist[51].

Die Berücksichtigung des Kontexts eines Datenmodells bedeutet, dass neben den Datenmodellen der beiden zu integrierenden Unternehmensschnittstellen noch Datenmodelle weiterer Unternehmensschnittstellen berücksichtigt werden. Insbesondere sind hierbei Unternehmensschnittstellen von Bedeutung, die mit Unternehmensschnittstellen des gleichen Partners verknüpft sind. Die Existenz solcher Unternehmensschnittstellen kann auftreten, wenn die Ergebnisse früherer Integrationsprojekte im Integrationsraum verfügbar sind oder im Rahmen eines Integrationsprojekts mehrere Integrationslösungen parallel erarbeitet werden.

Die Erweiterung der Menge M_1 und M_2 um den Kontext der Datenmodelle bringt den folgenden Nutzen:

- Durch das Einbeziehen von bereits existierenden Zuordnungen bestehender Integrationslösungen werden Kenntnisse über heteronyme Objekte weitergenutzt.
- Da Datenmodelle von Unternehmensschnittstellen in einem gemeinsamen Unternehmensdatenmodell integriert sind, können Abhängigkeiten und Beziehungen über die Grenzen eines Datenmodells einer Unternehmensschnittstelle hinaus modelliert werden. Diese können wiederum in den Kontext eines Datenmodells einbezogen werden. Hieraus ergibt sich ein Mehrwert
    - zum einen aus der höheren Anzahl von Objekten in den Mengen M_1 und M_2, die die einfache Summe der Anzahl der Objekte in den berücksichtigten Datenmodellen übersteigt,
    - und zum anderen aus dem Einbeziehen von Kenntnissen aus anderen (parallelen oder früheren) Integrationsprojekten.

51 Dies bedeutet also, dass auf der Ebene des Metamodells des Integrationsraums eine Assoziation zwischen einer Objektklasse des Datenmodells bzw. einer Objektklasse eines Datenmodellelements und der Objektklasse eines Elements des Integrationsraums definiert sein muss.

Bild 4.24 zeigt ein Beispiel eines erweiterten Kontexts eines Objekts. Im Beispiel sind zwei Integrationspunkte zwischen Unternehmen *A* und Unternehmen *B* dargestellt: Die Verknüpfung der Prozesshüllen *Anfrage verschicken Anfrage* und *prüfen* sowie die Verknüpfung der Prozesshüllen *Bestellung verschicken* und *Bestellung prüfen*. Die Datenmodelle der Prozesshüllen *Anfrage prüfen* und *Bestellung prüfen* des Unternehmens *A* enthalten die Objektklasse *Kunde*. Ebenso enthalten die Datenmodelle der Prozesshüllen *Anfrage verschicken* und *Bestellung verschicken* die Objektklasse *Standort*. *Standort* und *Kunde* sind in diesem Beispiel heteronyme Objekte, da ein Standort des Unternehmens *B* ein Kunde des Unternehmens A ist. Je nach Anwendungsfall können diese Beziehungen wie folgt ausgenutzt werden:

- Wurden die Klassen *Kunde* und *Standort* bzw. deren Attribute bereits in einem früheren Integrationsprojekt einander zugeordnet, z. B. bei der Integration der Prozesshüllen *Anfrage prüfen* und *Anfrage verschicken*, kann dieses Wissen weitergenutzt werden: Bei der Integration der Prozesshüllen *Bestellung prüfen* und *Bestellung verschicken* ist bereits bekannt, dass *Standort* und *Kunde* einander zugeordnet werden müssen.
- Werden die beiden Integrationspunkte im Rahmen eines gemeinsamen Integrationsprojekts verknüpft, so wird die Vermutung der Ähnlichkeit von *Kunde* und *Standort* erhöht, da beide Objektklassen in den jeweiligen Unternehmensschnittstellen vorkommen. Andere Objektklassen können durchaus in nur einen der beiden Integrationspunkte verwendet werden.

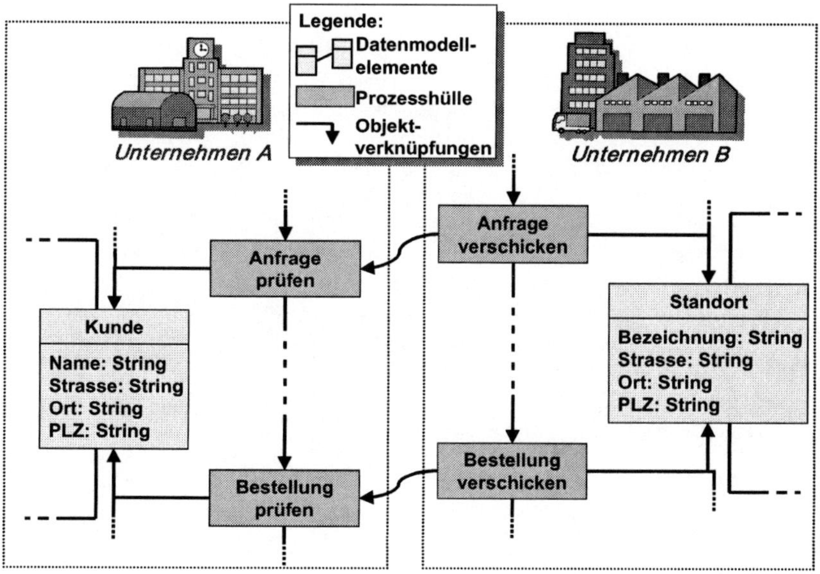

Bild 4.24: Ganzheitlicher Zuordnung von Datenelementen aller Unternehmensschnittstellen

Falls Zuordnungen bestehender Integrationslösungen genutzt werden können, so dürfen die entsprechenden Festlegungen der Zuordnungsfunktion *z* im Rahmen des heuristischen Verfahrens nicht geändert werden („Sperren der Zuordnungsänderung"). Die Funktion sim_{gleich} kann unter der in Bild 4.25 dargestellten Erweiterung der Definition von ADAMIETZ für die Funktion *sim* zur Berechnung einer Ähnlichkeit zweier Objekte definiert werden.[52]

$$sim_{gleich} = \begin{cases} sim^{ADAMIETZ}(o_1, o_2), \text{falls } (o_1, o_2) \text{ nicht gesperrt} \\ 1,\ sonst \end{cases}$$

Bild 4.25: Definition der Funktion sim_{gleich}

Identifikation semantisch komplementärer Objekte

Der Definition des Kontexts eines Datenmodells entsprechend enthalten die Mengen M_1 und M_2 nicht nur Elemente von Datenmodellen. Stattdessen werden auch Objekte der Pragmatikebene mitberücksichtigt, z. B. Organisationseinheiten wie Abteilungen, Stellen, Gruppen etc. oder Informationssystemtypen wie ERP-System, CRM-System etc. Im Gegensatz zu Datenmodellobjekten sind solche Objekte im Allgemeinen in Datenmodellen von Unternehmensschnittstellen verschiedener Partner nicht heteronym, sondern semantisch komplementär. Die Ähnlichkeit von zwei solchen Objekten kann in diesem Fall nicht unmittelbar berechnet werden. Aus diesem Grund wird ein Erfahrungsspeicher eingeführt, welcher Zuordnungen von einem Kontextobjekt o zu semantisch komplementären Objekten o_k^i aus früheren Integrationsprojekten aufbewahrt. Um nun festzustellen, ob das Objekt o semantisch komplementär zu einem Objekt o' ist, werden die Ähnlichkeiten zwischen den Objekten o_k^i und o' berechnet. Findet sich eine hohe Ähnlichkeit zwischen einem der Objekte o_k^i und o', so kann vermutet werden, dass o' und o semantisch komplementär sind.

Bild 4.26 verdeutlicht diese Vorgehensweise an einem Beispiel. Zur Bewertung der Ähnlichkeit der Datenmodellobjekte *EingehendeBest* und *Bestellung* soll die Verknüpfung mit Abteilungen berücksichtigt werden. Aus diesem Grund werden die Objekte *Abteilung Vertrieb* und *Abteilung Einkauf* in die Mengen M_1 und M_2 mitaufgenommen. In früheren Integrationsprojekten des Unternehmens A wurden bereits die Objekte *Abteilung Vertrieb* und *Abteilung Einkauf* sowie die Objekte *Abteilung Vertrieb* und *Abteilung Procurement* einander als semantisch komplementär zugeordnet. Die Ähnlichkeit zwischen dem Objekt *Abteilung Vertrieb* und dem Objekt *Abteilung Einkauf* wird nun bewertet, indem

- die Ähnlichkeit zwischen dem Objekt *Abteilung Procurement* im Erfahrungsspeicher des Unternehmens A und dem Objekt *Abteilung Einkauf* des Unternehmens B sowie
- zwischen dem Objekt *Abteilung Einkauf* im Erfahrungsspeicher des Unternehmens A und dem Objekt *Abteilung Einkauf* des Unternehmens B

52 Ein mathematische Definition der Funktion *sim* nach ADAMIETZ befindet sich in Anhang B.

bestimmt wird. Das Maximum der berechneten Ähnlichkeitswerte wird als Ähnlichkeit der beiden semantisch komplementären Objekte zur Berechnung der Zielfunktion im Optimierungsproblem verwendet.

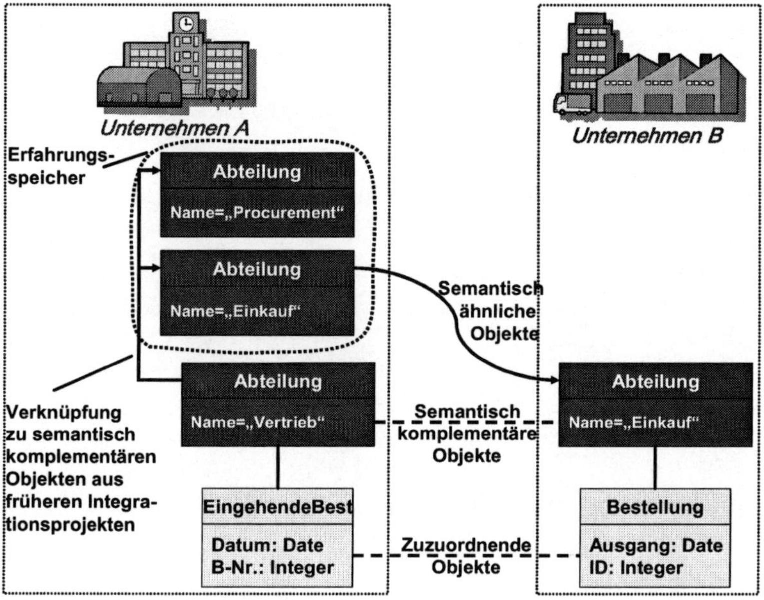

Bild 4.26: Ähnlichkeitsbestimmung anhand semantisch komplementärer Objekte

Definiert WS(o) die Menge der als zu einem Objekt o semantisch komplementär identifizierten Objekte im Erfahrungsspeicher, so lässt sich die Funktion $sim_{komplementär}$ wie in Bild 4.27 dargestellt definieren:

$$sim_{komplementär}(o,o') = \max_{\overline{o} \in WS(o)} \{sim_{gleich}(\overline{o},o')\}$$

Bild 4.27: Definition der Funktion $sim_{komplementär}$

Durch Integrationsprojekte füllt sich der Erfahrungsspeicher kontinuierlich und die Quote der korrekt identifizierten semantisch komplementären Objekte steigt im Laufe der Zeit. Ist der Erfahrungsspeicher noch relativ leer, müssen semantisch komplementäre Objekte ohne Rechnerunterstützung identifiziert und einander zugeordnet werden. Am Anfang einer Einführung der in dieser Arbeit entwickelten Methode in einem Unternehmen kann der Erfahrungsspeicher auch mit existierenden Referenzmodellen gefüllt werden, sodass die Dauer bis zum Erreichen einer zufrieden stellenden Quote verkürzt werden kann.

Nicht zugeordnete Objekte

Da das Optimierungsproblem nur mit heuristischen Verfahren gelöst werden kann, wird im Allgemeinen nicht die Menge an Zuordnungen gefunden, die das absolute Maximum der durchschnittlichen Ähnlichkeit ergibt, sondern nur ein lokales Maximum. Insbesondere wenn nur ein lokales Maximum identifiziert wurde, lassen sich Zuordnungen von Objekten identifizieren, deren Ähnlichkeit einen bestimmten Mindestwert nicht erreicht hat. Ein Objekt, das sich in einer Zuordnungsbeziehung befindet, welche einen solchen Mindestwert nicht erreicht hat, wird als nicht zugeordnet betrachtet. Je nach Anwendungskontext kann dieser Mindestwert unterschiedlich festgelegt werden.

Aus den folgenden Gründen kann der Fall eintreten, dass für ein Objekt kein ähnliches Objekt gefunden wird:

- Die Merkmalsausprägungen sind sehr unterschiedlich, obwohl zwei Objekte heteronym sind. Eine Berechnung der Ähnlichkeit erreicht daher nicht die geforderte minimale Ähnlichkeit.
- In einem heuristischen Verfahren werden Zuordnungen zwischen Objekten basierend auf einem Zufallsgenerator erzeugt und geändert. Während der Laufzeit des Verfahrens kann es nun vorkommen, dass zufallsbedingt heteronyme Objekte nie einander zugeordnet werden.
- In einem Datenmodell existiert ein Objekt, für das im anderen Datenmodell tatsächlich kein heteronymes Objekt existiert.

In den ersten beiden Fällen bedeutet dies, dass die Menge der Zuordnungen als Ergebnis des Optimierungsproblems punktuell nachbearbeitet werden müssen. Durch eine entsprechende Erweiterung des Datenmodellkontexts wie in den vorherigen Abschnitten beschrieben kann die Wahrscheinlichkeit erhöht werden, dass heteronyme Objekte bei der heuristischen Lösung des Optimierungsproblems einander zugeordnet werden.

Im Fall, dass kein heteronymes Objekt im anderen Datenmodell existiert, muss mindestens eines der beiden Datenmodelle angepasst werden. Da eine Unternehmensschnittstelle in zwei unterschiedlichen Integrationslösungen genutzt werden kann, muss bei dieser Anpassung jedoch auf Auswirkungen auf andere Integrationslösungen geachtet werden. In Abschnitt 4.5 werden allgemeine Strategien für den Umgang mit Abhängigkeiten zwischen Integrationslösungen erarbeitet.

4.4.2 Definition von Transformationsregeln

Im vorherigen Schritt wurden heteronyme Objekte identifiziert, die in verschiedenen Datenmodellen enthalten und damit Bestandteil unterschiedlicher Datenstrukturen sind. Wie in Abschnitt 4.3.2 beschrieben, müssen die zu übertragenden Daten aus der Datenstruktur des Senders in die Datenstruktur des Empfängers oder des Übertragungsformats überführt werden[53]. Eine solche Überführung wird allgemein durch eine Vorschrift in Form einer Menge von Abbildungsregeln beschrieben, die durch entsprechende Prozessoren zur Laufzeit auf Nutzdaten angewendet wird.

Datenmodelle wie z. B. ein UML-Klassendiagramm enthalten sowohl Elemente zur Strukturierung von Daten (*Strukturierungselemente*) als auch Elemente zur Repräsentation von Nutzdaten (*Datenelemente*). Eine Klasse in einem Klassendiagramm ist ein Beispiel eines Strukturierungselements: Die Instanz einer Klasse dient zwar zur Kapselung von Attributwerten, besitzt aber darüber hinaus keine eigenen Daten. Ein Attribut hingegen beschreibt Daten (z. B. deren Datentyp) und besitzt keine weiteren untergeordneten Elemente zur Strukturierung dieser Daten.

Eine Transformationsregel zur Überführung von Datenstrukturen muss daher die beiden folgenden Aspekte umfassen:

- **Struktureinordnung**: Geänderte Datenelemente müssen neuen Strukturierungselementen zugeordnet werden. Dabei können durchaus Datenelemente, die zuvor dem gleichen Strukturierungselement zugeordnet waren, unterschiedlichen Strukturierungselementen zugeordnet werden.
- **Datenmanipulation**: Entsprechend der Unterschiede von Datenelementen in verschiedenen Datenmodellen müssen die Nutzdaten geändert werden.

In Bild 4.28 sind Beispiele von notwendigen Datenmanipulationen und Struktureinordnungen dargestellt. Das Beispiel zeigt Ausschnitte aus einem Datenmodell *A* und einem Datenmodell *B*, die Daten zur einer Liefer- und einer Postanschrift eines Unternehmens unterschiedlich strukturieren. Die Attribute *postPlz* und *lieferPlz* sind in Datenmodell *A* als Zeichenketten (Datentyp *String*) dargestellt, in Datenmodell *B* ist das korrespondierende Attribut *plz* als Ganzzahl (Datentyp *int*) dargestellt. Im Rahmen einer Überführung muss daher eine Datentypkonvertierung stattfinden. Darüber hinaus sind die Datenelemente der Postanschrift (*postStrasse, postPlz, postOrt*) und der Lieferanschrift (*lieferStrasse, lieferPlz, lieferOrt*) in Datenmodell *A* dem gleichen Strukturierungselement *Klasse Firma* zugeordnet. In Datenmodell *B* hingegen sind Adressen jeweils in dem Strukturierungselement *Klasse Adresse* gekapselt und durch das Strukturierungselement *Assoziation postAdresse* bzw. *Assoziation lieferAdresse* als Post- bzw. Lieferadresse charakterisiert.

Aus den Zuordnungen zwischen heteronymen Datenelementen und deren Zuordnung zu verschiedenen Strukturierungselementen lassen sich aus vordefinierten Regeltypen konkrete Abbildungsregeln ableiten. Auf eine Auflistung dieser Regeltypen wird an dieser Stelle verzichtet und stattdessen auf entsprechende Arbeiten[54] verwiesen.

---

53 In der Literatur wird dies häufig als *Struktur-Mapping* bezeichnet.

54 Basierend auf der Voraussetzung, dass bekannte ist, welche Datenelemente heteronym sind, gibt z. B. [Saut-98] einen Überblick über Regeltypen zur Strukturüberführung.

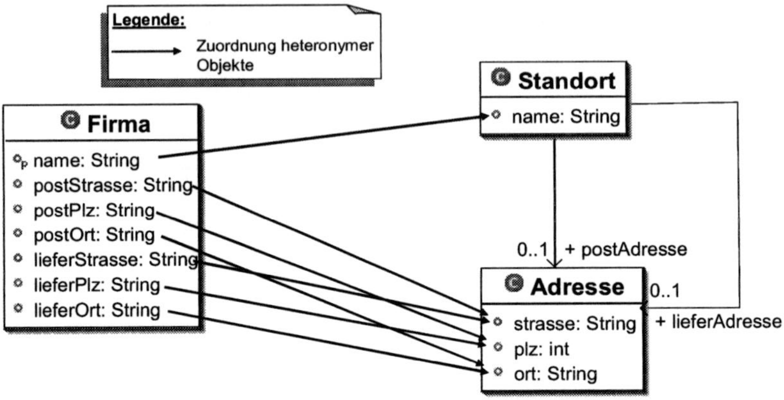

Bild 4.28: Beispiel einer Transformation

Zusätzlich zu dieser Ableitung von Abbildungsregeln müssen in manchen Fällen individuelle Abbildungsregeln ergänzt werden:

- **Fehlende Zuordnung eines Datenelements**: Ist einem Datenelement im korrespondierenden Datenmodell kein heteronymes Datenelement zugeordnet, muss das Datum für dieses Datenelement berechnet werden. Wird beispielsweise vom Empfänger ein Sendedatum erwartet, welches der Sender jedoch nicht in seiner Datenstruktur vorhält, so kann stattdessen das aktuelle Datum übertragen bzw. ergänzt werden.
- **Kein passender Regeltyp definierbar**: Ist kein passender Regeltyp zu identifizieren, muss ein Platzhalter für eine individuelle Abbildung ergänzt werden.

4.4.3 Schnittstellengenerierung

Die Abbildungsvorschrift bildet die Grundlage zur Generierung von informationstechnischen Schnittstellen. Hierfür muss in der Architektur einer Schnittstelle ein Transformationsprozessor als verbindendes Element zwischen einer Kommunikationseinrichtung (z. B. Web Server) und einem verarbeitenden System (z. B. Informationssystem einer Unternehmensschnittstelle) enthalten sein. Der Transformationsprozessor wendet die zuvor definierten Abbildungsregeln auf Daten in einer Datenstruktur A an und erzeugt damit eine Datenstruktur B mit den entsprechenden Daten.

Ein Transformationsprozessor kann entweder aus einer Abbildungsvorschrift generiert oder dieser entsprechend konfiguriert werden:

- **Generierung**: Bei einem generierten Transformationsprozessor wird Programmcode aus vordefinierten Bausteinen erzeugt und vor der Nutzung der Schnittstelle in ausführbaren

Code übersetzt. Ein Beispiel hierfür stellt die Generierung von Java-Quellcode und dessen Kompilierung dar.

- **Konfiguration**: Bei einem konfigurierbaren Transformationsprozessor werden die Abbildungsvorschriften als weitere Eingabedaten an den Prozessor übergeben und zur Laufzeit interpretiert (s. Bild 4.29). Ein Beispiel hierfür stellt die Interpretation von XSLT-Dateien dar: Eine XSLT-Datei beschreibt die Transformation eines XML Dokuments, die einem XML Schema A entspricht, in ein XML Dokument, die einem XML Schema B entspricht. Ein XSLT-Prozessor interpretiert diese XSLT-Datei zur Ausführungszeit und führt die so definierte Transformation aus.

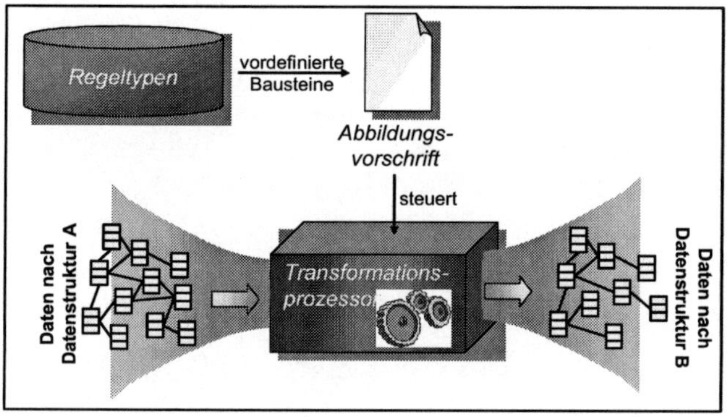

Bild 4.29: Konfigurierbare Datentransformation

Der Vorteil der Konfiguration stellt die höhere Flexibilität dar, da die Schnittstelle durch Austausch der Abbildungsvorschrift zur Laufzeit angepasst werden kann. Allerdings ist durch die permanente Interpretation der Abbildungsvorschriften mit einem schlechteren Laufzeitverhalten zu rechnen.

4.5 Abhängigkeitsmanagement

Durch die Verwendung von Prozesshüllen und Unternehmensschnittstellen in mehreren Integrationslösungen entstehen Abhängigkeiten zwischen Integrationslösungen, d. h. Änderungen an einer Integrationslösung kann Auswirkungen auf die korrekte Funktionsweise einer anderen Integrationslösung haben. Unter *Abhängigkeitsmanagement* wird in dieser Arbeit das Identifizieren dieser Abhängigkeiten und deren Berücksichtigung bei Änderungen von Prozessen oder Unternehmensschnittstellen verstanden.

Durch Identifikation von Abhängigkeiten zwischen Integrationslösungen lassen sich Konsequenzen von Änderungen ableiten. Eine Änderung einer Integrationslösung durch ein Unternehmen selbst oder durch einen integrierten Partner kann Änderungen an anderen Integrationslösungen erforderlich machen, welche wiederum Änderungen an weiteren Integrationslösungen nach sich ziehen usw. Diese Konsequenzen aus einer Änderung einer Integrationslösung wird in dieser Arbeit als die *Eskalation einer Änderung* bezeichnet.

Grundsätzlich können zwei Arten von Änderungen unterschieden werden, die eine Eskalation von Änderungen auslösen können:

- **Änderungen auf Pragmatikebene**: Änderungen einer Prozesshülle inklusive ihrer unternehmensinternen und unternehmensübergreifenden Beziehungen zu anderen Prozesshüllen.
- **Änderungen auf Syntaxebene**: Änderung eines Datenmodells (Unternehmensdatenmodell oder Datenmodell einer Unternehmensschnittstelle).

In den nachfolgenden Abschnitten werden Maßnahmen bei notwendigen Änderungen und deren Auswirkungen vorgestellt. Die Auswirkungen lassen sich nicht immer vermeiden, allerdings sollten diese im Voraus eines Integrationsprojekts eruiert werden, um sie in Zeit- und Kostenabschätzungen für ein Integrationsprojekt zu berücksichtigen.

4.5.1 Eskalation durch Änderung auf der Pragmatikebene

Änderungen auf der Pragmatikebene können die folgenden Ursachen haben:

- Für die Verknüpfung mit einem Integrationspunkt eines Partners ist kein geeigneter Integrationspunkt verfügbar.
- Ein Integrationspunkt kann mit keinem geeigneten Integrationspunkt eines Partners verknüpft werden.
- Änderungen von unternehmensinternen Prozessen führen zu geänderten, neuen oder entfernten Prozessblöcken.
- Änderungen an unternehmensübergreifenden Prozessen (insbesondere bei ausscheiden oder neu hinzukommen eines Partners aus einem bzw. in ein Unternehmensnetzwerk) erfordern die Änderung der unternehmensinternen Reihenfolge von Prozessblöcken in Prozesshüllen.

Fehlende Prozessblöcke können identifiziert werden, indem überprüft wird, ob alle geforderten unternehmensübergreifenden Informationsflüsse verknüpft wurden. Dies wird im Allgemeinen während der Konzeption unternehmensübergreifender Geschäftsprozesse durchgeführt. Durch die Generierung von Prozesshüllen aus unternehmensinternen Geschäftsprozessen bestehen Abhängigkeitsbeziehungen zwischen diesen beiden Sichten. Diese können zur Identifikation der Auswirkungen von Änderungen an unternehmensinternen Prozessen auf Prozesshüllen genutzt werden.

Ein Widerspruch zwischen unternehmensinterner Reihenfolge von Prozessblöcken und unternehmensübergreifendem Prozess kann durch folgende Auswertung identifiziert werden: Man bilde einen Graphen bestehend aus Prozessblöcken als Knoten sowie unternehmensübergreifenden Informationsflüssen und Reihenfolgen der Prozessblöcke als Pfeile. Existiert ein Widerspruch zwischen unternehmensübergreifendem Prozess und unternehmensinterner Reihenfolge, so entsteht ein Zyklus im Graphen (s. Beispiel in Bild 4.30). Basierend auf dieser notwendigen Bedingung können alle Zyklen überprüft werden, ob diese einen Widerspruch darstellen.

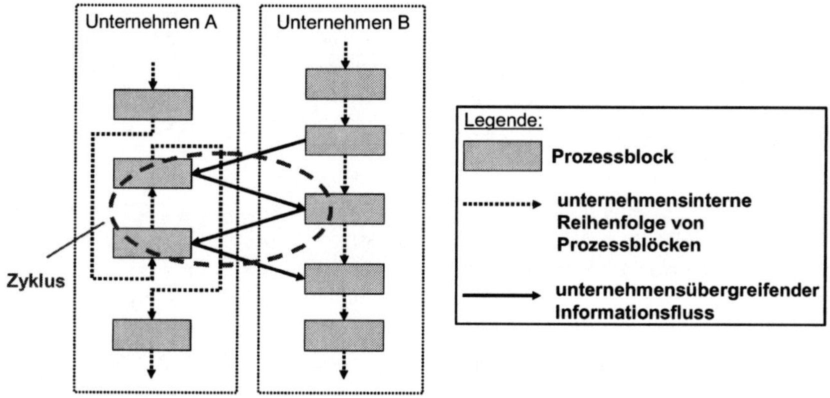

Bild 4.30: Beispiel eines Widerspruchs in einem unternehmensübergreifenden Prozess

Falls unternehmensübergreifende Informationsflüsse, die keine Senke oder Quelle in Form eines Integrationspunkts haben, nur optionale Informationsflüsse sind, sind keine weiteren Maßnahmen notwendig. Ein Hinzufügen oder Entfernen eines Prozessblocks bedeutet immer auch Änderungen an unternehmensinternen Prozessen. Das Hinzufügen eines Prozessblocks bedeutet darüber hinaus auch das Erzeugen einer neuen Unternehmensschnittstelle. Eine Änderung an einem unternehmensinternen Prozess kann wiederum zu Änderungen an weiteren Prozessblöcken führen, falls die Änderungen Auswirkungen auf Prozessschritte haben, die zu anderen Prozesshüllen gehören.

4.5.2 Eskalation durch Änderung auf Syntaxebene

Änderungen auf der Syntaxebene können folgende Ursachen haben:

- Im Datenmodell einer Unternehmensschnittstelle befindet sich ein Datenelement, das auf kein Datenelement im entsprechenden Datenmodell eines Partners abgebildet werden kann.
- Ein Datenelement im Datenmodell eines Partners kann auf kein Datenelement im Datenmodell einer Unternehmensschnittstelle abgebildet werden.

- Eine Abbildungsvorschrift zwischen Datenelementen muss geändert werden, da ein Partner die Spezifikation einer Unternehmensschnittstelle geändert hat.
- Eine Abbildungsvorschrift zwischen Datenelementen muss geändert werden, da das Unternehmensdatenmodell geändert wurde.

Fehlende Datenelemente und Datenelemente ohne Abbildung können im Rahmen der Identifikation von heteronymen Objekten (s. Abschnitt 4.4.1) identifiziert werden. Änderungen an der Spezifikation einer Unternehmensschnittstelle eines Partners können durch Abgleich des bisherigen Datenmodells mit dem neuen Datenmodell identifiziert werden, falls der Partner nicht explizit und vollständig die Änderungen hervorhebt[55]. Da das Datenmodell einer Unternehmensschnittstelle Teil des Unternehmensdatenmodells ist, existiert eine unmittelbare Beziehung zwischen beiden Modellen. Auswirkungen einer Änderung des Unternehmensdatenmodells lassen sich über diese Beziehung identifizieren.

Erfordern Änderungen nur die Anpassung von Datenelementen im Datenmodell einer Unternehmensschnittstelle, so ist lediglich eine Anpassung der Abbildungsvorschrift notwendig. Falls die Transformationsprozessoren im Unternehmen installiert sind, können diese Änderungen sogar ohne Auswirkungen für die integrierten Partner durchgeführt werden. Können nicht alle Elemente zweier aufeinander abzubildenden Datenmodelle heteronymen Elementen zugeordnet werden, so müssen in Abhängigkeit der hierfür zugrunde liegenden Ursache die folgenden Maßnahmen durchgeführt werden:

- **Das Datenmodell einer Unternehmensschnittstelle verfügt nicht über ein Datenelement, um eingehende Daten zu empfangen**: Falls das Datenelement in anderen Unternehmensschnittstellen weiterverwendet wird (z. B. als Referenz auf die eingehenden Daten), muss das Unternehmensdatenmodell erweitert werden. Wird das Datenelement nicht weiterverwendet, so kann das empfangene Datenelement verworfen werden.
- **Das Datenmodell einer Unternehmensschnittstelle verfügt nicht über ein Datenelement, um Daten zu senden**: Falls das Datum aus den zur Verfügung stehenden Daten generiert werden kann, kann eine entsprechende Funktion realisiert werden. Kann es nicht generiert werden, müssen die Daten zu einem früheren Zeitpunkt übergeben worden sein. Dies bedeutet, dass eine weitere Unternehmensschnittstelle angepasst werden muss, um diese Daten empfangen zu können. Ebenso muss das Unternehmensdatenmodell erweitert werden, um diese Daten (temporär) speichern zu können.
- **Das Datenmodell einer Unternehmensschnittstelle verfügt über ein Datenelement, das von einer anderen Unternehmensschnittstelle nicht empfangen werden kann**: Analog zum vorherigen Fall können die entsprechenden Daten ignoriert werden, falls sie in diesem Anwendungskontext keine Bedeutung haben, oder der empfangende Partner muss seine Unternehmensschnittstelle erweitern.

---

55 Beispielsweise beschreibt Adamietz ein Verfahren zum Vergleich verschiedener Zustände von Unternehmensmodellen (s. [Adam-02, S. 90ff.]). Basierend auf diesem Verfahren kann ein Vergleich zwischen verschiedenen Versionen von Datenmodellen durchgeführt werden.

- **Das Datenmodell einer Unternehmensschnittstelle verfügt über ein Datenelement, das von einer anderen Unternehmensschnittstelle nicht gesendet werden kann**: Hier ist zu überprüfen, ob die fehlenden Daten aus den zur Verfügung stehenden Daten generiert werden können oder das Fehlen der Daten ignoriert werden kann. Ist dies nicht der Fall, muss die Unternehmensschnittstelle des Partners angepasst werden.

Führen diese Fälle zu einer Erweiterung oder Anpassung des Unternehmensdatenmodells, können wiederum über die oben beschriebenen Abhängigkeiten zwischen Unternehmensdatenmodell und Datenmodell einer Unternehmensschnittstelle weitere Anpassungen von Unternehmensschnittstellen notwendig sein. Bei extremen Abweichungen der Datenmodelle ist zu analysieren, ob eventuell eine Anpassung der unternehmensübergreifenden Geschäftsprozesse zu einer besseren Überdeckung der Datenmodelle der Unternehmensschnittstellen führt.

4.6 Architektur eines Werkzeugs zur unternehmensübergreifenden Integration von Informationssystemen

Nachfolgend wird die Architektur für ein Werkzeug zur unternehmensübergreifenden Integration von Informationssystemen vorgestellt. Sie zeigt, wie das in den vorherigen Abschnitten erarbeitete Konzept umgesetzt wird und die einzelnen Module des Werkzeugs miteinander zusammenhängen. Dem an den Schichten der Semiotik orientierten Aufbau des Lösungskonzepts folgend setzt sich das System aus drei Klassen von Modulen (Pragmatik-, Semantik- und Syntaxmodule) zusammen und einer verbindenden Komponente (s. Bild 4.31).

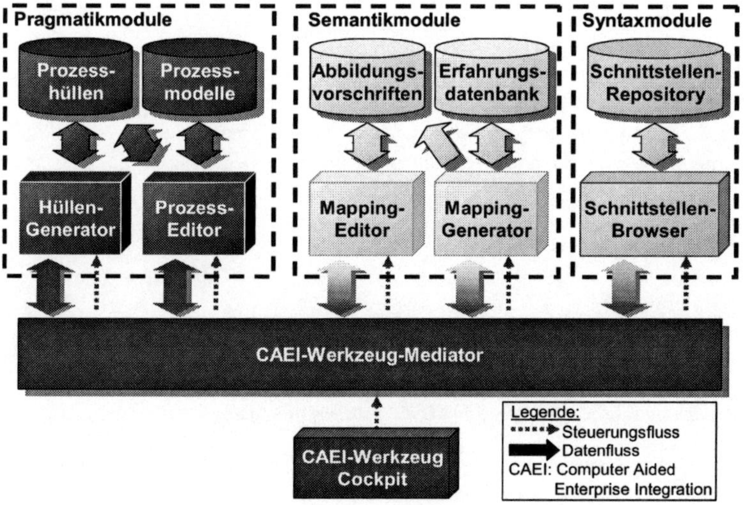

Bild 4.31: Architektur eines Werkzeugs zur unternehmensübergreifenden Integration von Informationssystemen

Das zentrale Element stellt der *CAEI-Werkzeug-Mediator* dar. Er verbindet als Daten- und Steuerungsbus die einzelnen Module des Werkzeugs miteinander. Über den Mediator werden einzelne Module aufgerufen, Ereignisse (z. B. Änderungen in einer Datenbasis) an andere Werkzeuge weitergegeben und Daten zwischen den Modulen transportiert. Durch den Mediator wird eine lose Kopplung der einzelnen Module erreicht und ermöglicht eine einfache Austauschbarkeit der eingesetzten Module. Der Benutzer kann die einzelnen Module mittels des *CAEI-Werkzeug-Cockpit* aufrufen. Aus Sicht des Benutzers stellt das Cockpit damit die zentrale Komponente des Werkzeugs dar.

Pragmatikmodule

Die Integration von Unternehmen auf der Pragmatikebene wird durch die Pragmatikmodule des Werkzeugs unterstützt. Die Pragmatikmodule unterstützen und verwalten hierzu Modelle unternehmensübergreifender Geschäftsprozesse und Prozesshüllendefinitionen. Folgende Module stehen für die Integration von Unternehmen auf der Pragmatikebene zur Verfügung:

- Der **Prozess-Editor** unterstützt das grafische Modellieren unternehmensübergreifender Geschäftsprozesse. Für das Modellieren stehen dem Benutzer in anderen Modulen definierte Prozesshüllen zur Verfügung. Das Modul ermöglicht das kooperative Modellieren von Geschäftsprozessmodellen, um das Definieren von Geschäftsprozessen über Unternehmensgrenzen hinweg zu erleichtern.
- Der **Hüllen-Generator** unterstützt das Erzeugen von Prozesshüllen. Aus unternehmensinternen Prozessmodellen kann der Hüllen-Generator Prozesshüllendefinitionen generieren. Je nach verwendetem Modellierungswerkzeug für unternehmensinterne Prozesse kann hier ein spezielles Modul verwendet werden.
- Die **Prozessmodelldatenbank** speichert unternehmensübergreifende Geschäftsprozessmodelle. Ein Zugriff auf diese Datenbank über Unternehmensgrenzen hinweg kann durch Vergabe entsprechender Rechte ermöglicht werden, um ein kooperatives Modellieren von unternehmensübergreifenden Geschäftsprozessen zu ermöglichen.
- Die **Prozesshüllendatenbank** speichert Definitionen von Prozesshüllendefinitionen.

Semantikmodule

Die Semantikmodule unterstützen die Integration von Unternehmen auf der Semantikebene. Die Module verwalten und generieren Abbildungsvorschriften zwischen Datenmodellen von Unternehmensschnittstellen. Folgende Module stehen hierzu zur Verfügung:

- Der **Mapping-Generator** erzeugt aus Datenmodellen und dem Kontext, innerhalb derer sie verwendet werden, Abbildungsvorschriften zwischen diesen Datenmodellen. Dabei greift er auf eine Datenbank zurück, die Erfahrungen aus vorangegangenen Generierungsvorgängen zur Verfügung stellt.

- Der **Mapping-Editor** unterstützt das grafische Nachbearbeiten von Abbildungsvorschriften, um die mit dem Mapping-Generator erzeugten Vorschriften zu detaillieren oder zu korrigieren.
- Die **Abbildungsvorschriften-Datenbank** speichert erzeugte Abbildungsvorschriften.
- Die **Erfahrungsdatenbank** speichert Erfahrungswissen aus Vorgängen zur Abildungsvorschriftengenerierung. Insbesondere werden hier zu Datenelementen bekannte, semantisch komplementäre Objekte verwaltet.

Syntaxmodule

Die Integration von Unternehmen auf der Syntaxebene wird durch die Syntaxmodule unterstützt. Die Syntaxmodule verwalten Spezifikationen von Systemschnittstellen, insbesondere die an diesen Systemschnittstellen verwendeten Datenformate. Hierzu stehen folgende Module zur Verfügung:

- Das **Schnittstellen-Repository** verwaltet die in einem Unternehmen zur Verfügung stehenden Unternehmensschnittstellen und deren Eigenschaften.
- Der **Schnittstellen-Browser** bietet eine Benutzungsschnittstelle für das Schnittstellen-Repository. Der Benutzer kann mit Hilfe dieses Moduls die Verwendung von Unternehmensschnittstellen überwachen. Insbesondere ist eine Darstellung aller bei einer Prozessänderung betroffenen Schnittstellen möglich.

4.7 Datenmodell für die unternehmensübergreifende Integration von Informationssystemen

Ein weiterer Schritt in Richtung Umsetzung des zuvor beschriebenen Lösungskonzepts zur unternehmensübergreifenden Integration von Informationssystemen stellt der konzeptionelle Entwurf eines Datenmodells dar, das als Basis für eine anschließende Realisierung dient. Das Modell wird entsprechend dem Konzeptaufbau in die vier Teilmodelle Integrationsraum, Pragmatik, Semantik und Syntax unterteilt. Für die Beschreibung des Datenmodells wurde die objektorientierte Modellierungssprache UML verwendet, deren Notation im Anhang B beschrieben ist.

4.7.1 Repräsentation des Integrationsraums

Die zentrale Datenstruktur des Werkzeugs zur unternehmensübergreifenden Integration von Informationssystemen ist der Aufbau des Integrationsraums. In Bild 4.32 ist zu erkennen, dass der Integrationsraum durch die Klasse *Integrationsraum* repräsentiert wird. Da es im Werkzeug nur einen Integrationsraum gibt, kann von dieser Klasse nur eine Instanz gebildet werden (Entwurfsmuster *Singleton*[56]). Die beiden Dimensionen Systeme und Prozesse werden durch die Klassen *Informationssystem* und *Prozess* repräsentiert. Da beide Dimensionen nicht endlich sind, können beliebig viele Instanzen der Klassen mit dem Integrationsraum verknüpft sein. Für jeden Wert der Dimension Integrationsebene gibt es genau eine Klasse, die von der abstrakten Oberklasse *AbstrakteIntegrationsEbene* abgeleitet ist. Diese drei Klassen *PragmatikEbene*, *SemantikEbene* und *SyntaxEbene* sind wie die Klasse *Integrationsraum* Singletons, d. h. jede Integrationsebene existiert genau einmal.

Für jede Integrationsebene wurde ein eigenes Paket zur Identifikation eines Teilmodells eingeführt, innerhalb dessen die Klassen der jeweiligen Integrationsebene definiert werden. Wie Bild 4.32 zu entnehmen ist, sind die Klassen *PragmatikEbene*, *SemantikEbene* und *SyntaxEbene* in den Paketen *pragmatik*, *semantik* und *syntax* definiert.

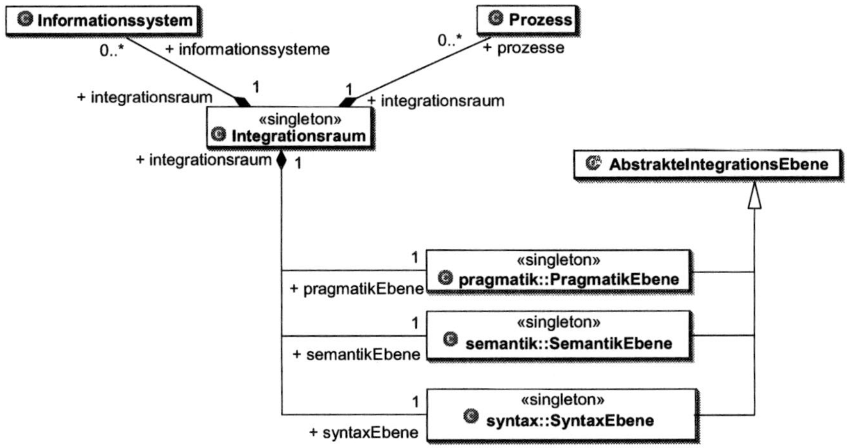

Bild 4.32: Datenmodell des Integrationsraums

Ein unternehmensübergreifender Prozess besteht aus einer Menge von Informationsflüssen, die jeweils zwei Prozessblöcke miteinander verbinden. Wie in Bild 4.33 zu erkennen ist, wird dieser Zusammenhang durch eine Kompositionsbeziehung zwischen der Klasse *Prozess* und der Klasse *Informationsfluss* im Datenmodell abgebildet. Die Klasse *Informationsfluss* wiederum hat zwei Assoziationen *quellIntegrationspunkt* und *senkeIntegrationspunkt* zur Klasse *Integrationspunkt*. Das Attribut *isPushInformationsfluss* spezifiziert, ob ein Informationsfluss eine Push-Informationsbeziehung (Wert *true*) oder eine Pull-Informationsbeziehung (Wert *false*) ist. Darüber hinaus kann ein Informationsfluss eine Beziehung zu einer Instanz der Klasse *Datenformat* zur Festlegung eines neutralen Datenübertragungsformats haben. Zur

56 Zweck des Entwurfsmusters *Singleton* ist abzusichern, dass eine Klasse genau ein Exemplar besitzt und einen globalen Zugriffspunkt darauf bereitzustellen (s. [GHJV-04, S. 157]).

Definition der Datenformatabbildung des sendenden und des empfangenden Integrationspunkts besitzt ein Informationsfluss je eine Assoziation zur Klasse *Mapping*.

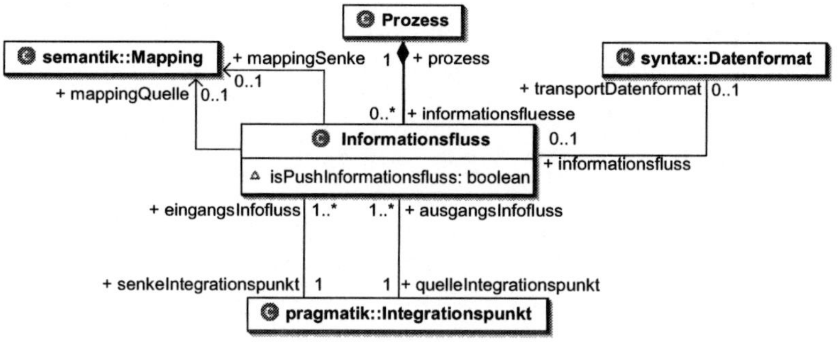

Bild 4.33: Repräsentation eines unternehmensübergreifenden Prozesses im Integrationsraum

Die Klassen *Integrationspunkt*, *Mapping* und *Datenformat* sind in den untergeordneten Paketen *pragmatik*, *semantik* bzw. *syntax* definiert. In den nachfolgenden Abschnitten werden die Datenstrukturen innerhalb dieser Pakete sowie die Beziehungen über die Grenzen der Pakete hinweg vorgestellt.

4.7.2 Repräsentation der Pragmatikebene

Die Datenelemente der Pragmatikebene sind über die Klasse *PragmatikEbene* als Ankerpunkt zu erreichen. In der Pragmatikebene werden alle unternehmenseigenen Prozesshüllen sowie Prozesshüllen von Partnern gespeichert, die in Integrationslösungen eingebunden sind. Wie in Bild 4.34 zu erkennen ist, repräsentiert die Klasse *Prozesshuelle* als zentrales Datenelement eine Prozesshülle in der Pragmatikebene. Über die Beziehung zur Klasse *Unternehmen* kann der Besitzer einer Prozesshülle festgelegt werden. Der zu einer Prozesshülle zugehörige Prozess wird über die Klasse *InternerProzessProxy*[57] mit der Prozesshülle verknüpft. Die Klasse *InternerProzessProxy* definiert eine allgemeine Schnittstelle zu Prozessdefinitionen. Durch Anlegen von Unterklassen der Klasse *InternerProzessProxy*, die die allgemeinen Schnittstellen implementieren, können verschiedene Modellierungsnotationen eingebunden werden. Die Klasse *Huellengenerator* greift auf die allgemeine Schnittstelle der Klasse *InternerProzessProxy* zu, um aus einer unternehmensinternen Prozessdefinition eine Prozesshülle zu erzeugen.

57 GAMMA, HELM, JOHNSON und VLISSIDES definieren den Zweck eines Proxy wie folgt: „Kontrolliere den Zugriff auf ein Objekt mit Hilfe eines vorgelagerten Stellvertreterobjekts." [GHJV-04, S. 254]

Eine Prozesshülle besteht aus einer Menge von Prozesshüllenelementen, die durch die Klasse *AbstraktesHuellenElement* repräsentiert werden (s. Bild 4.34). Über die Klasse *Vorgaenger-NachfolgerBeziehung* können Prozesshüllenelemente in eine Abfolge mit Verzweigungen gebracht werden. Die Unterklassen *Prozessblock*, *Ereignis* sowie die Konnektoren *ANDKonnektor*, *ORKonnektor* und *XORKonnektor* repräsentieren die verschiedenen Modellierungselemente einer *Prozesshülle*.

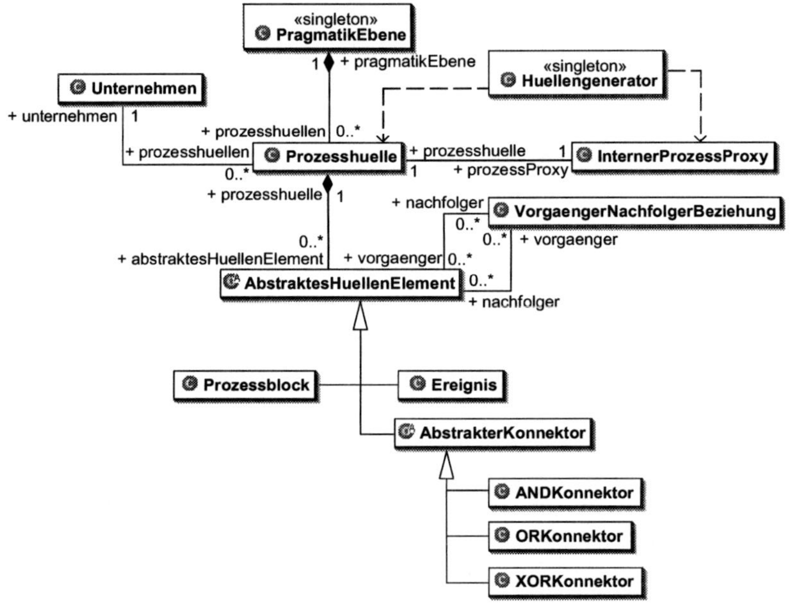

Bild 4.34: Repräsentation der Pragmatikebene

Ein unternehmensübergreifender Prozess wird durch das Verknüpfen zweier Integrationspunkte mit Hilfe eines unternehmensübergreifenden Informationsflusses gebildet. Ein Integrationspunkt wird durch die Klasse *Integrationspunkt* repräsentiert. Zur Beschreibung eines Integrationspunkts hat die Klasse *Integrationspunkt* eine Assoziation zu den Klassen *Zustaendigkeit* und *Informationsobjekt* sowie zu den Klassen *Unternehmensschnittstelle* und *Datenformat* des Pakets *syntax* (s. Bild 4.35). Die Klasse *Informationsobjekt* repräsentiert die durch einen Integrationspunkt zu empfangenden bzw. zu sendenden Informationen. Eine für einen Prozessblock zuständige Organisationseinheit eines Unternehmens oder das Unternehmen selbst kann über Instanzen der Klasse *Zustaendigkeit* und deren Assoziation zu den Klassen *Organisationseinheit* und *Unternehmen* modelliert werden.

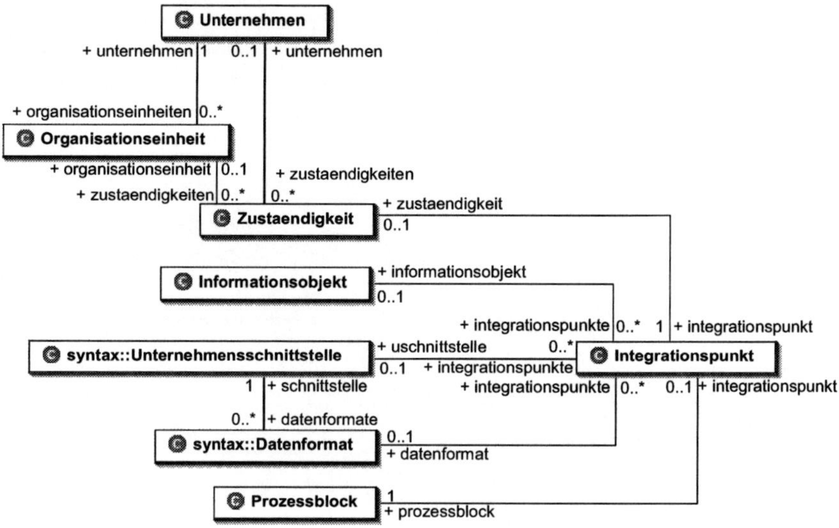

Bild 4.35: Repräsentation eines Integrationspunkts in der Pragmatikebene

4.7.3 Repräsentation der Semantikebene

In der Semantikebene werden Informationen gespeichert und verarbeitet, die die Transformation von Daten während eines Informationsaustauschs in Form einer Abbildungsvorschrift beschreiben sowie die Generierung dieser Beschreibung unterstützen. Bild 4.36 veranschaulicht die Elemente der Semantikebene, mit denen der erste Schritt der Generierung einer Abbildungsvorschrift, das Finden von heteronymen Datenelementen, umgesetzt wird. Die ineinander zu überführenden Daten werden durch zwei Klassendiagramme (Klasse *Klassendiagramm*) beschrieben, die in der Syntaxebene spezifiziert sind. Der heuristische Algorithmus zum Finden der Zuordnungen ist in der Klasse *Zuordnungsalgorithmus* definiert. Das Ergebnis dieses Algorithmus wird in einer Menge von Instanzen der Klasse *Zuordnung* gespeichert. Eine Instanz der Klasse Zuordnung verbindet Modellierungselemente aus dem Datenmodell der Informationsflussquelle mit Modellierungselementen aus dem Datenmodell der Informationsflusssenke.

Die Ähnlichkeitsmetrik als Basis des Zuordnungsalgorithmus wurde in der Klasse *Aehnlichkeitsmetrik* gekapselt und kann damit unabhängig vom Algorithmus manipuliert werden. Insbesondere werden in dieser Klasse die Gewichtungskriterien einzelner Modellierungskonstrukte eines Datenmodells gespeichert. Darüber hinaus kann die Klasse *Zuordnungsalgorithmus* auf den in der Semantikebene gespeicherten Erfahrungsspeicher (Klasse *Erfahrungsspeicher*) zurückgreifen. Dieser liefert zu einem Modellierungselement bekannte semantisch komplementäre Modellierungselemente. Hierzu verwaltet der Erfahrungsspeicher Instanzen der Klasse *Komplementaerbeziehung*, die Modellierungselemente mit semantisch komplementären Modellierungselementen verknüpfen. Ergebnisse des Zuordnungsalgorithmus in Form von neu entdeckten Zuordnungen zwischen semantisch komplementären Objekten fließen wiederum in den Erfahrungsspeicher ein.

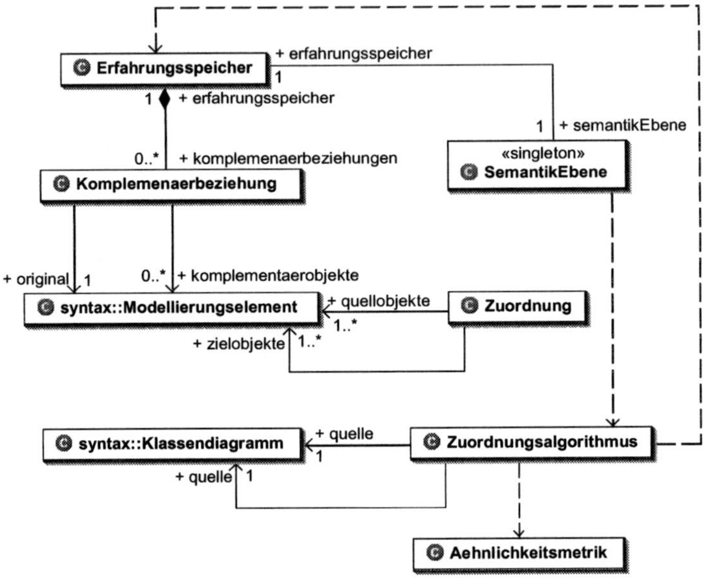

Bild 4.36: Repräsentation des Zuordnungsvorgangs

Der Vorgang zur Generierung einer Abbildungsvorschrift setzt auf den durch Instanzen der Klasse *Zuordnung* einander zugeordneten Modellierungselementen auf wie in Bild 4.37 zu erkennen ist. Der Vorgang selbst wird in Methoden der Klasse *Mapping* ausgeführt. Zu einer Zuordnung von Modellierungselementen werden von diesen Methoden Abbildungsregeln generiert. Die Klasse *AbstrakteMappingRegel* bildet eine abstrakte Oberklasse für Abbildungsregeln, die in Unterklassen implementiert werden:

- **Klasse *AttributDatentypAbbildung***: Ein Attribut wird auf ein weiteres Attribut mit einem anderen Datentyp abgebildet (z. B. eine Umwandlung eines Ganzzahlwerts in eine Zeichenkette).
- **Klasse *AttributMerger***: Zwei Attribute werden in ein Attribut überführt (z. B. eine Zusammenfassung von einzelnen Attributen *Straßenname* und *Hausnummer* in ein Attribut *Straße*).
- **Klasse *AttributSplitter***: Das Gegenteil der Klasse AttributMerger, ein Attribut wird in mehrere Attribute aufgeteilt.

- **Klasse *AttributGenerator***: Ein Attribut existiert nicht im Datenmodell und muss generiert oder berechnet werden (z. B. Auffüllen eines Datumsfelds mit dem aktuellen Datum).
- **Klasse *AttributAbbildung***: Ein Attribut wird ohne Transformation auf ein anderes Attribut abgebildet.
- **Klasse *AssoziationsGenerierung***: Zwei Instanzen von Klassen müssen bei der Überführung miteinander verknüpft werden (z. B. falls Kundenname und Adresse im Quelldatenmodell in einer Klasse gebündelt sind, im Zieldatenmodell jedoch in eigenen Klassen gekapselt sind).
- **Klasse *KlassenGenerierung***: Eine Instanz einer Klasse muss mehrfach generiert werden (z. B. bei der Überführung einer Darstellung einer Linie mit Start- und Endkoordinaten in zwei Instanzen einer Klasse *Punkt*, die miteinander verknüpft eine Linie repräsentieren).

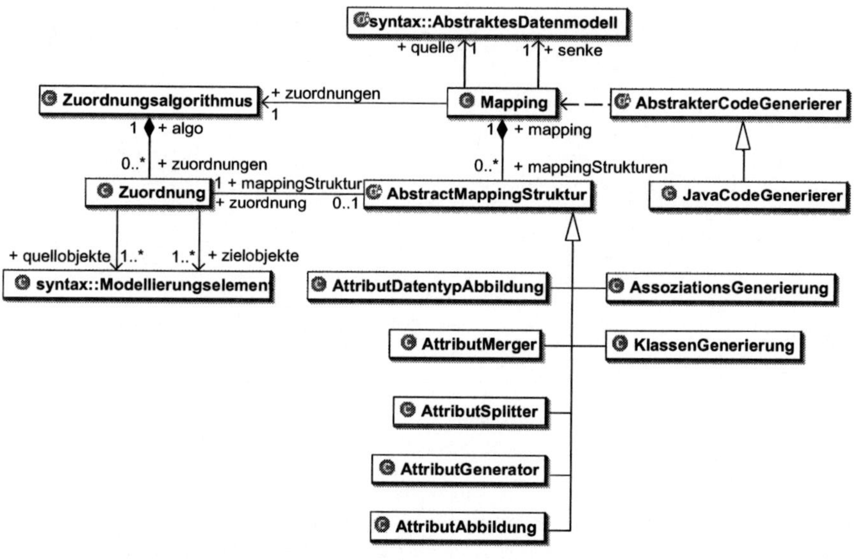

Bild 4.37: Datenmodell für Abbildung von Datenstrukturen

Durch Implementieren weiterer Unterklassen können zusätzlich Regeltypen ergänzt werden. Aus der Menge der Abbildungsregeln generieren Codegenerierungsklassen die Softwarebausteine zur Datentransformation. Die Klasse *AbstrakterCodeGenerierer* repräsentiert das abstrakte Verfahren der Codegenerierung. Das konkrete Erzeugen in einer bestimmten Zielsprache wird in Unterklassen implementiert. In Bild 4.37 ist eine Unterklasse *JavaCodeGenerierer* für die Generierung von Quellcode in der Programmiersprache Java zu erkennen.

4.7.4 Repräsentation der Syntaxebene

Das zentrale Datenelement der Syntaxebene ist die Unternehmensschnittstelle, die durch die Klasse *Unternehmensschnittstelle* repräsentiert wird (s. Bild 4.38). Die Unternehmensschnittstelle ist einem in der Pragmatikebene definierten Unternehmen zugeordnet. Darüber hinaus wird die Unternehmensschnittstelle durch Kommunikationsspezifikationen (Klasse *Kommunikationsspezifikation*), den für die Unternehmensschnittstelle relevanten Informationssysteme (Klasse *Informationssystem*) sowie dem Datenmodell (Klasse *USDatenmodell*) und den unterstützten Datenformaten (Klasse *Datenformat*) beschrieben.

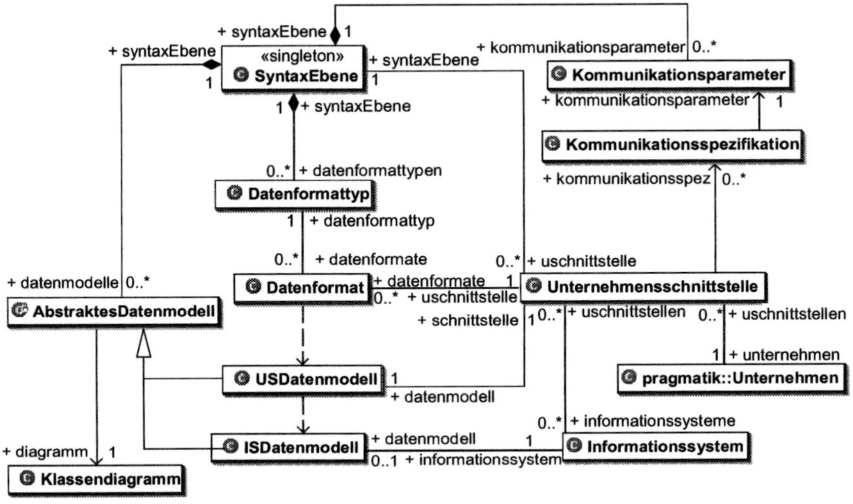

Bild 4.38: Datenmodell für die Syntaxebene

Die Kommunikationsspezifikation für eine Unternehmensschnittstelle wird in Form einer Menge von Instanzen der Klasse *Kommunikationsspezifikation* beschrieben. Eine Instanz der Klasse *Kommunikationsspezifikation* enthält einen oder mehrere Werte (z. B. „8080") zu einem Kommunikationsparameter (z. B. „http-Port"), der durch eine Instanz der Klasse *Kommunikationsparameter* definiert ist. Durch diese Trennung können Kommunikationsparameter dynamisch zur Syntaxebene hinzugefügt werden.

Das Datenmodell einer Unternehmensschnittstelle ist in der Klasse *USDatenmodell* definiert. Diese Klasse verweist auf Datenmodellelemente aus einem oder mehreren Datenmodellen von Informationssystemen. Das Datenmodell eines Informationssystems wird durch die Klasse *ISDatenmodell* repräsentiert, die mit einer Instanz der Klasse *Informationssystem* zur Repräsentation des zugehörigen Informationssystems verknüpft ist. Die gemeinsame Eigenschaft der Datenmodelle von Informationssystemen und Unternehmensschnittstellen wird in der gemeinsamen Oberklasse *AbstraktesDatenmodell* abstrahiert. Hierzu zählt insbesondere der Verweis auf ein Klassendiagramm (Klasse *Klassendiagramm*).

Das Datenformat einer Unternehmensschnittstelle wird durch die Klasse *Datenformat* repräsentiert. Das Datenformat gehört zu einem Datenformattyp (z. B. „XML-Format“), der in der Klasse *Datenformattyp* definiert ist. Die Ausprägung eines Datenformattyps in ein Datenformat wird durch das Datenmodell der Unternehmensschnittstelle definiert.

Das in diesem Kapitel erarbeitete Konzept und die dazugehörigen Datenmodelle beschreiben alle notwendigen Funktionen sowie Datenstrukturen für die Realisierung eines Werkzeugs zur Unterstützung der unternehmensübergreifenden Integration von Informationssystemen. Im folgenden Kapitel wird ein Vorgehensmodell zur unternehmensübergreifenden Integration von Informationssystmenen vorgestellt, das auf dem Einsatz eines solchen Werkzeugs basiert und daher gegenüber herkömmlichen Vorgehensweisen den Vorteil einer schnelleren Realisierung von Integrationslösungen bietet. Anschließend wird der Lösungsansatzes bestehend aus Werkzeugkonzept und Vorgehensmodell anhand eines Anwendungsszenarios verifiziert.

5 Vorgehensmodell für die unternehmensübergreifende Integration von Informationssystemen

In diesem Kapitel wird ein mit dem Konzept zur unternehmensübergreifenden Integration von Informationssystemen korrespondierendes und darauf abgestimmtes Vorgehensmodell entwickelt. Ziel des Vorgehensmodells ist es, Unternehmen dabei zu unterstützen eine Vielzahl von Integrationslösungen effizient aufzubauen und zu pflegen. Das Vorgehensmodell beschreibt die zeitliche und logische Abfolge von Phasen unternehmensinterner Projekte zum Aufbau unternehmensübergreifender Integrationslösungen. Anwender des Vorgehensmodells sind damit, nicht wie in vielen anderen Ansätzen, die unternehmensübergreifenden Projektteams eines unternehmensübergreifenden Verbunds. Stattdessen wird das Vorgehensmodell von Projektteams *eines* Unternehmens genutzt, die eine Vielzahl von unternehmensübergreifenden Integrationslösungen in unterschiedlichen Verbünden erarbeiten müssen. In den folgenden Abschnitten wird zunächst das allgemeine Vorgehensmodell hergeleitet[58]. Nachfolgend werden die einzelnen Phasen des Vorgehensmodells im Detail beschrieben. In Kapitel 6 wird am Beispiel eines industriellen Anwendungsszenarios die Anwendung des Vorgehensmodells zur Erstellung einer Integrationslösung gezeigt. Anhang E enthält Vorlagen und Checklisten, die die Anwendung des Vorgehensmodells unterstützen.

5.1 Herleitung des allgemeinen Vorgehensmodells

Der Aufbau verschiedener Integrationslösungen bedeutet, dass eine Vielzahl von Integrationsprojekten nacheinander oder parallel durchgeführt werden. Um Synergien aus diesen Projekten zu gewinnen aber auch um die Abhängigkeiten zwischen den entstehenden Lösungen beherrschbar zu halten, müssen verbindende organisatorische Maßnahmen getroffen werden. Diese Maßnahmen umfassen (s. Bild 5.1)

- die Festlegung und kontinuierliche Weiterentwicklung einer **Integrationsstrategie**,
- die Bestimmung eines oder mehrerer **Integrationsverantwortliche(n)** sowie
- die Einrichtung einer zentralen **Dokumentation** der Integrationslösungen.

Mit der Formulierung einer *Integrationsstrategie* wird die Ausrichtung einzelner Integrationsprojekte an allgemeinen Unternehmenszielen unterstützt. Die Integrationsstrategie legt einen Rahmen fest, der verhindert, dass Projekte gegenläufige Auswirkungen haben. Durch Festlegung von Richtlinien für die Durchführung von Integrationsprojekten innerhalb der Integrationsstrategie wird die Wiederverwendung von Ergebnissen aus Integrationsprojekten erleichtert. Eine Checkliste zur Erstellung einer Integrationsstrategie befindet sich in Anhang E.1. Inhalte einer Integrationsstrategie können z. B. folgende Aussagen sein: „70% der Be-

58 Neben bestehenden Ansätzen für den Aufbau von Integrationslösungen wird in der Herleitung des Vorgehensmodells das von ARNOLD, DETTMERING, ENGEL und KARCHER (s. [ADEK-05], [KDEA-03a], [KDEA-03b]) entwickelte evolutionäre Vorgehensmodell für die Einführung und Weiterentwicklung von PLM-Lösungen zugrunde gelegt.

stellvorgänge im Einkauf sollen papierlos abgewickelt werden", „Für eine informationstechnische Integration in Supply Chains sollen nicht mehr als drei verschiedene Datenaustauschformate im Unternehmen unterstützt werden, um einen zu hohen Komplexitätsanstieg zu vermeiden" oder „Partner, die keine Informationssysteme integrieren können, sollen die Möglichkeit zur Kommunikation über entsprechende Informationsportale erhalten".

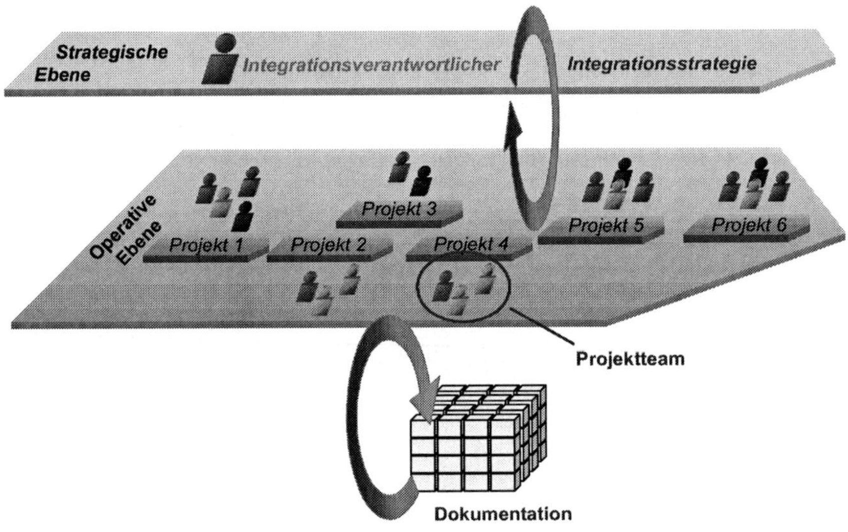

Bild 5.1: Einbettung eines Integrationsprojekts in eine Gesamtstrategie

Der *Integrationsverantwortliche* initiiert Integrationsprojekte und koordiniert den Informationsaustausch zwischen den einzelnen Projekten. Insbesondere überwacht er die Übereinstimmung der speziellen Projektziele mit den in der Integrationsstrategie formulierten allgemeinen Zielen des Unternehmens. Ebenso achtet er auf die Einhaltung von Unternehmensrichtlinien für Integrationsprojekte und unterstützt die Nutzung oder Weiterentwicklung bestehender Integrationslösungen. Schließlich fördert er die Akzeptanz von Integrationslösungen gegenüber dem Management als auch den Nutzern der Integrationslösungen (*Akzeptanzmanagement*, s. a. [ScEn-05]).

Die zentrale *Dokumentation* der Projektergebnisse unterstützt die Wiederverwendung von Projektergebnissen aus anderen Integrationsprojekten und das Erkennen von Abhängigkeiten zwischen verschiedenen Integrationslösungen. Die Dokumentation erfolgt durch das kontinuierliche Befüllen des Integrationsraums in den einzelnen Integrationsprojekten. Darüber hinaus werden projektbegleitende Dokumente wie Lasten- oder Pflichtenhefte, Projektpläne etc. durch den Integrationsverantwortlichen oder das Projektteam so abgelegt, dass sie in nachfolgenden Projekten zur Verfügung stehen.

Eine einzelne Integrationslösung wird im Rahmen eines Projekts erarbeitet. Aus der Betrachtung der Bausteine des Integrationsraums sowie bestehender Ansätze für den Aufbau von Integrationslösungen lassen sich allgemein die folgenden vier Phasen eines Integrationsprojekts identifizieren (vgl. Bild 5.2):

- Projektinitiierung und -definition,
- Analyse der Ausgangssituation,
- Konzeption der Integrationslösung und
- Implementierung der Integrationslösung.

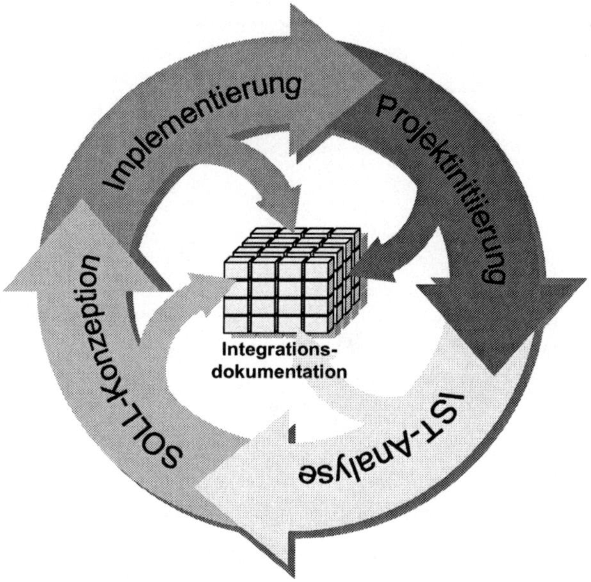

Bild 5.2: Phasen des Vorgehensmodells zur unternehmensübergreifenden Integration

Die **Projektinitiierung und -definitionsphase** steht am Anfang eines Projekts. Zu Beginn eines Projekts müssen die Ziele klar definiert werden, sofern sie nicht von außen vorgegeben sind, und in eine allgemeine Integrationsstrategie eines Unternehmens eingebunden werden. Ein Projektziel könnte z. B. wie folgt lauten: „Die Belieferung durch einen Zulieferer soll künftig für gewisse Zukaufteile nicht von einem manuellen Lieferabruf getrieben sein, sondern jeweils bei Bedarf automatisch ausgeführt werden". Darüber hinaus müssen die organisatorischen Rahmenbedingungen wie z. B. das Projektteam, Budget und Terminplan festgelegt werden.

In der **Analysephase** werden die bestehenden Rahmenbedingungen analysiert, die für das Projekt maßgeblich sind. Hierzu zählen die Aufbau- und Ablauforganisation im Unternehmen, die für das Projekt betroffenen Bestandteile der IT-Landschaft im Unternehmen sowie die betriebswirtschaftliche als auch die informationstechnische Art der Zusammenarbeit mit den am Projekt beteiligten Partnern. Für das vorher beschriebene Projektziel würde dies z. B. bedeuten, dass unternehmensinterne Prozesse wie Lieferabruf, Lieferung etc. sowie die daran beteiligten Informationssysteme und die auszutauschenden Daten analysiert werden.

Die Ergebnisse der Analysephase werden für die **Konzeption** einer Integrationslösung genutzt. Das Konzept der Integrationslösung umfasst sowohl eine Optimierung der unternehmensübergreifenden Geschäftsprozesse als auch die diese Prozesse unterstützende Informationstechnologie. In obigem Beispiel würde dies bedeuten, dass ein unternehmensübergreifender Prozess konzipiert wird, der bedarfsgesteuert automatisch einen Lieferabruf und die zugehörige Lieferung auslöst. Hierzu werden die auf der operativen Ebene auszutauschen Daten und deren Formate festgelegt sowie die Informationssysteme, die die Daten senden oder empfangen. Ergebnis der Konzeptphase ist ein Lastenheft für die zu implementierende Integrationslösung. Im Anhang E.7 findet sich ein Beispiel für die Struktur eines Lastenhefts für ein Integrationsprojekt.

Nach einer **Implementierung** des Lastenhefts befindet sich die Integrationslösung im produktiven Betrieb. In vorherigem Beispiel bedeutet dies, dass die identifizierten Informationssysteme angepasst werden oder um neue Funktionalität erweitert werden, sodass der konzipierte, unternehmensübergreifende Prozess durch die Informationssysteme unterstützt wird. Durch Überwachen der Integrationslösung und Messen der Prozessperformanz können sich Anforderungen an eine Verbesserung oder Erweiterung der Integrationslösung ergeben. Diese würden zu einem anschließenden Integrationsprojekt führen.

Insgesamt zeichnet sich das Vorgehensmodell durch folgende Charakteristika aus:

- Aufbau von Integrationslösungen in **kleinen, iterativen Projekten**,
- **systematische Wiederverwendung** von Ergebnissen aus vorhergehenden Projekten und
- **integrierte Dokumentation von Abhängigkeitsbeziehungen** zwischen Integrationslösungen.

In den folgenden Abschnitten wird das Vorgehensmodells genauer vorgestellt. Dabei werden die einzelnen Phasen mit ihren jeweiligen detaillierten Schritten beschrieben. Die Phasenbeschreibungen umfassen

- **Meilensteine**, die das Ergebnis einer Phase dokumentieren,
- **Informationen**, die zu Beginn einer Phase notwendig sind, um die geforderten Meilensteine zu erreichen,
- **Aktivitäten**, die zum Erreichen dieser Meilensteine ausgeführt werden müssen, sowie
- **Methoden** und **Werkzeuge**, die dabei angewendet werden bzw. diese Aktivitäten unterstützen.

Die Reihenfolge der Phasenbeschreibungen entspricht dabei der Abfolge der Phasen innerhalb eines Integrationsprojekts.

5.2 Projektinitiierung und -definition

Die Phase Projektinitiierung und -definition leitet den Beginn eines Integrationsprojekts ein. Ziel dieser Phase ist die Festlegung der zu erreichenden Ziele und der dazu notwendigen organisatorischen Rahmenbedingungen. Ob die Ziele vom Unternehmen selbst festgelegt werden können oder von außen vorgegeben werden, ist abhängig vom Anlass, der zur Initiierung des Projekts geführt hat:

- **Projektinitiierung auf Grund einer Potenzialanalyse**:
  Durch eine Analyse wurde Optimierungspotenzial identifiziert, das durch ein Integrationsprojekt ausgeschöpft werden soll. Beispiele solche Optimierungspotenziale sind die Reduzierung des Aufwands für eine Digitalisierung von externen Daten, ungenaue Prognosen auf Grund fehlender oder ungenauer Daten von Partnern oder Fehler, die auf Grund von Inkonsistenzen zwischen Daten der Partner und eigenen Daten auftreten.
- **Projektinitiierung auf Grund von Partneranforderungen**:
  Ein Partner fordert für die zukünftige Zusammenarbeit eine enge informationstechnische Integration oder nimmt Änderungen an einer bestehenden Integrationslösung vor.
- **Projektinitiierung auf Grund von internen Änderungen**:
  Änderungen im Unternehmen wie z. B. Änderungen von Geschäftsprozessen oder Informationssystemen erfordern eine Überarbeitung bestehender Integrationslösungen.

Ein wesentlicher Bestandteil der Zieldefinition des Projekts ist die Festlegung der zu unterstützenden Prozesse. Im Beispiel aus Abschnitt 5.1 sind dies die Prozesse *Lieferabruf* und *Lieferung*. Damit werden Unterräume des Integrationsraums eines Unternehmens identifiziert, die im Rahmen des Integrationsprojekts eventuell gefüllt werden müssen (s. Bild 5.3). Durch eine Beschränkung auf eine kleine Zahl von beteiligten Informationssystemen kann die Menge der betroffenen Informationsblöcke in den nachfolgenden Phasen noch reduziert werden.

Eingangsinformationen

Für die Planung des Projektablaufs als auch für die Festlegung von Projektschwerpunkten ist unbedingt die **Integrationsstrategie** des Unternehmens zu berücksichtigen. Zum einen sind über die Integrationsstrategie detaillierte, unternehmensspezifische Richtlinien für die Durchführung eines Integrationsprojekts vorgegeben. Zum anderen können Teilaspekte eines Integrationsprojekts nach ihrer Bedeutung für ein Unternehmen gewichtet werden. Ist beispielsweise ein Teilziel eines Integrationsprojekts der Aufbau eines Webportals, so kann ein Unternehmen entweder eine spezielle Lösung für das anstehende Integrationsprojekt erarbeiten oder zunächst eine generelles Konzept für Webportale erarbeiten, falls aus der Integrationsstrategie ersichtlich ist, dass zukünftig weitere Webportale erstellt werden müssen.

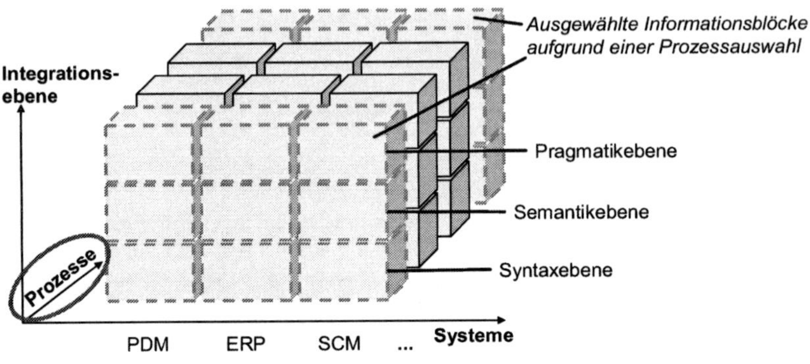

Bild 5.3: Auswählen von Unterräumen des Integrationsraums während der Projektinitiierung

Aktivitäten

Die Projektinitiierung und -definition besteht je nach Anlass für das Integrationsprojekt aus zwei oder drei Teilschritten:

- Potenzialanalyse,
- Prozessfestlegung und
- Ausarbeitung eines Projektplans.

Die **Potenzialanalyse** ist ein Teilschritt der Projektinitiierung und -definition, falls der Anlass für ein Integrationsprojekt nicht von außen vorgegeben ist. Ergebnisse der Potenzialanalyse werden genutzt, um abschätzen zu können, ob ein Integrationsprojekt für ein Unternehmen wirtschaftlichen Nutzen bringt. Bei mehreren Optimierungspotenzialen unterstützt die Potenzialanalyse die Festlegung des Projektziels auf eine Untermenge der identifizierten Potenziale, um die Komplexität eines Integrationsprojekts beherrschbar zu halten. Hierbei werden klassische Methoden der Investitionsrechnung, wie z. B. die Amortisationsrechnung oder die Kapitalwertmethode (s. [Wöhe-00]), eingesetzt.

Ausgerichtet an den Zielen der Integrationsstrategie analysiert der Integrationsverantwortliche regelmäßig, ob und durch welche Integrationsmaßnahmen Optimierungspotenziale im Unternehmen ausgeschöpft werden können. Hierfür werden alle Geschäftsprozesse eines Unternehmens grob analysiert. Ziel ist, Teilprozesse zu identifizieren, die bedingt durch die unternehmensübergreifende Zusammenarbeit mit anderen Unternehmen hohen Zeit- oder Kostenaufwand verursachen oder Quelle für Qualitätsprobleme in der Leistungserstellung sind. Weitere Quellen für die Potenzialanalyse stellen Performanzmessungen von unternehmensübergreifenden Prozessen dar. In Anhang E.2 ist ein Beispiel für den Rahmen einer Potenzialanalyse dargestellt.

Die Ergebnisse der Potenzialanalyse werden genutzt, um anschließend eine Menge von unternehmensübergreifenden Prozessen festzulegen, die im Rahmen des Integrationsprojekts optimiert werden. Je nach Rollenverteilung der beteiligten Unternehmen in einem Integrationsprojekt kann die **Prozessfestlegung** vorgegeben, im Projektkonsortium abgestimmt oder durch das eigene Unternehmen selbst festgelegt werden, falls man Initiator eines Integrationsprojekts ist. In Anhang E.3 ist eine Vorlage zur Definition des Projektziels und damit der für ein Integrationsprojekt relevanten Prozesse dargestellt.

Abschließend wird ein **Projektplan** für das Integrationsprojekt ausgearbeitet. Der Gesamtprojektplan muss in Zusammenarbeit mit den beteiligten Unternehmen erstellt werden. Anschließend wird unternehmensintern ein Projektteam zusammengestellt, das die Aufgaben des eigenen Unternehmens bearbeitet. Unternehmensinterner Projektleiter kann der Integrationsverantwortliche sein. Allerdings kann auch ein Mitglied des Projektteams als Projektverantwortlicher festgelegt werden, der an den Integrationsverantwortlichen berichtet.

Meilensteine

Die Projektinitiierung und -definition enthält zwei Meilensteine:

- **Projektdefinition**:
  Die Projektdefinition beschreibt die Ziele des Projekts und muss in Form eines Dokuments (*Projektzieldatenblatt*) festgehalten werden (s. Anhang E.3). Nach Möglichkeit sind die Ziele des Projekts quantitativ und nach Projektende messbar zu definieren.
- **Projektplan**:
  Der in einem Dokument festgehaltene Projektplan[59] legt Zeiten und Ressourcen für das Projekt fest und steht am Ende der Phase Projektinitiierung und -definition zur Verfügung.

Wird ein Projekt durch Partnerunternehmen initiiert, so kann der Meilenstein Projektdefinition auch bereits zu Beginn der Phase erreicht sein.

5.3 Analyse der Ausgangssituation

Das Ziel der Analysephase ist die detaillierte Erfassung der Ausgangssituation für das Integrationsprojekt. Die Analyseergebnisse umfassen sowohl die Ist-Situation auf der Pragmatik- als auch auf der Syntaxebene (s. Bild 5.4). Die Ergebnisse der Pragmatikebene beschreiben unternehmensinterne und -übergreifende Prozesse, wie sie aktuell definiert sind, sowie Informationen, die in diesen Prozessen ausgetauscht, erzeugt oder konsumiert werden. Im Beispiel aus Abschnitt 5.1 bedeutet dies, dass die mit einem Lieferabruf und einer Lieferung verbundenen

---

59 Einen Überblick über Methoden und Vorgehensweisen zur Planung von IT-Projekten finden sich z. B. in [Balz-98, S. 27ff.].

unternehmensinternen Prozsse modelliert und analysiert werden sowie die einen Lieferabruf und eine Lieferung beschreibenden Informationen. Falls formale Beschreibungen dieser Informationen existieren, werden entsprechende Datenmodelle erstellt. Diese stellen erste Informationen zum Befüllen der Syntaxebene dar.

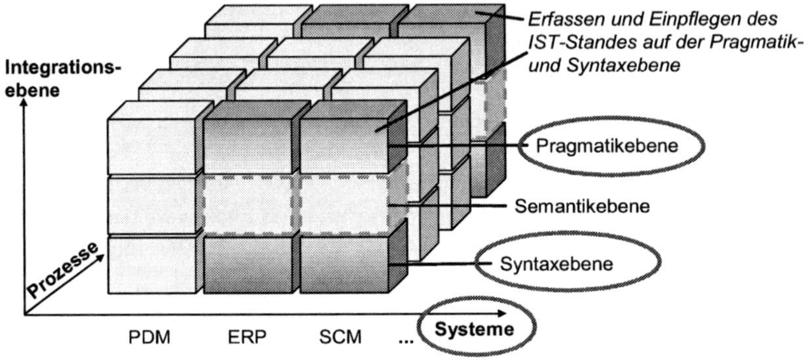

Bild 5.4: Befüllen des Integrationsraums während der Analysephase

Eingangsinformationen

Eingangsinformationen für die Analysephase sind

- die in Projektinitiierung und -definition für das Projekt **festgelegten Prozesse** sowie
- **Prozessdokumentationen**, die in früheren Integrationsprojekten oder in anderen Vorhaben, z. B. Qualitätsmanagementprojekten, erstellt wurden.

Die in der Phase Projektinitiierung und -definition **festgelegten Prozesse** stellen den Einstiegspunkt in die Analyse dar (s. a. Anhang E.3). Die Einigung der am Integrationsprojekt beteiligten Partner auf diese Prozesse bietet den Vorteil, dass eine parallele Analyse der jeweiligen unternehmensinternen Geschäftsprozesse möglich ist. Darüber hinaus ist der Umfang der Analyse auf die festgelegten Prozesse eingeschränkt und erleichtert damit eine Planung des Zeit- und Kapazitätsaufwands für die Analyse.

Ebenfalls ein Potenzial zur Reduzierung des Analyseaufwands bietet die Wiederverwendung bereits bestehender **Prozessdokumentationen**. Im Gegensatz zu einer vollständigen Erfassung der Prozesse ist lediglich die Dokumentation gegenüber der Ist-Situation zu verifizieren. Prozessbeschreibungen aus früheren Integrationsprojekten, die unter Verwendung dieses Vorgehensmodells erstellt wurden, befinden sich im Integrationsraum des CAEI-Werkzeugs. Ebenso können aber auch Dokumentationen aus anderen Projekten wie z. B. Qualitätsmanagementprojekten oder Systemeinführungen genutzt werden. Hier kann jedoch eine Übersetzung der Dokumentation in die bei Integrationsprojekten benutzte Prozessnotation notwendig sein.

Aktivitäten

Die Analyse wird in drei aufeinander folgenden Schritten durchgeführt (s. Bild 5.5):

- Durchführung eines Analyse Kick-Offs,
- Analyse der unternehmensübergreifenden Informationsflüsse sowie
- Analyse der unternehmensinternen Geschäftsprozesse.

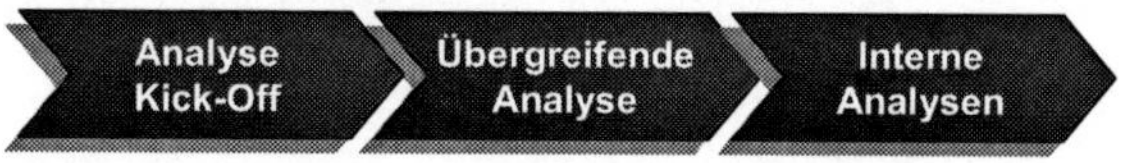

Bild 5.5: Analyseschritte

Eine **Kick-Off**-Veranstaltung bildet den Startpunkt für die Analyse. Teilnehmer sind alle Vertreter der am Integrationsprojekt beteiligten Unternehmen. Während dieser Veranstaltung werden die organisatorischen Details der Analyse festgelegt. Folgende Themen bilden den Schwerpunkt der Veranstaltung:

- **Erläuterung der Vorgehensweise**:
  Teilweise werden einige Schritte in der Analysephase parallel in allen beteiligten Unternehmen durchgeführt. Um eine möglichst hohe Konsistenz der Teilergebnisse zu erzielen, wird allen Vertretern der beteiligten Unternehmen die Vorgehensweise der Analyse vorgestellt. Insbesondere werden die Ziele der einzelnen Schritte verdeutlicht sowie die Weiterverwendung der Ergebnisse aus den Teilschritten.
- **Festlegung eines Analysekoordinators**:
  Für die Zusammenführung der Ergebnisse aus den einzelnen Teilschritten wird ein Analysekoordinator festgelegt. Seine Aufgabe umfasst sowohl das Einsammeln der einzelnen Analyse-Teilergebnisse aus den beteiligten Unternehmen als auch das Konsolidieren der Teilergebnisse zu einem Gesamtergebnis. Je nach Situation, aus der das Integrationsprojekt initiiert wurde, kann dieser Koordinator bereits feststehen (z. B. bei einer Anbindung von Zulieferer an einen OEM) oder im Rahmen der Veranstaltung (aus-)gewählt werden.
- **Festlegen eines detaillierten Analysezeitplans**:
  Innerhalb des für die Analyse vorgesehenen Zeitraums werden Zeitpunkte festgelegt, an denen Teilergebnisse der Analyse vorliegen müssen. Der Analysekoordinator überwacht die Einhaltung des Zeitplans und trifft korrigierende Maßnahmen, falls Abweichungen vom festgelegten Zeitplan notwendig werden.

Die Erfassung der Ist-Situation beginnt mit einer **unternehmensübergreifenden Analyse** der Informationsflüsse. Im Beispiel aus Abschnitt 5.1 ist dies die Übermittlung von Informationobjekten wie z. B. *Lieferabruf*, *Lieferschein* etc. Hierbei werden die folgenden Aspekte dieser Flüsse untersucht:

- **Kontaktstellen:**
  Zunächst werden Kontaktstellen innerhalb der beteiligten Unternehmen identifiziert, die Informationen über Unternehmensgrenzen hinweg im Rahmen der festgelegten Prozesse senden oder empfangen. Solche Kontaktpunkte können Informationssysteme oder Organisationseinheiten wie z. B. Abteilungen, Stellen oder Mitarbeiter sein.

- **Charakterisierung der Informationsflüsse:**
  Der zweite Aspekt der übergreifenden Analyse ist die Charakterisierung der einzelnen Informationsflüsse. Die Charakterisierung des Informationsflusses beschreibt z. B. in nicht formalisierter Weise den Inhalt der ausgetauschten Informationen, die Häufigkeit des Informationsaustauschs, die Informationsträger sowie gegebenenfalls die Datenformate, die derzeit für den Informationsaustausch genutzt werden.

- **Informationstechnische Rahmenbedingungen:**
  Als dritter Aspekt werden die informationstechnischen Rahmenbedingungen der beteiligten Unternehmen erfasst. Hierfür werden Schnittstellen der zuvor erfassten Informationssysteme, die einen Informationsfluss über Unternehmensgrenzen hinweg unterstützen, detailliert beschrieben. Diese Beschreibungen umfassen die unterstützte Kommunikationstechnologie als auch Datenformate, die von dieser Schnittstelle verstanden werden.

Diese Aspekte der unternehmensübergreifenden Analyse werden mit Hilfe eines Fragebogens erfasst. In Anhang E.4 ist ein Beispiel für einen solchen Fragebogen dargestellt, der in einem Integrationsprojekt verwendet wurde. Der Analysekoordinator erstellt diesen Fragebogen und sammelt die Ergebnisse wieder ein. Abschließend führt er eine Konsistenzüberprüfung durch, um abweichende Angaben zweier Unternehmen zum gleichen Informationsfluss zu identifizieren. Bei Konsistenzabweichungen fragt er bei den beteiligten Unternehmen nach und korrigiert die Angaben aus den Fragebögen. Die konsolidierten Ergebnisse werden an die beteiligten Unternehmen als Informationen für ihre internen Analysen weitergegeben. Zur Unterstützung der Dokumentation der übergreifenden Analyse kann der Prozess-Editor und das Schnittstellen-Repository des CAEI-Werkzeugs eingesetzt werden.

In der anschließenden **unternehmensinternen Analyse** werden von jedem beteiligten Unternehmen die internen Prozesse dokumentiert, die einen unternehmensübergreifenden Informationsfluss auslösen oder durch ihn ausgelöst werden. Die Dokumentation der internen Prozesse verbleibt bei den jeweiligen Unternehmen und wird nicht an die beteiligten Partner weitergeleitet.

Für die Durchführung der internen Analyse gibt es eine Vielzahl von Methoden aus dem Bereich der traditionellen Unternehmensmodellierung. Bild 5.6 zeigt als exemplarisches Beispiel die Vorgehensweise bei der Analyse nach der *MERGE*-Methode (s. [Mild-97]). Hierbei wird mit der Analyse der Aufbauorganisation begonnen, um einen Überblick über das Unternehmen und die von der Analyse betroffenen Bereiche zu gewinnen. Im darauf folgenden Schritt wird die weitere Analysereihenfolge festgelegt, dazu gehören beispielsweise die Festlegung dafür benötigter Abteilungen und Mitarbeiter.

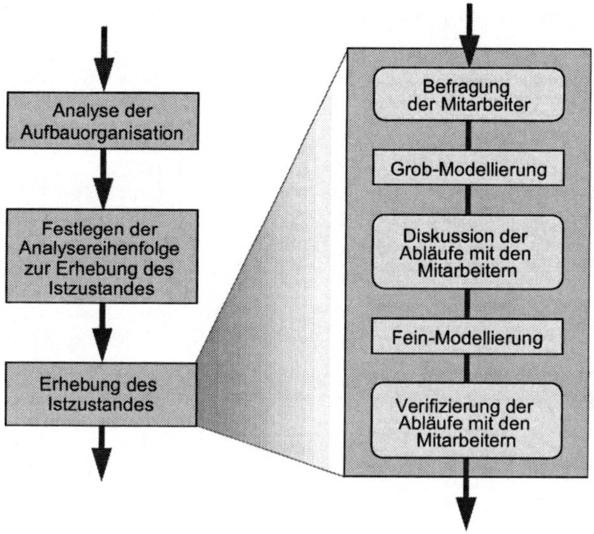

Bild 5.6: Vorgehensweise bei der Analyse nach der MERGE-Methode (nach [Mild-97])

Nach der Analyse der Aufbauorganisation werden im nächsten Schritt die aktuellen Abläufe des Unternehmens durch Interviews mit Mitarbeitern aufgenommen. Anhang E.5 enthält Beispiele für Impulsfragen, die den Einstieg in ein solches Interview unterstützen. Die Interviewergebnisse werden durch Berater oder Experten im Unternehmen mit Hilfe des zugrunde liegenden Unternehmensmodellierungswerkzeugs grob modelliert, erneut mit den Mitarbeitern des Unternehmens diskutiert, anschließend fein modelliert und abschließend gemeinsam mit den Mitarbeitern verifiziert und abgenommen.

Meilensteine

Die Analysephase enthält zwei Meilensteine:

- Konsolidierte Dokumentation der unternehmensübergreifenden Informationsflüssen und
- Dokumentation aller relevanten, unternehmensinternen Prozesse.

Bei Erreichen des ersten Meilensteins kann teilweise bereits mit der Konzeption der Integrationslösung begonnen werden. Insbesondere Entscheidungen, die keine Auswirkungen auf unternehmensinterne Prozesse haben, können getroffen werden. Eine Konzeption unternehmensinterner Aspekte der Integrationslösung kann jedoch erst beginnen, wenn die unternehmensinterne Analyse abgeschlossen ist.

5.4 Konzeption einer Integrationslösung

Ziel der Konzeptphase ist der Entwurf der Integrationslösung. Das Konzept umfasst sowohl einen Entwurf der Integrationslösung auf der Pragmatikebene als auch auf der Syntaxebene (s. Bild 5.7):

- Auf der **Pragmatikebene** werden die unternehmensübergreifenden und die davon betroffenen unternehmensinternen Geschäftsprozesse entwickelt oder überarbeitet. Dabei wird der Istzustand durch klassische Methoden der Prozessmodellierung überarbeitet und optimiert, wie z. B. das Business Process Reengineering bzw. X-Engineering oder der Geschäftsprozessoptimierung bzw. Business Process Excellence (s. a. Abschnitt 2.5.1). Dadurch wird vermieden, dass vorhandene Schwachstellen (z. B. unproduktive Organisationsstrukturen oder Abläufe) in den einzuführenden Integrationslösungen manifestiert werden. Bezogen auf das Beispiel aus Abschnitt 5.1 bedeutet dies, dass ein unternehmensübergreifend optimierter Prozess zur bedarfsgetriebenen Lieferung von Zukaufteilen sowie darauf abgestimmte unternehmensinterne Prozesse konzipiert werden.
- Die Datenmodelle der über Unternehmensgrenzen auszutauschenden Informationen werden auf der **Syntaxebene** entwickelt oder ausgewählt. Für das Beispiel aus Abschnitt 5.1 muss z. B. ein Datenmodell für die Informationsobjekte *Lieferabruf* und *Lieferschein* festgelegt werden.

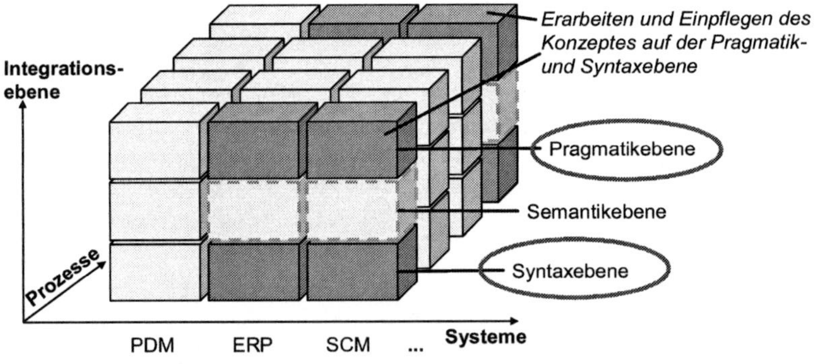

Bild 5.7: Befüllen des Integrationsraums während der Konzeptphase

Eingangsinformationen

Informationen, die für die Ausarbeitung des Integrationskonzepts benutzt werden, sind der in der Analysephase dokumentierte Istzustand sowie Referenzprozess- und -datenmodelle. Der Istzustand umfasst Modelle von unternehmensübergreifenden Geschäftsprozessen als auch damit verbundene unternehmensinterne Geschäftsprozesse. Zur Unterstützung der Lösungsfindung können standardisierte Referenzmodelle für Prozesse und Datenformate genutzt werden (exemplarisch wurden einige Standards in Kapitel 2 vorgestellt) oder Lösungen aus früheren Projekten genutzt werden.

Aktivitäten

Die Konzeption der Integrationslösung erfolgt in den fünf Teilschritten

- Entwicklung von Prozesshüllen,
- Konzeption übergreifender Prozesse,
- Anpassung interner Prozesse,
- Identifizierung von Informationssystemschnittstellen und
- Festlegung von Datenaustauschformaten.

Die Teilschritte werden teilweise unternehmensintern und teilweise gemeinsam im Projektkonsortium ausgeführt (s. Bild 5.8). Die unternehmensinternen Teilschritte werden jeweils von allen am Projekt beteiligten Unternehmen parallel ausgeführt. Die unternehmensübergreifenden Teilschritte werden kooperativ oder durch das projektleitende Unternehmen ausgeführt.

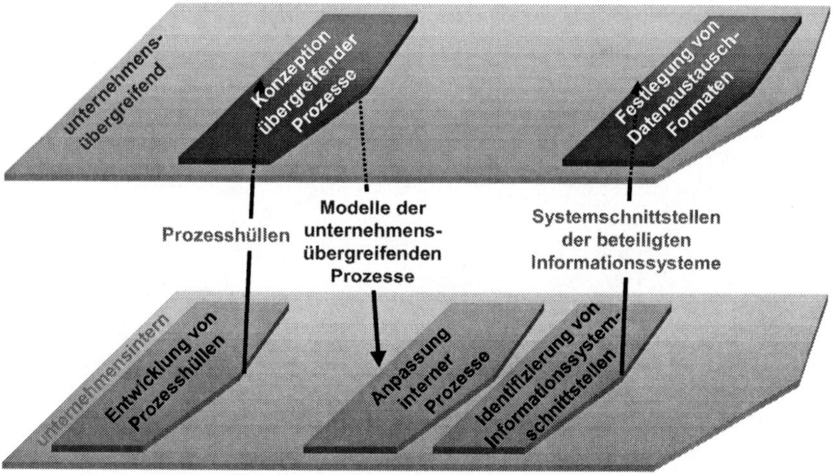

Bild 5.8: Konzeptionsschritte

In der Analysephase wurden unternehmensinterne Geschäftsprozesse identifiziert, die von der zukünftigen Integrationslösung betroffen sind. Zu Beginn der Konzeptphase werden zunächst die **Hüllen** dieser Prozesse **definiert**. Im Beispiel aus Abschnitt 5.1 könnten *Lieferabruf versenden* oder *Lieferschein versenden* Prozesshüllen darstellen. Die Prozesshüllen werden an den Koordinator des Integrationsprojekts weitergeleitet und spezifizieren die potenzielle Beteiligung eines Unternehmens an einem unternehmensübergreifenden Geschäftsprozess. Sofern eine entsprechende Kopplung für das Prozessmodellierungswerkzeug vorhanden ist, kann das Erstellen der Prozesshüllen durch den Hüllen-Generator unterstützt werden. Existieren Prozesshüllen aus früheren Projekten, so können diese wieder verwendet werden.

Stehen alle Prozesshüllen zur Verfügung, wird ein **Konzept der unternehmensübergreifenden Prozesse** erstellt, die durch die Integrationslösung unterstützt werden sollen. Im Vordergrund steht dabei die Optimierung der Prozesse über die gesamte Wertschöpfungskette. Die Erarbeitung des Konzepts kann entweder von einer ausgewählten Gruppe von Personen erstellt werden oder kooperativ vom Projektkonsortium. Die Ausarbeitung der Prozessmodelle wird durch den Prozess-Editor unterstützt. Existieren Prozessreferenzmodelle, können diese zur Erarbeitung des Konzepts genutzt werden. In Anhang E.6 befindet sich eine Checkliste zur Durchsicht von Modellen unternehmensübergreifender Geschäftsprozesse, die eine Überprüfung der Vollständigkeit eines Prozessmodells sowie dessen Optimierung unterstützt.

Die Modelle der unternehmensübergreifenden Prozesse werden an die beteiligten Unternehmen weitergeleitet. Jedes Unternehmen überprüft, ob die betroffenen unternehmensinternen Prozesse die vom unternehmensübergreifenden Prozess geforderten Anforderungen erfüllen. Gegebenenfalls müssen die **unternehmensinternen Prozesse angepasst** werden oder die Anforderungen des unternehmensübergreifenden Prozesses überarbeitet werden. Im Beispiel aus Abschnitt 5.1 kann z. B. eine Überarbeitung des unternehmensinternen Bestellprozesses auf Grund der zukünftig bedarfsgetriebenen Lieferung notwendig sein. Dies kann zu mehreren Zyklen der unternehmensübergreifenden und unternehmensinternen Optimierung der Prozesse führen.

Anhand der finalen Prozessmodelle werden von jedem Unternehmen die **Unternehmensschnittstellen identifiziert**, die von der zukünftigen Integrationslösung genutzt werden. Falls die Datenformate dieser Schnittstellen noch nicht dokumentiert sind, werden die entsprechenden Datenmodelle vom entsprechenden Unternehmen erstellt. Sowohl die Wiederverwendung der Datenmodelle als auch das Erstellen der Datenmodelle wird durch das Schnittstellen-Repository des CAEI-Werkzeugs unterstützt.

Abschließend werden die Datenmodelle der miteinander zu verbindenden Unternehmensschnittstellen verglichen. Basierend auf dieser Übersicht wird ein **Datenaustauschformat festgelegt**. Hierbei kann es sich um ein standardisiertes Datenformat (z. B. EDIFACT, VDA 4911 etc.), ein Datenformat aus früheren Integrationsprojekten oder ein speziell für das aktuelle Integrationsprojekt spezifiziertes Datenformat handeln. Unterstützt wird das Projektteam hierbei durch das Schnittstellen-Repository des CAEI-Werkzeugs.

Meilensteine

Die Projektphase Konzeption enthält zwei Meilensteine:

- **Modell der unternehmensübergreifenden Geschäftsprozesse**:
  Der erste Meilenstein ist erreicht, wenn alle unternehmensübergreifenden Geschäftsprozesse definiert und alle damit verbundenen unternehmensinternen Geschäftsprozesse aller beteiligten Unternehmen verknüpft sind.
- **Festlegung der Austauschformate**:
  Mit dem zweiten Meilenstein endet die Konzeptphase. Zu diesem Zeitpunkt müssen den Integrationspunkten die entsprechenden Unternehmensschnittstellen zugeordnet und die Datenaustauschformate zwischen zwei Unternehmensschnittstellen spezifiziert sein.

Teilweise kann bereits mit dem Betrachten der Unternehmensschnittstellen begonnen werden, auch wenn noch nicht alle Iterationen zur Definition der unternehmensübergreifenden und unternehmensinternen Prozesse abgeschlossen ist. Allerdings sollte berücksichtigt werden, dass Änderungen an Prozessdefinitionen zu Änderungen der einzusetzenden Unternehmensschnittstellen führen kann und damit erneuter Aufwand für die Betrachtung der Unternehmensschnittstellen notwendig ist.

5.5 Implementierung

In der Implementierungsphase werden die zuvor erarbeiteten Konzepte für eine Integrationslösung realisiert und in eine produktive Umgebung überführt. Ein Schwerpunkt bildet dabei die Verknüpfung von Unternehmensschnittstellen durch die Implementierung von Abbildungsvorschriften zwischen unterschiedlichen Datenmodellen. Im Rahmen der Implementierungsphase werden die zu einem Integrationsprojekt zugehörigen Informationsblöcke der Semantikebene gefüllt (s. Bild 5.9).

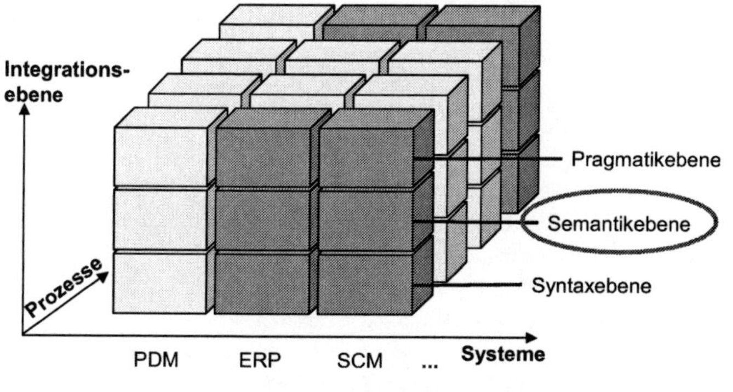

Bild 5.9: Befüllen des Integrationsraums während der Implementierungsphase

Eingangsinformationen

Für das Befüllen der Informationsblöcke auf der Semantikebene werden sowohl Informationen von der Pragmatik- als auch der Syntaxebene benötigt, anhand derer wie in Abschnitt 4.4 beschrieben Abbildungsvorschriften für den Datenaustausch erzeugt werden können:

- **Prozessmodelle**:
  Die während der Konzeptphase erzeugten Prozessmodelle bieten in formaler Notation Informationen über den Anwendungskontext des Datenaustauschs.

- **Unternehmensschnittstellen**:
  Anhand der Unternehmensschnittstellen sind die in einem Unternehmen genutzten Datenstrukturen sowie Systemschnittstellen zum Senden oder Empfangen von Informationen festgelegt. Diese Datenstrukturen müssen in die zur Datenübertragung genutzten Datenstrukturen überführt werden.

- **Datenaustauschformate**:
  Die Datenaustauschformate spezifizieren die Datenmodelle, die zur Übermittlung der Informationen in der Integrationslösung genutzt werden. Datenmodelle von Unternehmensschnittstellen müssen auf diese Datenmodelle abgebildet werden.

Aktivitäten

Die Implementierungsphase besteht aus vier bis fünf Teilschritten:

- Implementierung von Unternehmensschnittstellen,
- Erzeugen von Abbildungsvorschriften,
- Test,
- Überführung in produktiven Zustand und
- Projektreview.

Konnten in der Konzeptphase keine geeigneten Unternehmensschnittstellen für einen unternehmensübergreifenden Datenaustausch identifiziert werden, müssen diese **Schnittstellen implementiert** bzw. τ-Transformation realisiert werden. Im Beispiel aus Abschnitt 5.1 könnte z. B. die Erweiterung eines Informationssystems zum Versenden eines Lieferabrufs notwendig sein. Ist auf Grund der Integrationsstrategie erkennbar, dass die Unternehmensschnittstelle in weiteren Integrationslösungen zukünftig integriert sein wird, so ist darauf zu achten, die Schnittstelle allgemein und einfach erweiterbar zu halten.

Aus den in der Konzeptphase erzeugten Prozessmodellen und Datenmodellen werden anschließend **Abbildungsvorschriften** der Datenmodelle der Unternehmensschnittstelle auf die Datenmodelle des Übertragungsformats und vice versa implementiert. Liegen die Datenmodelle und Prozessmodelle in den entsprechenden Werkzeugen des CAEI-Werkzeugs vor, kann die Erzeugung der Abbildungsvorschriften durch den Mapping-Generator entsprechend dem in Abschnitt 4.4 vorgestellten Verfahren unterstützt werden. Im Beispiel aus Abschnitt 5.1 kann z. B. die Generierung einer Abbildungsvorschrift zwischen unterschiedlichen Datenformaten für das Informationsobjekt *Lieferabruf* notwendig sein.

In einer Testumgebung werden die Abbildungsvorschriften für die Realisierung der Integrationslösung verwendet. Innerhalb der Testumgebung werden die in der Projektdefinition und Konzeptphase spezifizierten Anforderungen der Integrationslösung auf allen drei Integrationsebenen **getestet** und gegebenenfalls werden Korrekturen an der Integrationslösung vorgenommen. Anhang E.8 beschreibt Prüfziele eines Integrationstests, die einen Leitfaden für die Durchführung der Überprüfung darstellen können.

Die beiden Teilschritte Erzeugen von Abbildungsvorschriften und Test können zyklisch mehrfach durchlaufen werden. Der Zyklus wird beendet, sobald im Test eine ausreichende Qualität der Integrationslösung festgestellt wurde. In der Softwaretechnik-Literatur finden sich Vorgehensweisen, die einen parallelen statt sequentiellen Ablauf dieser beiden Schritte vorsehen (s. z. B. [Balz-98, S. 97ff.]). Ein bewertender Vergleich zwischen diesen Vorgehensweisen ist jedoch nicht Schwerpunkt dieser Arbeit und wird daher nicht detailliert betrachtet.

Ist eine ausreichende Qualität in der Testumgebung erreicht, wird die Integrationslösung in den **produktiven Zustand** überführt. Mängel, die erst in der Produktivumgebung auftreten, werden behoben und in den entsprechenden Bereichen des Integrationsraums dokumentiert. Gegebenfalls werden Werkzeuge für die Messung der Prozessperformanz aktiviert.

Am Ende des Projekts findet ein **Review** statt. Ziel des Review ist, Schwächen in der Vorgehensweise für das Erstellen einer Integrationslösung zu identifizieren sowie die Integrationsstrategie anhand der neuen Gegebenheiten fortzuschreiben. Anhang E.9 enthält eine Checkliste für die Durchführung eines Projektreviews. Der Integrationsverantwortliche überprüft insbesondere, dass die Dokumentationen der für das Projekt relevanten Bereiche des Integrationsraums vollständig vorhanden sind. Anhang E.10 enthält eine entsprechende Checkliste, die eine Überprüfung der Dokumentationsvollständigkeit unterstützt.

Meilensteine

Die Phase Implementierung enthält zwei Meilensteine:

- **Erfolgreicher Test**:
  Der Meilenstein ist erreicht, sobald die Integrationslösung innerhalb der Testumgebung eine ausreichende Qualität erreicht hat.
- **Projektende**:
  Das Projektende ist erreicht, wenn die Integrationslösung stabil läuft und alle während des Projektreview identifizierten Mängel oder Lücken beseitigt wurden.

Das in diesem Kapitel vorgestellte Vorgehensmodell nutzt das in Kapitel 4 erarbeitete Konzept zur unternehmensübergreifenden Integration von Informationssystemen, um eine kontinuierliche Abfolge von Integrationsprojekten miteinander zu verknüpfen. Auf diese Weise wird sichergestellt, dass Projektergebnisse aus früheren Integrationsprojekten in aktuellen Projektergebnissen wieder verwendet werden können und so der volle Nutzen des Konzepts zur unternehmensübergreifenden Integration von Informationssystemen ausgeschöpft werden kann. Im nachfolgenden Kapitel wird anhand eines industriellen Anwendungsszenarios das Konzept zur unternehmensübergreifenden Integration von Informationssystemen anhand der Durchführung eines Integrationsprojektes verifiziert. Die Durchführung des Integrationsprojekts erfolgt dabei konform zum erarbeiteten Vorgehensmodell.

6 Konzeptverifikation

Um die Tragfähigkeit des erarbeiteten Konzepts zu zeigen, wurden die wesentlichen Mechanismen für ein Werkzeug zur Integration von Informationssystemen prototypenhaft implementiert. Die Verifikation des Konzepts zeigt anhand des nachfolgend vorgestellten Beispiels der Integration eines Unternehmens der Umformtechnik in eine unternehmensübergreifende Lösung zur Bedarfsermittlung, wie ein Werkzeug zur Integration von Informationssystemen aussieht und wie es in einer darauf abgestimmten Vorgehensweise für ein Integrationsprojekt angewendet wird.

Um das Konzept anschaulicher zu machen, werden wesentliche Punkte anhand des konkreten Anwendungsszenarios aus der industriellen Praxis erläutert und mit Bildschirmmasken verdeutlicht. Das Anwendungsszenario umfasst in erster Linie die Konzeption und Realisierung der Integrationslösung für eine verbesserte Bedarfsermittlung. Vervollständigt wird es durch die Darstellung der Projektinitiierung und den Ergebnissen der Analysephase. Bevor die beteiligten Systeme und die verwendete Architektur beschrieben werden, soll dieses Anwendungsszenario kurz vorgestellt werden.

6.1 Beschreibung des Anwendungsszenarios

Neben der Beherrschung unternehmensinterner Prozesse ist die effiziente Gestaltung und Koordination von Produktionsnetzwerken über mehrere Ebenen der Wertschöpfungskette heute ein wesentlicher Wettbewerbsfaktor. Durch die zunehmende Konzentration der Unternehmen auf ihre Kernkompetenzen entstehen eine Vielzahl von stark verzahnten Kunden-Lieferantenbeziehungen, die als Produktionsnetzwerke bezeichnet werden. Um deren Wettbewerbsfähigkeit vor allem bei beteiligten kleinen und mittelständischen Unternehmen zu verbessern, existiert ein essentieller Bedarf an einer geeigneten organisatorischen und informationstechnischen Unterstützung.

Ein Realisierungsansatz dazu lieferte das Verbundprojekt *iproNet*[60]. Das übergeordnete Ziel von iproNet war die organisatorische und informationstechnische Beherrschung von partnerschaftlichen Produktionsnetzwerken. Zur organisatorischen Ausgestaltung dieser Produktionsnetzwerke wurden Methoden und Werkzeuge entwickelt, die deren Reaktions- und Wandlungsfähigkeit nachhaltig erhöhen. Dies führte zur Realisierung eines internet-basierten Systems zur bedarfsabhängig gesteuerten Bestandsüberwachung von Teilen bei Zulieferern innerhalb einer Logistikkette. Hierzu gehört, dass der aktuelle Zustand der unternehmensübergreifenden Prozesse über alle Partner ermittelt und visualisiert werden kann. Weiter wurden Methoden und Mechanismen entwickelt, die es aufgrund der Daten in den zugrunde liegenden IT-Systemen erlauben, Engpässe, Störungen und nicht einzuhaltende Termine zu einem möglichst frühen Zeitpunkt zu erkennen und rechtzeitig Gegenmaßnahmen einzuleiten. Das

60 Internet-basiertes Werkzeug zur unternehmensübergreifenden konfigurierbaren Unterstützung von produzierenden Unternehmen in Netzwerken (s. [ipro-02], [GrAE-02], s. a. Abschnitt 2.3.1)

Werkzeug muss hierfür den kontrollierten und eingeschränkten Zugriff auf die relevanten Daten aller am Prozess beteiligten Partner haben.

Das in dieser Arbeit erarbeitete Konzept wird anhand des Integrationsprojekts eines mittelständischen Unternehmens zur Anbindung an dieses iproNet-System evaluiert. Das iproNet-System soll zukünftig von einem Produktionsnetzwerk, dem das Beispielunternehmen angehört, für eine bedarfsgesteuerte Bestandsüberwachung eingesetzt werden. Das Beispielunternehmen produziert unter anderem Rahmenlängsträger für die Lastkraftwagenherstellung sowie Achskörper und Rahmenanbauteile für mehrere europäische Nutzfahrzeughersteller. Ziel der Anbindung an das iproNet-System aus Sicht des Beispielsunternehmens war die Optimierung der Beschaffung der Rohmaterialien durch eine verbesserte informationstechnische Unterstützung der Bedarfsermittlung.

Bild 6.1 veranschaulicht das Prinzip der Bedarfsermittlung in Lieferketten, wie es vom iproNet-System unterstützt wird. Ein OEM übermittelt seine Primärbedarfe an seine Zulieferer. Anhand dieses Bedarfs sowie der Liefervereinbarungen und Produktdokumentationen werden die Sekundär- und Nettobedarfe jeder Kunden-Zulieferer-Beziehung und damit auch der Primärbedarf der Zulieferer in den nächsten Gliedern der Lieferkette vom iproNet-System ermittelt. Auf Grund der unterschiedlichen Informationssysteme der Kunden waren im Unternehmen 15 individuelle Lösungen zur Verarbeitung der unterschiedlichen Datenformate der Kunden im Einsatz, die durch die Nutzung des iproNet-Systems abgelöst werden sollten.

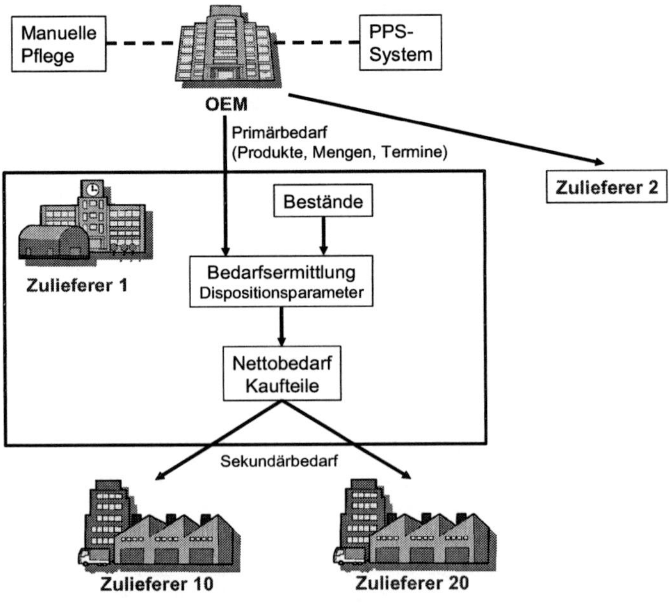

Bild 6.1: Prinzip der Bedarfsermittlung in Lieferketten

Ein zweites Anwendungsgebiet des iproNet-Systems war die Unterstützung der Lieferabwicklung innerhalb eines so genannten *Kreisverkehrs* (s. Bild 6.2): In diesem Kreisverkehr lieferte das Unternehmen Teile an einen Bearbeiter und bekam bearbeitete Teile zurückgeliefert, die das Unternehmen wiederum weiterverarbeitete. Dieser Kreisverkehr sollte nicht von einem Lieferabruf getrieben werden sondern jeweils bei Bedarf ausgeführt werden. Das Unternehmen lieferte die Rohteile entsprechend des jeweiligen Bedarfs und erwartete die fertigen Teile in verabredeten Zeiträumen zurück. Die Rohteile sollten ohne Lieferabruf nur mit Lieferschein an den Bearbeiter versendet werden. Die fertig bearbeiteten Teile wurden vom Bearbeiter wiederum mit Lieferschein zurück an das Unternehmen geliefert. Im iproNet-System müssen hierfür Stammdaten, sowie Teile und die entsprechenden Stücklisten angelegt werden.

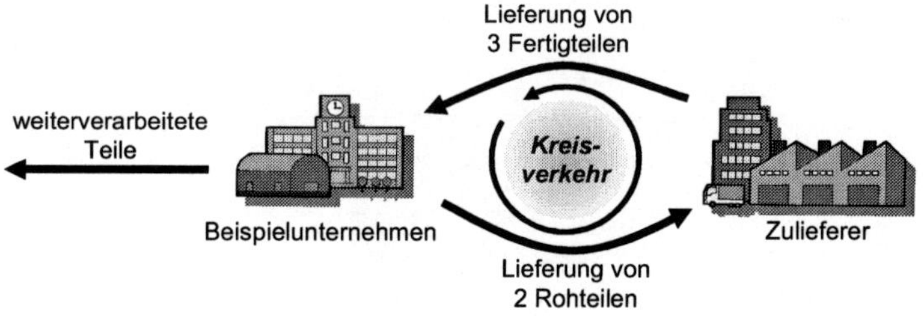

Bild 6.2: Prinzip des Kreisverkehrs

Für die Nutzung des iproNet-Systems zur Bedarfsermittlung musste daher das Unternehmen eine neue Integrationslösung erarbeiten: Es mussten sowohl die Geschäftsprozesse des iproNet-Systems mit den Prozessen des Unternehmens integriert als auch der automatisierte Datenaustausch zwischen dem iproNet-System und unternehmenseigenen Systemen implementiert werden. Im iproNet-Projekt wurde hierzu ohne Methoden- oder Werkzeugunterstützung eine Integrationslösung realisiert. Für die Konzeptverifikation wird diese Integrationslösung nochmals mit Hilfe des CAEI-Werkzeugs und der in Kapitel 5 erarbeiteten Vorgehensweise realisiert.

6.2 Beteiligte Systeme und Architektur

In Bild 6.3 werden die einzelnen ausgewählten Systeme in einer Architektur zusammengebunden und ihre Beziehungen untereinander dargestellt. Die Architektur stellt den Sollzustand nach Abschluss des Integrationsprojekts (*Integrationsszenario*) im oberen Teil des Bildes dar sowie die an Analyse, Konzeption und Realisierung beteiligten Werkzeuge im unteren Teil des Bildes. Die einzelnen Systeme, ihre Aufgaben und Zusammenhänge sollen anschließend noch einmal kurz erläutert werden.

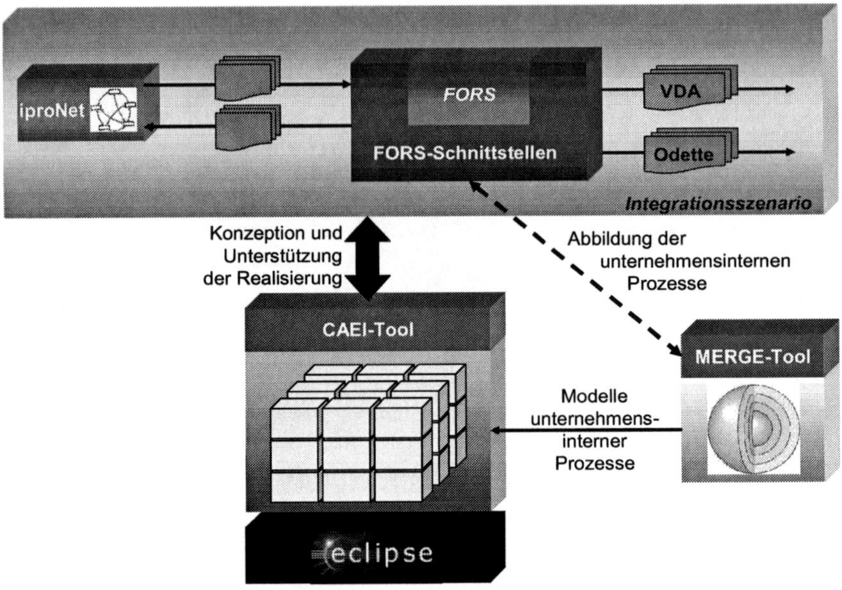

Bild 6.3: Architektur für die Konzeptverifikation

Das ERP-System *FORS* der Firma *Atos Origin* ist das zentrale System innerhalb des Anwendungsszenarios, welches für die Optimierung der Bedarfsermittlung in einer Lieferkette mit Informationssystemen außerhalb des Unternehmens integriert werden soll. Zunächst soll eine Integration mit dem iproNet-System realisiert werden. Dieses bietet die notwendige Funktionalität, um eine Bedarfsermittlung in einer Lieferkette zu bestimmen. Darüber hinaus sollen Lieferabrufe von Partnern durch digitale Übermittlung der Lieferabrufe und der Austausch von Stammdaten unterstützt werden. Hierbei sollen Partner angebunden werden, die entsprechende VDA oder ODETTE-Standards unterstützen.

Für die Konzeption und Realisierung der Integrationslösung wurden die im unteren Teil des Bilds dargestellten Werkzeuge eingesetzt. Mit Hilfe des CAEI-Werkzeugs wurden die unternehmensübergreifenden Prozesse erstellt sowie die relevanten Datenmodelle des FORS-Systems, des iproNet-Systems als auch des VDA- und ODETTE-Standards erfasst. Aus diesen Informationen wurden mit Unterstützung des CAEI-Werkzeugs Abbildungsvorschriften zwischen den Datenformaten, die durch das FORS-System unterstützt werden, und den Datenformaten des iproNet-Systems sowie den Datenformaten der VDA- und ODETTE-Standards erzeugt. Das CAEI-Werkzeug wurde mit Hilfe der Java-Entwicklungsumgebung *Eclipse* implementiert. Die Abbildung der unternehmensinternen Geschäftsprozesse wurde mit Hilfe des Unternehmensmodellierungswerkzeugs *MERGE Pro Tool* realisiert.

MERGE Pro Tool

Das *MERGE Pro Tool* (s. Bild 6.4) ist ein ursprünglich am *FZI Forschungszentrum Informatik an der Universität Karlsruhe* im Forschungsbereich *Prozess- und Datenmanagement im Engineering*[61] (PDE) entwickeltes Werkzeug zur Unternehmensmodellierung [Adam-02]. Es basiert auf dem integrierten, objektorientierten Unternehmensmodell *MERGE* nach MILDE ([Mild-97], s. Abschnitt 2.3.1).

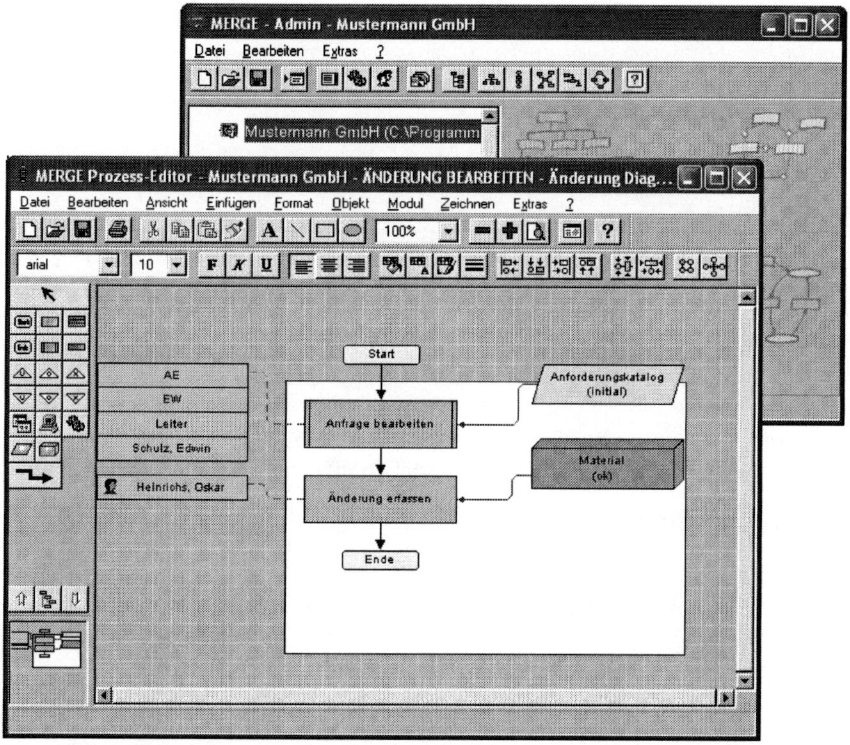

Bild 6.4: Startmaske und Prozess-Editor des MERGE Pro Tools

Die Verwendung eines objektorientierten Ansatzes im MERGE Pro Tool für die Modellierung des Unternehmens gewährleistet die Integrität des Gesamtmodells. Damit die Übersicht bei der Modellerstellung und -modifikation gewährleistet ist, existieren verschiedene Projektionen bzw. Sichten auf einen festgelegten Teil des Unternehmensmodells. Eine Sicht kann Unternehmensobjekte aus verschiedenen Partialmodellen besitzen, es werden jedoch nur die für diese Sicht relevanten Beziehungen und Objekte in einem grafischen Editor visualisiert.

61 Vormals CAD/CAM-Technologie.

Dadurch wird für den Anwender die Komplexität des Modellierungsprozesses reduziert [Adam-02].

Zur Bearbeitung des Unternehmensmodells stellt das *MERGE Pro Tool* grafische Editoren, die sich für alle Benutzergruppen eignen, zur Verfügung (s. Bild 6.4). Insgesamt verfügt das *MERGE Pro Tool* über fünf grafische und vier maskenbasierte Editoren. Das *MERGE Pro Tool* und die bereitgestellten Methoden zeichnen sich insbesondere durch eine einfache und intuitive Bedienbarkeit aus [Bull-01].

Im Rahmen der Konzeptverifikation wird das Werkzeug zur Erfassung der unternehmensinternen Geschäftsprozesse innerhalb des Beispielunternehmens eingesetzt. Für die Weiterleitung der Prozessmodelle an den Hüllen-Generator des CAEI-Werkzeugs wird eine Schnittstelle für den Export nach XML genutzt.

iproNet-System

Das *iproNet-System* wurde im Rahmen des Verbundprojekts *iproNet* entwickelt. Es ermöglicht eine Überwachung der Bestände von Bauteilen innerhalb von Unternehmen einer Logistikkette.

Das Prinzip der Überwachung basiert auf der Vorgabe einer Mindestreichweite in Arbeitstagen. Dabei wird pro Teilenummer anhand der im System vorhandenen Bedarfsdaten ein Mindestbestand ermittelt, und wenn dieser Mindestbestand unterschritten wird, löst das System einen Alarm aus und benachrichtigt alle zuständigen Disponenten.

Die dafür notwendigen Daten werden zum einen über das Internet in entsprechende Masken eingegeben, zum anderen wird ein Teil der Daten per Import aus unterschiedlichen Informationssystemen in das System eingespielt. Weiterhin besteht die Möglichkeit, die zur Beurteilung des Zustands der Lieferkette notwendigen Daten über das Internet einzusehen und auszuwerten.

Das System empfängt Bestandsdaten sowie Liefervorgänge von vorhandenen Informationssystemen mittels XML-Dateien und / oder Dateien im VDA-Format und verarbeitet diese weiter. Es ist auch ein Export dieser Daten möglich, damit neue und geänderte Daten in die Informationssysteme der beteiligten Partner des Produktionsnetzwerks importiert werden können.

Das System selbst läuft auf einem über das Internet zugänglichen Server, der jederzeit von allen beteiligten Partnern erreichbar ist. Die Daten werden auf diesem Server in einer relationalen Datenbank gespeichert. Die Bedienung des Systems erfolgt über einen Web-Browser, der die entsprechenden Funktionen zur Verfügung stellt.

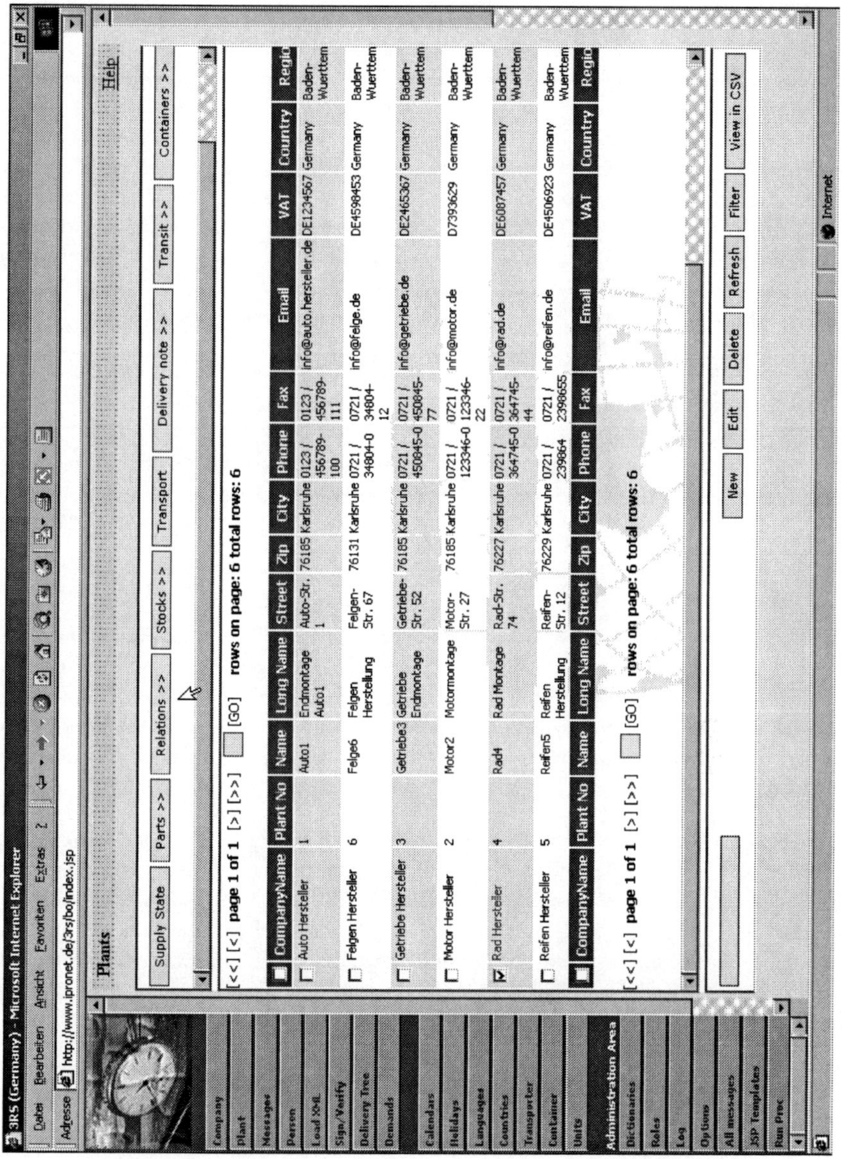

Bild 6.5: Übersicht über beteiligte Unternehmen an einer iproNet-Installation im ersten für das Gesamtprojekt freigegebenen Prototypen des iproNet-Systems (s. [ipro-02])

In Bild 6.5 ist die Bedienungsoberfläche des Systems zu sehen. Dargestellt sind die Stammdaten aller im iproNet-System registrierten Produktionswerke. Auf der linken Seite des Bildschirmausschnitts sind Funktionen zur Bearbeitung von Stammdaten und allgemeinen Funktionen zu erkennen wie Unternehmen, Werke, Nachrichten für ein Unternehmen, Personen/ Systemnutzer, Datenimport via XML, Datenimport via E-Mail, Teile-/ Sachnummern eines Werks und Bedarfsübersicht sowie Werkskalender für Feiertage und Werksferien, Sprachen, Länder, Speditionen, Verpackungen/ Ladungsträger und Einheiten. Am oberen Rand des Bildschirmausschnitts ist ein Teil der zur Verfügung stehenden Kontroll- und Auswertungsfunktionen des Systems zu erkennen: Reichweitenprüfung für Kaufteile, Liefervereinbarungen für jede Sachnummer, Sachnummern einer Kunden-Lieferanten-Beziehung, Bestandskontrolle entlang der Lieferkette, Versandsteuerung, Bedarfsermittlung in Lieferketten, Bestand in Transitlagern und Leergutmanagement.

Die Benachrichtigung von Benutzern wird durch Ablegen einer Nachricht mit den Informationen der Logistikkette in einem Nachrichtenspeicher auf dem Server sowie dem Versand einer E-Mail mit einem Link auf diese Nachricht ausgeführt. Die Verarbeitung von Massendaten wird durch Import oder Export von XML Dokumenten realisiert [ipro-02].

FORS

Das Beispielunternehmen verfügt über das ERP-System *FORS*, in welchem alle unternehmensinternen Informationen zur Bedarfsermittlung verwaltet werden. Das von der Fa. *Atos Origin* entwickelte FORS-System ist ein speziell für die Automobilindustrie entwickeltes ERP-System. Für die Datenein- und -ausgabe verfügt das System über mehrere verschiedene textbasierte Bildschirmmasken. Das System wurde im Rahmen der Einführung im Unternehmen an die speziellen Anforderungen angepasst und erweitert.

Für den Austausch von Daten über Systemgrenzen hinweg verfügt das System über so genannte *Multiformat*-Schnittstellen. Das Multiformat ist ein textbasiertes Datenaustauschformat, in welchem Datenelemente zeilenweise in einer Datei gespeichert werden, d. h. Datenelemente durch ein Zeilenumbruchzeichen voneinander getrennt sind. Literale zur Trennung der Datenelemente existieren nicht. Im Rahmen des iproNet-Projekts wurde bereits ein regelbasiertes Werkzeug (ASCII[62]-Adapter, s. [ipro-02]) zur Transformation einer Multiformatdatei in eine proprietäre XML-Datei entwickelt (τ-Transformation).

Im Anwendungsszenario wird das auf dem Multiformat basierende, proprietäre XML-Format als Basis für den unternehmensübergreifenden Datenaustausch verwendet. Zur Realisierung einer Unternehmensschnittstelle zur Bedarfsermittlung entlang einer Wertschöpfungskette muss eine σ-Transformation in das iproNet-XML-Format sowie in die XML-Formate der VDA- und ODETTE-Standards entwickelt werden.

62 American Standard Code for Information Interchange

Prototypimplementierung des CAEI-Werkzeugs

Das in Abschnitt 4.6 vorgestellte CAEI-Werkzeug wurde zur Konzeptverifikation in Form eines fortgeschrittenen Prototyps realisiert. Als Ausgangsbasis diente die offene Entwicklungsplattform *Eclipse*, welche um so genannte *Plug-ins*[63] erweitert wurde. Das Ergebnis bildet das so genannte *CAEI-Werkzeug* als ein integriertes Werkzeug der Entwicklungsplattform Eclipse. Bei der Entwicklung lag folgende Konfiguration der Entwicklungsumgebung zugrunde:

- Es wurde Version 3.1 der Eclipse-Entwicklungsumgebung für die Programmiersprache *Java* eingesetzt.
- Als Werkzeug zur Modellierung von UML Diagrammen wurde das Eclipse-Plug-in *O-mondo* in der Version 1.6 verwendet.
- Die Java-Implementierung basierte auf dem *Java Development Toolkit* (JDK) in der Version 1.4.2.
- Für den kooperativen Zugriff auf Daten des Integrationsraums, die in Form von Dateien vorlagen, wurde das in Eclipse enthaltene Quelltextverwaltungssystem *Concurrent Versions System* (CVS, s. [WWW-13]) eingesetzt.

Bild 6.6 zeigt die erweiterte Entwicklungsumgebung Eclipse. Im oberen Teil des Fensters (1) befinden sich das Hauptmenü und „Knöpfe“ zum Aufrufen verschiedener Funktionen der Entwicklungsumgebung. Der rechte Teil (2) des Fensters enthält den Arbeitsbereich, in dem Dateien textuell oder grafisch erstellt und bearbeitet werden. Im linken Teil des Fensters (3) ist die Mappe eines Projekts dargestellt. Eine Projektmappe enthält alle zu einem Projekt gehörenden Dateien.

Eclipse unterscheidet verschiedene Projekttypen, die sich durch unterschiedliche Entwicklungsziele (z. B. Datenbankanwendung, Internetanwendung) und entsprechend unterschiedliche Quelldateitypen sowie zur Verfügung stehende Werkzeuge bzw. Plug-ins unterscheiden. Für die Integration des CAEI-Werkzeugs in die Entwicklungsumgebung wurde der neue Projekttyp *CAEI-Projekt* definiert. In Bild 6.6 ist eine zugehörige CAEI-Projektmappe (2) zu erkennen. Eine CAEI-Projektmappe enthält alle zu einem CAEI-Projekt gehörenden Dateien. Sie stellt damit eine Instanz des in Kapitel 4 eingeführten Integrationsraums dar.

Neue Projekte oder Dateien werden mit Hilfe so genannter Wizards erstellt. Für die Generierung eines neuen CAEI-Projekts wurde ein entsprechender Wizard für die Eclipse-Entwicklungsplattform implementiert. In Bild 6.6 ist der Wizard *Neues CAEI Projekt* (4) als einer der in der Entwicklungsumgebung zur Verfügung stehenden Wizards zu sehen.

---

63 „Eclipse ist eine Sammlung von «Plätzen, an denen Funktionalität eingefügt wird» (Erweiterungspunkten) und «eingefügter Funktionalität» (Erweiterungen). Auch eine Steckdosenleiste ist eine Art Erweiterungspunkt. Mehrere Erweiterungen (in diesem Fall Netzstecker) lassen sich in die Steckdose einstecken (englisch: plug-in)...“ [GaBe-04, S. 25]

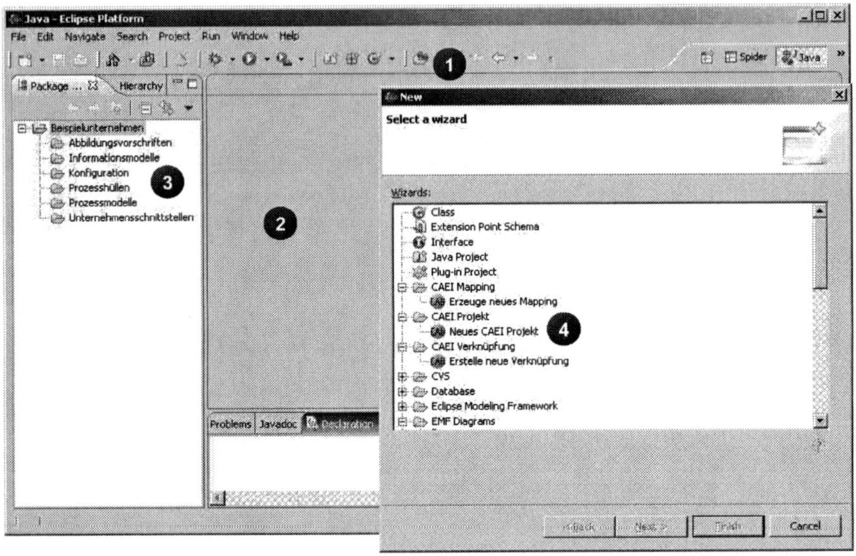

Bild 6.6: Einbettung des CAEI-Werkzeugs in die Entwicklungsumgebung Eclipse

Die einzelnen Komponenten des CAEI-Werkzeugs werden aufgrund der besseren Verständlichkeit im nachfolgenden Abschnitt bei der Vorstellung der Vorgehensweise detailliert beschrieben.

6.3 Ablauf der Konzeptverifikation und Nutzenbetrachtung

Nach der Vorstellung des Anwendungsszenarios und der Architektur für die Konzeptverifikation werden in den folgenden Abschnitten die Anwendung des in Kapitel 4 erarbeiteten Konzepts und der Einsatz des CAEI-Werkzeugs dargestellt. Hierzu wird eine dem in Kapitel 5 vorgestellten Vorgehensmodell entsprechende Vorgehensweise zur Realisierung der erforderlichen Integrationslösung angewendet. Für jede Phase dieses Vorgehensmodells werden nachfolgend die durchgeführten Aktivitäten und deren Ergebnisse vorgestellt, der Einsatz der Werkzeuge (insbesondere des CAEI-Werkzeugs) zur Unterstützung dieser Aktivitäten dargestellt sowie der in dieser Phase entstandene Nutzen für das Unternehmen dargelegt.

Der Nutzen aus der Anwendung des erarbeiteten Konzepts für ein Unternehmen setzt sich aus drei Gesichtspunkten zusammen:

- Direkte Zeit- und Kosteneinsparungen sowie Qualitätsverbesserungen in einem Integrationsprojekt gegenüber herkömmlichen Vorgehensweisen,
- Zeit- und Kosteneinsparungen bei der Wartung von Integrationslösungen und

- Zeit- und Kosteneinsparungen in Nachfolgeprojekten durch Wiederverwendungsmöglichkeiten.

Der erste Gesichtspunkt wird in den nachfolgenden Abschnitten durch Vergleich der Aufwände zur Realisierung des Anwendungsszenarios im iproNet-Projekt mit dem Aufwand für die Realisierung mit Hilfe des entwickelten Vorgehensmodells und Einsatz des CAEI-Werkzeugs betrachtet. Für die beiden anderen Gesichtspunkte werden Nutzenpotenziale basierend auf Erfahrungen aus der Softwareentwicklung prognostiziert. Darüber hinaus werden weitere, nicht quantifizierbare Nutzenpotenziale dargestellt.

6.3.1 Potenzialanalyse des Anwendungsszenarios

Für die Potenzialanalyse wurde zunächst eine grobe Prozesserfassung und -analyse bei dem Unternehmen im Rahmen des iproNet-Projekts durchgeführt. Der Fokus wurde auf die Prozessabläufe in der Produktion und Beschaffung der Produktionsgüter, sowie deren Unterstützung durch das vorhandene PPS-System gelegt. Folgende Prozesse wurden für die Potenzialanalyse berücksichtigt:

- Abwicklung der Bedarfsübernahme der Kunden,
- Beschaffung der Produktionsgüter,
- Fertigungsplanung und Produktion,
- Durchführung des Wareneingangs,
- Lenkung fehlerhafter Teile und
- Versand der Waren.

Als Ergebnisse der Potenzialanalyse wurden als die wesentlichen Faktoren für die Produktion die Bereiche der Beschaffung von Rohmaterialien und der Verfügbarkeit von Umformwerkzeugen identifiziert. Ersteres ergibt sich aus der Tatsache, dass die Stahlhersteller ihre Produktionspläne so ausrichten, dass in entsprechenden Mengen produziert werden kann. Somit sind nicht gängige Materialien unter Umständen nur mit langer Vorlaufzeit zu beschaffen. Dies bedeutet für die Disposition des Rohmaterials, dass eine entsprechend weit reichende und aktuelle Vorschau der geplanten Bedarfe auf Kundenseite vorhanden sein musste. Um diese Aktualität gewährleisten zu können waren 15 individuelle Lösungen zur Verarbeitung der unterschiedlichen Datenformate von Kunden im Einsatz.

Aus der Potenzialanalyse ergaben sich die folgenden Forderungen:

- Über eine Multiformat-Schnittstelle des PPS-Systems FORS sollte eine Anbindung an das iproNet-Werkzeug als zentrale Integrationsplattform realisiert werden. Insbesondere sollte hierüber kleinen Partnern in der Lieferkette, die über keine eigenen Systeme verfügen, ermöglicht werden, dennoch in das Kommunikationsnetzwerk mit eingebunden werden zu können.

- Darüber hinaus sollte für Partner, die über keine Anbindung an das iproNet-System verfügen, ein Austausch von Bedarfsinformationen über den VDA- oder ODETTE-Standard ermöglicht werden.

Werkzeugunterstützung

Die Phase Potenzialanalyse wurde durch keine Werkzeuge unterstützt.

Nutzenbetrachtung

Da die Potenzialanalyse auf den Ergebnissen des iproNet-Projekts basierten, konnten keine unmittelbaren Einsparungen in dieser Phase identifiziert werden. Allerdings ist anzumerken, dass eine obligatorische Potenzialanalyse sicherstellt, dass die Zielstellung des Projekts am Nutzen für das Unternehmen ausgerichtet ist. Darüber hinaus ist durch die Gliederung von Integrationsprojekte in festgelegte Phasen mit wiederkehrenden Aktivitäten eine grundlegende Strukturierung dieser Art von Projekten gegeben, die den Aufbau einer Erfahrungsbasis als Ausgangspunkt für Zeit- und Kostenabschätzungen für Integrationsprojekte erleichtert.

6.3.2 Ist-Analyse des Anwendungsszenarios

In der Ist-Analyse wurden die im Rahmen des iproNet-Projekts dokumentierten unternehmensinternen Prozesse hinsichtlich ihrer Relevanz für die Integrationslösung analysiert. Schwerpunkt der Analyse bildete wie in Abschnitt 5.3 beschrieben die Identifikation unternehmensübergreifender Informationsflüsse in den Prozessmodellen sowie die daran beteiligten Informationssysteme. Hierbei wurden die bereits in der Potenzialanalyse betrachteten Prozesse detaillierter analysiert. In Bild 6.7 ist die Darstellung des unternehmensinternen Teilprozesses *Teilestammdaten anlegen* zu erkennen.

Als wesentliche Informationsflüsse wurde in dieser Analyse die Übermittlung der Informationsobjekte *Lieferabruf*, *Lieferschein* und *Stammdaten* identifiziert. Da diese Informationsobjekte durch das PPS-System *FORS* verwaltet wurden, beschränkten sich die am Integrationsszenario beteiligten Systeme auf das FORS-System und das *iproNet-System* (s. Bild 6.8).

Werkzeugunterstützung

Die Modellierung der unternehmensinternen Prozesse als auch deren Analyse fand mit Hilfe des Modellierungswerkzeugs MERGE Pro Tool statt. In Bild 6.7 ist die Darstellung des unternehmensinternen Prozesses *Teilestammdaten anlegen* im Prozesseditor des MERGE Pro Tools zu sehen.

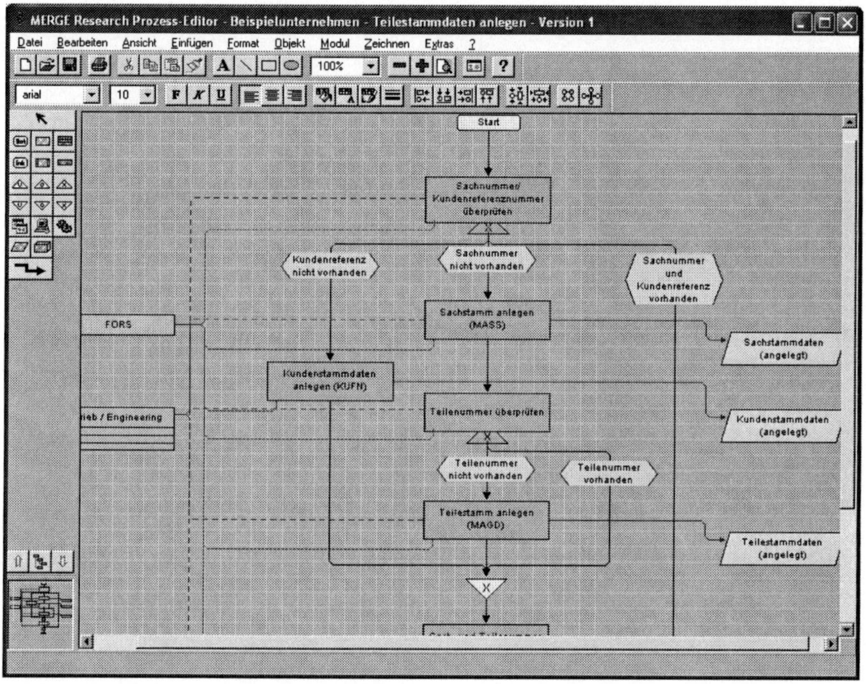

Bild 6.7: Modell des unternehmensinternen Prozesses „Teilestammdaten anlegen" im MERGE Pro Tool

Basierend auf den Modellen der unternehmensinternen Prozesse wurden relevante Informationsobjekte und Informationssysteme identifiziert. Letztere wurden im CAEI-Werkzeug mit Hilfe des Moduls Schnittstellen-Repository erfasst und stehen damit bei der späteren Konzeption der Integrationslösung zur Verfügung. In Bild 6.8 ist dieses Modul zu erkennen. Es wurden in der Sicht *Informationssysteme* die beiden Systeme *FORS* und *iproNet* angelegt (2). Als beschreibende Informationen können zu jedem System der Hersteller, das Basisprodukt einer Installation und das installierte Release angegeben werden. In einer Datenmodelldatei ist das Datenmodell des Informationssystems in Form eines UML-Klassendiagramms referenziert. Neben der Möglichkeit Informationssysteme zu erfassen, bietet das Modul in weiteren Sichten die Erfassung von Unternehmensschnittstellen und Datenformaten an.

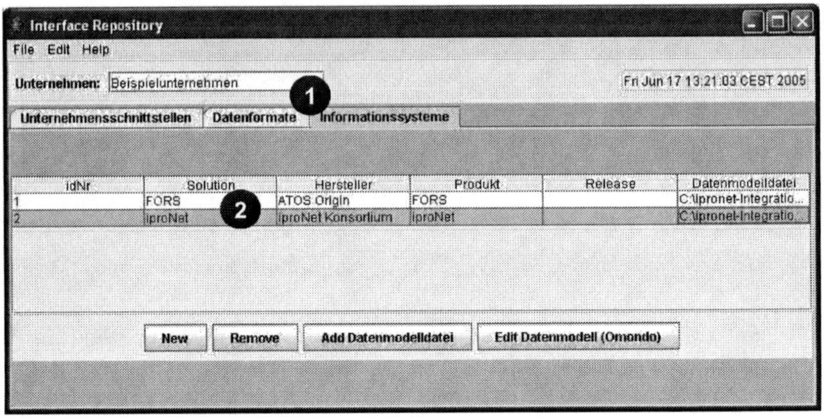

Bild 6.8: Erfassen der Informationssysteme „FORS" und „iproNet" im CAEI-Werkzeug

Nutzenbetrachtung

Die unternehmensinternen Prozesse wurden bereits im iproNet-Projekt mit Hilfe des MERGE Pro Tools modelliert und konnten so für die Analyse weiterverwendet werden. Eine Aufbereitung der Modelle, welches für das Anwendungsszenario ca. 1 Personentag (PT) in Anspruch genommen hätte, konnte damit eingespart werden.

Die Erfassung der beteiligten Informationssysteme war auch in herkömmlichen Vorgehensweisen nicht zu vermeiden. Im Unterschied zu diesen Vorgehensweisen wurden die beteiligten Informationssysteme nun allerdings systematisch, werkzeugbasiert erfasst und stehen damit für zukünftige Projekte zur Verfügung. Der Arbeitsschritt wird folglich zukünftig auf eine Überprüfung der Aktualität reduziert. Dies hat eine geschätzte Reduzierung des Aufwands um ca. 80 Prozent zur Folge.

Zusammenfassend war zu erkennen, dass bei einem ersten Integrationsprojekt kleinere Einsparungen durch die Weiterverwendung von unternehmensinternen Geschäftsprozessmodellen erzielt werden konnten. Allerdings ist durch die systematische Vorgehensweise mit einer erhöhten Wiederverwendung von Analyseergebnissen in nachfolgenden Projekten zu rechnen. Legt man eine durchschnittliche Wiederverwendungsrate von 30 Prozent für (Teil-) Modelle zu Grunde, so ist bei einer kontinuierlichen Anwendung der Vorgehensweise eine Aufwandsreduzierung in der Analysephase von ca. 30-50 Prozent[64] zu erwarten.

64 Hierbei wurde von einer Wiederverwendung bei einer Interproduktentwicklung (s. [Balz-00, S. 640]) ausgegangen. BALZERT verweist auf Studien für Softwareprojekte, die eine Ersparnis 45 Prozent bei einer Wiederverwendungsrate von 25 Prozent bzw. 34 Prozent Ersparnis bei einer Wiederverwendungsrate von 30 Prozent belegen (s. [Balz-00, S. 651]).

6.3.3 Konzeption einer Integrationslösung

Nach Erfassen der Ist-Situation wurde im nächsten Schritt ein Konzept für die Integrationslösung erarbeitet. Zunächst wurde hierfür basierend auf den analysierten unternehmensinternen Prozessen eine Prozesshülle bestehend aus den Prozessblöcken *Teilestammdaten anlegen*, *Kundenbedarf an Lieferanten weitergeben* sowie *Lieferteile zusammenbauen und Produkt versenden* abgeleitet (s. Bild 6.9). Anschließend wurden diese Prozessblöcke zusammen mit Prozessblöcken anderer beteiligter Partner (z. B. *Ware verpacken und versenden*) in einen unternehmensübergreifenden Prozess *Bedarfsermittlung* (s. Bild 6.10) eingebunden.

Im nachfolgenden Schritt wurden zu den konzipierten Prozessblöcken die zugehörigen Unternehmensschnittstellen spezifiziert. Wie dem Modell des unternehmensübergreifenden Prozesses *Bedarfsermittlung* zu entnehmen ist (s. Bild 6.10), mussten die Informationsobjekte *Stammdaten*, *Lieferabruf* und *Lieferschein* an den Unternehmensschnittstellen übermittelt werden. In den UML-Datenmodelle der Informationssysteme FORS und iproNet wurden Teilmodelle identifiziert, die diese Informationsobjekte in den jeweiligen Systemen repräsentieren, und den Unternehmensschnittstellen zugeordnet (Bild 6.11 zeigt einen Ausschnitt aus dem Datenmodell der iproNet-Unternehmensschnittstelle *Lieferabruf*). Des Weiteren wurden die Kommunikationsparameter der Unternehmensschnittstellen festgelegt (z. B. Kommunikationsport 8080 für den Datenempfang über das HTTP-Protokoll, s. Bild 6.12).

Im letzten Schritt der Konzeptionsphase wurden die im Anwendungsszenario verwendeten Datenformate *Multiformat* (Import und Export aus FORS) und *iproNet* (proprietäres Format des iproNet-Systems) identifiziert (s. Bild 6.13) und mit den entsprechenden Unternehmensschnittstellen verknüpft. Für die Anbindung von weiteren Partnern über das Integrationsszenario hinaus wurden zusätzlich die Datenformate *VDA* und *ODETTE* erfasst.

Werkzeugunterstützung

Für die **Definition von Prozesshüllen** bietet das CAEI-Werkzeug einen grafischen Editor, der in Bild 6.9 zu sehen ist. Die Definition einer Prozesshülle wird in einer XML-Datei gespeichert, welche zur Projektmappe hinzugefügt wird. Zur Spezifikation einer Prozesshülle können in der Bearbeitungsfläche (1) grafische Elemente (insbesondere Prozessblöcke) platziert und miteinander verknüpft werden. Die zur Verfügung stehenden Modellierungselemente können aus einer Palette (2) ausgewählt werden. In Bild 6.9 ist die Hülle des unternehmensinternen Prozesses *Bedarfsermittlung* im Beispielunternehmen zu erkennen, die aus dem in der Ist-Analyse erfassten Prozess abgeleitet wurde.

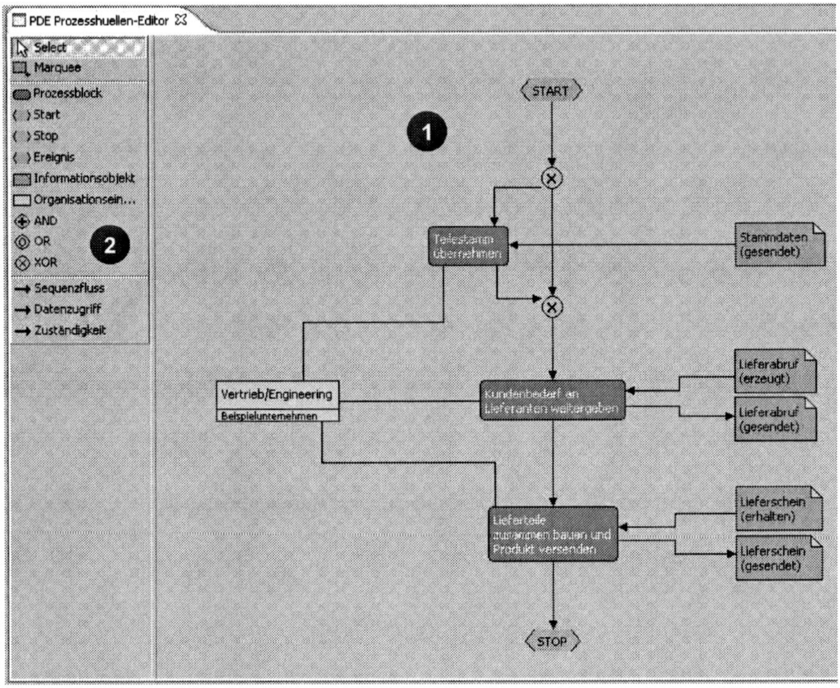

Bild 6.9: Definition der Hülle des unternehmensinternen Prozesses „Bedarfsermittlung" im CAEI-Werkzeug (Ausschnitt)

In einem weiteren grafischen Editor können aus bereits definierten sowie noch zu definierenden Prozessblöcken **unternehmensübergreifende Prozesse modelliert** werden. In Bild 6.10 ist das Werkzeug zur Definition unternehmensübergreifender Prozesse des CAEI-Werkzeugs und ein Ausschnitt des Modells des unternehmensübergreifenden Prozesses *Bedarfsermittlung* im Werkzeug zu sehen (1). Die Definition eines unternehmensübergreifenden Prozesses ist ebenfalls in einer XML-Datei gespeichert, die in die Projektmappe eingefügt ist. In einer Palette (2) stehen die Funktionen zur Modellierung unternehmensübergreifender Prozesse zur Verfügung.

Für die **Spezifikation der Datenmodelle der Unternehmensschnittstellen** in der UML-Notation wurde der Klasseneditor des Omondo-Plugins verwendet (s. Bild 6.11). Die Datei des UML-Klassendiagramms wurde der Projektmappe hinzugefügt[65]. Im Bild ist ein Ausschnitt aus dem Datenmodell der iproNet-Unternehmensschnittstelle *Lieferabruf* zu erkennen.

65 Im CAEI-Werkzeug wurde das .ucd-Format für Datenmodelldateien verwendet. Das UML-Tool Omondo nutzt dieses Format zur Speicherung von UML-Modellen. Das Format basiert auf der XMI-Spezifikation (s. Abschnitt 2.3.2) für UML-Modelle.

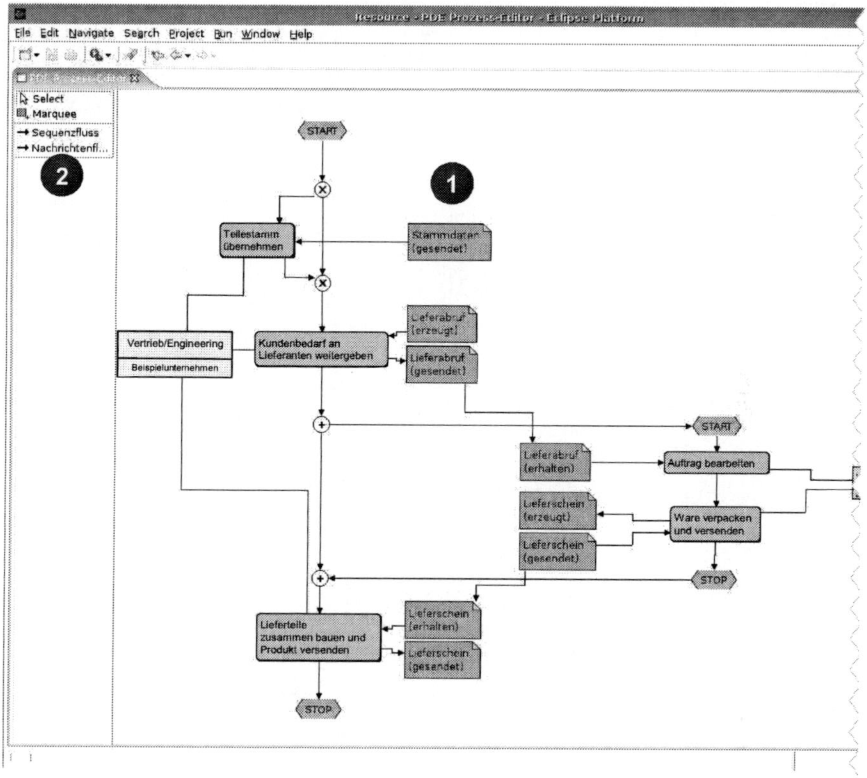

Bild 6.10: Definition eines unternehmensübergreifenden Prozesses (Ausschnitt)

Die Zuordnung des Datenmodells bzw. der Datenmodelldatei zu einer Unternehmensschnittstelle erfolgte in einem maskenbasierten Editor des CAEI-Werkzeugs. In Bild 6.12 ist zu erkennen, dass zwei Unternehmensschnittstellen *Lieferabruf* und *Lieferanteninformationen* bereits definiert sind (1). Zur **Spezifikation der Unternehmensschnittstelle** *Lieferabruf* wurde u. a. das Übertragungsprotokoll *HTTP* sowie der zugehörige Port *8080* festgelegt (2). Der Rechner, auf dem die Unternehmensschnittstelle implementiert wurde, war unter der Adresse *sambal.fzi.de* zu erreichen und verfügte über eine Firewall. Darüber hinaus ist im rechten unteren Teil des Bildes zu erkennen, dass die Datenmodelldatei *Lieferabruf.ucd* der Unternehmensschnittstelle *Lieferabruf* zugeordnet wurde.

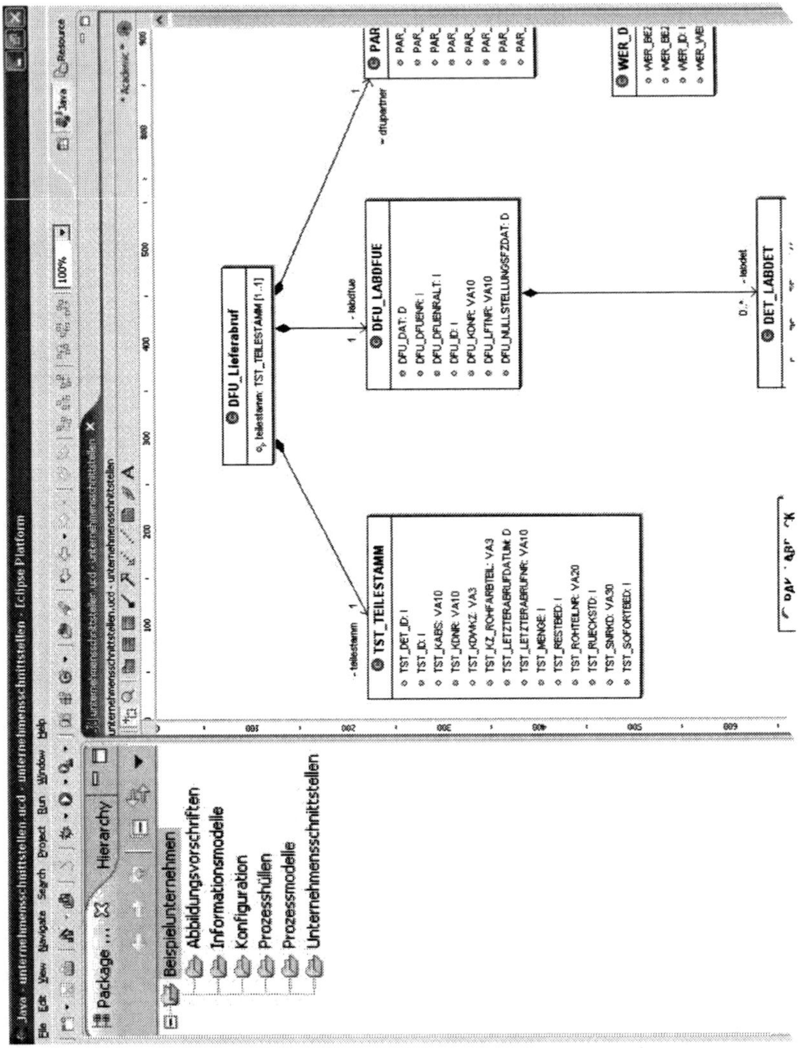

Bild 6.11: Ausschnitt aus dem Datenmodell der iproNet-Unternehmensschnittstelle „Lieferabruf“

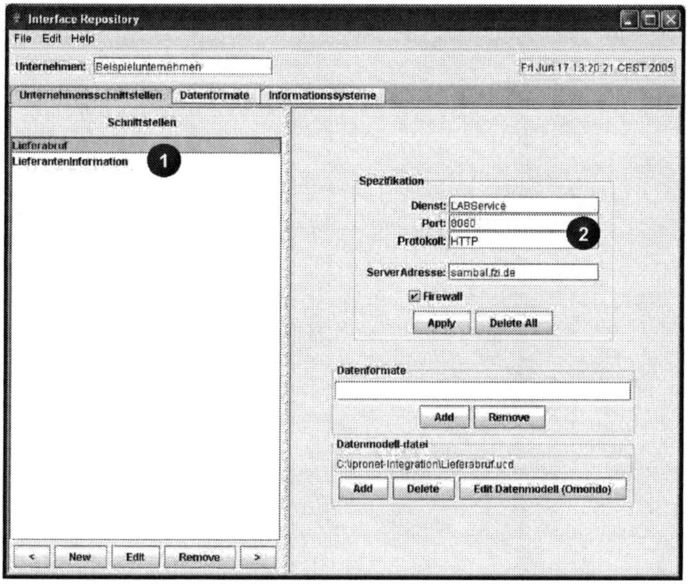

Bild 6.12: Spezifikation der Unternehmensschnittstellen

Die **Spezifikation eines Datenformats** erfolgt im CAEI-Werkzeug ebenfalls über einen maskenbasierten Editor. In Bild 6.13 ist zu sehen, dass die vier Datenformate *Multiformat*, *VDA*, *ODETTE* und *iproNet* definiert wurden (1). Zu jedem Datenformat wurde die Dateiendung (Suffix), die Angabe, ob das Format binär oder textbasiert ist, der Typ, den das Datenformat in einer E-Mail-Nachricht repräsentiert sowie der verwendete Zeichensatz (2) angegeben.

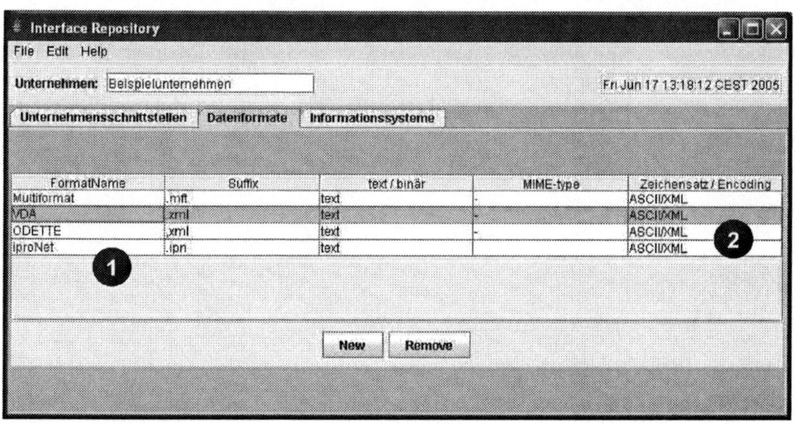

Bild 6.13: Erfassen von Datenformaten

Nutzenbetrachtung

Die Generierung von Prozesshüllen erfolgt in herkömmlichen Vorgehensweisen, falls überhaupt, implizit. Ein quantifizierbarer Nutzen in einem ersten Integrationsprojekt konnte daher nicht ermittelt werden. Durch die Werkzeugunterstützung entsteht nur ein geringer Aufwand für die Generierung der Prozesshüllen. Im Anwendungsszenario waren dies ca. 0,25 PT pro Prozesshülle. Es ist daher nicht zu erwarten, dass die explizite Ausführung dieses Zwischenschritts zu keinem Effizienzverlust der Gesamtvorgehensweise führt.

Allerdings ist zu erwarten, dass durch die Verknüpfung von internen und unternehmensübergreifenden Prozessen Wartungsarbeiten effizienter durchgeführt werden können. Bei kleineren Änderungen an einer Integrationslösung ist ein hoher Anteil des Aufwands bedingt durch das notwendige Einarbeiten in die Realisierung der Integrationslösung und damit verbunden das Verständnis für Abhängigkeiten der Integrationslösung zu unternehmensinternen Prozessen[66]. Die systematische Dokumentation insbesondere der Abhängigkeiten zwischen unternehmensinternen und -übergreifenden Prozessen erleichtert die Einarbeitung. Legt man dieser Tätigkeit ca. 45 Prozent[67] des Aufwands für die Durchführung kleinerer Änderungen und eine Verkürzung der Einarbeitungszeit um nur 50 Prozent zu Grunde, so lassen sich kleinere Änderungen an Integrationslösungen in der Wartungsphase mit schätzungsweise mehr als 20 Prozent weniger Aufwand durchführen.

Die Modellierung unternehmensübergreifender Prozesse ist üblicherweise auch Bestandteil herkömmlicher Vorgehensweisen, folglich entsteht hier kein erhöhter Aufwand. Allerdings konnte der Prozess schneller modelliert werden, da dessen Bestandteile in Form der Prozesshüllen bereits verfügbar waren. Die Zeit für die Modellierung des Prozesses konnte im Anwendungsszenario um ca. 25 Prozent reduziert werden (ca. 1,5 Stunden statt 2 Stunden). Von höherer Bedeutung ist allerdings hier anzusehen, dass auf Grund der expliziten Generierung von Prozesshüllen eine höhere Transparenz für ein Unternehmen gegeben ist, welche Informationen über unternehmensinterne Prozesse für andere Unternehmen ersichtlich sind (Know-how-Schutz).

Eine Spezifikation von Informationssystemschnittstellen ist auch in herkömmlichen Vorgehensweisen notwendig, um eine Integrationslösung zu realisieren. Liegt die Schnittstellenspezifikation nicht in UML-Notation vor und ist trotzdem für die Realisierung der Integrationslösung ausreichend, kann an dieser Stelle ein einmaliger zusätzlicher Aufwand für das Erstellen der Schnittstellendatenmodelle entstehen.

Die Spezifikation der Kommunikationsparameter ist in herkömmlichen Vorgehensweisen implizit in der Implementierung enthalten. Die explizite Dokumentation der Kommunikationsparameter ist mit geringem Aufwand (weniger als eine Stunde) verbunden. Sie ist Voraus-

---

66 BALZERT weist darauf hin, dass Wartungskosten bei *kleinen* Änderungen an einer Software in Relation zum Umfang der Änderungen am höchsten sind, da Kosten und Zeit für Programmanalyse und Test pro Wartungsauftrag nicht vom Umfang der vorzunehmenden Änderungen abhängt (s. [Balz-00, S.665]).

67 Der Wert beruht auf der Tatsache, dass ein Wartungsprogrammierer nach BALZERT ca. 47 Prozent seiner Zeit für die Programmanalyse benötigt (s. [Balz-00, S. 665]).

setzung für die teilautomatisierte Implementierung in der nächsten Phase. Darüber hinaus lässt sich der Aufwand in der Wartung für das Suchen der Kommunikationsparameter einer Integrationslösung, falls diese nur im Quellcode der Integrationslösung dokumentiert ist, um schätzungsweise 99 Prozent reduzieren.

Eine Erfassung der zu verwendenden Datenformate ist auch in herkömmlichen Vorgehensweisen notwendig. Durch die explizite Dokumentation der verwendeten Datenformate entsteht darüber hinaus jedoch eine Datenbasis, aus der für ein Unternehmen die von ihm eingesetzten Standards ersichtlich werden. Vor dem Hintergrund, dass vielen Unternehmen nicht bewusst ist, welche Standards sie einsetzen (s. [EC-04, S. 32]), wird damit eine Unterstützung für strategische Entscheidungen geboten.

6.3.4 Implementierung der Informationssystemschnittstellen

Nach dem Entwurf des unternehmensübergreifenden Prozesses und der Erfassung der Unternehmensschnittstellenspezifikationen wurde im abschließenden Schritt die Integrationslösung implementiert. Der erste Schritt war dabei die Identifizierung heteronymer Objekte in den Datenmodellen für die Informationsobjekte *Lieferabruf*, *Lieferschein* und *Stammdaten* der jweiligen Unternehmensschnittstellen. Dies bedeutete für Objekte des FORS-Teildatenmodells heteronyme Objekte im ipronet-Teildatenmodell sowie den Datenmodellen des VDA und ODETTE-Standards zu identifizieren. Dieser Schritt wurde durch das CAEI-Werkzeug entsprechend des in Abschnitt 4.4.1 vorgestellten Verfahrens ausgeführt (s. Bild 6.15, Bild 6.16, Bild 6.17).

Auf der Menge der gefundenen und einander zugeordneten heteronymen Objekten basierend wurden Abbildungsregeln zwischen den unterschiedlichen (Teil-) Datenmodellen gebildet. Mit Hilfe des CAEI-Werkzeugs wurde eine initiale Menge von Abbildungsregeln generiert (s. Bild 6.18), die anschließend manuell nachbearbeitet wurden. Hierbei wurden zum einen die semantische Korrektheit der Abbildungen überprüft sowie nicht automatisch erkannte Abbildungen ergänzt.

Nach dem Identifizieren von heteronymen Elementen in den Datenmodellen und der Ableitung von Abbildungsregeln wurden diese Regeln vor der letztendlichen Programmcode-Generierung manuell nachbearbeitet. Hierbei wurden zum einen die semantische Korrektheit der Abbildungen überprüft sowie nicht automatisch erkannte Abbildungen ergänzt.

Die Nachbearbeitung der grafisch dargestellten Abbildungsvorschriften schloss das Abbildungsverfahren ab und der entsprechende Programmcode wurde generiert. Im Prototyp des CAEI-Werkzeugs steht Funktionalität zur Erzeugung von Java-Quellcode zur Verfügung. Der erzeugte Quellcode umfasste die Implementierung eines Webservice für den Datenaustausch zwischen zwei Systemen und der Transformation der zu sendenden oder empfangenden Daten entsprechend der spezifizierten Abbildungen. Diese implementieren Webservices verbinden die Systeme FORS und iproNet informationstechnisch.

In Bild 6.14 ist das Ergebnis einer Bedarfssimulation in der Lieferkette dargestellt, die im iproNet-System auf Basis aktueller Daten aus dem FORS-System erzeugt wurde. Der Primärbedarf des Endkunden unterliegt ständigen Schwankungen, weshalb er auch regelmäßig durch den an das iproNet-System angebundenen OEM aktualisiert wird. Die Simulationsfunktion des iproNet-Systems vergleicht Tag für Tag wie viel Bedarf an Teilen vorhanden ist und vergleicht diesen mit der aktuellen Kapazität. Die Differenz aus Bedarf und Kapazität wird zum Bestand des letzten Tages addiert. Auf diese Weise können eventuelle Rückstände aufgezeigt werden. In Bild 6.14 ist in den Zeilen der erzeugten Tabelle der Bedarf, die Kapazität und der Bestand für den Zeitraum über elf Tage des Zulieferers *Zulieferer1* dargestellt. In der letzten Zeile ist für die letzten drei Tage ein Rückstand von drei, sechs und zehn Teilen zu erkennen. Auf Grund der Integration mit den PPS-Systemen von Zulieferern (im Anwendungsszenario das FORS-System) kann diese Simulation auf aktuellen Daten und ohne zeitintensive Informationsanforderung durchgeführt werden.

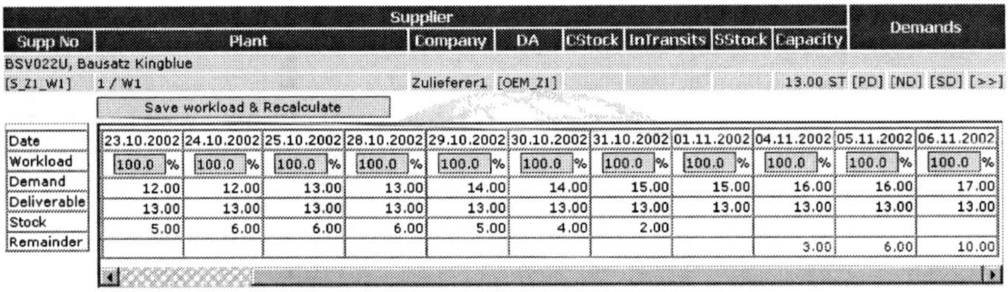

Supplier								Demands
Supp No	Plant	Company	DA	CStock	InTransits	SStock	Capacity	
BSV022U, Bausatz Kingblue								
[S_Z1_W1]	1 / W1	Zulieferer1	[OEM_Z1]				13.00 ST	[PD] [ND] [SD] [>>]

Save workload & Recalculate

Date	23.10.2002	24.10.2002	25.10.2002	28.10.2002	29.10.2002	30.10.2002	31.10.2002	01.11.2002	04.11.2002	05.11.2002	06.11.2002
Workload	100.0 %	100.0 %	100.0 %	100.0 %	100.0 %	100.0 %	100.0 %	100.0 %	100.0 %	100.0 %	100.0 %
Demand	12.00	12.00	13.00	13.00	14.00	14.00	15.00	15.00	16.00	16.00	17.00
Deliverable	13.00	13.00	13.00	13.00	13.00	13.00	13.00	13.00	13.00	13.00	13.00
Stock	5.00	6.00	6.00	6.00	5.00	4.00	2.00				
Remainder									3.00	6.00	10.00

Bild 6.14: Ergebnisse einer Bedarfssimulation mit dem iproNet-Werkzeug

Werkzeugunterstützung

Die **Identifikation von heteronymen Objekten** in Datenmodellen wurde durch das CAEI-Werkzeug mittels einer Implementierung des in Abschnitt 4.4.1 vorgestellen Verfahrens unterstützt. Die in diesem Verfahren benutzte Funktion *sim* ist durch die Gewichtung der Eigenschaften für eine Ähnlichkeitsbestimmung parametrisiert. Bild 6.15 zeigt einen Editor zum Einstellen dieser Parameter, insbesondere der Eigenschaftsgewichte. Die Einstellungen sind Teil der CAEI-Projektmappe (1). Auf der rechten Seite des Bildes ist die Einstellung des Gewichts „1" (3) für den Namen (*name*) einer Klasse (2) zu erkennen.

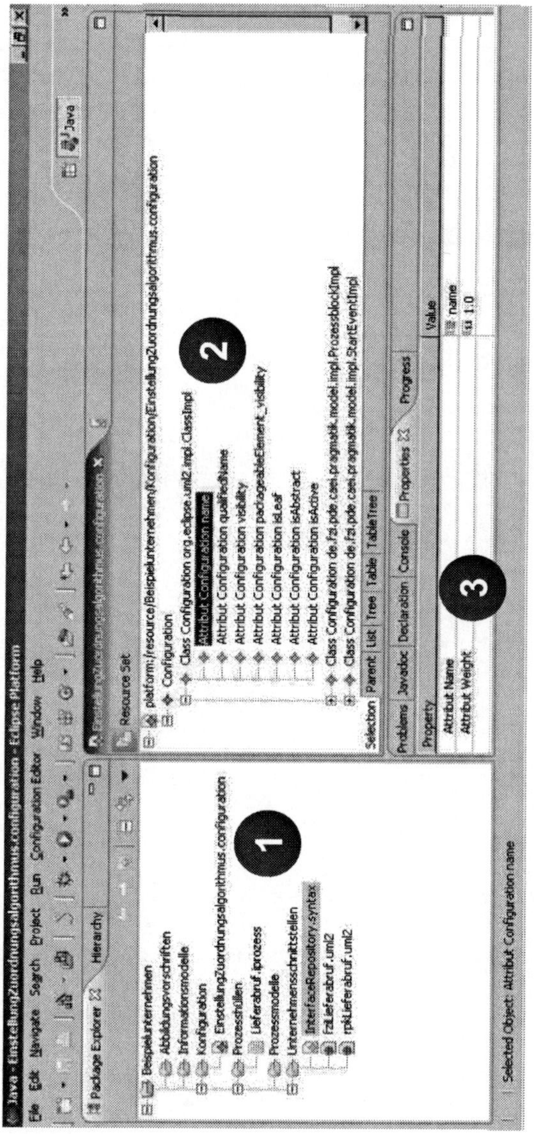

Bild 6.15: Konfiguration des Zuordnungsalgorithmus durch Festlegung von Parameterwerten für die Funktion „sim“

Die Ausführung des Zuordnungsverfahrens wird durch einen Wizard unterstützt. In diesem Wizard (s. Bild 6.16) kann das CAEI-Projekt (1) sowie die beiden aufeinander abzubildenden

Datenmodelle (2, 3) angegeben werden. Der Verlauf des heuristischen Verfahrens kann in einer Excel-Datei protokolliert werden, deren Namen ebenfalls im Wizard angegeben werden kann (4). Das Ergebnis des Verfahrens wird in einer Datei abgelegt. Im Wizard kann der Name dieser Datei angegeben werden (5). Nachdem alle Angaben vollständig verfügbar sind, kann durch Drücken des Knopfs *Finish* (6) das Verfahren gestartet werden. Eine Anzeige (7) informiert den Benutzer nach Start des Verfahrens über dessen Fortschritt.

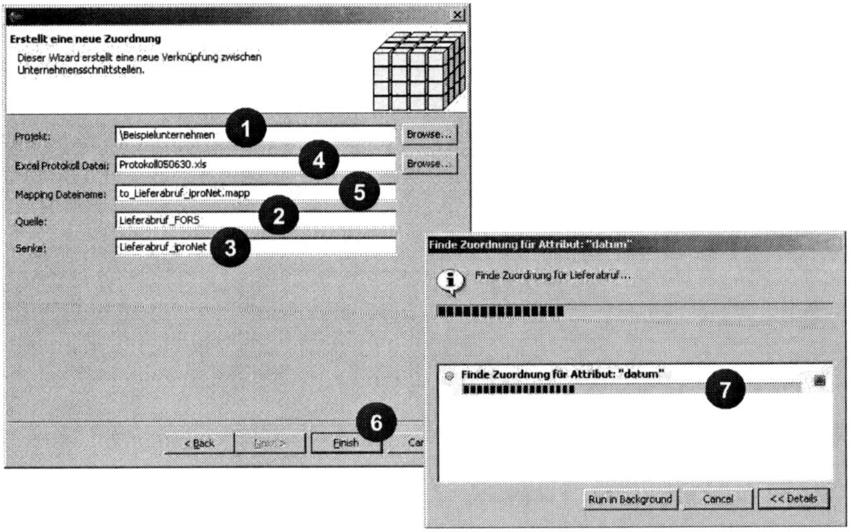

Bild 6.16: Wizard zum Generieren von Abbildungsregeln

Im Wizard spezifizierte Dateien für Protokoll und Ergebnis des Verfahrens sind nach Berechnung der Abbildungen in der Projektmappe verfügbar (1) wie sich in Bild 6.17 erkennen lässt. Da Eclipse das weit verbreitete Excel-Format unterstützt, kann das Verlaufsprotokoll des Verfahrens direkt in der Entwicklungsumgebung betrachtet werden (2). Im Bild ist das Ansteigen der durchschnittlichen Ähnlichkeit der aktuell einander zugeordneten Datenmodellelemente zu erkennen. Die Werte sind sowohl absolut in der Excel-Tabelle angegeben als auch deren Verlauf in Form eines Liniendiagramms dargestellt.

Am Ende des Verfahrens wird durch das CAEI-Werkzeug basierend auf den gefundenen Zuordnungen von Modellelementen automatisch eine **Abbildungsvorschrift** zwischen den Datenmodellen der Unternehmensschnittstellen **erzeugt**. Diese Abbildungsvorschrift kann im CAEI-Werkzeug mit Hilfe des in Bild 6.18 dargestellten grafischen Editors nachbearbeitet werden. In der Projektmappe (1) wurde die zuvor erzeugte Ergebnisdatei des Abbildungsverfahrens eingefügt. In der Bearbeitungsfläche des Editors (2) wird das Ergebnis des Abbildungsverfahrens grafisch angezeigt. Hierbei werden Klassen, Attribute und Assoziationen der aufeinander abzubildenden Datenmodelle dargestellt. Pfeile zwischen Attributen repräsentieren eine Abbildungsregel zwischen diesen Attributen. Die Darstellung in Bild 6.18 wurde automatisch durch das Werkzeug generiert. Sie ist ein Teil des Ergebnisses des Abbildungsalgorithmus angewendet auf das Modell des Informationsobjekts *Lieferabruf* in der Multiformatdarstellung (FORS) und dem iproNet-Format. Im Bild ist z. B. zu erkennen, dass das Attribut *DFU_DFUENR* der Klasse *DFU_LABDFUE* auf das Attribut *MID_Document_Date_coded* der Klasse *MID* abgebildet wird. Die Darstellung zeigt das Ergebnis vor der manuellen Nachbearbeitung.

Im Editor können die grafisch dargestellten Abbildungen weiter bearbeitet werden. Verknüpfungen von Datenelementen können über Eigenschaften detaillierter spezifiziert werden. Hier können z. B. Typumwandlungen oder Stringbearbeitungen angegeben werden. Falsche Abbildungsverknüpfungen können gelöscht, fehlende Abbildungsverknüpfungen hinzugefügt werden. Für letztere Aktion steht eine Auswahl von Abbildungstypen in einer Palette (3) zur Verfügung. Eine Abbildungsvorschrift wird erzeugt, indem zunächst ein Abbildungstyp aus dieser Palette ausgewählt wird. Anschließend kann der Benutzer durch Klicken auf das Quelldatenelement und ziehen des Mauszeigers auf das Zieldatenelement eine Verknüpfung erzeugen.

Die **Generierung des Programmcodes** basierend auf den überarbeiteten Abbildungsvorschriften wurde ebenfalls durch das CAEI-Werkzeug durchgeführt. Hierfür wurde der Benutzer des CAEI-Werkzeugs wiederum durch einen Wizard begleitet. Bild 6.19 zeigt die Schritte des Wizards. Im linken Fenster ist zu erkennen, dass im ersten Schritt des Wizards die Namen von Java-Projekten („LAB_FORS_senden", „LAB_iproNet_empfangen") eingegeben werden können, die den Programmcode des Senders und Programmcode des Empfängers enthalten sollen (1). Nach Drücken des Knopfes *Next* (2) wird das Fenster für den zweiten Schritt des Wizards geöffnet. In diesem Fenster werden die Kommunikationsparameter spezifiziert (3), die für die Erzeugung des Progammcodes von Bedeutung sind. Hierzu zählt die URL (Uniform Resource Locator) des Rechners, auf dem später der Programmcode ausgeführt werden soll, sowie die Bezeichnung von Java-Klassen, die als Schnittstellen zur Datenübertragung für weitere Implementierungen dienen sollen. Durch Drücken des Knopfes *Finish* (4) wird die Programmcodegenerierung gestartet. Im dritten Schritt informiert eine Anzeige (5) über den Fortschritt der Programmcodegenerierung. Zunächst werden Java-Projektmappen in der Entwicklungsumgebung entsprechend den Angaben im ersten Schritt generiert. Anschließend werden Programmcode-Dateien generiert und diesen Projektmappen hinzugefügt sowie deren Kompilierung durch einen Java-Compiler gestartet.

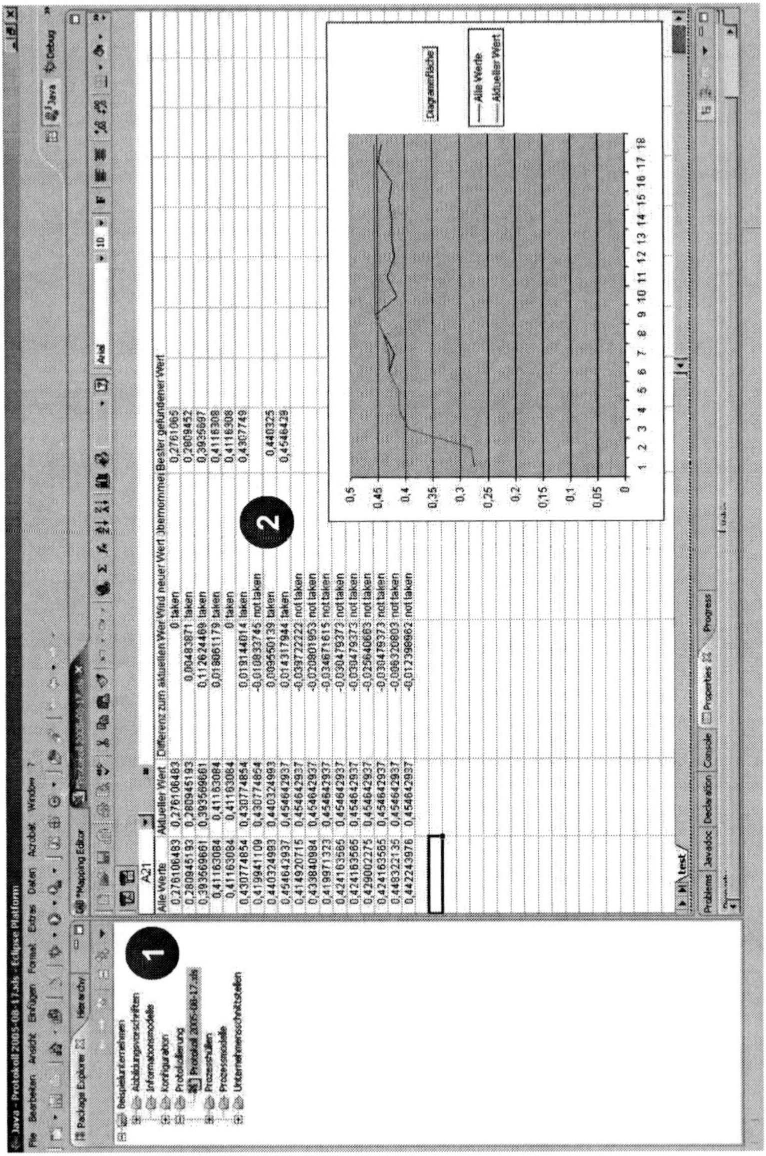

Bild 6.17: Protokollierung des Zuordnungsalgorithmus (Ausschnitt)

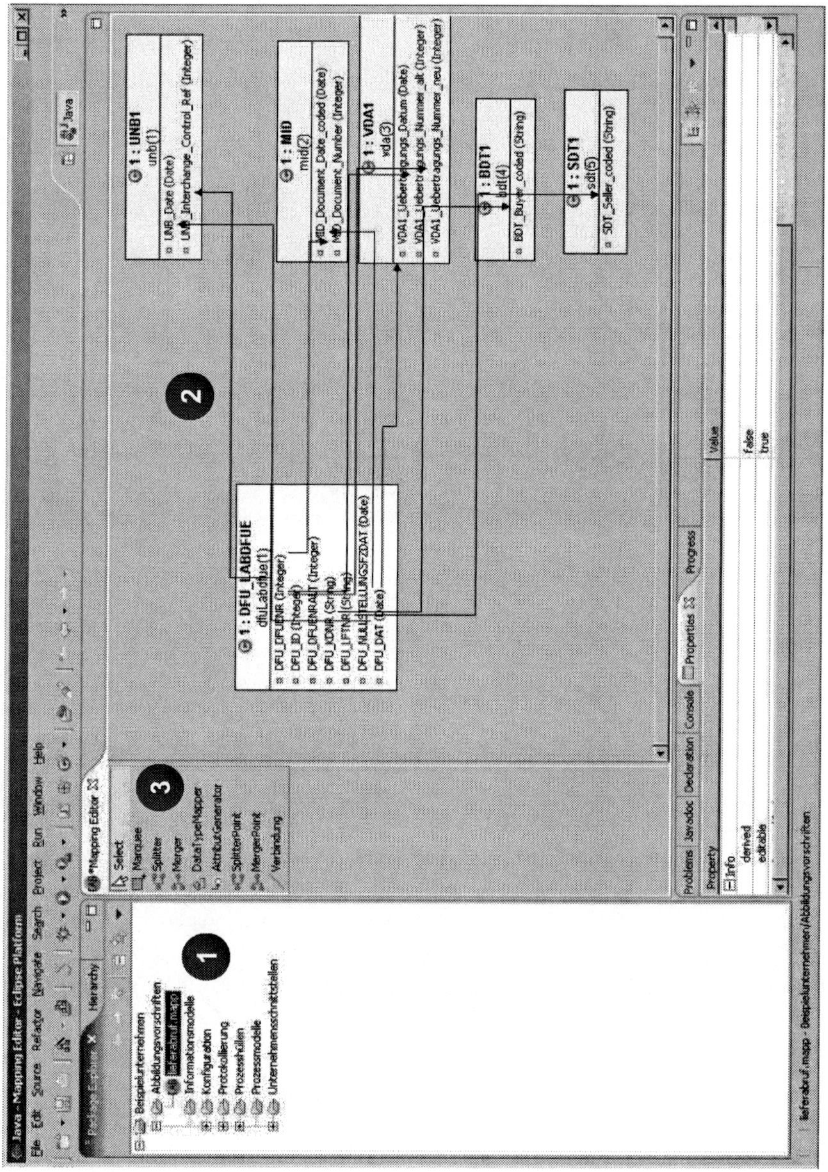

Bild 6.18: Grafischer Editor zur Bearbeitung der automatisch generierten Abbildungsvorschriften des Informationsobjekts „Lieferabruf“

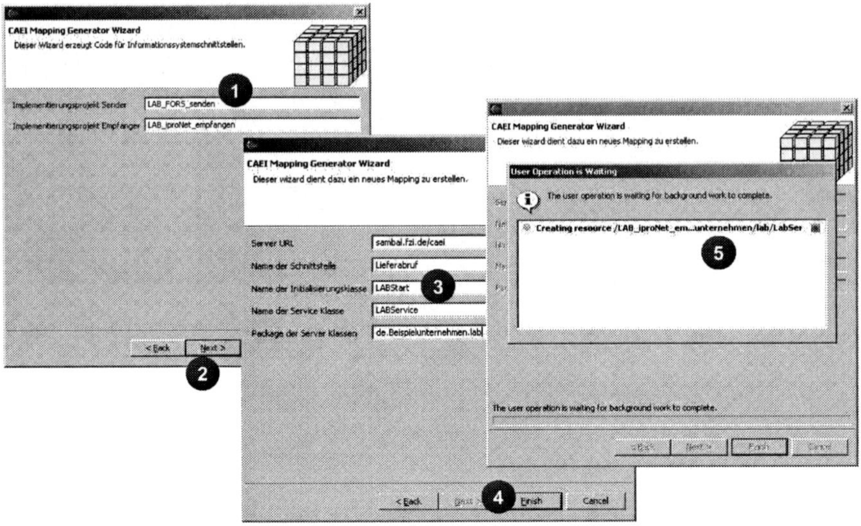

Bild 6.19: Wizard zum Starten der Programmcodegenerierung

Nutzen

Im Vergleich zum Aufwand für die Realisierungsphase im iproNet-Projekt konnte eine deutliche Effizienzsteigerung im Anwendungsszenario festgestellt werden. Hierbei hat sich insbesondere die werkzeugunterstützte Identifizierung von heteronymen Objekten bewährt. Während im iproNet-Projekt für die manuelle Erstellung der Abbildungsvorschriften inklusive Identifizierung von heteronymen Objekten ca. 20 Personentage (PT) benötigt wurden, war mit Hilfe des CAEI-Werkzeugs für die gleiche Aufgabe nur ein Aufwand von ca. drei Personentagen notwendig. Hierbei stellte die Nachbearbeitung der generierten Objektzuordnungen und Abbildungsvorschriften den größten Anteil (ca. 90 Prozent) dar. Berücksichtigt man den geringeren Nachbearbeitungsaufwand im Anwendungsszenario auf Grund des Erfahrungswissens aus dem iproNet-Projekt, ergibt sich ein geschätzter Aufwand von fünf Personentagen und damit eine Aufwandsreduzierung um ca. 75 Prozent.

Im Rahmen des iproNet-Projekts stellten die Erstellung von Abbildungsvorschriften und deren Implementierung einen gemeinsamen Arbeitsschritt dar. Aus diesem Grund kann kein direkter Vergleich der Aufwände gemacht werden. Da die Programmcode-Generierung mit einem zeitlich geringen Aufwand verbunden war (weniger als eine Stunde), kann man diesen Schritt für die Aufwandsbetrachtung jedoch als unbedeutend kleinen Summanden dem Aufwand für die Erzeugung der Abbildungsvorschrift zuordnen.

Durch die Trennung der Generierung von Abbildungsvorschriften und deren Implementierung wird jedoch die Wartungsarbeit wesentlich erleichtert. Änderungen an Abbildungsvorschriften können auf diese Weise durch einfache Manipulation von Grafiken durchgeführt werden statt durch komplexe Quellcodeänderungen. Geht man beim Aufwand für das Anpassen einer Abbildungsvorschrift von einem Anteil von 45 Prozent[68] Einarbeitungszeit und einen um 50 Prozent reduzierten Aufwand für diese Einarbeitungszeit aus, so ergibt sich eine Reduzierung des Aufwands um schätzungsweise mehr als 20 Prozent. Darüber hinaus dürfte durch das kontinuierliche Erweitern des Erfahrungsspeichers die Qualität des Ergebnisses des Zuordnungsalgorithmus steigen und folglich der Nachbearbeitungsaufwand zukünftig geringer werden.

Ein Projektreview wurde im Anwendungsszenario nicht durchgeführt. Jedoch hat sich in anderen Anwendungsgebieten der Nutzen solcher Reviews gezeigt (s. z. B. [ADEK-05], [Balz-00]). Durch diese Projektreviews kann zum einen verhindert werden, ähnliche Fehler in nachfolgenden Projekten zu wiederholen[69], zum anderen können Verbesserungspotenziale für zukünftige Projekte identifziert werden.

6.3.5 Zusammenfassende Nutzenbetrachtung

In der hier beschriebenen Konzeptverifikation wurde deutlich, wie ein CAEI-Werkzeug aufgebaut ist und welche Funktionen es grundsätzlich erfüllen kann. Insbesondere die Werkzeugunterstützung zur Generierung von Abbildungsprogrammcode führte zu einer deutlich schnelleren Realisierung der Integrationslösung im Vergleich zur manuellen Erstellung während des iproNet-Projekts. Bereits durch diesen Umstand hat sich der Einsatz des Werkzeugs als vorteilhaft erwiesen. Darüber hinaus bietet die zukünftige Wiederverwendung von Teilergebnissen der Integrationslösung ein Nutzenpotenzial für die effiziente Durchführung zukünftiger Integrationsprojekte. In Bild 6.20 sind die in den vorherigen Abschnitten beschriebenen Nutzenaspekte nochmals im Überblick zusammengefasst.

Da das vorgestellte Konzept viele bekannte Bausteine herkömmlicher Ansätze aufgreift (z. B. Modellierung von Prozessen, grafische Darstellung einer Abbildungsvorschrift) und diese miteinander verbindet oder automatisiert, ist der Schulungsaufwand zur Anwendung des Konzepts recht gering. Zur Schulung der Zusammenhänge der einzelnen Konzeptbausteine (z. B. Prozessblock und Unternehmensschnittstelle) und damit dem Vermitteln des Gesamtkonzepts einschließlich der Vorgehensweise ist ein Aufwand von ca. zwei bis drei Tagen notwendig (abhängig von den Vorkenntnissen des Schulungsteilnehmers). Darüber hinaus ist für die Schulung der Anwendung des Werkzeugs ebenfalls ca. ein bis zwei Tage notwendig.

---

68 s. Fußnote 67

69 BALZERT weist darauf hin, dass z. B. durch ein konsequentes Review 60 bis 70 Prozent der Fehler in einem Dokument gefunden werden können [Balz-00, S. 321].

Phase / Nutzenaspekt	Direkte Einsparung im Integrationsprojekt	Prognostizierte Einsparung in Wartung	Prognostizierte Einsparungen in nachfolgenden Projekten	Nicht quantifizierbarer Nutzen
Potenzialanalye				
Explizite Potenzialanalyse				Sicherstellen, dass Projektziele am Nutzen für das Unternehmen ausgerichtet sind.
Gleiche Projektstruktur in allen Projekten				Erleichterter Aufbau einer Erfahrungsbasis für Projektplanung.
Analyse				
Weiterverwendung von Modellen unternehmensinterner Prozesse	1 PT			
Systematische Erfassung von Informationssystemen			80%	
Wiederverwendung früherer Analyseergebnisse			15%	
Konzeption				
Verknüpfung von Modellen interner und übergreifender Prozesse		>20%		
Aufbau unternehmensübergreifender Prozesse aus Prozesshüllen	0,5h je Prozess			Erhöhte Transparenz für Unternehmen, welche Informationen über unternehmensinterne Prozesse weitergegeben werden.
Explizite Darstellung der Kommunikationsparameter		99%		
Implementierung				
Werkzeugunterstützte Generierung von Abbildungsvorschriften	15 PT (75%)		Event. >75%	
Grafische Darstellung von Abbildungsvorschriften		>20%		
Projektreview				Vermeidung von Fehlerwiederholung, Identifizierung von Verbesserungspotenzial.

Bild 6.20: Zusammenfassende Nutzenbetrachtung

Ebenso sind die zu erwartenden Einsparungen bei Wartung und Pflege von Integrationslösungen deutlich höher als eventuelle Wartungskosten für das CAEI-Werkzeug. Wartungskosten für das CAEI-Werkzeug können insbesondere dann entstehen, falls das Werkzeug wie in dieser Arbeit als Plug-In einer Entwicklungsumgebung realisiert ist. Ein Einsatz neuerer Versionen der Entwicklungsumgebung (sogenanntes *Upgrade*) erfordert ein Test des Werkzeugs und eine eventuelle Anpassung an die neue Entwicklungsumgebung. Im Durchschnitt wird für die Wartung des Werkzeugs ca. 0,33-0,5 Personenjahre pro Jahr vermutet.

Vergleicht man diesen Wert mit dem heutigen Aufwand für die Pflege von Integrationslösungen (s. Kapitel 1), ist hier von einen hohen Einsparungspotenzial auszugehen. Wie in den vorherigen Abschnitten gezeigt, lässt sich bei Wartungstätigkeiten an Schnittstellen über 20 Prozent des Aufwands durch die konsequente, integrierte Dokumentation bei Realisierung der Integrationslösung einsparen.

6.4 Weitere Beispiele aus der industriellen Anwendung

Neben obigem Anwendungsszenario wurde das Konzept noch in einer Reihe von weiteren Projekten mit industriellen Anwendern erprobt. Im Folgenden wird ein grober Überblick über die weiteren Anwendungsgebiete gegeben:

- **Analyse der IT-Landschaft und Ausarbeitung eines Integrationskonzepts bei einem Konzern für Dichtungs- und Schwingungstechnik:**

  Hierbei wurde ein Konzept für einen Konzern mit mehreren europäischen Standorten entwickelt, das es ermöglicht von jedem Standort aus die Bestände eines Artikels an anderen Standorten zu erfragen. Zu berücksichtigen war eine heterogene Systemlandschaft bedingt durch eine hohe Eigenständigkeit der einzelnen Standorte. Auf der Grundlage einer standortübergreifenden Geschäftsprozessanalyse wurde ein Konzept für die Entwicklung von standortspezifischen Unternehmensschnittstellen als Basis einer dezentralen Integrationslösung ausgearbeitet.

- **Analyse und Konzeption eines Internetportals für ein Extended Enterprise eines Färbemaschinenherstellers:**

  Bei diesem Anwendungsbeispiel wurde ein Internetportal zur Bereitstellung und Verwaltung von Service-Informationen (z. B. allgemeine Produktinformationen, Ersatzteilinformationen, Wartungsprotokolle) im Zuliefernetzwerk konzipiert und entwickelt. Grundlage hierfür bildet die Analyse und Dokumentation der unternehmensübergreifenden Geschäftsprozesse. Darauf aufbauend wurden individuelle Unternehmensschnittstellen entwickelt, über die Zulieferer Informationen über Zukaufteile in einer unternehmensübergreifenden Produktstruktur zur Verfügung stellen.

- **Konzeption eines Internetportals bei einem Hersteller von Sitzen für Fahrzeuge des öffentlichen Personennahverkehrs:**

  Hier wurde eine Unternehmensschnittstelle konzipiert und dokumentiert, über die Informationen zu einem extern betriebenen Portal zur detaillierten Erfassung von Ersatzteilbestellungen ausgetauscht werden können. Die empfangenen Daten werden für eine Auswertung der Lifecycle Costs einzelner Bauteile oder für einzelne Kunden eingesetzt. Die Unternehmensschnittstelle leitet aktuelle Produktinformationen aus unternehmensinternen Informationssystemen an das Portal weiter und verteilt aus diesem empfangene Bestellinformationen an ein internes Informationssystem.

- **Potenzialanalyse einer E-Procurement-Lösung bei einem Automobilzulieferer:**

  Bei diesem Projekt wurde das Potenzial für eine E-Procurement-Lösung bei einem mittelständischen Automobilzulieferer eruiert. Basierend auf einer Analyse des Zukaufteilportfolios und einer Analyse der unternehmensübergreifenden Beschaffungsprozesse wurden die potenziellen Einsparungen sowie die entstehenden Kosten für die Realisierung einer solchen Lösung abgeschätzt.

7 Ausblick

In vielen Unternehmen findet derzeit ein Umbruch statt, der sich auf die Konzentration auf eigene Kernkompetenzen und einer Auslagerung der übrigen Unternehmensfunktionen bezieht. Verbunden damit ist eine Öffnung eines Unternehmens nach außen und einer verstärkten Integration von Partnern. Um diesem Wettbewerbsfaktor Integration Rechnung zu tragen, müssen zwei miteinander eng verbundene Gesichtspunkte berücksichtigt werden: Die Leistungsfähigkeit der operativen Integrationslösungen und die Fähigkeit eines Unternehmens, weitere Integrationslösungen effizient zu realisieren. Das Management von Integrationslösungen wie es in dieser Arbeit vorgestellt wurde, ist die grundlegende Plattform in einem Unternehmen, um diese Aufgaben zu bewältigen.

Das in der Arbeit vorgestellte CAEI-Werkzeug unterstützt die Realisierung von Integrationslösungen, die Optimierungspotenziale in Unternehmen ausschöpfen. Die Identifikation solcher Optimierungspotenziale wird allerdings nicht durch das Werkzeug unterstützt. Erweiternde Konzepte und entsprechende Werkzeuge zur Überwachung der tatsächlichen Leistungsfähigkeit operativer Integrationslösungen würden es ermöglichen, Handlungsbedarf zu identifizieren und eventuelle Schwachstellen aufzudecken. Hierzu müssen in der Konzeptphase eines Integrationsprojekts Leistungskriterien sowohl für unternehmensübergreifende Prozesse als auch für technische Systeme definiert werden und zur Laufzeit kontinuierlich gemessen werden. Die Überwachung dieser Leistungskriterien könnte durch geeignete Werkzeugunterstützung automatisiert werden, sodass z. B. eine Alarmierung bei Nichterfüllung der Leistungskriterien erfolgen würde.

Wird die unternehmensübergreifende Zusammenarbeit mit Partnern zu einem entscheidenden Wettbewerbsfaktor, muss auch die Fähigkeit zusammenarbeiten zu können erarbeitet oder bewahrt werden (*Integrationsfähigkeit*). Ob ein Unternehmen effizient Integrationslösungen realisieren kann, wird damit zu einem wichtigen Aspekt in der Bewertung seiner Wettbewerbsfähigkeit. Der qualitative Rückblick auf ein abgeschlossenes Integrationsprojekt wie er im vorgestellten Vorgehensmodell vorgesehen ist, ist ein erster Ansatz für eine solche Bewertung. Über diesen Ansatz hinaus gilt es in der Zukunft Indikatoren zu entwickeln, die eine möglichst quantitative Aussage über die Integrationsfähigkeit eines Unternehmens ermöglichen und die in der Praxis erfassbar sind.

Die Effizienz der unternehmensübergreifenden Integration von Informationssystemen lässt sich durch Weiterentwicklung der in dieser Arbeit vorgestellten Methode erhöhen. Ein Ansatz hierfür ist die Interpretation von Nutzdaten zur Generierung von Abbildungsvorschriften zwischen verschiedenen Datenschemata. Darüber hinaus lässt sich ein Trend feststellen, Objekte mit Hilfe von Ontologien[70] semantisch zu beschreiben. Unter der Voraussetzung, dass zu-

70 Nach KLIMESCH ist eine Ontologie „ ... eine Sammlung von Konzepten (Begriffen), Relationen (Beziehungen) und Regeln, die auf dem Konsens einer Gruppe von Personen, z. B. eines Unternehmensbereichs, beruht. Sie stellt eine gemeinsame Sicht auf einen Anwendungsbereich zur Verfügung, wobei der Aufbau einer Ontologie einen sozialen Prozess, der die aktive Einbindung der betroffen Personen erfordert, und auf eine Konsensfindung ausgerichtet ist. [Klim-03, S. 196]

künftig der Einsatz von Ontologien zur Beschreibung von Informationsmodellen eine hohe Akzeptanz findet, lässt sich das Verfahren zur Generierung von Abbildungsvorschriften weiter verbessern.

Zuletzt lässt sich festhalten, dass die ganzheitliche Beschreibung der Schnittstellen eines Unternehmens auch eine Beschreibung der Kompetenzen eines Unternehmens darstellt. Folglich könnte in zukünftigen Entwicklungen der in dieser Arbeit vorgestellte Ansatz zur Beschreibung der Schnittstellen eines Unternehmens genutzt werden, um Kompetenz des Unternehmens anzubieten oder aus der umgekehrten Sicht Partner mit ergänzenden Kompetenzen werkzeugunterstützt zu suchen. Über die reine Bewertung der Kompetenzen eines Unternehmens hinaus liese sich auf diese Weise auch identifizieren, wie effizient eine Integration mit einem potenziellen Partner realisiert werden kann. In diese Betrachtung können z. B. eingesetzte Informationstechnologien oder Standards mit einfließen, oder aber auch verfügbare Prozessschnittstellen.

Abschließend soll aber auch noch einmal angemerkt werden, dass eine möglichst hohe Automation der Integration von Prozessen und Informationssystemen über Unternehmensgrenzen hinweg nicht den Faktor Vertrauen in der Zusammenarbeit von Unternehmen ersetzen kann. Da Vertrauen zwischen Menschen und nicht zwischen Maschinen gebildet wird, lässt sich dieser Faktor auch zukünftig nur als manuelle Tätigkeit in Vorgehensweisen zur Integration von Unternehmen einbinden.

8 Zusammenfassung

Der Erfolg eines Unternehmens hängt heute zu einem großen Teil auch davon ab, dass Unternehmenskooperationen flexibel aufgebaut werden können und eine unternehmensübergreifende Zusammenarbeit effizient gestaltet werden kann. Der zunehmende globale Wettbewerb sowie immer kürzere Innovationszyklen und technologische Neuerungen zwingen die meisten Unternehmen, sich stärker als bisher auf ihre Kernkompetenzen zu konzentrieren. Betätigungen außerhalb dieser Kernkompetenzen werden durch in die Wertschöpfung integrierte Dienstleister oder Partnerunternehmen erbracht. Unterschiedliche Formen der Integration haben sich hierbei herausgebildet: Integration einzelner oder mehrerer Unternehmensfunktionen, Integration zweier Partner oder Integration vollständiger Wertschöpfungsketten bzw. -netzwerken sowie temporäre oder permanente Kooperation von Unternehmen.

Die enge Zusammenarbeit über Unternehmensgrenzen hinweg führt dazu, dass eine unternehmensinterne Sichtweise auf Geschäftsprozesse nicht mehr ausreichend ist. Die Betrachtung unternehmensübergreifender Geschäftsprozesse bietet die Möglichkeit, nicht nur lokale Nutzenpotenziale in einer Wertschöpfungskette auszuschöpfen, sondern eine Optimierung der gesamten Wertschöpfungskette zu erreichen. Der entscheidende Faktor ist hierbei der Einsatz moderner Informations- und Kommunikationstechnologie zur Beschleunigung des Informationsaustauschs zwischen Unternehmen und der Erhöhung der Informationsverfügbarkeit über Unternehmensgrenzen hinweg.

Trotz dieser Bedeutung der unternehmensübergreifenden Zusammenarbeit sind Unternehmen heute kaum in der Lage, der wachsenden Zahl von Integrationslösungen und die durch Interdependenzen zwischen den Integrationslösungen entstehende Komplexität zu beherrschen. Die Informationssystemlandschaft in Unternehmen ist geprägt durch eine Vielzahl von Insellösungen für die Integration verschiedener Unternehmensfunktionen und die Integration gleicher Unternehmensfunktionen mit verschiedenen Partnern. Ein Großteil der Kapazität von IT-Abteilungen wird für die Realisierung und Pflege dieser Integrationslösungen aufgewendet. Bisherige Ansätze zur Integration von Unternehmen werden den Anforderungen an eine zentrale, kontinuierliche Aufgabe im Unternehmen nicht gerecht, weil sie einen oder mehrere der folgenden Punkte aufweisen:

- **Keine Wiederverwendung von Integrations-Know-how**: Integrationsprojekte werden als alleinstehende Vorhaben betrachtet. Die Wiederverwendung von Know-how aus vorherigen Integrationsprojekten fließt nur ad hoc ein.
- **Keine ganzheitliche Betrachtung aller Integrationslösungen**: Die Konzeption von Integrationslösungen als Insellösungen erschwert das Erkennen von Interdependenzen (Erhöhung der Wartungskomplexität) und Gemeinsamkeiten (Möglichkeiten zur Wiederverwendung) von Integrationslösungen.
- **Keine semiotisch durchgängige Konzeption**: Viele Ansätze beschränkten sich auf eine Methode zur Integration auf pragmatischer Ebene (Geschäftsprozesse) oder auf syntaktischer Ebene (Datenaustausch). Auf der Semantikebene wird oftmals nur auf den Einsatz

von Standards verwiesen. Die Abhängigkeiten zwischen den Ebenen werden oftmals vernachlässigt.

- **Keine Trennung zum Schutz von Know-how**: Dem Bedürfnis von Unternehmen, Geschäftsprozesse als Teil des Unternehmens-Know-how nicht vollständig transparent nach außen darzustellen, wird oftmals keine Rechnung getragen.
- **Keine Einbindung in einen kontinuierlichen Prozess**: Viele Ansätze beschränken sich auf die Realisierung einer Integrationslösung für einen temporären Zweck. Die Verankerung der Realisierung und Pflege von Integrationslösungen als ein zentraler Prozess im Unternehmen wird vernachlässigt.

Aus diesem Grund wurde in der vorliegenden Arbeit eine Methode für eine ganzheitliche Konzeption, Realisierung und Pflege von Integrationslösungen sowie ein zugehöriges *Computer Aided Enterprise Integration* Werkzeug entwickelt. Die Methode und das Werkzeug unterstützen eine Vorgehensweise für einen kontinuierlichen Ausbau und eine effiziente Pflege der informationstechnisch unterstützten, unternehmensübergreifenden Kooperationen eines Unternehmens.

Als Basis hierfür wurde ein zentraler Lösungsraum – der so genannte *Integrationsraum* – erarbeitet, der alle benötigten Informationen aufnimmt, die während der Realisierung von unternehmensübergreifenden Integrationslösungen entstehen und für zukünftige Integrationslösungen zur Verfügung stehen sollen. Dieser dreidimensionale Raum wird durch die folgenden Einflussgrößen aufgespannt:

- Die **Informationssysteme** der IT-Landschaft eines Unternehmens,
- die unternehmensinternen **Geschäftsprozesse** und
- die **Integrationsebenen** Syntax, Semantik und Pragmatik.

Zur Realisierung einer Integrationslösung wird der Raum, der durch die beteiligten Informationssysteme, die betroffenen Geschäftsprozesse sowie alle drei Integrationsebenen aufgespannt wird, gefüllt. Die Teilschritte zur Befüllung des Integrationsraums orientieren sich an der Achse der Integrationsebenen:

- **Pragmatikebene**: Zunächst werden die unternehmensübergreifenden Prozesse der Integrationslösung konzipiert.
- **Syntaxebene**: Anschließend werden die Datenmodelle der auszutauschenden Informationen sowie die zugehörigen Systemschnittstellen und die eingesetzten Kommunikationstechnologien spezifiziert.
- **Semantikebene**: Abschließend werden die Datentransformationen zwischen unterschiedlichen Datenmodellen der beteiligten Partner abgeleitet.

Für die Spezifikation von unternehmensübergreifenden Geschäftsprozessen wurden zwei Sichten auf einen Geschäftsprozess definiert. In einer *unternehmensinternen Sicht* sind unternehmensinterne Aktivitäten, Zuständigkeiten und unterstützende Ressourcen sowie unternehmensinterne und -übergreifende Informationsflüsse dargestellt. In der *unternehmensübergreifenden Sicht* werden Informationsflüsse zwischen Unternehmen sowie zugehörige Aktivitäten, Ressourcen und Zuständigkeiten dargestellt. In der Arbeit wurde ein Verfahren erarbeitet, das einen unternehmensinternen Prozess so abstrahiert, dass er in unternehmensübergreifende Prozesse eingebunden werden kann und gleichzeitig eine Abhängigkeitsbeziehung zwischen unternehmensinternem und unternehmensübergreifendem Prozess verfügbar bleibt.

Für die Unterstützung der datentechnischen Integration auf der Syntaxebene wurde ein *Unternehmensdatenmodell* definiert. Das Unternehmensdatenmodell setzt sich aus den Datenmodellen der Informationssysteme zusammen. In so genannten *Unternehmensschnittstellen* werden Ausschnitte des Unternehmensdatenmodells spezifiziert. Diese Ausschnitte repräsentieren Daten, die während eines unternehmensübergreifenden Informationsflusses gesendet oder empfangen werden.

Ein zentraler Anwendungsaspekt bei der konzipierten Methode lag auf der *Generierung von Abbildungsvorschriften* zwischen unterschiedlichen Datenformaten, die von kooperierenden Partnern genutzt werden. Abbildungsvorschriften als Elemente der Semantikebene beschreiben die Umwandlung einer Datenstruktur in eine andere Datenstruktur, wobei beide Strukturen semantisch gleichbedeutende („heteronyme") Objekte enthalten. Zur Identifikation von heteronymen Objekten wurde eine *Ähnlichkeitsmetrik* definiert, die den Verwendungskontext der auszutauschenden Daten in Form von unternehmensübergreifenden Geschäftsprozessen berücksichtigt. Eine Abbildungsvorschrift ist die Grundlage zur werkzeuggestützten Implementierung einer informationstechnischen Schnittstelle zum Datenaustausch.

Für die Pflege von Integrationslösungen, die durch Anwendung der in dieser Arbeit entwickelten Konzepts erarbeitet wurden, wurden unterstützende Methoden entwickelt. Die Methoden dienen zum *Identifizieren der Auswirkungen* von internen und externen Änderungen an Datenmodellen oder Geschäftsprozessen auf Integrationslösungen.

Für die weitere Unterstützung der konkreten Anwendung in der Praxis wurde ein mit der Methode für die Realisierung und Pflege von Integrationslösungen korrespondierendes und darauf abgestimmtes *Vorgehensmodell* entwickelt, das den Schwerpunkt auf die Beschreibung der zeitlichen und logischen Abfolge der einzelnen Schritte legt sowie die permanente organisatorische Infrastruktur. Dieses unterstützt insbesondere eine evolutionäre Weiterentwicklung der Infrastruktur eines Unternehmens zur informationstechnisch unterstützten unternehmensübergreifenden Zusammenarbeit eines Unternehmens mit Partnerunternehmen.

Im Hinblick auf die Umsetzung des Lösungskonzepts wurde eine *Architektur für ein Computer Aided Enterprise Integration Werkzeug (CAEI-Werkzeug)* konzipiert. Als weiterer Schritt für die Umsetzung des Lösungskonzepts wurde ein darauf ausgelegtes *konzeptionelles Datenmodell*, das als Basis für die Realisierung des CAEI-Werkzeugs diente, erarbeitet und ausführlich beschrieben.

Die Verifikation des Konzepts erfolgte durch eine umfangreiche prototypische Implementierung des CAEI-Werkzeugs, die im Rahmen eines ausführlichen Anwendungsszenarios mit verschiedenen industriellen Partnern die Anwendbarkeit bewiesen hat. Darüber hinaus hat die

Anwendung von Teilen der Methode in weiteren Projekten mit industriellen Anwendern die Praxistauglichkeit der Methode gezeigt. Die Erkenntnisse aus den einzelnen Projekten flossen wiederum in das vorgestellte Konzept ein. Mit Hilfe der Anwendungsbeispiele konnte der Nachweis erbracht werden, dass der vorgeschlagene Lösungsansatz einen nutzenbringenden Weg für die Realisierung und Pflege von Integrationslösungen und den damit verbundenen Beitrag zur unternehmensübergreifenden Integration von Teilnehmern in einem Netzwerk darstellt.

Zusammenfassend lässt sich die Bedeutung der ganzheitlichen, kontinuierlichen Konzeption, Realisierung und Pflege von Integrationslösungen durch die folgenden Nutzenpotenziale unterstreichen:

- Durch die strukturierte Ablage von Ergebnissen aus Integrationsprojekten ist eine erhöhte Wiederverwendung früherer Ergebnisse in Integrationsprojekten möglich. Hierdurch lässt sich die Dauer und Qualität eines Integrationsprojekts verringern. Kurzfristige Kooperationen zur Ausschöpfung temporärer Marktchancen lassen sich dadurch einfacher umsetzen.
- Der Aufwand für die Pflege von Integrationslösungen wird deutlich reduziert, da auf Grund der durchgängigen Verknüpfung von unternehmensinternen und -übergreifenden Datenmodellen und Geschäftsprozessen Auswirkungen von Änderung an diesen transparent gemacht werden können.
- Die Trennung von unternehmensinternen und unternehmensübergreifenden Sichten ermöglicht Unternehmens-Know-how zu schützen und gleichzeitig Informationen für eine effiziente Integration bereit zu stellen.
- Die Automatisierung von Teilschritten wie z. B. die Generierung von Abbildungsvorschriften lässt sich auf Grund der strukturierten Datenbasis erreichen. Dies führt zu einer Verkürzung von Integrationsprojekten und einer Erhöhung der Qualität der Integrationslösungen.
- Die Qualität der Realisierung wird durch die methodische Vorgehensweise und die Unterstützung durch das CAEI-Werkzeug wesentlich erhöht. Dies führt zu reduzierten Pflege- und Wartungsaufwänden.
- Unternehmen sind verstärkt in der Lage, Integrationslösungen selbst zu realisieren und Änderungen an Integrationslösungen selbst durchzuführen. Damit können sie verstärkt auf kostenintensive externe Dienstleistungen verzichten. Gleichzeitig erhöhen sie ihre Reaktionsfähigkeit auf notwendige Änderungen von Integrationslösungen.
- Die reduzierten Zeit- und Kostenaufwände für die Realisierung und Pflege von Integrationslösungen erhöht die Zahl der möglichen Kooperationen eines Unternehmens. Insbesondere unter dem Gesichtspunkt eines ständig wachsenden Anteils der Geschäftstätigkeit basierend auf einer informationstechnisch unterstützten Kommunikation mit Geschäftspartnern fördert dies generell die Wettbewerbsfähigkeit eines Unternehmens.

Literaturverzeichnis

Abra-03 Abramovici, M.:
e-Engineering-Services im Produktlebenszyklus
in: ZWF – Zeitschrift für wirtschaftlichen Fabrikbetrieb, Heft 10/2003, S. 539-542
München: Carl Hanser, 2003

AbSC-02 Abramovici, M.; Stekolshchik, A.; Chasiotis, C.:
IT-Services für die Digitale Produktentwicklung
Studie der Ruhr-Universität Bochum
Bochum: Ruhr-Universität, 2002

Adam-02 Adamietz, P.:
Adaption von Standardsoftwaresystemen: Ein Beitrag zur unternehmensmodellbasierten Integration von Organisation und Information
Dissertation, TU Karlsruhe
Aachen: Shaker-Verlag, 2002

ADEK-05 Arnold, V.; Dettmering, H.; Engel, T.; Karcher, A.:
Product Lifecycle Management beherrschen: Ein Anwenderhandbuch für den Mittelstand
Berlin, Heidelberg: Springer-Verlag, 2005

AFHS-95 Arnold, O.; Faisst, W.; Härtling, M.; Sieber, P.:
Virtuelle Unternehmen als Unternehmenstyp der Zukunft?
in: Handbuch der modernen Datenverarbeitung Heft 185 (1995), S. 8-23
Heidelberg: Forkel, 1995

AlCa-95 Alt, R.; Cathomen, I.:
Handbuch Interorganisationssysteme – Anwendungen für die Waren- und Finanzlogistik
Braunschweig: Vieweg, 1995

Ambe-99 Amberg, M.:
Prozeßorientierte betriebliche Informationssysteme
Berlin, Heidelberg: Springer, 1999

AnEt-00 Anderson, R.; Birbeck, M.; Kay, M.; Livingstone, S.; Loesgen, B.; Matrin, D.; Mohr, S.; Ozu, N.; Peat, B.; Pinnock, J.; Stark, P.; Williams, K.:
XML Professionell
Bonn: MITP Verlag, 2000

Assi-05 Assisi, R.:
Eclipse 3 – Einführung und Referenz: Java-Entwicklung mit der Open Source Plattform
München, Wien: Hanser, 2005

AtAt-04 Attaran, M.; Attaran, S.:
The rebirth of re-engineering: X-engineering
in: Business Process Management Journal 4/2004, S. 415-429
Bradford: Emerald Group Publishing, 2004

BaEt-03 Ballesteros, L; Graf, M; Ovtcharova, J.; Weissflog, U.; Gilbert, C.:
Report on Collaboration@Work workshop, June 2003;
Brüssel: European Commission, 2003

Balz-00 Balzert, H.:
Lehrbuch der Software-Technik: Software Entwicklung
Heidelberg: Spektrum Akademischer Verlag, 2000

Balz-98 Balzert, H.:
Lehrbuch der Software-Technik: Software Management, Software-Qualitätssicherung, Unternehmensmodellierung
Heidelberg: Spektrum Akademischer Verlag, 1998

Basl-03 Basler, D.:
Komponenten für SAP mit Java: Komponenten und Schnittstellenprogrammierung
Frankfurt: Software & Support, 2003

Bast-04 Basta, N. (ed.):
Collaboration extends its reach
in: Chemical Processing 4/2004, S. 23-30
Chicago: Putman Media, 2004

BBMW-03 Beer, W.; Birngruber, D.; Mössenböck, H.; Wöß, A.:
Die .NET-Technologie: Grundlagen und Anwendungsprogrammierung
Heidelberg: dpunkt.verlag, 2003

Beau-04 Beaufort, M.:
Versteckte Einsparungspotenziale der IT
in: IT Management 5/2004, S. 46-49
Sauerlach: IT Verlag für Informationstechnik, 2004

BeHL-01 Berners-Lee, T.; Hendler, J.; Lassila, O.:
The Semantic Web - A new form of Web content that is meaningful to computers will unleash a revolution of new possibilities
in: Scientific American, May 17, 2001
New York: Scientific American

BiMR-00 Biethahn, J.; Muksch, H.; Ruf, W.:
Ganzheitliches Informationsmanagement
München, Wien: Oldenbourg Verlag, 2000

BlHF-05 van Blommestein, F.; Hinderer, H.; Folmer, E.:
The openXchange Scenario
http://www.openxchange.org/downloads/oX-IST-2000-28548-The_openXchange_Scenario.pdf, Stand: 11.04.2005

BoEt-01 Borrmann, A.; Rätzmann, M.; Sauer, J.; Matèrne, J.; Landgrebe, G.:
Rational Rose und UML
Ort: Galileo Computing, 2001

Boga-02 Bogaschewsky, R.:
Geschäftsprozessmanagement in Unternehmensnetzwerken mittels virtueller Plattformen
in: Information Management & Consulting 4/2002 Teil Spezial, S. 36-42
Saarbrücken: imc information multimedia communication, 2002

Born-04 Born, A.:
Collaboration mit fremder Hilfe
in: Computerwoche 6/2004, S. 36, 37
München: Computerwoche Verlag, 2004

BPEL-03 N.N.:
Business Process Execution Language for Web Services (BPEL4WS), Version 1.1
http://ifr.sap.com/bpel4ws/BPEL%20V1-1%20May%205%202003%20Final.pdf, Stand: 19.04.2005

BPMI-02 N.N.:
Business Process Modeling Language
Version 1.0 – November 13, 2002
http://www.bpmi.org/bpml-spec.htm, Stand: 30.11.2004
Business Process Management Initiative, 2004

BPMI-04 N.N.:
Business Process Modeling Notation
Version 1.0 – May 3, 2004
http://www.bpmn.org/Documents/BPMN%20V1-0%20May%203%202004.pdf, Stand: 30.11.2004
Business Process Management Initiative, 2004

Brow-95 Browne, J.:
The Extended Enterprise – Manufacturing and the Value Chain
in: Camarinha-Matos, L.; Afsarmanesh, H. (Hrsg.): Balanced Automation Systems – Architectures and Design Methods, S. 5-16
London: Chapman and Hall Publishers, 1995

Brüt-99 Brütsch, D.:
Virtuelle Unternehmen
Zürich: Hochschulverlag AG, 1999

BrZh-99 Browne, Zhang
Extended and virtual enterprises – similarities and differences
In: International Journal of Agile Management Systems 1/1999, S. 30-36
Bradford: Emerald Group Publishing, 1999

Bull-01 Bullinger, H.J.:
Knowledge meets Process – Wissen und Prozesse managen im Intranet
Stuttgart: Fraunhofer-Institut für Arbeitswissenschaft und Organisation, 2001

Bull-96 Bullinger, H.- J. (Hrsg.):
Concurrent Simultaneous Engineering Systems: the way to successful product development
London, Heidelberg: Sppringer, 1996

Burm-01 N.N.:
Burma-X Deliverable 1.1: Business Process Analysis
Karlsruhe: FZI, 2001

Burm-02 N.N.:
Burma-X Deliverable 4.1: Organisational framework
Karlsruhe: FZI, 2002

Byrn-93 Byrne, J.:
The virtual corporation
in: International Business Week, vol. 8.2., S. 36-41
New York: McGraw-Hill, 1993

Carl-01 Carlson, D.:
Modeling XML Applications with UML: practical e-Business Applications
Boston: Addison-Wesley, 2001

Cham-02 Champy, J.:
X-Engineering the Corporation: Reinvent your business in the digital age
New York: Warner Books, 2002

ChVe-03 Chen, D.; Vernadat, F. B.:
Enterprise Interoperability: A Standardisation View
in: Konsanke, K.; Jochem, R.; Nell, J. G.; Bas, A. O.: Enterprise Inter- and Intraorganizational Intergration: Building International Consensus
Dordrecht: Kluwer Academic Publishers, 2003

Clee-92 Cleetus, K. J.:
Definition of Concurrent Engineering.
in: CERC Technical Report Series Research Note, Ausgabe 3/1992
Concurrent Engineering Research Center, West Virginia University, 1992

DaMa-92 Davidow, W.; Malone, M.:
The Virtual Corporation
New York: Harper Collins; 1992

Dang-02 Dangelmeier, W.:
E-Business – Chance oder Beliebigkeit?
in: Dangelmeier, W.; Emmerich, A.; Kaschula, D. (Hrsg.): Modelle im E-Business
Paderborn: Fraunhofer-ALB, 2002

DaPR-03 Dangelmeier, W.; Pape, U.; Rüther, M.:
Unternehmensübergreifende Optimierung am Beispiel des Beschaffungsprozesses für Sekundärbedarfe
in: Information Management & Consulting 2/2003, S. 58-62
Saarbrücken: imc information multimedia communication, 2003

DIN-83 DIN 66001 (Deutsche Industrie Norm)
Sinnbilder und ihre Anwendung
Beuth-Verlag GmbH, 1983

DIN-88 DIN 44300 (Deutsche Industrie Norm)
Informationsverarbeitung; Begriffe, Alphabetisches Gesamtverzeichnis
Beuth-Verlag GmbH, 1988

DIN-94 DIN 19226 (Deutsche Industrie Norm)
Regelungs- und Steuerungstechnik: Begriffe, allgemeine Grundlagen
Beuth-Verlag GmbH, 1994

DIP-04 N.N.:
DIP Deliverable D6.2: DIP Architecture
http://dip.semanticweb.org/documents/D6.2-DIP-Architecture.pdf

DIP-05 N.N.:
DIP Deliverable D12.3: Report on Key Technology Issues in Current EAI, EBusiness and Knowledge Management
http://dip.semanticweb.org/documents/D12.3-Report-on-Key-Technology-issues.pdf

DrWe-95 Drumm, V.; Weil, W.:
Skriptum zur Vorlesung „Lineare Algebra und Analytische Geometrie"
Karlsruhe: Mathematisches Institut II – Universität Karlsruhe, 1995

Dude-97 N.N.:
Duden, Fremdwörterbuch
Mannheim, Wien, Zürich: Dudenverlag, 1997

EC-04 N.N.:
The European e-Business Report
2004 edition, September 2004
http://www.ebusiness-watch.org/resources/documents/eBusiness-Report-2004.pdf, Stand: 10.05.2005

Eign-03 Eigner, M.:
Cross-Enterprise Engineering – Die Zukunft im PLM
in: ProSTEP iViP Symposium 2003 Proceedings – From Data Exchange to Engineering Collaboration: Tagung am 7./8. Mai 2003 im Konferenz-Zentrum, Opel Live, Rüsselsheim

Enge-05 Engel, T.:
PLM im Mittelstand: Verstehen, was man einführt
in: eDM-Report 2/2005
Heidelberg: Dressler-Verlag, 2005

Entr-04 Entrup, H.:
Einsparpotenziale im EVU ausschöpfen
in: BWK 5/2004, S. 42-45
Düsseldorf: Springer VDI Verlag, 2004

Erl-04 Erl, T.:
Service-oriented architecture : a field guide to integrating XML and Web services
Upper Saddle River: Prentice Hall, 2004.

Ever-89 Eversheim, W.:
Simultaneous Engineering – eine organisatorische Chance!
in: VDI-Berichte 758: Simultaneous Engineering, Tagung Frankfurt 18./ 19. April 1989
Düsseldorf: VDI-Gesellschaft Produktionstechnik, 1989

FaCF-02 Farley, J.; Crawford, W.; Flanagan, D.:
Java Enterprise in a Nutshell: A Desktop Quick Reference
Sebastopol: O'Reilly, 2002

FeRT-99 Fellner, K. J.; Rautenstrauch, C.; Turowski, K.:
Fachkomponenten zur Gestaltung betrieblicher Anwendungssysteme
in: IM – die Fachzeitschrift für Information Management und Consulting 2/1999, S. 25-34
Saarbrücken: imc information multimedia communication, 1999

Fisc-86 Fischbacher, A.:
Strategisches Management der Informationsverarbeitung: Konzeption, Methodik und Instrumente
Dissertation, TU München, 1986

FlÖs-00 Fleisch, E.; Österle, H.:
A Process-oriented Approach to Business Networking
in: Electronic Journal of Organizational Virtualness, Ausgabe 2/2000, S. 1-21
Bern: Dr. Pascal Sieber & Partners AG, 2000

FrLa-03 Frank, U.; van Laak, B.L.:
Anforderungen an Sprachen zur Modellierung von Geschäftsprozessen
Arbeitsberichte des Instituts für Wirtschaftsinformatik Nr. 34
Koblenz: Institut für Wirtschaftsinformatik, Universität Koblenz-Landau, 2003

GaBe-04 Gamma, E.; Beck, K.:
Eclipse erweitern: Prinzipien, Patterns und Plug-Ins
München: Addison-Wesley, 2004

GGMW-96 Grabowski, H.; Grein, G.; Milde, P.; Weber, U.:
Conceptual Design of information systems based on enterprise modeling
in: Bernus, P.; Nemes, L. (eds.): Modelling and Methodologies for Enterprise Integration
London: Chapman & Hall, 1996

GHJV-04 Gamma, E.; Helm, R.; Johnson, R.; Vlissides, J.:
Entwurfsmuster: Elemente wiederverwendbarer objektorientierter Software
Bonn: Addison-Wesley, 2004

GLHE-03 Grabowski, H.; Lossack, R.-S.; Hornberg, O.; Ehrler, A.:
Integriertes Framework zur Unterstützung dynamischer Produktentwicklungsprozesse
in: Industrie Management, Ausgabe 5/2003, S. 9-12
Berlin: GITO-Verlag, 2003

GoNP-95 Goldmann, S.; Nagel, R.; Preiss, K.:'
Agile Competitors and Virtual Organisations, Strategies for Enriching the Customer
New York: Van Nostrand Rheinhold, 1995

Goos-95 Goos, G.:
Vorlesungen über Informatik
Berlin, Heidelberg: Springer-Verlag, 1995

GoSc-01 Gora, W.; Scheid, E.:
Organisation auf dem Weg zur Virtualität
in: Gora, W. and Bauer, H. (Eds.): Virtuelle Organisation im Zeitalter von E-Business und E-Government
Berlin, Heidelberg: Springer, 2001

GrAE-02 Grabowski, H.; Arnold, V.; Erkayhan, S.:
Internetbasiertes Supply Chain Management für kleine und mittlere Unternehmen
in: PPS Management 7/2002, S. 13-16
Berlin: GITO-Verlag, 2002

GrAP-93 Grabowski H.; Anderl, R.; Polly, A.:
Integriertes Produktmodell – Entwicklungen zur Normung von CIM
Berlin, Wien, Zürich: Beuth, 1993

GrAP-94a Grabowski H.; Anderl, R.; Polly, A.:
STEP- Grundlage der Produktdatentechnologie: Aufbau und Entwicklungsmethodik
in: CIM Management 10/1994 Nr. 4
München, Wien: Oldenbourg, 1994.

GrAP-94b Grabowski H.; Anderl, R.; Polly, A.:
STEP- Grundlage der Produktdatentechnologie: Das Integrierte Produktmodell
in: CIM Management 10/1994 Nr. 5
München, Wien: Oldenbourg, 1994.

GrAP-94c Grabowski H.; Anderl, R.; Polly, A.:
STEP- Grundlage der Produktdatentechnologie: Die Anwendungsprotokolle
in: CIM Management 10/1994 Nr. 6
München, Wien: Oldenbourg, 1994

GrEE-04 Grabowski, H.; Engel, T.; Erkayhan, S.:
PDM² – Neue Wege zum Produktdatenmanagement für den Mittelstand
In: Spath, D.; Haasis, K. (Hrsg.): Aktuelle Trends in der Softwareforschung – Tagungsband zum doIT Software-Forschungstag 2003, S. 85-99
Stuttgart: Fraunhofer IRB, 2004

GrEn-02 Grabowski, H.:; Engel, T.:
Business Process Analysis in Virtual Organisations
in: Proceedings PDT Europe 2002, S. 63-70
Sandhurst: Quality Marketing Services, 2002

GrEn-03 Grabowski, H.; Engel, T.:
Modeling of Distributed Business Processes
in: Konsanke, K.; Jochem, R.; Nell, J. G.; Bas, A. O.: Enterprise Inter- and Intraorganizational Intergration: Building International Consensus
Dordrecht: Kluwer Academic Publishers, 2003

GrGe-97 Grabowski, H.; Geiger, K.:
Neue Wege zur Produktentwicklung
Stuttgart: Raabe, 1997

HaCh-01 Hammer, M.; Champy, J.:
Re-engineering the Corporation: A Manifesto for Business Revolution
New York: HarperCollins, 2001

HaLö-04 Hauser, T.; Löwer, U. M.:
Web Services: Die Standards
Bonn: Galileo Press, 2004

HaMa-88 Hax, A. C.; Majluf, N. S.:
Strategisches Management: Ein integratives Konzept aus dem MIT
Frankfurt: Campus-Verlag, 1988

HeAN-99 Hegering, H.-G.; Abeck, S.; Neumair, B.:
Integriertes Management vernetzter Systeme: Konzepte, Architekturen und deren betrieblicher Einsatz
Heidelberg: dpunkt, 1999

HeRa-03 Heinemann, F.; Rau, C.:
SAP Web Application Server: Entwicklung von Webanwendungen
Bonn: Galileo Press, 2003

HeVr-04 den Hengst, M.; de Vreede, G.-J.:
Collaborative Business Engineering: A Decade of Lessons from the Field
in: Journal of Management Information Systems, Spring 2004, Vol. 20, No. 4. S.85-113
Armonk: M.E. Sharpe, 2004

HoMa-02 Horváth, P.; Mayer, R.:
X-Engineering: Neue Potenziale der Prozess-Performance erschließen
in: Information Management & Consulting 4/2002 Teil Spezial, S. 48-54
Saarbrücken: imc information multimedia communication, 2002

Horn-04 Hornberg, O.:
Collaborative Engineering in interkulturellen Entwicklungspartnerschaften
Dissertation, TU Karlsruhe
Aachen: Shaker-Verlag, 2004

IBM-05 N.N.:
Business Integration
http://www-306.ibm.com/software/de/websphere/ws-bi.html, Stand: 19.04.2005

IDS-04 N.N.:
ARIS Design Plattform
White Paper, April 2004
Saarbrücken: IDS Scheer AG, 2004

ipro-02 N.N.:
Abschlussbericht zum Verbundforschungsprojekt: iproNet
Karlsruhe: FZI, 2002

IrTL-03 Irani, Z.; Themistocleous, M.; Love, P.E.D.:
The impact of enterprise application integration on information system lifecycles
in: Information & Management 41/2003, S. 177-187
Amsterdam: Elsevier Science, 2003

ISO-02 International Organization for Standardisation (ISO):
Electronic data interchange for administration, commerce and transport (EDIFACT)
ISO Document 9735, Ed. 2

ISO-04 International Organization for Standardisation (ISO):
Electronic business eXtensible Markup Language (ebXML)
ISO Document 15000

Jagg-75 Jaggi, B. L.:
Informationssysteme für das Management
in: Jaggi, B. L.; Görlitz, R.: Handbuch der betrieblichen Informationssysteme, S. 166-194
München: Vahlen, 1975

JaMP-02 Jablonski, S.; Meiler, C.; Petrov, I.:
e-Collaboration: Prozessorientierung als Grundlage der IT-Strategie- und -Systemauswahl
in: Information Management & Consulting 4/2002, S. 26-32
Saarbrücken: imc information multimedia communication, 2002

Jenn-01 Jenne, F.:
PDM-basiertes Entwicklungsmonitoring: Ein Beitrag zur Planung und Steuerung von Entwicklungsprozessen
Dissertation, TU Karlsruhe
Aachen: Shaker-Verlag, 2001

JoSc-02 Jost, W.; Scheer, A.-W.:
Business Process Management: A Core Task for any Company Organization
in: Scheer, A.-W.; Abolhassan, F.; Jost, W.; Kirchmer, M.: Business Process Excellence: ARIS in Practice, S. 33-43
Berlin: Springer-Verlag, 2002

KaEt-05 Karch, S.; Heilig, L.; Bernhardt, C.; Hardt, A.; Heidfeld, F.; Pfennig, R.:
SAP NetWeaver
Bonn: Galileo Press, 2005

KaFJ-02 Katzenbach, A.; Feltes, M.; Jeckle, M.:
Collaborative Engineering
in: Kongressdokumentation Virtual Product Creation 2002

KDEA-03a Karcher, A., Dettmering, H.; Engel, T.; Arnold, V.:
Vorgehensmodell für ein kontinuierliches Product Lifecycle Informationsmanagement für KMU (PLM4KMU)
in: ProduktDaten Journal, 2/03, S. 52-56
Darmstadt: ProStep iViP Verein, 2003

KDEA-03b Karcher, A., Dettmering, H.; Engel, T.; Arnold, V.:
Kontinuierliches Informationsmanagement im Product Lifecycle für kleine und mittlere Unternehmen
in: ZWF – Zeitschrift für wirtschaftlichen Fabrikbetrieb; Heft 7-8/2003, S. 382-385
München: Carl Hanser Verlag, 2003

KeCh-03 Kephart, J. O.; Chess, D. M.:
The Vision of Autonomic Computing
in: IEEE Computer Magazine 1/2003, S. 41-51
Los Alamitos: IEEE Computer Society, 2003

KeGi-00 Kemmner, G.; Gillessen, A.:
Virtuelle Unternehmen: Ein Leitfaden zum Aufbau und zur Organisation einer mittelständischen Unternehmenskooperation
Heidelberg: Physica, 2000

Kern-03 Kern, E.-M.:
Collaborative Engineering – ein erfolgsversprechendes Konzept zur Integration von Lieferanten in die Produktentwicklung
in: Dangelmaier, W.; Gajewski, T.; Kösters, C. (Hrsg.): Innovationen im E-Business, ALB-HNI-Verlagsschriftenreihe Innovative Produktion und Logistik Bd. 10, S. 247-254
Paderborn : Frauenhofer-ALB, 2003

Klim-03 Klimesch, C.:
Ein Beitrag zur prozessgetriebenen Informationslogistik durch kontextorientiertes domänenübergreifendes Wissensmanagement
Dissertation, TU Karlsruhe
Aachen: Shaker-Verlag, 2003

KlKS-04 Klein, R.; Kupsch, F.; Scheer, A.-W.:
Modellierung inter-organisationaler Prozesse mit Ereignisgesteuerten Prozessketten
in: Scheer, A.-W. (Hrsg.): Veröffentlichungen des Instituts für Wirtschaftsinformatik; Heft 178
Saarbrücken: Institut für Wirtschaftsinformatik, 2004

KoEt-03 Kotsiopoulos, I. L. (Ed.), Engel, T.; Jaekel, F.-W.; Kosanke, K.; Barreiro, J.; Bas, A.; Petit, M.; Raynaud, P.:
Steps in Enterprise Modelling
in: Konsanke, K.; Jochem, R.; Nell, J.; Bas, A. (Eds.): Enterprise Inter- and Intra-Organizational Integration: Building International Consensus
Dordrecht: Kluwer Academic Publishers, 2003

KoNS-01 Kopperger, D.; Nägele, R.; Schreiner, P:
Geschäftsprozessmanagement gestern und heute
in: Bullinger, H.-J. (Hrsg.): Knowledge meets Process: Wissen und Prozesse managen im Intranet
Stuttgart: Fraunhofer Institut für Arbeitswirtschaft und Organisation IAO, 2001

Kopp-01 Kopperger, D.:
Anforderungen an Geschäftsprozessmanagement-Werkzeuge
in: Bullinger, H.-J. (Hrsg.): Knowledge meets Process: Wissen und Prozesse managen im Intranet
Stuttgart: Fraunhofer Institut für Arbeitswirtschaft und Organisation IAO, 2001

KoSt-05 Koschel, A.; Starke, G.:
Serviceorientierte Architekturen (SOA)
in: OBJEKTspektrum 3/2005, S. 18, 19
Troisdorf: SIGS-DATACOM, 2005

Krcm-00 Krcmar, H.:
Informationsmanagement
Berlin, Heidelberg: Springer, 2000

Kubi-92 Kubicek, H.:
The Organization Gap in Large-Scale EDI Systems
in: Streng, R.J.; Ekering, C.F.; van Heck, E.; Schultz, J.F.H. (Hrsg.): Scientific Research on EDI 'Bringing Worlds Together', S. 11-41
Amsterdam: Samsom, 1992

Kuge-02 Kugeler, M.:
Supply Chain Management und Customer Relationship Management – Prozessmodellierung für Extended Enterprises
in: Becker, J.; Kugeler, M.; Rosemann, M.:
Prozessmanagement: Ein Leitfaden zur prozessorientierten Organisationsgestaltung
Berlin: Springer, 2002

LaBS-02 Laartz, J.; Benni, E.; Scherdin, A.:
E-Collaboration und Cross-Enterprise Applications – Eine geschäftliche Perspektive
in: Information Management & Consulting 4/2002, S. 18-25
Saarbrücken: imc information multimedia communication, 2002

Lint-00 Linthicum, D. S.:
Enterprise Application Integration
Boston: Addison-Wesley, 2000

Lint-01 Linthicum, D.S.:
B2B application integration: e-business enable your enterprise
Boston: Addison-Wesley, 2001

Mart-04 Martin, W.:
Prozessorientierte Unternehmen
in: IT Management 5/2004, S. 26- 33
Sauerlach: IT Verlag für Informationstechnik, 2004

MaSc-98 Maurer, G.; Schwickert, A. C.:
Anmerkungen zur prozessorientierten Unternehmensgestaltung
in: Industrie Management 2/1998, S. 9-12
Berlin: GITO-Verlag, 1998

McMW-95 McHugh, P; Merli, G.; Wheeler, I.:
Beyond Business Process Reengineering – Towards the Holonic Enterprise
Chichester: Wiley, 1995

Meff-98 Meffert, H.:
Marketing: Grundlagen marktorientierter Unternehmensführung
Wiesbaden: Gabler Verlag, 1998

Merz-99 Merz, M.:
Electronic Commerce: Marktmodelle, Anwendungen und Technologien
Heidelberg: dpunkt.verlag, 1999

Mild-97 Milde, P.:
Ein Beitrag für den Aufbau und die Nutzung von integrierten Unternehmensmodellen
Dissertation, TU Karlsruhe
Aachen: Shaker-Verlag, 2002

Mons-04 Monson-Haefel, R.:
Enterprise JavaBeans
Sebastopol: O'Reilly Media, 2004

Neko-02 Nekolar, A.-P.:
E-Procurement: Euphorie und Realität
Berlin: Springer-Verlag, 2002

NeMo-04 Neumann, K.; Morlock, M.:
Operations Research
München, Wien: Hanser Verlag, 2004

NN-01a N.N.:
ebXML Technical Architecture Specification v1.0.4 (16.02.2001)
http://www.ebxml.org/specs/ebTA.pdf, Stand: 26.11.2004

NN-01b N.N.:
Logistik der Automobilindustrie und ihrer Zulieferer
in: NetInfo 26/2001
http://www.verkehrsforum.de/dialog/netinfo0126.html, Stand: 22.08.2003

NN-02 N.N.:
Geschäftsprozessmanagement gewinnt zunehmend an Bedeutung
in: Information Management & Consulting, Band 17 (Sonderausgabe)
Saarbrücken: imc information multimedia communication, 2002

NN-03a N.N.:
Micrososft BizTalk Server 2004
White Paper, Pusblished: December 2003
http://download.microsoft.cm/download/e/6/f/e6fcf394-e03e-4e15-bd80-8c1c127e88e7/BTSArch.doc, Stand: 25.11.2004

NN-03b N.N.
UN/CEFACT Modeling Methodology (UMM) User Guide
CEFACT/TMG/N093, 22.09.2003
http://www.unece.org/cefact/umm/umm_index.htm, Stand: 28.07.2005

NN-04 N.N.:
Supply Chain Management –mehr als nur ein Schlagwort?
in: phi 3/2004, S. 4,5
Hannover: Produktionstechnische Institute in Hannover, 2004

NN-05 N.N.:
Schnittstellenmanagement
Krefeld: b.i.s. GmbH
www.bis-im-web.de/bis_isy.pps, Stand: 07.06.2005

Oest-05a Oestereich, B.:
Die UML-2.0-Kurzreferenz für die Praxis : kurz, bündig, ballastfrei
München, Wien: Oldenbourg, 2005

Oest-05b Oestereich, B.:
Analyse und Design mit UML2: Objektorientierte Softwareentwicklung
München: Oldenbourg Wissenschaftsverlag, 2005

OMG-02 N.N.:
Meta Object Facility (MOF) Specification
Version 1.4, April 2002
http://www.omg.org/docs/formal/02-04-03.pdf, Stand: 22.11.2004

OMG-03 N.N.:
XML Metadata Interchange (XMI) Specification
Version 2.0, May 2003
http://www.omg.org/docs/formal/03-05-02.pdf, Stand: 22.11.2004

OMG-04a N.N.:
Common Object Request Broker Architecture: Core Specification
Version 3.0.3, March 2004
http://www.omg.org/docs/formal/04-03-12.pdf, Stand: 25.04.2005

OMG-04b	N.N.: *Unified Modeling Language: Superstructure* Version 2.0, October 2004 http://www.omg.org/cgi-bin/apps/doc?ptc/04-10-02.pdf, Stand: 22.08.2005
ÖsFA-01	Österle, H.; Fleisch, E.; Alt, R.: *Business Networking: Shaping Collaboration Between Enterprises* Berlin: Springer, 2001
OvEn-05	Ovtcharova, J.; Engel, T.: *Probieren geht über studieren: PLM im Mittelstand von Anfang an richtig machen* in: Digital Engineering Magazin Zeitschrift für Produktentwicklung, CAx-Technologien, Datenmanagement und Integration (Online-Ausgabe) http://www.digital-engineering-magazin.de/index.php3?page=fachbeitraege/PLM_Labor.html
Plew-04	Plewes, A.: *Analyses: Choosing enterprise portal technology* Silicon.com, March 2004 http://www.silicon.com/research/specialreports/portals/0,3800002620,39119499,00.htm
RaSc-03	Rautenstrauch, C.; Schulze, T.: *Informatik für Wirtschaftswissenschaftler und Wirtschaftsinformatiker* Berlin, Heidelberg: Springer, 2003
Rich-05	Richter, M.: *Eine Plattform zur Visualisierung von einander abhängiger Produktdaten im Produktlebenslauf* Dissertation, TU Karlsruhe, Stand 13.11.2005 Aachen: Shaker-Verlag, 2005 (erscheint in Kürze)
RiEt-03	Riehm, U.; Petermann, T.; Orwat, C.; Coenen, C.; Revermann, C.; Scherz, C.; Wingert, B.: *E-Commerce in Deutschland: Eine kritische Bestandsaufnahme zum elektronischen Handel* Berlin: edition sigma, 2003

RöBr-04 Röper, O.; Briske, E.:
Collaborative Engineering – kritische Erfolgsfaktoren aus der Sicht eines global tätigen Chemie-Anlagenbauers
in: atp 7/2004, S. 32-37
München, Wien: Oldenbourg Industrieverlag, 2004

RoCa-03 Rouibah, K.; Caskey, K.:
A workflow system for the management of inter-company collaborative engineering processes
in: Journal of Engineering Design, 3/2003, S. 273-293
Oxfordshire: Taylor & Francis, 2003

RuEt-05 Rupp, C.; Hahn, J.; Queins, S.; Jeckle, M.; Zengler, B.:
UML 2 glasklar: Praxiswissen für die UML-Modellierung und -Zertifizierung
München, Wien: Hanser, 2005

SAP N.N.:
Business Process Execution Language for Web Services (BPEL4WS)
http://ifr.sap.com/bpel4ws/index.html; Stand: 19.04.2005

Saut-98 Sauter, G.:
Interoperabilität von Datenbanksystemen bei struktureller Heterogenität : Architektur, Beschreibungs- und Ausführungsmodell zur Unterstützung der Integration und Migration
Dissertation, Universität Kaiserslautern
Sankt Augustin: Infix, 1998

Saye-99 Sayegh, A.:
CORBA: Standard, Spezifikation, Entwicklung
Köln: O'Reilly, 1999

ScAJ-04 Scheer, A.-W.; Abolhassan, F.; Jost, W.:
Business process automation: ARIS in practice
Berlin, Heidelberg: Springer, 2004

SCC-04 N.N.:
Supply-Chain Operations Reference Model: Overview Version 6.1
http://www.supply-chain.org, Stand: 03.01.2005
Pittsburg: Supply-Chain Council, 2004

ScEn-05 Schabacker, M.; Engel, T.:
Immer voll akzeptiert
in: AUTOCAD Magazin 2/2005, S. 52-54
Vaterstetten: WIN-Verlag, 2005

ScET-00 Scheer, A.-W.; Erbach, F.; Thomas, O.:
E-Business – Wer geht? Wer bleibt? Wer kommt?
in: Scheer, August-Wilhelm (Hrsg.): E-Business – Wer geht? Wer bleibt? Wer kommt?, S. 3-45
Heidelberg: Physica, 2000

Sche-97 Scheer, A.-W.:
Wirtschaftsinformatik: Referenzmodelle für industrielle Geschäftsprozesse
Berlin, Heidelberg: Springer, 1997

Schn-03 Schneider, S.:
Enterprise Application Integration im Bankenbereich
http://www.iaw-frankfurt.de/Archiv/IT-Entwicklungen_Bankenbereich/SwenSchneider.pdf

Schr-01 Schreiner, P:
Herausforderung Wissen und Prozesse managen
in: Bullinger, H.-J. (Hrsg.): Knowledge meets Process: Wissen und Prozesse managen im Intranet
Stuttgart: Fraunhofer Institut für Arbeitswirtschaft und Organisation IAO, 2001

Schu-02 Schubert, P.:
E-Procurement: Elektronische Unterstützung der Beschaffungsprozesse im Unternehmen
in: Schuber, P.; Wölfle, R.; Dettling, W. (Hrsg.): Procurement im E-Business
München, Wien: Carl Hanser Verlag, 2002

Schü-98 Schüppler, D.:
Informationsmodelle für überbetriebliche Prozesse
Dissertation, Universität Münster
Paris, Wien: Lang, 1998

ScKr-99 Schwarzer, B.; Krcmar, H.:
Wirtschaftsinformatik: Grundzüge der betrieblichen Datenverarbeitung
Stuttgar: Schäffer-Poeschel, 1999

ScKS-03 Scheer, A.-W.; Klein, R.; Schneider, K.:
Service Engineering -- Vorgehensmodelle und Softwareunterstützung
in: Industrie Management, 2003, Heft 4, S. 15-18
Berlin: GITO-Verlag, 2003

ScTh-99 Schinzer, H.; Thome R.:
Die Extendend Markup Language
in: WISU 2/99, S. 208-215
Düsseldorf: Lange Verlag, 1999

Sedg-03 Sedgewick, R.:
Algorithmen in Java
München : Pearson Studium, 2003

Seif-02 Seifert, L.:
Methodik zum Aufbau von Informationsmodellen für Electronic Business in der Produktentwicklung
Paderborn: Heinz-Nixdorf-Institut, 2002

SFCW-95 Sehdev, K.; Fan, I.; Cooper, S.; Williams, G.:
Design for manufacture in the aerospace extended enterprise
in: World Class Design to Manufacture vol. 2 Number 2, S. 28-33
Bradford: MCB University Press, 1995

SGHZ-02 Scheer, A.-W.; Grieble, O.; Hans, S.; Zang, S.:
Geschäftsprozessmanagement – The 2nd wave
in: Information Management & Consulting, Sonderausgabe 2002, S. 9-15
Saarbrücken: imc information multimedia communication AG, 2002

Simo-01 Simon, R.:
Bausteine für E-Business. Integration als Basis für effiziente und zukunftsorientierte Infrastrukturen im Unternehmen
in: cybiz 12/2001, S. 15-20
Ort: Verlag, 2001

Simo-02 Simon, H.:
Ewiger Umbau
in: manager magazin 6/02, S. 108, 109
Hamburg: manager magazin Verlagsgesellschaft, 2002

SnTK-02 Snell, J.; Tidwell, D.; Kulchenko, P.:
Webservice-Programmierung mit SOAP
Köln: O'Reilly, 2002

Stat-04 N.N.:
Ad Hoc Befragung über Unternehmenskooperationen
Wiesbaden: Statistisches Bundesamt, 2004

StHa-99 Stahlknecht, P.; Hasenkamp, U.:
Einführung in die Wirtschaftsinformatik
Berlin, Heidelberg: Springer, 1999

Sun-03 Sun Microsystems:
Enterprise JavaBeans Specification, Version 2.1
http://java.sun.com/products/ejb/docs.html, Stand: 28.04.2005

Sund-01 Sundermann, F.:
Collaborative Commerce und e-Procurement – Integrationsstrategien für die globalen Herausforderungen im Maschinen- und Anlagenbau
http://www.competence-site.de/beschaffung.nsf/522D71B882369CBBC1256A0002B66E5/$File/sundermann_ec4ec.pdf, Stand: 09.11.2004

SWZC-04 Shen, H.; Wall, B.; Zaremba, M.; Chen, Y.; Browne, J.:
Integration of business modelling methods for enterprise information system analysis and user requirements gathering
in: Computers in Industry 54 (2004), S. 307-323
Amsterdam: North Holland Publ. Co., 2004

Tane-03 Tanenbaum, A.:
Computernetzwerke
München: Pearson Studium, 2003

TaSt-03 Tanenbaum, A.; van Steen, M.:
Verteilte Systeme: Grundlagen und Paradigmen
München: Pearson Studium, 2003

Tech-03 N.N.:
Internet und E-Business; Einsatz im bundesdeutschen Mittelstand; Eine Untersuchung der TechConsult GmbH im Auftrag der Zeitschrift impulse und IBM
Köln: G+J Wirtschaftspresse, 2003

Tusc-03 Tuscke, A.:
The Impact of Execution Compensation on the Post-Merger Integration of U.S. and German Firms
in: Schmalenbach Business Review, January 2003, S. 60-78
Düsseldorf: Verlagsgruppe Handelsblatt, 2003

UhYa-04 Uhlmann, E.; Yalniz, Z.:
Kooperationsplattform für den Werkzeug- und Formenbau
in: ZWF, 5/2004, S. 243-247
München: Carl Hanser Verlag, 2004

VaZS-05 Vanderhagen, D.; Zang, S.; Scheer, A.-W.:
Interorganisationales Geschäftsprozessmanagement durch Modelltransformation
in: Scheer, A.-W. (Hrsg.):Veröffentlichungen des Instituts für Wirtschaftsinformatik
Saarbrücken: Institut für Wirtschaftsinformatik, 2005

VDI-99 Verein Deutscher Ingenieure VDI (Hrsg.):
VDI-Richtlinie 2219, Datenverarbeitung in der Konstruktion - Einführung und Wirtschaftlichkeit von EDM/PDM-Systemen, Entwurf.
Düsseldorf: VDI-Verlag, November 1999

W3C-03a N.N.
SOAP Version 1.2 Part 0: Primer
W3C Recommendation 24 June 2003
http://www.w3.org/TR/2003/REC-soap12-part0-20030624/, Stand: 28.04.2005

W3C-03b N.N.
SOAP Version 1.2 Part 1: Messaging Framework
W3C Recommendation 24 June 2003
http://www.w3.org/TR/2003/REC-soap12-part1-20030624/, Stand: 28.04.2005

W3C-03c N.N.
SOAP Version 1.2 Part 2: Adjuncts
W3C Recommendation 24 June 2003
http://www.w3.org/TR/2003/REC-soap12-part2-20030624/, Stand: 28.04.2005

W3C-03d N.N.
SOAP Version 1.2 Specification Assertions and Test Collection
W3C Recommendation 24 June 2003
http://www.w3.org/TR/2003/REC-soap12-testcollection-20030624/, Stand: 28.04.2005

W3C-04a N.N.
Extensible Markup Language (XML) 1.0 (Third Edition)
W3C Recommendation 04 February 2004
http://www.w3.org/TR/2004/REC-xml-20040204, Stand 24.11.2004

W3C-04b N.N.
XML Schema Part 0: Primer Second Edition
W3C Recommendation 28 October 2004
http://www.w3.org/TR/2004/REC-xmlschema-0-20041028/, Stand 24.11.2004

W3C-04c N.N.
XML Schema Part 1: Structures Second Edition
W3C Recommendation 28 October 2004
http://www.w3.org/TR/2004/REC-xmlschema-1-20041028/, Stand 24.11.2004

W3C-04d N.N.
XML Schema Part 2: Datatypes Second Edition
W3C Recommendation 28 October 2004
http://www.w3.org/TR/2004/REC-xmlschema-2-20041028/, Stand 24.11.2004

W3C-04e N.N.:
Web Services Description Language (WSDL) Version 2.0 Part 0: Primer
W3C Working Draft 21 December 2004
http://www.w3.org/TR/2004/WD-wsdl20-primer-20041221/, Stand: 28.04.2005

W3C-04f N.N.:
Web Services Description Language (WSDL) Version 2.0 Part 1: Core Language
W3C Working Draft 3 August 2004
http://www.w3.org/TR/2004/WD-wsdl20-20040803/, Stand: 28.04.2005

W3C-04g N.N.:
Web Services Description Language (WSDL) Version 2.0 Part 2: Predefined Extensions
W3C Working Draft 3 August 2004
http://www.w3.org/TR/2004/WD-wsdl20-extensions-20040803/, Stand: 28.04.2005

W3C-04h N.N.:
Web Services Description Language (WSDL) Version 2.0 Part 3: Bindings
W3C Working Draft 3 August 2004
http://www.w3.org/TR/2004/WD-wsdl20-bindings-20040803/, Stand: 28.04.2005

W3C-99 N.N.
XSL Transformations (XSLT): Version 1.0
W3C Recommendation 16 November 1999
http://www.w3.org/TR/1999/REC-xslt-19991116, Stand 24.11.2004

WaKA-02 Wagenknecht, C.; Kaiser, S.; Aurich, J. C.:
Modelle unternehmensübergreifender Prozesse
in: ZWF – Zeitschrift für wirtschaftlichen Fabrikbetrieb 12/2002, S. 623-626
München: Carl Hanser Verlag, 2002

WeMK-03 Weitzel, T.; Martin, S. V.; König, W.:
Straight Through Processing auf XML-Basis im Wertpapiergeschäft
in: Wirtschaftsinformatik 4/2003, S. 409-420
Wiesbaden: Friedr. Vieweg & Sohn Verlagsgesellschaft, 2003

WeOt-02 Weisbecker, A.; Otto, B.:
Optimierung unternehmensübergreifender Geschäftsprozesse durch E-Collaboration
in: Information Management & Consulting 4/2002, S. 33-38
Saarbrücken: imc information multimedia communication, 2002

Whit-04 White, S. A.:
Introduction to BPMN
http://www.bpmn.org/Documents/Introduction to BPMN.pdf, Stand: 30.11.2004

Wöhe-00 Wöhe, G.:
Einführung in die allgemeine Betriebswirtschaftslehre
München: Vahlen, 2000

WWW-1 Homepage von ebXML
http://www.ebxml.org

WWW-2 Homepage von BPMI
http://www.bpmi.org

WWW-3 Homepage des Thematic Network UEML
http://www.ueml.org, Stand: 15.11.2004

WWW-4 Homepage der Network of Excellence INTEROP
http://www.interop-noe.org, Stand: 15.11.2004

WWW-5 Homepage des Supply Chain Councils
http://www.supply-chain.org, Stand: 04.01.2005

WWW-6 Homepage von RosettaNet
http://www.rosettanet.org, Stand: 25.11.2004

WWW-7 Homepage der UN/CEFACT
http://www.unece.org/cefact

WWW-8 Homepage des Projekts openXchange
http://www.openxchange.org

WWW-9 Homepage des Projekts DIP
http://dip.semanticweb.org

WWW-10 Homepage der Object Management Group (OMG)
http://www.omg.org

WWW-11 Homepage des Internet-Marktplatzes Covisint
http://www.covisint.com/

WWW-12 Homepage des Internet-Marktplatzes SupplyOn
http://www.supplyon.com/

WWW-13 Homepage des Concurrent Version System (CVS)
http://www.cvshome.org

WWW-14 Homepage des Internet-Marktplatzes steel24-7
http://www.steel24-7.com/

WWW-15 Homepage des Verbundprojekts ArKoS
http://www.arkos.info

WWW-16 Homepage des EU-Projekts Burma-X
http://www.burma-x.de

ZäEt-04 Zäh, M. F.; Suchanek, S.; Müller, N.; Neise, P.; Sudhoff, W.:
E-Business für produzierende Unternehmen; Teil 2: Fakten, Methoden und Einsatzbeispiele
in: ZWF 6/2004; S. 317-323
München: Carl Hanser Verlag, 2004

Zaha-00 Zahavi, R.:
Enterprise Application Integration with CORBA
New York: John Wiley & Sons, 2000

ZSGS-04 Zäh, M. F.; Suchanek, S.; Gentner, H. M.; Schack, R.:
E-Business für produzierende Unternehmen
in: ZWF 5/2004, S. 231- 238
München: Carl Hanser Verlag, 2004

Anhang A: Mathematische Definition der Ähnlichkeitsmetrik

Im Folgenden wird die in Kapitel 4 angewendete Ähnlichkeitsmetrik *sim* ausführlich beschrieben, die mathematische Definition dargestellt und eine Aufwandsabschätzung der algorithmischen Realisierung durchgeführt.

Herleitung der Metrik

Zu Beginn muss festgelegt werden, wie sich zwei Modellierungsobjekte grundsätzlich unterscheiden können. Dazu werden die Eigenschaften und das Verhalten von Objekten genutzt: Ein Objekt besitzt festgelegte *Eigenschaften* und reagiert mit einem definierten *Verhalten* auf seine Umgebung [Balz-00, S. 168]. Die Eigenschaften eines Objektes werden durch seine Attributwerte bzw. Daten bestimmt, das Verhalten durch eine Menge von Operationen bzw. Funktionen [Balz-00, S. 168]. Für einen Vergleich zweier Objekte werden daher die Attributwerte der Objekte und die Ergebnisse ihrer Operationen verglichen.

Bei der Bestimmung der Ähnlichkeit von Objekten sind neben den Eigenschaften auch die Beziehungen zu anderen Objekten von Bedeutung. Dies gilt insbesondere für so genannte Aggregatsbeziehungen. Ein Beispiel dafür ist der Objekttyp *Prozess*, der zu einem wesentlichen Teil aus seinen den Ablauf beschreibenden Prozessschritten besteht. Das Einbeziehen aggregierter Objekte führt dazu, dass beim Ähnlichkeitsvergleich auch die *Struktur* eines Objektes mit berücksichtigt wird. Dabei kann es auch notwendig sein so genannte Vorgänger-Nachfolger-Beziehungen mit einzubeziehen.

Zusammenfassend können also Modellierungsobjekte (der gleichen Modellierungsklasse) mit Hilfe der folgenden Merkmale qualitativ verglichen werden:

- Ihren *Eigenschaften* – repräsentiert durch die aktuelle Attributwertbelegung,
- ihrem *Verhalten* – repräsentiert durch die Ergebnisse ihrer Operationen bzw. Funktionen,
- ihren *äußeren Beziehungen* – repräsentiert durch Assoziationen zu anderen Objekten,
- ihren *inneren Beziehungen bzw. ihrer Struktur* – repräsentiert durch Aggregatsbeziehungen zu weiteren Objekten und
- der Einhaltung von *Vorgänger-Nachfolger-Beziehungen* auf den verknüpften Objekten einer Assoziation bzw. einer Aggregation.

Die qualitative Beschreibung der Unterschiede zweier Objekte ist in eine quantitative Beschreibung zu überführen. Zur Beschreibung werden zunächst einige allgemeine Notationen definiert. Die Merkmale von Objekten befinden sich je nach Merkmalstyp in einer der folgenden Mengen:

- *KLASSE*: Menge der Klassen
- *ATTR*: Menge der Attribute
- *ASS*: Menge der Assoziationen
- *ASSPRED*: Menge der Assoziation, deren verknüpfte Objekte untereinander in einer Vorgängerbeziehung stehen; ASSPRED $\subseteq$ ASS
- *OP*: Menge der Operationen
- *MERKMAL*: Menge der Merkmale; MERKMAL = ATTR$\cup$ASS$\cup$ASSPRED$\cup$OP

Die Attribute eines Objektes können Werte annehmen. Die Operationen eines Objekts können elementare Werte oder komplexe Objekte zurückliefern. Werte und Objekte werden in den beiden folgenden Mengen unterschieden:

- *OBJEKT*: Menge der Objekte
- *WERT*: Menge der Werte, die ein Attribut annehmen kann oder die eine Operation als Ergebnis zurückliefern kann.

Für die Abfrage der Merkmale einer Klasse seien die folgenden Funktionen definiert:

- *Klasse*: OBJEKT → KLASSE: Gibt die Klasse eines Objekts zurück
- *Attr*: KLASSE → ATTR: Gibt alle Attribute einer Klasse zurück
- *Ass*: KLASSE → ASS: Gibt alle Assoziationen einer Klasse zurück.
- *Op*: KLASSE → OP: Gibt alle Operationen einer Klasse zurück
- *Merkmal*: KLASSE → MERKMAL: Gibt alle Merkmale einer Klasse zurück

Zur Abfrage der Merkmalsausprägungen eines Objektes seien die folgenden Funktionen definiert:

- *get*: MERKMAL × OBJEKT → $\wp$(OBJEKT) $\cup$ WERT[71]:

  Gibt den Wert eines Attributs oder die verknüpften Objekte einer Assoziation oder das Ergebnis einer Operation zurück

- *dirpred*: ASSPRED x OBJEKT → $\wp$(OBJEKT):

  Gibt alle direkten Vorgänger einess Objektes zurück

- *allgpred*: ASSPRED x OBJEKT → $\wp$(OBJEKT):

  Gibt alle (allgemeinen) Vorgänger eines Objektes zurück

---

71 $\wp$ bezeichne die Potenzmenge. Zum Begriff Potenzmenge vgl. [Goos-95, S. 345].

Des Weiteren sei zur kürzeren Schreibweise folgende Notation für Zuordnungen definiert:

$<o_1, o_2>$: Zuordnung des Objektes $o_1 \in$OBJEKT zum Objekt $o_2 \in$OBJEKT
mit Klasse (o_1) = Klasse (o_2)

Grundlage der Ähnlichkeitsberechnung ist wie in Kapitel 4 erwähnt eine Menge Z von Zuordnungen zwischen Objekten aus einer Objektmenge $O_1 \subseteq$ OBJEKT und $O_2 \subseteq$ OBJEKT, $O_1 \cap O_2 = \varnothing$. Für Z gelten dabei die folgenden Konsistenzbedingungen:

$\forall <o_1, o_2> \in Z: o_1 \in O_1, o_2 \in O_2$
$\forall <o_1, o_2>, <o_1', o_2'> \in Z$ mit $o_1=o_1': o_2 = o_2'$

Die Ähnlichkeit zweier zugeordneter Objekte o_1, $o_2 \in$ OBJEKTE, $<o_1, o_2> \in Z$ wird durch die Funktion

sim: Z → [0,1]

auf einen Wert zwischen 0 und 1 (beides inklusive) abgebildet. Eine Ähnlichkeit von 0 bedeutet keine Ähnlichkeit, 1 ist als vollständige Übereinstimmung zu interpretieren. Die Ähnlichkeit der beiden Objekte berechnet sich aus der Ähnlichkeit der oben genannten Merkmale. Dazu wird für jeden Merkmalstyp eine Funktion definiert, welche für ein Objekt die Ähnlichkeit des entsprechenden Merkmals berechnet. Das Ergebnis der Berechnung ergibt wiederum einen Wert zwischen 0 und 1 (beides inklusive). Die Ähnlichkeit von Attributen berechnet sich aus dem Vergleich der Attributwerte. Stimmen die Attributwerte überein, so ist die Ähnlichkeit 1, bei unterschiedlichen Attributwerten 0.

Die Ähnlichkeit zweier Objekte o_1, o_2 bezüglich einer Assoziation a ergibt sich aus dem Verhältnis der Anzahl der verknüpften Objekte innerhalb der Menge Z_a der mit o_1 oder o_2 über a verknüpften Objekte zur Anzahl der in Z_a enthaltenen Objekte. O. B. d. A. kann dabei angenommen werden, dass ein Objekt über eine Assoziation mit einer Menge von Objekten verknüpft wird. Der Fall, dass nur eine Verknüpfung zu einem einzelnen Objekt existiert, kann auf diesen Fall zurückgeführt werden, indem eine Menge bestehend aus genau diesem Objekt gebildet wird.

Als Beispiel für die Berechnung der Ähnlichkeit einer Assoziation dienen die in Bild A.1 schematisch dargestellten Prozesse 1 und 2. Die gestrichelten Pfeile geben die Zuordnung zwischen den Prozessschritten an. Prozess 1 besitzt sieben Prozessschritte, Prozess 2 fünf. Insgesamt werden fünf Prozessschritte aufeinander abgebildet. Die Ähnlichkeit dieses Beispiels ist also (5 + 5) : 12 = 0,8333.

Die letzte Kategorie ist die Berechnung der Ähnlichkeit einer Assoziation *a* der Objekte o_1 und o_2 bezüglich der Einhaltung der Vorgängerbeziehung innerhalb der Menge der verknüpften Objekte. Die Eigenschaft, dass ein Objekt o_1 mit anderen Objekten über a verknüpft ist als ein ihm zugeordnetes Objekt o_2, wird in der allgemeinen Ähnlichkeit von a bereits ausgedrückt. Aus diesem Grund wird für die Berechnung der Vorgängerbeziehungs-Ähnlichkeit nicht die gesamte Menge der verknüpften Objekte betrachtet. Stattdessen fließen in die Berechnung lediglich mit o_1 verknüpfte Objekte ein, deren in Z zugeordnetes Objekt mit o_2 verknüpft ist und vice versa. Diese Objekte bilden die Menge V. Verknüpfungen von Objekten in V heißen *zulässige* Verknüpfungen bzgl. Vorgängerbeziehungen. Innerhalb dieser Menge sei DV die Anzahl aller zulässigen, direkten Vorgängerbeziehungen. Für jede dieser direkten Vorgängerbeziehungen in V wird geprüft, ob diese mindestens als allgemeine Vorgängerbeziehung im anderen Unternehmensmodell existiert. Die Anzahl der existierenden Verknüpfungen sei AV. Dann ergibt sich die Vorgängerbeziehung aus dem Verhältnis AV:DV.

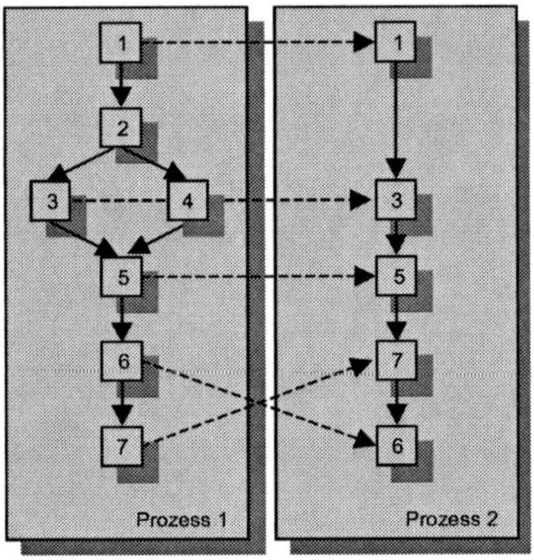

Bild A.1: Beispiel von Prozessschrittverknüpfungen zweier Prozesses

Als Beispiel für die Berechnung einer Vorgängerbeziehung dienen nochmals die in Bild A.1 dargestellten Prozesse. Die Pfeile zwischen den Prozessschritten mit durchgezogenen Linien geben die Abfolge der Prozessschritte an und stellen damit eine Vorgängerbeziehung dar. Prozess 1 besitzt drei direkte, zulässige Vorgängerbeziehungen zwischen Prozessschritten (3-5, 5-6, 6-7). In Prozess 2 existieren Wege von Prozessschritt 3 nach Prozessschritt 5 ([3,5]) und von Prozessschritt 5 nach Prozessschritt 6 ([5,7,6]). Es existiert allerdings kein Weg von Prozessschritt 6 nach Prozessschritt 7. Von den drei direkten, zulässigen Vorgängerbeziehungen aus Prozess 1 existieren also zwei als mindestens allgemeine Vorgängerbeziehung in Prozess 2. In Prozess 2 existieren alle vier Vorgängerbeziehungen (1-3, 3-5, 5-7, 7-6) in V und sind damit zulässig. Allerdings existiert in Prozess 1 kein Weg von Prozessschritt 7 zu Prozessschritt 6. Prozess 2 hat also drei direkte, zulässige Vorgängerbeziehungen, welche zumindest allgemein in Prozess 1 existieren. Die Ähnlichkeit dieser Vorgängerbeziehung beträgt also (2+3) / (3+4) = 0,7142.

Die eigentliche Berechnung der Ähnlichkeit zweier Objekte ergibt sich aus der durchschnittlichen Ähnlichkeit ihrer Merkmale. Die Merkmale werden dabei gewichtet, um die Wichtigkeit eines Merkmals für die semantische Bedeutung auf ein Objekt auszudrücken. Schlüsselattribute haben beispielsweise im Allgemeinen eine höhere Bedeutung als Muss-Attribute, und Muss-Attribute haben eine höhere Bedeutung als Kann-Attribute[72].

Mathematische Definition

Die im vorherigen Abschnitt vorgestellten Konzepte eines Ähnlichkeitsmaßes werden im Folgenden in mathematischer Notation dargestellt. Die Ähnlichkeit zweier Objekte o_1, o_2 bezüglich eines Attributs a ist folgendermaßen definiert:

$$sim_{Attr}: \quad ATTR \cup OP \times Z \rightarrow [0,1]$$

$$sim_{Attr}(a, <o_1, o_2>) = \begin{cases} 1, get(a, o_1) = get(a, o_2) \\ 0, sonst \end{cases}$$

Die Ähnlichkeit zweier Objekte o_1, o_2 bezüglich einer Assoziation a lautet:

$$sim_{Ass}: ASS \cup OP \times Z \rightarrow [0,1]$$

$$sim_{Ass}(a, <o_1, o_2>) = \frac{\left|\{<p_1, p_2> \in Z \mid p_1 \in get(a, o_1), p_2 \in get(a, o_2)\}\right|}{\left|get(a, o_1)\right| + \left|get(a, o_2)\right|}$$

Die Ähnlichkeit zweier Objekte o_1, o_2 bezüglich einer Operation o lautet:

$$sim_{Op}: OP \times Z \rightarrow [0,1]$$

$$sim_{Op}(op, <o_1, o_2>) = \begin{cases} sim_{Attr}(op, <o_1, o_2>), get(op, o_1) \in WERT \\ sim_{Ass}(op, <o_1, o_2>), get(op, o_1) \in OBJEKT \end{cases}$$

Für die Definition einer Funktion zur Berechnung der Ähnlichkeit zweier Objekte o_1, o_2 bezüglich der Einhaltung einer Vorgängerbeziehung innerhalb einer Assoziation a seien zur einfacheren Schreibweise die zwei Funktionen *exdirpred* und *zuldirpred* definiert. Die Funktion *exdirpred* (a, o_1, o_2) liefert die Anzahl aller zulässigen, direkten Vorgängerbeziehungen von o_1 bzgl. a und o_2, welche mindestens als allgemeine Vorgängerbeziehung bei o_2 bzgl. a existieren. Die Anzahl aller zulässigen, direkten Vorgängerbeziehungen von o_1 bzgl. a und o_2 liefert *zuldirpred.*

$$exdirpred: ASSPRED \times OBJEKT \times OBJEKT \rightarrow N_0$$

$$exdirpred(a, o_1, o_2) =$$

$$\sum_{p_1 \in ass(a, o_1)} \left|\{<q_1, q_2> \in Z \mid \exists p_2 \in ass(a, o_2) : <p_1, p_2> \in Z, q_1 \in pred(pl), q_2 \in pred(p_2)\}\right|$$

72 Ein Schlüsselattribut ist ein fachliches Attribut, das innerhalb einer Klasse ein eindeutiges Identifizieren der Objekte ermöglicht. Ein Muss-Attribut muss zu jedem Zeitpunkt einen Wert besitzen. Beim Erzeugen des Objektes muss es bereits initialisiert werden. Ein Kann-Attribut kann zu irgendeinem Zeitpunkt – eventuell auch nie – einen Wert zugewiesen bekommen. [Balz-00, S. 175]

zuldirpred: ASSPRED × OBJEKT × OBJEKT → N_0

$$\text{zuldirpred}(a, o_1, o_2) = \sum_{p_1 \in ass(a,o_1)} \left| \{ <q_1, q_2> \in Z \mid q_1 \in pred(p_1), q_2 \in ass(a, o_2) \} \right|$$

Die Ähnlichkeit zweier Objekte o_1, o_2 bezüglich der Einhaltung einer Vorgängerbeziehung innerhalb einer Assoziation a lautet damit:

sim_{Ord}: ASSPRED × Z → [0,1]

$$sim_{Ord}(a, <o_1, o_2>) = \frac{\text{exdirpred}(a, o_1, o_2) + \text{exdirpred}(a, o_2, o_1)}{\text{zuldirpred}(a, o_1, o_2) + \text{zuldirpred}(a, o_2, o_1)}$$

Um die unterschiedliche Bedeutung der Merkmale in der Berechnung zu berücksichtigen, wird wie oben erwähnt bei der Berechnung der Ähnlichkeit zweier Objekte jedem Merkmal ein Gewicht zugeordnet. Ist die Gewichtung eines Merkmals 0, so wird dieses Merkmal nicht für die Berechnung der Ähnlichkeit berücksichtigt. Die Gewichtung eines Merkmals wird ausgedrückt durch die Funktion[73]

gewicht: MERKMAL → N_0.

Zur vereinfachten Schreibweise wird eine allgemeine Funktion $sim_{Merkmal}$ definiert, die die Ähnlichkeit zweier Objekte o_1, o_2 bezüglich eines beliebigen Merkmals m definiert.

$sim_{Merkmal}$: MERKMAL × Z → [0,1]

$$sim_{Merkmal}(m, <o_1, o_2>) = \begin{cases} sim_{Attr}(m, <o_1, o_2>), m \in ATTRIBUT \\ sim_{Ass}(m, <o_1, o_2>), m \in ASS \\ sim_{Pred}(m, <o_1, o_2>), m \in ASSPRED \\ sim_{Op}(m, <o_1, o_2>), m \in OP \end{cases}$$

Die Ähnlichkeit sim ($<o_1, o_2>$) zweier Objekte ergibt sich schließlich aus der Berechnung des arithmetischen Mittels der gewichteten Merkmalsähnlichkeiten[74]:

sim: Z → [0,1]

$$sim(<o_1, o_2>) = \frac{\sum_{m \in Merkmal(klasse(o_1))} \text{gewicht}(m) \cdot sim_{Merkmal}(m, <o_1, o_2>)}{\sum_{m \in Merkmal(klasse(o_1))} \text{gewicht}(m)}$$

73 N_0: Menge der natürlichen Zahlen inklusive 0.

74 Die Ähnlichkeit zweier Objekte ist nur über Objekte der gleichen Klasse definiert. Aus diesem Grund spielt es keine Rolle, ob die Summe über die Merkmale der Klasse von o_1 oder o_2 gebildet wird.

Aufwandsabschätzung

Algorithmisch betrachtet könnte dieses Optimierungsproblem auf den ersten Blick als so genanntes Zuordnungsproblem klassifiziert werden [NeMo-04, S. 292]. Die Ähnlichkeit zweier Modellierungsobjekte hängt jedoch von den restlichen Zuordnungen innerhalb von Z ab. Die Lösung des Problems mit einem Standardalgorithmus, z. B. dem *Glover-Klingman-Algorithmus* (s. [NeMo-04, S. 294ff.]), ist daher nicht möglich. Es gilt, aus der Menge aller zulässigen Kombinationen von Zuordnungen diejenige mit der höchsten durchschnittlichen Ähnlichkeit der einander zugeordneten Objekte zu finden. Umfasst das Problem n Objekte, so sind $O(n^n)$ verschiedene Kombinationen möglich[75]. Das Problem ist somit deterministisch nicht mit polynomialem Zeitaufwand zu lösen. Es bietet sich der Einsatz eines heuristischen Verfahrens (s. [NeMo-02, S. 402ff.]) an.

Ziel der Aufwandsabschätzung ist zu zeigen, dass die Ähnlichkeit zweier in einer gegebenen Menge von Zuordnungen zugeordneter Objekte nach obigen Definitionen mittels eines geeigneten heuristischen Verfahrens in polynomialem Aufwand berechnet werden kann. Vorraussetzung dafür ist, dass das einem Objekt zugeordnete Objekt mit einem Aufwand von O(1) ermittelt werden kann. Dies kann z. B. mit Hilfe einer geeigneten Hashfunktion[76] erreicht werden. Des Weiteren wird vorausgesetzt, dass Attribute und Assoziationen mit einem Aufwand von O(1) gelesen und die lesenden Operationen mit einem Aufwand von O(1) berechnet werden können.

sim_{Attr} wird durch den Vergleich zweier Attributwerte berechnet. Nimmt man für den Vergleichsvorgang sowie für das Lesen eines Attributswerts einen Aufwand von O(1) an, so ergibt sich ein Gesamtaufwand von O(1).

sim_{Ass} (ass, o_1, o_2) kann berechnet werden, indem für alle verknüpften Objekte von o_1 die Zuordnung in Z ermittelt wird. Existiert das zugeordnete Objekt in der Menge der verknüpften Objekte von o_2, so wird ein Zähler z um eins erhöht. Die Ähnlichkeit ergibt sich, indem 2z durch die Anzahl der mit o_1 und o_2 verknüpften Objekte dividiert wird. Nimmt man ein einfaches Suchverfahren an, so hat die Suche einen Zeitaufwand von $O(|O_2|)$. Ein Objekt kann maximal mit allen Objekten verknüpft sein. Es ergibt sich also ein Aufwand von $O(|O_1| \cdot |O_2|)$.

Der in Bild A.2 beschriebene Algorithmus berechnet die Anzahl der Vorgängerbeziehungen von $ass(o_1)$, welche auch in $ass(o_2)$ existieren.

75 Zur Notation der Landau-Symbole im Rahmen des O-Kalküls vgl. [Goos-95, S. 313]

76 Zum Begriff der Hashfunktion und des Hashing-Verfahrens vgl. [Sedg-03, S. 273ff]

```
z_ges := 0; z := 0
Forall o_1 ∈ O_1                                    O(|O_1|)
   Finde zugeordnetes Objekt o_2 von o_1            O(1)
   Forall direkten Vorgänger p_1 von o_1            O(|O_1|)
      z_ges := z_ges +1                             O(1)
      Finde zugeordnetes Objekt p_2 von p_1         O(1)
      If p_2 allgemeiner Vorgänger von o_2          O(|O_2|)
      Then z := z + 1                               O(1)
```

Bild A.2: Algorithmus zur Berechnung der Anzahl der Vorgängerbeziehungen.

Tauscht man o_1 mit o_2, so werden alle Vorgängerbeziehungen von ass (o_2), welche auch in ass(o_1) existieren, gezählt. Für sim_{pred} ergibt sich also ein Gesamtaufwand von $O((max(|O_1|, |O_2|)^3)$.

Der Aufwand von sim berechnet sich über den Aufwand von sim_{Ass}, sim_{Attr}, sim_{Op} und sim_{Pred}:

$$sim \in O(|ATTR|\cdot 1 + |ASS|\cdot|O_1|\cdot|O_2| + |OP|\cdot|O_1|\cdot|O_2| + |ASSPRED|\cdot(max(|O_1|, |O_2|)^3)$$

Sei $O_{max} := max (|O_1|, |O_2|)$. Dann ergibt sich für den Aufwand von sim:

$$sim \in O(|MERKMAL|\cdot O_{max}^3) = O(O_{max}^3).$$

Es gibt also einen Algorithmus für die Berechnung von *sim*, dessen Zeitaufwand maximal kubisch in Abhängigkeit der Gesamtanzahl der Objekte steigt.

Anhang B: Kurzbeschreibung der Unified Modeling Language

Zur Modellierung von Datenmodellen wird in dieser Arbeit die objektorientierte Modellierungssprache *Unified Modeling Language* (*UML*) verwendet, die für die Modellierung, Dokumentation, Spezifizierung und Visualisierung komplexer Softwaresysteme entworfen wurde [RuEt-05, S. 12]. *UML* hat sich innerhalb kurzer Zeit als Standard etabliert. Sie ist eine Modellierungssprache, die im Rahmen der *OMG*-Aktivitäten entwickelt wurde, um eine einheitliche Diagrammsprache zu haben [RuEt-05, S. 12ff.].

UML besteht aus unterschiedlichen Arten von *Diagrammen*, die verschiedene grafische Elemente besitzen, deren Bedeutung genau festgelegt ist. Für denselben Sachverhalt gibt es mehrere Arten der Darstellung, jedoch ist für eine spezielle Aufgabe meist nur eine Diagrammart geeignet. Folgende Typen von Diagrammen werden unterschieden:

- *Strukturdiagramme*
    - Klassendiagramm
    - Paketdiagramm
    - Objektdiagramm
    - Kompositionsstrukturdiagramm
    - Komponentendiagramm
    - Verteilungsdiagramm
- *Verhaltensdiagramme*
    - Use-Case-Diagramm
    - Aktivitätsdiagramm
    - Zustandsautomat
    - Sequenzdiagramm
    - Kommunikationsdiagramm
    - Timingdiagramm
    - Interaktionsübersichtsdiagramm

Die wichtigste Diagrammart der *UML* sind die statischen Modelle in Form der *Klassen und Instanzendiagramme*. Klassendiagramme zeigen eine Menge von Klassen und unterschiedliche Beziehungen zwischen den Klassen. Sie verbinden alle anderen Diagramme und zeigen die Struktur des Softwaresystems im Detail. *Instanzendiagramme* dienen der Beschreibung von Testfällen, Szenarien oder Beispielen. Im Folgenden werden diejenigen Modellkonstrukte von UML beschrieben, die im Rahmen dieser Arbeit eingesetzt werden.

Das *statische Informationsmodell* bildet die statische Struktur eines Softwaresystems durch die Repräsentation der Klassen, der Abhängigkeiten (Relationen) zwischen den Klassen und der Operationen, die auf jedem Klassentyp definiert sind, ab.

Eine *Klasse* beschreibt eine Menge von Objekten, die gemeinsames Verhalten und gemeinsame Merkmale aufweisen. Die Klasse steht also für alle ihre Objekte, die als Exemplare, oft auch als Instanzen der Klasse bezeichnet werden. Klassen werden durch ein Rechteck dargestellt, in dem sich je ein Abschnitt für den Klassennamen, die Attribute und die Operationen befindet (s. Bild B.1). Weitere Abschnitte können hinzukommen, z. B. für die Spezifizierung von Attributen oder für weitere Angaben wie Einschränkungen oder Bedingungen.

UML erlaubt, Modellierungskonstrukten zu besseren Lesbarkeit noch kleine Grafiken anzufügen. Das Modellierungswerkzeug Omondo, das in dieser Arbeit verwendet wurde, verwendet diese Option. In Bild Bild B.1 steht vor dem Namen einer Klasse ein „C“ für Class in einem gefüllten Kreis. Vor dem Namen eines Attributs steht ein nichtgefüllter Kreis, Operationen wird ein gefüllter Kreis beigestellt. Durch beistellen eines „P“ wird signalisiert, dass ein Attribut oder eine Operation in dieser Klasse verborgen ist („private“). In Bild B.1 ist zu erkennen, dass alle Attribute der Klasse *Strasse* verborgen sind, alle Operationen der Klasse jedoch öffentlich zugänglich sind.

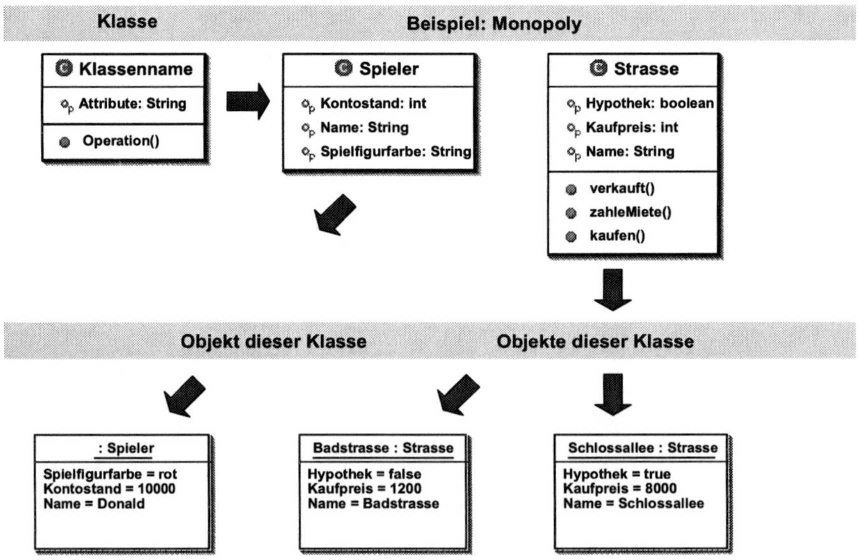

Bild B.1: Grafische Notation einer Klasse

Eine Beschreibung, wie die Klassen ermittelt werden, liefert *UML* nicht. Weiterhin gibt es keine visuelle Unterscheidung von Objekten und Klassen. Es werden gleiche Symbole verwendet, der einzige Unterschied besteht darin, dass die Bezeichnung von Objekten unterstrichen ist.

Kommunizieren zwei Klassen miteinander oder treten sie auf andere Art in Beziehung, so wird dies durch eine *Assoziation* ausgedrückt und durch eine meist rechtwinklig gezeichnete Linie zwischen zwei Klassen dargestellt. Die Assoziation ist bidirektional und spezifiziert die Beziehung zwischen Objekten zweier Klassen. Diese Kooperation kann ein Austausch von Nachrichten, ein Abfragen des Zustandes, ein Aufruf einer Methode, eine Synchronisation oder eine beliebige andere Form der Zusammenarbeit bedeuten. Die Assoziation selbst oder die Rollen, die die teilnehmenden Klassen in ihnen spielen, können benannt werden. Eine Assoziation kann als eigene, die Verbindung beschreibende Klasse modelliert werden. Die Richtung einer Assoziation legt fest, ob die Objekte der Klasse den Objekten der assoziierten Klasse Nachrichten senden können oder nicht. Nur wenn das sendende Objekt das Empfängerobjekt kennt, kann es ihm eine Nachricht senden, worauf der Empfänger eine Methode ausführt. Es gibt also uni- und bidirektionale Assoziationen, die auch als *Navigationsfähigkeit* bezeichnet werden. Die Richtung einer Assoziation kann durch die Angabe von Pfeilspitzen an den Assoziationsenden festgelegt werden (s. Bild B.2).

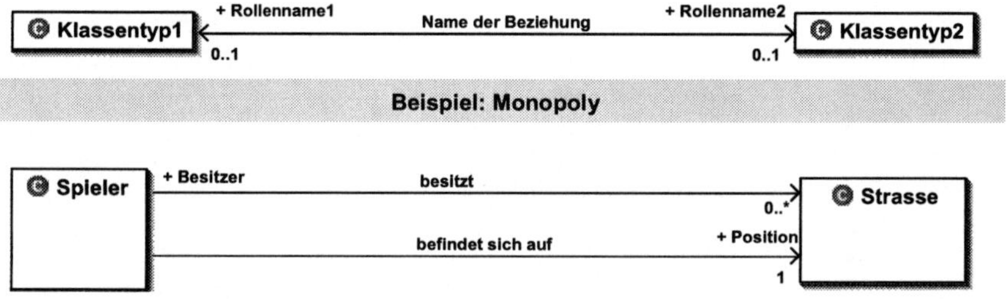

Bild B.2: Grafische Notation einer Assoziation

Eine spezielle Form der Assoziation mit einer „besteht-aus"-Semantik ist die *Aggregation*, die eine gerichtete Assoziation zwischen zwei Klassen beschreibt und durch eine Raute am Aggregatsende gekennzeichnet wird (s. Bild B.3).

An einer Beziehung zwischen zwei Klassen können unterschiedlich viele Objekte teilnehmen. Für jede Rolle kann die Vielfachheit, d. h. die Anzahl von Objekten, für die diese Verknüpfung geschaltet werden kann, festgelegt werden. Diese *Multiplizität* legt einen Bereich fest, der eine natürliche Zahl oder ein Intervall von natürlichen Zahlen sein kann. Wenn dessen Obergrenze nicht festgelegt wird, wird ein x..n geschrieben, das x bezeichnet die Untergrenze, meist sind dies 0 oder 1. Die Mengenangaben sind in beide Richtungen zu lesen.

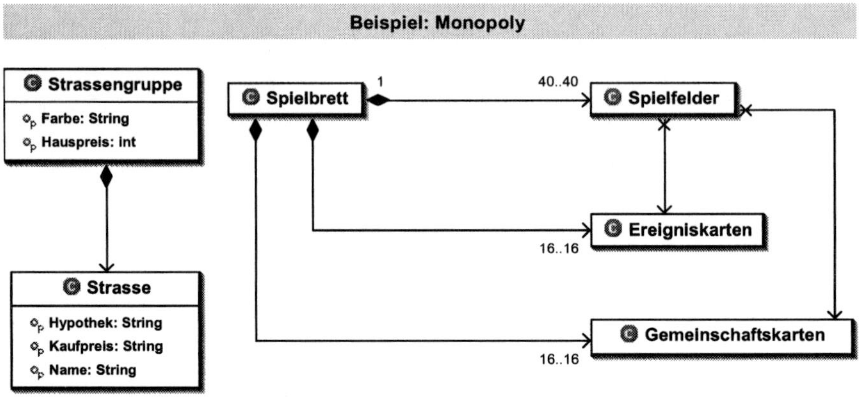

Bild B.3: Grafische Notation der Aggregation und Komposition

Bezüglich der Multiplizität werden drei wesentliche Kategorien unterschieden. Eine 1:1 Beziehung (bezeichnet durch eine einzelne 1) verbindet jeweils ein Objekt. Diese Verbindung kann optional sein, modelliert durch die Multiplizität 0..1. Eine 1:n Assoziation verknüpft ein Objekt mit einer Menge von Objekten der anderen Klasse. Am allgemeinsten ist die n:m Assoziation, in der nun auf beiden Seiten Mengen auftreten (s. Bild B.4).

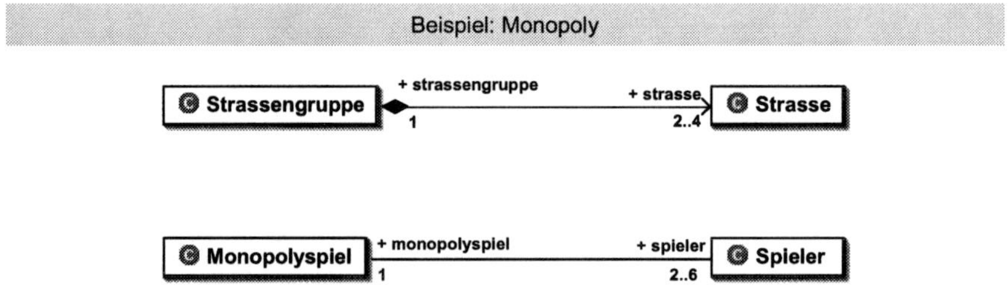

Bild B.4: Grafische Notation der Multiplizität

Die *Generalisierung (Vererbung)*, die durch einen Pfeil mit dreieckiger Spitze von der speziellen zur allgemeineren Klasse dargestellt wird, erhöht durch geschickte Abstraktion die Wiederverwendbarkeit und ermöglicht *Polymorphie*. Folglich gibt es eine Oberklasse mit gemeinsamen Attributen und Operationen. Eine Unterklasse fügt dann weitere individuelle Attribute und Operationen hinzu und erbt die Operationen sowie Beziehungen der Oberklasse. Es besteht auch die Möglichkeit, dass eine Unterklasse die Implementierung einer Operation überschreiben kann. Diese Vererbungssemantik kann man anschaulich als eine *ist-ein*-Beziehung beschreiben (s. Bild B.5).

Eine Klasse, die keine Attribute und nur abstrakte Operationen aufweist, bezeichnet man als *Interface*. Die Beziehung, dass eine Klasse ein Interface realisiert, ist eine spezielle Generalisierung, die durch einen gestrichelten Pfeil angedeutet wird. Werden Klassen zu Objekten ausgeprägt, so werden die Assoziationen zu Verknüpfungen oder Links. Eine Verknüpfung wird einfach als Verbindungslinie zwischen zwei Objekten dargestellt. Verknüpfte Objekte können miteinander kommunizieren, sich gegenseitig Nachrichten schicken, Methoden aufrufen oder Daten zur Verfügung stellen.

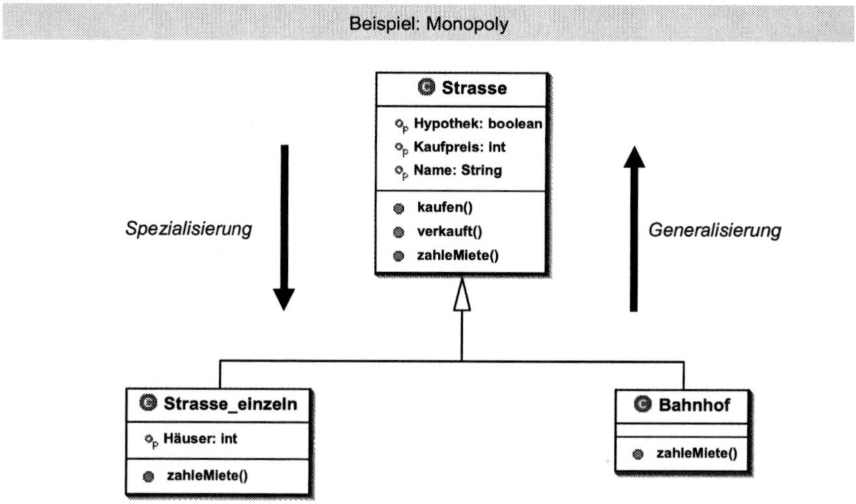

Bild B.5: Grafische Notation der Generalisierung

Als letztes Modellierungselement soll noch die so genannte Zugriffsbeziehung der UML vorgestellt werden. Eine Zugriffsbeziehung repräsentiert den Zugriff einer Klasse auf eine andere Klasse, ohne dass diese beiden Klassen explizit durch Assoziationen miteinander in Verbindung stehen müssen. Bild B.6 zeigt eine Zugriffsbeziehung an einem Beispiel. Hierbei greift der Spieler während eines Monopoly-Spieles auf das Spielbrett zu.

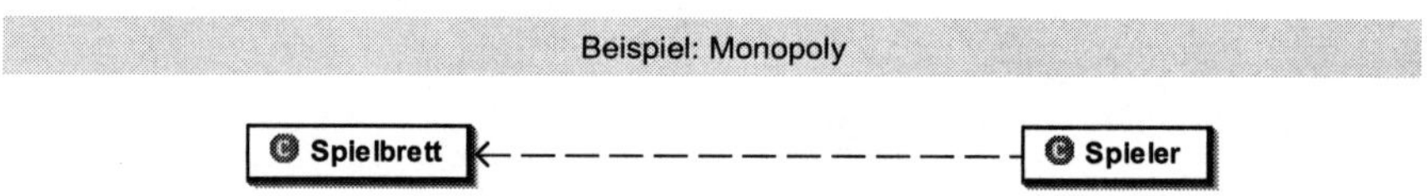

Bild B.6: Grafische Notation der Zugriffsbeziehung

Für eine ausführlichere Beschreibung von *UML* sei z. B. auf das Buch „UML 2 glasklar: Praxiswissen für die UML-Modellierung und -Zertifizierung“ [RuEt-05] von RUPP ET. AL. und

„Analyse und Design mit UML 2: Objektorientierte Softwareentwicklung“ [Oest-05b] von OESTEREICH verwiesen.

Anhang C: Ausgewählte Standarddatenformate für die Ausführung unternehmensübergreifender Geschäftsprozesse

In diesem Kapitel werden ausgewählte, standardisierte Datenformate vorgestellt, die für die Ausführung von unternehmensübergreifenden Geschäftsprozessen (s. hierzu auch Abschnitt 2.4.3) eingesetzt werden. Diese Datenformate werden eingesetzt, um eine Aktivität innerhalb eines unternehmensübergreifenden Geschäftsprozesses anzustoßen. Hierzu muss im Allgemeinen der Status des Prozesses sowie weitere Steuerungs- und Nutzdaten an einen am Prozess beteiligten Partner weitergegeben werden. Die nachfolgend vorgestellten Standards stellen eine Auswahl von vier bedeutenden Standards aus einer Vielzahl von existierenden Datenformaten dar.

Business Process Modeling Language (BPML)

Die *Business Process Modeling Language* (BPML) wurde von der *Business Process Management Initiative* (BPMI, s. [WWW-2]) spezifiziert. Sie bietet einen Ansatz für die Standardisierung von interorganisatorischen Geschäftsprozessen, die unterschiedlichste Anwendungen, Abteilungen und Geschäftspartner umfassen [SGHZ-02, S. 14]. BPML definiert ein formales Modell, um abstrakte und private Prozesse auszudrücken. Insbesondere bietet BPML ein Vokabular in Form eines XML Schemas für den Austausch von Prozessdefinitionen zwischen heterogenen Systemen und Modellierungswerkzeugen [BPMI-02].

BPML betrachtet unternehmensübergreifende Geschäftsprozesse („E-Business Prozesse“) als Prozesse, die aus einer gemeinsamen, öffentliche Schnittstellen und der Anzahl der beteiligten Partner entsprechende Anzahl von nichtsichtbaren („privaten“) Implementierungen. Basierend auf der XML Schema Spezifikation für BPML können unterschiedliche Geschäftsprozessmodellierungssprachen eingesetzt werden. BPML stellt Geschäftsprozesse dar als die Verknüpfung von Kontrollfluss, Datenfluss und Ereignisfluss und bietet orthogonale Entwurfsmöglichkeiten für Geschäftsregeln, Sicherheitsrollen und Transaktionskontexten [WWW-2].

BPEL4WS

Die *Business Process Execution Language*[77] (BPEL, s. [BPEL-03]) ist eine Sprachspezifikation zum Beschreiben von Prozessen, die auf mehreren Web Services basieren [HaLö-04, S. 172]. Diese Prozesse können wiederum als Web Services veröffentlicht und erneut kombiniert werden. Der Standard unterstützt sowohl die Ausführung von unternehmensinternen Aktivitäten (*executable business processes*) als auch Nachrichtenaustausch zwischen internen Prozessen von kooperierenden Partnern (*business protocols*) (vgl. [SAP]).

---

77 Teilweise wird auch die Bezeichnung *Business Process Execution Language for Web Services* (BPEL4WS) verwendet. Das Standardisierungsgremium OASIS führt die Sprachspezifikation unter dem Akronym WSBPEL.

Der Standard ging aus einer Initiative der Firmen *BEA Systems*, *IBM*, *Microsoft*, *SAP* und *Siebel Systems* hervor. 2003 wurde der Standard an die Standardisierungsorganisation *Organisation for the Advancement of Structured Information Standards* (Abk: OASIS) übergeben (vgl. [HaLö-04, S. 171f.]). Die zu erwartende Unterstützung des Standards durch die genannten Firmen veranlassen HAUSER und LÖWER BPEL als derzeit „beste Wahl für Prozesse auf Basis zusammengesetzter Web Services" [HaLö-04, S. 176] zu beschreiben. Nachteilig für BPEL könnte sich eventuell die hohe Abhängigkeit von Web Services-Standards auswirken [HaLö-04, S. 174] im Gegensatz zu anderen Standards, die ein breiteres Anwendungsfeld berücksichtigen.

RosettaNet

RosettaNet ist ein gemeinnütziges Konsortium mit mehr als 500 Organisationen, das offene E-Business Standards und Dienste erarbeitet, implementiert und vertreibt [WWW-6]. Hierzu setzt RosettaNet auf XML, UML und andere verbreitete Standards zur Modellierung von Handelstransaktionen [AnEt-00, S. 43].

Nach LINTHICUM ist der wichtigste Aspekt von RosettaNet die Entwicklung der so genannten allgemeinen *Partner Interface Processes* (PIP) und allgemeiner Verzeichnisse. Der Schwerpunkt von RosettaNet liege weniger auf Technologieentwicklung als vielmehr auf der Erzeugung von PIP-Spezifikationen [Lint-01, S. 278f]. PIP-Spezifikationen sind spezialisierte System-zu-System XML-basierte Dialoge.

Jede PIP Spezifikation bietet drei Sichten auf einen Geschäftsprozess (vgl. [Lint-00, S. 281]):

- **Business Operational View (BOV)**: Der BOV beschreibt die Semantik der Geschäftsdatenentitäten und ihren Fluss zwischen beteiligten Rollen während des normalen Betriebs. Insbesondere werden XML Vokabulare für den XML-basierten Datenaustausch spezifiziert. Die Beschreibung des Prozesses erfolgt sowohl in Fließtext als auch in formalisierter Weise in Form von UML-Diagrammen.
- **Functional Service View (FSV)**: Der FSV definiert die Dienste, Agenten und Funktionen von Netzwerkkomponenten, die für die Ausführung eines PIP benötigt werden.
- **Implementation Framework View (IFV)**: Der IFV definiert die Nachrichtenformate des Netzwerkprotokolls und Kommunikationsanforderungen zwischen Protokollen, die von Netzwerkkomponenten unterstützt werden.

Die von RosettaNet erarbeiteten PIP-Spezifikationen werden in acht Kategorien (Cluster) eingeteilt, die weitere Unterkategorien enthalten können (s. [WWW-6]), die Kategorien 1 bis 3 sind dabei erweiterte bzw. wiederaufbereitete Prozesse, die bereits durch die EDI-Initiative spezifiziert wurden:

- Cluster 0: RosettaNet Support
- Cluster 1: Partner Product and Service Review

- Cluster 2: Product Information
- Cluster 3: Order Management
- Cluster 4: Inventory Management
- Cluster 5: Marketing Information Management
- Cluster 6: Service and Support
- Cluster 7: Manufacturing

RosettaNet bietet eine Vielzahl von Prozessspezifikation, für die die Datenaustauschformate sowohl syntaktisch als auch semantisch beschrieben sind. Allerdings sind die von RosettaNet definierten Prozesse sehr einfache und zumeist auf Dialoge beschränkte Prozesse, d. h. auf die Kommunikation zwischen zwei Partnern in Prozessen. Abseits der RosettaNet-Standardisierungen bietet RosettaNet keine Möglichkeit weitere Prozesse zu spezifieren.

Electronic Business Extended Markup Language (ebXML)

Anfang Dezember 1999 wurde ein Initiative des UN/CEFACT und OASIS gestartet, um ein weltweites Projekt zur Standardisierung von XML-Geschäftsspezifikationen anzustoßen. UN/CEFACT und OASIS haben die *Electronic Business XML Working Group* (ebXML) eingesetzt, um ein technisches Rahmenwerk zu entwickeln, das es ermöglichen soll, XML auf konsistente Weise für den Austausch aller elektronischen Geschäftsdaten zu verwenden [AnEt-00, S. 620]. Diese Arbeitsgruppe spezifizierte die folgenden Konzepte und zugrunde liegenden Architekturen [NN-01a, S. 7f.], die unter dem Begriff ebXML[78] zusammengefasst werden:

- Ein Standardmechanismus, um Geschäftsprozesse und damit verbundene Informationsmodelle zu beschreiben,
- ein Mechanismus, um Geschäftsprozess- und Informationsmetamodelle zu registrieren und aufbewahren, sodass sie wieder verwendet und gemeinsam genutzt werden können,
- ein Mechanismus, der das Offenlegen und Abfragen von Informationen über jeden Teilnehmer einer Geschäftstransaktion, z B. unterstützte Geschäftsprozesse, zugehörige Schnittstellen und Nachrichten, die über diese Schnittstellen ausgetauscht werden, etc. unterstützt,
- ein Mechanismus zur Beschreibung der Ausführung eines gegenseitig vereinbarten Geschäftsarrangements, welches über den zuvor genannten Mechanismus entstanden ist,
- ein standardisiertes Nachrichtendienst-Rahmenwerk, das den kompatiblen, sicheren und zuverlässigen Austausch von Nachrichten zwischen Geschäftspartnern ermöglicht, sowie

78 Aktuelle Standards und Dokumentation zu ebXML findet man unter [WWW-1]

- ein Mechanismus zur Konfiguration der jeweiligen Nachrichtendienste um die zuvor vereinbarten Geschäftsprozesse auszuführen in Einklang mit den Beschränkungen, die im Geschäftsarrangement definiert wurden.

Inzwischen hat die ISO vier ebXML OASIS Standards akzeptiert, die unter der Kennzeichnung ISO 15000 und dem Titel Electronic business eXtensible markup language (s. [ISO-04]) geführt werden.

Anhang D: Prozessnotation der Modellierungsprache MERGE

Die in dieser Arbeit dargestellten unternehmensinternen Prozesse wurden mit dem Modellierungswerkzeug MERGE aufgenommen und beschrieben. MERGE ist eine Methode zur integrierten Beschreibung und Modellierung von Unternehmen in einem konsistenten Unternehmensmodell, das eine wesentliche Voraussetzung für die Dokumentation und Analyse von Geschäftsprozessen ist.

Das hierzu entwickelte gleichnamige Toolset ist ein modernes und leistungsfähiges grafisches Werkzeug zur Modellierung, Analyse und Auswertung von Unternehmensmodellen. Es basiert auf einem integrierten Repository und verfügt über verschiedene Modellsichten (grafische, baum- und maskenorientierte Editoren), die über das gemeinsame Unternehmensmodellschema integriert sind. Die wichtigsten grafischen Editoren dienen der Erstellung und Bearbeitung von Organigrammen, Prozessen und Datenmodellen.

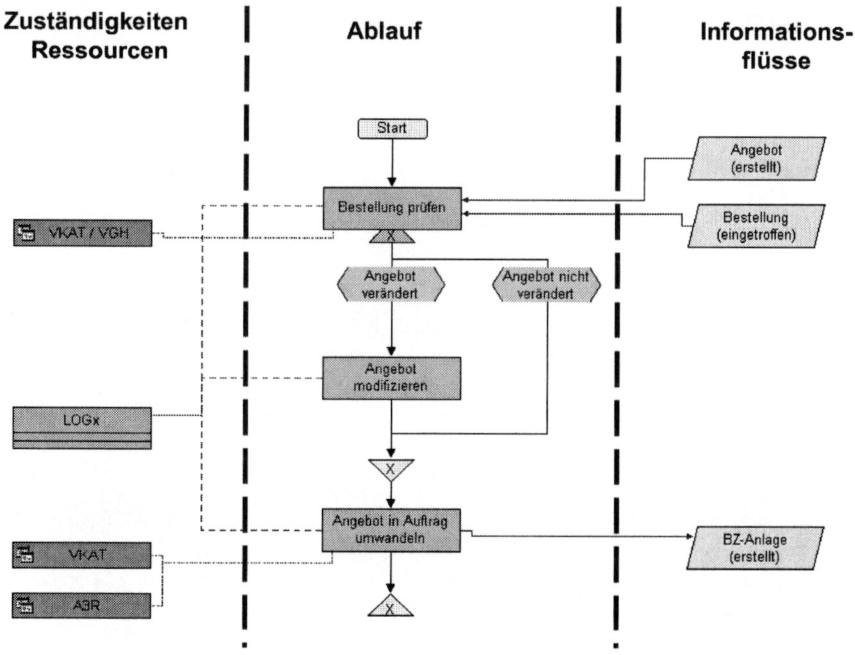

Bild D.1 Beispielablauf [Jenn-01]

Die Darstellung von Prozessen lässt sich in drei Bereiche unterteilen (Bild D.1): In der Mitte ist der eigentliche Ablauf dargestellt, der die einzelnen Prozessschritte mit ihren Abhängigkeiten beschreibt. Für die Beschreibung des Ablaufs werden neben der Reihenfolge der einzelnen Tätigkeiten auch die Ereignisse und die Verzweigungselemente benötigt. Auf der linken Seite werden die Zuständigkeiten und die Ressourcen beschrieben, die für die Durchführung der einzelnen Prozssschritte benötigt werden bzw. für sie verantwortlich sind. Auf der rechten Seite sind die Informationsflüsse dargestellt, die in die einzelnen Prozessschritte als Input eingehen bzw. als Output erzeugt werden.

Die einzelnen Elemente, die für die Modellierung der Prozesse benötigt werden, sind in Bild D.2 in einer Übersicht dargestellt und werden im Folgenden genauer beschrieben.

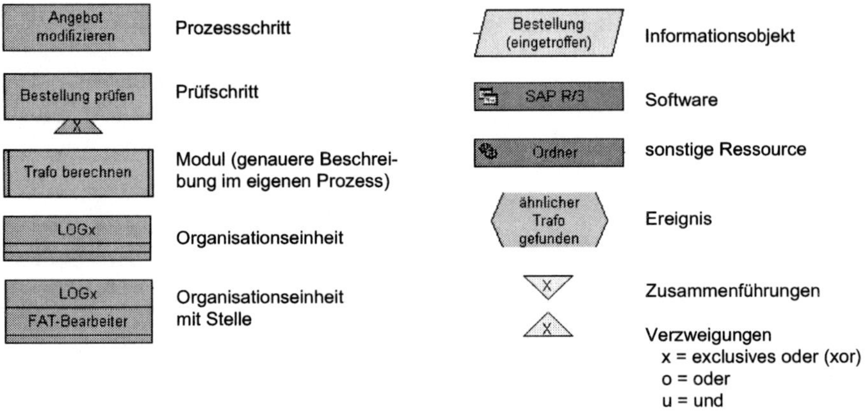

Bild D.2 Legende der verwendeten Objekte in den gezeigten Prozessen

- **Prozessschritt**: Ein Prozessschritt beschreibt eine Tätigkeit, die zur Leistungserstellung in einem Unternehmen ausgeführt wird. Der Beispielprozess in Bild D.1 enthält die Prozessschritte *Angebot modifizieren* und *Angebot in Auftrag umwandeln*. Prozessschritte dienen der Bearbeitung von Informationsobjekten, die dadurch in der Regel von einem Status in einen anderen überführt werden. Viele Prozessschritte stellen somit einen organisatorischen Ablauf dar.
- **Prüfschritt**: Prüfschritte sind eine besondere Ausprägung von Prozessschritten, denen eine Entscheidung zugrunde liegt, die zum Verzweigen des Prozessflusses führt. Im Beispielprozess verzweigt der Prüfschritt *Bestellung prüfen* nach den Bedingungen, ob das Angebot von der Bestellung abweicht (*Angebot verändert*) oder unverändert (*Angebot nicht verändert*) geblieben ist.
- **Modul (Sub-Prozess):** Prozesse können als Bestandteil weiterer Prozesse auftreten. Dieser Sachverhalt wird durch das Symbol „Modul" (Sub-Prozess) beschrieben. Ein Modul wird dann verwendet, wenn ein Prozess in der Darstellung zu unübersichtlich wird.
- **Ereignis:** Ereignisse beschreiben Zustände, die nach der Ausführung von Tätigkeiten eintreten oder Vorbedingung für die Ausführung von Tätigkeiten sind. Der Beispielablauf enthält die Ereignisse *Angebot verändert* und *Angebot nicht verändert*. Diese Ereignisse beschreiben die Zustände, die nach Ausführen der Tätigkeiten *Bestellung prüfen* eingetre-

ten sind. Die Modellierung von Ereignissen ist nicht zwingend erforderlich und erfolgt nur dann, wenn sie für das Verständnis des Prozesses notwendig sind.

- **Organisationseinheit:** Organisationseinheiten dienen der Beschreibung der aufbauorganisatorischen Strukturen der Unternehmen. Sie entstehen durch Zusammenfassung von Stellen zu Aufgabenbereichen. Den einzelnen Stellen wiederum werden Mitarbeiter zugeordnet. Organisationseinheiten können Abteilungen, Stabstellen, Teams und Projekte sein. In Prozessen dienen sie der Beschreibung von Zuständigkeiten für einzelne Prozessschritte. Wenn die Zuständigkeit für einen Prozessschritt genauer modelliert werden soll, können sowohl Stellen als auch einzelne Mitarbeiter als verantwortliche Ausführende modelliert werden. Im Beispielprozess wurde die Organsationseinheit *LOGx* modelliert.
- **Software:** Das Prozesselement Software gibt an, welche Software zur Unterstützung eines Prozess- bzw. Prüfschrittes verwendet wird. Im Beispielablauf sind dies *VKAT* und *A3R*.
- **Sonstige Ressource:** Zu den sonstigen Ressourcen zählen unterstützende, nicht digitale Hilfsmittel wie z. B. bestimmte Ordner oder andere Betriebsmittel.
- **Informationsobjekt (mit Status):** Informationsobjekte stellen Objekte dar, deren Status durch Tätigkeiten verändert werden. Im Unternehmen sind damit häufig Dokumente dargestellt, es können aber auch nicht gegenständliche Objekte modelliert werden. Ein Status stellt einen definierten Zustand eines Informationsobjektes dar, die Abfolge der Status beschreibt den Lebenszyklus eines Informationsobjektes. Im Beispielablauf ist ein Informationsobjekt das *Angebot*, der dazugehörende Status ist *erstellt*.
- **Verzweigungen/Zusammenführungen:** Diese Symbole werden für Verzweigungen (bzw. Zusammenführungen) innerhalb des Ablaufes eingesetzt. Bei der Ausführung des Prozesses kann anhand von Verzweigungen in Abhängigkeit der konkreten Situation über den weiteren Verlauf des Prozesses entschieden werden. Dabei gibt es verschiedene Sorten von Verzweigungen:
  - UND: alle Prozessflüsse, die verzweigen, müssen ausgeführt werden
  - ODER: mindestens einer, aber auch mehrere Prozessflüsse müssen ausgeführt werden
  - XOR: genau einer der Prozessflüsse muss ausgeführt werden

Diese Objekte sind die für diese Arbeit grundlegenden Elemente des integrierten Unternehmensmodell MERGE.

Anhang E: Materialien zum Vorgehensmodell für die unternehmensübergreifende Integration von Informationssystemen

Anhang E enthält Materialien, die als Vorlage bei der Anwendung des Vorgehensmodells für die unternehmensübergreifende Integration von Informationssystemen verwendet werden können. Da Integrationsprojekte Unterschiede in Dauer, Aufwand, Kontext und Zielstellung aufweisen können, ist durchaus eine Anpassung einer oder mehrerer Materialien für ein Integrationsprojekt notwendig. Die Materialien sind daher als Ausgangspunkt für eine unternehmensindividuelle Materialiensammlung für Integrationsprojekte zu verstehen. Die Materialien umfassen die folgenden Checklisten und Vorlagen:

- Fragenkatalog zur Erstellung einer Integrationsstrategie,
- Rahmenwerk zur Potenzialanalyse,
- Projektzieldatenblatt,
- Beispiel eines Fragebogens zur Charakterisierung von unternehmensübergreifenden Informationsflüssen,
- Impulsfragen zur unternehmensinternen Analyse von Geschäftsprozessen,
- Checkliste zur Durchsicht von Modellen unternehmensübergreifender Prozesse,
- Beispiel eines Lastenheftaufbaus,
- Prüfziele eines Integrationslösungstests,
- Checkliste für ein Projektreview sowie
- Checkliste Dokumentation eines Integrationsprojekts.

E.1 Fragenkatalog zur Erstellung einer Integrationsstrategie

Nach BALZERT soll eine gute Strategie folgende Kriterien erfüllen (s. [Balz-98, S. 739]):

- Sie soll nicht ausschließlich finanzielle Ziele enthalten. Finanzielle Ziele sind für Mitarbeiter nicht konkret genug. Es ist nicht offensichtlich, wie sie erreicht werden können.
- Die Effekte einer Strategie sollen messbar sein. Beispielsweise kann die Verkürzung der Zeit von Bestellung bis Lieferung gemessen werden.
- Die Strategie soll sich auf begrenzte und realistische Ziele konzentrieren.
- Die Strategie soll alle Beteiligten motivieren, die gewünschten Ziele zu erreichen.

Der nachfolgende Fragenkatalog kann helfen, eine Integrationsstrategie zu Begleitung von Integrationsprojekten zu entwickeln. Die Fragen beziehen sich zum einen auf die aktuelle Situation im Unternehmen, zum anderen auf zukünftige Entwicklungen im Unternehmen. Diese Rahmenbedingungen gilt es bei der Entwicklung einer Integrationsstrategie zu berücksichtigen. Die Liste erhebt jedoch keinen Anspruch auf Vollständigkeit.

Fragenkatalog zur Erfassung der Integrationsrahmenbedingungen

- Wird langfristig eine zentrale oder dezentrale IT-Lösung angestrebt, um unternehmensübergreifende Informationsflüsse zu senden und empfangen?
- Ist geplant, bestimmte Informationssysteme im Unternehmen mittel- oder langfristig abzulösen und deren Weiterentwicklung daher auf ein Minimum zu reduzieren?
- Welche Integrationslösungen sind derzeit im Unternehmen im Einsatz? Welche Funktionen erfüllen sie?
- Wie viele allein stehende Integrationslösungen können durch die derzeit zur Verfügung stehenden Ressourcen im Unternehmen gleichzeitig betreut werden?
- Gibt es (branchenspezifische) Datenaustauschstandards, die eingesetzt werden und deren Einsatz weiter ausgebaut werden soll?
- Welche Datenaustauschstandards verwenden unsere wichtigsten Kunden, Zulieferer und Partner?
- Zu welchen Integrationstechnologien (s. Abschnitt 2.4) existiert Kompetenz im Unternehmen?

Bild E.1: Fragenkatalog zur Erfassung der Integrationsrahmenbedingungen

E.2 Rahmenwerk zur Potenzialanalyse

Die nachfolgende Tabelle gibt eine Unterstützung um Potenziale zu identifizieren, die durch Integrationslösungen ausgeschöpft werden können. Die Tabelle orientiert sich an dem von BALZERT dargestellt Konzept nach HAMMER und CHAMPY, um (unternehmensinterne) Prozesse für eine Unternehmensumgestaltung zu identifizieren (s. [Balz-98, S. 699], [HaCh-93, S. 158ff.]).

Welche Prozesse für die Umgestaltung auswählen?
Fehlfunktionen • Ausufernder Informationsaustausch, redundante Daten und Mehrfacheingabe. • Hohes Maß an Überwachung und Kontrolle im Vergleich zur Wertschöpfung. • Nacharbeiten und Iterationen. • Komplexität, Ausnahmen und Sonderfälle.
Prozessbedeutung Bedeutung oder Auswirkung der Prozesse auf Endkunden.
Machbarkeit und Erfolgschancen • Weitverzweigte, umfangreiche Prozesse (viele Partner sind daran beteiligt) erfordern umfangreiche Umgestaltungen mit entsprechenden Risiken. • Hohe Kosten, z. B. für eine neue komplexe Unternehmensschnittstelle oder sogar ein neues Informationssystem, reduzieren die Erfolgschancen. • Das Engagement des Prozessverantwortlichen bestimmt den Erfolg.
Weitere Kriterien • Ist ein Prozess für die strategische Ausrichtung entscheidend? • Beeinflusst der Prozess besonders stark die Kundenzufriedenheit? • Liegt das Leistungsniveau bei einem Prozess wesentlich unter dem Spitzenreiter der Branche? • Ist ohne Integration kein größerer Nutzen aus dem Prozess zu ziehen? • Ist der Prozess antiquiert?

Bild E.2: Rahmen zur Potenzialanalyse in Anlehnung an HAMMER und CHAMPY (s. [Balz-98, S. 699])

E.3 Projektzieldatenblatt

Das nachfolgende Datenblatt kann als standardisierte Vorlage für eine Projektdefinition (s. Abschnitt 5.2) dienen. Es bietet eine Managementübersicht über die wesentlichen Projektmerkmale.

Projektzieldefinition	
Projektname	
Zu integrierende Partner	• • • •
Zu optimierende, unternehmensübergreifende Geschäftsprozesse	• • •
Projektzeitraum	
Erwarteter Aufwand (für eigenes Unternehmen)	
Erwarteter Nutzen (für eigenes Unternehmen) (Quantifiziert und messbar)	
Randbedingungen (eventuell weitere Beschreibung im Anhang)	

Bild E.3: Projektzieldatenblatt

E.4 Beispiel eines Fragebogens zur Charakterisierung von unternehmensübergreifenden Informationsflüssen

Der nachfolgend dargestellte Fragebogen (s. a. [Burm-01]) entstand im Rahmen des EU-Projekts *Burma-X* (Business Relationship Management for the Extendend Enterprise, s. a. [WWW-16]). Der Fragebogen wurde eingesetzt, um den Bestellvorgang von Ersatzteilen aus Sicht von Zulieferern und aus Sicht eines OEM zu analysieren. Nachfolgend sind die Fragebögen aus diesen zwei Sichten dargestellt:

- Sicht des Kunden: „Questionnaire – Relation to Client“
- Sicht des OEM: „Questionnaire – Relation to Supplier“

Die Namen der Partner, deren Informationsflussbeziehungen analysiert wurden, wurden unkenntlich gemacht.

Questionnaire – Relation to Client

Author

1. Who filled in this questionnaire?	
Name:	
Organisation:	
Department:	
Position:	
Phone:	
E-Mail:	
Date:	

--- Please use a document of its own for each client ---

Client

2. I deliver spare parts to (please use one document for each client)				
Partner 1 ☐	Partner 2 ☐	Partner 3 ☐	Partner 4 ☐	Other Suppliers ☐

3. Contact person / department of client:	
Name:	
Department:	
E-Mail:	
Phone:	

4. Contact person / department for client in my organisation:	
Name:	
Department:	
E-Mail:	
Phone:	

5. General contact to client via	
☐ E-Mail	Comment:
☐ Fax	
☐ Phone	
☐ Mail	
☐ Internet	
☐ Other:	

Orders

6. How many orders does your client send you per month on the average?

7. Average time from order to deliver:

8. Kind of required material:

Information flow

9. Which are the common formats of incoming orders?	
☐ Fax	Comment:
☐ Mail	
☐ E-Mail	
☐ Phone	
☐ Other:	

10. How long does it take to process an ordinary order on the average?	
☐ 15 minutes	Comment:
☐ 2 hours	
☐ 1 day	
☐ more than one day	

11. Do you guarantee fixed delivery dates?	
☐ Yes	Comment:
☐ No	

12. Which importance has this guarantee for your business?	
☐ very important	Comment:
☐ important	
☐ less important	
☐ unimportant	

13. Do you provide prompt information about the current order status?	
☐ Yes	Comment:
☐ No	

14. Which information do you receive in an order from your client?

15. Which of these information do you pass on directly (i.e. with no changes) to your suppliers?

16. Which of these information do you pass on to your suppliers with small changes ? (Please describe changes, too):

17. Could further information from your client help you delivering/producing in a shorter period? If yes, please describe:

18. How do you process incoming orders?	
☐ ERP-System	Comment:
☐ Other System:	
☐ Various tasks (please comment!)	

19. Which information do you provide
a) after receiving an order?
b) while processing an order?
c) after delivering a spare part?

20. What is the average lifecycle of your pricelist for spare parts (week, mths) ?

21. Further comment

Questionnaire – Relation to Supplier

Author

1. Who filled in this questionnaire?	
Name:	
Organisation:	
Department:	
Position:	
Phone:	
E-Mail:	
Date:	

--- Please use a document of its own for each supplier ---

Supplier

2. I receive spare parts from (please use one document for each supplier)				
Partner 1 ☐	Partner 2 ☐	Partner 3 ☐	Partner 4 ☐	Other Suppliers ☐

3. Contact person / department of supplier:	
Name:	
Department:	
E-Mail:	
Phone:	

4. Contact person / department for supplier in my organisation:	
Name:	
Department:	
E-Mail:	
Phone:	

5. General contact to supplier via	
☐ E-Mail	Comment:
☐ Fax	
☐ Phone	
☐ Mail	
☐ Internet	
☐ Other:	

Orders

6. Material disposition	
By consumption	By program
☐	☐
Please describe shortly in general terms:	

7. How many orders does your supplier get from your organisation per month on the average?

8. Average time from order to deliver:

9. Kind of material to receive:

Information flow

10. Which are the common formats of your outgoing orders?	
☐ Fax	Comment:
☐ Mail	
☐ E-Mail	
☐ Phone	
☐ Other:	

11. How long does it take to create an ordinary order on the average?	
☐ 15 minutes	Comment:
☐ 2 hours	
☐ 1 day	
☐ more than one day	

12. Do you request fixed delivery dates?	
☐ Yes	Comment:
☐ No	

13. Does your supplier provide prompt information about the current order status?	
☐ Yes	Comment:
☐ No	

14. Which information does your supplier receive in an order from you?

15. Which of these information do you pass on directly (i.e. with no need to change) to your clients?

16. Which of these information do you pass on to your clients with small changes? (Please describe changes, too):

17. Could further information help you going on in producing/delivering in a shorter time? If yes, please describe:

18. How do you process outgoing orders?	
☐ ERP-System	Comment:
☐ Other System:	
☐ Various tasks (please comment!)	

19. Which information do you get from your supplier
a) after sending an order?
b) while waiting for a spare part?
c) after reception of a spare part?

20. What is the average lifecycle of a pricelist from your supplier (week, mths) ?

21. Further comment

E.5 Impulsfragen zur unternehmensinternen Analyse

Die nachfolgend dargestellten Impulsfragen sollen den Einstieg in ein Interview zur Analyse unternehmensinterner Prozesse erleichtern. Es wird hierbei davon ausgegangen, dass die Analyse der unternehmensübergreifenden Informationsflüsse bereits abgeschlossen ist und die für das Integrationsprojekt relevanten Informationsflüsse identifiziert wurden.

Impulsfragen zur unternehmensinternen Analyse

Zu jedem eingehenden Informationsfluss:

- In welcher Form gehen die Informationen ein?
- Wo werden die Informationen eines eingehenden Informationsflusses abgelegt?
- Welche Mitarbeiter im Unternehmen haben Zugriff auf diese Informationen?
- Welche Ereignisse werden durch diesen Informationsfluss ausgelöst?
- Welche Aktivitäten werden durch diese Ereignisse ausgelöst?
- Welche Informationssysteme unterstützen die Bearbeitung dieser Aktivitäten?
- Wie werden die Informationen weiterverarbeitet oder weiterverwendet?
- Wie lange stehen die Informationen im Unternehmen zu Verfügung?
- Wie häufig findet ein solcher Informationsfluss statt?

Zu jedem ausgehenden Informationsfluss:

- In welche Form werden die Informationen weitergegeben?
- Wie wurden diese Informationen im Unternehmen generiert?
  - Welche Informationsquellen waren beteiligt?
  - Welche Aktivitäten waren notwendig?
- Durch welche(s) Ereignis(se) wird der Informationsfluss ausgelöst?
- Wie lange bleiben die versendeten Informationen im Unternehmen verfügbar?
- Wie häufig findet ein solcher Informationsfluss statt?

Bild E.4: Impulsfragen zur unternehmensinternen Analyse

E.6 Checkliste zur Durchsicht von Modellen unternehmensübergreifender Prozesse

Die nachfolgende Liste von Fragen soll die Durchsicht von Modellen unternehmensübergreifender Prozesse unterstützen. Hierbei sollen zum einen Optimierungspotenziale des Prozesses identifiziert werden und zum anderen mögliche logische Fehler im Modell aufgefunden werden. Die Liste erhebt jedoch keinen Anspruch auf Vollständigkeit.

Durchsicht von Modellen unternehmensübergreifender Prozesse
• Wurde jeder obligatorische Ausgangsinformationsfluss mit einem Eingangsinformationsfluss verbunden?
• Wurde jeder obligatorische Eingangsinformationsfluss mit einem Ausgangsinformationsfluss verbunden?
• Wird ein Informationsobjekt mehrfach zum oder vom gleichen Partner übermittelt?
• Ist in einem Prozess eine häufige σ-Transformation für das gleiche Informationsobjekt notwendig?
• Werden viele verschiedene Datenformattypen verwendet?
• Kann der Prozess durch Prozessvariantenbildung vereinfacht werden?
• Hat jeder Prozessblock mindestens einen Eingangs- oder Ausgangsinformationsfluss?
• Ist jeder Partner im Prozess mit mindestens einem Prozessblock beteiligt?
• Werden gleiche oder ähnliche Prozesse doppelt oder ähnliche ausgeführt?

Bild E.5: Checkliste zur Durchsicht von Modellen unternehmensübergreifender Prozesse

E.7 Beispiel eines Lastenheftaufbaus

Der nachfolgende Aufbau eines Lastenheftes für eine Integrationslösung orientiert sich am allgemeinen Aufbau eines Lastenheftes nach Balzert (s. [Balz-98, S. 58]). Der allgemeine Aufbau wurde um spezielle Eigenschaften einer Integrationslösung ergänzt.

Struktur eines Lastenheftes für Integrationslösungen
Zielbestimmung Hier wird beschrieben, welche Ziele durch den Einsatz der Integrationslösung erreicht werden soll. Dieser Bereich wird übernommen aus dem Projektzieldatenblatt (s. Anhang E.3) und wurde bereits in der Phase *Projektinitiierung und –definition* festgelegt.
Einsatz Es wird festgelegt, für welche unternehmensübergreifenden Geschäftsprozesse die Integrationslösung vorgesehen ist sowie der Kontext dieser Prozesse. Dieser Bereich wird zum Teil aus dem Projektzieldatenblatt übernommen.
Funktionalität der Integrationslösung Hier werden die unternehmensübergreifenden Geschäftsprozesse detailliert beschrieben. Zur Beschreibung sollten die in Abschnitt 4.2 vorgestellten Richtlinien zur Modellierung unternehmensübergreifender Geschäftsprozesse angewendet werden. Darüber hinaus werden alle Unternehmensschnittstellen spezifiziert, die realisiert werden müssen.
Auszutauschende Daten Die an den Unternehmensschnittstellen auszutauschenden Daten sowie zu verwendenden Datenaustauschformate werden festgelegt. Hier können die UML-Datenmodelle des Syntax-Moduls des CAEI-Werkzeugs genutzt werden.
Leistungen Hier können Leistungsanforderungen an Unternehmensschnittstellen bzgl. Datendurchsatz, Antwortzeiten einer Unternehmensschnittstelle, maximale Dauer für die Ausführung eines unternehmensinternen Geschäftsprozesses etc. festgelegt werden

Struktur eines Lastenheftes für Integrationslösungen
Qualitätsanforderungen Die wichtigsten Qualitätsanforderungen sollten hier aufgeführt werden, z. B. Zuverlässigkeit, Verfügbarkeit einer Unternehmensschnittstelle etc.
Ergänzungen Hier werden Ergänzungen oder spezielle Anforderungen beschrieben.

Bild E.6: Struktur eines Lastenheftes für Integrationslösungen

E.8 Prüfziele eines Integrationslösungstests

In der nachfolgenden Tabelle sind Prüfziele eines Integrationslösungstests dargestellt. Die Prüfziele orientierten sich dabei an den allgemeinen Prüfzielen eines Systemtests nach BALZERT [Balz-98, S. 538].

Prüfziele eines Integrationslösungstests
Vollständigkeit Es ist zu überprüfen, ob die Integrationslösung alle funktionalen und nicht funktionalen Anforderungen aus dem Lasten- oder Pflichtenheft erfüllt (*Funktionstest*).
Volumen Die Integrationsschnittstelle ist mit umfangreichen Datenmengen zu testen (*Massentest*). Der Umfang an Daten, der an einer Schnittstelle in kurzem Zeitraum verarbeitet werden muss, kann eine potenzielle Schwachstelle sein. Dies ist insbesondere dann der Fall, wenn eine Integrationsschnittstelle in mehreren Prozessen verwendet wird.
Zeit Bei starker Belastung der Integrationsschnittstelle ist zu prüfen, ob die geforderten Antwortzeiten und Durchsatzraten eingehalten werden (*Zeittest*).
Zuverlässigkeit Die Integrationslösung ist über längere Zeit hinweg unter Spitzenbelastungen, die allerdings im geforderten Bereich liegen, zu testen (*Lasttest*).
Fehlertoleranz, Robustheit Die Integrationslösung wird unter Überlast getestet (*Stresstest*).
Sicherheit Datenschutzmechanismen wie Passwörter oder Datensicherheitsüberprüfungen durch die Integrationslösung sind zu überprüfen (*Sicherheitstest*).

Bild E.7: Prüfziele eines Integrationslösungstests (in Anlehung an [Balz-98, S. 539])

E.9 Checkliste für ein Projektreview

Die nachfolgende Tabelle unterstützt die Durchführung eines Projektreviews. Sie wird ergänzt durch die Checkliste über die Dokumentation eines Integrationsprojekts in Anhang E.10. Die Checkliste erhebt keinen Anspruch auf Vollständigkeit und sollte bei Bedarf kontinuierlich erweitert werden. Insbesondere sollten nach Möglichkeit quantitative Kriterien ergänzt werden.

Checkliste Projektreview

• Wurde der Projektzeitplan eingehalten? Wenn nein:
  • In welchen Phasen wurden die geplanten Zeiten überschritten?
  • Welche Aktivitäten erforderten mehr Zeit als geplant?
• Konnten Ergebnisse aus früheren Integrationsprojekten wieder verwendet werden? Wenn nein, warum?
  • Integrationsprojekt fand in einem Kontext statt, indem bisher keine Integrationsprojekte durchgeführt wurden.
  • Die Integrationslösung war nicht ausreichend leistungsfähig (robust).
  • Die Dokumentation aus vorherigen Integrationsprojekten war nicht in ausreichender Qualität (Gründe angeben).
  • Dokumentation aus früheren Integrationsprojekten konnte nicht wiedergefunden werden.
• Wieviel Aufwand war für die Nachbearbeitung von Abbildungsvorschriften für σ-Transformationen notwendig?
• Mussten neue τ-Transformationen realisiert werden?
• Mussten neue ϕ-Transformationen realisiert werden?
• Wurden neue Integrationstechnologien verwendet? Falls ja, welche Erfahrungen wurden mit diesen gemacht?
• Wurden neue Standards verwendet? Falls ja, welche Erfahrungen wurden mit diesen gemacht?
• Wie gestaltete sich die Abstimmung mit den beteiligten Partnerunternehmen?
• Wurden Aspekte identifiziert, die eine Anpassung der Integrationsstrategie notwendig machen?

Bild E.8: Checkliste Projektreview

E.10 Checkliste Dokumentation eines Integrationsprojekts

Die nachfolgende Checkliste dient zum Überprüfen der Vollständigkeit der Dokumentation eines Integrationsprojekts. Ziel ist hierbei die Überprüfung der Dokumentation, die nicht direkt durch das CAEI-Werkzeug verwaltet wird. Die Checkliste ergänzt die allgemeine Checkliste für ein Projektreview wie in Anhang E.9 beschrieben. Die Checkliste erhebt keinen Anspruch auf Vollständigkeit.

Checkliste Dokumentation eines Integrationsprojekts
• Ist für alle im Projekt definierten Prozesshüllen ein Modell des zugehörigen unternehmensinternen Prozess verfügbar?
• Ist für jede im Projekt benutzte Unternehmensschnittstelle ein Datenmodell verfügbar?
• Ist das Projektzieldatenblatt verfügbar?
• Ist der Projektplan verfügbar und wurden die tatsächlichen IST-Werte dokumentiert?
• Wurden alle neu realisierten τ-Transformationen dokumentiert?
• Ist ein Projektreviewbericht verfügbar?
• Sind alle Testberichte aus den Integrationslösungstests (s. Anhang E.8) vollständig verfügbar?

Bild E.9: Checkliste Dokumentation eines Integrationsprojekts

Glossar

CAEI-Werkzeug	Ein CAEI-Werkzeug verwaltet integriert alle Informationen des →Integrationsraums und unterstützt die Generierung von Informationen in →Informationsblöcken.
Eskalation einer Änderung	Unter der Eskalation einer Änderung wird die Menge aller Konsequenzen verstanden, die sich aus einer Änderung einer Integrationslösung ergeben.
Heteronyme Elemente	Heteronyme Elemente in zwei Datenmodellen repräsentieren gleiche Objekte der Realwelt, haben aber im Modell unterschiedliche Eigenschaften und/oder sind in unterschiedlichen Datenstrukturen eingebunden.
Heteronyme Objekte	Heteronyme Objekte stellen semantisch gleichbedeutende Objekte dar, die aber eine unterschiedliche Syntax aufweisen können.
Informationsblock	Informationsblöcke teilen Informationen im →Integrationsraum ein. Ein Informationsblock beschreibt die Beteiligung eines Informationssystems an einem unternehmensübergreifenden Geschäftsprozess aus der Sichtweise einer bestimmten Integrationsebene.
Integrationselement	Die gegenüber einem →Prozessblock zusätzlichen beschreibenden Elemente eines →Integrationspunkts werden als Integrationselemente bezeichnet.
Integrationspunkt	Ein Integrationspunkt ist ein →Prozessblock, dessen Spezifikation um die informationstechnischen und organisatorischen Möglichkeiten zur Einbindung in einen unternehmensübergreifenden Prozess erweitert ist.
Integrationsraum	Der Integrationsraum ermöglicht die Abbildung und ganzheitliche Betrachtung aller Integrationslösungen eines Unternehmens. Er wird durch die drei Einflussgrößen Integrationsebene, Prozesse und Systeme aufgespannt.
Kontext eines Datenmodells	Der Kontext eines Datenmodells ist die Menge von Objekten des →Integrationsraums, die mit einem Element des Datenmodells oder dem Datenmodell selbst verknüpft ist.

Prozessblock	Ein Prozessblock repräsentiert eine zusammenfassende, unternehmensinterne Aktivität, die durch einen eingehenden Informationsfluss von außerhalb des Unternehmens ausgelöst wird, und deren Ergebnis ein obligatorischer ausgehender Informationsfluss ist, ohne dass weitere ausgehende Informationsflüsse dazwischen erzeugt werden.
Prozesshülle	Die Prozesshülle eines unternehmensinternen Prozesses beschränkt sich auf Informationen über den Prozess, die für die Integration in einen unternehmensübergreifenden Prozess notwendig sind. Interne Details werden durch die Prozesshülle verborgen. Die Prozesshülle ist unabhängig von der Modellierungstechnik, die für die Beschreibung des unternehmensinternen Prozesses verwendet wurde.
Reduzierte Darstellung eines Prozesses	Eine reduzierte Darstellung eines Prozesses enthält nur die Elemente, die in der unternehmensübergreifenden Sicht benötigt werden.
Semantisch komplementäre Objekte	Semantisch komplementäre Objekte sind zwei semantisch nicht gleichbedeutende, sich aber ergänzende Objekte.
Technisches Integrationspotenzial	Das technische Integrationspotenzial ist die Menge aller →Unternehmensschnittstellen, über die ein Unternehmen verfügt.
Transformationsumgebung	Eine Transformationsumgebung enthält alle Transformationsoperatoren eines Unternehmens.
Unternehmensdatenmodell	Ein Unternehmensdatenmodell ist ein übergeordnetes Datenmodell über alle Datenelemente eines Unternehmens, das aus der Vereinigung der Datenmodelle aller Informationssysteme eines Unternehmens entsteht.
Unternehmensschnittstelle	Die Unternehmensschnittstelle repräsentiert eine informationstechnische Lösung zum Senden oder Empfangen eines bestimmten Informationsobjekts.

Index

Q

W

X

Z

La Puissance des illusions

Valerie Paparemborde

La Puissance des illusions

ISBN numérique : 979-10-262-2409-9

EAN papier : 9791026224105

librinova

Courriel : contact@librinova.com
Internet : www.librinova.com

Toutes mes années perdues se sont levées aujourd'hui devant moi, et m'ont regardé comme les passagères de la barque des Illusions regardent le poète resté sur le rivage.
Henri-Frédéric Amiel

Les vérités sont des illusions dont on a oublié qu'elles le sont. La vie est la condition de la connaissance. L'erreur est la condition de la vie.
Nietzsche

Pour Elsa, ma fille, qui m'est si chère et lui qui n'est plus.

Chapitre I

HEIDELBERG ALLEMAGNE 1920

Minna et Lotte se sont retrouvées comme chaque soir dans la cabane du jardin et leur jeu littéraire favori peut commencer.

Elles ont étalé sur la table les livres de leurs auteurs préférés d'où sortiront les aventures du jour. Büchner, Goethe, Novalis, Hölderlin, Nietzsche, Heine, Heinrich Mann, n'ont qu'à bien se tenir, leurs héros de papier vont retrouver la liberté.

Le jeu consiste à réinventer les destins. Werther oublie ses souffrances au Blue Angel, dans les bras de Lola Frohlïch, le soldat Woyzeck capture Lorelei, la fée du Rhin, Charlotte et Édouard, le couple des Affinités Électives, forment un nouveau quatuor amoureux avec Faust et Marguerite, Zarathoustra est le fils adultérin d'Hypérion, Sophie von Kühn s'enfuit au bord de la mer avec le professeur Unrat. Dans cette bacchanale irrévérencieuse qui ne souffre aucun interdit, les protagonistes se plient à l'imagination délirante des deux amies.

Minna Braling et Lotte Sandberg consacrent de longues soirées à leurs passions voyageuses. Entre elles, les liens sont profonds. Une solide complicité les unit depuis leur enfance. Aussi loin qu'elle puisse s'en souvenir, Minna, avec sa douceur, a toujours été pour Lotte, un repère. Elle lui est plus chère qu'une sœur.

Leurs familles ont des maisons voisines dans le quartier *Neuenheim*, au nord de la rive du *Neckar*.

Des habitations mitoyennes, modestes mais suffisamment confortables pour accueillir et retenir les familles des ouvriers typographes de l'imprimerie Metter. C'est là que leurs pères se sont rencontrés. Ils travaillent dans le même atelier et partagent la même passion pour le tir à l'arc. Leurs femmes s'apprécient et Lotte, enfant unique, est heureuse d'être reçue dans la famille nombreuse de Minna, seule fille parmi cinq garçons.

C'est Minna qui rassurait Lotte les soirs d'orage, lorsqu'elles se réfugiaient enfants dans la cabane construite par ses frères. Depuis rien n'a changé. Elle sait trouver les mots pour apaiser ses angoisses, calmer son impatience et son tempérament fougueux. « *Prends le temps de vivre*, lui recommande-elle, *ne refais pas la guerre tous les matins, juste... un jour sur deux !* » Elles se sont promis de ne jamais rester éloignées l'une de l'autre.

Minna est naturellement généreuse. Sans aucun calcul, elle tend la main, ouvre son cœur. Un don rare qui lui confère un charme enfantin. Son physique, aussi, est attendrissant, tout en courbes moelleuses. On sent qu'elle conservera longtemps cette joliesse juvénile. Ses longs cheveux tombent jusqu'aux reins, d'un blond vénitien qu'elle entretient avec des bains de camomille, ils sont fins, vaporeux et ramenés en chignon, elle ressemble à la liseuse de Vermeer. C'est en tout cas ce qu'elles s'étaient dit en voyant le tableau au musée de Dresde, lors d'un voyage scolaire.

Lotte cultive une allure plus énergique. Un corps souple musclé par des années de gymnastique artistique, un visage qui impressionne par la détermination du regard, d'une indéfinissable couleur, tantôt verveine, tantôt émeraude. Ses yeux semblent vous pénétrer sans vous voir vraiment. Une présence intense doublée d'un détachement surprenant à tout ce qui l'entoure.

L'année de leurs dix-huit ans, toujours inséparables, elles se sont inscrites à l'université d'Heidelberg pour suivre des cours de philosophie et de littérature. Leur acceptation dans la plus vieille université du pays est pour leurs familles une source de fierté. Ni leurs parents, ni les frères de Minna n'ont accédé à des études universitaires. Cette année-là, l'Allemagne défaite par l'armistice de 1918, s'enfonce dans le marasme, mais l'avenir du pays ne les préoccupe guère. La perspective de partager cette nouvelle aventure est vécue comme une conquête. Une première étape vers un monde meilleur.

Les filles sont peu nombreuses à faire des études supérieures et la présence de ces deux séduisantes créatures, toujours inséparables ne passe pas inaperçue. Elles ont été logées dans le même bâtiment mais à deux étages différents, dans des chambres au confort sommaire : un lit, une table en bois maculée de taches d'encre, témoignage studieux des précédents locataires, et un petit placard encore trop vaste pour abriter le peu de vêtements qu'elles ont apportés.

C'est le Kafe Klaus, où les étudiants se retrouvent après les cours, qui remplace la cabane du jardin. Elles s'installent toujours à la même table, en retrait, et reprennent en chuchotant « leur manuscrit sans queue ni tête » comme elles l'appellent. Parfois certains audacieux tentent de s'imposer, sans grand succès. L'un d'entre eux cependant, plus persuasif que les autres, parvient à les convaincre d'assister aux réunions de l'association *Deutschland*, la plus importante du mouvement *Völkisch.*

Nombreux sont les étudiants qui adhèrent aux thèses de ce courant nationaliste qui défend un retour aux racines germaniques et célèbre la pureté de la race.

C'est surtout la réputation du professeur d'anthropologie, qui anime les réunions, qui les motive. Eugen Kockter est une sommité dans sa spécialité. On dit, qu'il pourrait même être retenu dans la sélection pour le prix Nobel de médecine. Il a présidé le deuxième congrès d'eugénisme à New York. Son exposé sur la protection de la race contre les maladies héréditaires a été très remarqué. Il a publié plusieurs ouvrages sur la génétique, la sélection humaine, l'hygiène raciale qui font référence et il apporte tout son crédit à l'association *Deutschland* d'Heidelberg.

Dans une vingtaine d'autres universités, des anthropologues, des professeurs d'anatomie, des psychiatres et des médecins d'autres spécialités ont déjà rejoint la société allemande d'hygiène raciale qu'il dirige.

C'est un homme d'une cinquantaine d'années à peine, dont l'harmonie des traits, la silhouette élancée aux proportions parfaites, pourraient surgir d'un ouvrage sur les statues antiques, si la voix rauque, le sourire ravageur et les dents d'une blancheur rare à son âge ne venaient humaniser ce trop grand classicisme. C'est peu dire qu'il captive son auditoire ! Il a une façon singulière de fixer le public en relevant une mèche blanche qui s'échappe de sa chevelure savamment indisciplinée, qui renforce encore le charme de son regard clair. Toujours vêtu avec élégance de pantalons en daim et de vestes en tweed, il fait chavirer plus d'un cœur d'étudiante. Ses cours et les réunions de *Deutschland* sont pris d'assaut.

Les élèves savent peu de choses sur sa vie privée sinon qu'il éduque seul sa fille Ilse dans la maison familiale, à la suite du décès de sa femme, professeur de philosophie à Heidelberg, morte d'une chute de cheval lorsque Ilse avait 10 ans. Elle était réputée pour sa beauté.

« La famille idéale » ironise Lotte, beaucoup moins subjuguée que Minna lorsqu'elles assistent à leur première réunion de l'association *Deutschland.*

Un soir au Kafe Klaus, Ilse qui était assise près d'elles pendant la conférence s'installe à leur table. Minna flattée, l'accueille avec chaleur. Lotte plus réservée lui décroche un sourire crispé.

Ilse est populaire auprès des élèves et très vite une dizaine de garçons les entourent. Elle n'a pas le charme de son père mais sa silhouette longiligne, son visage à l'ovale parfait où l'on retrouve le regard clair et la dentition parfaite, évoquent d'emblée sa filiation. Dominatrice et sûre d'elle, elle s'exprime avec aisance et n'a aucun mal à convaincre le groupe des garçons de la nécessité de revenir à l'idée d'un peuple, d'une nation, d'une communauté. Cette renaissance nationale ne peut passer que par la défense de « l'âme allemande » de la race germanique clame-t-elle.

— Je ne vois pas très bien ce que « l'âme allemande » vient faire là-dedans, intervient Lotte.

— C'est la quête de nos racines, la défense de notre histoire pour aller vers une renaissance nationale et ça passe par un retour aux sources, pour retrouver la pureté de la race. Tu comprends ? dit-elle en la regardant avec un sourire que Lotte juge un poil condescendant.

Elle va répondre quand Minna lui pince le bras et lui chuchote de laisser parler les autres.

— Ah bon ! On fait comment ? interroge un étudiant qui manifestement n'a jamais assisté à un cours d'Eugen Kockter.

— La science permet désormais d'établir des caractéristiques physiques communes à tous les peuples partageant des racines germaniques poursuit-elle.

Soudain, elle est interrompue.

— Ça suffit ! C'est une vision réductrice basée sur l'hérédité. Une aberration du point de vue moral et culturel ! Un appauvrissement de la pensée. Entendre, ici, dans ces murs, où l'esprit des Lumières devrait tous vous inspirer, de telles sornettes, c'est à pleurer !

Cette dernière phrase énoncée d'une voix forte par un professeur installé plus loin avec des élèves, les fait sursauter. Lotte reconnaît l'un des professeurs de philosophie. Elle n'a jamais suivi ses cours mais elle sait qu'il est juif. On n'entend plus rien dans le bar. À leur table certains étudiants gênés baissent la tête, d'autres haussent les épaules et se lèvent

— Demain je ne serai peut-être plus dans vos murs, poursuit-il, emporté par la concurrence entre professeurs conformes ou non conformes à vos critères raciaux, mais de grâce cessez de propager de telles conneries ! Ce n'est pas digne d'un pays qui a enfanté Goethe, Schiller, Hölderlin et tous nos grands penseurs allemands. Vous feriez mieux de relire Kant !

Il sort furieux en claquant violemment la porte. Après un instant de sidération, Ilse lance en se levant.

— Voilà pourquoi les juifs seront toujours à part, ils n'ont aucun sens de la nation !

Il faut un moment pour que les conversations repartent. Les insultes et les quolibets fusent. Peu à l'aise dans cette ambiance survoltée, Minna et Lotte choisissent de rentrer.

Le lendemain, elles croisent Ilse qui propose de poursuivre la discussion chez elle avec son père. Minna souscrit avec enthousiasme à la proposition. Lotte accepte avec réticence. Il lui semble que leur duo s'est fragilisé, la connivence entre Minna et Ilse l'irrite et l'inquiète.

— C'est quand même une chance de pouvoir discuter en petit comité avec Eugen Kockter, je ne comprends pas pourquoi tu fais tant de manières, lui dit Minna.

— Elle ne me plaît pas, elle n'est pas franche, elle veut juste régner sur un petit cercle dévoué. Très peu pour moi ! Et puis cette espèce de petit sourire affecté soigneusement étudié avec un plissement de nez, ça m'exaspère au plus haut point.

— Tu ne serais pas jalouse par hasard ?

— Moi, jalouse ? Je dis juste que sa sollicitude, ses paroles mielleuses ne vont pas avec son regard froid. Elle nous prend pour des gourdes.

Je crois surtout qu'on ne vient pas du même milieu. C'est une chance de rencontrer son père en privé, tu pourrais quand même te montrer plus conciliante non ?

— Comme tu voudras mais moi je ne la sens pas, même si c'est la fille de Kockter.

Quelques jours plus tard, Ilse leur fixe rendez-vous pour le dimanche suivant en fin d'après-midi.

La maison des Kockter se trouve dans le quartier résidentiel de Bergheim, près de la gare et de l'hôpital. De la rue on n'aperçoit que les arbres du parc qui protègent la maison du regard des passants. C'est la première fois qu'elles sont conviées dans un endroit pareil. La demeure est majestueuse en pierres apparentes, sur trois étages. Au rez-de-chaussée, huit portes-fenêtres s'ouvrent sur le gazon fraîchement tondu. C'est par l'une de ces entrées qu'elles pénètrent dans la bibliothèque. Ilse les attend sur le seuil. Une dizaine d'étudiants et déjà installée en arc de cercle sur des chaises *Thonet*. Face à eux, un fauteuil moderne au dossier inclinable derrière un bureau en acajou, attend le maître des lieux.

Les livres font office de murs, ils recouvrent tous les rayonnages de la bibliothèque, seule la cheminée échappe à leur emprise.

Par l'une des portes on aperçoit le salon de musique d'où s'échappe le son d'un piano. Une cameriste vient raviver le feu et laisse dans le panier quelques bûches supplémentaires. Elles prennent place intimidées. Ilse propose à Minna de s'asseoir près d'elle au premier rang. Lotte doit se contenter d'un siège au bout de la rangée. Le piano s'arrête et Eugen Kockter apparaît. Quelques applaudissements se font entendre, vite interrompus par un geste de sa main et un sourire complice. Il prend place derrière son bureau.

— Je vous en prie jeunes gens, nous sommes là pour échanger. Que pense la jeunesse de la renaissance de notre nation ?

Personne n'ose prendre la parole. Après un long silence, Ilse se lève.

— Nous en parlions la semaine dernière au Kafe Klaus. Je n'ai pas eu l'occasion de te raconter l'altercation que nous avons eue avec un professeur de philosophie. Lorsque nous évoquions les propositions du mouvement *Völkisch*, il s'est mis en colère et nous a conseillé de relire Kant plutôt que de réfléchir à l'avenir de la Nation. Il prétend qu'on veut l'exclure de l'université parce qu'il est juif.

— Je vois, dit Kockter, à qui tu fais allusion. Il n'est pas le seul à s'opposer à nos idées. Nous sommes encore minoritaires mais plus pour longtemps et il se peut bien que sa prédiction se réalise bientôt. Nous avons besoin de retrouver nos racines germaniques. Nous devons nous sentir allemands avant toute autre considération, défendre notre race et les caractéristiques qui font sa force. C'est à vous jeunes gens, qu'il appartient de relever ce défi.

La discussion s'engage sur le regroupement des étudiants juifs de l'université dans le *Central Verein*, l'union centrale des citoyens allemands juifs. Cette association fondée en 1893 qui défend les droits civils et l'égalité sociale pour les citoyens juifs regroupe soixante mille personnes dans tout le pays.

— Ils viennent de sortir un hebdo qu'ils distribuent après les cours. Ilse brandit un journal en noir et blanc où s'étalent trois colonnes de texte en petits caractères, sans aucune illustration, sous le titre *CV-Zeintung* en écriture gothique.

— Pas très engageant comme lecture dit Kockter. Ils parlent de quoi ?

— Ils veulent réconcilier judaïsme et germanisme et s'opposent au sionisme. Ils disent qu'ils se sentent allemands avant tout mais il paraît qu'ils préparent un article très critique sur l'association *Deutschland* et le mouvement *Völkisch*.

— Qu'ils le fassent ! On saura leur répondre ! dit un participant au premier rang.

Pendant toute la discussion Minna et Lotte sont restées muettes. Plusieurs de leurs camarades sont juifs, la plupart des intellectuels qu'elles admirent aussi, elles comprennent mal cette défiance. Quant aux thèses de Kockter, elles ne sauraient dire si c'est le charme du professeur ou le contenu qui les séduit.

Après deux heures d'échanges sans la moindre contradiction, la réunion s'achève. Ilse les reconduit jusqu'à la grille du parc.

Sur le chemin du retour elles restent un long moment sans se parler.

— Moi je l'aime bien ce prof de philo, fallait quand même un certain courage pour affronter ce public hostile ! avance Lotte.

— Ça, c'est bien ton sens de la contradiction ! Par les temps qui courent je me demande si c'est vraiment du courage ou de la provocation.

— Provocation pourquoi ?

— Difficile d'aller contre les idées nouvelles. Un peuple qui veut défendre sa race et ses traditions, c'est légitime non ?

— Non si cela consiste à exclure une partie de ceux qui font la richesse intellectuelle d'un pays. Tout le monde ne peut pas s'aligner sur les thèses de ta nouvelle grande amie.

— Ça va Lotte. Allez bonsoir.

Elles sont arrivées devant l'escalier qui mène à leurs chambres et se quittent sans s'embrasser.

La semaine suivante elles se croisent sans vraiment prendre la peine de se parler. Minna est souvent accompagnée par Ilse. Lotte les ignore et s'affiche ostensiblement avec les étudiants juifs du *Central Verein.*

Un soir après un cours Minna l'attend et l'attrape par la manche.

— J'ai une chose importante à te dire.

— Alors ça y est, tu t'installes chez les Kockter ?

— Non pas chez les Kockter, je vais m'installer à Berlin le mois prochain.

— Quoi... Mais pourquoi tu irais à Berlin ?

— J'ai trouvé un travail. Je n'ai plus suffisamment d'argent pour poursuivre mes études. Tu sais bien que je cherche depuis quelques mois.

— Oui, mais pas si loin. Tu peux trouver un poste d'assistante auprès d'un professeur.

— Impossible Lotte, il n'y a rien de disponible pour moi ici. Le père d'Ilse m'a permis de décrocher une place dans un cabaret.

— Dans... un cabaret ? Je ne savais pas qu'il avait des relations dans ce genre d'endroit. Tes parents sont au courant ?

— Pas encore. Mais ça va les arranger. C'est plutôt difficile financièrement à la maison en ce moment. Pas vraiment le choix.

Lotte comprend que leurs années d'insouciance vont s'éteindre. Elle en éprouve un sentiment confus de trahison et de colère. Elle en veut à Ilse de se mêler de l'avenir de son amie et plus encore à Minna de l'accepter.

Pendant les semaines précédant le départ de Minna, elles délaissent "leur manuscrit sans queue ni tête". Plus d'histoires détournées, de créatures fantasmées, elles n'échangent plus que des banalités lorsqu'elles se croisent. Culpabilité, tristesse, jalousie, ressentiment, la chronique de leur séparation prend la couleur d'un arc-en-ciel aux multiples nuances de l'abandon.

Elles se quittent froidement.

Chapitre II

Trois mois se sont écoulés depuis le départ soudain de Minna, sans aucune nouvelle. Lotte est furieuse et un peu inquiète mais pour rien au monde elle ne poserait la moindre question à Ilse. Un matin le concierge de son bâtiment lui remet une lettre de son amie. Elle attend pour l'ouvrir que la journée s'écoule, à la fois impatiente d'avoir du nouveau et toujours contrariée par sa désertion. Elle est émue de reconnaître l'écriture ronde, enfantine de Minna.

« Ma Lottie,

Je peux encore t'appeler ainsi ? Je t'imagine furieuse ne sachant si tu dois ouvrir cette lettre ou la déchirer, mais je sais que tu la liras. Je te dois des explications. J'aurais aimé que tu les écoutes mais tu n'étais pas très réceptive les derniers temps. C'est le moins qu'on puisse dire ! Je n'ai pas eu d'autre choix que de partir. La situation était devenue critique. Mon père a perdu son travail à la suite d'une blessure à l'épaule dans son club de tir à l'arc. Seul mon frère aîné subvenait aux besoins de la famille. Ils devaient quitter la maison de l'usine Metter. Il fallait que je les aide. Et puis, je dois être franche, j'étais heureuse de quitter Heidelberg. Je ne me suis jamais sentie étudiante. Les discussions au Kafe Klaus, les cours, me paraissaient si loin des réalités. J'aurais aimé que nous puissions en parler sereinement mais tu m'as jugée sans vouloir comprendre. Ma camaraderie avec Ilse valait pour toi condamnation sans appel. Heureusement qu'Eugen Kockter m'a permis de trouver ce travail au Play-Boy. J'ai pu grâce à cela payer la location d'un nouvel appartement où ils vont pouvoir emménager.

En arrivant ici, je ne savais pas si j'allais rester ou repartir mais maintenant je sais que j'ai fait le bon choix et pas uniquement pour des raisons financières ! J'adore Berlin. Je travaille dur mais le spectacle a beaucoup de succès. Je danse, je chante, j'ai même un numéro de tir à l'arc qui m'a valu un article dans la presse. Merci papa !

J'ai aussi un bel appartement que je voudrais te montrer. Viens me voir, le cabaret cherche une nouvelle artiste, tu serais formidable. Tu as toujours su chanter et danser, bien mieux que moi ! Nous serions réunies. Et puis la notoriété arrive vite ! L'une des chansons de mon numéro passe à la radio. Tu te rends compte du chemin parcouru en si peu de temps, ma vie est transformée !

À quoi servent ces années d'études, qui ne te permettront peut-être même pas de gagner correctement ta vie ? Tu te souviens de Kairos, le dieu grec de l'occasion opportune ? Il a toujours été ton préféré. Ne le laisse pas passer !

Je te joins un billet. Viens me voir. Pense à Kairos !

Je t'attends et je t'embrasse tendrement. »

Après la lecture de la lettre, l'amertume des derniers mois se dissipe. Lotte est décontenancée. L'évocation de Kairos, c'est si intime ! Seule Minna sait qu'elle collectionne toutes ses représentations. C'est la seule image accrochée au mur de sa chambre ! Kairos, ce jeune éphèbe aux talons et aux épaules ailés, à l'étrange chevelure, abondante à l'avant, chauve à l'arrière car il s'agit de le saisir par les cheveux lorsqu'il passe. Kairos, ou l'art de se saisir vite de l'occasion qui se présente. Minna a vu juste. Lotte est déstabilisée par la proposition.

Mais est-ce le bon moment ? Elle doit bien admettre que rien de ce qui lui arrive, depuis le départ de son amie n'est à la hauteur de ses ambitions. Les ballades sur les bords du Neckar, les discussions politiques, même les cours de philosophie lui pèsent. Elle aime l'idée de saisir son Kairos. Minna n'aurait jamais fait cette proposition à Ilse. Leur statut social les réunit à nouveau. Il y a entre elles une communauté de destin, qu'Ilse ne partagera jamais. Alors, la perspective de rejoindre son amie lui apparaît comme une évidence.

Sa décision est vite prise.

En fin de semaine, elle retourne chez ses parents. Elle explique qu'il lui est indispensable de suivre pendant un semestre des cours à Berlin. Les convaincre, n'est pas un problème. Dès l'âge de 14 ans elle a pris le pouvoir au sein du foyer, habituée à fixer les orientations pour la famille et pour son avenir. La possibilité de poursuivre ses études à Berlin ne suscite qu'enthousiasme, surtout lorsqu'elle explique qu'elle sera chaperonnée par Minna qui lui a aussi trouvé un petit boulot pour financer ses études. Le prénom de son amie est le plus efficace des sésames. Quelques semaines plus tard, elle quitte Heidelberg le cœur léger avec quatre-vingt-dix marks et l'aller simple de Minna en poche.

Chapitre III

Les retrouvailles sont simples et chaleureuses comme si elles s'étaient quittées la veille. Lotte s'est promis de ne faire aucun reproche.

Minna est venue la chercher de très bonne heure à la gare de la Friderischstrasse. Elles vont déposer les bagages dans son petit appartement de la Münzstrasse, du côté d'Alexanderplatz. Deux pièces lumineuses donnant sur la rue, à la décoration épurée.

Aucun objet superflu, tout semble avoir une fonction. Les murs aux couleurs claires mettent en valeur des meubles qui semblent sortis d'un atelier du Bauhaus, une table avec un plateau de verre sur une structure en acier, des chaises à lattes en cuir et un lit qui repose sur des pieds en métal au-dessus duquel un dessin, l'esquisse d'une femme nue toute en courbe, le visage de profil inexpressif, apporte une touche d'humanité à l'environnement trop froid au goût de Lotte.

— C'est étrange, c'est de qui ?

— D'un peintre de l'École de Paris, un italien, Amedeo Modigliani. Il est mort, il y a deux ans, tuberculeux et alcoolique. Il avait 36 ans. Sur ce dessin, c'est sa compagne Jeanne, elle s'est jetée par la fenêtre, enceinte de neuf mois, le lendemain de sa mort.

— Mais quelle horreur ! Comment peux-tu vivre avec ça ?

— Une façon de conjurer le sort ! J'ai le sentiment qu'elle me protège. Elle a trouvé sa place ici. Ce dessin appartient à un ami, les meubles aussi d'ailleurs !

— Généreux ton ami, c'est qui ?

— Tu vas bientôt le rencontrer. Viens vite Berlin nous attend. Ici c'est la ville de Kairos tu vas vite t'en apercevoir !

Elles dévalent en riant l'escalier, marchent en se tenant par le bras, jusqu'à la station et prises d'une frénésie de découvertes, sautent d'un tramway à l'autre toute la matinée. Minna, en guide avertie, est heureuse de faire découvrir à Lotte les boutiques élégantes Unter den Linden et les galeries d'art et d'antiquité de Bellevuestrasse.

Il fait très chaud. En fin de matinée elles décident d'aller se baigner dans la piscine à vagues du *Luna Park*. C'est comme un retour vers l'enfance, elles jouent, s'aspergent, disparaissent sous les vagues, ressortent en riant pour se prélasser au soleil afin de sécher leurs chevelures ébouriffées.

— Tu as faim Lottie ?

— Affamée.

— Alors je vais te faire découvrir un endroit incroyable.

Elles se rhabillent en hâte, dans les cabines en bois qui entourent le bassin et grimpent dans le tramway qui les dépose devant la terrasse des vins du Rhin de la *Haus Vaterland* près de la Potsdamer Platz.

À l'entrée, un gramophone crachote le son d'un ragtime. Lotte reconnaît *Victory Rag* de James Scott et esquisse un pas de danse en prenant Minna par la taille comme les soirs de fête à Heidelberg.

— Ici on peut servir près de mille clients dans douze salles aux cadres différents. C'est la dernière attraction à la mode.

— Minna, ça doit être hors de prix ?

— Pas de soucis, je travaille maintenant, et toi aussi, bientôt !

Minna la conduit dans une salle décorée par un monumental paysage rhénan peuplé de tonnelles aux vignes ployant sous les grappes de raisins mûrs. Elles partagent des asperges, du veau aux petits pois, du fromage de France en buvant du riesling. Toutes les heures un orage artificiel éclabousse les convives. Elles n'y échappent pas et repartent en riant, trempées, aériennes et un peu ivres.

Ce soir-là, Minna ne travaille pas. Elles vont assister à la revue hollywoodienne, *Broadway folies* à la Scala. Les costumes, les décors sont fastueux. En sortant, encore sous l'emprise de la musique, elles esquissent quelques pas de claquettes : « *clap, snap, tap, touch, step, stomp, et hop* », hurlent-elles en riant et en se sautant au cou.

Lotte est éblouie. Elle fait une tentative pour reprendre leur manuscrit sans queue ni tête, mais Minna ne semble plus intéressée.

— La vie est tellement plus captivante que nos délires d'adolescentes. Ici, tu n'es pas au bout de tes surprises, tu vas adorer Berlin.

Avant d'aller souper, elles vont prendre un verre au *Romanischer Café*, Minna semble comme chez elle, saluant joyeusement d'un geste de la main des clients attablés en terrasse, avant de s'engouffrer dans la porte à tambour ouvrant sur le bar.

Le décor est imposant, presque austère avec ses lustres monumentaux, ses tables rondes en marbre. L'établissement est bondé, le bruit des conversations assourdissant. Lotte a du mal à suivre son amie qui virevolte de table en table.

— Ici, c'est un passage obligé, l'endroit où tout le monde se retrouve à cette heure-ci. Tu vas vite connaître les rituels. Viens, je vais te présenter.

— Voilà mes amis journalistes. La seule chose sur laquelle ils sont d'accord, c'est de se retrouver ici le soir pour prendre un verre !

Lotte ne retient pas les noms des deux rédacteurs, mais elle sait que leur journal *l'Arbeiter-Illustrierte-zeitung*, est à tendance communiste.

Un autre personnage portant monocle à la tenue plus affectée lui offre son tabouret.

— Voulez-vous un verre de cognac ?

Elle n'en n'a jamais goûté.

— Avec plaisir. Hum c'est bon...

— Cela vient de France.

Tout semble possible et irréel à la fois. Les visages connus se succèdent au bar. Actrices, producteurs, politiques, et elle, elle est là au milieu, grisée de liberté et d'alcool fin. Côtoyer ces visages célèbres dont les noms lui sont familiers par les journaux lui procure une toute nouvelle certitude de puissance. En quelques heures, Heidelberg est devenu si loin, si terne... mais oh combien utile, pour établir une comparaison avec sa nouvelle existence.

Les femmes surtout, lui semblent fascinantes avec leurs robes fluides en soie suggérant des poitrines menues, sans aucun carcan sinon le poids des sautoirs accumulés dont elles agitent nonchalamment les perles. La plupart ont les cheveux courts, coupés à la garçonne, l'œil charbonneux, la peau blanche, les sourcils finement dessinés. Elles tiennent à la main de longs fume-cigarette et laissent s'éloigner de leurs bouches rougies par les fards, une nuageuse et éphémère chorégraphie. Elle les observe à la dérobée, soucieuse de leur ressembler, d'enregistrer le moindre détail afin de devenir vite une Berlinoise accomplie. Leurs parfums se mélangent à l'odeur de *l'Amsterdamer*, qui s'échappe de la pipe de son voisin. Elle se tourne vers lui.

– J'adore ce tabac, il me rappelle mon enfance. Mon père ne fume que ça. Un souvenir de pain d'épice et de soirées au coin du feu.

– Vous connaissez le dicton ? lui demande le fumeur : « *Veux-tu être heureux trois jours, tue un cochon. Veux-tu être heureux huit jours, marie-toi. Veux-tu être heureux toute ta vie, apprends à fumer et ne quitte plus ta pipe* ».

– C'est tout un art de vivre, dit-elle en riant.

Elle se sent parfaitement à l'aise malgré sa robe légèrement humide, ses cheveux décoiffés. Les œillades bienveillantes de ses voisins de bar contribuent à la rassurer.

– Minna, j'adore le cognac et je veux fumer pour être heureuse toute ma vie.

– Quoi ?

– Laisse tomber, c'est une plaisanterie

– Toi, tu devrais arrêter le cognac, dit Minna faussement sérieuse en agitant son index.

Soudain elle lui chuchote à l'oreille :

– Lottie, regarde là-bas, le couple qui vient d'entrer, c'est Thomas Lagache, le coureur français avec sa dernière conquête Doris Maylor. Elle est danseuse dans la troupe de la *Staatsoper Unter den Linden*. Ils viennent souvent au *Play-Boy*.

– Ah oui, joli garçon ! Et il court après quoi exactement ?

— Le temps, enfin... entre autres.

Elle est impressionnée par l'allure de Doris, sa silhouette féline, son regard vert mélancolique et détaché, sa peau blanche, ses cheveux roux auburn coupés au carré et l'incroyable robe blanche perlée qui lui colle à la peau. Elle est somptueuse songe-t-elle, se sentant soudain gauche en descendant de son tabouret.

Minna a bien senti le trouble de son amie.

— Ne sois pas si fascinée. Elle entretient sa maigreur à coups de shoots de vodka et de cocaïne, comme beaucoup ici d'ailleurs.

— Ah bon... Moi, j'ai un peu faim pas toi ?

— Alors allons dîner !

L'homme au monocle propose de les déposer devant le restaurant. Minna accepte avec empressement. Elle a réservé une table chez *Viktor Schwannecke*. L'ancien acteur comique vient de troquer le spectacle pour les fourneaux mais il ne peut s'empêcher d'accueillir ses clients célèbres comme sur une scène. Chaque plat est assorti de répliques théâtrales.

Dans la salle Lotte aperçoit le peintre Heinrich Zille, le parolier Paul Nikolaus. Les actrices Claire Waldoff et Senta Söneland. Minna commente chaque entrée de nouveaux convives avec luxe de détails croustillants sur leurs vies privées et leurs préférences sexuelles. Plusieurs d'entre eux viennent à leur table la saluer.

— Comment as-tu fait pour savoir tout cela et te faire tant d'amis en si peu de temps ?

— Quelques informateurs, dit-elle en clignant de l'œil, mystérieuse. Ici on est libres. Avec un peu de réussite, tout va vite, très vite. J'ai un ami... poursuit Minna, hésitante, enfin un admirateur avec lequel je suis beaucoup sortie ces derniers temps, très influent et très introduit dans la meilleure société berlinoise.

— Tu me le présenteras ?

Elle va poursuivre, lorsque le maître d'hôtel vient à leur table avec un chariot portant leurs plats. Elles ont commandé du poisson. Il enlève avec chacune de ses mains les cloches d'argent qui maintiennent les assiettes au chaud. À cet instant Victor Schwannecke surgit et déclame : « *avec l'amorce d'un mensonge on pêche une carpe de vérité* » William Shakespeare, pour vous servir mes belles dames.

Lotte applaudit bruyamment, soudain elle se lève et devant Minna sidérée tend son verre à l'assistance.

— Buvons à cette pêche miraculeuse et à la vie berlinoise !

Le bruit des couverts s'interrompt. Minna est dans ses petits souliers, elle n'aurait pas dû laisser Lotte boire autant mais Schwannecke vient à son secours.

— Oui buvons à notre belle capitale, à l'impertinence des femmes, et... à leurs mensonges.

Et le miracle se produit, à chaque table, les verres se tendent vers elles.

— Buvons !

Les conversations reprennent comme si rien ne s'était passé. Minna est encore sous le choc. Elle ne sait si elle doit blâmer ou féliciter Lotte de son audace

— Mais tu es incroyable, on n'apostrophe pas une salle comme ça !

— Ah bon dit Lotte calmement et bien il suffit de commencer. Regarde, ils n'ont pas l'air de m'en vouloir !

— Bon, mais la prochaine fois que nous sortirons avec mon ami, évite ! Et arrête de boire. Tu vas te réveiller avec un affreux mal à la tête demain.

À la table derrière la leur, Thomas Lagache avait été l'un des premiers à se lever à l'initiative de Victor Schwannecke. Depuis il la regarde du coin de l'œil.

— C'est pas ton coureur derrière nous ? demande Lotte se sentant observée.
Minna se retourne et fait un signe de la main.

— Tout juste, il est avec ses copains russes. Méfie-toi il te regarde drôlement.

Lotte n'a pas le temps de lui poser une question que l'un des serveurs chuchote un message au creux de l'oreille de son amie. Minna se lève et le suit.

Lorsqu'elle revient, elle n'est plus la même.

— Rien de grave ?

— Non, tout va bien. Je te raccompagne à la maison. Je rentrerai plus tard.

— Tu es sûre ?

— Oui vraiment, juste un problème sans importance à régler pour la représentation de demain. Ne t'inquiète pas.

Lotte ne pose plus de question. Son instinct lui impose la discrétion. Tout est si extraordinaire, que rien ne doit venir troubler les souvenirs du premier jour de sa nouvelle vie.

Le lendemain, elle se réveille un peu nauséeuse. Elle trouve un mot de Minna dans la cuisine. Elle ne l'a entendue ni entrer ni repartir.

— Lotte, prends cette robe et viens me rejoindre cet après-midi au *Play-Boy*. Otto, le pianiste, t'attend à cinq heures. À tout à l'heure.

La signature de Minna est suivie d'un plan manuscrit avec l'emplacement précis du cabaret sur Kurfürstendamm.

Chapitre IV

Le lendemain, il lui faut près de trois quarts d'heure pour s'y rendre.

Sur le chemin, le décor n'est plus le même que la veille, comme si le voile, qui masquait la réalité s'était déchiré avec le matin.

Elle croise des visages gris, des regards résignés, d'autres habités par une rage muette. Certaines rues sont d'une saleté repoussante, mais les enfants qui jouent à la marelle ne paraissent pas s'en rendre compte. Assis sur un banc, un homme déguenillé partage sa pitance avec une vingtaine de pigeons agglutinés autour de lui.

Un autre déambule avec au cou un énorme panneau sur lequel est écrit en lettres rouges : « *J'accepte n'importe quel travail. N'IMPORTE* »

Presque sous le porche d'entrée du *Play-Boy*, deux mendiants sont allongés à même le sol. « Ils attendent que le videur vienne les déloger », lui explique la gardienne.

Ce rituel étrange se déroule tous les jours à cinq heures. Il règle la journée de ces deux hommes mieux que n'importe quelle horloge. Au fil du temps, une curieuse fraternité s'est installée entre eux. Peut-être parce que chacun sait qu'il pourrait se trouver à la place de l'autre.

Lorsque Lotte pénètre ce jour-là dans le cabaret, elle éprouve une sensation de malaise. L'endroit semble déserté. Derrière le rideau de scène, elle entend les accords d'un ragtime. Elle reconnaît *maple leaf rag* de Scott Joplin et s'engage dans les coulisses. Dans la salle du fond, un homme seul, assis devant un piano à queue noir ne semble pas l'avoir entendue. Elle regrette que Minna ne soit pas présente pour l'accueillir et faciliter les présentations. La pièce empeste le tabac froid. Les partitions jonchent le sol. Les carreaux sont à moitié cassés. Le vent s'engouffre dans les brèches et elle a froid. Très froid soudainement.

— Bonjour dit-il sans la regarder. On y va ?

Sur le pupitre, elle distingue la partition de la chanson d'Harry Fragson qu'elle a choisie avec Minna : « *les amours fragiles* ». Elle connaît le texte par cœur. Pourtant, quand les premières notes jaillissent, la panique la saisit. Aucun son ne parvient à franchir ses lèvres. La robe prêtée pour l'audition, dégage une odeur écœurante d'éther et de jasmin qui lui donne la nausée. Elle se sent près de défaillir et se retient au piano.

— Bois, c'est de l'eau-de-vie de Dantzig ! lui intime Otto.

Entendre le son de sa voix, la réconforte. Il semble enfin s'intéresser à elle, et la regarde, amusé, en lui tendant un verre à la transparence bleutée.

Elle avale l'alcool d'un trait. Otto commence à jouer.

On dit que pour être heureux
L'amour est indispensable
Qu'il rend les cœurs généreux
Et l'existence agréable.

Alors on se laisse aimer
Le cœur trompé par ce mensonge
Mais le bonheur est un vain songe
Car il faut bien l'avouer :

Les amours sont fragiles
Les serments sont faciles...

Brusquement, elle sent la chaleur l'envahir, les paroles, d'une platitude sans nom mais si familières, s'accordent à la musique. Les sons partent à l'aventure. Ils lui échappent. Sa voix retrouve sa rauque et puissante tonalité, celle des soirs de fête à Heidelberg, lorsqu'elle chantait à la fin des dîners les refrains à la mode appris à la radio.

Otto se tourne vers elle, surpris. Ses mains se font plus vigoureuses sur les touches, son visage se détend. Il fredonne. Elle a retrouvé toute son assurance.

Soudain la porte s'ouvre avec fracas. Un homme d'une haute stature apparaît en tenue de cavalier. Il la dévisage froidement. Un monocle renforce la morgue du regard. Tout dans la pièce paraît se figer.

Le piano s'arrête lorsque Lotte entame le refrain.

Les amours sont fragiles
Les serments sont faciles...

— Où est Minna ?

Il consulte sa montre à gousset. Le geste est aussi martial que l'allure.

— Pas encore vue, répond Otto laconique. Je vous présente Lotte Sandberg.

— Vous arrivez de Heidelberg ? Vous savez chanter apparemment dit-il en s'approchant du piano.

— Oui... enfin, je suis justement en train de...

— Otto vous expliquera les règles de la maison.

Il lui tourne le dos en claquant les talons sans l'écouter davantage.

Elle vient, à la fois, d'apprendre officiellement son engagement au cabaret et de découvrir le visage de l'homme dont Minna n'a pas voulu lui parler la veille. Elle en est certaine. C'est lui, ce fameux ami. La façon dont il a prononcé le nom de Minna révèle, mieux que n'importe quelle confidence, l'intimité de leur relation.

Une trentaine d'années les séparent. Elle comprend soudain le silence de Minna, les dérobades inhabituelles.

Lorsque son amie arrive, elle a déjà revêtu sa tenue de scène. Elle se dirige vers eux Xavier paraît furieux.

— Tu peux venir, s'il te plaît. Tu aurais dû être là plus tôt.

— Mais... J'étais dans ma loge. Minna semble déstabilisée.

Lorsqu'ils quittent la pièce, elle interroge Otto.

— Qui est-ce ?

— Xavier von Courtbach, incontournable ici ! Mieux vaut être dans ses petits papiers.

Manifestement, Otto a envie de parler et à sa grande surprise il se montre très loquace. Xavier von Courtbach est le banquier du cabaret. Pour lui ce n'est qu'un passe-temps. C'est un ami du propriétaire Hans Bonn et il a permis de financer des numéros de qualité. Ses activités lui permettent de côtoyer industriels, boursicoteurs et journalistes de la République qu'il invite régulièrement à assister au spectacle. Son prestige et son influence viennent d'un tout autre domaine. Il est président du BSE, (*Berlin Sportgemeinde Eintracht)*, l'un des clubs privés omnisports les plus prestigieux du pays. La liste d'attente pour devenir membre de cette association centenaire est longue. Les postulants doivent montrer un pedigree impeccable avant de s'installer sous les lambris du club house et profiter des installations sportives somptueuses. À côté des membres qui paient d'importantes cotisations, des sportifs de renom, engagés dans les compétitions internationales assurent la réputation du BSE.

Lotte n'est guère intéressée par cette longue explication. Elle ose enfin poser la question qui lui brûle les lèvres.

— Et Minna ?

— Leur liaison est officielle. C'est ce que tu voulais savoir ? Je pensais que tu étais au courant. Sa femme vit en Bavière dans une propriété près de Munich et elle semble s'en accommoder. Il va la rejoindre quelques jours par mois. Le reste du temps il vit dans l'appartement que le BSE a mis à sa disposition.

— Comment es-tu au courant de tout ça ?

— Ici tout se sait vite et il se trouve que quelques anciens champions font partie de mes amis. Pour tout te dire, ce sont plutôt les hommes qui m'attirent et les confidences sur l'oreiller, ça fonctionne très bien aussi.

Elle ne sait que penser de cette confiance soudaine, mais se dit qu'il vaut mieux compter Otto parmi ses alliés. Elle commence à ramasser les partitions qui jonchent le sol. Cette initiative ne semble pas être à son goût. Il arrête sa tentative de rangement et l'accompagne vers la sortie.

— Reviens demain nous répéterons.

Les jours suivants, elle voit peu Minna qui découche souvent. Elle ne lui pose aucune question attendant qu'elle prenne l'initiative. Elles se laissent mutuellement des messages d'absences. Lotte travaille avec Otto chaque après-midi pour que son spectacle soit prêt dans quinze jours. Plus le temps passe, plus le doute s'installe. Jamais elle ne sera à la hauteur. Otto calme son angoisse. Chaque jour il trouve une parole réconfortante, un geste affectueux qui la retient au moment où elle a envie de fuir.

Elle dort mal, se réveille moite de sueur. Elle a déjà perdu trois kilos et la robe de scène ne la serre plus. Ça, c'est une bonne nouvelle !

L'eau-de-vie de Danzig est une alliée précieuse. Ils ont pris l'habitude de prendre un verre chaque jour avant de commencer. Elle a toujours aimé les rituels, ces moments qui structurent l'incertitude des journées. Otto boit la tête renversée en arrière les yeux fermés, plongé dans de mystérieux abîmes. Elle ne sait rien de lui, ou si peu.

— Comment tu t'es retrouvé ici ?

— J'ai été engagé, il y a deux ans par Hans Bonn, le propriétaire du *Play-Boy*. Il m'a entendu au bar de *l'hôtel Adlon*. Depuis, Bonn, qui voyage beaucoup en Europe pour repérer des numéros, m'a confié la responsabilité artistique du spectacle.

— C'est toi qui as recruté Minna ?

— Non. Xavier est arrivé avec elle. Mais c'est une bonne initiative car elle est douée et travailleuse. Elle fait l'unanimité ici.

— Ah tant mieux, tu sais comment ils se sont connus ?

— Par l'intermédiaire d'un professeur d'anthropologie de l'université d'Heidelberg, Eugen Kockter, dont Xavier finance les travaux. C'est votre école non ? Tu dois le connaître ?

— Oui bien sûr.

Elle prêche le faux pour savoir le vrai. Bien sûr qu'elle sait que Minna doit son engagement à Eugen Kockter mais elle s'étonne que Xavier von Courtbach finance ses travaux. Elle aura tout le temps de poser la question à Minna le jour où elle voudra bien lui faire des confidences !

Elle change de sujet.

— Tu t'occupes aussi de la gestion avec Xavier ?

— Non, alors là pas du tout ! C'est lui qui gère tout. Un comptable vient le matin faire le point sur les recettes de la veille, et une fois par semaine règle les salaires de la troupe. On est bien payé au *Play-Boy*. Hans Bonn, qui a commencé sa carrière comme danseur, y tient. Tu vas vite le constater.

Depuis plusieurs semaines, le spectacle intitulé « *Qu'est-ce que nous penserons demain ?* » fait salle comble. Entre effeuillage et satire politique, les numéros de danse, de chants et de magie s'enchaînent sur un rythme parfaitement rodé. Elle vient régulièrement se familiariser avec la troupe et les lieux.

Lotte observe la salle depuis les coulisses. Les rideaux sentent le tabac. Elle se glisse entre les plis du velours, prenant soin de ne pas se faire repérer par un mouvement brusque. Minna lui a montré une fente qui lui permet de voir sans être vue. À la tombée de la nuit, les clients s'installent autour de tables rondes éclairées par des photophores orangés. Ella Bach, la chanteuse qu'elle doit remplacer lui paraît touchante et pathétique avec son allure de chat de gouttière efflanqué. Officiellement, son départ est motivé par une fatigue soudaine qui l'empêche de travailler la nuit. En réalité, Ella s'enfonce chaque soir un peu plus dans la drogue. Ses bras couverts de trace de piqûres ne peuvent plus rester dénudés. Plusieurs fois ses retards et ses malaises ont désorganisé la troupe et Bonn ne le lui a pas pardonné. Le maquillage ne parvient même plus à masquer les grands cernes violacés qui soulignent son regard chaviré. Sa tignasse fauve mal domptée, flotte négligemment sur ses épaules et elle doit se tenir au piano pour ne pas tomber.

« Mais quelle allure ! », ronchonne Hans Bonn, en l'observant.

À plusieurs reprises, entre deux morceaux, les mains d'Otto quittent les touches pour se poser sur celles d'Ella. Elle lui renvoie un sourire douloureux. Plusieurs soirs de suite des murmures de désapprobation accompagnent son départ. Elle ne semble pas s'en apercevoir, mais Lotte voit des larmes glisser sur les joues d'Otto. Ella, est sa cousine. Ce naufrage la bouleverse.

L'arrivée éclatante de Minna, sur une musique guerrière dans le numéro suivant, tranche singulièrement.

Tout Berlin parle de son extraordinaire prouesse. Travestie en amazone, elle pénètre sur scène armée d'un arc et d'une flèche.

À cet instant, le silence est pesant. Très lentement, Minna pointe sa flèche vers une table. Jamais la même. La peur circule délicieusement dans l'air et chacun prend bien soin de ne plus bouger et de ne pas se faire remarquer. Pour compléter le suspense, les serveurs ont pris soin d'éloigner sur toutes les tables, verres et photophores. Avec une tranquille assurance, elle bande son arc, dirige sa flèche et l'envoie se loger au centre de la table choisie. Les applaudissements qui suivent sont à la hauteur de la crainte ressentie. C'est ainsi que Minna est devenue la vedette du cabaret, grâce à ce talent acquis dans l'enfance.

Xavier von Courtbach s'installe toujours, à la même table, arborant une tenue immuable : une écharpe blanche sur le col de son smoking, retenue par une épingle à l'effigie de l'aigle du BSE.

Il est souvent entouré d'un aréopage disparate, des politiques, des notables au conformisme emprunté, des athlètes à la plastique avantageuse et quelques créatures aux charmes suffisamment dévoilés pour inciter le chaland. Ils s'agitent, parlent fort, commandent bruyamment bouteilles de champagne et de schnaps. Les femmes semblent exclues de leurs conversations. Seule, une blonde, plus très jeune, habillée d'un chemisier avec une lavallière, couverte de bracelets aux étranges gris-gris semble recueillir un peu de considération.

Minna qui la retrouve dans les coulisses après son numéro, lui explique :

— C'est la médium de Xavier, Emmy. Elle rédige chaque semaine un billet d'humeur ésotérique dans *Die Freundin*, tu sais, la revue lesbienne. Il ne décide rien sans elle. Lotte tu devrais la rencontrer, elle est étonnante, elle a même prévu ta venue.

— Ah oui vraiment ?

— Elle m'a aussi assuré qu'une femme veillerait sur moi dans l'avenir.

— Une femme, tu es sûr ? Ce n'est pas un homme plutôt ? Un grand avec un monocle ?

— Ne sois pas acerbe. Tout Berlin se l'arrache.

— Peut-être, mais la réalité m'offre de telles perspectives que je préfère vivre ma vie plutôt que d'aller écouter ses prophéties.

— Tu n'as pas peur de l'avenir ?

— Non ! Le présent suffit à mon bonheur. Je ne veux pas être influencée par une révélation qui déterminera mes choix. J'aime trop le hasard.

— Il ne fait pas toujours bien les choses.

— Tu crois que ta médium te préservera des souffrances et des difficultés ? Tu crois qu'elle t'évitera les dangers ?

— Elle peut me guider.

— Ton guide Minna, c'est la force qui t'habite. Je n'en connais pas d'autres.

Quel que soit le sujet, elles observent les évènements avec des filtres différents. Minna cherche son salut dans le regard de l'autre, persuadée de sa bienveillance, Lotte méfiante, n'a pour credo que sa confiance en elle.

Sa vie désormais est bien rythmée. Au réveil, elle se sert un café avec des tartines sur lesquelles elle fait couler le miel d'acacias envoyé par sa mère. Ensuite, elle reste près d'une demi-heure sous la douche. Depuis qu'elle a maigri, elle sent poindre les os de son bassin, le relief de ses côtes et parvient presque à serrer sa taille entre ses deux mains. Elle le fait avec délectation. Son physique lui plaît vraiment. Elle a toujours apprécié d'être mince même si elle trouve, de plus en plus difficilement, dans le vestiaire de Minna les tenues qui lui conviennent. Elle part ensuite rejoindre Otto.

Au gré de ses humeurs, elle improvise des itinéraires. Elle adore ce sentiment d'incognito, se perdre dans cette ville qu'elle découvre. Elle n'a plus de comptes à rendre, aucune chance de croiser un professeur au coin d'une rue, plus d'explications à fournir. Elle s'appartient vraiment.

Elle part souvent de l'Alexanderplatz jusqu'à *l'Église Commémorative.* Chaque jour des mariés sortent en s'étreignant comme une bouffée de bonheur entre les tours grises.

Sur le tapis rouge déployé devant l'entrée, ils se laissent admirer par les badauds. Un jour, peut-être, ce sera son tour ? N'est-ce pas ce que se disent toutes les filles ?

Elle n'est pas pressée, sa liberté est bien plus précieuse.

Elle s'attarde parfois devant le magasin *Ka dé wé*, avec en vitrine, des vêtements qui lui paraissent le comble du chic.

Des chiens en laisse attendent sagement alignés à l'entrée, le retour de leur maîtresse.

Elle se promet de revenir avec ses premiers cachets.

Souvent, elle s'arrête rue Tauentzien devant chez *Kuntz*, le café où Otto a ses habitudes. Elle entre et s'installe à une table sur la terrasse. Cette victoire sur sa réserve naturelle fait partie des épreuves qu'elle s'impose chaque jour.

L'un de ses professeurs lui avait cité une phrase qui l'a marquée : « accomplis chaque jour une chose qui te fait peur, et tu trouveras la confiance ». Consciencieusement, depuis son arrivée, elle liste ses moments de bravoure dans un carnet. Et le premier d'entre-eux, le soir de son arrivée chez Viktor Schwannecke.

Elle poursuit généralement sa balade jusqu'à la Friedrichstrasse en passant devant le cabaret *Dorian Gray*, réservé aux femmes. Les photos des soirées ornent la devanture. Sur l'une d'entre elles, elle s'arrête plusieurs fois. Une créature gracile, habillée en homme, feutre noir penché sur une chevelure enflammée, smoking ajusté, cravate, chemise, pochette et gants blancs, affiche un sourire conquérant. Elle croit reconnaître Ella Bach, la cousine d'Otto qui s'était fait renvoyer du *Play-Boy*. Elle lui pose la question en arrivant. Comme à chaque fois qu'on évoque son nom, il est ému.

« Une histoire tristement classique raconte-il. Ella, c'était une fille pleine de vie lorsqu'elle est arrivée à Berlin. Elle voulait travailler dans un jardin d'enfants. Un soir, elle est venue me chercher après le spectacle, s'est mise à chanter à tue-tête dans les coulisses et Hans qui venait de renvoyer une chanteuse, lui a proposé de la remplacer. Pour son malheur et pour le mien. Au fil des semaines, elle s'est laissée griser par son succès et s'est vautrée dans la drogue. Méfie-toi Lotte ça arrive vite. Je n'ai rien vu venir.

Lorsque je m'en suis aperçu, c'était déjà trop tard, elle était accro ».

Elle ne sait quoi dire pour le réconforter. Elle n'a pas une grande expérience de la vie mais elle l'a déjà compris, certains êtres aiment se mettre en danger. La naïveté, la fascination de l'interdit, le besoin d'éprouver ses limites en entraînent plus d'un de l'autre côté du miroir. Il n'y pouvait rien Toute sa vigilance n'aurait pas servie à grand-chose contre les forces destructrices qui s'étaient emparées d'Ella. Elle ne trouve rien d'autre à lui dire que :

— Tu as de ses nouvelles ?

— Oui, à quelque chose, malheur est bon. Faute de pouvoir acheter de la drogue, elle a décidé de suivre un sevrage à l'hôpital. Il faut absolument que je lui trouve un travail lorsqu'elle sortira. Elle a fait des études de puériculture et je suis sûr qu'au milieu des enfants elle retrouvera son équilibre. Le cabaret c'est pas pour tout le monde. Il faut être solide pour travailler ici !

Chapitre V

Lotte débute un dimanche.

La salle est comble. Minna et Hans Bonn se sont chargés de la promotion et Xavier a retenu les trois tables entourant la scène.

De son poste d'observation dans les coulisses, elle reconnaît Ilse Kockter et son père. Loin de lui déplaire, leurs présences attisent une espèce d'agressive volonté de leur montrer ce dont elle est capable désormais. Elle est loin la petite étudiante discrète d'Heidelberg et ils vont vite s'en rendre compte ! Elle serre les poings.

Eugen Kockter est toujours aussi séduisant. Les autres convives, autour de la table, l'écoutent avec attention. Il en est ainsi de certains êtres qui prennent mieux la lumière, même celle tamisée d'un cabaret. Ilse n'a pas beaucoup changé. En quelques mois, son visage s'est creusé. Il paraît durci mais une flamme nouvelle brille dans son regard. Elle ne quitte pas la main d'un homme plus âgé.

— Celui qui discute avec Kockter, là, le plus enrobé, c'est le professeur Horst Rathenald il s'occupe d'athlètes, c'est un médecin du sport réputé, lui dit Minna, remplissant toujours à la perfection son rôle d'informatrice. Et l'amoureux de Ilse, c'est un ami de son père, un banquier qui se lance en politique. J'ai oublié son nom mais il est très drôle paraît-il.

Lotte est surprise par la différence d'âge, mais évite, devant Minna, de faire une remarque à ce sujet Elle se contente lui dire qu'elle viendra les saluer après son numéro. Son amie l'écoute à peine et poursuit ses commentaires.

— Eh là regarde, de l'autre côté de la salle il arrive avec ses copains russes, tu vois ?

Elle cède sa place pour que Lotte puisse regarder par la fente du rideau de scène.

— De qui tu parles ?

— Mais de Thomas Lagache voyons. Tu l'as aperçu le soir de ton arrivée, souviens-toi. Il est avec Doris Maylor, la danseuse américaine. Elle a l'air à jeun ce soir Qu'est-ce qu'elle est belle !

— Oui, oui bien sûr... Fais voir.

Elle répond pour lui faire plaisir, bien trop stressée pour prêter une attention quelconque aux invités. Pourtant la beauté du couple, son aisance, la grâce de Doris vêtue d'une longue robe fluide blanche, la chevelure domptée par un bandeau de strass font renaître ses complexes de provinciale mal dégrossie.

Soudain, la musique de sa première chanson arrive, familière. Elle entend la voix du présentateur l'annoncer : « L-o-t-t-e Sand-berg, va vous interpréter : « *les amours sont fragiles, les serments sont faciles* » d'Harry Fragson ».

Elle respire profondément, ferme les yeux, lorsque le rideau la dévoile, un miracle s'opère, elle n'a plus peur. Elle distingue les ombres autour des tables dans l'obscurité, devine les regards et part à leur rencontre. Les bras tendus, crucifiée par la lumière qui poursuit ses moindres déplacements, elle veut leur plaire. Tout son être est programmé pour cette conquête. Gestes, regards, sons, s'enchaînent sans aucune fausse note.

Au milieu de la chanson, Otto lui fait un clin d'œil. Elle comprend qu'il est satisfait.

À la fin du dernier couplet, le silence s'installe pendant des secondes qui lui paraissent une éternité. Elle entend leur souffle, mais elle ne doute plus. Elle sait qu'elle règne sur cet instant fugace. Un pouvoir éphémère et grisant où la force se réfugie dans l'abandon. C'est un triomphe.

Enfin, elle incline le corps dans un ultime déhanchement pour saluer, se relève en maintenant une main sur son sein gauche, comme elle l'a vu faire par une vedette américaine, et savoure les applaudissements en fermant les yeux. Elle fait ensuite le tour du piano prend la main d'Otto, le force à se lever pour partager avec lui ces minutes enivrantes.

Dans le numéro suivant, elle est dissimulée derrière un voile, travestie en Isis la déesse égyptienne. Le corps entièrement recouvert d'un fard doré, elle porte une coiffe à doubles cornes enserrant un disque symbole du soleil et fredonne : *« Je suis ce qui est, qui a été et qui sera et mon voile nul mortel ne l'a jamais soulevé »*. Mais au cabaret berlinois la divinité s'égare et le voile arraché par un spectateur empressé n'est plus qu'un artifice grossier, pour dévoiler sa plastique irréprochable.

Pour supporter cette brutale mise à nu, Minna lui a rapporté de l'usine de sous-vêtements Triumph d'Heubach, un corset couleur chair spécialement conçu pour elle, qui épouse si parfaitement son corps qu'on pourrait le croire nu.

Pour le final, c'est du délire. Elles chantent et dansent en duo *« la chanson du Stock Exchange »*, moulées dans des robes entièrement recouvertes de dollars et « *Qu'est-ce que nous penserons demain ?* », faussement ingénues, vêtues de robes fourreau en lamé noir fendues jusqu'aux hanches sur le dos desquelles sont cousus des points d'interrogation en feutrine rouge. Ces deux *schlager* à la rengaine communicative sont en passe, grâce à la promotion qu'en fait Hans Bonn, de devenir des succès populaires.

À la table de Xavier von Courtbach, Lotte voit Ilse, son père et son soupirant se lever pour l'applaudir. Elle n'a aucune envie d'aller les retrouver ! Thomas Lagache, près de la scène, la regarde. Elle fait mine de ne pas le voir.

Les deux seules personnes avec lesquelles elle veut partager son succès c'est Otto et Minna. À reculons, avec un signe de la main pour dire adieu, elle se réfugie dans les coulisses.

Minna l'attend déjà. « Bravo », lui dit-elle en l'embrassant. Lotte se blottit contre elle, retrouve l'odeur de citronnelle. Tendre parfum d'enfance, rappel des jours d'espérance dans la cabane du jardin. C'est d'une telle intensité ! Rien ne viendra jamais les séparer.

Le soir lorsqu'elles quittent le cabaret, le spectacle est toujours le même. Les néons rougeâtres diffusent leur lumière blafarde sur les relents de la nuit. Atmosphère repue d'alcool, cendriers ventrus de mégots, tentures avachies sur le sol, le cabaret crache à l'aube ses derniers clients. Entre ivresse et sommeil, les regards vacillent. Il est cinq heures. Les ouvriers aux casquettes grises se pressent en rangs serrés vers l'usine Bretenfeld. Travailleurs et noceurs se croisent en silence. Confrontation muette de deux mondes qui s'ignorent.

Sous la lumière crue des lampadaires, elles paraissent comme figées par l'exode, rescapées d'un navire naufragé, les traits tirés, l'allure précaire, les yeux cernés par les fards et la fatigue, insensibles aux sifflets des laborieux du petit matin soudain revigorés par ces silhouettes fugitives.

Au coin de la rue, leur chemin diverge souvent, Minna monte dans la limousine de Xavier et après l'avoir embrassée, Lotte poursuit son chemin à pied jusqu'à son appartement.

La nuit s'offre à elle dans toute son âpreté. Attraction, répulsion s'affrontent à chaque détour de rue. Elle ne craint rien, elle sait où ses pas la guident. Elle est là où elle doit être dans cette capitale où tout semble possible.

Malgré la misère, la dureté du quotidien d'après-guerre, la vie berlinoise est comme elle le pressentait, fascinante. L'Allemagne retrouve peu à peu espoir. Le Bauhaus révolutionne la pratique de l'art, Albert Einstein vient d'obtenir le prix Nobel de physique, l'audace s'exprime dans tous les domaines. Les sciences, l'architecture, la peinture, la sculpture, la musique, le théâtre, la littérature, le cinéma, partent à la conquête de territoires inexplorés, bousculent les interdits. La transgression est de mise et elle se dit qu'elle a la chance de participer chaque soir, à cette renaissance.

Sur sa route entre le Kurfürstendam et la Kanstrasse, là où se multiplient les cabarets artistiques, les prostituées s'offrent au chaland. « Un kilo de pain c'est un million de marks, et une fille, une cigarette », chante Gino le joueur d'orgue de Barbarie de l'Alexanderplatz.

Le cynisme qui s'affiche décomplexé ne la choque plus. Elle est devenue une vraie Berlinoise. Une héroïne de cabaret. Elle s'offre, elle aussi, chaque soir, aux regards concupiscents des désabusés de tous bords. Elle fait partie de ce monde-là, celui des illusions alcoolisées entre sexe assumé, amours contrariées et revendications sociales.

Chaque soir au *Play-Boy*, chanteurs, poètes, transformistes, magiciens participent comme elle, à cette quête chimérique, mais derrière les rires, les abandons, l'ivresse qui embrume les esprits pendant quelques heures, l'angoisse est palpable.

Cette imposture, Lotte l'a perçue dès le premier soir, et elle s'en accommode comme d'un voyage vers l'inconnu. Elle s'oublie sans se perdre. Elle n'accorde rien de ce qui la fonde. Personne n'a franchi le seuil de l'intime. C'est comme une infirmité des sentiments cette incapacité à se livrer, cette froideur intérieure qui la protège de toutes les agressions affectives.

Elle est radieuse après son numéro, car en réalité, ce n'est pas elle mais Isis, son double, qu'ils invitent à leur table, qu'ils serrent parfois dans leurs bras. Ce n'est pas elle, et cela lui confère le charme singulier de l'absente.

Depuis son engagement elle a pu mesurer les ravages de l'égarement. Ces filles ravissantes vite célébrées, vite remplacées basculant dans l'errance comme Ella.

Ces actrices figurantes dont l'unique boussole les conduit le jour dans les studios de *Babelberg* et la nuit dans les bras de producteurs en espérant décrocher le rôle de leur vie.

Les garçons ne sont pas en reste. Travestis de *l'Eldorado,* homosexuels plus ou moins revendiqués, ouvriers au chômage en quête de bonne fortune, ils viennent grossir les rangs de cette tumultueuse bacchanale.

Jusqu'au bout de la nuit, les corps se croisent, se mélangent, dans un étrange et crépusculaire rituel. Acteurs d'une complainte sans cesse réécrite, séduire pour se rassurer, réussir, survivre. Désespérément jusqu'au petit matin. On échange dans l'instant, caresses contre promesses. Jeux de dupe et rudesse des sentiments, beaucoup s'y noient.

Chapitre VI

C'est un samedi de juillet. Il fait une chaleur étouffante. Xavier von Courtbach et Minna ont invité Lotte à une rencontre d'athlétisme au BSE. Les épreuves ne l'intéressent guère mais elle est heureuse de pénétrer dans ce club dont Minna lui a tant parlé. C'est la première fois qu'elle va assister à une manifestation sportive de cette importance.

Elle passe à côté du terrain de football, respire avec délectation l'odeur du gazon fraîchement tondu pour se diriger vers la tribune face à la piste d'athlétisme, déjà bien remplie. Elle s'arrête pour admirer l'ovale en terre battue, qui abrite six couloirs séparés par des cordes. Les coureurs s'y succèdent, les coups de pistolet retentissent au départ, les silences précèdent les applaudissements, le ballet est bien rodé. Après chaque épreuve, les vainqueurs montent vers la tribune et les vaincus s'engouffrent tête basse vers les vestiaires.

Elle reconnaît auprès de Von Courtbach, Eugen Kockter et son ami Horst Rathenald. Les deux médecins sont en grande conversation tandis que Xavier accueille les nouveaux venus. Minna semble chercher quelqu'un du regard. Elle, peut-être ? Elle préfère encore observer de loin.

Sur la piste s'élancent les coureurs du 400 m haies. Ils semblent tous parfaitement contrôler leurs foulées, arrivent sur les haies juste au bon moment. Elle aperçoit Thomas, dans le couloir trois. Il déroule sa course, saute avec régularité, sans effort apparent. Il va vite, double des adversaires. Au sixième obstacle, il change la fréquence de ses foulées sans perdre de la vitesse. Vers la huitième haie, un compétiteur s'affaisse en ratant l'obstacle. Sans se soucier de ce qui se passe devant ou derrière, Thomas continue à enchaîner les sauts et les courses. Au dixième obstacle, il fonce, passe en tête et se jette sur la ligne d'arrivée en levant les bras en l'air. Il a gagné !

Lotte l'aperçoit courbé en deux, reprendre son souffle, les mains sur les cuisses en discussion avec son entraîneur. Cette victoire lui paraît naturelle Après tout c'est un champion et les champions, c'est fait pour être victorieux ! Songe-t-elle.

Elle se décide alors à rejoindre la tribune et prend place à côté de Minna lorsque les athlètes arrivés en tête de l'épreuve, montent les uns derrière les autres. Thomas Lagache est le premier. Elle le reconnaît tout de suite. Et cette fois-ci prend tout son temps pour l'observer. Il grimpe l'escalier en déployant d'une foulée assurée des jambes fuselées, bronzées sous son short blanc. Sur son maillot, l'aigle et les initiales du club trônent sur des pectoraux saillants. Elle constate qu'il dépasse en taille tous les candidats. Il s'avance en plaisantant entre chaque poignée de mains, Ses bras sont aussi musclés que ses jambes. Elle est frappée par la couleur des yeux d'un bleu lazurite qui éclaire son visage rayonnant. Il sourit désinvolte, la chevelure blonde bouclée à peine maîtrisée par une raie sur le côté, la bouche charnue qui découvre une dentition irréprochable, C'est vrai qu'il est attirant !

Elle n'a rien oublié de l'enthousiasme de Minna à son sujet Depuis la première de son spectacle, elle a lu plusieurs articles sur lui. Sa réputation de séducteur n'est plus à faire. Les reportages mentionnent ses exploits sur les pistes d'athlétisme mais aussi dans toutes les boîtes de nuit des capitales européennes.

Parvenu à sa hauteur, il la dévisage avec attention et penche la tête vers elle, en lui chuchotant : « Bravo déesse, belle performance au Play-Boy. »

Il semble, à cet instant, ne s'intéresser qu'à elle et maintient son regard d'azur dans le sien pendant plusieurs secondes, garde sa main dans la sienne. Elle est subjuguée par cette apparition solaire. Apollon descendu du mont Olympe, statue de chair, aux yeux clairs, aux cheveux bouclés, venu sans sa lyre mais avec son arc pour lui décocher une flèche en plein cœur. C'est donc ça un coup de foudre ? Il a quelque chose de différent. Le léger accent, la nonchalance dans la démarche, l'indolence dans le sourire. Il lui paraît instinctivement familier. Minna l'observe du coin de l'œil. Elle détourne le regard vers les autres compétiteurs

Les jours suivants, elle ne pense qu'à le revoir. Ce simple regard échangé lui donne toutes les audaces. Ce sera « SA » bravoure du jour, le retrouver. Elle interroge Minna, amusée mais pas dupe, par sa curiosité soudaine pour la course à pied.

— Je crois qu'il habite à l'hôtel *Exelsior,* sur Fasanenstrasse, pas très loin, C'est à Charlottengrag, tous les Russes y sont regroupés. On y vit à l'heure de Moscou entre samovars et vodka. C'est plutôt joyeux et dépaysant, va y faire un tour.

— Il vit seul ?

— Là, tu m'en demandes trop. Je sais qu'il fréquente pas mal les écrivains russes, il a un copain, Sergueï, qu'il ne quitte pas. Quant aux femmes, pour l'instant c'est Doris Mayor, mais il ne m'a pas l'air d'être le genre très assidu... Prudence ma Lottie.

— On n'en est pas là ! répond-elle en riant

Minna avait dit vrai. Le quartier de Charlottenburg, rebaptisé Charlottengrag est un voyage au cœur de la Russie soviétique.

Pour les expatriés en Allemagne, journalistes, éditeurs, musiciens, écrivains, poètes, Berlin est devenu le nouvel eldorado. Certains ont fui le bolchevisme ou au contraire cherchent à croiser leurs idéaux révolutionnaires avec la culture avant-gardiste berlinoise. Ils ont apporté un art de vivre aussi nostalgique que passionné qu'ils font revivre à Berlin.

Dans les cafés, on parle russe, on boit du thé noir brûlant sorti des samovars argentés, on chante fort au son des balalaïkas, on s'enivre à la vodka en mangeant du lard finement coupé, de la viande fumée de cheval tatar de Crimée sur des tranches de pain noir et on refait le monde. Inlassablement.

La politique économique mise en place par Lénine, est l'objet d'interminables discussions. L'internationale communiste divise, mais elle apparaît à beaucoup comme la grande lueur venue de l'Est, qui va changer le monde et améliorer la vie des peuples.

Pour Lotte, cela paraît assez utopique. Elle a toujours fait preuve de scepticisme envers toutes les doctrines censées bouleverser le quotidien et restreindre les libertés individuelles. Pour elle, l'essentiel est de ne pas passer à côté de sa chance. D'être là où il faut, et elle fait confiance à son instinct pour la guider. Pas question de laisser les autres décider à sa place. Depuis son enfance, elle puise sa force dans la certitude de savoir, à chaque moment de son existence, faire le choix le plus avantageux pour son avenir.

Chaque être a une clef d'accès, pense-t-elle. Il lui faut découvrir celle de Thomas. Cette quête la passionne bien davantage que l'avenir des peuples.

Un soir de relâche, elle décide de forcer le destin, et se présente à son hôtel, sous prétexte de remettre une invitation urgente de la part de Xavier. Elle n'a pas de mal à recueillir les confidences du portier.

— Herr Thomas n'est pas là mais il doit dîner comme tous les soirs au *Romanischer Cafe.*

Le « Herr Thomas » l'attendrit, Il l'appelle par son prénom, comme si partout, où qu'il aille, une bienveillance l'accompagnait.

— Merci, pouvez-vous lui remettre cette lettre et lui dire que Lotte Sandberg est passée.

— Certainement Fräulein Sandberg.

Pas dupe de son air entendu, elle se dit qu'elle ne doit pas être la seule femme à se présenter à son hôtel.

Voilà, c'est fait, les dés sont jetés, puisqu'il saura qu'elle est venue, alors autant aller jusqu'au bout.

Le Romanischer Café, n'est qu'à une dizaine de minutes à pied de l'hôtel. Elle décide de s'y rendre. Elle connaît bien l'endroit désormais, et trouvera sûrement là-bas, quelque journaliste prêt à lui offrir un cognac !

Elle est à peine installée au bar, lorsqu'un groupe bruyant s'exprimant en russe, s'assoit à proximité.

Près d'elle, des quotidiens et des magazines sont disposés sur une console. Elle prend l'un d'eux pour masquer son visage. Pas de chance ou clin d'œil du destin, une photo de Thomas lui fait face, entouré d'actrices aux noms exotiques : Tallulah, Alla, Nina qu'elle reconnaît tout de suite. Sur un autre, il est au mariage d'un poète russe, Sergueï Essenine avec une célèbre danseuse américaine Isadora, de dix-huit ans plus âgée. Ils sont resplendissants.

Elle distingue alors dans le groupe installé à la table voisine, l'homme de la photo à la tignasse bouclée, le verre à la main, c'est Essenine.

Le couple qui l'accompagne, semble se disputer. La femme, une rousse aux grands yeux noirs, appelle son compagnon *Volodia.* Elle remonte le col de sa robe en velours moiré, secoue la tête, sous son chapeau cloche, les boucles d'oreilles en forme de mouches dorées s'agitent et ses yeux brillent d'une rage mal contenue. Elle paraît minuscule auprès de lui, colosse d'un mètre quatre-vingt-dix, sombre et beau, habillé avec soin d'un pantalon en tweed et d'une chemise bouffante. Le visage émacié, les cheveux coupés ras, il fume sans discontinuer et déclame entre deux cigarettes d'une voix de stentor une poésie en russe.

Soudain Thomas Lagache apparaît. Essenine va à sa rencontre.

— Thomas, enfin, j'ai cru que tu ne viendrais plus. Tu te souviens de mes amis Lili Brik et Vladimir Maïakovski. Ils reviennent d'une excursion sur les îles du delta de la Neva et sont pour quelques jours à Berlin.

Thomas les salue en russe et embrasse la jeune femme rousse.

Il tourne le dos à Lotte. Maintenant, l'incongruité de sa situation la fait rougir. Vite, disparaître avant qu'il ne la voie. Elle descend du tabouret. Trop tard. Elle sent derrière elle, des mains sur ses épaules.

— Mais je ne rêve pas, c'est bien Fräulein Sandberg. Content de vous voir, belle Isis.

Elle reste sans voix, bouleversée par l'emprise de ses doigts. Les autres ne prêtent aucune attention à leur rencontre. Elle ne s'est jamais sentie aussi mal à l'aise, prise au piège.

Enfin elle articule

— En fait, j'attendais… Minna.

Le prénom de son amie à cet instant lui semble le seul présentable.

— Minna… Ah oui, la belle amazone, la muse de Xavier. Dommage ! Eh bien, comme elle n'a pas l'air d'arriver, viens avec nous au *Coq d'Or*. Laissons un mot au barman. Elle nous rejoindra… Si le cœur lui en dit.

Elle ne sait à quoi correspond ce « dommage » et se jure de lui poser la question plus tard. Elle oublie vite.

La soirée est grandiose. L'une de celle dont on se souvient comme d'un instant de bonheur, dont l'intensité vous dépasse et dont le souvenir accompagne avec tendresse le temps qui passe.

Au *Coq d'Or*, ils occupent la meilleure table, au centre de la salle à manger, tendue de soie pourpre. Tout brille dans l'établissement, l'argenterie, le cuivre des casseroles accrochées dans la cuisine et même les yeux des serveurs, lorsqu'ils voient s'approcher la petite troupe déjà bien éméchée.

Thomas prend la main de Lotte, l'installe à sa droite. La vodka les poursuit, et avec elle, les inhibitions glissent au sol comme de vieilles loques. Sergueï avale cul sec les verres qu'on lui tend, Vladimir déclame des poésies auxquelles elle ne comprend rien, Lili dont la colère semble calmée, enchaîne avec une chanson russe. Son Volodia la prend par la taille pour la faire tournoyer sur la piste, enfin réconciliés.

— Ils sont en forme dis donc !

Il sourit amusé et l'interroge :

— Tu as entendu parler de Maïakovski ?

— Oui, un peu, mais je n'ai lu aucun de ses livres. Ils n'ont pas l'air d'accord dit-elle en montrant le couple

— C'est une histoire compliquée ! Vladimir, c'est un personnage hors norme, un génie, joueur, fêtard, un poète surdoué, un révolutionnaire, fiché par la police tsariste depuis ses 15 ans, adulé en URSS et pas facile à suivre ! Il a l'âme d'un cosaque et le cœur d'une jouvencelle, amoureux de l'amour et de sa Lili. Ils passent leur temps à se quereller mais c'est toujours elle qui a le dernier mot.

Il poursuit en lui expliquant que Lili est mariée à Ossip Brik mais ce n'est pas un problème pour eux. Ils forment un trio inséparable et vivent sous le même toit à Moscou dans un appartement de Sokolniki. Ossip publie les livres de Vladimir. Lili voyage avec son poète à travers l'Europe, une organisation qui satisfait tout le monde.

À présent Vladimir est à genoux devant Lili, la main sur le cœur et déclame.

— Qu'est-ce qu'il dit ?

— Je vais te traduire. Il dit à Lili : « *Écoute, puisqu'on allume les étoiles, c'est qu'elles sont à quelqu'un nécessaires ? C'est qu'il est indispensable que tous les soirs, au-dessus des toits, se mette à luire seule, au moins, une étoile pour toi.* »

— Il est amoureux, tu as raison ! C'est magnifique. Tu parles russe couramment ?

— Mon père est français, ma mère est russe.

Une nouvelle bouteille de vodka glacée est apportée à leur table. Thomas s'en saisit et rempli son verre.

— Elle vient de Turquie lui explique-t-il. C'est la meilleure qu'on puisse trouver à Berlin. Après la révolution la distillerie a été confisquée et Vladimir Smirnov a dû en recréer une nouvelle à Istanbul. C'est là qu'Henrique, le propriétaire du *Coq d'Or* s'approvisionne sur les conseils de Sergueï.

Près de leur table, des journalistes sportifs, éméchés eux aussi, heureux de partager leur intimité, se rapprochent. Ils évoquent la dernière course de Thomas et veulent en savoir davantage sur elle. Elle n'ose leur dire que leur complicité ne date que de quelques heures, mais cette marque d'intérêt la flatte et lui confère un statut nouveau. Elle fait partie de la bande, elle est sa compagne. Celle d'un soir, mais c'est déjà ça ! Elle les interroge : comment sont celles qui ont partagé sa vie ? Connaissent-ils Doris ? Ses questions les amusent et ils ne se privent pas de la décourager. Oui, c'est un séducteur, chacun y va de son anecdote, oui, Doris, est sa dernière conquête mais Isadora l'a prise dans sa troupe et elle vient de partir pour Los Angeles. Cette information lui donne envie de reboire une vodka. Quelle belle nouvelle !

Au petit matin, lorsqu'ils poussent la porte du bar, laissant derrière eux les débris de verres, l'odeur de tabac et le bruit lointain d'un violon, la neige recouvre les trottoirs.

Leurs pas, côte à côte ou enchevêtrés au rythme de leurs baisers, laissent sur le sol l'empreinte de leurs étreintes. Pour elle, la trace légère de semelles aux talons hauts, un petit trou et un ovale, pour lui en parallèle, de larges marques appuyées qui se confondent devant l'entrée de son immeuble lorsqu'il la prend dans ses bras, la soulève du sol pour franchir le porche.

Cette première nuit, elle ne l'oubliera jamais. Ils se sont reconnus comme si leur entente était une évidence, qu'elle venait de temps immémoriaux où leur peau, leur sexe s'étaient déjà rencontrés.

Il y a parfois des certitudes dans l'amour physique. Celles de la fulgurance du désir, de la sincérité des accords, de l'alchimie des caresses. Parfums familiers de l'intime, l'oubli de soi pour se noyer dans l'autre, s'y consumer, oublier ses peurs jusqu'au petit matin.

Cette fusion, elle ne l'a jamais atteinte auparavant. Rien qui puisse se comparer, ne serait-ce qu'une seconde, à l'intensité de cette nuit-là. Lui aussi, semble conquis.

— Je crois que vous me plaisez beaucoup, Fräulein Sandberg. Trop sans doute. Vous êtes pour moi une grande perturbation !

Chapitre VII

Les jours suivants, ils ne se quittent plus.

Elle le rejoint parfois à l'entraînement. Malgré la fatigue des spectacles, elle se lève tôt. Le stade est désert, noyé dans le brouillard. Il prépare les *Deutsche Kampfspiele*, les jeux nationaux, enchaîne les courses longues à allure modérée, les sprints et les sauts.

Elle s'installe dans la tribune en lui faisant un geste de la main. Elle a froid, son entraîneur la tient à l'écart, elle ne comprend pas grand-chose à leurs problèmes de chronométrage à main au 1/10e de seconde, mais elle est heureuse d'être là.

Le soir, de plus en plus souvent, il vient la chercher au *Play-Boy*. Leur liaison fait jaser. À la fin du spectacle, elle l'aperçoit au loin, dans l'ombre, si beau, si énigmatique, cigarette aux lèvres. Elle scrute les regards admiratifs se tourner discrètement vers lui, son nom qui chemine de table en table et le sien maintenant qui lui est associé. C'est pour elle, qu'il est là.

Elle est flattée qu'il entende les applaudissements qui lui sont destinés. La crainte de le perdre ne la quitte plus. Ce sentiment, elle ne l'a jamais expérimenté auparavant. La vie pour elle a toujours été simple. Elle la prenait comme elle venait, avec détachement et optimisme mais maintenant tout est inédit, presque douloureux. Anxieuse de n'être, pour lui, qu'un caprice, comme les autres, son humeur balance entre excitation et méfiance. Le garder, le soustraire aux regards concupiscents des femmes qui l'entourent, qu'il soit fier d'elle, voilà la seule mission qui lui importe désormais à Berlin.

Chaque jour, elle se pose la même question, leur histoire, tissée dans l'affolement du désir va-t-elle survivre ?

Un soir de relâche, il l'entraîne au théâtre d'ombres de *l'Oiseau Bleu*, écouter le baryton Chaliapine et le pianiste Horowitz. Elle ressort bouleversée.

— Thomas c'est magnifique, ce chant, ces silhouettes qui se croisent, disparaissent sur l'écran, ces ombres interchangeables fixées ou oubliées par la lumière. C'est un peu l'histoire de notre rencontre, ombre et lumière, selon ce que nous déciderons.

Elle le provoque pour obtenir, elle l'espère, la réponse qui la comblera. Elle est loin d'avoir trouvé la clef pour pénétrer ce personnage complexe, si troublant mais elle multiplie les tentatives. Elle y consacre toutes ses bravoures du jour.

Elle ose la question qui lui brûle les lèvres :

— Et Doris ?

— Quoi Doris ? Doris est repartie dans son pays.

— Tu ne penses jamais à elle, à son retour ?

— Mais tu ne vas quand même pas me faire une crise de jalousie pour ma vie avant toi ?

— Non... Bien sûr, je voulais juste savoir.

— Savoir pour comparer ? Pour que je te dise que je te préfère, que personne n'a compté avant toi ?

— Non... Enfin oui, c'est un peu ce que toute femme a envie d'entendre.

— Eh bien, je ne veux pas céder à ce genre de facilité. Il y eut d'autres femmes, Doris notamment, mais voilà, c'est toi qui es là aujourd'hui. Alors arrête.

Ce n'est pas ce qu'elle voulait entendre. Elle se sent si fragile lorsqu'il s'agit de lui. Pour la première fois de son existence, elle est vulnérable, prête à tous les sacrifices.

— Je sais Thomas, nous sommes différents, j'ai sans doute davantage besoin que toi d'être rassurée. Tout a été si soudain.

— Mais bon sang ! On ne peut pas s'aimer sans se faire confiance, sans accepter l'autre avec son passé, sans respecter sa part d'ombre. Pourquoi vouloir tout savoir, tout maîtriser ? Arrête avec cette obsession !

Elle garde le silence. Ce doit être cela la passion. Elle se souvient d'une phrase de Nietzsche que Minna citait souvent et qu'elle n'avait jamais vraiment comprise : « *ce qui se fait par amour, se fait toujours par-delà le bien et le mal* ». Elle avait plongé avec délice et angoisse dans cet abîme.

— Thomas, j'ai le sentiment de ne pas savoir où je vais avec toi. Je me laisse porter, je perds le contrôle. C'est une sensation délicieuse mais je sais bien que cela ne peut pas durer.

Il sourit, soudain plus tendre.

— Tu sais parmi mes souvenirs d'enfance, je me souviens d'une phrase que ma mère me répétait souvent, on ne trouve sur le chemin, que ce que l'on porte déjà en soi. Elle avait même écrit sur l'un de mes cahiers d'écolier : « Il n'y a pas de vent favorable si on ne connaît pas son port » Cela m'a beaucoup inspiré dans ma carrière sportive. J'y pense souvent. Et plus que jamais en ce moment. Chacun d'entre nous trace sa route vers son port. Personne ne peut naviguer à ta place.

— Mais elle est où ma route? Je sais seulement que je veux la partager avec toi. En fait, depuis que je t'ai rencontré, j'ai le sentiment d'être constamment envahie par la peur.

— La peur, Lotte, elle est partout en embuscade. Nous avons tous peur de ne pas être aimés, du changement, de l'échec. Tu crois que je n'ai pas peur, moi, avant une compétition, Mais la peur Lotte, c'est elle qui nous fait grandir.

— C'est facile pour toi, le sport t'a donné cette force. J'ai toujours su me montrer forte, pour changer de ville, d'existence, pour vaincre le trac mais avec toi... Je suis démunie.

— Lotte, il suffit que tu le décides. Repousse tes craintes. Fais-nous confiance. Je veux être honnête avec toi. Aujourd'hui nous sommes heureux, mais je ne peux, je ne dois pas être ton port, c'est à toi de savoir le sens que tu veux donner à ta vie.

Cette conversation n'a pas pris la tournure qu'elle espérait mais elle agit sur elle comme un révélateur. Elle veut se montrer digne de lui. Changer de vie, identifier son port, et lui faire partager ses ambitions. Elle ne peut se satisfaire d'être chanteuse et danseuse dans un cabaret. Il faut qu'elle trouve autre chose pour se singulariser, pour qu'il l'admire et ne regarde plus ailleurs.

Doris semble oubliée. Elle se garde bien de lui en reparler mais malgré ses efforts son souvenir l'obsède. Son absence attise ses craintes avec une intensité bien plus forte que si elle était présente.

Comme dans le théâtre d'ombres, elle l'imagine dans ses cauchemars, se faufilant entre eux pour la saisir et la pousser dans le vide. Elle se réfugie alors dans les bras de Thomas, sans un mot, seul antidote à ses angoisses.

Au fil des mois, leur vie commune s'est, peu à peu, établie ainsi dans l'incertitude et la passion.

Ils forment un couple reconnu, régulièrement cité dans les magazines, installé dans la villa du Kufürstendamm des parents de Thomas.

C'est une bâtisse récente, de style Art nouveau, qui dénote dans le paysage avec sa lourde porte ocre, sa façade en grès flammé, ses moulures de fleurs en céramique vert amande et surtout une longue colonne de lierre qui serpente entre les fenêtres jusqu'au dernier étage.

Lotte et Thomas occupent le dernier étage de la maison. Ils disposent d'un grand salon, d'une chambre avec une baignoire sur pieds en fonte émaillée. L'aménagement des pièces est conforme aux vœux de Thomas qui a choisi des meubles avant-gardistes de la maison *Thonet*, d'inspiration Bauhaus. Dans le bureau attenant, il a installé son matériel de musculation et lui a fait une place pour ses affaires.

Le salon et les chambres aux étages inférieurs sont d'un style beaucoup plus classique. Canapés, fauteuils, tapis d'Aubusson, argenterie et bronzes proviennent pour l'essentiel des héritages successifs de la famille.

La mère de Thomas vit dans une espèce de boudoir rococo, entièrement tendu de taffetas de soie damassé rouge. Sur les murs une collection d'icônes de Saint Nicolas bénissant, de la mère de Dieu de Kazan, des saints George et Dimitri, devant lesquels elle se recueille chaque jour en faisant brûler des bâtonnets d'encens. Un piano droit, en bois blond, occupe le centre de la pièce. Lotte l'entend régulièrement interpréter des concertos de Rachmaninov ou de Mahler. Avec l'aide de Thomas, elle s'est familiarisée avec le mode de vie de cette famille cultivée et cosmopolite.

Elle connaît bien maintenant leur histoire. Olga Obolenskaya, appartenait à la noblesse russe et venait chaque été, passer un long séjour sur la Côte d'Azur avec ses parents. C'est à l'hôtel *Beau Rivage* en 1897, qu'elle a rencontré son futur époux Georges, héritier d'une riche famille d'industriels français. Ils se sont rapidement mariés et installés à Paris où Thomas est né un an plus tard. Avant la Première Guerre mondiale, son père, pour des raisons professionnelles, a décidé de quitter la France pour Allemagne afin de se rapprocher des usines de la Ruhr.

Depuis, sa mère s'enlise dans un neurasthénique monologue. Seuls les exploits de son fils parviennent à la dérider. Elle a laissé une partie de son cœur sur les bords de la Volga et l'autre près des contours de la Seine, lui explique Thomas.

Jamais vraiment heureuse, nostalgique, toujours à la recherche d'un regret, elle est pourtant pour lui, un repère affectif beaucoup plus puissant que ne l'est son père. Peut-être à cause de sa vulnérabilité, cet imprévisible charme slave qui le bouleverse.

Dès son plus jeune âge, elle lui a appris le russe en lisant pour l'endormir, les nouvelles d'Anton Tchekhov. Une connivence, qu'ils retrouvent certains soirs de défaite où Thomas frappe discrètement à sa porte en quête de réconfort.

La musicalité de cette langue, celle de son enfance, sa tendresse mélancolique, l'apaisent.

Cette proximité entre Thomas et sa mère est pour Lotte une surprise. Elle n'y voit ni faiblesse, ni péril mais au contraire une douce façon de baisser la garde. Elle n'a aucun sentiment d'exclusion. Chacune a sa place dans son univers affectif. Elles sont si différentes et elles l'aiment. Bien qu'elle sache que Doris, aussi, a partagé leur complicité, cette harmonie familiale dont elle fait partie désormais, contribue à l'équilibre de sa nouvelle vie.

Thomas n'a pas vraiment de racines. Il est né à Paris, vit

en Allemagne, s'exprime aussi facilement en allemand, en russe qu'en français avec, à chaque fois, un léger accent qui le rend irrésistible. Il a le charme de l'insaisissable, c'est le terme qui lui vient à l'esprit lorsqu'elle cherche à le définir. Multiculturel, il règne sur un singulier royaume de l'ailleurs en s'accommodant de ses contradictions. Passer d'une rive à l'autre, est pour lui une seconde nature. Il se ressent en permanence étranger, parfois même à lui-même. C'est si différent pour elle, son royaume n'est pas le monde, mais l'intimité de leur couple.

Les amis de Thomas sont devenus ceux de Lotte, et elle s'est un peu éloignée de Minna en quittant l'appartement. La séparation a été paisible et joyeuse. Minna apprécie Thomas, qui lui semble sincèrement épris. Elles se retrouvent le soir au cabaret mais la perspective de retrouver son appartement pour elle seule ne lui déplaît pas. La présence de plus en plus fréquente de Xavier qui délaisse souvent son appartement de fonction du BSE ne facilitait pas le quotidien. Le destin a bien fait les choses.

Chapitre VIII

Pour Lotte, la vie commune avec Thomas c'est aussi l'omniprésence de son ami Sergueï. Ces deux-là sont inséparables.

D'après les confidences de Minna, autant Xavier apprécie la présence de Thomas, autant celle de Sergueï, l'exaspère.

— Il m'a dit que c'était un bolchevique et un ivrogne. Il est surveillé. Dis-le à Thomas.

Choquée, elle l'informe le soir même des propos de Xavier, soucieuse de protéger Sergueï. Elle ne s'attend pas à la réaction de Thomas.

— Je sais Lotte et je partage ses idées. Seul le marxisme donne un sens au chaos où nous sommes.

— Quoi ?

Elle est stupéfaite.

Jamais auparavant, ils n'ont évoqué les problèmes de la République. Les conversations en russe avec Sergueï sont leur domaine réservé. Elle ne lui demande jamais de traduire et puis cela se terminait si souvent dans les vapeurs d'alcool, que rien jusqu'ici ne lui permet de supposer le moindre activisme de leur part.

Sa culture politique se limite à la lecture furtive des journaux, aux commentaires des clients du *Play-boy* et aux discussions avec Otto. En fait, la politique ne l'intéresse pas du tout. Elle sent confusément que le monde change, mais ne se sent pas vraiment concernée. Dans sa bulle, elle revendique l'insouciance. Seule, compte sa relation avec Thomas. Son idéal, la source de toutes ses espérances, c'est lui.

Devant son air médusé, il tente de lui expliquer ses choix.

— Nous pouvons tous agir, propager la révolution prolétarienne, la solidarité, porter le trouble et détruire une civilisation bourgeoise qui n'a fait qu'oppresser la classe ouvrière, lui dit-il. Les peuples de tous les pays sont en train de se soulever. C'est un moment historique, un espoir sans précédent pour établir enfin une égalité entre les êtres humains, partager équitablement les richesses. Nous ne pouvons pas rester impassibles.

— Mais, enfin... Tu n'es pas ouvrier ? L'égalité, tu sais très bien que c'est une utopie. L'injustice existe dès la mise au monde et se poursuit toute la vie jusqu'à la mort, qui n'a rien de juste non plus !

— Oui mais entre ces deux injustices, on peut essayer d'améliorer les choses, repartir les richesses, ne pas se satisfaire d'un système qui ne fait que creuser les différences.

Elle prend ce lyrisme politique pour une lubie passagère et l'influence de Sergueï.

— Thomas ce n'est pas toi ni tes amis fortunés qui vont changer le monde.

— Détrompe-toi, dit-il en s'énervant, c'est la responsabilité de chacun et c'est aussi la tienne.

Elle l'écoute médusée, lui dérouler ses nouvelles certitudes. Les bourgeois, les intellectuels doivent s'engager aux côtés du prolétariat. La révolution communiste est en marche. Elle va se propager à toute l'Europe. C'est une chance de vivre ce moment de l'histoire...

Elle a du mal à le suivre. Lui, l'enfant gâté, le détaché chronique se fait maintenant le chantre du bolchevisme ! Mais qu'est-ce qui lui prend ? Pour Lotte, tout cela paraît un peu radical et finalement très ennuyeux.

Elle ose la contradiction

— Dans mon monde, qui est loin d'être aussi préservé que le tien, Thomas, le combat c'est de survivre, alors tu sais, les grandes théories sur le partage, cela m'a toujours laissée sceptique. En Allemagne, nous n'avons besoin que de responsables sérieux qui relancent le pays après cette foutue guerre. Pas de révolution prolétarienne.

— Mais ouvre les yeux ! Il suffit de lire les journaux, les politiques sont gangrenés, corrompus pour la plupart. Quand ils sont libres et honnêtes, ils se font assassiner. Où est l'espoir d'un monde meilleur ?

— Tu exagères.

— Non, pas du tout ! On ne peut se satisfaire de ça à notre âge.

Aux échanges sur ses performances quotidiennes succèdent d'interminables discussions. Il est de plus en plus exalté et elle se dit qu'il faudra désormais compter avec son engagement.

Chaque jour, il essaie de la convaincre. Elle l'écoute avec résignation et inquiétude, lui glorifier la grandeur de Lénine.

Heureusement, toutes les nouvelles ne sont pas mauvaises. Elle apprend avec soulagement, par un journaliste, que Doris vient d'entrer en clinique pour soigner son addiction à la cocaïne et souhaite rester à Los Angeles.

— Qu'elle y reste, raconte-elle euphorique le soir à Minna. Après tout, chacun son pays !

— Oui mais Thomas est français répond Minna et il risque d'avoir un jour envie d'y retourner.

— Thomas est international. Il est de nulle part et de partout, et puis pourquoi pas, j'aimerais bien découvrir Paris.

Elle n'envisage pas une seconde qu'il puisse partir sans elle. Il lui a d'ailleurs laissé entendre qu'elle pourrait le suivre dans la capitale française, pour les prochains Jeux Olympiques qui doivent se dérouler dans deux ans.

Le 24 juin 1922, elle mesure la violence derrière l'insouciance de leur quotidien. Un cabriolet, avec deux hommes à bord, le visage masqué par des capuches, prend en chasse la voiture du ministre des Affaires Étrangères Walther Rathenau. Après plusieurs coups de pistolet, ils achèvent le blessé en projetant une grenade contre sa voiture et s'enfuient. Les journaux condamnent avec force l'assassinat. Industriel, écrivain, Rathenau est l'un des esprits les plus brillants de la République de Weimar. Deux mois auparavant, il a conclu un accord avec la Russie soviétique, dans le traité de *Rapallo*, pour qu'elle renonce aux dommages de guerre.

Le soir lorsqu'ils se retrouvent, elle interroge Thomas.

— Mais qui a pu faire cela ?

— L'extrême droite, des terroristes de *l'organisation Consul*

— Jamais entendu parler. Pourquoi ?

— On ne lui a pas pardonné de rêver à une Europe unie et surtout d'être juif.

— Tu plaisantes ?

— Mais non, sors de ta bulle enfin, lis les journaux, écoute autour de toi, le chaos s'installe et nous, nous restons les bras ballants.

Les manifestations qui suivent démentent ses propos.

Une foule immense, près d'un million de personnes suit le cercueil de celui que la presse baptise « *le martyr de la République* ». L'émotion est à son comble dans le pays.

– Tu vois, le peuple n'est pas indifférent. C'est un bel hommage.

Mais elle doit se rendre à l'évidence, le sursaut national est éphémère. La flamme républicaine vacille très vite sous les difficultés économiques. Les manifestants reprennent le chemin des usines et des universités, déçus, résignés. Il semble que le pays renonce à l'espérance. En silence.

La recherche du bouc émissaire fait rage. Les juifs violemment attaqués par la presse nationaliste sont des victimes désignées à la vindicte populaire. Le peuple a faim, il n'a plus de pain mais des réserves de haine inépuisables, à la mesure de sa désespérance.

Choquée par la brutalité des derniers jours, elle l'exhorte à être prudent. Elle ne sait ce qu'il fait le soir, lorsqu'elle est au *Play-Boy*. Elle rentre souvent avant lui et guette son retour avec angoisse.

Elle n'est pas seule, Olga aussi essaie de le dissuader de s'engager ainsi, mais rien n'y fait.

Elle rentre à la maison, souvent la première après le spectacle. Il revient de plus en plus tard, le regard exalté, méconnaissable. Ce n'est plus Doris qu'elle craint mais la révolution.

Chapitre IX

En apparence leur vie est bien rodée. Chaque matin, Thomas retrouve sans rechigner le chemin de l'entraînement et enchaîne les tours de pistes. Lotte met un point d'honneur à se lever tôt pour l'accompagner, comme au début de leur histoire.

Ils partent de bonne heure avec un panier de victuailles pour déjeuner dans le bois jouxtant la piste d'athlétisme, avec Paul Marcil, son entraîneur. Peu à peu elle est parvenue à l'apprivoiser. Ce n'était pas évident, mais elle a su se faire la plus discrète possible. Paul est un ancien athlète français, installé à Berlin, marié à une coureuse de fond allemande, qui n'a pas eu la carrière qu'il méritait. Trop souvent barré au moment des sélections par des compétiteurs plus affûtés, il en a conservé une certaine aigreur et se consacre, comme une revanche, à transmettre son savoir.

C'est un éducateur hors pair, un technicien capable de réciter par cœur les performances de tous les adversaires de Thomas et particulièrement sourcilleux à ce que rien ne vienne entraver son travail.

Lotte suit les courses depuis la tribune, guettant un sourire de satisfaction, mais jour après jour, le chrono est impitoyable.

— Il n'avance plus, maugréé Paul.

Thomas reste de longues minutes la tête dans les mains pour reprendre son souffle.

— Ça ira mieux demain dit Lotte sans y croire vraiment.

— Non ça n'ira pas mieux ! grogne-t-il agressif. Tu vois bien que je n'y arrive plus. Je me demande ce que je fous là !

Il lui a souvent dit qu'un sportif de haut niveau était un être insensé, à la poursuite d'un exploit, qui dès qu'il est atteint, sera dépassé par d'autres. Tant que ses qualités physiques ont été suffisantes, il a fait illusion. Elle connaît ses faiblesses mieux que personne. Tendre sa volonté vers un seul but, jusqu'à l'obsession, ce n'est plus son combat. Elle sait que ses priorités sont ailleurs.

Lorsque Paul avertit Thomas qu'il retient un nouveau coureur pour s'entraîner à ses côtés, cette nouvelle, loin de le stimuler, achève sa déroute. Il a besoin de s'épancher, il revient vers elle dans la tribune et s'assoit à ses côtés.

— Lotte, avant il m'était impossible d'envisager l'échec, c'était à ma portée sans trop d'efforts. Une façon de maîtriser la peur dont nous avions parlé, tu t'en souviens ?

— Bien sûr, mais aujourd'hui, tu as peur de quoi Thomas ? Tu veux laisser tomber ce qui te passionnait hier ?

— Non, je ne veux pas passer à côté de ma vie. Je suis en train de comprendre que la victoire ne m'est plus nécessaire.

— Qu'est-ce que tu veux dire ?

— Eh bien, je n'ai plus besoin de la victoire pour trouver un sens à mon existence. Tous ces podiums sans cesse à reconquérir. J'en ai marre de cette quête sans fin.

— Tu dis n'importe quoi sur le coup de la déception.

— Non, la seule déception qui me touche, c'est celle que je lis dans tes yeux aujourd'hui.

— Thomas, je peux comprendre, j'ai toujours su que le champion s'éloignerait un jour mais c'est si tôt dans ta carrière. Tu le regretteras. Prends quelques jours de réflexion. Tu devais faire les Jeux Olympiques de Paris. Imagine-toi en train de suivre les exploits de tes concurrents, tu vas souffrir !

— Tu as peut-être raison, je vais laisser un peu de temps au temps.

— Mais qu'est-ce que c'est que ces états d'âme ! dit Paul qui venait d'entendre leur conversation. Quel gâchis, à vingt-quatre ans ! Lotte je sais que tu n'y es pour rien, mais essaie de lui faire entendre raison, il peut rebondir, il en a le potentiel. Toutes ces conneries politiques vont, non seulement détruire sa carrière, mais aussi mettre en péril sa sécurité et... la tienne.

Elle s'étonne qu'il soit au courant des « nouvelles priorités » de Thomas.

Après cette conversation, un malaise s'installe insidieusement entre eux. Elle ne peut cacher son exaspération lorsqu'il lui fait l'apologie du bolchevisme et elle ne veut tout simplement plus entendre parler de toutes ces foutaises.

Elle parvient cependant, avec l'aide d'Olga et de Paul à le persuader de s'entraîner pour être sélectionné aux prochains JO de Paris.

Minna, à laquelle Lotte a confié ses inquiétudes, a convaincu Xavier de venir assister à ses entraînements pour le motiver.

Il les rejoint un matin accompagné par Horst Rathenald qui supervise la préparation médicale des athlètes du club. Elle l'a aperçu souvent au *Play-Boy*. Elle le sait ami avec Eugen Kockter. C'est, lui aussi, un généticien réputé dont le livre sur la formation des athlètes de haut niveau et l'étude de leurs comportements fait référence. Rathenald est jovial, à l'écoute des sportifs. Paul l'apprécie. À la différence des autres médecins du club, qui prescrivent des arrêts à la moindre blessure, il trouve toujours une solution pour atténuer la souffrance et redonner confiance. Il a été un honorable lanceur de javelot, il y a quelques années, et n'ignore rien des états d'âme et des chutes de motivation.

À la demande de Xavier, Rathenald propose à Thomas une préparation biologique censée améliorer son métabolisme et accroître sa résistance à la douleur. Elle l'entend lui vanter son efficacité à la sortie du vestiaire.

— Thomas, dit Rathenald, reprends-toi, c'est une déprime passagère, rien de grave, c'est normal quand on s'entraîne aussi durement. Tiens, prends une pilule de chaque flacon par jour, pendant trois semaines et tu retrouveras tes sensations.

Il tient à la main trois cachets et va chercher de l'eau.

— Tu ne vas pas prendre ça, tu ne sais même pas ce qu'il y a dedans, lui dit Lotte profitant de son absence.

— Mais enfin de quoi tu te mêles ! Je ne connais pas d'athlète qui refuse un traitement médical anodin permettant de reprendre le contrôle et de gagner.

Elle est surprise par ce ton belliqueux.

— Anodin ? Tu es sûr ? Ce n'est pas ce traitement qui va régler ton problème, tu le sais bien.

— Qu'est-ce que tu insinues ?

— Tu dois faire un choix entre le sport et la politique, c'est tout simple.

— Vraiment ? Tu sais mieux que moi maintenant ce que je dois faire.

— Thomas, Sergueï te conduira à ta perte. Tu es en train de tout sacrifier pour son idéologie fumeuse.

Elle regrette aussitôt ses paroles. Sergueï est un sujet tabou. L'attaquer de front est une erreur.

— Cela n'a rien de fumeux ! Si tu choisis de rester insensible à ce qui se passe, à ces injustices, à cette haine antisémite, c'est ton problème, mais…

Leur conversation orageuse est interrompue fort heureusement par Paul.

— Thomas, si tu veux avoir une chance d'être sélectionné pour les Jeux à Paris, va falloir cravacher mon petit père. Le professeur Rathenald obtient de bons résultats avec les athlètes du club. Prends son traitement, dors, arrête tes conneries et remets-toi les idées en place au plus vite.

Il passe son chemin en maugréant.

— Il a raison, murmure-t-elle mais… oublie les pilules.

— Pourquoi faut-il que vous pensiez tous à ma place. J'en peux plus d'écouter mon entraîneur, ma mère, toi, me dire ce que je dois faire. Sais-tu seulement ce que cela représente de sacrifices depuis toutes ces années ? Jusqu'à présent je ne me posais pas de question. Il suffisait que je m'éclate en faisant la fête pendant quelques soirées Mais c'est fini, j'étouffe. L'athlète conquérant, va falloir le ranger au placard. Si c'est lui que tu aimes, eh bien, pars vite !

— Thomas arrête ! Tu sais très bien que ce n'est pas vrai. Ne sois pas injuste. Je t'ai vu franchir les lignes d'arrivée, les bras tendus, éperdu de bonheur. Tu n'as que vingt-quatre ans. Essaie encore ces Jeux à Paris.

Son discours de renoncement, celui qu'elle redoute depuis des mois, la trouble. Quel genre d'homme va-t-il devenir sans ce qui fait sa raison d'exister ?

Quels combats va-t-il mener pour compenser ? Quel gouffre s'ouvre devant eux ?

Elle se blottit contre lui et sent pour la première fois qu'il a besoin de sa force. Les rôles s'inversent.

— D'accord Lottie, nous irons à Paris dit-il en avalant les pilules.

Chapitre X

Un après-midi, en allant à pied au *Play-Boy*, Lotte s'attarde, comme souvent, devant le *Dorian Gray*. Stupéfaite, elle découvre de nouvelles photos qui n'étaient pas là la veille. Sur l'une d'elles, Doris et Ella en robes pailletées moulantes fendues sur les cuisses, boas blancs et clapet de bandeau en strass autour du crâne, sourient ingénument un verre à la main.

Non elle ne rêve pas ! La photo est récente, affichée dans la vitrine réservée aux dernières soirées. Ella affiche un sourire enfantin. Elle ne l'a jamais revue depuis son renvoi. Doris paraît plus ronde que dans sa mémoire, elle est toujours aussi belle avec quelque chose de frondeur dans le regard clair comme un défi.

Elle n'en croit pas ses yeux et serait bien entrée pour se renseigner sur cette soirée, mais la porte est close. Et puis qu'aurait-elle pu demander ?

Les questions se bousculent dans son cerveau affolé. À peine arrivée au cabaret, elle interroge Otto.

— Tu as des nouvelles d'Ella ?

— Oui des bonnes. Elle est enfin parvenue à se sevrer et a trouvé une place d'infirmière à l'hôpital de la Charité dans le service pédiatrique où exerce Horst Rathenald. Tu sais qu'elle avait fait des études de puériculture, alors elle est ravie.

— Rathenald est au service pédiatrique ?

– Oui avec Eugen Kockter, ils font une étude sur les comportements des enfants déficients.

Elle est surprise par cette information mais ne relève pas et pose la question qui lui brûle les lèvres.

– Et Doris ?

– Quoi Doris ?

– Elle est rentrée de Los Angeles ?

– Pas la moindre idée. Pourquoi ? Tu sais, elle ne me faisait pas ses confidences. Pour moi, elle est toujours là-bas.

Le soir elle n'ose aborder la conversation avec Thomas. Et s'il n'était pas au courant ? Pourquoi éveiller sa curiosité. Elle doit découvrir, seule, s'il lui avait caché son retour ou s'il l'ignore.

Le lendemain matin, elle décide de rendre discrètement visite à Ella à l'hôpital. Dès le départ de Thomas, elle prend le tram, descend à Friedrichstrasse et marche pendant quelques minutes avant d'apercevoir l'établissement en briques rouges. Des bâtiments successifs, ajoutés au fil des années, forment un mélange hétéroclite. Les étudiants de l'université de médecine, récemment rattachée à l'hôpital, sortent des services en discutant pour rejoindre le campus. Des patients plongés dans leurs pensées attendent à la réception, quelques malades en civière, enfouis sous des couvertures, sont transportés dans les services d'urgence, d'autres déambulent en pyjama dans le parc qui se trouve à l'arrière. La gravité et l'inquiétude sont palpables.

La mort rôde, elle attend son heure, avant de faire ses choix.

Seul havre de paix, le vaste jardin, très bien entretenu, dont les bancs en bois autour d'une pièce d'eau, offrent aux familles en visite quelques instants d'intimité et de répit sur le destin.

Elle n'a pas besoin qu'on l'oriente, elle a lu à la réception que le service pédiatrique se trouvait au deuxième étage.

Elle prend l'escalier de droite, s'engage vers la partie qui mentionne l'hospitalisation. Des chambres numérotées se succèdent tristement le long d'un couloir jusqu'au bureau des infirmières. La pièce est étroite. Les murs couverts de dessins d'enfants. Des paniers remplis de jouets, de jeux de société en bois sont rangés contre le mur et deux jeunes femmes en blouse blanche comptent des pilules avant de les répartir dans des coupes en porcelaine blanche.

— Bonjour, puis-je voir Ella Bach questionne-t-elle.

— Qui la demande ?

Les infirmières poursuivent leur répartition de médicaments sans même se tourner vers elle.

— Je viens de la part de son cousin.

Ce mensonge lui paraît anodin tant l'urgence et la curiosité l'habitent. Elle doit la voir, maintenant, en tête-à-tête, pour en avoir le cœur net.

— Ella doit être avec les petits qui préparent leur spectacle. Au fond du couloir, la dernière porte avant le bureau du docteur Horst Rathenald.

C'est alors que le médecin sort de son bureau. Elle baisse la tête et s'engouffre promptement dans la salle où se trouve Ella. Il ne l'a pas vue. Elle est soulagée. Qu'aurait-elle pu dire pour justifier sa présence ?

Dans la pièce assis en tailleur, autour d'un gramophone, des petits de deux à cinq ans écoutent, fascinés, Ella qui chante sur la musique et répètent en chœur le refrain.

A, a, a, a der winter, der ist da !
Herbst und sommer sind vergangen
Winter der hat angefangen
A, a, a der winter, der ist da

Brusquement, Ella l'aperçoit.

— Lotte, qu'est-ce que tu fais là ? Que se passe-il ? Otto a un problème ?

Une lueur d'inquiétude apparaît dans ses yeux, son front se plisse. Elle ne prend même pas la peine de l'embrasser.

A, a, a der Winter, der ist da, hurlent les enfants.

— Non, non ne t'inquiète pas tout va bien, je passais dans le coin et je me suis dit que ce serait sympa d'avoir de tes nouvelles. C'est Otto qui m'a dit que tu travaillais ici.

— Ah bon tant mieux ! Attends quelques minutes, je termine la chanson avec les petits et nous irons bavarder dans le jardin.

— J'ai vu une photo de Doris avec toi au *Dorian Gray*, elle est revenue ?

Elle n'a pu s'empêcher de poser la question. Elle se dit qu'elle aurait dû attendre mais c'est plus fort qu'elle.

— Oui il y a un mois avec son fils. Elle a fait une cure avec le docteur John Harvey Kellog, dans sa ferme de santé du Michigan. Elle est revenue métamorphosée. Nous sommes allées au *Dorian Gray* pour fêter son retour, elle y avait ses habitudes autrefois.

— Je croyais qu'elle se plaisait en Amérique et qu'elle voulait y rester ?

— Lorsqu'elle a su qu'elle attendait un enfant elle a décidé de faire une cure, d'autant qu'Isadora lui a annoncé qu'elle ne pourrait pas la garder dans la troupe. Alors, elle est partie pour le Michigan. C'est à ce moment-là que la proposition du professeur Rathenald, avec lequel elle était restée en contact, est arrivée. Il lui a demandé un rapport sur les exercices de vie saine et d'hygiène préconisés par Kellog. Comme il cherchait aussi une assistante pour ici, elle a décidé de revenir. Elle travaille depuis sur la coordination des petits entre les sons et les mouvements. Son expérience de danseuse est précieuse

— Je ne savais pas que Rathenald dirigeait aussi un service pour les enfants je le croyais uniquement spécialisé dans la préparation biologique des athlètes.

— Non, ça c'est annexe, c'est avant tout un chercheur. L'essentiel de ses travaux porte sur *L'homme inachevé.* Il part du principe que l'homme, à la différence des animaux, naît inachevé. C'est la vie en société qui lui permet de développer ses facultés cérébrales. Ses conférences sont passionnantes, tu devrais venir les entendre.

Elle l'écoute avec attention mais ce n'est pas pour ça qu'elle est venue « *L'homme inachevé* » peut bien attendre. Elle veut des réponses à ses interrogations.

— Vous vous êtes retrouvées comment ?

— Nous cherchions toutes les deux un appartement sans savoir que nous allions travailler ensemble et Ilse nous en a trouvé un près de l'hôpital.

— Ilse ? Décidemment c'est la bonne fée du *Play-Boy* !

Elle se reproche son ton acerbe, mais Ella semble-t-il n'a rien remarqué.

— Doris n'est pas là aujourd'hui. Elle est partie pour Cottbus, à l'Institution que Horst Rathenald a créée pour recueillir les enfants abandonnés. Si tu veux la rencontrer, elle sera là demain, je lui dirai que tu es passée.

— Euh... Non, je ne préfère pas ! Pas sûr qu'elle me porte dans son cœur à cause de Thomas... Au fait, il est au courant de son retour ? Il ne m'en a pas parlé ?

— Comment veux-tu que je le sache ? C'est de l'histoire ancienne tout ça ! Elle n'en parle jamais. Ils ne sont pas restés ensemble très longtemps. Peu de gens savent qu'elle est rentrée, et Horst exige le secret absolu sur ses recherches. Dans ce domaine la concurrence est rude. Les Suisses notamment poursuivent eux aussi une étude sur le développement des enfants livrés à eux-mêmes.

Elle ne sait si Ella est sincère mais cela ne l'empêche pas de penser que malgré la discrétion exigée elles passent du bon temps au *Dorian Gray.*

— Tu veux voir son fils ? C'est le petit là-bas, à quatre pattes. Horst l'adore, il s'est pris d'affection pour lui. Jasonnnn...

Le bambin tourne la tête vers elles et continu à jouer avec un lapin en peluche.

Elle est tétanisée, meurt d'envie d'observer l'enfant de plus près pour voir s'il ressemble à Thomas.

— Il a quel âge ?

— Neuf mois, c'est un ange. Doris en est folle. Ce n'est pas facile tous les jours mais avec ce boulot, elle peut l'avoir avec elle, toute la journée. Il est à la nursery ici. C'est l'une des raisons pour lesquelles elle est revenue. La nourrice en Californie était trop chère et elle ne trouvait que des petits boulots de figurante. Elle a senti que si elle ne changeait pas de vie, elle allait replonger dans ses vieux démons et puis elle aime l'Allemagne, elle y a vécu presque la moitié de sa vie.

Neuf mois... Toutes les hypothèses sont ouvertes, même la plus redoutée.

— Tu sais qui est le père ?

Un Américain, je crois, quelqu'un de marié. Je ne sais pas trop, elle est très discrète à ce sujet.

— Un Américain ?

— Oui Jason est citoyen américain. Elle lui parle en anglais pour pouvoir y retourner plus tard.

— Ah elle ne veut pas rester ici ?

— Elle ne sait pas trop. Son travail lui plaît. Elle va souvent voir les enfants de Cottbus. Elle est très attachée à eux. On essaie de faire le maximum pour leur rendre la vie plus agréable car ils n'ont pas eu beaucoup de chance jusqu'ici.

Ella lui explique que Cottbus se trouve en Basse-Lusace, une région particulièrement pauvre où se trouve la minorité sorabe. Les habitants parlent un dialecte slave difficile à comprendre, mais Rathenald y est né, il maîtrise les coutumes et s'est beaucoup investi pour créer cette institution qui recueille des enfants orphelins ou retirés à des familles qui les maltraitaient.

Horst vient aussi de demander à Doris de superviser un département pour recueillir les filles-mères qui n'ont pas les moyens de garder leurs enfants.

Face à l'engagement d'Ella et de Doris, Lotte ressent, soudain, un sentiment de culpabilité. Et elle, que fait-elle pour les autres à part essayer de satisfaire sa curiosité pour apaiser sa jalousie, à quoi est-elle utile ? Elle sait pourtant que la vie est rude. Il y a de plus en plus d'enfants illégitimes et de mères pauvres. L'État vient de créer le *Jugendamt*, un office de la jeunesse chargé d'assister les mères isolées, de les aider à retrouver les pères et si possible exiger d'eux le versement d'une pension, afin d'exercer une tutelle d'office sur ces enfants car malheureusement la loi ne donne pas à une mère non mariée le statut de parent.

Mais c'est plus fort qu'elle, elle poursuit son interrogatoire.

— Cottbus, c'est loin ?

— Une centaine de kilomètres de Berlin environ. Horst s'y rend chaque semaine d'autant plus qu'il est aussi médecin responsable des athlètes au stade Leichtathletikstadion. Son institution n'est pas loin, elle s'appelle la *Victors Haus*.

— Drôle de nom.

— C'est en rapport avec ses travaux. Il s'est beaucoup appuyé sur le cas d'un enfant sauvage qui s'appelait Victor. Tu veux que nous descendions dans le parc ?

— Merci, non, je dois rentrer. Contente de t'avoir vue, n'hésite pas si tu as besoin de quelque chose. Ne parle pas de ma visite à Ilse ni à Doris, ce sera notre secret.

Elle sait déjà que cette recommandation est bien inutile. Elle n'a jamais été très proche d'Ella, qui a quitté le cabaret lorsqu'elle arrivait, et ne s'était guère souciée de son sort jusqu'à maintenant. Demain tout le monde saura qu'elle est venue à l'hôpital, il lui faudra trouver une explication.

— C'est étonnant qu'Ilse ne t'ait pas parlé du retour de Doris, poursuit Ella, intriguée à son tour.

— Nous la voyons peu, Thomas ne l'aime pas beaucoup.

— Pourquoi ? C'est une femme généreuse, toujours prête à rendre service.

Lotte ne sait que répondre. Elle a envie de fuir à présent, de réfléchir à la meilleure façon de se comporter après toutes ces révélations. Une voix au fond du couloir lui en donne l'occasion.

— Ellaaaaa…

Une infirmière appelle pour la distribution des médicaments.

— Salut Lotte je dois y aller. Reviens quand tu veux, j'étais contente de te revoir

Lotte descend les marches en courant et en se retournant voit les enfants marcher en rangs serrés pour rejoindre leurs chambres. Ils paraissent heureux.

A, a, a, a der winter, der ist da !
Herbst und sommer sind vergangen
Winter der hat angefangen
A, a, a der winter, der ist da

Dans la rue, elle continue à fredonner la comptine. Curieux contraste d'innocence, de candeur avec la pesanteur ambiante.

Chapitre XI

Doris vient de descendre du train. Le voyage comme d'habitude lui a permis d'admirer le paysage tout en préparant l'organisation de la conférence qu'Horst doit donner la semaine suivante. Son intitulé a longuement été débattu par les étudiants qui participent aux travaux et finalement ils sont tombés d'accord sur un très général : « *L'INNÉ ET L'ACQUIS. COMPTE RENDU DES TRAVAUX A LA VICTORS HAUS* »

Elle pense à la phrase d'introduction : « L'homme n'a pas de nature mais il a, ou plutôt il est, une histoire » et trouve que l'entrée en matière est suffisamment forte pour capter l'auditoire. Plus que deux kilomètres à parcourir, à pied, pour rejoindre la *Victors Haus* et tous ces petits qui l'attendent. Elle connaît maintenant chacun de leurs prénoms et prend grand soin de ne pas les confondre. Ils guettent son arrivée avec ferveur. Elle organise pour eux des spectacles de danse, distribue des bonbons et les murs de son bureau sont recouverts par leurs dessins et leurs déclarations d'affection.

Comment compenser l'abandon ? Gardent-ils en mémoire des instants de tendresse ou ne l'ont-ils jamais connue ?

— Pas de sensiblerie, l'a avertie Horst, vous ne pouvez porter sur vos épaules le malheur du monde. Ces enfants sont pris en charge. Ils ont un toit, des soins, ils seront correctement éduqués et ils ont échappé à une vie de misère. Contentez-vous de me faire part de vos observations lorsque je vous donne une mission. Et gardez vos distances.

— Oui, mais un peu de tendresse, ça ne fait de mal à personne.

— Et qui leur en donnera, lorsque vous serez partie ? Ils seront encore plus seuls.

Elle repense au regard confiant de son Jason, ses bras tendus vers elle ce matin.

Saura-t-elle trouver la force pour l'accompagner, lui éviter la souffrance ? En devenant mère elle a découvert la peur. Jason est sa raison de vivre, elle a tant d'amour à donner. Peut-être que ces années d'errance l'ont préservée, lui ont permis de garder intact cette part d'enfance blessée qui l'aide à les comprendre si bien aujourd'hui.

Qu'allait-elle chercher si loin dans ses paradis artificiels ?

Ces enfants la guérissent définitivement de toutes ses frustrations. Elle aime son nouveau métier. Une révélation mais aussi un rendez-vous d'évidence avec son destin.

Elle longe le parc *Branitz*, admire son lac artificiel avec au centre une pyramide de pierres végétalisée qui abrite les tombeaux de la famille du prince propriétaire du château qui le domine. Ce parc était la passion du maître des lieux, il ne l'ouvrait au public que pour y organiser des concerts en soutien à l'ordre de la Saint-Jean dont il était membre. Cet ordre hospitalier regroupe toujours une grande partie de la noblesse locale. Il finance hôpitaux, orphelinats et hospices. Plusieurs des chevaliers et des hobereaux de la région soutiennent financièrement la *Victors Haus* et permettent à Horst Rathenald de poursuivre ses travaux.

Perdue dans ses pensées elle s'aperçoit soudain qu'elle est devant les grilles de l'institution. La grosse maison blanche, ancienne dépendance princière vient d'être restaurée grâce aux dons que Rathenald a réunis sur son projet.

Sur le fronton il a fait graver cette phrase de Jean Marc Itard, un médecin français du siècle dernier qu'il admire :

« L'homme en tant qu'homme, avant l'éducation, n'est qu'une simple éventualité, c'est-à-dire moins même qu'une espérance. ».

Elle s'est beaucoup interrogée sur le sens de cette phrase mais plus les travaux de Rathenald progressent, plus elle comprend sa force et sa vérité.

Elle s'engouffre dans l'escalier. Parvenue à l'étage de son bureau, une voix l'interpelle :

— Hans a disparu.

— Quoi, mais on ne peut pas disparaître tout seul à un an ?

— Non, sa mère s'est introduite dans la chambre la nuit dernière et elle l'a enlevé.

— Il a une mère ?

— Oui, le Docteur ne vous l'a pas dit ? Une pauvre fille sans ressources sourde et muette en plus, qui persiste à vouloir l'élever, malgré la décision de placement. La police est prévenue Ils n'iront pas loin.

Les enfants sont encore dans les classes. Un silence inhabituel règne à l'étage.

Elle se dit qu'elle doit en parler à Horst, qui va arriver dans la soirée, et ressort le dossier du petit Hans pour le lire attentivement. Elle pourra le faire rapidement puisque le soir elle est conviée à un dîner dans la maison familiale des Rathenald.

Vers huit heures, elle regagne sa chambre dans les combles de l'institution, se change et parcourt rapidement les trois cents mètres qui séparent la *Victor Haus* de la maison de Horst Rathenald.

La propriété de style néoclassique est imposante, généreusement éclairée. Un bâtiment moderne, sans fenêtres apparentes a été annexé à la demeure. Il est partiellement dissimulé par des arbres. Le parc est minutieusement entretenu. Tout est taillé, coupé, assemblé, les différentes espèces d'arbustes et de fleurs soigneusement domestiquées. On sent dès l'extérieur que le maître des lieux n'abandonne rien au hasard.

La porte d'entrée en bois ouvragé, s'ouvre majestueusement pour accueillir les hôtes. Une sculpture en marbre d'Asclépios, le dieu de la médecine, trône dans le vestibule. Des tableaux à l'académisme pompeux, occupent les murs. Deux commodes et un secrétaire Biedermeier d'une élégance sobre, égarés dans le décor, sont les seules pièces qui ne sont pas destinées à impressionner les convives.

Doris se fait cette réflexion chaque fois qu'elle pénètre dans cette maison. Après tout, on ne peut pas avoir tous les talents, être un éminent scientifique et un homme de goût.

Horst Rathenald est à l'image de la décoration. Il accueille les convives près du buste d'Asclépios, position calculée pour lui conférer le respect dû à sa fonction. Il est mal fagoté, empêtré dans son costume, les manches trop courtes, les pantalons tire-bouchonnés, les couleurs désaccordées. Les meilleurs tailleurs d'Unter den Linden, chez lesquels il se fournit doivent s'arracher les cheveux en voyant le résultat. Pour compléter l'ensemble, ses paupières tombantes lui donnent un air de chien battu sous la pluie. Tout cela aurait pu être attendrissant s'il n'avait plongé dans la vulgarité depuis peu en s'entichant d'une créature au charme un peu trop voyant, dont Doris se dit, en la rencontrant la première fois, que sa conversation devait surtout s'exprimer à l'horizontale. Au bout de quelques semaines de cohabitation, Birgit, telle se prénomme la créature, avait noué avec certains de ses amis des liens suffisamment étroits pour qu'il devienne la risée et le sujet de conversation favori de ses voisins.

Il l'ignore et c'est tant mieux songe Doris.

Lorsqu'il salue accompagné de son égérie à la démarche incertaine, perchée sur des talons aiguilles, on voit percer dans les yeux de ses interlocuteurs, la perplexité. Cela l'attriste. Horst Rathenald a l'allure bouffonne, les faiblesses d'un homme vieillissant, il n'a pas les codes aristocratiques de ses mécènes, mais son discernement médical, la qualité de ses recherches, le retentissement de ses conférences lui servent d'armure et forcent le respect. Ses travaux sont commentés dans de nombreuses publications à l'étranger. C'est un esprit brillant qui fait oublier son absence de style et sa caricaturale Birgit.

Entre les hobereaux locaux et le scientifique mal dégrossi, une étrange partition se joue. Ils se rejoignent dans le même goût des honneurs. Chacun y trouve sa place. Toute nouvelle publication est pour eux un pas vers la certitude des thèses qu'ils défendent et le soutien qu'ils apportent à la fondation de Horst flatte leurs consciences.

Doris a mesuré dès les premières réunions ce jeu de rôle et observe à distance le manège de cette société provinciale aux mœurs codifiées, aux conversations se revendiquant d'un progrès social qui ne sert qu'à conforter leurs convictions et le charme suranné du monde d'hier.

Doris ne fait pas partie de ce monde-là. Les femmes présentes le lui font bien comprendre. Elle s'en amuse intérieurement. Elle n'est qu'une subalterne à leurs yeux, mais ses voyages, ses rencontres, ses souffrances, son engagement communiste toujours présent, bien qu'elle le cache soigneusement, lui ont ouvert les yeux. Ce monde, leur monde, est voué à disparaître, elle en est persuadée.

En revanche, elle admire Rathenald. Elle lit ses travaux avec passion. Sa nouvelle activité l'a fait basculer dans un univers de réflexion qu'elle pressentait sans jamais avoir eu la possibilité de l'explorer. Elle se sent plus intelligente à son contact. Elle se plonge dans les bibliothèques, les archives, lui regroupe la documentation, se désole de l'audience accordée à ceux qui contestent ses travaux. Un rôle qu'elle assume avec fierté.

Les tourments d'hier sont bien loin, l'infidélité de Thomas, son mal de vivre, ne sont plus que de douloureux souvenirs qu'elle a choisi de mettre à distance. Sa mémoire est vierge, prête à toutes les renaissances et à toutes les audaces. Cela l'amuse d'être au courant par Horst des états d'âme de son ancien amant mais elle a fait un trait sur ce passé, même si un lien puissant subsistait toujours entre eux.

Ce soir-là parmi les invités elle aperçoit Minna avec Xavier von Courtbach, Ilse et son soupirant, aux côtés de Birgit suspendue au bras de Rathenald, telle une noyée.

Minna ne paraît pas l'avoir vue mais Ilse s'approche d'elle.

– Doris, comment vas-tu ? Horst a l'air très satisfait de tes services.

– Vraiment, j'en suis heureuse. C'est une vraie renaissance pour moi. Merci.

– Ton fils Jason va bien ?

– Oui un vrai petit ange, dès qu'il pourra mieux marcher, je l'emmènerai ici.

– Il est très éveillé m'a dit Horst.

– Oui, très vif et curieux. Il me surprend chaque jour davantage.

La sollicitude d'Ilse pour Jason l'agace un peu. Cette part de sa vie, elle ne veut la partager avec personne. Jason lui appartient, à elle seule. Elle écourte la conversation. Elle n'a aucune envie de croiser Xavier et Minna. Elle connaît les rapports de Minna avec Lotte et ne veut en aucun cas raviver les ombres d'hier. Elle décide d'aller se coucher. Elle parlera d'Hans à Horst demain.

Le lendemain débutent les fêtes de la *Spreewald*. Dans chaque village l'effervescence règne. Les femmes arborent les tenues traditionnelles, coiffes triangulaires, jupes en dentelle serrées à la taille par un large ruban, chemisiers recouverts de châles colorés. Toutes les familles participent aux réjouissances.

Elle a promis aux enfants de les emmener voir les défilés. Ils attendent cette sortie depuis plusieurs semaines. Leur joie la comble. Elle se sent plus heureuse en leur compagnie que dans les soirées mondaines.

Elle s'amuse du souvenir de la veille, des regards dédaigneux des épouses, concupiscents des maris qui la dévisagent comme si elle était une marchandise que l'on peut s'approprier à l'envi. En fait, elle ne ressent rien. Plus rien. Plus de désir. Plus de dégoût. Juste un vide, une indifférence totale. Depuis son retour, repoussant les avances, fuyant les attachements, elle se sent comme anesthésiée. Est-ce dû à la drogue ? À la peur d'être à nouveau amoureuse ? Au temps exclusif qu'elle veut consacrer à Jason ? Ces jeux de séduction sont loin derrière elle. Elle n'a aucun manque. Elle se sent apaisée sereine, comme délivrée. La dernière soirée qu'elle a passée avec Ella au *Dorian Gray* l'a confortée dans ce renoncement. Comment avait-elle pu se laisser griser par ces illusions nocturnes ? Son seul besoin aujourd'hui, c'est son fils. Jason est sa passion exclusive. Elle entend bien appliquer les préceptes de Horst et faire de lui, le petit garçon le plus intelligent et le plus aimé du monde.

Ella les rejoint pour participer à la fête. Elle est arrivée la veille à la *Victors Haus*, afin de l'assister dans l'organisation de la conférence de Horst Rathenald.

Leur cohabitation à Berlin, dans le petit appartement jouxtant l'hôpital, se passe très bien. Elles partagent le même intérêt pour les travaux de Horst. Elle veille sur Jason en l'absence de Doris et éprouve pour l'enfant, qui enchante son entourage, une affection dont elle ne se serait pas crue capable.

Lorsqu'elle vient à Cottbus, elle n'arrive jamais les mains vides. Elle récupère à l'hôpital bonbons et jouets qui font le bonheur des petits pensionnaires.

Ce matin-là, la distribution avant la balade s'est, comme à l'accoutumée, accompagnée de cris de joie, et puis, avec la vingtaine d'enfants, elles se sont installées sur les bancs devant le parc *Branitz* pour admirer les défilés.

Le petit groupe de la *Victor Haus* chante, boit des orangeades et applaudit les tenues chatoyantes des villageois qui les regardent avec un air de pitié bienveillante.

Pour prendre le chemin du retour elles doivent promettre de confectionner des tenues l'année prochaine. Elles les laissent les yeux émerveillés au réfectoire tapant sur la table avec leurs mains et leurs gobelets en métal.

Ich habe hunger hunger... hunger... Habe hunger... hunger... hunger. Habe hunger... hunger hunger...Habe... Durst.

Ils chantent encore lorsqu'elles partent.

— J'ai appris en arrivant la disparition d'Hans. Sa mère l'a enlevé il y a deux jours, dit Doris. Elle est incapable de s'en occuper. Je dois aller voir la police avec Horst pour prendre une décision, à moins qu'on ne le retrouve d'ici là.

— Espérons. Dépêchons-nous pour la mise en place de la salle !

— Tu veux que nous allions dîner ensemble après dans la taverne de Cottbus que nous a recommandé Horst ?

Interroge Doris

— Pas ce soir, la journée va être longue. Je préfère rester tranquillement dans ma chambre pour rédiger le compte rendu.

Doris est un peu déçue par son refus, elle aurait aimé lui parler de Hans et des petits pensionnaires de l'institution mais Ella ne semble guère concernée par cette disparition.

Chapitre XII

Elles rejoignent rapidement la salle de réunion, au sous-sol de l'institution. La conférence est très attendue et certains participants sont déjà installés.

À quatorze heures démarre la première phase du travail de Rathenald et de son groupe. Il va livrer ses conclusions après trois ans d'études. Le titre s'étale en lettres majuscules sur une toile derrière l'estrade :

L'INNÉ et L'ACQUIS, une autre vision de l'hérédité.

Doris s'installe au premier rang, au bout de la rangée, à l'endroit habituel. Rathenald souhaite la voir à cette place afin qu'elle puisse intervenir si nécessaire.

Dans l'auditoire, une centaine de personnes attend, psychiatres, généticiens anthropologues, parmi les plus prestigieux du pays, étudiants, chercheurs, quelques donateurs que Doris a placés auprès d'elle au premier rang et tout au fond, Ella, qui prend des notes sur les débats.

Horst Rathenald débute d'une voix douce mais assurée.

– L'homme naît inachevé, à la différence de l'animal. Ses fonctions cérébrales se développent peu à peu, après sa naissance. En étudiant les peuples primitifs, certaines phases de cette évolution que l'on croyait inscrites en l'humain ne sont que les résultantes de pratique de cultures ou de mode de vie. En fait, en dehors de la vie en société, il n'existe pas de développement satisfaisant.

Elle sait que pour Rathenald, il n'existe pas de nature humaine au sens héréditaire du terme. Pour lui, l'homme doit l'essentiel de ses acquisitions à l'apprentissage, cependant comme la plupart des médecins en Allemagne, il s'intéresse aussi à l'apport de la biologie dans le développement et la sélection des espèces. Il est membre depuis plusieurs années de la société d'hygiène raciale, créée en 1905 par Alfred Ploetz mais il est loin d'adhérer aux thèses sur la prédominance de la génétique dont le but est de maintenir la population en bonne santé en perfectionnant les dispositions héréditaires.

Le sport évidemment est en première ligne dans cet objectif, et l'expérience de Rathenald auprès des athlètes, est scrutée par ses pairs. Il s'oppose aux thèses de bon nombre de ses confrères qui recommandent de stériliser les criminels récidivistes et les retardés mentaux pour « épurer le peuple de ses éléments inférieurs ».

Pour Rathenald, dont les travaux portent, aussi, sur l'amélioration psychique et physique de l'individu, l'essentiel est de promouvoir la voie des apprentissages.

— C'est la société qui crée l'être humain, poursuit-il, Aristote l'avait compris et énoncé bien avant nous : « *l'homme est un animal politique* ». L'homme est avant tout une histoire, il est ce qu'il devient au contact des autres. Avant l'éducation, il n'est qu'une simple possibilité, une espérance, un devenir. Rien de plus. C'est sa famille et son milieu éducatif qui déterminent son évolution. Les caractéristiques affectives et intellectuelles sont les fruits de son éducation. Elles ne sont donc pas innées. C'est la raison pour laquelle on peut dire que la nature humaine est une illusion. On constate qu'il y a des familles de gens doués, qui se transmettent un savoir de génération en génération, mais je prétends que ces dispositions ne sont pas héréditaires.

Il sait, bien sûr, qu'il est en contradiction avec les partisans les plus radicaux du « tout héréditaire », s'attend à leurs critiques, mais pour défendre cette thèse, il s'appuie sur l'étude des enfants désocialisés, et notamment des enfants sauvages comme ce *Victor de L'Aveyron* dont il aime conter l'histoire. Rathenald est fasciné par ce cas. Il a passé de longues heures à rechercher tous les écrits publiés par le médecin français du XIX siècle, Jean Tard, l'auteur de la fameuse phrase inscrite sur la façade de la *Victors Haus* : *« L'homme en tant qu'homme, avant l'éducation, n'est qu'une simple éventualité, c'est-à-dire moins même qu'une espérance. »*

Ce médecin, spécialiste de la surdité et de la psychiatrie infantile s'est rendu célèbre par ses travaux sur l'observation et la tentative d'éducation de cet enfant retrouvé errant seul dans les bois.

L'histoire de Victor est tragique. Des chasseurs l'ont découvert vers l'année 1800, dans l'Aveyron. Il paraît avoir une dizaine d'années. Il vit à l'état sauvage. Voûté, hirsute, marchant à quatre pattes, se nourrissant de plantes, ne parlant pas, faisant des gestes désordonnés, le visage peu expressif, portant de multiples cicatrices. Il ne pense qu'à s'enfuir lorsqu'on l'approche. Sa capture est pour lui un calvaire. Livré à la curiosité publique et à l'étude des savants, puis confié dans un premier temps à un naturaliste, l'abbé Bonnaterre et ensuite à Jean Itard, Victor de l'Aveyron restera une énigme.

Qui est-il ? Enfant sauvage ou enfant martyr ? Une chose demeure il a été abandonné dans la forêt, sans contact social pendant des années. La rééducation de Victor, tentée pendant cinq ans par Jean Itard, poursuit Rathenald, est décevante. Victor ne comblera jamais son retard. Il balbutiera quelques mots mais ne parlera pas correctement, il restera inadapté sur le plan social et lorsqu'il sera en âge de se reproduire, ne montrera aucun intérêt sexuel. Il apprendra toutefois certains gestes, acquerra certaines aptitudes inaccessibles aux animaux, et mourra en 1828, âgé d'une quarantaine d'années.

— Se remet-on de l'abandon de l'isolement, de l'absence de vie sociale ? Je prétends que non, reprend Horst. Naît-on humain ? Le devient-on ? Telles sont les grandes questions ouvertes mes chers amis, par le destin de Victor.

Un débat s'ouvre autour de ce récit.

Pour certains, Victor n'est tout simplement qu'un arriéré mental. Pour d'autres, il souffre d'un déficit éducatif dû à un isolement social prématuré et prolongé.

La controverse fait naître une vive polémique. Beaucoup parmi les médecins présents sont de farouches défenseurs de l'eugénisme, de l'hygiène raciale et de l'inégalité des races.

L'un d'entre eux, Fritz Lenz se lève. Depuis 1923, il est titulaire de la première chaire d'eugénisme à Munich.

— Mon cher confrère, nos travaux ne nous opposent pas vraiment. Nous pouvons nous rejoindre sur la nécessité de donner aussi à la science les moyens d'améliorer biologiquement les individus et de supprimer les déficiences avérées. C'est un partage avisé de nos théories qui permettra aux générations futures de faire évoluer la race vers une plus grande pureté.

Cher Horst, permettez-moi de vous rappeler le principe de « la survie du plus apte » avancé par Herbert Spencer, un contemporain de Darwin, qui, comme vous le savez, a publié ce livre fondamental pour l'humanité en 1859 : *l'Origine des Espèces*. Spencer applique ce principe aux sociétés humaines et formule le principe du *Darwinisme social*, selon lequel l'hérédité a un rôle prépondérant par rapport aux acquisitions. Herbert Spencer voit dans les inégalités sociales, les guerres, les luttes de pouvoir, l'application à l'espèce humaine de la sélection naturelle. Spencer nous offre une explication biologique aux disparités observées entre les sociétés. Dans le monde les peuples les moins adaptés à la lutte pour la survie n'ont pas dépassé le stade primitif!

Dans la salle un étudiant demande la parole

— Sur le plan politique, le darwinisme social sert à justifier scientifiquement la domination par une élite, d'une catégorie jugée moins apte. Cette idéologie conduit à légitimer l'élimination de certaines races humaines et des êtres les plus faibles. Darwin lui-même y est opposé. Sa pensée a été pervertie par Spencer.

La réponse est cinglante.

— C'est un peu caricatural, jeune homme! Je vous rappelle que nous ne sommes pas des politiques mais des médecins, reprend Lenz sur un ton irrité. Nous travaillons actuellement sur la classification des méthodes et des pratiques génétiques, dans le but de tendre vers un idéal déterminé. Il peut être le fruit d'une politique délibérément menée par un État, certes, mais ce n'est pas notre but, il peut aussi être le résultat de décisions individuelles convergentes prises par les futurs parents, dans une culture qui valorise la recherche d'un enfant modèle. Notre société d'hygiène raciale va dans ce sens, nous fournissons des recommandations sanitaires pour améliorer le bien-être de la population, encourager une alimentation saine, la pratique régulière du sport, la hausse de la natalité sans négliger de préserver les caractéristiques propres au peuple allemand dans tous les domaines de la vie quotidienne, la rationalisation du travail industriel, la sexualité également et notamment en rendant obligatoire depuis 1922 le certificat prénuptial, destiné à introduire des critères génétiques dans la constitution des couples.

Le couplet sur la démarche apolitique fait sourire Doris. Si aucun des médecins présents n'est officiellement membre du jeune parti nazi, c'est essentiellement pour préserver leur position dans les congrès internationaux.

Ils n'exposent pas ouvertement leur antisémitisme mais elle a eu le loisir de l'entendre s'exprimer dans les soirées chez Horst. Rathenald, lui a également dit qu'Hitler avait réclamé le livre sur l'hérédité humaine et l'hygiène raciale des docteurs Fritz Lenz, Erwin Baur et Eugen Fischer et qu'il avait trouvé l'ouvrage remarquable.

Rathenald reprend la parole

— Étudier génétiquement l'être humain, dans le but de tendre vers un idéal déterminé n'exclut pas de considérer que dans bien des cas l'acquis l'emporte sur l'inné. La nature humaine se construit. Elle n'existe pas à l'état naturel. Pour que se manifeste le désir, il faut grandir au milieu du désir des autres.

— Nous n'avons aucune étude sérieuse qui vous permette d'être aussi affirmatif répond Lenz

— Pas encore mais il existe, poursuit Rathenald, une actualité récente qui renforce ma thèse. En Inde, deux jeunes filles, Amala et Kamala, ont été recueillies par le Révérend Singh en 1920. Ces deux petites filles abandonnées, ont survécu au milieu d'une meute de loups. Elles imitent leur halètement, laissent pendre leur langue. Elles hurlent à la mort, elles cherchent à s'évader, ne dorment guère plus de quatre heures consécutives par jour, marchent sur les coudes et les rotules. Autant de comportements hérités du loup, autant de faits avérés contre la notion de nature humaine héréditaire.

— Que sont-elles devenues ? Est-on parvenu à les sociabiliser ? Parlent-elles ? Marchent-elles en se tenant droites ? interroge un autre étudiant.

— Amala est morte il y a quelques semaines, mais Kamala fait l'objet d'études dont je vous ferai part dans mes prochaines conférences. La motricité s'humanise, elle se relève. Ce n'est pas une caractéristique innée d'être bipède. C'est la famille qui accompagne les premiers pas. La vie affective est déterminée par la relation émotionnelle entre l'enfant et son environnement. Ce n'est pas parce qu'ils étaient demeurés que les enfants dont je viens d'évoquer les histoires ont été abandonnés, c'est au contraire parce qu'ils étaient désocialisés qu'ils n'ont pu s'épanouir sur le plan émotionnel et intellectuel. Il faut donc constater que chaque homme se constitue au travers de la présence des autres. Aucun homme ne développe les facultés caractéristiques de son espèce sans le contact de ses semblables. Ni le langage, ni la libido, ni la station droite ne sont naturels à l'homme. Il a besoin de ses semblables pour réaliser sa nature. Mes chers amis, puis-je nous mettre d'accord provisoirement, ce soir, en citant Cicéron qui affirme que les hommes diffèrent par le savoir, mais sont tous égaux par leur aptitude au savoir ?

— Encore une affirmation qui n'a rien de scientifique ! rétorque Lenz, furieux, en se levant pour partir.

— Mon cher confrère, reprend Rathenald calmement, nous cherchons vous et moi. Pourquoi nous quereller ? Unissons nos efforts. Nos chercheurs sont parmi les meilleurs du monde. Vos travaux sur l'hérédité sont salués par la communauté internationale, mais vos conclusions sont pour moi discutables car elles ne portent que sur des solutions de sélection afin d'améliorer et de préserver biologiquement la race. Mais... Imaginons que cette race n'existe pas ? Si tout simplement l'éducation, l'apprentissage étaient les seuls fondements de la constitution de l'être humain ? La question mérite d'être posée, non ?

— Ah... L'éternel débat de la nature et de la culture ! Ce n'est pas avec ces théories fumeuses qu'on préservera l'intégrité de la nation germanique. Vous auriez dû être philosophe Rathenald, pas médecin. L'être humain est un être biologique. Il appartient à une espèce naturelle. En tant que membre d'une espèce naturelle, l'être humain a des caractéristiques psychophysiologiques irréductibles.

— Certes, reprend Horst mais il ne faut pas oublier que tout organisme vivant est le produit d'une interaction entre un état donné et un environnement. Tous les actes, tous les événements, même les plus élémentaires, les plus naturels de l'être humain, comme naître, se nourrir, dormir, mourir sont accompagnés de rites, de cérémonies, de règles et de choix non biologiquement déterminés. Par exemple, il faut manger pour vivre, c'est un déterminisme biologique. Mais la qualité de la nourriture, l'horaire, la façon dont on prend ses repas, dépendent pour l'essentiel des habitudes et des traditions de la société à laquelle l'individu appartient. En l'absence d'environnement stimulant et de contact avec ses semblables, l'être humain perd la possibilité de se développer humainement. Rousseau, d'ailleurs, remarquait déjà que « Seul l'être humain, parmi les animaux, a cette possibilité de devenir imbécile". C'est le cas de Victor de l'Aveyron.

— Avez-vous envisagé qu'il ait pu être tout simplement, biologiquement, idiot de naissance? poursuit Lenz. L'interrogation légitime sur les origines de la vie et sur la place de l'homme dans l'univers ne doit pas se transformer en un fatras de certitudes sans fondement scientifique. La biologie est à notre service. Nous médecins, devons prendre notre part, si nous voulons maintenir notre civilisation et la pureté de notre race. L'être humain est déterminé par ses gènes. L'eugénisme doit, par une sélection sociale, aider la nature à faire son travail. Les principes biologiques de sélection et d'élimination des malades mentaux, des handicapés, la stérilisation des porteurs de maladies héréditaires sont justifiés. Je comprends que votre approche soit différente mais vos travaux et vos affirmations ne prouvent rien.

— Restons-en là, cher confrère, nous aurons l'occasion de confronter à nouveau nos points de vue prochainement.

Des applaudissements concluent la réunion. Les partisans de l'hygiène raciale entourent Fritz Lenz pour le féliciter de ses interventions.

Chapitre XIII

Lorsqu'il rentre chez lui, Horst prend soin de fermer le portail et de regarder aux alentours s'il est seul. Il se dirige vers le bâtiment annexe.

Ella attend à l'entrée sur une chaise. Des pleurs d'enfants résonnent derrière une porte.

— Il dort, mais impossible de le consoler. La séparation avec sa mère a été difficile docteur. Hans était si bien à la *Victors Haus*, pourquoi le transférer ici et l'isoler des autres petits ?

— Ella, il sera mieux ici et je pourrai consacrer tout mon savoir-faire pour l'aider à se développer.

— Pourquoi le séparer de sa mère aussi ? Elle semble lui être très attachée.

— L'expérience n'en aura que plus d'intérêt. Dans quelques jours elle aura oublié.

— Je ne pense pas. Elle a fait une crise de nerfs lorsque nous avons repris Hans et nous avons dû lui injecter une forte dose de calmant.

— Cela devrait se régler avec une petite enveloppe et la promesse d'une vie meilleure. J'irai la voir demain.

— Les autres mères commencent à s'impatienter Elles trouvent le temps long et réclament leurs enfants.

— Mais elles savent tout de même ce qu'elles ont signé ! Ces enfants ne sont plus les leurs. Ils seront adoptés dans des familles triées sur le volet et elles ont accepté la stérilisation pour raisons médicales.

— Elles ont du mal à l'accepter.

— Dites-moi lesquelles, je les recevrai dans la semaine et elles se rendront compte qu'elles ont fait le bon choix. Difficile de passer des accords avec des analphabètes, elles ne comprennent pas la signification de leurs actes. Heureusement que nous avons des dossiers médicaux justifiant leur immaturité et leur incapacité à élever des enfants.

— Et Hans pourquoi ne pas le faire adopter alors ?

— Il le sera dans quelques années. Pour l'instant, il va rester avec nous et nous prendrons soin de lui. Rassurez-vous, il ne manquera de rien. Allons dormir nous en reparlerons demain.

— Mais, docteur tout le monde recherche Hans, Doris a dû vous en parler.

— Les recherches s'arrêteront vite, et Doris je m'en charge. La seule chose que je te demande c'est de garder nos secrets. Tu sais ce que tu me dois.

— Je m'en souviendrai toute ma vie, mais j'ai peur. J'ai trouvé cela sous la porte en arrivant.

— Peur de quoi ? Tout cela est parfaitement légal, rassure-il, en prenant le papier que lui tend Ella.

— Légal mais moralement discutable...

Elle est de plus en plus mal à l'aise. Ce secret, qu'elle ne peut partager avec Doris, la désoriente. Il l'interrompt brusquement et la prend par les épaules.

— La morale n'a rien à voir avec la science, Ella. Tu les as entendus. Nous n'avons pas la preuve de nos affirmations pour prétendre lutter contre l'hygiène raciale et ses dérives. Nous devons fournir des études justifiant nos hypothèses. Là est l'important, tu ne crois pas ?

— Oui… Peut-être, mais au prix de quelles souffrances ?

— Il faut faire des choix. Ne mélange pas tout. Ce n'est pas avec de bons sentiments que la science progresse mais avec des expérimentations qui démontrent les thèses avancées. Fais-moi confiance. Montre-moi plutôt ce mystérieux message.

Tapés à la machine les mots se détachent : « *rendez les enfants* ». Il fronce le front.

— As-tu pris toutes les précautions en venant ici ?

— Bien sûr Docteur, je fais très attention et personne n'est au courant

— Alors nous allons devoir régler ce mystère rapidement. Bonne nuit, Ella. À demain.

Chapitre XIV

BERLIN 1923

Dans le pays, le chômage sévit chaque jour davantage. Le gouvernement n'est plus en mesure d'endiguer la haine. Les agressions de juifs, d'homosexuels sont de plus en plus fréquentes. Communistes et groupuscules nationalistes s'affrontent régulièrement dans de sanglantes batailles de rue.

Malgré la protection de Xavier, le *Play-Boy* figure bientôt sur la liste des établissements hostiles à la République.

Hans Bonn reçoit un courrier sans ambiguïté. La clientèle et le spectacle sont surveillés. « *Trop de juifs boursicoteurs d'origine étrangère et de chansonniers critiques du régime* ». La liste du personnel doit être transmise au ministère du Reich pour la sécurité intérieure, dans les plus brefs délais.

Otto, suspecté d'homosexualité est mis à pied et remplacé dans la foulée par un pianiste recommandé par le ministère. Minna a bien essayé de demander à Xavier d'intercéder en sa faveur, mais il s'y est refusé.

C'est un choc pour Lotte. Elle s'était profondément attachée à lui.

– De quoi tu vas vivre ?

– Ne te fais pas de soucis, Lottie, j'ai quelques amis fidèles. Prenez garde à vous, la notoriété de Thomas ne le préservera pas du danger et de l'intolérance. Je crains que nos plus belles années soient derrière nous.

Dans les semaines qui suivent, le climat devient de plus en plus oppressant.

Otto, désœuvré fréquente avec assiduité *l'Eldorado.* Ce repère d'éphèbes, de travestis et de lesbiennes est devenu sa seconde maison. Lotte tremble à l'idée qu'il soit dénoncé, car l'article 175 du Code pénal réprime de cinq ans de prison l'homosexualité. Il n'en n'a que faire. Bien au contraire, il décide de militer pour la défense des libertés sexuelles.

Grâce au soutien d'une princesse orientale hermaphrodite, qu'il a connu à l'hôtel *Adlon,* il est engagé à l'institut de sexologie du professeur Magnus Hirschfeld. L'institut situé dans l'ancien hôtel particulier du prince Hatzfeld, non loin du Tiergarten, se consacre à l'étude des sexualités humaines. Unique en son genre, il propose des consultations individuelles, organise des conférences ouvertes à tous, et des séminaires pour les médecins. Ces derniers ne s'y pressent guère car la réputation du lieu est sulfureuse.

Magnus, médecin sexologue réputé, juif et homosexuel, comme il le revendique, se sait menacé. Militant pour les sexualités intermédiaires, il a, il y a quelques années, initié une pétition pour l'abrogation de l'article 175. Malgré les cinq mille signatures, dont celles d'éminents intellectuels tels Albert Einstein, Hermann Hesse, le psychiatre Richard von Krafft-Ebing, Thomas Mann, Stefan Zweig, Rainer Maria Rilke, Léon Tolstoï, Émile Zola, le projet de loi déposé au Reichstag n'a pas été adopté. Son film « *Anders als die Andem* » (Différent des autres), vient d'être censuré, mais sa notoriété dépasse les frontières. On le surnomme « *l'Einstein du sexe* »

« Je préférerais que l'on baptise Einstein, le « *Hirschfeld de la physique* » dit-il goguenard à un journaliste américain.

Hirschfeld est un personnage étonnant à l'humour caustique et provocateur. Il collectionne les appareils masturbatoires anciens, proclame que « Rien de ce qui est naturel ne saurait être immoral, et que les homosexuels ne souffrent pas de leur homosexualité, mais du jugement erroné que l'on porte sur leur pratique ».

Lotte veut absolument le rencontrer. Otto et lui viennent l'attendre un soir à la sortie du *Play-Boy.*

— Lotte, content de te présenter « tante Magnésie » enfin… Magnus,

— Ravie, dit-elle en riant, vos amis ne manquent pas d'imagination pour vous choisir un surnom.

— Allons boire un verre à *l'Eldorado* dit Otto.

Il y a foule, déjà, devant la façade grise du cabaret, 24 Kant-strasse. Lorsque Magnus apparaît, il est accueilli par des cris de joie, des applaudissements et ne tarde pas à avoir le visage couvert de traces de rouge à lèvres. « Les risques du métier ! » dit-il, en la prenant par la main pour forcer le passage vers la salle de danse. Sur la piste, des couples se confondent, des garçons en tenue de marin orientent les clients vers les tables. Dans les coins certains s'approvisionnent discrètement en paradis artificiels. Morphine, cocaïne opium, tout est à portée de bourse. Otto commande une bouteille de champagne français. Leur arrivée ne passe pas inaperçue. Leur conversation est sans cesse interrompue par de nouveaux venus. Magnus se révèle subtil et persuasif pour défendre sa cause. Elle apprécie son humour. Elle décide de prendre congé lorsqu'une somptueuse créature à la voix grave, vient s'installer sur les genoux de Magnus.

— Lili la tigresse supporte assez mal la concurrence, Lotte, lui dit Otto avec un sourire complice. Nous devrions les laisser seuls.

Ils s'exécutent. Elle quitte les lieux rapidement en le laissant dans les bras d'un jeune tatoué aux pectoraux saillants sous sa marinière.

L'expérience lui a plu. Elle prend l'habitude, les soirs de relâche où Thomas part à ses réunions, d'assister à leurs séminaires ou de les retrouver à *l'Eldorado.* Leurs soirées tiennent autant du meeting de protestation que d'une foire au sexe débridée où l'on est assuré de ne jamais repartir seul.

Frondeurs et jouisseurs, conscients du danger mais persuadés de la justesse de leur cause et émoustillés par l'interdit, ils se prêtent volontiers aux reportages.

— Lotte prends-nous en photo, lui suggère un soir Otto.

Et c'est ici, auprès de cet aréopage échevelé, emmené par tante Magnésie, que sa vocation de photographe s'est exprimée la première fois.

Avec ses cachets, elle fait l'acquisition d'un appareil ICA en aluminium, recouvert de cuir souple avec un soufflet doté de plusieurs systèmes de visée. Elle ne le quitte plus. Il offre les dernières prouesses techniques. L'obturateur est un *Compur*, l'objectif un *Tessar* de 10,5 cm de focale, ouvrant à 4,5. Une merveille de précision et d'esthétisme qui fait des merveilles à *l'Eldorado.*

Elle s'amuse follement à immortaliser Otto et ses amis, retrouve une légèreté qui ne règne plus à la maison. Elle aussi, a désormais SA cause. Elle aimerait partager sa nouvelle passion avec lui, mais il disparaît de plus en plus souvent pour de mystérieux débats sans même préciser le lieu où il se rend. Il ne vient plus la chercher après le spectacle et, lorsqu'elle s'en inquiète, il lui répond que c'est pour la protéger.

Un matin alors qu'il s'apprête à partir seul pour l'entraînement, il attrape un paquet de photos qu'elle vient de développer.

— Fais gaffe Lotte. Regarde sur cette photo de ta dernière soirée avec Otto, dans la foule, ce type, là, il appartient à la police. Il nous fait parfois aussi l'honneur de sa visite... Un vrai salaud qui vit de délations et de chantage. Tes réunions ne sont pas plus recommandées que les miennes !

— Fais voir, oui, oui tu as raison. Il vient souvent, toujours installé seul au bar. Je vais me méfier.

Quelques jours plus tard Otto l'appelle pour photographier une inscription sur murs de l'Institut de sexologie « *Juif et homosexuel, dehors* ». Elle se souvient des recommandations de Thomas.

— Vous devriez être plus prudents

— T'inquiète, Magnus a l'habitude. À Munich, il y a deux ans, il a été agressé et laissé pour mort mais il ne cédera rien. Montre-moi tes derniers clichés.

Lotte sort une quinzaine de tirages et prend soin de lui montrer le visage de l'homme que Thomas lui a désigné comme étant un informateur de la police.

— T'inquiète ! On le savait. Fais voir celle-là, super, tante Magnésie en blouse blanche entre ses deux folles préférées. Sympa, ça va lui plaire. C'est pour *Der Eigene* ?

— Oui, Magnus m'a proposé de fournir des photos à Adolf Brand pour son magazine.

— Pas mal, mais ne t'enferme pas dans la spécialité tantouze.

— Non, mais je suis à l'aise parmi vous, j'apprends, vous me laissez travailler sans censure et grâce à toi j'ai eu mes premières parutions. Je fais aussi maintenant des reportages pour *Vossische Zeintung* et bientôt pour le *Volkischer Beobachter*, depuis qu'Ilse Kockter me l'a proposé.

— Le *Volkischer Beobachter* ? Réfléchis bien où tu mets les pieds. Ils savent que tu travailles pour une revue homo ? Et Ilse, tu la connais bien ?

— Je crois oui, c'est une vieille connaissance d'université, une amie de Minna surtout mais j'étais heureuse de la retrouver à Berlin. Elle est journaliste et m'a proposé de m'aider à placer mes photos.

— Fais gaffe Lottie ! Elle peut être nocive.

— Nocive ? Tu y vas un peu fort !

— Pour moi c'est Narcisse en militante nationaliste. Je l'ai vue à l'œuvre au *Play-Boy*. Elle n'a qu'un centre d'intérêt : elle-même et une ambition qui frise la pathologie. Je suis étonné qu'elle t'aide. Il y aura forcément une contrepartie. Il vaut mieux que tu t'y attendes. Cette fille n'est jamais désintéressée.

— Franchement Otto, c'est un peu violent ! Qu'est-ce qu'elle a bien pu te faire ?

— C'est à elle que je dois mon renvoi du cabaret. C'est une délatrice. Voilà. Méfie-toi.

— Comment peux-tu en être certain ?

— Figure-toi que j'ai moi aussi quelques indics dans la poche. Je te l'ai déjà dit, les homos on en trouve partout, même dans la police.

Elle a du mal à le croire.

— C'est elle qui a aidé Ella. Tu ne la crois pas capable d'un geste généreux ?

— Quoi ! Je l'ignorais, alors là, elle a sûrement une idée derrière la tête. Rien n'est gratuit avec elle. Regarde-la bien Lotte, rien ne sonne juste dans son attitude. Elle s'est fabriqué un personnage. Son plissement de nez pour rire, qu'elle a dû étudier des heures devant la glace, ses expressions de sollicitude, ses sourires mielleux. Tout est bidon chez elle. En fait, ce qu'elle veut, c'est de la reconnaissance. Pour elle, tu es transparente sauf si tu sers ses intérêts.

— Ben dis donc, elle est habillée pour l'hiver ! Je comprends que tu sois insensible à son charme, mais faut pas noircir le tableau. Tu parles comme Thomas qui ne peut pas la voir.

— M'étonne pas ! Tiens-moi informé pour Ella. Ilse est dangereuse, et je ne te parle pas de Ernst, son soupirant, une vraie ordure celui-là !

Chapitre XV

De la jeune étudiante de Heidelberg, fille du réputé Pr Eugen Kockter, Lotte n'a que le souvenir de son inimitié. Elle l'avait mise sur le compte de la jalousie. Son intrusion dans le duo qu'elle formait avec Minna l'agaçait et l'admiration que semblait lui porter Minna plus encore.

Depuis son arrivée à Berlin, elles se fréquentaient peu, sauf lorsqu'elles se croisaient au *Play-Boy*. Elle avait été surprise par le choix de son compagnon. Non seulement Ernst Siegen était loin d'être séduisant mais sa réputation était aussi déplorable que son physique.

Les traits du visage flasques, l'œil égrillard, les mains boudinées, le cheveu rare et l'allure ventripotente, il était un personnage plutôt repoussant pour une fille jeune et attrayante comme Ilse. L'explication se trouvait peut-être dans sa personnalité. Il était l'un des dirigeants du NSDAP, le nouveau parti nazi, notoirement antisémite. Siegen était moins un politique, qu'un amuseur public. Sans grande conviction, toujours là pour détendre l'atmosphère avec un trait d'humour, une plaisanterie acérée sur ses adversaires politiques. Il avait ce talent très particulier d'entrer dans l'intimité des puissants, de devenir vite un confident zélé, chargé des basses œuvres, ce qui lui valait, de la part de ses redevables, d'être traité avec ménagement.

Il savait tout, sur tous. Les inimitiés, les ombres du passé, les amitiés blessées, les préférences sexuelles, les addictions et mesurait avec beaucoup de finesse les faiblesses de chacun pour s'en servir au moment propice.

Parfois, sentant la reconnaissance de certains s'émousser, il livrait, sans en avoir l'air, une révélation croustillante qui remettait les pendules à l'heure.

Suivant le degré de l'outrage, quelques-uns étaient cloués au pilori par une presse avide de ragots et peu encline à vérifier l'exactitude des rumeurs. Les autres comprenaient vite qu'il était à ménager en toutes circonstances.

Ilse avait toujours rêvé d'être journaliste. Siegen lui avait ouvert les portes et présenté Max Amann, le trésorier du NSDAP, directeur du *Volkischer Beobachter*, l'organe de presse du NSDAP. Elle publiait désormais des articles culturels complaisants exaltant les talents et les goûts éclairés d'Hitler pour la peinture et l'architecture.

Elle s'était en même temps engagée avec ferveur en politique, assistant aux conférences, aux manifestations, trouvant toujours le moyen de se glisser au premier rang, pour être certaine d'être remarquée.

Lotte trouvait ridicule son empressement à défiler dès qu'elle en avait l'occasion, en jupe bleue, blouse brune à col blanc en arborant des foulards et des brassards ornés de croix gammées. Elle observait son manège avec scepticisme et se contentait de lui fournir des photos en la maintenant à distance.

Entre bolchevisme et nazisme qui était dans le vrai ? Quel besoin avaient-ils tous d'aller s'embrigader dans des cercles où chacun distribuait la bonne parole, persuadé de détenir la vérité ?

Pour elle, ces nouveaux rédempteurs de tous bords, Thomas compris, voulant changer le monde en imposant à tous leur vision de la société, avaient en commun une même intolérance.

Minna ne cesse de lui vanter l'importance sociale du couple formé par Ilse et Siegen si bien qu'elle accepte de les retrouver pour un dîner au restaurant du BSE.

Elle parvient avec difficulté à convaincre Thomas de l'accompagner pour la soirée.

La qualité médiocre de la cuisine du club house est largement compensée par la beauté des lieux. Une imposante verrière d'esprit *jugendstil* coiffe la pièce. Dans une vitrine centrale, bronzes et trophées divers rappellent les exploits des membres. Une collection de porcelaines de Saxe occupe un pan de l'imposante bibliothèque abondamment fournie en ouvrages sur le sport, la nature et la médecine. Sur les murs des portraits au crayon et des gravures de Runge et de Caspar David Friedrich. Face à l'entrée un immense tableau baptisé, « aigles et chevreuil à l'agonie » dont elle a toujours eu horreur.

Ils s'installent dans des bergères pour prendre un verre dans le salon, pendant que des serveurs en livrée dressent leur table avec argenterie et assiettes monogrammées au nom du club. La salle est pratiquement vide. Ils peuvent parler librement.

Lotte, Ilse et Minna évoquent leurs souvenirs universitaires. Xavier et Horst commandent un cognac, Thomas ostensiblement un verre d'eau de Seltz et les femmes un verre de champagne *Krug*. La conversation s'oriente vite vers la politique.

— Après les humiliations de la guerre, l'Allemagne doit retrouver sa fierté, dit Ernst, péremptoire. Ce gouvernement est minable, des mous, des lâches, des incapables et des profiteurs. Ce n'est pas avec eux qu'on va se relever ! Il nous faut un leader.

— On en a un ! Il suffit d'ouvrir les yeux, renchérit Ilse.

— Vous faites allusion à Hitler ? demande Thomas.

— Oui, il est charismatique et il a une vision pour notre nation. Vous n'êtes pas d'accord ?

— Pas vraiment non ! Je comprends d'autant moins votre fascination Ilse, quand on sait que les nazis veulent enlever le droit de vote aux femmes et les renvoyer dans leurs cuisines.

— Êtes-vous sûr que ce soit une punition ? La femme n'est-elle pas faite pour épauler son mari, s'occuper de sa famille et la rendre heureuse ?

— Alors là, tu exagères explose Lotte, on peut avoir une autre ambition que celle de la maternité triomphante.

— Ah oui, laquelle par exemple ?

— Eh bien s'accomplir dans des domaines artistique ou politique ou que sais-je. C'est bien ce que tu essaies de faire non ?

— Moi, je n'en fais pas une ambition. Hitler est un homme dont les idées me paraissent totalement adaptées à notre pays. Et puis si j'avais le choix de rester à la maison pour m'occuper de ma famille, lire, cuisiner et rendre mon homme heureux, je serais une femme comblée.

Elle ment. Lotte n'y croit pas une seconde. Elle sait parfaitement que cela n'a jamais été son objectif. Bien au contraire, son désir de reconnaissance est sans limite, et ce n'est pas dans sa cuisine qu'elle va l'assouvir ! C'est une guerrière. Elle se souvient de ses prises de position à l'université. La soumission qu'elle revendique n'est qu'une grossière ficelle pour rassurer Ernst, et lui dire ce qu'il a envie d'entendre.

— Lotte, d'accord tu danses, tu chantes et maintenant tu fais des photos, mais ma chérie, tu ne serais pas heureuse d'arrêter tout cela et faire des enfants et des bons petits plats à Thomas ?

C'est une provocation. De quoi se mêle-t-elle? Elle l'aurait giflée. Otto a raison, c'est une manipulatrice.

Lotte choisit de ne pas répondre. Elle regarde Thomas. Il serre les dents. Ilse le dévisage avec une surprise feinte et Ernst poursuit :

— Hitler n'a pas encore fait ses preuves, mais il va vous convaincre vite, j'en suis certain, dit-il, pour détendre l'atmosphère.

Aucune des plaisanteries d'Ernst ne parviendra à égayer le dîner. Thomas est muré dans un silence pesant. Les banalités qui s'enchaînent ne servent qu'à épuiser le temps, jusqu'au moment où brusquement Thomas se lève pour prendre congé prétextant l'entraînement du lendemain. Lotte est heureuse de le suivre.

À la sortie du club, il explose.

— Comment peux-tu les supporter? "*Führer ordonne, nous suivrons*" c'est ça leur projet de vie?

— Thomas, n'en rajoute pas! Je crois surtout, qu'Ilse a fait un numéro de séduction à son Siegen.

— D'accord, tout le monde ne peut pas croire au bolchevisme, je le conçois, mais cette idéologie de rejet, de retour au passé, ce culte de la grandeur d'une Allemagne qui n'existe plus, Lotte ne me dis pas que tu y crois? Ce culte de l'homme providentiel avec cet excité qui éructe lorsqu'on lui parle. Franchement c'est consternant. C'est facile de critiquer, de mettre sur les juifs tous les maux qui n'ont pas trouvé leur solution.

— Mais tu n'es pas juif. Tu n'es pas concerné.

— Si figure-toi. J'aurais pu être juif, ou homo ou tzigane, ou je ne sais quelle catégorie qu'on devrait mettre à l'écart, je me sens totalement concerné. L'humanité ne peut avancer dans le rejet de l'autre. Moi je crois en un être humain qui partage, qui respecte, qui progresse. Cette guerre ne vous a pas suffi ? Ces morts, pour rien, vous en voulez encore combien pour comprendre ?

Soudain elle s'énerve car si la politique n'est pas son domaine de prédilection, elle est suffisamment avertie de l'actualité pour se faire une idée de l'état du pays.

— On ne peut rester sans rien faire ! Le pays doit se redresser. Et ce n'est pas avec tes bolcheviques qu'on va y arriver ! Ce n'est pas non plus avec cette pantomime de Friedrich Ebert, qui nous sert de Président qu'on va s'en sortir. On ne compte plus les tripatouillages de toutes sortes et les procès en diffamation qu'il intente à la presse. Un Président réduit à ça pour se faire respecter, c'est n'importe quoi ! Et il n'y arrive même pas en plus ! Tu te souviens des manifestations de soutien à la République après l'assassinat de Walther Rathenau par l'organisation Consul ? Un million de Berlinois dans la rue mais depuis quelle catastrophe ! Comment s'étonner que certains se lèvent pour protester ?

D'accord, je comprends qu'Ilse et Siegen peuvent te déplaire, mais leurs convictions, leur volonté de changement, on peut les concevoir.

— Leurs convictions ? Non mais tu veux rire ! Ils n'en n'ont aucune, prêts à suivre le plus offrant pour être dans la lumière. Je suis vraiment déçu que tu en sois dupe !

Son intransigeance l'agace. Elle n'a pas l'intention de se jeter à corps perdu dans l'Internationale communiste pour lui faire plaisir. Ilse au moins, ne va pas chercher en Russie son héros. Et puis il pourrait faire un effort, il sait parfaitement qu'elle veut arrêter le cabaret, que Ilse et Siegen peuvent l'aider dans sa reconversion Elle aussi, elle a d'autres priorités mais cela ne semble pas le préoccuper. Son égoïsme l'exaspère chaque jour d'avantage.

Dans les semaines qui suivent, Lotte se défend d'aborder le sujet Ilse et Ernst, mais ils ne peuvent éviter de les croiser dans des soirées. À chaque rencontre Thomas se montre de plus en plus irrité. Il les trouve dangereusement intrusifs.

– Regarde-la, elle saute sur tout ce qui bouge. Et lui, il contemple le manège comme s'il n'était pas concerné. Quel drôle de couple !

– Tu n'as aucune tolérance avec elle.

– Je hais l'hypocrisie. Elle n'aime personne. Elle n'aime qu'elle-même et encore ça, je n'en suis pas sûr. Tu es consciente de la façon dont elle traite son entourage ?

Il est vrai que ses amants étaient nombreux, Minna le lui avait raconté, et Ernst peu regardant. Elle avait une capacité dans la gestion de ses aventures éphémères qui frisait la perfection. Du grand art, songeait Lotte amusée. C'est aussi ce que semblait penser Ernst sans la moindre jalousie.

– Je ne te savais pas si chatouilleux sur la morale !

Lorsqu'Ilse lui demande d'assurer le reportage photo d'une de ses réceptions. Lotte accepte. Thomas refuse tout net de l'accompagner et rejoint Serguei pour la soirée. La maison des Lagache n'est pas loin de l'appartement du couple. Lorsqu'elle arrive, une quinzaine de personnes discute bruyamment en buvant du champagne français, qu'Ernst sert avec affectation, dans des calices en cristal de bohème rouge, gravés à son nom. Lorsqu'on lui demande la provenance des bouteilles, il prend un air de conspirateur.

— Des amis du führer qui ont fait une petite descente chez un négociant juif. Il n'a pas fait de manière pour nous approvisionner, dit-il avec un sourire entendu.

La décoration n'est visiblement pas le talent principal des occupants des lieux. Les tentures fleuries à dominante marron, forment une hideuse cacophonie avec les gravures de guerriers nus portant des masques antiques.

Dans le salon mauve, autour d'Ilse une cour d'obligés quémande récompenses, mot d'introduction, passe-droits en tous genres. On sent que leurs rondes courtisanes lui procurent une jouissance perverse. Elle s'enivre au breuvage de la servitude.

Lotte qui s'est mise en retrait du groupe aperçoit Ella. Elle est ravissante dans une tenue de dentelle blanche. Elle paraît joyeuse, très à l'aise parmi les convives. Lotte va vers elle.

— Hello Ella ! Contente de te voir. Comment ça se passe à l'hôpital depuis ma dernière visite ?

— Très bien ! Ce n'est pas toujours facile de voir ces bouts de chou qui souffrent mais j'essaie de faire de mon mieux pour alléger leurs douleurs. Je chante j'organise des petits concerts et des spectacles de danse. Ilse nous a trouvé une troupe de musiciens et de clowns, et son ami menuisier, Bruno Haupmann, tu sais, celui qui venait avec elle au *Play-Boy*, nous a construit un décor de marionnettes.

Bruno Haupmann, l'informateur que Thomas lui avait montré sur la photo travaille à l'hôpital ! Cette information l'inquiète. Elle ne sait si elle doit le dire à Ella. Finalement elle choisit de garder le silence.

— Tu aurais pu demander à Otto, il aurait été content de t'accompagner au piano, pour distraire les enfants.

— Otto, plus de nouvelles ! J'ai voulu le prévenir et le solliciter, mais Ilse m'en a dissuadée. Pas très judicieux de le faire venir au milieu des enfants. Je crois qu'il n'est pas trop en odeur de sainteté dans les milieux officiels...

— Otto ne ferait pas de mal à une mouche ! Cela lui aurait fait plaisir de t'aider.

— Je ne peux pas le défendre Lotte, il a choisi son style de vie.

— C'est un excellent pianiste. En quoi ses préférences sexuelles peuvent l'empêcher de travailler ? C'est incompréhensible ! Si tu veux, je viendrai faire des photos pour tes spectacles.

— Tu es sûre ? J'ai appris que tu avais de plus en plus de succès.

Elle commence, c'est vrai, à avoir une certaine notoriété. Bientôt elle fera une exposition. Ernst lui a présenté Otto Burchard. C'est dans sa galerie que s'est déroulée, en 1920, la première *Internationale dadaïste* allemande. Un sacré flop ! Cela a précipité la fin du mouvement dada à Berlin mais rendu célèbre le lieu dans les milieux d'avant-garde.

Il faut qu'elle soit à la hauteur de l'endroit !

Elle a trouvé depuis quelques mois, un style artistique singulier qui commence à séduire les critiques. Elle raffole des prises de vues en fin de soirée qu'elle monte ensuite en s'essayant au collage comme Braque et Picasso.

Après quelques verres d'alcool, les invités se laissent aller. C'est alors qu'elle fige les fêlures sous les regards embrumés. Elle est devenue maître dans l'art de ces portraits en creux qui révèlent l'intime sous l'apparence.

Ces photomontages ne racontent pas l'actualité comme le font les dadaïstes et les surréalistes, ils ne sont pas subversifs, non, juste étranges. Elle se concentre sur les regards qui se cherchent sans se voir. Elle arrive à rendre inertes les expressions. « On dirait une galerie de morts-vivants » lui dit Thomas.

À la fin de la soirée, alors qu'elle est sur le chemin du retour, elle croise Lili la tigresse avec Magnus.

— Tu es au courant pour Otto ?

— Non, que s'est-il passé ? demande-elle inquiète.

— Tu auras du mal à le reconnaître ! Il s'est fait tabasser par un groupe de cinglés et ne veut plus voir personne. Il est choqué, humilié. Attends un peu avant d'aller le voir. Il n'a aucune envie de sollicitude pour le moment, juste besoin de digérer sa rage.

Chapitre XVI

En ville, l'inquiétude gagne à présent tous les milieux. Les maisons sont partagées entre plusieurs familles. La moindre chambre de service dans les combles trouve preneur en quelques heures. Les Lagache qui tirent une partie de leurs revenus de France sont provisoirement préservés.

Ce n'est pas le cas pour le *Play-Boy* qui n'échappe pas au marasme. Sa fermeture est inévitable lorsqu'il est formellement établi qu'Hans Bonn est juif.

Lotte réalise à quel point c'est injuste. Hans est un bon directeur, respectueux de sa troupe, reconnu par ses pairs. C'est la fin d'une belle aventure mais elle se dit qu'elle vient à point et qu'elle va pouvoir se consacrer entièrement à la photographie.

Minna suit maintenant Xavier dans tous ses déplacements. La fermeture du cabaret ne l'affecte pas beaucoup.

Hitler après son putsch raté du mois de novembre à Munich pour renverser le gouvernement, s'est montré particulièrement couard lors de son arrestation. Cet épisode, malgré les dénégations de ses partisans, ne cesse de réjouir Thomas.

— Il s'est sauvé dans une ambulance, laissant ses copains se faire tuer à sa place pour se réfugier dans une villa et se faire arrêter au petit matin en pyjama. Quel homme !

— Peut-être, mais on n'a jamais autant parlé de lui, constate-t-elle, sans savoir si elle doit s'en réjouir ou pas.

Le procès pour haute trahison qui suit, curieusement, lui a permis de redorer un blason quelque peu écorné par sa désastreuse tentative.

Les journaux soulignent ses talents oratoires. Il parvient même à transformer sa défense en propagande pour son parti. Les juges, plutôt cléments, ne prononcent pas l'extradition, alors qu'il est toujours citoyen autrichien. Il est condamné à cinq ans de forteresse avec la perspective d'être gracié bien avant la fin de sa peine.

— Bon débarras dit Thomas mais ce n'est pas cher payé !

— Débarras, tu crois ? Ses partisans sont chaque jour plus nombreux. Ernst Siegen est allé le voir à la prison de Landberg. Il prétend que le sang versé par ses compagnons abattus le soir de son putsch est devenu « *l'eau baptismale du Reich* », le symbole du renouveau allemand.

— Foutaises !

— Ernst dit qu'il sera libéré dans neuf mois.

— J'espère bien que non ! Ils me font de plus en plus peur et personne ne semble se rendre compte de la peste qui vient nous envahir.

— C'est un peu excessif, non ?

— Si peu…

Ernst Siegen, qu'elle croise régulièrement à la rédaction de Ilse, leur a raconté sa visite au führer. Il l'a trouvé en grande forme, vêtu d'une culotte de cuir et d'un gilet tyrolien, moral au beau fixe, soutenu par les témoignages de sympathie qu'il reçoit chaque jour plus nombreux. Une quarantaine de sympathisants partagent sa détention.

Dans la salle commune, ils ont installé un drapeau avec une croix gammée. Emil son chauffeur secrétaire, a demandé à être incarcéré avec lui pour taper les notes de son livre qu'il a choisi de nommer *Mein Kampf*.

— On dirait que la forteresse est devenue la première maison du parti, poursuit-il goguenard.

Elle ne peut s'empêcher de répéter cette conversation à Thomas.

— Je vois, qu'ils te font leurs confidences. Ersnt dit... Ernst fait... J'en peux plus de ces abrutis.

Elle comprend qu'il vaut mieux en rester là. Quant à aborder la question de Doris, qu'elle repousse depuis de longs mois, pas franchement le moment non plus...

Autour d'eux les départs se multiplient. Les Slaves quittent les premiers les bords de la Sprée pour les rives de la Seine.

Ce sont des absences douloureuses pour lui, et pour elle, l'apprentissage de la séparation et du désœuvrement.

Elle, tourne en rond dans leur grande maison. Les parents de Thomas vont partir pour Paris en espérant voir un exploit de leur fils prochainement.

Otto est à une adresse inconnue. Minna et Xavier, la plupart du temps absents. Elle se sent comme en suspension dans un espace-temps menaçant, déçue par le manque d'attentions de thomas, submergée par la peur d'être quittée.

Peut-elle encore lui faire confiance? Cette question la ronge. Ils perdent leurs repères, se querellent régulièrement. Leur incompréhension mutuelle n'en finit pas de les diviser.

L'étendard même de leurs divergences, c'est peut-être leur chambre.

Sur sa table de chevet, Thomas a posé le livre qui l'absorbe depuis quelques semaines le *Kapital* de Karl Marx. Sur la sienne, par provocation, elle a mis l'exemplaire de *Mein Kampf* qu'Ernst lui a fait dédicacer par Hitler. Curieuse vision à l'image de leur intimité disloquée. Non-dits, exaspérations, critiques prennent la place de la complicité d'hier.

Le lit, au centre, assure parfois une trêve salutaire dans cet affrontement. Ils retrouvent alors les gestes de tendresse, les habitudes charnelles des débuts.

Mais que lui reproche-il en fait ? D'apprécier un homme qui veut redonner sa fierté au pays, qui veut s'attaquer au chômage et à la misère ? Pourquoi veut-il tout changer, révolutionner le monde au travers d'une idéologie étrangère ?

— Venez vite nous rejoindre à Paris, dit sa mère, qui assiste, impuissante, à leurs querelles.

Ses parents doivent quitter Berlin fin mars et elle attend avec anxiété sa décision.

Partir, s'enfuir, elle en rêve pour retrouver la confiance des premiers temps. Malgré ses premiers succès, Thomas reste l'essentiel de ses préoccupations et elle ne voit pas d'autre perspective qu'un changement de pays, pour qu'ils puissent oublier leurs différends. Elle doit bien admettre aussi que l'idée de mettre de la distance avec Doris et son fils, n'est pas étrangère à son impatience.

Chapitre XVII

PARIS 1924.

Quelques jours après le départ de ses parents, Thomas rentre avec deux billets pour Paris et une lettre de la fédération française d'athlétisme qui le convoque pour des entraînements avec l'équipe de France en vue des JO du 4 mai au 27 juillet.

Jusqu'au dernier moment, elle a craint qu'il ne renonce, ou pire, qu'il ne parte sans elle. Les larmes coulent sur ses joues, lorsque les bras de Thomas l'enserrent. Comme avant.

– Thomas, je suis si heureuse, je rêve de poser mes pas sur la terre de tes ancêtres, de retrouver tes parents et d'immortaliser chaque seconde de notre séjour avec mon nouvel appareil.

La semaine suivante, ils quittent Berlin sans regrets. Quand reviendront-ils ? La question n'est pas posée. Ils partent en laissant derrière eux les peurs, les incertitudes et les malentendus.

Pour Thomas les retrouvailles avec le sport français sont difficiles. Il se blesse à l'entraînement dès le premier jour. La délégation française le tient à l'écart. Un climat de suspicion, de jalousie, règne parmi les athlètes. Son style de vie trop flamboyant, sa vie à Berlin dérangent. Dans le groupe, beaucoup contestent sa sélection, ils auraient préféré que soit retenu un autre athlète parisien, plus méritant à leurs yeux. Ses contre-performances récentes et cette blessure finale, n'arrangent rien.

Il ne s'attendait pas à cet accueil. C'est pour lui plus qu'une déconvenue. Une vraie douleur. Il aime la France, son pays, se faisait une joie de défendre ses couleurs mais malgré cette déception, n'envisage pas un seul instant de repartir pour l'Allemagne.

C'est un soulagement car, pour elle, la sensation est toute différente. Il en est des villes comme des êtres, certains sont plus lumineux que d'autres. Entre Lotte et Paris c'est comme une évidence. Elle sait d'emblée qu'elle y laissera des empreintes de vie.

Tout l'inspire ici. Contrairement à Berlin, ces derniers temps, une atmosphère d'élégante désinvolture règne à Paris. Les deux villes n'ont pas vécu les mêmes blessures et aucune amertume ne s'exprime dans la capitale française. Juste une douce insouciance.

Elle prend vite ses habitudes. À la terrasse du *Dôme*, son café favori, flotte un parfum d'indolence. À peine réveillée, Lotte s'y installe pour prendre le petit-déjeuner. Elle raffole de cette habitude française et se régale de tartines beurrées et de café brûlant. Les pigeons s'enhardissent en trottinant, un peu gauches, jusqu'au bord de sa table, avides des miettes qu'elle leur jette en riant.
Son voisin de table vient d'immortaliser la scène avec un *Leica* dernier modèle, exactement celui dont elle rêve.

— Si vous voulez être mon modèle, lui dit-il avec un léger accent, venez me voir. Il se lève, part en lui laissant une carte avec son adresse sur la table.

— Mais vous savez moi aussi je...

Elle n'a pas le temps de lui dire qu'elle aussi est photographe et souhaite avant tout perfectionner sa technique. Peu importe, l'opportunité est là. Dans le *Jardin des Modes*, qu'elle feuillette pour maîtriser les codes vestimentaires parisiens, elle voit à plusieurs reprises sa signature. Signe du destin ? Elle se promet de le joindre.

Dans le magazine, les créations des couturiers Vionnet, Poiret, Chanel, Lanvin, Lelong, Patou s'étalent en noir et blanc. Elle n'a jamais vu une telle sophistication, une telle grâce dans le mouvement des mannequins, des étoffes. Berlin ne cultive pas cette sorte de féminité désinvolte.

Qu'allait-elle préférer, être dans ces robes ou les photographier ? Tout semble à portée. Quelle ville magique !

À deux pas du *Dôme*, rue Delambre, elle sait que les Américains, Henry Miller, John dos Passos, Ezra Pound ont établi leur quartier général au *Dingo bar.* À les voir bruyants, concupiscents, déshabillant d'un regard de belles inconnues, elle se dit qu'ils n'ont pas le mal du pays. Elle non plus d'ailleurs.

Chaque jour est prétexte à un nouveau vagabondage aussi stimulant qu'imprévu. Avant son départ elle a soigneusement noté les lieux et les spectacles qu'ils doivent voir. Cet aspect méthodique de sa personnalité est nouveau pour Thomas mais il lui plaît. « Tu seras donc la maîtresse de nos plaisirs » lui dit-il

Elle prend ce rôle très au sérieux car elle se donne pour mission de compenser ses frustrations sportives.

L'appartement que la fédération française d'athlétisme a mis à disposition de Thomas se trouve au-dessus d'une boutique d'antiquités rue de l'Odéon juste à côté de la librairie *Shakespeare & Co* de Sylvia Beach.

Lotte s'empresse de faire la connaissance de cette voisine qui, lui a-t-on dit, est l'ambassadrice de la scène littéraire américaine et anglo-saxonne.

Sylvia s'est installée à Paris en 1916 pour apprendre la littérature et y est restée par amour, à la fois pour la ville et sa compagne, Adrienne Monnier, dont la librairie se trouve face à la sienne rue de l'Odéon. Sur les conseils d'Adrienne elle a ouvert, elle aussi, en 1919 une boutique bibliothèque rue Dupuytren et deux ans plus tard, a enfin pu s'installer au 12 rue de l'Odéon.

Sylvia est une érudite passionnée, avant d'être une commerçante. Enjouée, chaleureuse, son visage aux traits fins, à la chevelure brune insoumise malgré les peignes en ébène qui tentent d'y mettre un peu d'ordre, retient l'attention sans l'agresser. Sa myopie lui donne un charme embrumé et la recherche de ses lunettes perdues est un exercice sans cesse réinterprété.

— Là, Sylvia sur l'étagère du milieu...

— Oh, merci *darling*, elles me fuient ces foutues binocles. Il faut que j'en fasse faire une autre paire.

— Ou bien... que tu les poses à la même place.

— À la même place ?

La proposition incongrue ne fut jamais retenue.

Les lunettes ne sont pas les seules égarées dans son capharnaüm. Les ouvrages débordent des bibliothèques, envahissent les tables, se superposent en vitrine. Ils sont les maîtres des lieux, sans qu'aucun ordre ne préside à leur présentation.

Dans cet empilage improbable, qu'elle seule maîtrise, les comptes rendus de lecture, listes de commandes, manuscrits, donnent au lieu une impression de caverne enchantée agrémentée de quelques toiles d'araignée, témoignages de son amour pour les animaux et des vestiges du passé. Consigne préliminaire de la propriétaire : il ne faut surtout pas y toucher. Le ménage n'est, de toute évidence, pas une préoccupation dans ces lieux où seul l'esprit a droit de cité.

Sa passion fait des merveilles. La boutique est toujours pleine. Peu importe si les ouvrages sont plus souvent prêtés que vendus.

L'amour des mots, l'imaginaire, sont bien plus importants pour Sylvia, que son tiroir-caisse.

Elle est arrivée avec un petit pécule qui s'écoule, à la vitesse du sablier, au gré de ses engouements littéraires mais c'est là le moindre de ses soucis. Seul compte à ses yeux la gloire de cette génération d'auteurs aussi fantasques que talentueux. Elle est intime avec Scott Fitzgerald, Ernest Hemingway, et en apprenant que Lotte est photographe, elle se met en tête de les lui présenter.

— Je ne doute pas de ton talent, *darling* et avec ton physique ça ne va pas être difficile de les convaincre de poser pour toi !

Au bout de quelques semaines, elles sont devenues amies et passent chaque jour, quelques heures ensemble. Lotte renonce très vite à l'aider à ranger et se contente de l'écouter. Entre confidences, potins littéraires, tasses de thé, Sylvia lui fait découvrir *Ulysse* de l'Irlandais James Joyce qu'elle vient d'éditer. Cette étrange déambulation aussi poétique que déroutante dans Dublin est son nouveau combat.

— C'est un chef-d'œuvre, comme on n'en lit qu'une fois dans sa vie. Tiens lis-le !

Son exaltation est communicative. Lotte prend le livre avec une délicieuse sensation d'interdit car à la suite d'une plainte, il a été jugé obscène et interdit aux États-Unis. Hemingway bravant la censure se charge, lors de ses retours au pays, de faire passer les premiers volumes.

Malgré tous ses efforts, le livre lui tombe des mains. Thomas, en revanche, l'adore.

Souvent lorsque Sylvia aperçoit Adrienne arriver, à moto, devant sa boutique, elle traverse la rue, laissant Lotte seule dans la librairie.

C'est au cours d'une de ces gardes improvisées qu'elle accueille Man Ray, accompagné d'une sensuelle créature, Kiki.

Lotte reste bouche bée. Elle sait déjà tout de ses frasques, de ses succès. Couchée sur papier glacé ou dans le lit de ses amants artistes, Kiki nue à la lueur d'une bougie est un fantasme ambulant. Elle a de grands yeux sombres en amande outrageusement dessinés au khôl, étirés par deux traits fins, les lèvres framboise, un petit nez, droit pointu, Un parfum de brillantine s'exhale de ses cheveux courts, bruns, coiffés à la garçonne. Sa célèbre coupe est revue chaque semaine par Antoine, le coiffeur de la rue Cambon, lui a raconté Adrienne, qui vient, elle aussi, de sacrifier sa chevelure. Kiki est une boule d'énergie. On entend son rire, avant même qu'elle n'arrive, lorsqu'elle déboule rue de l'Odéon avec Man Ray. Volontiers partageur, il ne voit aucun inconvénient, bien au contraire, à la voir dévêtue, exposer ses courbes parfaites et son sexe imberbe, dans les ateliers ou les boîtes de nuit car Kiki et ses peintres c'est bien au-delà d'une histoire de sexe ! Elle sait qu'en l'immortalisant, ils lui apportent l'éternité des créateurs.

Elle pose généreusement sans réclamer le moindre dédommagement, satisfaite d'incarner leur imaginaire et leurs fantasmes. Son corps ne lui appartient plus tant il est visité, réinterprété. Il se prête à toutes les métamorphoses à toutes les audaces. Celles de Tsugouharu Foujita notamment, dont le *Nu couché à la toile de Jouy* a été l'événement du Salon d'automne. Elle y apparaît nue, les traits asiatiques, le corps nacré, sur un drap blanc dans une alcôve encadrée de toile de Jouy. Une Kiki lascive, version japonisante de l'éternel féminin.

Comment ne pas perdre le nord lorsqu'on est la muse de tant d'artistes de génie, se demande Lotte, l'objet de tant d'illusions ? La vie, pourtant n'a pas toujours été rose pour Kiki, mais elle a conservé dans le regard une naïveté enfantine. Elle raconte volontiers son histoire. Tour à tour, brocheuse, fleuriste, laveuse de bouteilles chez *Félix Potin*, visseuse d'ailes d'avion, bonne à tout faire, pour finir modèle nue, recueillie par le peintre Chaïm Soutine qui, le premier, succombe à son magnétisme. C'est le début de son aventure artistique et sensuelle. Au fil des saisons et des liaisons, elle devient à Montparnasse, et bien au-delà, un personnage auréolé de la gloire de ses amants dominant en outrance et en liberté toutes les autres femmes. Man Ray lui présente les surréalistes, Louis Aragon, André Breton, Paul Éluard, Max Ernst, Philippe Soupault. Depuis on la retrouve avec sa gouaille, son allure inimitable, ses sautoirs et ses chapeaux cloche au « *Cyrano* », leur quartier général près du Moulin rouge.

L'étrange connivence des muses et des artistes est fascinante, lui fait remarquer Adrienne. Sans elles, l'histoire de l'art, de la littérature, ne serait pas la même. C'est grâce à ces inspiratrices que le talent du créateur s'impose pour la postérité. On ne dit pas assez tout ce qu'ils leur doivent et à toutes les époques.

Paralysée par la concurrence prestigieuse, Lotte ne cherche pas à photographier Kiki, et se contente de demander à Thomas de l'immortaliser avec l'égérie de Montparnasse pour envoyer le cliché à Minna.

Depuis qu'elle est installée à Paris, elles échangent régulièrement. Les courriers de son amie sont toujours une joie. Elle lui donne des nouvelles de ses parents de Heidelberg, d'Otto et du climat berlinois de plus en plus crépusculaire. Étrange contraste avec la liberté parisienne qui s'égrène au rythme des fêtes et des découvertes. Un soir ils sont invités par Sylvia et Adrienne au *Bal de la mi-carême* rue de l'Université, dans le parc d'attractions pour adultes, ouvert par Ernest Cognacq, le fondateur de *la Samaritaine.*

Grâce à la recommandation d'Adrienne le quotidien *l'Excelsior*, lui propose de couvrir la soirée. Chaque année le Carnaval est la fête la plus débridée et la plus tendance de Paris. L'évènement rassemble toute la communauté homosexuelle parisienne. L'immense piste de danse avec orchestre du 1er étage est le cœur du divertissement et des excès en tous genres.

— Ça va être ton sésame parisien. Si tes photos plaisent, les commandes suivront. Alors vas-y fonce. Ne t'interdis rien. Pas d'autocensure surtout !

— Vraiment ? Mais certains sont là incognito ?

— Crois-moi, s'ils sont là, c'est qu'ils s'assument. Ne crains rien.

Elle obéit à la lettre. Les participants débordent d'imagination, strass, paillettes, plumes multicolores collés à même la peau, ils ne se refusent rien. Costumes d'hommes pour les femmes, cheveux gominés, regards tentateurs. La drague s'exerce à tous les étages.

Lotte mitraille, et elle a le choix. Adrienne, évanescente dans la fumée des boyards, Cocteau avec sa bande, Raymond Radiguet, René Crevel, Jacques Porel, masqués évidemment, mais reconnaissables à leurs tenues confectionnées par des couturiers de renom. L'interlope de la pédale, l'improbable de la défonce, invertis, travestis voyous, petits marquis poudrés, forts des halles, prolos, aristos, sortis des pissotières et des bordels à garçons, s'exhibent en grappes serrées devant son objectif. Un condensé d'humanité transgressive, s'offre à son œil bienveillant.

Les photos berlinoises de tante Magnésie et de ses protégés lui paraissent soudain manquer cruellement de panache !

Sylvia s'approche alors qu'elle recharge son appareil et lui montre deux éphèbes enlacés sur la piste.

— Ils se lâchent aujourd'hui, la police fait preuve d'une grande tolérance, car habituellement, il est interdit par décret, s'il te plaît, poursuit-elle en riant, de danser entre couple du même sexe sous peine d'arrestation, d'amende et de fichage. Alors on en profite !

— On peut aller en prison ?

— Pas vraiment et pendant les soirées de Carnaval encore moins, mais la plupart des gens ici sont fichés. On retrouve les mêmes, toute l'année au *Bal de la Salle Wagram*, celui de la rue de Lappe, le bal musette du *Bar des Trois Colonnes*. C'est toujours ce petit groupe de mondains, prostitués, michetons et voyous que tu vois aujourd'hui et que la police connaît bien.

— C'était pareil à Berlin ! Et quelques personnalités ou certains informateurs préservent les autres d'une répression trop violente, c'est bien ça ?

— Exactement, mais parfois on ne sait pas pourquoi un établissement toléré depuis des mois, ferme brusquement, comme cet hiver le *Lapin Vengeur*, le bal pédéraste de la porte des Lilas.

— Rien qu'au nom, ça ne devait pas être triste !

— Oui et il vient de réouvrir depuis quelques jours

— Va falloir que j'aille y balader mon objectif ! En tout cas pour ce soir, j'ai ce qu'il faut en boîte.

Elle repart à l'aube avec Sylvia et Adrienne, appareil en bandoulière comme un trésor serré sur sa poitrine.

À la maison, Thomas rentré plus tôt, dort déjà. Elle ne sait pas vraiment ce qu'il fait de ses journées, depuis que sa blessure l'empêche de s'entraîner. Il a repris ses habitudes berlinoises et s'échappe la nuit pour de mystérieuses réunions. Elle ne lui pose pas de question. Les non-dits, parfois, ont du bon. Elle craint plus que tout qu'il ne veuille repartir mais il a l'air satisfait, reprend des mines de conspirateur et une bonne humeur qu'elle ne lui connaissait plus Leur couple retrouve une légèreté oubliée.

Chaque soir, ils sortent. Après le dîner, ils partent généralement au hasard des rues pour de longues promenades. Ils terminent souvent le long des rives de la Seine jusqu'à Montparnasse, à l'angle de la rue Campagne-Première, au *Jockey Club*.

Le night-club a ouvert ses portes il y a un an et ne désemplit pas. Des créatures de rêve emperlousées, en robes moulantes, fume-cigarette aux lèvres descendent des Bugatti, stationnées en double file dans la rue. La salle du club est petite, la porte d'accès étroite, la façade ornée de silhouettes de cow-boys et d'Indiens jure étrangement avec celle du chirurgien-dentiste de l'immeuble mitoyen. Calme et sans histoires dans la journée, le quartier se métamorphose le soir et révèle un monde illusoire où les frontières s'évanouissent dans l'éphémère.

Elle connaît bien ce monde-là, cette sensation chimérique de temps suspendu à des particules de plaisir aussi joyeuses que trompeuses. L'argent, la beauté, le talent règnent en maîtres absolus dans cet univers.

L'un magnifiant l'autre. Entre rires et caresses, ivresses et promesses, l'alcool tisse sa toile entre les protagonistes. Ils s'enlacent, se grisent de musique, avec la certitude de vivre en privilégiés un monde qui peut bien attendre le réveil brumeux des petits matins.

Au *Jockey Club*, Thomas et Lotte ont pris l'habitude de retrouver Kiki et Man Ray souvent accompagnés par Pablo Picasso, Vassily Kandinsky, Chaïm Soutine, tous ces peintres venus d'ailleurs qui réinventent dans la nuit parisienne la chronique de leurs chimères. Ils boivent, parlent fort, dessinent sur les morceaux de papier qu'on leur tend, regardent du coin de l'œil danser leurs égéries d'un soir sur des rythmes de jazz, et partent invariablement sans payer.

Lotte qui fait désormais partie du clan peut les photographier à sa guise pendant que Thomas poursuit avec eux d'interminables conversations sur l'avenir du monde. En sortant du *Jockey Club*, ils titubent, clignent des yeux en se soutenant l'un l'autre et la magie s'efface pour laisser place à la déroute de l'aube.

Un matin, une femme le visage dissimulé sous un chapeau, le col de sa veste relevé, semble les observer. La silhouette lui paraît familière. Doris ? Non ! Elle devient folle avec cette obsession ! Lorsqu'elle se rapproche, elle ne voit plus personne.

— Tu as vu cette femme, là-bas ?

— Où ? Non ! Pas de femme pourquoi ?

Elle jurerait que c'était la silhouette de Doris. Elle refoule cette appréhension, cela fait si longtemps qu'elle l'avait oubliée. L'angoisse revient, et elle choisit d'éluder

— Rien, une illusion. Je dois être un peu ivre ! Regarde ce ciel étoilé ! Embrasse-moi ! Dis-moi que cela ne finira jamais, que tu ne prendras jamais une autre femme dans tes bras en lui montrant la Grande Ourse, la Petite Ourse, l'étoile polaire.

— Mais arrête ! Ne recommence pas comme à Berlin ! Qui peut dire ce que la vie nous réserve ? Les temps sont si troubles.

Ses réponses restent toujours pour elle une frustration. Pourra-t-il, un jour, enfin, lui dire ce qu'elle a envie d'entendre ?

— Mais enfin c'est nous, quand même, qui décidons ! Les évènements nous pouvons les maîtriser.

— Pas si simple ! Mais j'en ai envie, ça, c'est sûr. Rentrons vite !

— Enfin, un abandon, dit Lotte en l'embrassant à nouveau.

Une pluie fine commence à tomber rafraîchissante l'atmosphère. Ils rentrent en courant, montent quatre à quatre les escaliers de l'immeuble, se jettent sur le lit, essoufflés, trempés et insouciants, comme ils ne l'ont jamais été, ou il y a longtemps, ou elle l'a oublié... Ils sont heureux.

Le lendemain, ils vont applaudir Mistinguett et Maurice Chevalier au *Casino de Paris*. Ils y croisent le nouveau propriétaire du *théâtre des Champs Elysées*, Rolf de Maré, qui les convie à la première de la revue avec Joséphine Baker.

Tout le monde parle de l'énergie de cette danseuse noire, que Rolf a découverte dans un cabaret de Harlem. Ils ne sont pas déçus !

– Tu as vu cette façon de remuer le derrière, les pieds bien à plat, en pliant les genoux ? Et cette danse, cette musique, le charleston, c'est ça ? Je n'ai jamais rien vu de si tonique dit-elle en sortant.

– Érotique, tu veux dire ! Cette fille dégage une sensualité incroyable. Elle a de l'humour au bout des fesses, lui répond Thomas enthousiaste.

– Vraiment ? Elle en a de la chance, elle, dit-elle faussement vexée.

Le lendemain, à la demande de Rolf de Maré, Lotte revient faire des photos. Elle s'en donne à cœur joie. Les clichés retenus par *l'Exelsior* sont ceux où Joséphine porte autour de la taille une ceinture de bananes et l'autre où elle tient en laisse un léopard avec un collier de diamants. L'animal domestiqué comme un gros chat, semble apprécier la séance. Joséphine le caresse langoureusement, lui offre des friandises.

– Il est à toi ?

– Non à Rolf, il l'a recueilli dans un cirque où il était maltraité. Il est inoffensif, ils lui avaient enlevé les griffes !

– Mais quelle horreur !

Le rédacteur du magazine légende ses photos ainsi : « *C'est un vrai spectacle cubiste que nous offre Mademoiselle Baker. Elle sait jouer du trombone, remuer délicieusement les fesses en cadence. Strass, plumes paillettes sur ce corps d'ébène nous entraînent dans un rêve exotique de colonies lointaines dont elle aurait rapporté ce superbe félin* ».

Lotte envoie le reportage à Minna, car il est prévu que la revue se produise à Berlin.

« Ma Minna,

Depuis ta dernière lettre, comment va la vie ? Es-tu toujours aussi investie dans la politique avec Xavier ? As-tu des nouvelles d'Otto, d'Ella, d'Ilse et de Ernst ? Comment vous en sortez-vous ? Les nouvelles ne sont pas fameuses dans les journaux. Raconte-moi vite les derniers potins.

Ici, la vie est passionnante mais j'ai parfois le mal du pays. En tout cas, toi, tu me manques. Je t'envoie mon dernier reportage. Il s'agit d'un spectacle dont tout le monde parle à Paris, celui d'une danseuse, chanteuse, noire, prodigieuse. Retiens bien son nom, Joséphine Baker, une bête de scène ! Si elle vient, comme prévu, à Berlin, précipite-toi. Elle est géniale.

Nous sortons beaucoup. Je m'entraîne toutes les nuits, avec beaucoup de sérieux, tu me connais, à danser le charleston ! Nous nous sommes fait plein d'amis grâce à notre voisine, libraire, Sylvia (qui mériterait à elle seule une lettre entière), des peintres des écrivains, des intellectuels, tous un peu fauchés mais tellement gais. Seule ombre au tableau, Thomas déprime un peu depuis que sa blessure à la cheville, l'empêche de participer aux Jeux Olympiques. Nous irons quand même assister à certaines épreuves car j'ai plusieurs commandes pour des reportages photos. Promis, la prochaine fois je te donnerai plus de détails.

Nous t'embrassons tendrement. ».

Elle est surprise de ne pas recevoir de réponse. Elle l'attribue à la désapprobation devant ses propos futiles. Elle sait la vie difficile à Berlin et met ce silence, sans lui en vouloir, sur le compte du nouvel engagement politique de Minna auprès de Xavier qui a rejoint lui aussi le NSDAP. Hitler lui a proposé d'être le responsable des sports pour le parti.

Elle sait, par Hans Bonn récemment installé à Paris, que son amie va bien. Sa liaison avec Xavier est de notoriété publique désormais et ils viennent d'emménager ensemble, dans un vaste appartement près du BSE. Elle est rassurée de ne pas la savoir seule et sans ressources.

Si les nuits s'effilochent jusqu'aux premières heures de l'aube, dans la journée la routine reprend ses droits.

Thomas part en fin de matinée pour Colombes dans la banlieue nord-ouest de la capitale rejoindre la délégation française et Paul Marcil. Son entraîneur est au courant des dissensions dans l'équipe, mais l'encourage à reprendre doucement l'entraînement, persuadé que quelques séances de kiné lui permettront de retrouver la forme. Et puis, il est arrivé avec sa réserve de pilules magiques.

— Pas question, Paul, je n'en veux pas. J'ai toujours des douleurs dans la cheville droite, je ne serai jamais prêt et tes pilules ne changeront rien à l'histoire.

— Encore une fois, Thomas, le problème est ailleurs. Je me souviens d'un temps où même souffrant tu n'aurais jamais renoncé à un entraînement. Fais comme tu veux, je sais plus quoi te dire !

Paul tourne les talons dépité et furieux. Les jours suivants, Thomas renonce à se rendre à Colombes et finalement prend la décision de mettre un terme définitif à sa carrière.

Difficile d'écrire le mot fin à une aventure aussi forte Difficile de renoncer aux sensations, aux atmosphères familières des pistes, aux rituels des préparations, à tout ce qui avait fait son quotidien pendant des années. C'est violent. Passer à autre chose, oublier l'adrénaline de la compétition, il n'a pas d'autre choix. Il le sait.

Il ne lui dit pas tout de suite, mais un soir, alors qu'elle lui proposait de rester à la maison pour être en forme à son entraînement du lendemain.

— C'est fini Lotte. J'arrête, ça suffit.

Elle le redoutait mais pensait que Paul était parvenu à le convaincre.

— Mais pourquoi maintenant ? Juste pendant les Jeux. Ta blessure n'est pas grave. Tu peux être en forme pour les courses. Si tu arrêtes définitivement, tu seras malheureux dans les tribunes à les regarder courir.

— Non ! C'est ma place désormais. Je ne veux pas faire la course de trop. Douleur pour douleur, je préfère décider de la mienne. Il faut savoir choisir le moment. Chacun a le sien. Personne, mieux que moi, ne sait ce que mon corps est encore capable de donner.

Lotte, impuissante face à sa décision, lui propose cependant de l'accompagner pour faciliter ses reportages. Il connaît parfaitement les coulisses du sport et surtout, elle ne veut pas qu'il s'enferme dans la déprime. Elle est heureuse qu'il accepte.

C'est la seconde fois que Paris accueille les Jeux Olympiques d'été. En 1900, déjà dans le cadre de l'Exposition universelle, elle avait été retenue.

Pour tous les habitants de la capitale et du pays, l'évènement revêt une portée historique. Un moment de communion nationale après les dures années d'après-guerre et les difficultés qui s'annoncent.

Des immeubles haussmanniens aux usines des faubourgs, une même ferveur accompagne les exploits des athlètes. À la une des principaux journaux, les représentants du Cartel des gauches, Édouard Herriot au

Conseil et Gaston Doumergue à la Présidence, disputent les gros titres aux sportifs qui vont s'engager dans les compétitions.

Colombes est une banlieue ouvrière à quelques kilomètres du centre de la capitale, ceinturée de verdure et de petites maisons en pierres meulières occupées par les employés des usines avoisinantes.

Le public pénètre dans le stade par de larges escaliers, trente-deux au total dont huit dans la tribune d'honneur.

Le village olympique se trouve en bordure des terrains. Chaque petite maison est pourvue de chambres meublées à trois lits. Il y a également un bureau de poste, une blanchisserie, un coiffeur, un restaurant, une librairie.

La défection de Thomas est largement commentée et regrettée par de nombreux journalistes qui la jugent prématurée.

— Tu vois, ils sont de mon avis, tu aurais dû attendre.

— Ce sont les mêmes qui m'auraient assassiné en cas de contre-performance. Je préfère garder cette estime posthume plutôt que de lire leurs oraisons funèbres les soirs de défaite.

À l'entraînement quelques jours auparavant, ils sont allés voir Paavo Nurmi pour une séance photo. Depuis le temps qu'ils se croisent sur les pistes, ils ont l'un pour l'autre une considération sincère. Thomas apprécie le tempérament tenace et généreux du Finlandais. Ils se promettent de dîner ensemble après les épreuves.

Sur les bancs des tribunes, remplies de journalistes pendant les séances d'entraînement, il observe impassible ses anciens adversaires se préparer à disputer une nouvelle page de l'histoire du sport.

Lotte ne lui parle plus de sa défection. Elle comprend, au contraire, qu'elle doit l'aider à traverser cette sorte de petite mort, celle de l'athlète de haut niveau qui renonce à sa passion, aux ambitions qui l'accompagnent, à son quotidien pendant de longues années. Tous y passent. Tous savent que leurs exploits sont éphémères, ils servent de curseur pour les performances à venir. Après le désœuvrement, la perte de leurs repères, ils doivent renaître sur d'autres terrains. C'est cruel mais il n'y a aucune autre issue et elle le sait. Il doit se projeter ailleurs, sans amertume. Oui mais, dans quel univers ? Elle a peur de connaître la réponse.

— Regarde Lotte, Paavo n'a jamais été aussi fort, Il va faire un podium, c'est sûr ! Il règle parfaitement sa foulée sur son souffle. Il retient ses efforts avant de passer à la vitesse supérieure.

Elle l'écoute religieusement. Ses explications sont simples et passionnées mais elle sent bien au détour de ses phrases, qu'il n'est pas encore devenu le spectateur détaché qu'il affecte d'être.

— Il a l'air de souffrir ?

— Oui, mais à un moment donné, là, tu vois, juste maintenant, il va surmonter la douleur pour aller au-delà. Il n'y a pas de performance sans douleur.

La cérémonie d'ouverture débute par une bénédiction à Notre-Dame puis les sportifs et les officiels se rendent au stade.

Soixante mille personnes sont déjà installées. Géo André, athlète et rugbyman licencié au club omnisports du Racing Club de France, propriétaire du stade de Colombes, a été sélectionné parmi tous les sportifs français pour prêter serment.

Les membres éminents du Paris littéraire et artistique ont fait le déplacement. Erik Satie, Jean Giraudoux, Arthur Honegger, Maurice Ravel, Jean Cocteau, la comtesse de Noailles, Henri de Montherlant, Foujita, participent aux concours de littérature et de peinture organisés en prélude des compétitions.

Les Finlandais, comme l'avait prédit Thomas, dominent les épreuves d'athlétisme. Le duel entre Paavo Nurmi et son compatriote Ville Ritola passionne les foules.

À eux deux, ils remportent sept médailles d'or et deux d'argent en individuel et en équipes.

Lotte veut absolument assister aux épreuves de natation à la nouvelle piscine des Tourelles, et photographier Johnny Weissmüller, l'athlète américain à la plastique irréprochable, devant lequel les femmes se pâment.

Rien ne lui résiste. Il remporte haut la main les 100 m nage libre, les 400 m et le relais. Dans la piscine surchauffée, c'est du délire, et le désir devant ces corps d'athlètes est palpable. Hommes et femmes détaillent en coin, les muscles saillants, les ventres dessinés, les pectoraux généreux de ces jeunes hommes venus des quatre coins de la planète. Lotte fait quelques gros plans de Johnny, il en profite pour l'inviter à dîner. Elle décline dans un éclat de rire en prétextant le bouclage du journal.

– On ne peut te laisser une seconde, râle Thomas, faussement jaloux lorsqu'elle lui raconte.

– Jaloux ?

– Non, il a bon goût cet Américain. Je comprends maintenant pourquoi il nage le crawl la tête hors de l'eau. C'est pour mieux mater les filles au bord du bassin !

– Encore raté donc. Tu n'auras donc jamais peur de me perdre, dit-elle dépitée.

À la fin de l'été, elle reçoit enfin une lettre de Minna.

« Ma Lottie,

Je ne sais si nos chemins se rencontreront prochainement. C'est triste que Thomas renonce aux Jeux Olympiques et pire encore à sa carrière.

Quelle tristesse ! Il est encore si jeune. Je suis heureuse que ton travail soit reconnu comme il se doit dans la presse française. Je suis sûre que tu vas devenir une grande photographe, tu as l'audace et la sensibilité nécessaires. C'est bien que tu aies pu retomber sur tes pieds, après le Play-Boy, peu sont capables de le faire, moi la première. J'ai toujours su que tu étais de la trempe des conquérantes. En fait l'amazone, c'était toi !

Ici les temps sont rudes. Xavier commence à être contesté au sein du club et du Parti, les nazis deviennent très agressifs. Sa femme a accepté le divorce mais ses enfants ne veulent toujours pas me rencontrer. C'est une situation difficile et je ne sais comment me comporter.

Que ferais-tu à ma place ?

J'ai rencontré Otto hier, il voyage beaucoup entre Berlin et Moscou où il fait des concerts. Il est toujours aussi énigmatique. Ella va bien. Elle travaille avec Doris dans le service pédiatrique d'Horst Rathenald. Nous continuons à le voir régulièrement car Xavier finance ses travaux et ses conférences. Doris a un petit garçon Jason, un vrai phénomène, il gagne tous les concours à l'école. Horst, dont elle est l'assistance, l'a présenté aux journalistes comme l'un des enfants les plus doués du pays. Elle en est très fière.

Ilse et Ernst sont toujours aussi impliqués dans le Parti, ils ne parlent que de cela et sont persuadés que l'Allemagne, grâce à Hitler, va retrouver toute sa puissance et même plus ! On verra bien...

Prends soin de toi. Tu me manques. Tendres baisers. »

Elle décide de montrer la lettre à Thomas dès son retour.

— Tu es au courant ? Tu savais que Doris avait un fils surdoué ?

Les questions trop longtemps refoulées se précipitent.

— Non ! Pas du tout, pourquoi le saurais-je ?

Il paraît sincère. Elle enfonce le clou.

— Elle n'a jamais cherché à te recontacter ?

— Non pas depuis son retour à Berlin. Je savais qu'elle était revenue, Horst m'avait dit qu'elle était son assistante.

— Pourquoi ne m'as-tu rien dit ?

— C'était déjà une telle obsession pour toi que j'ai préféré un non-dit à une crise de jalousie.

— Ah bon, tu ne l'as jamais revue ?

— J'ai demandé à Horst si elle n'avait besoin de rien. J'ai su qu'elle partageait une location avec Ella, qu'elle élevait seule le fils qu'elle a eu avec un danseur américain de la troupe d'Isadora et qu'elle allait bien. Il m'a confirmé qu'elle était complètement sevrée, passionnée par son boulot et folle de son fils. Je n'ai pas cherché à en savoir davantage. Pourquoi l'aurais-je fait ?

Oui, pourquoi ? Songe-t-elle, sans lui répondre.

Chapitre XVIII

COTTBUS 1927

Horst trouve la seconde lettre dans une enveloppe cachetée posée sur son bureau :

« Parfois les murs ont des oreilles. Si vous souhaitez poursuivre vos travaux, remettez dix mille dollars en petites coupures dans le casier de la consigne de la gare 21, dont vous trouverez ici la clef. Inutile de prévenir la police, vous ne vous en remettriez pas. »

La signature est illisible. Il examine l'enveloppe. Aucune trace d'envoi postal. Elle a manifestement été déposée en main propre. Le texte, comme celui de la première missive, est dactylographié sur un papier blanc légèrement jauni, plié en quatre. Une clef portant le numéro 666 est glissée à l'intérieur. Il met le tout dans sa poche.

Lorsqu'il pénètre dans la salle de conférences, la présence de Doris l'apaise. Elle est assise à sa place habituelle et lui sourit. Ella s'est décommandée, elle est souffrante. Cette absence l'agace. Et si c'était elle ? Depuis plusieurs mois elle s'apitoie de plus en plus sur le sort d'Hans et ne cesse de lui demander de mettre un terme à son étude.

Il prend place entre Xavier, Ernst Siegen, Ilse, et les deux étudiants qui ont rédigé et préparé cette nouvelle conférence.

Le thème reste dans le prolongement des précédentes réunions :

« *On ne naît pas homme on le devient.* »

L'introduction pose à nouveau la question de la distinction entre nature et culture mais cette fois chez le jeune enfant.

Horst se lève pour intervenir, il a retrouvé ses esprits.

— Même si les spécialistes notent une différence entre les phénomènes d'apprentissage chez les animaux aux systèmes nerveux les plus développés et les phénomènes de suggestion de groupe chez ceux dits inférieurs, on constate pour tous que lorsqu'ils sont séparés précocement de leurs congénères, ils manifestent des caractéristiques assez précises de leur espèce. Il y a chez l'animal des schémas comportementaux constitués intrinsèquement sans aucune influence extérieure. Il s'agit d'instinct. Dès sa naissance, une attitude innée le relie à son espèce, même lorsqu'il grandit et survit seul. Le contact des autres n'est pas essentiel à son développement, à la différence de l'être humain dont les connexions cérébrales continuent à se former pendant les premières années de la vie. Le langage, la représentation, l'abstraction sont du domaine de l'apprentissage. Ils ne sont pas innés. Les idées, les concepts, la morale, les croyances se transmettent par l'éducation, à l'école et dans la famille. On ne naît pas intelligent ou idiot, sauf déficience mentale, ni croyant ou athée, ni bon ou mauvais. Toutes ces caractéristiques relèvent de la culture, de la connaissance. La seule transmission spontanée avérée est uniquement d'ordre biologique, on naît blond ou brun, petit ou grand, la peau blanche, noire, basanée, les yeux bridés ou de couleurs diverses. En dehors de ces caractéristiques physiques, pas d'évolution sans transmission sociale.

— Docteur Rathenald ! intervient un participant dans la salle. Il me semble que la différence fondamentale entre l'animal et l'homme réside surtout dans l'expression d'un langage codifié, car les animaux communiquent aussi entre eux, par des gestes attitudes, vocalises, hurlements, feulements, aboiements, grognements divers qui nous sont étrangers. Ils expriment aussi peurs, joies, peines, douleurs.

— Certes, et un homme isolé saura lui aussi le faire instinctivement C'est le cas des enfants sauvages, dont je vous ai raconté les histoires dans mes précédentes conférences. Mais en ce qui concerne l'homme, incapable de parler lui aussi à la naissance, il va très vite évoluer. Il apprend dans un premier temps, sa langue maternelle, il peut aussi en apprendre d'autres, par la suite ou simultanément.

— Docteur, vous maintenez donc qu'il n'y a pas d'hérédité psychologique, au niveau de l'individu ?

— Exactement, cette hérédité prétendue est en fait un héritage qui dépend du milieu et de l'éducation. C'est de son milieu social que l'homme reçoit le sens moral, la façon de concevoir le monde, de penser, de ressentir des émotions. C'est à partir de cet apprentissage qu'il développe son style de vie et ses capacités. Je ne parle pas évidemment des maladies génétiques et des anomalies congénitales dont les causes restent encore souvent mystérieuses.

— Ces capacités sont pourtant différentes chez les individus. Ce déterminisme ne se vérifie pas toujours au sein d'une même famille.

— Bien sûr, Certains font preuve de qualités, de talents supérieurs, de génie même par rapport à leurs semblables mais dans tous les cas s'ils n'avaient reçu les apprentissages nécessaires, ils n'auraient jamais pu les exprimer.

— Professeur, La famille de Bach est composée de près de cinquante musiciens sur huit générations. N'est-ce pas là, la preuve d'une transmission héréditaire du génie musical ?

— L'étude des familles de génies ou d'arriérés peut laisser penser qu'il y a une transmission à l'enfant des dispositions spirituelles, du génie ou, à l'inverse, des déficiences. C'est un leurre. Leur environnement stimulant est tout simplement propice au développement de leurs qualités, à un type d'apprentissage ou de comportement spécifique.

— Mais pourtant Docteur Rathenald, on constate qu'il y a des familles de scientifiques, d'artistes, de sportifs ? N'est-ce pas inné, ne sont-ils pas prédisposés ? N'ont-ils pas des caractéristiques spécifiques ? enchérit un participant.

— Oui comme il y a des familles de boulangers, de menuisiers, d'hôteliers.

— Alors pour vous la transmission sociale serait une éducation par l'appartenance, par l'exemple ?

— En grande partie. On se construit avec ou contre sa famille, avec ou contre la société et pour finir on édifie sa propre identité. Laissez-moi vous raconter l'histoire de deux familles Américaines du XVII siècle, celle de Jonathan Edward et de Max Jukes. Puis-je avoir les illustrations Doris ?

Doris apporte deux tableaux mentionnant les arbres généalogiques sur cinq générations, des deux lignées. Elle les accroche derrière la table de conférence.

— Jonathan Edwards est né en 1703 dans le Connecticut. Il est l'un des théologiens et métaphysiciens les plus réputés du pays. Admis à l'université de Yale à quatorze ans, il fait preuve de qualités intellectuelles de haut niveau. Il publie de nombreux ouvrages, devient président de l'université de Princeton et jusqu'à la fin de sa vie observe une conduite exemplaire. Avec sa femme ils ont onze enfants et mille trois cent quatre-vingt-quatorze descendants recensés. Parmi les enfants Edwards, deux cent quatre-vingt-cinq sont diplômés d'études supérieures. Treize deviennent Présidents d'universités, soixante-cinq professeurs, soixante-quinze officiers militaires, quatre-vingts fonctionnaires d'État, soixante auteurs, soixante médecins, trente juges, cent pasteurs, cent avocats, trois sénateurs, et un vice-président des États Unis.

Max Jukes vit lui aussi, à la même époque dans le même état mais sort d'une enfance chaotique. Alcoolique, vagabond, réfractaire aux règles, il termine criminel. Entre deux séjours en prison, il prône une vie sans contrainte et refuse de travailler. Sa femme est une marginale, sans plus de principes que son époux. Ils ont treize enfants auxquels ils ne donnent aucune éducation. Sur mille vingt-six descendants recensés, trois cents meurent dans la pauvreté. Cent cinquante sont criminels, sept meurtriers, plus de cent alcooliques, cent quatre-vingt-dix prostituées.

Que faut-il en déduire ? Cette comparaison, mes chers amis, nous prouve que les caractéristiques et les compétences psychologiques se transmettent grâce à l'éducation. Si on place un enfant de mère considérée comme débile, dans une famille au milieu culturel élevé, l'enfant progressera et aura un intellect dans la moyenne. Les affects et les connaissances sont donc bel et bien fonction du milieu et de l'éducation. On ne naît pas bon ou mauvais, on le devient.

Dans les lignées que je viens d'évoquer, tous ne réussirent pas chez les Edwards, tous ne faillirent pas chez les Jukes, mais on ne peut nier la puissance de l'environnement dans la constitution d'un destin.

C'est alors que se lève et se présente le Dr Otmar von Merscht

— Il semble, Professeur, que vous passiez sous silence, dans votre exposé la théorie du plasma germinatif élaborée par le biologiste August Weismann dès 1892 dans son livre, *Théorie de l'Hérédité*. Pour Weismann l'hérédité est portée par une substance, le plasma germinatif, situé dans le noyau des cellules. Un embryon formé par la fusion des cellules germinales des deux parents donne des cellules germinales et des cellules somatiques. Les cellules somatiques se différencient, car le plasma germinatif est partagé dans les cellules filles au fur et à mesure de leurs divisions. Les cellules germinales conservent le plasma germinatif inchangé. Il s'ensuit que les caractères acquis ne peuvent être transmis. Les cellules sexuelles (*germen*) sont potentiellement immortelles, elles sont responsables de l'hérédité, alors que le reste de l'organisme n'est qu'une structure qui disparaît avec la mort de l'individu. Cette théorie rend impossible toute transformation du vivant sans recours à la sélection, puisqu'elle confère au *germen* le statut d'un patrimoine héréditaire que les enfants reçoivent de leurs parents et qu'ils transmettent à leurs descendants. La sauvegarde de ce patrimoine est vitale pour la nation.

— Cher confrère, je ne nie pas l'apport considérable d'August Weismann à la génétique mais permettez-moi d'être sceptique. L'une des rares expériences sur laquelle il se base pour élaborer sa théorie consiste à couper la queue de générations successives de souris afin de démontrer qu'elles ne reproduisent pas cette mutilation. C'est un peu court, si j'ose dire, pour imaginer que l'amputation de la queue de ces malheureuses bestioles ait eu quelque chose à voir avec l'évolution des espèces. Pour le reste il présuppose que son raisonnement est juste. Je serai bientôt en mesure de vous apporter le résultat d'expérimentations corroborant mes dires. La génétique n'est pas la seule voie à explorer pour améliorer la société allemande, nous pouvons aussi, nous appuyer sur une éducation bien encadrée.

Eugen Kockter qui n'est pas encore intervenu, se lève. Il est toujours aussi impressionnant.

– Mon cher confrère, nous nous connaissons bien et même si je suis personnellement plus favorable aux thèses d'hygiène raciale, que nous développons actuellement, qui me semblent plus rapides et plus aisées à mettre en œuvre, pour améliorer notre peuple, votre démonstration n'en est pas moins passionnante. Nous aurions besoin d'une argumentation basée sur des preuves plus scientifiques qui nous permettrait d'allier nos deux approches afin de progresser plus vite.

– Vous les aurez bientôt.

La tension dans la salle s'apaise. Les tenants d'un eugénisme radical paraissent satisfaits par cette conclusion. Les psychiatres sont les plus entourés. Ils poursuivent la discussion en sortant avec Eugen Kockter. Rathenald en profite pour se diriger vers l'escalier conduisant à son bureau.

Ilse et Ernst l'y attendent déjà. La lettre de menace qu'il leur a donnée dans la salle de conférences est en évidence sur le bureau. Ils en ont pris connaissance et demandent d'emblée à Horst s'il a des soupçons. Il lui semble injuste d'évoquer Ella bien que ses réticences soient de plus en plus fortes sur l'expérience qu'il a entreprise. Il répond par la négative. Ils lui annoncent qu'ils vont demander en urgence, la mise en place d'une surveillance particulière pour sécuriser ses travaux.

– Il s'agit à l'évidence d'un habitué des lieux, dit Ernst. Cette lettre n'est pas arrivée toute seule sur le bureau. Il (ou elle) l'a déposée, de toute évidence, pour de l'argent et des dollars qui plus est. Que pensez-vous de Doris ?

— Impossible. Je la connais bien et le programme que nous avons mis en place pour son fils Jason est si important pour elle qu'elle ne prendrait pas un tel risque.

— Ella ?

— Je ne crois pas non plus. Elle est auprès de moi. Je la crois incapable d'un tel acte, mais c'est vrai que depuis quelques mois elle a du mal avec la surveillance d'Hans.

— Nous allons suivre cela de près. Donnez-nous cette clef. Poursuivez vos travaux ne vous en préoccupez plus. Nous avons déjà réglé cela par le passé.

— Comment va Hans ? demande Ilse.

— Il semble en parfaite condition physique et mentale. Il est tenu à l'isolement, ne reçoit aucune visite. Sa nourriture lui est fournie par une trappe et à ce jour, il n'a toujours pas prononcé un mot. Nous allons pouvoir observer son évolution en fonction de l'environnement. Il ne souffre pas, apparemment, de l'absence de communication depuis cinq ans. Il ne se lève guère, poursuit sa marche à quatre pattes et ne dort pas sur le matelas que nous avons installé à même le sol.

— Et Jason ?

— Il reçoit chaque jour de multiples cours, il sait jouer du piano, compter, lire. Il a la compréhension d'un enfant de dix ans et sa mère lui apporte l'environnement affectif nécessaire pour l'encourager. Cette méthode comparative est la seule qui convienne pour avancer. Nous allons bientôt pouvoir procéder à des tests.

— Qui est au courant de cette étude ?

— Nous trois, Doris et Ella évidemment. Je ne pense pas qu'elles en aient parlé à quiconque.

— Pas d'inquiétude dans quelques années mon cher Horst votre nom et vos travaux seront salués par des générations de scientifiques.

— Parfois je me demande si tout cela est bien utile.

— Ça l'est, puisque c'est nécessaire. Hans ne souffre pas. Il n'a pas de manque. Il ne connaît pas sa mère et son avenir était plutôt sombre. Grâce à vous, il passera lui aussi à la postérité. Nous allons vite régler ce problème de chantage.

Chapitre XIX

BERLIN 1928

L'allure faussement débonnaire, les traits du visage désaccordés, une face rougeaude de fille de la campagne, habituée à la cuisine au lard, l'oreille tendue en permanence, Franka Gerber peut se vanter d'être une concierge modèle.

La pension *Gudrun*, dont elle s'occupe depuis des années dans l'Alexanderstrasse, est réputée pour son calme. Elle y veille tout particulièrement, ne supportant aucune dérogation à l'ordre établi.

Le regard suspicieux et envieux qu'elle porte sur le monde ne s'égaie qu'à la vue du neveu claudicant, qu'elle a élevé seule après la disparition de ses parents. Il a fini par lui ressembler. À trente ans, parfaitement ignorant des émois du cœur, il se contente d'observer d'un œil mauvais les allées et venues du voisinage.

Cachés derrière leurs rideaux, ils épient des heures durant pour pouvoir s'en repaître au moment des repas. Rien ne leur échappe. La malveillance et l'indiscrétion les nourrissent mieux que le plus délectable des mets. Pas une phrase généreuse, pas une remarque positive n'alimentent leurs conversations. Seules, la critique et la délation y trouvent place. C'est leur miel quotidien, persuadés d'avoir pour mission d'organiser autour d'eux, un ordre nouveau à la hauteur de leurs frustrations.

Le moindre éclat de rire, les conversations trop enjouées, les jappements d'un chien, les heures d'arrivée et de départ des locataires, sont soigneusement retranscrits avec date et heure, dans un cahier d'écolier à spirale, qu'ils se relayent pour tenir à jour. Une vie respectable, à leurs yeux, doit se limiter à l'étroitesse de leur univers et ils laissent libre cours à leur ressentiment épistolaire contre tout ce qui n'est pas conforme à leur médiocrité.

L'installation de Doris et de son fils a été l'évènement de leur été. Leur surveillance maladive a repris de plus belle afin d'établir une fiche détaillée de leur emploi du temps.

Lorsqu'ils ne surveillent pas les habitants, ils assistent à toutes les réunions politiques du quartier. C'est là, qu'ils ont fait connaissance du responsable local du NSDAP, Ludwig Luster qui les a, chargés de recueillir l'adhésion au parti des locataires de l'immeuble.

Franka Gerber s'est particulièrement distinguée, rapportant d'emblée près d'une vingtaine de noms. Satisfait par ce zèle, Luster lui a confié la prospection des immeubles voisins.

Ce Ludwig Luster est un personnage discret, plutôt maniaque et très influent.

Il habite le quartier depuis une vingtaine d'années, taille avec méthode et rigueur les haies et entretient les jardins des immeubles de la rue. C'est son plaisir. Il assouvit ainsi sa curiosité, sa passion de l'ordre tout en arrondissant ses fins de mois. La rue est réputée pour ses clôtures verdoyantes et ses petits parcs. Toutes les semaines, il entasse les feuilles mortes et les branches coupées dans des sacs soigneusement ficelés qu'il dépose devant chaque entrée. Il parle peu, rentre à des heures régulières, ne reçoit personne, déteste en bloc, le bruit, les enfants et les animaux.

"Un monsieur bien sous tous rapports" pour les Gerber à qui cette absence totale de bienveillance, inspire un respect certain.

Franka lui raconte qu'elle s'est fait éconduire par Doris lorsqu'elle lui a présenté une feuille d'adhésion au NSDAP.

— Pour qui, elle se prend cette Américaine qui aurait dû depuis longtemps retourner chez elle ? poursuit-elle haineuse.

— Plutôt appréciée du régime, d'après ce que j'en sais, répond Luster

— Moi je crois qu'elle n'est pas nette. Mon flair ne m'a jamais trompée.

Elle lui propose de renforcer sa surveillance afin de faire un rapport plus précis. Il accepte avec empressement.

Doris rentre souvent tard, reconnaissable à ses chapeaux cloches colorés, ornés de fleurs en feutrine. Franka ne peut s'empêcher de constater que c'est une jolie femme. Elle ne reçoit jamais personne. Son fils l'accompagne dans tous ses déplacements. Elle ne le laisse jamais seul dans l'appartement sauf lorsque des professeurs viennent lui donner des leçons.

— Comment fait-elle avec un salaire d'infirmière pour payer tous ses cours ?

Ils décident de redoubler de vigilance.

Doris a parfaitement compris leur manège mais elle ne craint rien. Elle se sait protégée. Sa vie est limpide, seul compte l'aventure incroyable qu'elle vit à travers Jason.

Il a fait des progrès incroyables depuis que Horst s'occupe de son développement. C'est un petit garçon doué pour de nombreuses activités, il s'exprime en quatre langues : l'allemand, l'anglais, le russe et le français, il joue du piano, du violon, participe chaque semaine à des compétitions de tennis. Elle veille jalousement sur l'emploi du temps méticuleusement organisé par Horst Rathenald, soucieuse, parfois, du regard fatigué de son fils. Elle l'encourage, « quelle chance, que tu sois retenu pour cette expérience », lui répète-t-elle. Leurs rapports sont si fusionnels qu'elle ressent bien que le désir de Jason de lui faire plaisir passe avant sa lassitude.

Jeudi prochain, à la *Victors Haus* Horst lui fera passer les épreuves de son test annuel, afin de les publier dans ses travaux sur le développement des enfants à l'intelligence supérieure. Il sera interrogé, ensuite, par des médecins et des journalistes.

Il faut qu'il soit au mieux de sa forme. Alors elle renonce à le conduire au parc d'attractions foraines, comme il le souhaitait, et lui tend une feuille de révision de grammaire latine. Il la prend sans rechigner et part s'installer à sa table de travail.

Chapitre XX

COTTBUS 1929

Dans son bureau, Horst Rathenald reprend le texte d'introduction qu'il doit lire le lendemain.

« La nature humaine prise comme une réalité avérée qui supposerait un prédéterminisme inné, est un mythe qui relève d'une pensée génétique dévoyée. »

Là, c'est peut-être un peu fort ! Il faut nuancer. Il corrige :

« La nature se reconnaît à son universalité, à son existence spontanée. L'animal est constitué dès sa venue au monde sur les caractéristiques de son espèce. L'homme naît inachevé, instable mais libre. C'est sa force et sa faiblesse. »

Voilà c'est mieux ! Il poursuit : « Nous démontrerons dans cette étude que la nature de l'homme n'est pas immuable. Privé de son patrimoine culturel, il redevient un animal. C'est le cas de l'humain isolé de ses semblables. À l'inverse, dans le cas de stimulations intellectuelles ou physiques répétées et adaptées, il développera des capacités bien supérieures à ses semblables. »

Ce travail réalisé sur sept années à la *Victors Haus* se décline en trois parties :
« 1/ L'observation et la description des individus pendant toute la durée de l'expérience. 2/ L'élaboration d'une hypothèse. 3/ Les vérifications et les conclusions. ».

Voilà, là c'est clair ! pense-t-il.

Ce matin, il est allé observer Hans. La première phase du programme s'est parfaitement déroulée. Pendant ces années, il a scrupuleusement consigné dans ses carnets l'absence d'évolution du petit garçon, en l'observant au travers d'une glace sans tain.

La description de cette première partie devrait être convaincante.

À huit ans, Hans ne parle que par onomatopées et ne se tient pas debout naturellement. Lorsqu'il se relève, il reste voûté et préfère se déplacer sur ses quatre membres. Il passe ses journées accroupi, s'amuse avec ses excréments à barbouiller les murs. Il guette, toujours à la même heure, le moment du repas, et se précipite à quatre pattes vers l'assiette qu'on lui tend par la fente aménagée à cet effet.

Généralement il la renverse, ramasse la nourriture à même le sol. Il s'endort lorsque l'obscurité envahie la pièce et ne s'éveille qu'au lever du jour.

Quand son unique fenêtre a été obstruée, il a perdu ses repères, s'endormant à n'importe quel moment de la journée. Elle a vite été réouverte, pour faciliter le travail de la femme de ménage qui nettoie la cellule, lorsqu'il est assoupi. Même lorsqu'il s'éveille, elle a pour consigne de ne pas lui parler.

Les premiers signes de prostration et de dépression sont apparus récemment. Il a perdu ses cheveux qui se sont parsemés de pellicules, cessé de taper avec ses poings sur la porte. Il reste immobile, le regard vide, ne réagit plus à la livraison du repas, repousse la nourriture et des larmes formes des sillons noirs sur son visage inexpressif.

Ella arrive catastrophée dans le bureau de Rathenald avec la série de photos qu'elle a prise au travers de la fente prévue pour les repas. Ces photos doivent illustrer les travaux de cette première phase.

— Docteur, c'est plus possible. Il souffre, je le vois bien. Il faut le faire sortir, et vite, sinon il va se laisser mourir. Je ne peux plus supporter ça ! Vous avez tout ce qu'il vous faut pour votre étude. Ces photos sont suffisamment explicites. Laissez-le-moi ! Vous m'aviez promis que je pourrais prendre en charge sa rééducation, qu'il n'aurait pas de séquelles et qu'il ne souffrirait pas.

— Je n'ai pas changé d'avis, Ella, simplement l'expérience n'est pas terminée. La deuxième phase va débuter. Nous allons lui donner un compagnon.

— Un compagnon ?

— Plus exactement, une compagnonne, une petite chienne *Spiz*, prénommée Hygie, comme la déesse de la santé. Elle a six mois et elle est particulièrement calme. Les *Spiz*, sont des chiens réputés pour leur douceur. C'est une race très ancienne qui vivait dans les tourbières à l'âge de pierre. Regarde dans le carton ! *Hygiiiiie*, appelle Rathenald

Une boule de poils blancs, dont la tête rappelle celle du renard, qui ne doit pas peser plus de cinq kilos, surgit de la boîte, saute sur ses genoux et vient lui lécher le visage.

Ella reste sans voix.

— Mais docteur, ce n'est pas sérieux ! Il faut le sortir d'urgence, pas... lui donner un chien.

Rathenald caresse avec douceur l'animal, frotte son museau contre sa joue, le soulève en tendant les bras. Il semble ressentir une affection pour Hygie, qu'il n'a jamais manifesté à l'égard du petit garçon.

À de nombreuses reprises il a expliqué à Ella, que cette expérience était nécessaire pour rendre crédible sa démonstration. Ses travaux permettraient de sauver des êtres humains menacés par les thèses des partisans de l'hygiène Sociale dont les préconisations, elles, ne laissaient guère de place à l'émotivité. En contestant leurs conclusions, lui expliquait-il, il œuvrait pour l'humanité et la protection des plus faibles qui seraient injustement rejetés par les défenseurs de la suprématie de la race aryenne. Et puis, à l'issue de l'expérience, il lui confierait Hans, comme il le lui avait promis, et faciliterait son adoption.

La force de persuasion de Rathenald et l'admiration qu'elle lui porte lui ont permis pendant toutes ces années d'effectuer sa tâche en secret, sans trop d'états d'âme, attendant la libération d'Hans pour le recueillir Mais celle-ci se fait attendre, l'état du petit garçon se dégrade.

— Fais-moi confiance Ella, Hans va retrouver le sourire. Nous nous retrouverons demain soir pour observer l'accueil qu'Hans va réserver à Hygie.

Effectivement c'est un succès. Dans un premier temps, Hans prostré se recroqueville en hurlant de peur à la vue de la petite chienne mais Hygie, loin d'être effrayée, s'approche de l'enfant, lui lèche la jambe. Hans tend la main avec méfiance, l'observe et finit par l'attirer vers lui pour la prendre dans ses bras. Il renifle bruyamment son pelage, ses oreilles, soulève sa queue, se frotte contre elle en grognant de plaisir. Hygie répond par un jappement et un aboiement. Elle veut jouer. Hans se redresse sur ses genoux, la repose sur le sol et aboie à son tour. Pendant quelques secondes c'est un concert inattendu, chacun répondant à l'autre en le fixant dans les yeux, dans un langage que seule la complicité qui les unit déjà, peut partager.

Derrière la glace, Ella pleure. Horst Rathenald lui fait un clin d'œil d'un air entendu.

Chaque jour, elle revient les voir jouer à quatre pattes en aboyant à tour de rôle. Ils semblent se comprendre. Ils se lèchent, mangent dans des écuelles côte à côte et dorment serrés l'un contre l'autre. Hygie a jugé d'emblée que le matelas était plus confortable, et pour rester avec elle, Hans renonce à dormir sur le sol.

— Cette première forme de socialisation par l'imitation, est remarquable juge Horst.

— C'est vrai, il semble heureux et il progresse au contact de Hygie. Cela fait plaisir de voir à quel point ils sont attachés l'un à l'autre. J'adopterai les deux ! Combien de temps doit-on encore les maintenir ici ?

— Pas de précipitation. Dans un mois, nous aurons suffisamment d'éléments pour envisager la troisième phase.

— Encore une phase ! Je croyais que c'était terminé. De quoi s'agit-il ? demande Ella inquiète.

— Tu le sauras en temps et en heure. Ce sera la dernière. Promis.

Chapitre XXI

BÉARN 1929

Au matin, les fenêtres grandes ouvertes, Lotte allongée sur son lit réfléchit au projet de portfolio, « *Elles* », qu'elle doit livrer à l'éditeur. Les feuilles de textes et les photos envahissent le lit. Elle doit choisir, trouver la chronologie juste : Sylvia, Adrienne, Kiki, Joséphine, Lili, la tigresse de Berlin et d'autres femmes croisées au fil de ses reportages, sont les héroïnes de l'ouvrage. Pour chacune d'elles, un écrivain, un poète ou un peintre livre une vision personnelle de ces personnalités singulières. Portraits croisés, différences assumées, un dénominateur commun les relie, l'audace. Elle est plutôt satisfaite du résultat. Pour Gabrielle Chanel, un poème de Pierre Reverdy, pour Sylvia Beach, un texte de son cher James Joyce, pour Lili une lettre de Magnus, pour Adrienne, un dessin au fusain de Poiret dont elle avait été le mannequin vedette. L'album devrait avoir de l'allure, pense-t-elle, en rassemblant dans son carton à dessin les documents numérotés.

Voilà bientôt cinq ans qu'ils sont en France. Comme chaque été, ils sont venus passer le mois d'août dans la propriété béarnaise des Lagache. Par la fenêtre ouverte, elle entend le souffle du vent dans les branches du cerisier à fleurs, les cloches de l'église voisine, le ruissellement de l'eau à la fontaine, le chant des oiseaux. Elle se sent merveilleusement bien dans ce cadre et elle est heureuse de retrouver Georges et Olga les parents de Thomas.

L'été s'efface. Le temps change. Bientôt les nuages s'avancent menaçants encerclant la maison, telles des ombres félines s'étirant dans le ciel en faisant le gros dos. La moiteur ambiante laisse présager le déchaînement prochain. Il survient en un grondement sinistre au moment où Thomas entre dans la chambre et pousse en riant les papiers du lit pour la rejoindre. Lorsque le battant de la fenêtre claque, que l'eau pénètre dans la chambre poussée par le vent, ils ne s'en rendent pas compte. Ils sont loin déjà, très loin au royaume des amants.

Quelques heures plus tard, alors qu'ils rejoignent les parents de Thomas au salon, elle montre la dernière critique qui lui est consacrée dans le magazine *Vu* : « Lotte Sandberg nous livre dans cet ouvrage, sur les toits de Paris, une nouvelle grammaire visuelle, une vision moderniste et graphique où le regard bascule, où les rythmes s'imposent et nous entraînent dans son univers esthétique. Elle est le miroir d'une réalité plastique particulièrement harmonieuse. Avec elle, nul ne peut contester que la photographie soit une composante de l'art moderne. »

— C'est un peu pompeux, raille Thomas, amusé.

Ses parents au contraire la félicitent. *Vu* est un magazine prestigieux, ce qui se fait de mieux pour les photographes. Au fil des mois, elle est devenue l'une des égéries de la modernité photographique, mais elle est toujours aussi impressionnée que ses photos côtoient celles de Cartier-Bresson, Robert Capa, Man Ray et Brassai.

Quand elle se retourne sur ses années parisiennes c'est comme si la ville lui avait offert une renaissance, Elle le pressentait en arrivant. Depuis qu'ils vivent à Paris, pas une seule journée elle n'a regretté Berlin. Ils sont heureux ici. Thomas retourne régulièrement en Allemagne mais sans elle. Elle est bien trop absorbée par son travail. À chaque retour, il lui parle du climat d'intolérance, il semble bien plus inquiet qu'elle, pour ce pays qui n'est pas le sien.

Paul Marcil a joué un rôle décisif dans l'équilibre

de leur couple, en proposant à Thomas, un poste d'entraîneur auprès de la fédération française d'athlétisme. Une révélation ! Cette opportunité lui a permis, après son renoncement à sa carrière sportive, de montrer d'emblée sa force de persuasion. Il est parvenu à convaincre un jeune athlète de 18 ans, Franz von Zollern, spécialiste des 400 et des 800 m, de lui faire confiance pour son entraînement. Franz est né dans une famille allemande cosmopolite repliée en France depuis la chute de l'Empire. Il a une séduction naturelle, une élégance lorsqu'il court qui émerveillent les journalistes sportifs. Nul ne doute du brillant avenir qui s'ouvre devant lui, et pour ne rien gâcher, son physique athlétique, son regard franc, son sourire éclatant, lui valent une attention féminine qui en agace plus d'un. C'est Paul qui a présenté Frantz à Thomas pressentant qu'il saurait mieux que lui gérer cet athlète fougueux. Ces deux-là se ressemblent, mais à la différence de Thomas, Frantz ne vit que pour l'athlétisme.

Chaque jour, des supportrices se massent devant les grilles du stade, pour l'apercevoir s'entraîner. Thomas, qui a vécu tout cela bien avant lui, s'amuse de son succès et lui donne de multiples conseils... À ne pas suivre ! Leur complicité est réelle. Thomas vivait en Allemagne et courait pour la France, alors que Franz vit en France et défend les couleurs de l'Allemagne. Cette coïncidence les a rapprochés. Ils voyagent entre leurs deux patries au gré des entraînements et des compétitions et conservent pour leur pays d'origine un attachement mutuel. Pour Thomas, Franz est le prolongement de son destin sportif. Cette flamme qu'il n'a pas su entretenir, il parvient à l'insuffler mieux que quiconque à son jeune élève.

Mais cette satisfaction sportive n'aurait pas été suffisante, s'il n'avait trouvé parallèlement aux longues heures passées avec Franz sur les stades, l'occasion de poursuivre son engagement politique.

Il participe aux réunions de la SFIC, la section française de l'Internationale communiste. C'est Boris Souvarine, l'un des dirigeants de l'organisation, croisé naguère à Berlin avec Sergueï, qui l'a fait admettre dans ce nouveau parti bolchevique.

Il prolonge ainsi son expérience politique berlinoise et conjugue ses deux passions.

Jamais leur couple n'a été aussi apaisé. Les nouveaux amis de Lotte sont devenus les siens et il admire sa réussite. Parfois, ils songent à avoir un enfant, mais se disent qu'ils ont encore le temps, l'avenir est incertain, ce n'est pas une priorité... Trop occupés, trop libres pour laisser la place à la moindre intrusion entre eux.

À leur installation à Paris, ils ont retrouvé Sergueï. Toujours aussi fantasque, il peut disparaître pendant des semaines sans donner de nouvelles ou passer plusieurs jours chez eux à dormir dépressif, ne s'éveillant que pour mieux s'enivrer. Les choses ont changé. Lotte s'est habituée à ses comportements imprévisibles. Elle n'a plus le sentiment d'exclusion qu'elle ressentait à Berlin. Sa réussite professionnelle lui a apporté une forme de sérénité. Elle a appris à mieux le connaître. Lorsqu'il est à jeun, il s'intéresse à son travail, lui suggère des orientations créatives que son tempérament raisonnable n'aurait jamais envisagées. Il a sur le monde un regard désespéré qui ne cesse de l'émouvoir. C'est un personnage fascinant et destructeur. Rien ne trouve grâce à ses yeux et en premier lieu son propre travail, jamais satisfait, ses succès lui semblent toujours usurpés. Elle essaie de le rassurer mais rien n'y fait. Son mal de vivre ne trouve d'apaisement que dans l'alcool et la fuite. Il voyage sans cesse, leur envoie des nouvelles de ses rencontres et de ses frasques.

Un soir, alors qu'elle le croyait à Moscou, Thomas

rentre bouleversé d'une réunion avec Souvarine qui vient de l'informer sous le sceau du secret que le corps de Sergueï a été retrouvé pendu à un tuyau de chauffage dans une chambre d'hôtel de Leningrad. Pour les autorités soviétiques la thèse du suicide ne fait aucun doute et l'annonce officielle va être faite dans ce sens. Thomas ne peut y croire. Serguei était parti pour confier ses nouveaux poèmes à son éditeur. Ils avaient d'ailleurs reçu une lettre.

« Thomas, Lotte mes chers amis,

Mon voyage fut très long cette fois-ci mais ce ne fut pas pour me déplaire. Parti de la gare du Nord, j'espérais aller vers Varsovie mais la ligne directe étant interrompue à la suite d'un incident entre la Pologne et l'URSS, nous avons dû passer par Riga, après une brève escale à Berlin.

Pendant ces trois jours de trajet dans la campagne enneigée, j'ai retrouvé avec bonheur les paysages de mon enfance à Konstantinovo, les gares grouillantes, les villages d'isbas, les paysans proposant leurs maigres récoltes à chaque halte. J'aime immensément ma Russie, le souvenir de ma rivière Oka, ne m'a jamais quitté et je crois qu'elle sera ma dernière image lorsque je fermerais les yeux. Je ne veux plus être que le poète des campagnes, de la steppe bleue du ciel.

À Moscou, mon éditeur m'a réservé une chambre à l'hôtel Ukraine et des billets pour assister au premier tournoi international d'échecs financé par l'État soviétique. Il a été remporté par Efim Dmitrievitch Bogolioubov. Te souviens-tu de lui ? Il m'a dit vouloir quitter l'Union Soviétique pour s'installer en Allemagne. Il semble aussi désenchanté que moi par la dérive totalitaire du régime. Où sont passés nos idéaux d'octobre ? Seul Trotski les incarne encore. Le soir, comme tu l'imagines, j'ai fait la tournée des grands ducs et fini à l'aube dans le lit d'une belle, dont j'ai oublié le nom. Pour m'en remettre j'ai passé deux heures aux bains Sandounovski le lendemain. Ici rien ne change, le décor est toujours le même, l'escalier rococo menant vers la grande salle néogothique, les colonnes romaines et toujours autant de monde qu'avant la révolution. C'est dans la rue qu'on voit vraiment une différence. On voit des d'enfants défiler en chantant derrière des drapeaux rouges. Ils n'ont jamais connu le tzar. C'est un peuple nouveau qui se lève et veut sa place au soleil. Seront-ils plus sages que les anciens ? J'en doute.

Je ne me suis pas attardé à Moscou, Beaucoup trop de choses ici me rappellent ma rencontre avec Isadora il y a trois ans. Même si cette histoire ne fut pas plus réussie que toutes mes autres amours, son souvenir me poursuit. Un effet, peut-être, des médicaments que je prends depuis ma dépression.

Demain je pars pour Petrograd, j'ai du mal à dire Leningrad puisque la ville vient encore de changer de nom. J'ai une chambre à l'hôtel d'Angleterre pour quelques jours. La relecture du livre est terminée et l'impression devrait suivre rapidement. Je pense revenir en France rapidement, afin de superviser la traduction française.

Je voulais aussi vous faire part d'une étrange rencontre. J'ai eu la surprise hier, lors d'une dédicace, d'être sollicité par un Allemand qui m'a dit qu'il vous connaissait. Il est pianiste, en exil ici depuis quelques mois. Il paraissait mal à l'aise et prenait beaucoup de précautions pour passer inaperçu. Il m'a donné l'adresse d'un hôtel où il séjourne. Je vais aller voir et j'espère, très vite, vous en dire plus. »

Pour Thomas, il n'est pas possible qu'un auteur en pleine phase d'édition mette ainsi fin à ses jours. Sergueï était, certes, dépressif, souvent alcoolisé, mais rien dans cette lettre ne laissait présager qu'il voulait en finir. Bien au contraire. Quel était ce pianiste allemand ? S'agissait-il d'Otto ?

Toutes ses tentatives auprès des camarades du Parti pour en savoir davantage sur cet étrange rendez-vous, se soldent par un échec. Personne ne connaît Otto à Moscou, personne ne conteste le suicide de Serguei. On lui sert la version officielle et les derniers mots écrits avec son sang : « Au revoir, mon ami, sans poignées de main, ni paroles, ne t'attriste pas, ne fronce pas les sourcils, dans cette vie, il n'est guère nouveau de mourir mais vivre n'est certes pas plus nouveau ! »

Pour Thomas, c'est loin d'être une preuve. Serguei écrivait souvent avec son sang, lorsqu'il n'avait pas d'encre. C'était fréquent chez lui. La seule explication possible pour Thomas est une intervention du *Guépéou*, la police d'état soviétique. Il est persuadé qu'elle est responsable de la mort de son ami. Serguei dérangeait. Sa notoriété, sa liberté, ses critiques du régime ne pouvaient que déplaire.

Cette conviction l'habite douloureusement. Que pouvait un poète aussi échevelé que Sergueï, aussi imprévisible jusqu'à la déraison, face au *Guépéou* ?

Thomas refuse d'aller aux funérailles nationales.

— Je ne veux pas assister à ce simulacre d'hommage alors qu'ils l'ont assassiné !

— Comment peux-tu être si sûr de toi ? Moi je pense, qu'il est mort de désespoir. La fin de ses espérances, son alcoolisme, quatre mariages, autant d'échecs, ses dépressions, ses séjours à l'hôpital, cela ne suffit pas pour te convaincre qu'il en avait marre de vivre ?

— Non. Son œuvre comptait plus que tout. Il était toujours sobre lorsqu'il écrivait. Je ne pourrai jamais y croire !

Pendant plusieurs semaines, Thomas garda dans le regard une infinie tristesse. Il n'a aucun moyen de découvrir la vérité. Aucune relation au *Guépéou* qui pourrait lui donner des informations. Puis, la résignation peu à peu succède à la sidération.

Personne très vite, à part lui, ne prête plus attention à cette histoire.

Lotte la première s'en désintéresse. La mort de Sergueï est à l'image de sa vie, une énigme. Elle n'a plus de nouvelles d'Otto. Était-il l'homme évoqué dans la lettre, elle en doute.

La photographie occupe toutes ses pensées. Elle est enfin reconnue pour ce qu'elle a toujours voulu être. L'Isis du *Play-boy*, appartient aux ombres du passé.

Elle collabore maintenant, non seulement à *Vu*, mais également à *L'Excelsior.*

Le quotidien, a été le premier en France à publier ses photos, grâce à l'introduction d'Adrienne. Depuis, malgré le succès, elle est toujours restée fidèle et continue de fournir des reportages. Elle traite l'actualité selon ses choix du moment. Elle peut se le permettre. Sa signature est recherchée.

Les bureaux de L'*Excelsior* sont situés avenue des Champs-Élysées non loin de leur nouvel appartement de la rue Balzac, où ils se sont installés après avoir quitté la rue de l'Odéon.

Les membres de la rédaction du magazine sont comme une nouvelle famille. La sienne est si loin, presque oubliée. Lorsque la nostalgie de l'exil l'envahit, elle se rend dans ces locaux où tout a vraiment commencé. Le chef des informations, Philippe Soupault, l'ami surréaliste des premiers jours, est aussi bienveillant que créatif. Son œil est infaillible et nul ne sait mieux que lui légender ses photos. C'est comme s'il avait le pouvoir de les animer avec des mots.

L'Exelsior privilégie l'information par l'illustration. Il publie une trentaine de clichés par numéro mais aussi des cartes, des croquis, des graphiques, et propose des suppléments photographiques. À la rédaction un mot d'ordre : « *Le plus court croquis en dit plus long qu'un long rapport* ». Cette approche a été très formatrice. Elle lui a donné le goût de l'essentiel, de l'épure. Être simple pour en montrer plus. Elle est ainsi devenue l'une des représentantes les plus connues du courant « *Nouvelle Vision* ».

Depuis peu, elle utilise un nouveau *Leica*, plus petit, plus maniable. Il bouleverse sa technique et lui permet de saisir le monde selon des perspectives différentes. La plongée, la contre-plongée, la vision latérale, structurent désormais ses prises de vues par des diagonales dynamiques et des cadrages en plans rapprochés. Finie, la perception plane du réel.

Son ouvrage sur les toits de Paris, encensé par *Vu*, en est une démonstration parfaite. Elle a utilisé des reflets pour démultiplier les plans et les formes de différents bâtiments. En fait, c'est une restructuration abstraite de la réalité.

Elle passe de longues heures dans leur appartement, pendant que Thomas part entraîner Franz sur les terrains de Colombes, à choisir ses publications, élaborer son portfolio annuel et ses expositions dans les galeries de la rive gauche.

Ses vernissages sont prétextes à des retrouvailles amicales où se mêlent le monde artistique parisien et les amis sportifs de Thomas. C'est à l'une de ces occasions qu'elle fait connaissance de l'américaine Eyre de Lanux, la décoratrice du tout-Paris, mariée à un diplomate français. Elle est de toutes les fêtes et tient une rubrique dans le magazine *Town& Country*.

Lotte adore son style. Elle lui confie l'aménagement de la rue Balzac

Le résultat est très réussi. Les tentures et les rideaux de la maison *Braquenié*, associés à des tapis aux brins noués à la main, d'un subtil dégradé de beige, donnent à l'ensemble la patine d'une maison de famille. Sur ses conseils Lotte fait l'acquisition de deux peintures de Tamara de Lempicka, d'un buffet Ruhlmann en ébène de Macassar, de fauteuils gainés de cuir, d'une boîte à cigare en galuchat et d'une table de verre sablé supportée par deux cubes de métal. Elle gagne bien sa vie et elle dépense sans compter pour cet appartement. C'est son cocon, le lieu de tous ses projets et surtout leur refuge. Elle a le sentiment d'y avoir déployé ses racines. Thomas peu sensible au charme d'Eyre et à la délicatesse du galuchat, se désintéresse ostensiblement de la décoration. Depuis la disparition de Sergueï, son humeur s'est assombrie.

La rue Balzac accueille régulièrement leurs amis : la bande des débuts : Sylvia, Adrienne, Man Ray, Kiki, Elsa Triolet, la sœur de Lili Brik, Philippe Soupault, quelques sportifs : le coureur Joseph Guillemot, le jeune rugbyman polytechnicien Yves du Manoir, et Suzanne Lenglen, coqueluche des journalistes qui, un soir est arrivée fièrement avec l'article de l'historien André Lichtenberger : « au commencement du monde il n'y avait personne, puis Dieu créa Adam, puis Ève puis Suzanne Lenglen »

Lucien Vogel, le propriétaire de *Vu* vient aussi souvent chez eux. C'est un esthète doublé d'un homme de presse avisé. Il a déjà lancé *la Gazette du Bon Ton, l'Illustration des modes, Vogue.* Il a aussi été commissaire du pavillon soviétique à l'exposition internationale des arts décoratifs et industriels modernes de 1925 et largement contribué à asseoir la réputation de Lotte.

La préférée de Thomas, « sa baroudeuse » comme il la nomme, celle qui lui fait retrouver sourire et insouciance, c'est Hélène Boucher, une aviatrice casse-cou multipliant les exploits de voltige et de vitesse. Lorsqu'elle vient dîner chez eux, dans la voiture dont elle assure la publicité, une Renault 6 cylindres *Vivasport*, souvent accompagnée par deux autres aviatrices de renom, Maryse Bastié et Adrienne Bolland, elles ne passent pas inaperçues.

Hélène se gare à grand renfort de klaxons et les invités foncent vers les fenêtres pour applaudir leur arrivée.

Toutes les trois militent pour l'obtention du droit de vote des Françaises. Thomas, plus sensible à leur combat féministe qu'aux conversations sur les vertus comparées des techniques picturales d'avant-garde et des analogies cosmiques, apprécie ces femmes indépendantes, avec lesquelles il partage de nombreux engagements. Il soutient leur combat pour l'obtention du droit de vote. En Allemagne, les femmes l'ont obtenu en 1918 et il ne comprend pas qu'il n'en soit pas ainsi dans son pays.

Chapitre XXII

COTTBUS 1930

En fin d'après-midi, avant la conférence du lendemain, Rathenald regarde les derniers tests d'intelligence de Jason. Ils sont encore plus spectaculaires que les précédents. Doris n'est toujours pas au courant de l'existence de Hans. Il a fait promettre à Ella un secret absolu, et a préféré lorsqu'il a senti que cette dernière pouvait craquer, installer Doris et son fils dans un appartement tranquille de l'Alexanderstrasse.

Dans ses conférences, toutes ces dernières années, il n'a jamais évoqué l'existence de l'enfant caché de Cottbus. Il s'est attaché à démontrer qu'un être humain stimulé par une éducation adaptée peut réaliser des performances exceptionnelles. Jason est devenu une véritable attraction dans le pays. Tous les journaux relatent ses résultats hors du commun. Mais cette stimulation mentale, qui doit beaucoup à ses observations sur l'entraînement des athlètes de haut niveau, n'est pas suffisante pour convaincre ses détracteurs. Il doit fournir d'autres preuves pour démontrer, à l'inverse, qu'un enfant écarté de toutes sollicitations intellectuelles, affectives et sociales, ne peut se développer normalement. Les apprentissages sont au cœur de l'amélioration d'une société. La race n'a rien à y voir. Il en est totalement persuadé.

Il rédige son texte sur le quotient intellectuel. Il veut être le plus précis possible : « Paul Broca (1824-1880) et Sir Francis Galton (1822-1911) font figure de pionniers en matière d´évaluation de l´intelligence. Ils pensaient pouvoir déterminer l´intelligence en mesurant le volume crânien. Selon eux, plus ce périmètre crânien était important, plus la personne était intelligente.

Wilhelm Wundt (1832-1920) évalua, lui, l'intelligence par l'introspection, c'est-à-dire la capacité humaine à réfléchir, mais c'est notre compatriote, le psychologue William Stern, qui en 1912, a publié la première échelle mesurant l'intelligence. Stern a, pour cela, associé la philosophie et l'approche scientifique ».

C'est clair, pense-t-il et pas trop long comme introduction. Il doit très vite évoquer le cas de Jason. C'est lui, que l'auditoire vient rencontrer.

Il poursuit : « Voici sept ans que nous travaillons en étroite collaboration avec sa mère pour assurer à Jason, un développement particulièrement stimulant. À un an, il était un enfant à l'évolution analogue à celle des enfants du même âge. Il en a huit maintenant et on peut dire que le résultat que nous avons obtenu, grâce aux méthodes d'apprentissage stimulantes, que nous avons mises en place atteste de la pertinence de nos travaux.

Il fait preuve d'une mémoire peu commune, capable de donner le nom de cent villes allemandes et de les situer sur la carte. Il s'exprime, depuis qu'il a six ans, en quatre langues, peut réaliser des démonstrations mathématiques de haut niveau face à des élèves de classes terminales. Il est aussi un musicien et un sportif accompli.

Ce résultat est le fruit d'années d'apprentissage et illustre...

On frappe à la porte. Il interrompt l'écriture de son rapport, et prend la lettre que sa secrétaire lui tend.

Il met du temps avant de l'ouvrir, pressentant une nouvelle complication. Il se souvient de la dernière lettre déposée sur son bureau avec une clef à l'intérieur. Dieu merci, cela n'est plus qu'un mauvais souvenir. L'enquête diligentée par Ilse et Ernst avait permis de confondre Bruno Haupmann, l'informateur du Parti, qui effectuait des travaux de menuiserie à l'hôpital et à la *Victors Haus*. Depuis il n'avait plus jamais reçu de lettres de chantage.

L'affaire avait été rondement menée. Il avait été décidé, d'attirer le maître chanteur dans la gare, en mettant la somme demandée dans le casier 21. Des membres du NSDAP s'étaient relayés jour et nuit dans la consigne située dans une pièce en retrait des guichets. Au bout d'une dizaine de jours, la femme d'Haupmann s'était présentée et avait ouvert le casier. Immédiatement ceinturée en possession de l'argent, elle avait été conduite à la direction de la police chargée des affaires sensibles. Elle avait prétendu ne pas être au courant du contenu de l'enveloppe, que son mari l'avait chargée de récupérer. Haupmann, appréhendé à leur domicile, quelques heures plus tard, avait clamé, lui aussi, son innocence. En pure perte, car sous leur lit, la machine à écrire et les brouillons de lettre de chantage avaient été retrouvés.

Cette nouvelle l'avait choqué. Il faisait une totale confiance à Haupmann. Il lui avait demandé de confectionner la trappe par laquelle on transmettait les repas à Hans. Sa seule satisfaction dans cette sordide affaire c'est qu'Ella soit étrangère au chantage. Il s'en voulait d'en avoir douté.

Il pose son stylo et se décide à ouvrir la lettre. C'est un courrier expédié de Paris.

« Docteur Rathenald,
Comme vous le savez, après l'arrêt de ma carrière, j'ai commencé une carrière d'entraîneur. J'aurais souhaité que vous puissiez examiner mes jeunes coureurs, effectuer les tests et les recommandations nécessaires, à l'amélioration

de leurs performances. Je vais revenir passer quelques semaines à Berlin

Je suis à distance vos travaux. Tenez bon. Il est important de faire entendre une autre voie que celle encouragée par le Régime allemand. D'après ce que nous lisons ici, il semble que beaucoup de médecins jouent les apprentis sorciers avec la génétique. C'est très inquiétant et courageux de votre part de marquer votre différence. J'aimerais beaucoup que nous puissions en parler. Peut-être au cours d'un prochain dîner ?

Lotte malheureusement ne sera pas du voyage. Ses engagements professionnels ne lui permettent pas de quitter Paris mais elle se joint à moi pour vous adresser ses amitiés.

Votre bien dévoué.

Thomas Lagache. »

Rathenald se lève, va rejoindre le bureau d'Ella pour lui donner la lettre et lui demande de répondre en fixant un rendez-vous dans les prochaines semaines. Il sera heureux de rencontrer ce nouveau prodige des stades que Thomas entraîne.

— Comment va Hans ? Interroge-t-il.

— Métamorphosé depuis qu'il a Hygie. Vous aviez raison.

— Tu as des photos ?

— Plein ! Mais vous devriez venir voir. C'est l'heure de la sortie d'Hygie.

— Oui, allons-y !

Ils quittent l'institution, traversent le parc et se dirigent vers le discret bâtiment où se trouve Hans. Même s'il en a réalisé les plans et l'aménagement, il n'aime guère s'y retrouver. Les cris de l'enfant résonnent à ses oreilles.

Malgré les années il a toujours du mal à les supporter et se contente des photos et des rapports d'Ella.

Depuis l'arrivée de Hygie, il vient cependant plus volontiers. Hans a changé. Il est tranquille, dort plus longtemps, a retrouvé l'appétit. Rathenald se félicite d'avoir eu l'idée de les réunir. Ella, aussi, s'est calmée, bien qu'elle ne cesse de lui demander quand elle pourra récupérer l'enfant. Elle a repris son travail, ne vient plus l'interrompre inopinément comme elle le faisait avant l'arrivée d'Hygie et elle semble s'habituer à la situation. Il redoute que la suite du programme ne provoque à nouveau des crises, mais on n'en n'est pas encore là, pense-t-il, en s'installant derrière la glace sans tain pour observer l'enfant.

Hans nu dans sa cellule s'est assoupi. Ses cheveux pendent jusqu'à ses fesses. Il a huit ans maintenant Contre lui, Hygie ne bouge pas. Il a repoussé au loin la couverture. La chaleur de l'animal lui suffit. Cela fait plus d'un an qu'ils sont ensemble.

Soudain il s'éveille en entendant les pas d'Ella dans le couloir. Au même moment, la petite chienne s'élance vers la trappe aménagée pour ses sorties. Son visage se fige, il semble inquiet en entendant la voix appeler : « Hygie, komm her. »

Hygie s'assoit et se met à aboyer joyeusement. Avant de franchir le seuil, elle tourne la tête vers Hans comme pour lui demander la permission et disparaît. Lorsqu'elle est partie, les traits du garçon sont méconnaissables. Il cogne avec ses poings et ses pieds contre la porte. Il hurle « Hygiiiiiie, Hygiiiie komi ! » Il arrive même à se tenir presque debout. L'expression de son visage est partagée entre la peur et la colère. Quelques jappements lointains répondent à ses appels. Puis, c'est le silence. Il retombe sur les fesses, lourdement, désespérément. Il fixe la trappe, guette le moindre son et répète inlassablement « Hygie, Hygie komi ! »

Lorsqu'à nouveau le bruit des pattes et les jappements de joie d'Hygie retentissent, son visage s'illumine « Hygie, Hygie komi ! » Il frappe dans ses mains. Les aboiements de la petite chienne répondent aux siens. La trappe s'ouvre, elle saute dans ses bras, lèche son visage. Il tombe à la renverse, court sur les pieds et les mains après elle, l'attrape et ils roulent, enlacés d'un mur à l'autre de la pièce en poussant des grognements de satisfaction.

Une fois, lui explique Ella, il a essayé de sortir en même temps que l'animal mais la trappe est bien trop étroite, Elle avait dû le repousser doucement pour éviter qu'il ne se fasse mal et il l'avait violemment mordue. Elle lui montre la cicatrice.

— Voyez ! Mais comment lui en vouloir, il est si malheureux lorsqu'elle s'en va. Auparavant ses journées étaient rythmées par le lever et le coucher du soleil, mais depuis qu'elle est là tout est différent. Il revit. Elle est si intelligente. Elle comprend tous ses gestes, partage ses caresses. Ils ont un langage qui n'appartient qu'à eux Docteur. Vous avez vu ses progrès ?

Horst Rathenald ne répond pas. Il écrit quelques notes dans un carnet. Elle poursuit :

— Pour les repas, c'est toujours pareil. Il lui laisse finir sa gamelle. C'est incroyable leur connivence, regardez les jouer !

Hans appelle, « Hygie, Hygie, komi ! » *E*lle penche la tête de chaque côté, le fixe attentivement puis trottine vers lui. Il se sauve en riant, emportant la gamelle vide pour la cacher dans un coin. Elle le suit, attrape l'assiette en bois. Ils tirent chacun de leur côté. Il lâche, le premier, faisant semblant de basculer et ils aboient de joie.

— Remarquable, dit Hans.

— Oui, vous avez remarqué. Il a lâché la gamelle le premier pour lui faire plaisir. Il est rusé non ? Un vrai coquin prêt à découvrir le monde !

— Voyons, voyons, Ella, pas d'emballement ! Je comprends votre attachement depuis toutes ces années mais vous avez à poursuivre vos observations et pour cela il faut de l'objectivité.

— Jusqu'à quand ?

— Nous allons voir. Cela dépendra de ce qui se passera ces prochaines semaines.

Maintenant Hygie assise devant le panneau de la glace sans tain, les fixe, elle penche sa tête et se met à geindre. « Hygie, Hygie komi », dit Hans. Elle se retourne vers lui frétillante, revient vers le panneau. Il va la chercher, s'allonge, sur le matelas, en la serrant dans ses bras, sa truffe humide contre sa joue. Il se réchauffe à son pelage. Elle ne cherche pas à fuir, bien au contraire, reste contre lui immobile. Ils ferment les yeux. Très vite leurs souffles se font plus sonores. Ils dorment profondément.

— Rentrons. Je dois regagner Berlin ce soir. N'oubliez pas que nous devons nous retrouver demain avec Doris et Jason. Il va falloir accélérer la fin de l'étude. Ils deviennent grands maintenant.

Elle aimerait qu'il lui en dise plus sur cette dernière phase, mais elle sent qu'il ne faut pas le brusquer. Elle regagne sa chambre de la *Victors Haus.* Elle entend le bruit sa voiture démarrer. Elle prendra le premier train demain. La femme de ménage se chargera des promenades d'Hygie. Elle a de plus en plus de mal à se séparer de l'enfant.

Dans la nuit, quelques heures plus tard, une ombre se faufile jusqu'à la cellule, ouvre la porte, pose sur le museau de la chienne endormie un mouchoir imbibé de chloroforme, avant de disparaître dans la nuit avec l'animal sous le bras. Dans la pièce, Hans toujours endormi, se retourne de l'autre côté.

Lorsqu'il ouvre les yeux avec le jour, il tend les bras et il comprend qu'elle n'est plus là. Ce n'est pourtant pas encore l'heure de la promenade. Il hurle « Hygie, Hygie, komi komi komi », un long cri strident, qui semble ne jamais devoir s'éteindre. Il essaie d'accéder à la fenêtre, bien trop haute pour sa petite taille, pour voir l'extérieur. Il frappe sur la trappe. Les larmes surgissent. Il jette la gamelle de nourriture, reste prostré, accroupi, tête baissée, les bras enserrant les jambes répétant inlassablement le nom de la petite chienne. Mais elle ne vient pas. Il n'entend rien, ni ses aboiements, ni le bruit de ses pattes lorsqu'elle s'approche ni la voix qui l'appelle. Rien que le silence de l'absence.

Lorsqu'Ella rentre le soir même, elle hésite à aller voir Hans. La journée a été rude. Les tests avec Jason ont duré longtemps. Il était fatigué, répondait mécaniquement aux questions. Doris en revanche était radieuse. L'étude que lui a confiée Rathenald sur la motivation des athlètes par l'hypnose est très positive. Jason, bientôt pourra en bénéficier afin d'accélérer encore sa phénoménale progression. Ella trouve que cela fait beaucoup pour un enfant de huit ans mais apparemment elle a l'air d'être la seule à le penser.

Elle est fatiguée et décide d'aller se coucher directement. Elle ira voir Hans demain matin.

Le lendemain de bonne heure, elle rejoint le bâtiment et s'étonne du silence. Pas le moindre aboiement, pas un cri. C'est pourtant l'heure de la balade. Lorsqu'elle s'installe derrière la glace sans tain elle a du mal à en croire ses yeux. Il est seul, sans sa chienne. Il sanglote, totalement prostré, répétant d'une voix cassée, à peine audible, « HygieHygieHygie gie gie gie », sa détresse est si intense, qu'elle en a le souffle coupé.

Elle quitte le bâtiment en courant, monte les escaliers qui mènent au premier étage de la *Victors Haus*, où se trouve le bureau de Ernst Rathenald, ouvre la porte, sans attendre qu'il lui dise d'entrer.

— Hygie a disparu.

— Je sais Ella. Elle est là ! « Hygie, komm her ! »

Sous le bureau, Hygie semble dormir. Elle n'a pas bougé, lorsque Ella est arrivée, ni même lorsqu'il l'appelle. Elle soulève les yeux et replonge dans sa torpeur.

— Quoi, mais qu'est-ce qui se passe ? Qu'est qu'elle a Hygie, elle est malade ? C'est pour cela qu'elle est là ?

— Hygie va fort bien, juste un peu déboussolée mais cela va vite rentrer dans l'ordre. C'est la phase trois, Ella, celle des émotions. Il nous faut savoir comment Hans réagit sans cet animal.

— Ça alors, mais c'est pas vrai ! C'est pas possible de faire souffrir un enfant de cette façon ! Comment croyez-vous qu'il puisse réagir ? Il va se laisser mourir de tristesse. Rendez-lui Hygie. C'est sa seule joie de vivre. Comme ça, avec leurs retrouvailles vous pourrez ajouter une quatrième phase à votre échelle émotionnelle !

Elle est bouleversée, hors d'elle, mais regrette aussitôt le ton de ses propos, lorsqu'elle voit Rathenald lever le regard vers elle en fronçant les sourcils. Elle se ressaisit vite. Elle sait qu'elle doit être suffisamment maligne pour ne pas se faire renvoyer. Il en va de l'avenir d'Hans. Elle doit le récupérer avant qu'il ne soit trop tard.

— Ella, je comprends votre émotion, mais cette phase trois est indispensable. Vous devriez être contente, cet enfant réagit, il souffre de la séparation. C'est le signe qu'il pourra se réadapter facilement.

Comment peut-il lui dire une telle monstruosité sans sourciller ? Elle choisit pourtant de faire profil bas.

— Docteur je rédige ce soir cette troisième phase et vous dépose demain sur le bureau les photos, mais permettez-moi de lui rendre Hygie et surtout comme vous me l'aviez promis, laissons le sortir pour jouer avec elle. Voilà six ans qu'il est enfermé, c'est inhumain !

— Rien n'est inhumain au regard de la science ! Cette expérience est nécessaire. Elle permettra de sauver des vies menacées par les mesures d'hygiène raciale.

Elle n'a plus rien à faire de son étude, de ses tirades sur l'humanité, des prétendues vies à sauver. Seul compte le sort du petit garçon.

— Mais il n'a qu'elle, lui, rien d'autre. Permettez-moi de la remettre avec lui.

— Nous verrons plus tard ! Faites-moi voir vos photos.

Elle n'a plus d'arguments pour le convaincre. Juste une immense culpabilité et le besoin viscéral de sauver Hans. Elle pose sur le bureau les dernières photos qu'elle a développées dans le discret labo aménagé au dernier étage du bâtiment. Soudain, à la vue des images du petit garçon enlacé avec sa chienne, elle fond en larmes.

— Calmez-vous, Ella, j'ai besoin encore d'un peu de temps. Terminez votre observation, nous en reparlerons dans quelques jours.

Il paraît sincère. Elle n'a pas d'autres choix que d'obéir. Elle retourne s'installer derrière la glace sans tain face au petit garçon prostré. Il souffre, elle le regarde impuissante. Elle donnerait tout pour le prendre dans ses bras, mais il ne comprendrait pas. Ils lui ont fait trop de mal, la rééducation sera longue mais une chose est certaine, il se laissera mourir si Hygie ne lui est pas rendue.

Dès qu'elle est sortie, Horst Rathenald s'attaque à la rédaction des conclusions, qu'il intitule : phase trois, les émotions :

« Nous avons déjà constaté dans les précédentes phases de cette étude sur l'homme inachevé, que les enfants sauvages ou séquestrés, qui ne peuvent échanger normalement avec leurs semblables, perdent la capacité de développer leur potentiel humain. Il n'y a pas de déterminisme biologique dans leur évolution mais un manque de stimulation sociale.

Dans le cas de l'un de nos sujets, Hans isolé depuis six années, nous observons l'absence d'expression verbale et gestuelle normée, mais en revanche une amélioration des fonctions cérébrales, stimulées par la présence d'un animal. C'est la preuve que les réactions émotionnelles, que ce soit dans le cas d'une satisfaction, ou d'une frustration, ne sont pas concernées par la régression d'un individu privé de contact social.

On peut en déduire que l'on n'améliore pas une race en se basant sur la génétique mais sur l'éducation. Dans le cas de nos deux exemples, Jason et Hans nous les avons déracinés de leurs milieux d'origine pour les observer à la lumière d'un choix délibéré de renforcement ou d'absence d'apprentissage.

Qu'apprend-on de cette expérience ? Que les émotions, la joie, la tristesse, la peur, la colère s'expriment avec tout autant d'intensité chez les deux individus.

J'ai constaté que je m'étais beaucoup trop soucié des capacités intellectuelles des deux enfants et des facteurs mentaux sous-tendant leur faculté de raisonnement, laissant de côté leur réactivité émotionnelle. Elle est pourtant fondamentale.

À bien des égards, le programme eugéniste de « purification » de la race humaine mis en place avec les lois de stérilisation, visant à constituer une race génétiquement supérieure, apparaît en réalité comme une construction médicale sans fondement qui ne tient pas compte de l'aspect culturel et émotionnel du développement d'un individu. L'élimination de futurs individus non conformes à un idéal biologique ne peut conduire qu'à une catastrophe scientifique qui pèsera sur l'histoire de l'humanité. »

Il relit cette dernière phrase et la barre. Non ! Il ne peut attaquer Eugen Kockter et ses amis psychiatres et généticiens aussi frontalement. Il en va de sa sécurité et de la survie de l'Institution.

Il prend Hygie dans ses bras et la caresse attendri. Il repense à la conversation avec Ella. À quoi bon maintenir Hans plus longtemps enfermé ? Si elle veut se charger de sa réinsertion, pourquoi pas ? Sinon il devra le confier à un établissement pour demeurés mentaux et... il gardera Hygie. Il prendra la décision demain

Chapitre XXIII

LE RETOUR 1932

Dans l'atmosphère feutrée de la rue Balzac, l'ambiance n'est plus au beau fixe. C'est même un vrai chambardement en prévision du déménagement. L'idée de quitter Paris est un crève-cœur pour Lotte. Elle s'y sent si bien. Pourtant depuis plusieurs mois, l'obstination de Thomas, à vouloir regagner Berlin, est de plus en plus pesante. Leurs disputes sont fréquentes. Elle lui en veut de privilégier ses ambitions sportives et de détruire l'équilibre qu'ils se sont construit en France. Rien n'y fait, il veut rentrer en Allemagne. Elle sent confusément qu'une étape nouvelle va s'ouvrir, une période qu'elle pressent dangereuse. Ses amis vont lui manquer, son travail, *l'Exelsior*, leur appartement si soigneusement aménagé. Elle appréhende ce retour mais décide de prendre ce changement comme un nouveau départ. Après tout, elle va rejoindre son pays, auréolée par sa réputation de photographe et Thomas semble si passionné par son rôle d'entraîneur que leur vie devrait être plus harmonieuse qu'à leur départ pour la France.

Parfois elle pense à Doris et à son fils, le danger semble écarté. Elle est beaucoup plus sûre d'elle et les frasques de Thomas appartiennent au passé. Elle a quand même pris soin de lui demander, s'il l'avait croisée lors de ses déplacements avec Franz. Il a souri amusé et s'est contenté de lui répondre par la négative en l'embrassant.

— Toujours jalouse ? Alors amoureuse, c'est bon signe !

Oui ! Amoureuse, comment pouvait-il en douter, alors qu'elle s'apprête à quitter tout ce qu'elle a patiemment édifié en France pour le suivre. Décidément, il ne changera jamais pense-t-elle. Égoïste, détaché chronique comme au premier jour !

Lorsqu'elle fait le bilan de leur couple depuis dix ans, elle doit bien convenir qu'au-delà des liens profonds qui les unissent, c'est elle qui a toujours fait des concessions. Il est si secret, si insondable que le doute ne l'a jamais quitté. Cette peur de le perdre a été son moteur. Elle l'a poussé à changer de vie, de métier. Lorsqu'elle a gagné la notoriété, qu'il perdait, elle a su se faire discrète jusqu'à ce qu'il retrouve d'autres combats. Franz est arrivé au très bon moment. Elle est heureuse de cette reconversion, admirative des résultats qu'il obtient, toujours à l'écoute de leurs interminables discussions autour des courses. Elle aimerait juste parfois qu'il lui dise qu'il est fier d'elle.

Elle a trop souvent l'impression que sur le balancier de leur duo, elle renonce souvent à ses aspirations, elle s'allège bien plus que lui de ses désirs profonds.

Encore une fois, elle suit son choix. Depuis plusieurs mois, il fait de fréquents séjours en Allemagne avec Franz. Refuser de le suivre signerait leur rupture. Elle n'a d'autre solution qu'accepter, mais pose ses conditions. Il s'occupera de ses courses, ira aux réunions politiques, si cela lui chante, mais en restant discret pour ne pas les mettre en danger. En contrepartie, il continuera à l'accompagner dans les soirées pour maintenir une vie sociale qui lui permette de poursuivre sa carrière avec l'appui de ses amis berlinois.

Et puis, tout n'est pas négatif dans ce départ. Elle va revoir Minna !

À toutes ses revendications il répond évasivement, le compromis n'a jamais été son royaume ! Elle s'en contente.

Au mois de janvier, il part seul. Elle doit programmer le déménagement, honorer ses dernières commandes photos. Elle veut aussi prendre le temps de dire au revoir, d'organiser quelques dîners. Elle écrit à Minna, à Ilse qu'ils vont bientôt revenir s'installer dans la maison familiale du Kufürstendamm. Elle est inoccupée depuis de longues années et une rénovation s'impose.

Dès son arrivée, Thomas la tient informée de l'avancement des travaux. Certains soirs elle hésite, et si elle restait? Nombreuses sont ses amies qui l'y incitent mais la vie sans lui n'est plus la même. Lorsqu'elle flanche, l'image de Doris qu'elle sait seule à Berlin avec son fils, vient lui rappeler que l'éloignement serait le pire des renoncements.

Au début du printemps, quand elle se décide à le rejoindre, elle éprouve un étrange sentiment, l'excitation de retrouver ses racines, de parler sa langue mais aussi comme une sensation d'isolement, d'étouffement. Elle s'attend à conserver la vie insouciante de leurs années parisiennes. Mais rien n'est plus pareil. Elle a du mal à reconnaître Berlin.

Le restaurant *Montmartre*, l'hôtel *Adlon*, la brasserie *Schlichter*, sont réservés désormais à une nouvelle élite en chemises brunes, uniformes gris vert, imperméables et bottes de cuir. Ces tenues conçues et fabriquées par Hugo Boss, le tailleur fournisseur des uniformes du parti nazi, semblent très au goût des starlettes des studios de l'UFA.

Les quelques cabarets encore en fonctionnement, jugés trop subversifs ferment les uns après les autres. Bon nombre d'intellectuels quittent le pays. Elle ne s'attendait pas à retrouver si peu d'amis.

En ville, les camions de la SA parcourent les rues en recommandant par haut-parleurs, le boycott des magasins juifs, la police appose des affiches sur les devantures de leurs boutiques, les couples mixtes sont pourchassés, la délation, la peur sont omniprésentes.

Des millions de citoyens sont désormais membres du Parti nazi. Certains de leurs amis, autrefois peu concernés, ont fait ce choix politique. Quelques-uns par conviction, beaucoup par opportunisme.

À son grand regret, elle voit peu Minna et Xavier, désormais installés à la campagne et n'a d'autre choix que de se rapprocher d'Ilse et de Ernst.

Thomas part de bonne heure le matin avec Franz et rechigne souvent à l'accompagner le soir, malgré sa promesse. Il cède parfois. Ils vont voir *L'Auberge du cheval Blanc*, dînent chez *Rosa Valatti*, ou au *Grössenwahn Café* mais il montre ostensiblement son antipathie vis-à-vis de Ilse et Ernst.

— Tu pourrais faire un effort. C'est quand même toi qui voulais revenir et je ne vais pas vivre cloîtrée, parce qu'ils ne te plaisent pas !

— Nous ne sommes pas obligés de nous prosterner devant les nouveaux maîtres du régime.

— Alors là, on en est loin !

Plus encore que ses fréquentations, Thomas a du mal à assumer le détachement de Lotte, son insouciance face à la réalité économique qui transforme la vie des Berlinois en cauchemar. La misère n'a jamais été aussi criante et le vent de liberté, de créativité qui régnait autrefois et qui compensait les difficultés du quotidien, n'est plus qu'un souvenir lointain. Aux stations de métro les mendiants s'entassent plus nombreux que jamais. Des filles bottées, aux traits juvéniles racolent les passants. Le dénuement, la peur dans certaines ruelles, accompagnent un cortège d'ombres humaines prêtes à tout pour survivre. Chaque jour des assassinats, non élucidés, des suicides d'hommes d'affaires, de banquiers, d'intellectuels viennent alimenter la rubrique nécrologique des journaux.

Un soir, ils vont rejoindre Xavier et Minna, Ilse et Ernst ainsi qu'Horst Rathenald au *Residenz Kasino.* Lotte est heureuse de retrouver son amie qu'elle n'a vue qu'une seule fois depuis son arrivée.

Thomas satisfait de la présence du médecin, qu'il rencontre régulièrement au BSE, n'a pas trop rechigné à venir.

L'établissement, situé dans un ancien palais, rappelle les fastes de naguère. La grande attraction, ce sont les téléphones placés sur les guéridons dans le restaurant, qui permettent d'engager la conversation de table en table.

Ilse et Ernst ne s'en privent pas. Ils connaissent tout le monde et interpellent ostensiblement les autres convives en faisant de grands signes. Parmi eux des membres de la SA, la *Sturmabteilung*, l'organisation paramilitaire du parti nazi, interdite après la tentative de putsch d'Hitler, qui a retrouvé droit de cité.

Ilse n'a pas changé. Elle dirige une ligue de femmes et continue de défiler avec zèle dans les parades militaires. Ces manifestations en fanfare derrière la bannière nazie, exaltant la ferveur patriotique, sont devenues habituelles aux quatre coins du pays.

Ernst trône en potentat au milieu de la table, le ventre proéminent, le sourire satisfait et l'œil acéré de ceux qui guettent des proies faciles. C'est rarement aux dépens des puissants que son humour s'exerce mais vers les seconds couteaux, les arrivistes qu'il voit venir de loin. Il a la courtisanerie cruelle et sait de quelques bons mots ensevelir les ambitieux sous les railleries.

Horst Rathenald est venu avec Ferdinand Gerber, un jeune universitaire en biologie, rencontré à l'hôpital de la Charité, devenu son assistant notamment pour les protocoles de préparation, qu'il élabore pour les athlètes. C'est un jeune homme plutôt séduisant, il y a chez lui une docilité que Rathenald a tout de suite appréciée. Il doit le faire venir à Cottbus prochainement pour prendre connaissance de l'étude sur le quotient intellectuel et lui présenter Ella. Ferdinand est méticuleux, suit les entraînements de Franz avec assiduité. Thomas l'apprécie et s'installe ostensiblement à son côté au bout de la table.

Lotte placée à côté de Ernst se penche vers lui et chuchote à son oreille :

— Ernst, l'homme à la table derrière, que tu viens d'appeler au téléphone, c'est pas Alfred Hugenberg, le magnat de la presse qu'Hitler vient de nommer ministre de l'économie et de l'alimentation ?

— Tout juste ! C'est un sacré personnage et une belle prise pour le Parti. Il est à la tête d'un empire allant de la publicité à l'édition. Près d'un millier de publications sous sa coupe, quand même...

— Ce n'est pas lui, demande Lotte de plus en plus intéressée, qui possède l'UFA ? J'aimerais faire un reportage sur les studios de *Babelsberg*. Tu peux me le présenter.

C'est comme si c'était fait ! Je suis certaine qu'il sera ravi de faire ta connaissance.

Elle n'a guère eu le temps de bavarder avec Xavier et Minna. Ils lui proposent de venir passer la fin de semaine chez eux, à la campagne. Thomas décline. Il a des compétitions, mais Lotte accepte avec enthousiasme.

Après la mort d'Elyett, la femme de Xavier, il y a un an, ils se sont discrètement mariés et installés dans la somptueuse demeure familiale à soixante-dix kilomètres au nord de Berlin. Ce n'était, à l'origine, qu'un ancien rendez-vous de chasse que Xavier et Elyett ont transformé en une demeure majestueuse. Autour de la maison s'étend un immense domaine de bois, de landes, d'étangs, avec des troupeaux de rennes et de bisons. Sur la pente inclinée vers le lac se trouve le cimetière germanique. C'est ici qu'Elyett repose. Xavier va chaque matin se recueillir sur sa tombe.

Leurs noces ont fait grand bruit. Le parcours fort peu académique de la nouvelle épouse suscite dans cette société compassée de hobereaux et de dignitaires attachés aux usages impériaux, un dédain renforcé par la rumeur sur son ascendance juive.

Minna n'en n'a que faire. Elle continue de distribuer ses sourires avec générosité et semble imperméable aux critiques les plus acerbes.

Ils forment toujours un couple physiquement mal assorti, mais on sent qu'un attachement profond les unit. Lotte a appris à s'accommoder des manières brusques de Xavier et apprécie qu'il ait épousé son amie. Cette protection, Minna en a toujours eu besoin, et leur rapport de maître à élève lui convient parfaitement. Elle en joue même parfois, pense Lotte amusée.

Pendant le séjour, elles font de longues promenades, reprennent comme si elles ne l'avaient jamais interrompu, leur manuscrit imaginaire. À la littérature, s'est substituée la politique. Hitler vient de se suicider en basculant d'un gratte-ciel après le krach de Wall Street, Mata Hari part convertir les soviets à la danse javanaise, Staline tombe aux pieds de Joséphine Baker au Cotton Club... Lotte chante, Minna mime en riant, comme si elles se retrouvaient sur la scène du *Play-Boy*.

C'est facile finalement de voyager se disent-elles en rentrant prendre un thé.

Lotte promet de revenir régulièrement et rejoint Thomas dans la maison du Kufürstendamm. Elle a une semaine chargée. Depuis son retour, elle n'a pas chômé. Son renom d'icône de la presse parisienne, lui facilite bien des contacts.

Par l'intermédiaire de Ilse, elle a rencontré Heinrich Hoffmann, le photographe personnel d'Hitler, qui dirige la maison d'édition *Verlag Sozialistische Bilder*. Hoffmann qui connaît son travail, lui propose de publier son prochain portfolio. Lorsqu'elle lui fait part de son envie de le consacrer au nouveau chancelier du Reich, il l'invite aussitôt à une séance dans son atelier où Hitler veut travailler sa gestuelle.

Quand elle pénètre dans le studio, un drap blanc a été disposé en toile de fond, des projecteurs de chaque côté éclairent le centre, un gramophone à mallette diffuse des discours récents. Elle installe son appareil sur un trépied, en retrait de celui d'Heinrich. À l'arrivée d'Hitler, elle est surprise. Il lui paraît gauche, méfiant, engoncé dans un costume mal coupé. Rien à voir avec le tribun qu'elle a vu dans les meetings. Il fait un bonjour distrait à la cantonade d'une voix beaucoup moins magnétique que dans son souvenir. Joseph Goebbels, le tout nouveau ministre de l'éducation, du peuple et de la propagande qui l'accompagne, bien qu'informé de la présence de Lotte, semble la trouver superflue. Il ne lui accorde ni regard, ni salut et commence à donner ses directives.

— Nous avons quatre postures à étudier : combatif, impératif, visionnaire et ironique. Je veux que les gestes soient en phase avec les discours. Mettez le son plus fort, on y va !

Heinrich s'exécute.

Debout face à l'objectif, Hitler mime ses discours, avec affectation. Les gestes ponctuent la parole. Bouche ouverte pour déclamer, bras tendu, poing serré, index pointé, il cabotine, tête droite, buste bombé et moue capricieuse. Il prend visiblement plaisir à l'exercice.

Lotte dissimulée derrière son appareil ne rate aucune

attitude. Elle est impressionnée par la capacité de persuasion qu'il dégage dans ces circonstances totalement artificielles. Il gesticule, vocifère, comme si devant lui, une foule en délire l'acclamait. Le regard noir, exalté, il tape du poing sur le pupitre. Le peuple, dit-il, ressent toute la gamme de mes sentiments, toute la force de mes convictions. Il me comprend et me suivra. Pour renforcer cette adhésion, les mouvements doivent coïncider parfaitement avec le verbe. Il se tourne soudainement vers Lotte.

— Qu'en pensez-vous Frau Sandberg ?

— Très convaincant. Peut-être devriez-vous sourire davantage sur la vision ironique, ose-t-elle.

— Vous croyez ? Alors on recommence !

L'ordre est sans appel, mais les lèvres esquissent un sourire narquois, dont elle ne sait, s'il lui est destiné ou s'il veut exaspérer Goebbels.

— Je pense Joseph, que cette jeune femme avisée nous montre le chemin. Beaucoup de femmes se déplacent pour entendre mes discours, je dois en tenir compte.

La séance reprend de plus belle

— Mon Führer, Magda se propose de nous rejoindre pour vous donner son impression, intervient Goebbels.

Magda est sa femme. Ilse lui a expliqué qu'elle incarne aux yeux d'Hitler la femme allemande idéale, blonde, belle, élégante, mère de famille nombreuse, épouse dévouée malgré les infidélités de son mari, et admiratrice fervente du chancelier qui lui voue en retour une amitié sincère.

Joseph Goebbels célèbre chaque jour dans les journaux, le rôle de sa femme comme maîtresse de maison du Reich, au côté d'un Hitler célibataire.

— Magda ! Bien sûr, Joseph, nous lui montrerons les photos de Frau Sandberg.

Goebbels fait la moue. Il est manifestement déçu par la réponse et aurait préféré que Magda défende son territoire en conseillant d'autres angles de vue, mais Hitler ne juge pas utile de l'attendre.

Lotte se fait la réflexion en observant le ministre de l'éducation du peuple et de la propagande, qu'il est loin d'incarner la beauté aryenne, telle que les nazis la revendiquent. Petit, maigrelet, les cheveux noirs plaqués en arrière, le visage grêlé, émacié, au milieu duquel s'agite un nez proéminent, les yeux sombres, glaçants, la large bouche aux lèvres ténues, contribuent à l'aspect d'autorité cinglante qui émane de lui. Pour parfaire cette raideur, une claudication de la jambe droite rend sa démarche saccadée. Rien dans son allure ne correspond à la propagande fantasmée du bel allemand. C'est, peut-être, se dit-elle, l'une des raisons de sa froideur et de sa hargne.

Elle sait, par Ilse, qu'il enchaîne les conquêtes féminines et notamment les jeunes actrices. Une façon de se rassurer, de tester son pouvoir de domination à défaut de séduction. Le mode agressif est pour lui apparemment, la seule entrée en matière acceptable.

Lotte loin d'être déstabilisée par l'agacement qu'elle suscite, choisit de l'ignorer. Hitler semble amusé par cette confrontation muette.

— J'aimerais beaucoup pouvoir discuter avec Mme Goebbels, dit-elle. Son avis sera précieux.

— Excellente idée n'est-ce pas Joseph ? Cette jeune femme connaît son affaire. Elle s'entendra très bien avec Magda. Frau Sandberg, je suis impatient de voir vos photos. Nous aurons besoin de vous pour nos publications. Joseph, vous vous en chargerez ?

Goebbels acquiesce d'un signe de la tête et prend congé sans un sourire.

Lorsqu'ils quittent le studio elle a un peu de mal à réaliser qu'elle vient de photographier le Chancelier du Reich. Ce personnage qui suscite autant de haine que de fascination, autant d'effroi que d'espérance.

En rentrant, elle raconte sa journée en détail à Thomas et lui montre les photos.

— Lotte ce type est un danger ambulant. Regarde ses yeux, il porte en lui quelque chose de démoniaque.

— Mais non ! Faut pas exagérer, il est exalté, certes, mais sincère et nous avons besoin de gens de sa trempe. C'est un vrai chef. Les Allemands sont de plus en plus nombreux à le suivre. Regarde autour de toi la ferveur qu'il suscite.

— Comment peux-tu être aussi naïve ! C'est un dictateur de la pire espèce qui supprime peu à peu toutes les libertés individuelles. Il élimine tout ce qui n'est pas conforme à sa vision. Regarde, la façon dont il traite les gens. Tu as pu le constater, les magasins juifs sont boycottés, les intellectuels doivent s'expatrier. Tu trouves ça normal ? Ce type est un fou dangereux je te le redis, le réveil sera brutal.

— Ceux qui fuient ne sont pas de bons patriotes.

— Lotte tu divagues ! Je te rappelle qu'il y a encore quelques mois tu ne voulais pas revenir à Berlin, tu es endoctrinée par Ilse. J'ai du mal à te reconnaître. Sais-tu que nous sommes surveillés depuis notre retour, que Minna risque d'être inquiétée parce qu'elle a une grand-mère juive ?

— D'où sors-tu ces informations ? Pourquoi serait-on épiés ? Et quelle importance la grand-mère de Minna qu'elle n'a jamais connue ? Tu es complètement sous la coupe de tes copains bolcheviques !

— Et moi, je n'aime pas la femme que tu es en train de devenir.

— Eh bien change !

Elle quitte l'appartement, furieuse.

Au fur et à mesure que la distance et l'incompréhension s'installent entre eux, elle prend un malin plaisir à assister à toutes les soirées mondaines et aux manifestations du NSDAP. Elle vient seule, évitant soigneusement de rentrer aux mêmes horaires que lui pour ne pas subir ses sarcasmes.

À Berlin, les combats de rue entre communistes et chemises brunes s'intensifient. Elle sait qu'il se rend régulièrement à la *Karl-Liebknecht-Haus*, le siège du KPD, le parti communiste allemand. Lorsqu'elle rentre avant lui, elle ne cesse de guetter le bruit de ses pas et feint de dormir lorsqu'elle entend la clef dans la serrure. Qu'est devenu leur couple ? Leur lit aux draps à peine froissés ne garde plus, depuis des semaines, la trace de la moindre étreinte.

Comment ont-ils pu en arriver là ? Elle essaie, une nuit, de renouer le dialogue.

— Thomas, qu'est-ce-qui nous arrive ? Que sommes-nous désormais l'un pour l'autre ? Des étrangers ? Des ennemis ? Comment peux-tu renier ainsi notre passé, nos souvenirs, notre complicité ? Quel gâchis ! Tout ça pour des choix politiques. Peu m'importe si c'est toi ou moi qui a raison, l'avenir nous le dira, mais laisse-nous une chance. Partons, retournons à Paris. Je veux bien renoncer à tous mes projets ici, si je te retrouve.

— Lotte, on ne peut pas revenir en arrière par un coup de baguette magique ! Faire comme si rien ne se passait. C'est fini le temps de l'insouciance. Je me demande même s'il a jamais existé !

— Un coup de baguette magique ne va pas nous faire retrouver la légèreté de nos vingt ans, ça, je sais bien, mais pourquoi faire table rase du passé ? Je n'ai plus de place dans ta vie ? Pourquoi ? Parce que je ne me pâme pas devant ta révolution prolétaire ? Parce que j'ai la faiblesse de croire qu'un homme déterminé peut redresser l'Allemagne ? Nous sommes des milliers à le penser. Tous des illuminés, des naïfs, des idiots ? Mais quelle suffisance ! Je savais que tu étais égoïste mais à ce point-là ! Moi je dois tout quitter, et toi, tu préfères te vautrer dans ton bolchevisme et me sacrifier au passage.

– Il n'y a pas que toi, moi et les petits oiseaux, Lotte. Le monde se transforme sous nos yeux et nous ne pouvons pas rester des témoins passifs. Nous devons nous engager.

– Ne me fais pas de faux procès. Je suis parfaitement consciente de ce qui se passe autour de nous, mais pourquoi devrais-je adhérer à toutes tes certitudes ?

– Pas de certitudes mais des pressentiments sur la répression qui va s'abattre sur ton pays, alors là oui !

– Ce pays, c'est toi qui as voulu y revenir ! Pourquoi refuser de croire que nous pouvons relever la tête ? Qu'ont-ils, ces dignitaires nazis, pour lesquels tu as tant de mépris ? Ils n'ont pas eu la chance d'avoir, comme toi, trois générations avant eux pour les préserver financièrement.

– Cette remarque n'est pas digne de toi.

– Qu'est-ce qui serait digne d'après toi ? Dire Amen à tout ce que tu dis ?

– Non, ouvrir les yeux, tout simplement.

Les évènements des semaines suivantes font encore vaciller leur couple. Là où elle reproche endoctrinement, danger et absence de droiture vis-à-vis de l'Allemagne, il répond par fanatisme, antisémitisme et opportunisme.

Le 4 février 33, sous le prétexte de lutter contre la menace communiste, les nazis obtiennent la promulgation d'une ordonnance autorisant l'interdiction de toutes réunions et publications qui menaceraient la sécurité de l'État.

L'incendie du Reichstag est un tournant pour le pays. Leurs divergences s'exacerbent encore, lorsqu'il essaie de la convaincre que les nazis ont, eux-mêmes, mis le feu, alors que la version officielle désigne un communiste Marinus van der Lubbe.

C'est le départ d'une répression sanglante de tous les opposants. Elle vit dans l'angoisse de son arrestation, redoute tous ses déplacements. Elle le sait protégé par sa notoriété et par les relations qu'elle entretient dans les milieux nazis, mais les évènements récents et ses fréquentations communistes sont perçus comme une provocation. Ernst le lui a dit.

Le vote d'une loi légalisant les pleins pouvoirs pour quatre ans achève de donner à Hitler le contrôle sans partage du pays. Le bruit court que le vieux maréchal Hindenburg, très diminué, n'a même pas lu les ordonnances qui lui sont présentées. En se fondant sur l'article 48 de la Constitution de Weimar, la liberté de la presse a été supprimée, les perquisitions légalisées, les imprimeries occupées.

— Voilà, nous y sommes Lotte ! Le régime totalitaire est en place. Il n'a pas fallu attendre longtemps ! Mais ne crois pas que je sois heureux d'avoir eu raison.

— Eh bien partons si vraiment tu te sens privé de liberté.

— Pas question de fuir. C'est de l'intérieur qu'il faut combattre.

— Comme tu voudras, mais souviens-toi que je te l'ai proposé.

Les mois suivants, ils évitent les conflits. Le silence est leur mode d'expression le plus consensuel. Elle prépare un nouvel album sur le cinéma allemand. Il part aux aurores avec Franz. Ils se croisent, s'endorment chacun de leur côté, se tournent le dos au propre comme au figuré.

Il ne l'accompagne plus à la moindre soirée, elle ne pose aucune question sur ses retours au milieu de la nuit.

Le 30 juin 1934, Hitler lance les S.S. d'Heinrich Himmler dans une sanglante extermination. Cette nuit qu'il baptise la *« nuit des longs couteaux »* laisse des traces profondes dans le cercle d'amis de Lotte. De Berlin à Munich, mille cadres des SA, cette armée brune, forte d'environ deux millions et demi de membres ainsi que des opposants dont l'ancien chancelier Kurt von Schleicher, sont arrêtés ou violemment assassinés.

– Mais pourquoi ? demande Lotte en retrouvant Ilse et Ernst. Ferdinand est avec eux. Il semble décomposé.

– Trop de rivalité entre les S.A et les S.S, le Führer a préféré sacrifier les S.A, d'autant que Röhm préparait un coup d'État, répond Ernst.

– C'est faux ! Totalement faux. C'est un montage d'Himmler pour se débarrasser de Röhm, d'autant plus pervers que c'est Ernst Röhm qui a été le mentor d'Himmler dans le Parti, lâche Ferdinand soudain furieux.

– Il faut, lui rétorque Ernst Siegen, que tu intègres un grand classique des relations humaines mon petit Ferdinand, la trahison du maître par l'élève. Les gens détestent remercier. Ils préfèrent oublier au mieux, au pire, se débarrasser de ceux dont ils sont les obligés !

– Dans les dix commandements du cynisme tu places ça où ? Lotte est médusée d'entendre Ferdinand se rebiffer ainsi.

— Calme-toi ! Tu es encore impressionnable, tu es jeune, tu apprendras vite.

— Pas sûr que je puisse me faire à cette école de la vie, dit-il en claquant la porte.

— Qu'est-ce qui lui arrive ?

— Tu sais, il admirait Röhm et son équipe de débauchés mais je ne pensais pas que cela irait jusqu'à nous tenir tête, dit Ilse, agacée.

— Équipe de débauchés ! reprend Lotte étonnée. Je ne te savais pas si sourcilleuse des préférences sexuelles de Röhm. C'est pas toi qui m'as confié cette réflexion d'Hitler sur sa sexualité, avant qu'il ne la trouve soudain dégénérée « Ernst est l'un de mes plus vieux compagnons de lutte, il me soutient loyalement je me fous de sa vie privée. Richard Wagner et Louis II de Bavière couchaient ensemble cela ne m'empêche pas d'adorer le compositeur. »

— Oui mais cette loyauté n'a pas survécu à la prise du pouvoir. Röhm est devenu ingérable. Il s'est marginalisé à l'aile gauche du Parti, s'en prenant aux conservateurs pour satisfaire l'armée de chômeurs, de désœuvrés et de revanchards qu'il a recrutée. Le parti ne peut prendre le risque de déplaire aux financiers et aux industriels. Nous avons besoin d'eux pour redresser le pays. Ce n'était pas lui, le patron. Il n'aurait pas dû le perdre de vue.

— Autre leçon de cynisme ?

— Non ! Réalisme. Ferdinand va être inconsolable. Je viens d'apprendre que Röhm a été abattu hier, dans sa cellule de la prison de *Stadelheim*, après avoir refusé le revolver pour se suicider. Il exigeait de voir Hitler.

— Peu importe ! L'histoire ne retiendra qu'un nom. Il faut savoir se salir les mains pour construire un destin.

— J'ai peur de ne pas avoir envie de retenir cette dernière leçon de cynisme, dit Lotte.

— Tu préfères celle de ton bolchevique ? demande Ilse d'une voix doucereuse sans lever la tête du cahier sur lequel elle prend des notes.

Lotte sort en claquant la porte. Ces derniers temps, Ilse l'exaspère vraiment. Elle n'aime ni le ton qu'elle utilise pour parler de Thomas ni la menace qui s'en dégage.

Paris est si loin. Elle regrette l'odeur du métro, des cafés fumants, les soirées de la rue Bayard, les rires de Sylvia et d'Adrienne, les soirées du *Jockey Club* et cette insouciance perdue. Mais, ce pays qui souffre et se déchire c'est le sien. Comment pourrait-elle y renoncer et fuir à nouveau ?

Elle prend la décision d'aller voir ses parents à Heidelberg. L'air est plus respirable à la campagne. Minna doit la rejoindre. Il y a si longtemps qu'elle ne les a vus. L'argent qu'elle leur envoie, leur permet d'avoir une vieillesse plus agréable. Se retrouver sur la terre de son enfance, refaire le parcours en arrière, lui procure une étrange impression d'apaisement.

L'appartement familial est confortable. Les voisins avertis par ses parents sont venus la saluer pas peu fiers de sa réussite. Chacun y va de son anecdote. Elle les écoute discrètement, se prête en souriant aux démonstrations d'amitié mais attend avec impatience Minna pour refaire leurs balades au bord du Neckar.

Elle n'a pas de nouvelles de Thomas pendant son séjour. Elle sait juste qu'il doit se rendre à une conférence organisée par Horst Rathenald sur les méthodes de motivation des athlètes par l'hypnose. Elle n'est pas mécontente de s'être éloignée pour quelques jours du climat délétère qui règne dans la maison du Kufürstendamm.

Chapitre XXIV

À Berlin, dans la salle au sous-sol de l'hôpital de la charité, tout est en place lorsque Thomas arrive. Il va saluer Ella et Ferdinand qui disposent les dossiers et les noms des intervenants. Franz von Zollern est déjà installé au premier rang.

Thomas se dirige vers lui lorsqu'une jeune femme, vêtue d'un tailleur strict, les cheveux coupés au carré, les yeux verts, le teint pâle presque nacré, s'avance vers lui.

— Bonjour Thomas cela fait si longtemps !

La silhouette, la voix surtout, avec le léger accent, lui sont familiers. Il ne peut y croire.

— Doris… Doris Maylor ? C'est pas possible ! Quelle belle surprise de te voir.

Il est interloqué par cette rencontre. Il a appris que Horst suivait les prouesses de son fils, mais il n'a jamais posé de questions à son sujet, évitant soigneusement de déclencher la jalousie de Lotte.

Il est sincèrement heureux de la revoir. Leur liaison a été brève, troublée par les addictions de Doris mais elle lui a laissé un joli souvenir. Ils partageaient le goût de la fête, de la vodka, de la Russie et du communisme. Elle avait fait sienne sa volonté d'un monde meilleur, assistait à toutes les réunions sans broncher, le regard embrumé par d'autres paradis. Son départ pour Los Angeles avait coïncidé avec son coup de foudre pour Lotte. Il l'avait vécu comme un soulagement, s'était laissé aller à cette passion nouvelle sans avoir d'explications à donner.

C'est si loin tout ça ! Elle lui paraît plus sereine que dans son souvenir. Plus belle aussi. Elle s'exprime avec une voix mélodieuse, sans le débit saccadé qu'il lui connaissait. Elle ne se ronge plus les ongles, conserve ce regard vert en coin, si particulier, comme si affronter les yeux des autres, était une souffrance. Elle lui raconte brièvement la fin de sa carrière de danseuse, son retour à Berlin, son travail à l'hôpital et à la *Victors Haus* auprès d'Horst Rathenald, son installation avec Ella, son déménagement avec Jason et l'incroyable développement de son fils grâce au médecin Thomas s'étonne que Rathenald n'ait jamais évoqué cette collaboration, mais pourquoi l'aurait-il fait ? Ils vivaient à Paris et il ne devait même pas savoir qu'ils avaient été amants.

Si Thomas ne sait rien de sa vie, en revanche, Doris, elle, connaît tout de la sienne. Elle l'interroge sur ses voyages, sa carrière et celle de Franz, aborde même les dernières publications de Lotte. Il reste évasif, un peu gêné par ce dernier point

Cette rencontre est une parenthèse lumineuse dans la grisaille de son quotidien. Il n'est plus le séducteur qu'il a été mais ces retrouvailles lui rappellent ses années flamboyantes. Doris le regarde comme dans son souvenir. Il en ressent une fierté nouvelle, loin des affrontements avec Lotte. Ils sont assis côte à côte près de Franz qui régulièrement leur chuchote de parler plus doucement. Elle lui avoue l'avoir aperçu un soir, à la sortie du *Jockey Club*, lors d'un séjour à Paris.

— En fait, j'étais venue pour danser Anna Pavlova avec les ballets russes de Diaghilev. Je savais que ce serait mon dernier spectacle, une fin de carrière en beauté à Paris ! Je voulais te voir. Je savais que tu devais disputer les Jeux.

— Me voir courir ? Tu as dû être déçue

— Pas exactement, mais cela n'a plus d'importance !

— Tu vis seule à Berlin ?

Il n'aurait pas songé à lui poser la question avant, mais il est curieux de savoir avec qui elle partage son existence. Elle est plutôt évasive. Elle lui parle de Jason. Elle ne lui dit rien sur son père, seulement que son fils est citoyen américain et qu'il a douze ans.

Une idée, vite refoulée, traverse l'esprit de Thomas, mais, il n'ose la formuler. Il lui dit seulement qu'il aimerait beaucoup rencontrer le jeune garçon. Horst à cet instant s'approche de lui, agacé.

— Thomas c'est à toi d'intervenir, dans trois minutes.

— J'arrive !

Avant de rejoindre la table des conférenciers où se trouve déjà Franz, il lui glisse à l'oreille :

— Je suis si heureux de te revoir Doris, retrouvons-nous à la fin. Je dois aller à une réunion politique dans une taverne près d'ici, accompagne-moi, nous avons encore tellement de choses à nous dire !

— Quel genre de réunion ?

— Une de celles que tu as bien connues, avec d'anciens amis du KPD, (*Kommunistische Partei Deutschlands*), dans une taverne de la Richardstrasse.

— Ah toujours fidèle à leur cause, je vois ! Ça me va, je le suis restée aussi !

Son intervention est courte. Il expose le détail des séances d'entraînement et la comparaison, sur un graphique, entre les résultats obtenus par Franz il y a cinq ans et aujourd'hui, sans mentionner, bien sûr, le cocktail biologique associé.

Il cède la parole à Rathenald, en profite pour s'éclipser et aller la rejoindre.

Il connaît bien l'exposé qui va suivre et les effets obtenus sur les performances de Franz. Il s'agit de la technique d'hypnose éveillée, mise au point par Milton Erickson, un thérapeute américain. Pour Erickson chaque être humain est unique et peut trouver dans son inconscient les ressources d'énergies nouvelles. Le souci principal du thérapeute consiste à faire découvrir ces possibilités ignorées. Erickson voit l'inconscient comme une réserve d'apprentissages potentiels. « Pour un athlète, souligne Rathenald, cette méthode permet de développer l'intuition, l'anticipation, le geste juste qui surgit sans y réfléchir. Lorsqu'on apprend à être plus attentif à ses sensations physiques les plus infimes, on devient plus performant », conclut-il.

Franz confirme les progrès que cette méthode lui a permis d'obtenir.

Pendant les questions qui suivent, Thomas assis près de Doris regarde du coin de l'œil, les genoux découverts par la jupe légèrement remontée. Il passe négligemment un bras sur le dossier de sa chaise.

— C'est vrai, tu es restée fidèle à nos engagements de jeunesse ?

— Eh oui ! Vieil héritage de nos amis russes ! dit-elle en riant. Mais je ne suis plus militante, trop risqué aujourd'hui ! Surtout avec Jason.

— La réunion de ce soir n'est pas dangereuse. Elle est secrète et tu devrais y retrouver de vieux compagnons. Beaucoup ont perdu leurs cheveux, mais gardé leurs convictions ! dit-il.

Ils préviennent Ella et Ferdinand qu'ils ne dîneront pas avec eux. Ça n'a pas l'air de déplaire au jeune couple, ravi de se retrouver en tête à tête.

Ils quittent les lieux pour se rendre dans le quartier de Neukölln, un quartier ouvrier au sud de la ville où s'alignent les tavernes dans lesquelles se réunissent militants nazis, communistes ou sociaux-démocrates, chacun essayant de s'approprier les territoires et les adhérents des autres partis.

Doris n'est plus très au fait de la vie politique. Pendant le trajet, Thomas lui parle de la situation qu'il a découverte depuis sa réinstallation à Berlin. La bataille des tavernes est de plus en plus sanglante. Les combats sont quotidiens, le plus souvent au profit des nazis, parvenus à briser le monopole de la contestation ouvrière et à séduire les membres qui désertent le mouvement communiste pour le NSDAP.

« La situation est chaque jour plus confuse. Le KPD communiste, n'est plus le parti des travailleurs que nous avons connu, poursuit Thomas. Loin de là ! Des petites frappes ont infiltré les rangs, plus prompts à faire le coup de poing qu'à entendre, les consignes de Moscou. Je ne comprends pas non plus, la volonté de Staline de donner la priorité à la lutte contre la social-démocratie plutôt qu'au nazisme. Malgré ça, il existe encore une équipe d'irréductibles, dont je fais partie, qui poursuit le combat dans la clandestinité ».

Il ne regrette pas un instant cette confidence Il a senti d'instinct qu'il pouvait lui faire confiance. Il ajoute cependant :

— Inutile de te demander de ne rien dire à Horst !

— Évidemment ! Tu n'as jamais été inquiété ? s'enquiert Doris.

— Pas encore. Je sais que je devrais être plus prudent. Voilà on y est.

La rue est sale, grouillante d'individus aux regards menaçants. Il discerne sa peur et lui saisit la main. Des groupes d'hommes en casquettes et vareuses, chopes de bières en main, discutent devant l'entrée de la taverne.

La réunion se déroule dans le sous-sol. Une vingtaine de personnes est regroupée autour d'une grande table en bois.

La chaleur, la fumée des cigarettes, l'odeur de la bière et des relents de soupe prennent à la gorge. Des exemplaires du dernier *Rote Fahne*, l'organe du parti circulent. Thomas salue, serre des mains et revient avec un homme d'âge mûr au visage émacié.

– Tu te souviens d'Otto ?

– Otto, bien sûr le *Play-Boy* cela ne s'oublie pas ! Qu'est-ce que tu fais là ?

– De la résistance ma belle ! Entre Berlin et Moscou, j'essaie de rendre service !

– Et toi ? Tu travailles toujours avec Ella ? Elle va bien ?

– Oui je viens de la quitter. Nous avons organisé une conférence pour Horst Rathenald. Elle est en forme. Elle vient d'emménager avec son nouveau soupirant, Ferdinand. Tu le connais ?

– Pas eu cette chance !

– C'est un garçon très bien, intelligent, travailleur et... amoureux ce qui ne gâche rien ! Il est biologiste et travaille avec Rathenald.

– Je confirme ! Ferdinand est un garçon de qualité dit Thomas.

Il vient de revenir vers eux avec des vodkas. Doris découvre que c'est lui, en fait, qui mène les débats. Beaucoup dans l'assistance ont des visages qui lui sont familiers, souvenir lointain des réunions auxquelles elle participait avec lui, au début des années vingt. C'était si fraternel à l'époque. L'insouciance juvénile de leur engagement s'est ternie. Une froide détermination a pris sa place. La dureté des combats est passée par là.

Thomas prend la parole « Camarades nous sommes dorénavant dans la clandestinité, nous devons lutter plus que jamais contre le fascisme ». Un silence, les chaises s'écartent, les poings se lèvent, ils se mettent tous debout et entament l'Internationale.

Doris le regarde, admirative. Elle ne peut s'empêcher d'avoir peur. Si Horst l'apprenait, elle mettrait en péril l'avenir de son fils et peut-être plus encore mais l'attraction qu'il exerce sur elle, est toujours aussi forte. Elle compare ses traits avec ceux de Jason. C'est l'occasion inespérée de lui révéler qu'il a un fils mais elle hésite encore. Comment va-t-il le prendre ? Et Lotte ? Il n'en parle pas, mais elle sait que leur liaison est toujours d'actualité. Elle se souvient du baiser passionné qu'ils avaient échangé sous ses yeux à Paris lorsqu'elle se cachait pour les observer. À cette époque-là, elle voulait lui dire qu'il était père, mais elle n'en avait pas eu le courage. Elle s'était résignée à vivre avec son secret. Personne n'est au courant. Pas même Ella. L'explication de l'amant américain a mis un terme à toutes les interrogations. Seul lui importe Jason qui commence à poser des questions. À lui, elle ne pourra mentir plus longtemps.

Après la réunion, Thomas la raccompagne jusqu'à son immeuble. Sur le seuil de sa porte, il l'embrasse sur les joues et lui fait promettre de lui présenter Jason très vite. Elle est déçue qu'il n'essaie pas davantage. Le rideau de la fenêtre de la gardienne bouge. Elle comprend que Franka Gerber n'a rien perdu de leur conversation. Alors par esprit de provocation, elle lui tend ses lèvres. Il ne les refuse pas.

Le lendemain, il revient, comme elle le lui a proposé, et

monte à l'appartement. Jason est installé à son bureau et récite une poésie de Victor Hugo :

« Demain, dès l'aube, à l'heure où blanchit la campagne,
Je partirai. Vois-tu, je sais que tu m'attends.
J'irai par la forêt, j'irai par la montagne.
Je ne puis demeurer loin de toi plus longtemps ».

La voix du petit garçon blond aux cheveux mi-longs est posée et triste. Les yeux à demi clos, il semble vivre le drame d'Hugo, se rendant sur la tombe de sa fille. Thomas qui connaît cette poésie par cœur enchaîne.

« Je marcherai les yeux fixés sur mes pensées,
Sans rien voir au dehors, sans entendre aucun bruit,
Seul, inconnu, le dos courbé, les mains croisées,
Triste, et le jour pour moi sera comme la nuit ».

Jason ouvre les yeux et le regarde attentivement. Il ne semble pas étonné de sa présence. Il poursuit :

« Je ne regarderai ni l'or du soir qui tombe,
Ni les voiles au loin descendant vers Harfleur,
Et quand j'arriverai, je mettrai sur ta tombe
Un bouquet de houx vert et de bruyère en fleur ».

— Tu es Français ? demande le garçon. Regarde ! Il allait là…

Il lui tend le dessin d'une tombe recouverte de houx et de bruyère, sur laquelle en grand il a écrit Léopoldine.

— J'aime bien ce prénom ! C'était sa fille, elle est morte noyée. Tu crois qu'on retrouve ceux qu'on aime dans les cimetières ?

Thomas est surpris par la question. La gravité de Jason le déstabilise. Il choisit d'éluder.

— Difficile de savoir… Tu connais Paris ?

— Non mais souvent dans mes rêves, je vois des monuments, j'entends parler français, alors je réponds. Je sais.

— J'entends oui, tu parles très bien, sans accent. J'aimerais t'amener un jour à Paris, je suis sûr que tu adorerais cette ville.

Thomas a prononcé cette phrase, sans même s'en rendre compte, comme si la complicité spontanée entre eux, datait de vieille date.

C'est la première fois qu'il ressent un attachement de cette nature. Cet enfant le fascine. Sa maturité, sa fragilité lui rappellent ses propres souvenirs d'enfance. Lui aussi, avait adoré ce poème, au grand dam de ses parents, qui s'inquiétaient de son comportement solitaire. Inquiets, ils avaient montré à un médecin son dessin de la tombe de Léopoldine, afin de savoir s'il n'avait pas des tendances suicidaires. Quelle étrange coïncidence !

Chaque jour, il revient. Jason lui est devenu indispensable.

Depuis le baiser sur le seuil de l'immeuble, il n'a pas cherché à séduire Doris davantage. Cette relation ambiguë lui convient. Il attend juste qu'elle lui avoue ce qu'il sait déjà, Jason est son fils. Trait pour trait, sang pour sang, une évidence qui saute aux yeux dès le premier regard.

Comment l'expliquer à Lotte ? Ils ne se sont jamais menti, mais une attraction plus forte que tout le relie à son fils. Comment lui dire qu'il revoit Doris ? Comment lui dire qu'il l'aime encore, mais que Jason occupe désormais une place que personne ne peut lui disputer ? Il veut être honnête, il sent bien, qu'entre eux le lien est loin d'être rompu, mais la vie offre, parfois, des solutions de facilité qui n'ont que peu de rapport avec la loyauté, alors il se laisse aller à la lâcheté de ceux qui quittent. Un soir il décide de rester chez Doris.

Chapitre XXV

Lorsqu'elle rentre d'Heidelberg, elle le trouve encore plus insaisissable que d'habitude. Les quelques jours passés avec Minna ont été bénéfiques. Ils lui ont permis de défiler le fil de sa vie devant celle qui en avait toujours été une spectatrice bienveillante. Minna a un jugement apaisé sur les situations. Sa présence est comme un cocon qui l'isole des violences quotidiennes. Malgré l'inquiétude de son amie pour l'obtention de son certificat d'aryanité, c'est surtout de son couple, dont il a été question. Elles ont fait de longues balades au bord du Neckar, sont revenues voir la cabane au fond du jardin. La maison est toujours occupée par des ouvriers de l'usine et autour de « leur » cabane un groupe d'enfants jouait.

— Tu crois qu'ils ont les mêmes rêves que nous ?

— Des rêves ou des illusions Minna ? Quand je revois cet endroit, je me dis parfois que c'est là que j'ai été la plus heureuse. Tout était à espérer. Je ne suis pas sûre aujourd'hui que suivrais les mêmes chemins et toi ?

Elle n'écoute pas la réponse et enchaîne.

— Je crois que nous sommes arrivés à un terme avec Thomas. On n'a plus grand-chose à partager.

— Prends le temps Lottie. Imagine la vie sans lui. Ce n'est peut-être pas idéal, mais cela risque d'être bien pire ! Ce type, tu es viscéralement attachée à lui depuis le premier jour. Tu ne peux pas tirer un trait comme ça sur le passé, malgré les incompréhensions du moment. Retournez à Paris !

Elle sait qu'elle a raison mais certaines étapes doivent être prises à deux. Thomas est cruellement absent. Il fuit la confrontation. Minna poursuit :

— Le couple parfait moi je n'en connais pas. Ce n'est pas toujours rose non plus avec Xavier. Certains matins, je me dis qu'elle est loin la vie dont je rêvais, même si mon existence actuelle peut paraître confortable. Quand j'entends les critiques humiliantes de certaines de ses amies, tu sais ce que je fais ? Je souris. On n'est jamais complètement habillée sans un sourire. C'est une arme redoutable, c'est comme un boomerang. Essaie, tu vas voir !

— Tu as raison, je vais m'appliquer davantage !

Le soir, de son retour à la maison, Thomas lui dit qu'il doit s'absenter. Elle sourit ! Elle ne lui demande rien, lorsqu'il sort sans l'embrasser, sans même lui demander des nouvelles de Minna et de ses parents. Une frustration de plus !

Toute la soirée, elle ressasse ses griefs. Cela va vraiment être difficile de continuer à sourire ! Il faut qu'ils aient une explication. Minutieusement elle prépare ses phrases. Les mots trop longtemps contraints se bousculent. Elle veut se maîtriser, ne pas le brusquer, surtout ne pas s'énerver. Son registre est vaste, elle peut choisir dans la palette de ses émotions les armes qu'elle maîtrise le mieux. Passer du rire aux larmes, de la violence à l'indolence, de l'ivresse à la tendresse. Elle ne veut rien négliger dans la reconquête. Elle saura redonner un sens à leur histoire. Elle a toujours su retourner les situations à son profit. Elle sort un plateau avec deux verres. Elle ne veut pas le perdre Trop de choses les unissent encore. Ils ont grandi ensemble, comment ont-ils pu s'éloigner l'un de l'autre à ce point ? Elle se sent prête à toutes les concessions pour le garder.

Elle l'attend toute la nuit, entre inquiétude et colère, guette ses pas dans l'escalier, court à la fenêtre pour apercevoir sa silhouette, renverse, hors d'elle, le plateau et les verres et finit par s'endormir au petit matin.

Vers dix heures, réveillée et toujours seule, l'angoisse la submerge lorsqu'elle l'aperçoit pénétrer dans le jardin et faire un signe de la main vers l'extérieur.

Dans la rue, le brouhaha de la matinée a repris ses droits. Un attroupement s'est formé autour d'un colporteur vendant des pompes à vélos d'occasion. Elle distingue une silhouette qui s'éloigne sur une bicyclette. Doris ? La vision la pétrifie. Non ce n'est pas possible, mais son instinct et son œil ne peuvent la tromper. C'est bien Doris.

L'angoisse cède la place à la fureur, froide, irrépressible. Comment-a-il osé ? Elle veut lui faire mal, lui cracher au visage ses faiblesses, son égoïsme, son manque de courage et de loyauté. Pour des fadaises politiques, il s'applique depuis des mois à les mettre en danger. Alors qu'ils pourraient avoir une vie agréable, il fait tout pour la gâcher. Il abandonne sa carrière, sacrifie leur couple, la néglige et cerise sur le gâteau, la trompe, ne daigne même pas l'avertir lorsqu'il passe la nuit à folâtrer avec une vieille conquête. Elle ne l'admire plus, ne le comprend plus. Il est devenu pour elle un étranger. Il...

Oubliés les conseils de prudence et de modération. Elle se consume de rage. La banalité de sa tirade est bien loin des résolutions qu'elle a prises et de l'échange apaisé qu'elle veut avoir, mais elle ne se contrôle plus.

La vision de Doris s'éloignant à vélo, c'est comme une balle dans la poitrine, elle a du mal à respirer.

— Où étais-tu ?

Elle le sait. Elle espère un mensonge, mais son silence porte l'empreinte d'un danger imminent, une vague dévastatrice qui va les engloutir, emportant sur son passage les derniers faux-semblants. Va-t-il faire ce choix ? S'il ment, elle le confondra ou fera mine de le croire mais elle lui pardonnera. Leur couple peut se reconstruire.

Il prend son temps, comme si la question ne le concernait pas. Il cherche un livre dans la bibliothèque, lorsqu'il le trouve, il se tourne vers elle. La phrase tombe sans appel.

— J'étais avec Doris.

C'est comme si elle avait toujours su que ce moment allait arriver, que ces paroles seraient prononcées. Comme une rupture déjà vécue dans une vie antérieure, une douleur inscrite au plus profond de son être. Les larmes coulent. Elle ne cherche pas à les retenir. Il y a quelque chose d'inéluctable dans leur séparation. Doris est restée toutes ces années une ombre en embuscade.

— Doris ? Je ne savais pas… que tu la revoyais.

— Je l'ai retrouvée par hasard à une réunion.

— Ah ! Ces fameuses réunions où vous refaites le monde, occupés à comploter contre l'Allemagne. Je vois que vous ne faites pas que ça !

— Lotte, je t'en prie.

— Tu me pries de quoi exactement, d'applaudir à ta trahison ? Eh bien va la retrouver, tu en meurs d'envie depuis si longtemps !

Il hausse les épaules. Dans un soupir il se dirige vers la porte. Il ne paraît ressentir aucune culpabilité. Elle trouve la force de courir derrière lui et le rattrape dans l'escalier.

— Je t'en supplie Thomas, je veux comprendre.

– C'est pourtant facile, je peux plus supporter cette vie. Tu n'es plus la même, j'étouffe et pour tout te dire, j'ai peur pour toi.

– Ça, c'est un comble ! Peur pour moi alors que tu passes ton temps avec des bolcheviques à vouloir renverser le régime. Moi aussi j'ai peur. Si Ilse n'était pas intervenue le mois dernier, tu serais peut-être déjà en prison.

– Qu'est-ce que tu veux dire ?

– C'est clair il me semble.

– Pourquoi tu ne m'as rien dit ?

– Peine perdue tu ne veux rien entendre. Tu es inconscient et injuste. Ce n'est pas ma faute si je ne peux pas croire à tes théories fumeuses, mais mes amis, « ces gens », comme tu dis avec dédain, ils t'ont protégé, ils ne pourront le faire éternellement.

– Je n'ai aucun besoin de leur protection, dit-il avec hargne.

– Ah bon ! Eh bien avec ta *girlfriend* vous allez vous débrouiller. Bon courage

Dans les secondes qui suivent, elle passe de l'agressivité à la supplique.

– Thomas, dis-moi la vérité, j'ai le droit de savoir, tu l'aimes ?

Il lui fait face avec son livre sous le bras.

– Lotte, il ne s'agit pas de cela. C'est pas pour Doris que je pars. Je n'ai jamais cherché à la revoir, contrairement à ce que tu crois, mais nous avons les mêmes convictions, c'est important, et puis, elle a besoin d'aide avec son fils. Ce gamin est prodigieux. J'ai envie de passer du temps avec lui. Elle n'a pas ta force. Ce n'est ni ta faute, ni la mienne mais voilà, je ne veux plus continuer ainsi. Nous allons finir par nous haïr.

Elle sait qu'il dit vrai. Elle le connaît trop bien pour savoir qu'il ne mentirait pas à cet instant, et pourtant n'est-ce pas tout ce qu'elle aurait envie d'entendre, un mensonge ?

— Tu peux rester ici tant que tu veux, dit-il en la quittant.

Elle est abasourdie par sa détermination. Ce qu'elle redoute depuis des semaines vient de se produire. Elle remonte dans leur appartement. Écoute le bruit de ses pas, le claquement de la porte d'entrée. Il est parti ! Voilà c'est fini. C'est aussi simple que ça, une rupture. Mais, elle est forte, il vient de le lui dire. Pas une faible femme, elle, pas une petite chose fragile comme Doris et sa petite merveille qui ont besoin d'être protégés ! Elle se jette sur le lit en pleurant, sur eux, sur elle, sur l'inachevé.

Chapitre XXVI

Le lendemain de leur rupture, le silence et la solitude sont insupportables pour Lotte. Dans sa tête s'enchaînent les circonstances de son départ et ses regrets. Tout ce qu'elle aurait dû lui dire, ce qu'elle aurait dû faire. Rien ne s'est passé comme prévu. Elle sait qu'il a raison. Ils ne regardent plus dans la même direction. Mais est-ce si important après dix ans d'amour ?

Elle pensait que la passion des débuts conduirait à l'indulgence, autoriserait les divergences. Elle pensait qu'il serait toujours là pour elle et qu'ils vieilliraient ensemble. Eh bien c'est raté ! Ce n'est pas la jalousie qui la ronge, mais l'inexpliqué. C'est elle qu'il quitte, pas Doris qu'il va retrouver et c'est encore pire.

De quel mal l'accuse-il ? De ne pas penser comme lui, de fréquenter des hommes et des femmes déterminés à redresser le pays, de profiter de leur appui pour exercer le métier qu'elle aime ? Mais de quel droit ! Elle ressasse les mots, les gestes, s'écroule en pleurs, essaie de joindre Minna sans succès. Il a laissé une pile de livres russes, qu'elle jette rageusement dans la poubelle.

Insidieusement, la colère cède la place à la culpabilité. N'est-ce pas elle qui a entretenu la flamme de l'absence de Doris avec sa jalousie ? N'est-ce pas elle qui a créé cette situation ? Pourtant ce n'était pas un leurre puisse ce qu'elle pressentait est arrivé. Et cet enfant miraculeux, qui est-il exactement pour lui ? Elle le sait depuis le jour où elle l'a aperçu à l'hôpital avec Ella. Comment ne pas se rendre compte de l'évidence ? C'est pourtant ce qu'elle s'est appliquée à faire toutes ces années.

Les jours suivants, Thomas ne réapparaît pas. Elle ne cherche pas à avoir de ses nouvelles et prend la décision de déménager. Continuer à vivre seule dans la maison de ses parents, en espérant son retour n'a plus aucun sens. Elle n'est pas ce genre de femme. Elle a toujours été libre et forte comme il le dit si bien.

Ilse, toujours présente pour rendre service, lui trouve un appartement en rez-de-chaussée avec un jardin dans le quartier du Kurfürstendamm, qu'elle aime tant, mais suffisamment éloigné de leur ancienne maison, pour qu'elle ne puisse pas le croiser.

L'appartement a été récemment déserté par ses précédents locataires, des médecins juifs partis aux États-Unis. Elle entrepose son mobilier parisien au garde-meubles. Il lui rappelle trop douloureusement l'époque où ils étaient heureux. Elle ne cherche pas à décorer son nouvel univers, ne défait pas ses caisses de livres et de photos, se contente de suspendre ses vêtements et se dit qu'elle serait aussi bien à l'hôtel.

Les mois suivants, elle rit trop fort, boit trop de vodka, s'oublie dans des bras inconnus pour se retrouver esseulée au matin, les draps froissés, les amants congédiés et le cœur à la dérive. Depuis le départ de Thomas, elle porte un regard différent sur la vie berlinoise. Tout ce qui faisait sa joie auparavant, par plaisir ou pour le provoquer, prend une tonalité plus sombre. Elle se concentre sur son métier. Elle part le matin, comme dans ses jeunes années, à la recherche de scènes insolites, de paysages graphiques, exerçant sa sensibilité à la lumière de son humeur maussade.

Ses reportages la contraignent à assister à de nombreuses manifestations officielles. Le 20 avril, la naissance d'Adolf Hitler est fêtée comme jadis l'anniversaire de l'empereur. Une grande revue de la Reichswehr se déroule à midi le long de l'artère rectiligne qui traverse le Tiergarten et Charlottenburg. Elle est installée sur l'estrade parmi les dignitaires et se demande ce qu'elle fait là. Le cœur en berne, elle a du mal à fixer son attention. Le bruit des bottes, les chants guerriers, le *Horst Wessel Lied*, l'hymne officiel du Parti, lui apparaissent d'une grande brutalité. Soudain, la foule applaudit, le pays renaît, entend-elle autour d'elle, mais ces jours de liesse font ressurgir sa douleur. Où peut-il être ?

Début septembre, pendant toute une semaine a lieu le Congrès de Nuremberg. Pendant ces journées, la population de la cité double. Elle est chargée d'assurer un reportage pour *Völkischer Beobachter* . Elle préfère encore être là que se morfondre dans son appartement, d'autant que Minna est venue pour l'occasion avec Xavier. Ils évitent tous, soigneusement de faire allusion à Thomas. L'ancienne cité impériale est toujours aussi majestueuse. Par les ruelles bordées de balcons aux pignons sculptés, s'échappent la musique de Richard Wagner et l'ombre de sa puissance disparue. Dans cette ville où se croisent les souvenirs du passé et les ambitions pour l'avenir, elle essaie de saisir les témoignages de cette fièvre nouvelle. Le congrès, chaque année, change de nom : congrès de la victoire, de l'honneur, triomphe de la volonté, de la foi et autres dénominations pompeuses qui se veulent dignes de la renaissance qui s'opère. Elle a pour mission d'immortaliser, sous un jour flatteur, les personnalités étrangères conviées par le Régime. Le message du ministère de la propagande est ferme : « refléter le faste de ces assises annuelles et l'admiration des invités présents pour le Reich et son Chancelier. »

Elle n'a jamais su travailler sur commande, déteste qu'on lui dicte la conduite à tenir et n'en fait qu'à sa tête. Joseph Goebbels avec lequel les rapports sont toujours aussi tendus, jette la plupart de ses photos, mécontent des regards apeurés, des postures en retrait, loin de l'admiration complice qu'il souhaite transmettre au monde.

Les légendes qui accompagnent les clichés rescapés dégoulinent de flagornerie : « ivresse collective, extase mystique, délire sacré. » Elle aurait presque envie d'en rire. Toutes leurs exigences, elle n'en n'a cure. Elle se sent seule, prise au piège, dépassée par les évènements. La trahison de Thomas la hante. En fait alors que pendant toutes ces années elle s'employait à réussir pour qu'il soit fier d'elle, elle découvre qu'il aime que les victimes, les éclopées, celles à qui, il peut tendre la main pour les aider. Pas elle. Elle, elle n'y a pas droit. Elle est forte ! Elle se relève toute seule, elle ne demande rien. C'est ainsi qu'il la voit. C'est tellement injuste ! Comme si elle n'avait pas besoin, elle aussi, d'une épaule compatissante sur laquelle s'appuyer.

Minna déploie des trésors de persuasion pour la consoler. Elle ne renie en rien l'amitié passée avec Thomas. Elle est simplement heureuse qu'il ne représente plus de danger pour son amie. Lotte passe de plus en plus de temps chez eux à la campagne.

Au mois d'octobre, pour fêter l'anniversaire de leur mariage, ils organisent un dîner à l'Opéra de Berlin. Des laquais en livrée rouge et perruque dorée, brandissent des candélabres au milieu des tables afin d'éclairer les convives qui pénètrent dans la salle à manger, entièrement tendue de satin crème. Xavier a fait disposer son argenterie armoriée et d'énormes bouquets de fleurs blanches. Minna, somptueuse, dévoile généreusement sa poitrine, dans une robe de brocart de soie prune et veille à l'installation des invités. Lotte est admirative de voir son amie se mouvoir avec aisance dans cet univers dont les codes lui échappaient il y a peu, même si elle la sait meurtrie par les propos acerbes que son mariage suscite. Elle sourit, encore et encore !

Lorsque Goebbels et sa femme Magda font leur entrée, escortés par une cour de nazis en uniformes rutilants, Minna, ravissante, dans sa robe de brocart de soie prune, les accompagne à la table d'honneur où les attend Xavier. Elle revient rapidement vers Lotte.

— Lotte, Magda souhaiterait t'avoir à sa table.

— Pas moyen de refuser j'imagine ? J'y vais, ne t'inquiète pas. C'est le lot des femmes seules de servir de bouche-trou ! C'est pour te faire plaisir car j'ai vraiment du mal avec son mari.

— Merci, je savais que je pouvais compter sur ta compréhension ! Viens, je t'accompagne, Tu connais l'actrice tchèque Lida Baarova ? dit- elle en croisant une superbe créature moulée dans une robe fourreau pailletée.

— Pas encore.

— Elle arrive de Paris et vient de signer un contrat avec l'UFA, pour une dizaine de films. Elle doit démarrer prochainement *Barkarole* avec Gustav Frölich.

Lotte a entendu parler de Lida et pour cause, il paraît que depuis son arrivée à Berlin, Goebbels est totalement subjugué par elle.

— Lida, je te présente Lotte, mon amie d'enfance. Elle est photographe. Alors ces préparatifs de tournage ?

— Une pomme au petit-déjeuner, ensuite quatre heures d'allemand, une autre pomme au déjeuner, une vraie vie de star ! Les producteurs allemands ont trouvé que j'avais des formes un peu trop avantageuses...

— Ils sont sévères ! proteste Minna. Tu es magnifique et tu parles presque sans accent maintenant ! Lotte, Lida est un phénomène. En trois semaines, elle est capable de tenir une conversation dans n'importe quel dialecte !

Ce n'est pas son seul atout, pense Lotte, en admirant cette créature splendide. Une chevelure brune délicieusement crantée sur un visage à l'ovale parfait, des yeux noirs en amande, un nez aux proportions parfaites, légèrement retroussé, des pommettes hautes, une peau, des dents magnifiques, une bouche à se damner pour l'effleurer. Elle incarne avec ses vingt ans, la définition même de la beauté renversante et pas farouche paraît-il ! Pas étonnant qu'elle ait été choisie pour incarner la plus belle fille de Venise dans *Bakarole* lui glisse Minna à l'oreille.

À la table des Goering, deux regards aiguisés les observent. Joseph visiblement troublé par le charme de la belle tchèque et Magda sur la défensive.

— J'ai eu peur que vous ne la rameniez à table, lance Magda suffisamment fort pour être entendue de tous. J'en peux plus de ces petites actrices qui courtisent mon mari, prêtes à tout pour décrocher un rôle.

— Elle est attendue à la table de ses producteurs, répond Lotte sobrement.

— Tant mieux. Heureusement que Joseph n'est pas allé la chercher, je crois que je ne l'aurais pas supporté ce soir.

La conversation se fixe sur les prochaines manifestations du Reich mais elle ne peut s'empêcher de plaindre Magda et de penser que son mari va être un spectateur assidu du tournage de *Bakarole.*

La soirée est une réussite. Xavier qui a abandonné la plupart de ses responsabilités, ne s'attendait pas à la présence des Goebbels. Il en profite pour aborder à nouveau le problème du certificat d'aryanité de Minna. « Il semble que tout soir réglé », dit Minna à Lotte à la fin de la soirée. Ils nous ont même invités à leur prochain bal et Magda a insisté pour que tu sois présente.

Quelques semaines plus tard, le bal des Goebbels dans

la somptueuse propriété du parc de l'île des Paons attire le tout Berlin. Cette réserve naturelle accessible en bac uniquement, est située au milieu du lac de Wannsee, face à l'église Saint Pierre et Paul. À l'origine elle fut une résidence d'été offerte par le roi Fréderic-Guillaume de Prusse à sa maîtresse, Wilhelmine, la Pompadour prussienne, comme la surnomme Xavier, imbattable sur les amours impériales.

Dans la lumière crépusculaire, le décor est follement romantique. Des serviteurs les précèdent, avec des chandeliers monumentaux, sur les chemins sinueux qui mènent jusqu'aux pontonniers de la Reichswehr. Au bout de la passerelle, ils embarquent, traversent jusqu'à l'île et l'enchantement reprend. Près des fontaines baroques, des jeunes filles, déguisées en pages de la Renaissance, accueillent les convives avec une coupe de champagne. Les paons déplient leurs éventails multicolores et la musique de Wagner enveloppe le décor.

Lotte aperçoit Ilse et Ernst sur une terrasse

— Cachottiers ! Je vous cherche partout depuis des semaines. Vous n'étiez pas à l'anniversaire de mariage de Xavier et Minna.

— Impossible, Ernst était souffrant, mais j'ai appris que tu avais séduit Magda ! Au fait, tu es au courant pour Thomas ? Ernst a été informé hier soir de son arrestation. Il participait à une réunion interdite.

— Quoi ! Arrêté mais il est où ?

Le sol se dérobe. Elle s'appuie contre le garde-corps de la terrasse, cherche à cacher son trouble et se reprend vite.

Ernst prend un ton paternel pour intervenir.

— On a trouvé des affiches de propagande marxiste chez eux. Franchement, il l'a bien cherché depuis le temps qu'on le prévient ! Quelques semaines à l'ombre devraient lui remettre les idées en place ! Je suis heureux que cela ne te concerne plus.

Il les quitte avec une expression d'impuissance désolée. Lotte attend quelques secondes avant d'interroger Ilse.

— Tu sais où il a été transféré ?

— Au camp de *Plötzensee.* Ne t'inquiète pas. Il devrait être bien traité.

Elle sait très bien ce que veut dire ce « devrait ». Oubliant le ressentiment de la rupture et de la trahison, elle n'a plus qu'une obsession, le sortir de là. Elle établit dans sa tête, la liste de ceux qui peuvent l'aider.

Le lendemain dans le quotidien crée par Goebbels, *der Angriff am Mittag*, ainsi que dans l'édition du soir, *Nachtangriff*, s'étale sur toute une colonne une photo ancienne, où il n'est guère à son avantage, et le texte suivant :

« *L'ancien athlète Thomas Lagache, français d'origine, mais vivant en Allemagne où il entraîne notre très prometteur compatriote, le coureur Franz von Zollern, vient d'être emprisonné pour conspiration contre le Reich, sur l'ordre du ministre de l'intérieur Wilhem Frick. Il lui est reproché de comploter contre le Régime pour le compte des bolcheviques.*

Rappelons que Lagache parle couramment plusieurs langues, qu'il a vécu plusieurs années avec la photographe Lotte Sandberg, pourtant fidèle partisane du Führer. Sa compagne actuelle, américaine, a été relâchée ce matin après l'intervention de l'ambassade des États-Unis. Aucune charge n'a été retenue contre elle. Elle collabore depuis plusieurs années aux travaux du professeur Rathenald, directeur du service de pédiatrie de l'hôpital de la Charité et de l'institution Victors Haus en Basse-Lusace.

Thomas Lagache était en compagnie de plusieurs intellectuels russes, de confession juive, notoirement connus pour leur militantisme anti nazi et leur participation au complot international visant à déstabiliser notre patrie.

Des discussions seront engagées avec le gouvernement français mais aucune protestation de leur part n'a encore été présentée. Il a été transféré cette nuit au camp de Plötzensee en attendant son procès. »

A la suite, une interview accompagnée d'une photo de Franka Gerber posant fièrement devant l'immeuble avec son neveu, témoigne en quelques phrases perfides de la suspicion qu'elle a instinctivement ressentie devant le comportement de Thomas et du signalement qu'elle a transmis la première, aux autorités.

Après cette lecture, Lotte a envie de lui arracher les yeux. Elle se contente de déchirer rageusement le journal et fonce chez Minna, restée dans leur appartement berlinois.

— Mais quelle ordure cette concierge ! Minna, qu'est-ce qui nous arrive ? Qu'est-ce que c'est que cette société où la délation est encensée comme un art suprême ? Comment peut-on se regarder dans la glace après ça ?

— La glace, elle ne se regarde plus dedans depuis longtemps ! Calme-toi.

— Xavier ne t'a rien dit ?

— Xavier n'est plus tenu au courant. Il n'arrive même pas à m'obtenir ce foutu certificat d'aryanité, qui ne devait être qu'une simple formalité !

— Il peut se renseigner pour que j'aie un droit de visite ?

— Tu n'y penses pas, c'est dangereux en ce moment. Et il n'est pas le mieux placé pour l'obtenir.

— Dangereux, mais Minna, tu ne peux pas réagir ainsi ! Thomas et toi vous étiez amis.

— Franchement Lotte, il a été d'une telle imprudence !

— Bon, une fois qu'on a dit ça, on fait quoi ? Ils vont le torturer. Je vais demander à Magda.

— Essaie plutôt du côté de l'Ambassade de France. Avec Magda tu risques d'être déçue !

Elle la quitte dépitée et demande un rendez-vous à Magda. Elle n'a aucun mal à l'obtenir. Lorsqu'elle arrive à l'appartement des Goebbels, elle la trouve en pleurs. Joseph a découché. Il est totalement obnubilé par son actrice tchèque.

— Il a dix-sept ans de plus qu'elle, il est marié, il a des enfants. Elle n'a vraiment peur de rien cette garce ! Et lui qui ne cesse d'encenser les vertus familiales ! Cette relation va devenir une affaire d'État. Je ne vais pas me laisser humilier ainsi. Ça suffit. Elle va me le payer !

Lotte l'écoute en silence. Cette complicité inespérée sert ses intérêts, mais elle ne veut pas émettre des critiques sur Goebbels qui risquent de compromettre la faveur qu'elle va solliciter.

— Magda, vous le savez, j'ai vécu de nombreuses années avec un athlète français. Il vient d'être arrêté.

— Je sais. Lotte, si vous me demandez d'intervenir, c'est impossible.

— Mais il n'est pas coupable. Je le connais, juste un peu exalté.

— C'est ce qu'ils disent tous ! Je ne peux rien vraiment. Je dois sortir.

Cette indifférence, cette froideur de la part d'une femme qui, quelques secondes plus tôt s'épanchait sans retenue sur son sort, la glace. Elle est bien comme son mari, insensible au sort de tous ceux qui ne rentrent pas dans leur moule, incapable d'entendre une détresse.

— Juste peut-être un permis de visite ?

— Non je regrette, je ne veux pas me mêler de décisions politiques. Vous devriez vous tenir à l'écart. C'est un conseil amical.

Elle quitte la pièce sans un regard vers Lotte humiliée et rageuse.

Chapitre XXVII

PRISON DE PLÖTZENSEE

Le fourgon traverse plusieurs quartiers avant d'arriver au nord-ouest de Berlin à la limite des districts de Charlottenburg et Wedding.

Le transfert dans ce camion qui pue la sueur, la peur et les relents de pisse lui semble interminable. Il n'est pas seul dans le véhicule. Assis sur des bancs, serrés les uns contre les autres, les prisonniers échangent des regards résignés. Aucune parole n'est échangée. Le véhicule ralentit, s'arrête. Ils entendent « *Heil Hitler. Geben sie schnell* ! ». Quelques secondes encore et ils pénètrent dans l'enfer carcéral.

Lorsque la porte du fourgon s'ouvre, Thomas découvre le bâtiment de briques rouges de la maison pénitentiaire de *Plötzensee*. La prison comprend cinq bâtiments de trois étages, dont la salle d'exécution dans un hangar attenant. Le bourreau en haut-de-forme et nœud papillon noir exécute chaque jour des dizaines de prisonniers par décapitation à la hache ou par pendaison. Il le sait. Il a un sourire de résignation. Il a toujours su que cela pourrait arriver. Il a été séparé de Doris et de Jason dès les premières heures de leur arrestation. Que sont-ils devenus ? L'incertitude sur leur sort l'angoisse plus encore que la perspective de la torture.

Il est conduit dans l'aile réservée aux détenus politiques. On lui fournit un pantalon en grosse toile aux rayures verticales noires et blanches et une espèce de vareuse assortie avec un triangle rouge pointe en bas, brodé sur la poitrine, au centre duquel se trouve un F pour signifier France. Le triangle rouge est réservé aux politiques, communistes, démocrates sociaux et syndicalistes. Les détenus sont répartis en différents groupes. Les criminels de droit commun sont identifiés par un triangle vert, les asociaux, les Tsiganes, les non-conformistes, les vagabonds, un triangle noir, les homosexuels, un triangle rose et les Témoins de Jéhovah un triangle violet. Les deux triangles qui forment le badge en forme d'étoile juive sont jaunes, à moins que le prisonnier juif ne fasse également partie d'une autre catégorie de prisonniers. Il y a ainsi parmi ses compagnons d'infortune des prisonniers politiques juifs identifiés par un triangle jaune sous un triangle rouge.

Le lendemain de son arrestation, on vient le chercher pour un interrogatoire Il est fatigué, la nuit a été rude, entrecoupée par les ronflements, les cris échappés des sommeils perturbés et la lumière des torches balayant toutes les heures le dortoir d'une trentaine de lits.

Au rez-de-chaussée dans la cellule froide, une espèce de détachement s'installe, Il attend que le sort décide, comme résigné. Que peut-il faire d'autre ? Toute sa vie il a détesté ce verbe « se résigner » C'est pour lui, la négation même de l'existence. Il a toujours trouvé un combat, une rébellion, une colère pour avancer. Mais cela en vaut-il la peine ? La culpabilité d'avoir mis en danger son fils et sa mère l'accable.

En voulant sauver le monde, il n'a réussi qu'à mettre en danger sa famille !

Dès le début de l'interrogatoire il sent que son passé de sportif et de français lui vaut de vagues égards. La conversation tourne vite au marché : la liberté contre les noms des membres de son groupe. Son groupe, quel groupe ? Il comprend que cette demande n'est qu'un prétexte. Les noms de ses camarades, ils les connaissent déjà, certains ont même été arrêtés avec lui. Ils sont filés depuis plusieurs semaines. Ils déroulent son emploi du temps, ses rencontres. Ils lui parlent de ses interventions dans les tavernes, de ce colloque organisé par la ligue communiste dans un village rhénan. Il ne nie rien, mais une seule question l'obsède, que sont devenus Doris et Jason ?

L'un d'entre eux, semble plus affable. « Ils vont bien », lui dit-il. Doris est rentrée chez elle et Jason a été pris en charge par un médecin. Il respire. Il n'a plus peur de rien. Le policier essaie de l'amadouer. Il lui parle de ses exploits sportifs, de Lotte, de Franz, comme s'il récitait un livre ouvert, l'histoire de sa vie à laquelle aucun détail ne manquerait.

Pourquoi poursuivre sur ce chemin ? Interroge-t-il. Il est encore temps de changer d'avis. Ce pays n'est pas le sien, mais il l'a accueilli ainsi que ses parents, lui a permis d'y faire sa carrière. Pourquoi le combattre ?

— Tu sais pourquoi tu es là ? demande l'autre excédé par tant d'affabilité, en coupant son collègue.

Thomas garde le silence. Il n'a pas l'âme d'un héros, il est juste un militant épris de liberté et persuadé de la justesse de sa cause. Il s'étonne de la confrontation plutôt déroutante qu'ils lui imposent. Ont-ils peur des protestations de son ambassade ? Bénéficie-il d'une protection extérieure ? Lotte est-elle intervenue ? Depuis leur séparation l'année dernière, il n'a pas cherché à avoir de ses nouvelles, évitant soigneusement leurs connaissances communes la lecture de la presse à laquelle elle collabore, mais pas une seule journée, il n'a cessé de penser à elle. Il n'aurait jamais cru qu'elle lui manquerait si cruellement.

Que cherchent ces deux hommes ? À s'amuser avec sa peur, avant d'en finir avec lui ? Il ne leur donnera pas ce plaisir. Si Doris et Jason sont à l'abri, le reste lui importe peu. Il imagine qu'après un procès expéditif, ils viendront le chercher pour le conduire au hangar. Il sait comment cela se passe, on lui fixera les mains avec des menottes derrière le dos. Il mettra des sabots de bois et il a un drôle de sourire en pensant que son bourreau percevra pour son exécution huit cigarettes à titre d'allocation spéciale et une bouteille de gnole Prosit ! L'idée de cette sordide récompense le ferait presque sourire.

Sa vie lui échappe. Absorbé par ces sombres perspectives, il ferme les yeux. Il entend la porte s'ouvrir, un claquement de bottes suivi par « *Heil Hitler* ». Un jeune homme au visage poupin, dans un uniforme de S.S tend une enveloppe au policier le plus rude. Des informations nouvelles pour alourdir les charges contre lui ? Il n'a pas le temps d'échafauder d'autres hypothèses. Le geôlier le fixe, le regard mauvais.

— Lagache t'as de la chance, vraiment ! Le bourreau va devoir attendre la prochaine fois, mais on ne te ratera pas ! On va te raccompagner chez toi. Tu es attendu à la sortie.

La voix est détachée, monocorde. Il est abasourdi. Il retourne dans le dortoir, escorté par un gardien, rassemble ses affaires, jette un dernier regard à la pièce. Combien ici, pourront survivre ? Quels lits resteront vides ce soir ?

À l'accueil Doris, l'attend avec Horst Rathenald.

— Tu vas me faire le plaisir d'arrêter toutes ces conneries Thomas, lui dit Horst en le toisant froidement, fais-le au moins pour Jason !

Il est partagé entre le soulagement et la déception C'est Lotte qu'il pensait voir.

Chapitre XXVIII

COTTBUS 1933

Jason vient d'arriver avec Horst et Doris à Cottbus pour une série de conférences. Il est prévu que Thomas vienne les retrouver. Depuis l'épisode de *Plötzensee* le médecin surveille autant le père que le fils. C'est Lotte qui l'a prévenu de son arrestation. Elle était prête à ameuter le gouvernement français pour le faire sortir. La perspective d'un incident diplomatique a largement facilité sa libération. Décidément songe-t-il ces deux-là n'en finiront jamais de s'aimer mais pas question que Thomas abandonne Doris. Il en va de l'équilibre émotionnel de Jason ! Il n'avait pas été surpris d'apprendre la paternité de Thomas. Il s'en doutait. Ils se ressemblent tellement physiquement mais autant Thomas est fougueux et entreprenant autant son fils est grave, appliqué et docile. « J'obtiens de bien meilleurs résultats avec lui qu'avec toi », a-t-il coutume de lui dire.

Dans le bâtiment derrière l'institution, Ella vient de rentrer de la promenade avec Hans. Tout est différent depuis qu'il est en liberté. Il gambade avec Hygie dans les couloirs et son enthousiasme fait plaisir à voir. Il a onze ans maintenant. Elle se souvient, comme si c'était hier, du matin où ils ont ouvert la porte de la cellule. À leur vue, Hans s'est réfugié en hurlant contre le mur, recroquevillé sur lui-même, les mains devant les yeux. Soudain, Hygie déboulant comme une bombe du couloir, se faufilant entre leurs jambes, s'est jetée dans ses bras. Elle ne sait pas qui avait été le plus ému devant cette scène, même Ferdinand avait les larmes aux yeux. Enlacés l'un à l'autre, l'enfant et sa chienne ne faisaient qu'un. Hans la serrait comme s'il devait la protéger. La peur faisait place à la défiance. Impossible de les approcher, ils aboyaient de concert.

Ella et Hans décident de ne pas brusquer les choses. Le bonheur des retrouvailles ne doit pas être gâché par la violence d'un changement trop rapide, et puis Horst veut encore des photos et des observations sur leurs réactions !

Le lendemain matin, elle est arrivée seule à l'heure de la promenade et tout a été différent. Hygie s'est précipitée vers elle du fond de la cellule et Hans naturellement l'a suivie. Elle a pu lui caresser le visage, le débarbouiller, l'habiller proprement. Il se laisse faire pendant que la chienne jappe d'impatience à ses pieds. Il la regarde, tend le bras vers Ella, passe la main sur ses joues, comme elle vient de le faire avec lui, s'empare du gant de toilette et veut la nettoyer à son tour. Mimétisme ! pense-t-elle, Horst va être satisfait !

Elle voudrait l'embrasser mais il recule, alors elle le prend sous le bras pour l'aider dans sa marche et il s'engage en claudiquant vers la porte qui mène vers la liberté.

Dans le jardin Hygie a déjà ses habitudes. Elle l'attend pour jouer. Instinctivement il se remet à quatre pattes, s'arrête pour regarder le paysage. Il crie : « komi, komi », c'est le seul mot qu'il connaisse. Il le redit inlassablement. Ella lui montre un ballon, une fleur, le soleil en les nommant. Il essaie de répéter, mais s'en désintéresse vite et va s'endormir sur l'herbe près de Hygie. Depuis cette première journée, ils se sont réparti les rôles. Ella l'emmène en promenade autour de la maison pour améliorer sa motricité et Ferdinand lui apprend à parler. Le couple s'est installé depuis deux ans dans un appartement coquet aménagé dans les combles du bâtiment et veille à la rééducation du garçon. Elle se fait en douceur, loin de l'effervescence de l'institution.

Horst Rathenald peu affecté par le sort d'Hans vient rarement leur rendre visite, sauf lorsqu'il va au chenil. Depuis qu'il est tombé sous le charme de Hygie, il a créé un élevage de Spitz à la *Victors Haus.*

Les animaux sont dans un vaste enclos face au bâtiment. Hygie s'y rend souvent, néglige Hans pour s'amuser avec les chiots. D'abord jaloux, le jeune garçon a fini par admettre de la laisser faire. Il participe parfois à leurs jeux mais préfère les promenades. Pour Horst ce détachement est sain, il annonce une rééducation plus rapide. Pour Ella, l'attitude de l'enfant n'a rien à voir avec le désintérêt. Il suffit d'observer la scène. Quand Hygie voit Hans partir, elle court pour le suivre en oubliant les chiots. Il a bien compris le manège et ostensiblement sollicite une sortie dès qu'il est agacé de ne pas l'avoir près de lui. Ça c'est vraiment encourageant se dit-elle, il est malin !

Hans est pourtant loin d'avoir récupéré son retard. Son quotient intellectuel ne dépasse pas celui d'un enfant de quatre ans mais il progresse raisonnablement. Il se tient correctement sur ses jambes, utilise quelques phrases simples. L'objectif fixé par Rathenald est qu'il soit présentable au moment de la conférence finale. C'est d'ailleurs la raison qui l'a poussé à le libérer. Il redoute les jugements sur les conditions de détention, la présence du garçon et de son chien devrait faire taire d'éventuelles critiques et attendrir l'auditoire.

Bientôt tout cela sera d'ailleurs terminé pour les deux garçons. L'expérience touche à sa fin. Jason retrouvera une vie moins contraignante. Thomas attend avec impatience ce feu vert pour s'occuper de son fils à sa façon. Son séjour en prison a été un révélateur. Il a choisi de se concentrer sur sa vie familiale et sportive. Aurait-il fait ce choix s'il était resté avec Lotte? Probablement non, autant par conviction que par provocation. Aujourd'hui il ne se sent plus le droit d'une telle inconscience Il évite de croiser ses anciens camarades, se consacre aux entraînements avec Frantz éloignant les journalistes sauf lorsqu'ils lui parlent de Jason. Doris organise autour d'eux une existence cotonneuse. Elle est douce, d'humeur égale, admirative et dévouée. Il s'oublie lentement. Il regrette les emportements, les enthousiasmes, la mauvaise foi de Lotte, mais il remercie le destin de lui avoir donné un fils. Finalement c'est peut-être cela le bonheur, la quiétude d'un foyer.

Dans cette atmosphère feutrée, ils sont un peu inquiets ces derniers temps par l'humeur changeante de Jason. Plusieurs fois il a refusé de se prêter à des tests. Il ne cherche pas d'amis de son âge, s'enferme dans sa chambre pendant des heures. Hier soir avant de partir à Cottbus il leur a dit :

— Pourquoi suis-je devenu ce singe savant?

— Non pas un singe! Mais un jeune homme exceptionnellement doué, dont la réputation a même permis de faire sortir son père de prison!

Jason a accepté l'explication sans rechigner, comme d'habitude. Doris n'a rien dit, affairée à rassembler les derniers devoirs de son fils. Ils sont partis. Thomas est resté à Berlin, prétextant une rencontre sportive. Il a besoin d'être seul. Une déprime passagère, comme son fils! Ils sont bien plus semblables que Rathenald ne veut le reconnaître, songe-t-il. À lui aussi, cette existence trop paisible doit peser. Il l'emmènera assister à des rencontres sportives en rentrant.

Satisfait par cette bonne résolution, il renonce totalement à l'idée de les rejoindre. Il est en train de somnoler lorsqu'on frappe à la porte, le chauffeur de la *Victors Haus* se tient dans l'embrasure.

— Le docteur Rathenald vous attend d'urgence à Cottbus. La voiture est en bas.

— Mais pourquoi, il est arrivé quelque chose à Doris ?

— Je n'ai pas d'information, je sais juste que votre présence est indispensable. Le docteur ne m'a dit rien dit d'autre.

Il est indécis et inquiet. Quel problème peut-il y avoir à l'institution ? Il ne prend même pas pris le temps de joindre la *Victors Haus* et descend s'installer dans la voiture. Pendant les deux heures de trajet, il se réfugie dans l'attente.

Qu'a-t-il pu arriver à Doris ? Un accident ? Une arrestation ? Pourquoi Horst n'a-t-il pas transmis un mot au chauffeur ?

Lorsque la voiture pénètre dans le parc, il a à peine le temps d'ouvrir la portière que Rathenald se dirige vers lui. Il est décomposé

— C'est incompréhensible, imprévisible. Il avait tout pour réussir. C'était un être si doué, si...

Qui ? Pas Jason, pas son fils !

— Jason s'est suicidé !

Il s'accroche à la voiture. Ses oreilles bourdonnent. Il a du mal à respirer, à comprendre ce qu'il vient d'entendre, comme si son cerveau refusait d'accepter la phrase du médecin : « Il s'est suicidé ! », Trois mots, trois balles verbales qui viennent de l'anéantir. Il regarde Doris marcher vers lui. Elle est livide, les yeux rougis, le regard inexpressif d'une morte vivante.

— Qu'est-il arrivé ?

Tout est si brutal. C'est un sale rêve. Il va s'éveiller, son fils sera là. Doris le fixe sans un mot. Elle s'écroule dans ses bras.

— Il a laissé une lettre sur son bureau avant de se pendre dit Horst. Je ne comprends pas.

Ils se soutiennent pour monter les escaliers jusqu'à la chambre de Jason. Des feuilles de calculs mathématiques, des livres, un survêtement, des chaussures sans lacets, aucun jouet, le dénuement du décor quotidien du garçon lui saute aux yeux.

Horst lui tend la lettre :

« Maman, papa,

Ne pleurez pas c'est une délivrance pour moi. Je ne veux plus faire semblant. Je suis fatigué d'être courageux, docile, intelligent, fatigué de faire plaisir à tout le monde, d'être ce que l'on attend de moi, ce garçon parfait que vous voulez tous admirer. C'est trop lourd à porter. Hier soir, je me suis souvenu d'un poème qui résume assez bien le message que je veux vous laisser : « les rêves qui meurent ensemencent toujours la terre qui les a ensevelis ». Je n'ai pas d'autre choix que de faire disparaître ce rêve que vous avez porté. Cette illusion, ce n'est pas moi. D'autres ont pris mon destin en main. Je ne m'y retrouve plus. Ne soyez pas tristes. Vous avez été mes plus précieux bonheurs. Toi maman, pendant toutes ces années, et toi, papa, tu m'auras apporté pendant ces derniers mois une affection qui m'aurait presque fait renoncer à ce départ.

Je veux remercier Horst aussi, même si je pense que ses recherches l'aveuglent. On ne peut pas tout sacrifier au nom de la science, mais je ne suis pas sûr d'avoir compté à ses yeux autrement que comme un cobaye au service de convictions qui me dépassent. Ne culpabilisez pas, tel est mon destin. Chacun en a un. Je suis bien moins lucide que vous ne l'imaginiez ou peut-être le suis-je trop ?

Mon départ finalement sera mon seul geste d'indépendance. Il me rend la liberté. Gardez de moi le souvenir d'un rebelle. C'est ainsi que je me rêvais.

Pardon pour cette douleur, nous nous retrouverons un jour quelque part. Peut-être. Ne vous quittez plus. Je vous aime.

Votre fils Jason. »

Le visage de Jason lui apparaît soudain immense, suppliant, lorsqu'il est parti comme s'il voulait lui demander d'arrêter ce cirque, cette course à l'excellence, lui dire qu'il n'était pas un surhomme mais encore un enfant.

Il n'a rien vu, rien fait, il n'est même pas venu l'accompagner !

Comment vivre avec ce poids. Son enfant est mort, et lui n'a rien deviné de sa souffrance. Le silence qui succède à la lecture de la lettre est tel que le surveillant qui vient d'entrer n'ose parler. Il tousse, repousse une chaise sous le bureau et pose sur une étagère la corde avec laquelle Jason s'est pendu.

– Sortez-la d'ici immédiatement ! hurle Doris.

Elle n'a encore rien dit. Son cri déchirant s'étouffe dans les sanglots. Elle repousse la main de Rathenald sur son épaule, se jette sur le lit en enfouissant sa tête sur l'oreiller de son fils.

Comment survivre à l'indicible, à la disparition d'un être aimé ? Ils pensent, aux baisers qu'ils ne lui donneront plus, à ses peines qu'ils ne consoleront plus, ses rires, ses joies, ses habitudes, toutes ces petites choses dérisoires du quotidien qu'ils ne partageront plus avec lui. Le réveiller le matin, lui laver ses chaussettes, lui cuisiner les plats qu'il aime. Fini. Fini à jamais. Il est parti. Il a choisi de tirer sa révérence et de les laisser là, avec leurs questions. Fallait-il qu'il souffre pour leur faire tant de mal !

Les heures suivantes, ils assistent impuissants à l'enlèvement du corps de cet enfant qu'ils n'ont pas su protéger. Les mots sont superflus. Les regards compatissants les agressent. Rathenald leur demande d'être discrets. Ils se laissent convaincre, indifférents et dociles, fossilisés dans la douleur.

Le surlendemain de cette journée dramatique, amputés de ce lien si puissant qui les réunissait, ils assistent côte à côte en se tenant la main, à la cérémonie d'enterrement. La compassion suinte dans les regards. Ils ne perçoivent qu'interrogation et reproches.

Ella et Ferdinand sont là. Un petit chien gambade à leurs côtés, Ella tient par la main un enfant un peu voûté qui a des difficultés à marcher. Thomas, se dit que ce doit être ce pensionnaire de la *Victors Haus*, dont Doris lui a parlé.

Ella et Ferdinand veulent l'adopter. Rathenald observe le garçon avec gravité. Soudain le petit se met à hurler en n'apercevant plus le chien. « Hygie, Hygie, komm her ! », crie Ella. « Elle est partie » crie l'enfant en émettant un son guttural. Il se roule au sol, se met à pleurer et la chienne partie tranquillement faire ses besoins derrière un arbre revient en courant et lui lèche le visage. « Mais tenez-le en laisse ! », dit Rathenald agacé. Il se penche vers l'enfant toujours à quatre pattes, lui caresse le menton et le jeune garçon lui montre le chien « Hygie, Hygie, Hygie », répète-t-il.

La scène ne choque pas l'assistance, habituée aux cris et aux accès de colère des pensionnaires de la *Victors Haus*. Thomas, comme les autres, s'en désintéresse. Lorsque les gens viennent vers lui, leurs condoléances sont refoulées d'un regard. Il respire fortement, son inspiration sert de repoussoir à leur compassion. Il est en colère.

Ils rentrent à Berlin. Les semaines qui suivent sont un cauchemar. Une atmosphère, un décor peut les briser en rappelant le souvenir de Jason. Ils sont capables de faire de longs détours pour ne pas se retrouver dans un endroit qu'il fréquentait. Il reprend l'entraînement, elle, le chemin de l'hôpital Ils se retrouvent le soir dans une ambiance crépusculaire à se demander encore et toujours, pourquoi ?

Lorsque Doris lui dit que Rathenald en a fini avec ses travaux et qu'Ella et Ferdinand cherchent un appartement à Berlin, Thomas propose de les héberger. Tout, plutôt que ce tête à tête mortifère. Il sait le gamin arriéré mais se dit que sa présence ne peut que contribuer à les sortir du désespoir. Ils feront une bonne action ! La déficience d'Hans ne risque pas de leur rappeler le souvenir de Jason. Aucune comparaison n'est possible.

Horst semble se désintéresser de leur sort. Ses études ont été publiées sans grand écho. Il ne participe plus que de loin, aux séances d'entraînement de Franz, ne vient plus au BSE et s'est établi à Cottbus où il se passionne pour son élevage de Spitz.

Il n'a pas compris le suicide de Jason, ne ressent aucun sentiment de culpabilité et le prend pour un échec personnel, le pire camouflet qu'il puisse recevoir ! Il était si près du but, créer un être supérieur faisant l'admiration du public et le bonheur de sa famille. Un enfant modèle qui aurait pu inspirer la nation, montrer la marche à suivre et lui valoir une gloire éternelle.

Alors pourquoi ? Qu'est-ce qui n'avait pas marché ?

Ils se posent tous la même question, pour des raisons différentes. Chacun connaît une part de l'histoire, porte une part de l'illusion. Ferdinand, un soir, en discutant avec

Rathenald, apporte un semblant de réponse : « Peut-être que nous avons négligé ses sentiments, on peut créer de l'intelligence mais pas du bonheur ».

Ella et Ferdinand, sont parfaitement au courant de l'expérience faite sur les deux enfants. L'adoption d'Hans n'est pas uniquement un acte de générosité, elle soulage leur conscience. Ils ont accepté l'inacceptable. Avaient-ils le choix ? Ils connaissent la réponse. Ils auraient pu dire non. Ils n'ont rien fait.

Doris aveuglée par ce qu'elle pensait être l'intérêt de son fils n'a pas voulu percevoir le danger. Jason, prolongement de son histoire avec Thomas, de sa renaissance ne pouvait être qu'un enfant sacré, hors normes, qui guérisse ses frustrations et consacre leurs retrouvailles. C'est lui qui les avait réunis à nouveau, lui qui dictait sa vie et lui donnait un sens. Elle n'a pas compris qu'il ne voulait pas de cette responsabilité. Mais sa culpabilité ne s'arrête pas là. Lorsque Horst lui a parlé d'Hans, elle n'a rien dit, même à Thomas. Elle s'est désintéressée de son sort. Elle n'a pas voulu le voir dans sa cellule, se satisfaisant des explications rassurantes du médecin. C'était pour servir une noble cause, alors pourquoi se poser des questions ? Jason, à qui la vie devait tout offrir aura été la seule victime. Hans même mal en point, est là, vivant. Il guérira. Elle jamais. Elle en est presque jalouse.

Quant à Thomas, s'il ignore l'étendue de la manipulation mentale sur les deux enfants et de l'existence d'Hans, il a appliqué à son fils, ce qu'il sait faire le mieux : l'incitation à la performance. Il a profité de son emprise émotionnelle pour le motiver plus encore. Alors que le jeune garçon espérait certainement de sa part une délivrance, il l'a enfermé dans ce carcan d'exigences. Lui, comme les autres, se sont relayés pour assouvir leurs ambitions en lui volant son enfance. Aucun n'a voulu mettre un terme à cet égarement. Et pourtant il était le mieux placé pour savoir le poids du sacrifice. Il pensait en retrouvant Jason être assez fort pour lui montrer la voie, sans même envisager un seul instant sa détresse. Son fils se rêvait en rebelle songe-t-il douloureusement. Il réalise soudain la force du message de Jason. Il vient de faire voler en éclat ses certitudes. Il a dit non. Un refus définitif et sans retour à leurs égarements.

Chapitre XXIX

Comme prévu, Ella et Ferdinand débarquent avec Hans dans la maison du Kufürstendamm. L'appartement du dernier étage où ils s'installent était celui de Lotte et de Thomas. Doris n'a pas voulu occuper ce lieu chargé de souvenirs, de meubles, de livres, de photos, de bibelots choisis par Lotte. Le salon est transformé en chambre pour Hans et Ella découvre émerveillée la chambre avec la baignoire en fonte émaillée.

Doris et Thomas, ont élu domicile dans l'appartement des parents de Thomas au rez-de-chaussée donnant sur le jardin. Doris n'a rien changé au décor déserté, laissé par Olga. Canapés, fauteuils, tapis d'Aubusson, argenterie, bronzes ont été déménagés vers la France et l'espace est tristement vide. Dans le boudoir il ne reste que les traces, sur les murs tendus de taffetas de soie, de la collection d'icônes. Thomas ne peut s'empêcher chaque fois qu'il pénètre dans ces pièces d'entendre sa mère chanter, assise devant le piano en bois blond, lui aussi rapatrié en France, et de sentir l'odeur d'encens accrochée aux rideaux en damas rouge. Doris s'est contentée à son arrivée d'aménager une chambre et un vaste bureau pour Jason et elle a transformé le laboratoire de Lotte en salle de musique pour son fils. Depuis sa mort, elle ne pénètre plus dans ces pièces.

Ella, Ferdinand et Hans n'arrivent pas seuls. Il y a leur chien Hygie et Éthel, l'aide-ménagère que Rathenald a mise à leur disposition.

Un drôle de personnage que cette Éthel. Ils l'ont immédiatement prise en grippe. Conventionnelle jusqu'à l'obsession, soucieuse du qu'en-dira-t-on, pour elle, il y a les gens convenables et puis...les autres, pratiquement toute la population, eux compris. Des traits dessinés à la serpe, une bonne trentaine de kilos en trop, on ne peut pas dire que la nature ait été indulgente avec elle. Seuls le regard intense et la chevelure d'un blond vénitien sauvent ce naufrage esthétique. Elle a été mariée il y a quelques années et raconte volontiers, sans rire, qu'elle s'accommodait des tromperies de son mari en lui confectionnant en retour, des petits plats baignant dans la graisse. Elle était parvenue à lui faire prendre un kilo par mois pendant la durée de leur union. Au bout de deux ans n'en pouvant plus du gras, il l'avait quittée. Elle relate ce passé en bougonnant, encore furieuse de son ingratitude.

Éthel n'est pas une tendre, elle se montre parfois irritable avec Hans et à plusieurs reprises Doris, en l'absence d'Ella, a dû s'interposer pour éviter à l'enfant des punitions humiliantes. Hans est pourtant un gamin docile, la seule chose qui lui importe, c'est Hygie. Ils ne se quittent pas et il n'est pas mécontent d'avoir retrouvé toute son attention depuis qu'ils ont quitté Cottbus. Il parvient à descendre seul les escaliers pour la suivre et jouer avec elle dans le jardin. Il parle presque correctement mais très lentement, s'interrompant pour chercher ses mots.

Doris, fascinée par la complicité entre le garçon et sa chienne a imposé à Éthel que Hygie dorme avec lui, dans sa chambre et non dans une niche du jardin. Vexée par cette décision contraire à ses principes éducatifs, Éthel déserte la chambre de l'enfant et s'installe dans l'ancien bureau de Thomas. Hans qui a parfaitement compris l'enjeu du rapport de force semble très satisfait du résultat.

Il prend l'habitude de saisir la main de Doris et de

Thomas comme il le fait avec Ferdinand et Ella. Cette confiance est partagée par Hygie qui saute de joie en apercevant les deux couples alors qu'elle grogne et se réfugie sous le lit en voyant Éthel.

Thomas s'attache à Hans, d'une façon bien différente qu'avec Jason. Il accepte l'échec, l'incompréhension et même le dédain, parfois, du petit garçon qui a du mal à fixer son attention. Il joue, lui apprend à dessiner avec une patience infinie. Il explique, encourage, évite toute pression alors qu'auparavant il exigeait, considérait que rien n'était suffisant. Son fils n'avait pas droit à l'erreur. Dans la chambre de Jason, il ne trouve pas grand-chose qui puisse être récupéré pour Hans. Sur le bureau, dans la bibliothèque, que des études savantes. Un jour soigneusement caché entre une pile de livres de philosophie, il découvre un recueil des frères Grimm.

Toutes les histoires sont accompagnées de cœurs. La note maximale est de cinq cœurs. C'est ainsi que les larmes aux yeux, il apprend que *le Nain Tracassin*, *le Joueur de flûte de Hamelin* et *Hansel et Gretel*, étaient les contes favoris de son fils.

Personne, jamais, n'avait pris la peine de les lui lire le soir pour l'endormir.

Il n'en parle pas à Doris.

Chapitre XXX

À la *Victors Haus* c'est l'effervescence. Un programme secret d'euthanasie des handicapés physiques et mentaux, a été mis en œuvre par le régime. Le programme baptisé du nom de code *Aktion T4*, consiste à « offrir » une *gnadentod*, une mort miséricordieuse, aux déficients, ou jugés tels, par des médecins.

Ce sont les enfants, cette fois-ci, qui sont visés.

Horst Rathenald, comme de nombreux autres médecins, généticiens, anthropologues, biologistes, a été sollicité pour transférer certains de ses pensionnaires dans des hôpitaux psychiatriques afin qu'ils reçoivent les soins appropriés à leur maladie. Jusqu'ici, il a toujours accepté, sans se formaliser, de ne plus recevoir de nouvelles des pensionnaires transférés, mais depuis quelques semaines, il vient de comprendre le sort qui leur est réservé. Une mort « douce » par injection médicamenteuse létale. L'État nazi considère que ces enfants sont une charge pour la société et qu'il est préférable d'abréger leur souffrance. Il doit bien se rendre à l'évidence, les tenants de la suprématie de la race, obnubilés par la mystique du sang pur, triomphent.

Après Jason et Hans, ses nouveaux travaux portent sur la comparaison entre les enfants tziganes et les jeunes aryens :

« Comment remédier aux tares d'une race inférieure par les apprentissages ? » Tel doit être le thème de la prochaine conférence de la Victors Haus.

La terminologie n'est plus la même que pour ses précédentes conférences mais il doit bien se faire au vocabulaire du régime pour pouvoir continuer ses recherches. Ferdinand a refusé d'y participer. Rathenald est las des affrontements, déçu des résultats de son travail. La mort de Jason a été un camouflet, violent, inattendu, bien qu'il soit convaincu d'avoir fait un mauvais choix avec cet enfant trop sensible. Il aurait dû être plus vigilant, éloigner Doris. Personne ne lui a reproché ouvertement le suicide du garçon mais ces travaux suscitent désormais les sourires sarcastiques de ses confrères. Cette démonstration, qui devait lui valoir une gloire internationale s'est soldée par un demi-échec et même s'il croit encore à ses thèses, il a moins de certitudes, parfois même, le doute s'installe. À quoi auront servi toutes ses années d'expérience ? Il se désintéresse du sort de Hans, se satisfait du dénouement proposé par Ella et Ferdinand. Si l'enfant peut être sauvé, tant mieux ! Comment aurait-il évolué sans le traitement qu'il lui a infligé ? Finalement la réponse ne lui importe guère, d'ailleurs il n'en n'a pas fini avec lui. Il doit clore son étude par l'observation de sa réinsertion dans la vie normale. Ella lui transmet régulièrement des fiches détaillées. Doris, elle, évite de se trouver en sa présence.

Il a, grâce à Éthel, des détails sur la cohabitation entre les deux couples. Leurs destins croisés, autour de ces enfants, le faire sourire. Il se dit que l'altruisme ne l'a pas encore tout à fait gagné mais si d'autres veulent s'en charger, pourquoi pas ?

Lorsqu'une nouvelle liste de noms d'enfants lui est fournie, dans le cadre de l'opération *Aktion T4*, Rathenald supprime le nom d'Hans, parmi les patients devant être récupérés la semaine suivante par les services du Reich. Il précise : « déficience légère pouvant être améliorée, désormais adopté par une famille » Le lendemain Doris regarde la liste et constate avec satisfaction que le nom de Hans n'y figure pas. Elle court avertir Ella.

— Pas cette fois-ci Doris, mais demain? Nous allons quitter cet endroit, Ferdinand ne veut plus y travailler. Nous transmettrons à Horst des nouvelles du petit, mais ce n'est plus possible! Ces listes, toutes les semaines, ces regards qui nous interrogent et nous, qui devons mentir, et qui savons que nous ne les reverrons pas. Je n'ai plus la force. C'est abominable. Ils n'ont pas le droit de leur faire ça.

— Essayons d'en sauver dit soudain Doris.

— Mais comment?

— Je vais tenter de trouver une solution pour les faire adopter aux États-Unis ou en France.

— Mais tu n'y penses pas. C'est impossible Où allons-nous les cacher en attendant? Ils ont besoin de soins.

— Dans un premier temps, c'est nous qui recevons les listes de transferts, nous allons les bloquer au maximum.

— Mais tu sais bien que les psychiatres viennent régulièrement les examiner.

— C'est la seule chose que nous puissions faire et ce n'est pas le moment de baisser les bras.

Quelques semaines après leur installation chez Thomas et Doris, une lettre du Ministère de la Santé arrive, Hans doit aller faire des examens psychiatriques plus approfondis.

— Comment l'ont-ils retrouvé? Demande Doris à Thomas.
— Ne cherche pas, il y a du Ilse là-dessous. Horst ne l'a sûrement pas dénoncé, mais Éthel informe Ilse de nos moindres faits et gestes.

— Que peut-on faire?

— Dans un premier temps virer Éthel et vite ! dit Thomas furieux et nous casser de ce pays pour aller en France, en prétextant des championnats avec Franz.

— Mais Ella, Ferdinand et Hans ?

— Nous pouvons mettre Hans à l'abri avec nous en France. Ella et Ferdinand sont adultes, ils vont se débrouiller et viendront le rejoindre s'ils le souhaitent. De toutes les façons, leur dossier d'adoption n'a pas encore abouti. Hans est orphelin. Nous devons tout faire pour lui donner enfin une chance.

Doris éclate en sanglots. Jason lui apparaît. Il l'entoure de ses bras et chuchote à son oreille : « parle maman, parle, tu seras libérée ! » Elle s'assoit face à Thomas, sèche ses larmes et raconte tout, dans les moindres détails. La prise en charge de Jason, les conférences sur l'acquis et l'inné, sur l'homme inachevé mais aussi le jour où elle a appris que Jason avait un alter ego enfermé depuis des années dans une cellule.

Ella qui vient de rentrer, complète le récit. Les années passées à observer la lente régression de l'enfant prisonnier, la glace sans tain, les photos, la joie d'Hans à l'arrivée d'Hygie, sa douleur lors de la séparation. Dans un silence oppressant, elles confessent l'engrenage de l'horreur. Mais qu'auraient-elles pu faire contre ce médecin réputé ? Thomas est médusé. Comment Horst, qu'il estimait, a-t-il pu faire germer une telle monstruosité dans son cerveau, s'égarer dans l'illusion la plus ignoble, au point d'y perdre toute sensibilité ?

Cherchait-il vraiment à s'opposer à un massacre programmé ou voir briller son nom au firmament de la médecine ? Et Ella et Ferdinand, victimes ou bourreaux ? Leur lâcheté les condamne aussi sûrement que l'aveuglement de Rathenald pense Thomas.

Il les méprise soudainement comme il rage du silence de Doris qui ne lui a rien dit. Jamais Lotte n'aurait agi ainsi mais ça, c'est de l'histoire ancienne ! Il doit faire quelque chose. Pour la première fois depuis des mois il sort de sa torpeur. Hans sera son combat. Il va le sauver. Il n'a pas su protéger son fils, mesurer la violence qui lui était faite. Il va le faire avec Hans. Hans et tous les enfants qu'ils pourront sauver de l'enfer. Sa décision est prise. « L'opération Jason », c'est ainsi qu'il va la nommer, vient de germer dans son cerveau. Thomas prend la parole et explique son plan. Un plan rédemption, un plan aussi présomptueux que dangereux mais s'ils parviennent au bout, ils seront guéris.

Lorsque Éthel rentre, Doris l'avertit qu'une ambulance est venue chercher Hans et qu'en conséquence ils n'ont plus besoin de ses services. Elle ne paraît ni surprise, ni déçue à l'idée de quitter la maison.

– Et son clébard ?

– Il s'est sauvé.

– Bon débarras !

Cachés dans l'armoire du salon Hans et Hygie serrés l'un contre l'autre retrouvent les sensations de leur cellule à la *Victors Haus* : « chuuut dit-il à la petite chienne qui penche la tête de côté, chuuut ».

Chapitre XXXI

LES JEUX DU CIRQUE

Dans la moiteur berlinoise de ce 1er août 1936, l'effervescence est à son comble. La cérémonie d'ouverture des Jeux Olympiques va s'ouvrir et le monde a les yeux rivés sur l'Allemagne.

Berlin a fait peau neuve. De nouveaux lampadaires ont été installés Unter den Linden, les façades des magasins et des bâtiments officiels ravalées, le Quadrige redoré. Des haut-parleurs, dans les quartiers permettent aux habitants de suivre les résultats des compétitions en direct. Un train sillonne les villes et les campagnes pour sensibiliser la population à l'événement, un quotidien spécial a été édité. Dans les écoles, les enfants suivent des cours d'olympisme. La célébration du corps, de la beauté, de la performance physique est le nouveau credo du peuple allemand.

Thomas sait bien que les préparatifs de l'évènement ont été précédés d'arrestations massives mais à l'extérieur, on fait patte blanche. Les pancartes mentionnant l'accès interdit aux parcs et autres lieux publics pour les Juifs sont temporairement retirés les journalistes priés de diminuer le nombre de commentaires nationalistes et racistes dans leurs reportages d'autant que ces Jeux sont diffusés pour la première fois à la télévision.

Pour accéder à l'immense complexe flambant neuf, des routes nouvelles ont été construites, des lignes de métro et de *S-bahn* prolongées. La ville pavoise avec le faste et la ferveur de sa toute-puissance retrouvée. C'est la

Wehrmacht qui a la responsabilité du village olympique à Doeberitz où Thomas Lagache et Franz von Zollern sont installés. Les officiers circulent discrètement au milieu des athlètes en distribuant encouragements et consignes d'organisation.

Lorsque Thomas quitte sa chambre très tôt ce matin-là pour se rendre sur le stade il vient d'apprendre par sa mère que la dizaine d'enfants de la *Victors Haus* était parvenue à bon port dans leur maison béarnaise. Ce nouveau succès renforce sa détermination. Quel meilleur endroit que ce stade pour assurer une couverture idéale à ses nouvelles activités. Il est saisi par la beauté, la démesure des lieux. L'ocre rouge des pistes sablées, les pelouses verdoyantes s'harmonisent avec le gris irisé des murs et des gradins. De larges allées facilitent les déplacements de la foule, les vestiaires, les salles de presse, les restaurants, les tribunes réservées aux officiels sont d'un luxe peu habituel pour une enceinte sportive. Malgré la réussite de l'ensemble, unanimement saluée, il se murmure qu'Hitler est mécontent du résultat. Werner March, l'architecte, n'a pas ses faveurs, il répète à qui veut l'entendre qu'il aurait préféré la pierre au béton armé. Pour compenser cette déception il a demandé aux sculpteurs Arno Breker et Joseph Thoraz de créer des statues monumentales à la gloire de l'idéal nazi. C'est devant ces colosses nus qu'il s'extasie à son entrée dans le stade. À la cérémonie d'ouverture, cent mille personnes sont déjà présentes, lorsqu'un coureur surgit la flamme olympique à la main. C'est la première fois que des athlètes se relaient depuis Olympie pour transmettre la torche flamboyante. Il se dirige vers la vasque placée sur un trépied, elle brûlera selon la tradition antique, pendant toute la durée des Jeux. Un murmure d'admiration parcourt la foule à l'instant où un autre athlète vient prêter le serment olympique face à la tribune officielle. Dans des fauteuils cramoisis, siègent les hauts dignitaires nazis. Aux côtés d'Hitler, le roi de Bulgarie, le prince du Piémont, la princesse Marie de Savoie, les princes héritiers de Suède et de Grèce, les fils de Mussolini, l'athlète française Violette Morris et les membres du Comité international olympique. Thomas les observe avec ironie, ces magistrats illusoires d'une société qui s'accroche à la performance sportive comme l'ultime symbole de la suprématie du Reich. Le berger grec, Spiridon Louys, vainqueur du premier marathon de 1896, s'avance vers la tribune et remet à Hitler un rameau d'olivier, symbole de paix. Thomas n'a pas le temps de sourire à ce geste si peu en rapport avec les intentions belliqueuses des nazis que Richard Strauss apparaît tout de blanc vêtu. L'orchestre entame sous sa conduite *Deutschland über alles*, suivi du *Horst Wessel Lied*. À l'instant où les quatre mille cinq cents athlètes de quarante-neuf pays, pénètrent sur la piste, plusieurs centaines de pigeons brutalement rendus à la liberté, filent trouver refuge vers le ciel. Tous les spectateurs sont debout. Le stade paraît embrasé par une dévotion sacrée. Dans l'air, un psaume s'amplifie par vagues de silences et de clameurs à la gloire éphémère et huilée des gladiateurs modernes.

Jeux du cirque, à l'antique, mais les lions ne sont plus dans l'arène mais dans les tribunes, pense Thomas.

Frantz défile maintenant au milieu de la délégation allemande. Les Autrichiens saluent, les applaudissements redoublent. Plus loin, les Français s'avancent derrière le drapeau tricolore. Ils sont vêtus d'un costume bleu et d'un béret basque. Thomas a de nombreux amis parmi eux. Il a craint un moment qu'ils ne puissent venir après la rupture du traité de Locarno, mais Léon Blum a finalement accepté leur participation. Parvenus à la hauteur des officiels, ils exécutent gravement le salut olympique, le bras droit tendu à l'horizontal à la hauteur de l'épaule. Les spectateurs déchaînés prennent ce geste pour le salut hitlérien, hommage à l'organisation et à la puissance du IIIe Reich. La confusion est totale, sourires satisfaits dans les tribunes, approbation délirante de la foule, Goebbels oscille la tête d'un air pénétré et renvoie un salut, bien hitlérien, cette fois-ci.

Pourquoi, se demande Thomas, à qui le malentendu n'a pas échappé, faut-il que l'ardeur nationaliste soit si aveugle ? Quel genre de ferment est devenu le sport ? Une confrontation généreuse des corps ou une vitrine arrogante au service de desseins hégémoniques ? Il se sent mal à l'aise. L'histoire est en marche, perverse, brutale, mais il ne la subit plus. Il a trouvé un sens à sa révolte. Il repart vers les vestiaires. Il aime cette odeur familière, mélange de camphre, de transpiration, de maillots souillés, le bruit des chaussures qui claquent sur le sol au rythme des exercices de préparation, les regards intenses, déjà ailleurs. Il reconnaît la peur dans leurs yeux des athlètes. Pas chez Frantz. Il l'admire pour cette tranquille assurance. Depuis leur arrivée, il survole les épreuves des 200 m, des 400 m haies. Il est prêt à tous les dépassements pour se glisser dans l'éternité des vainqueurs. Le sport de haut niveau, sans cette certitude de puissance guerrière, ce déséquilibre assumé, ne peut que conduire à la désillusion. Thomas en sait quelque chose. Cette ambition lui a fait défaut. La gloire ne lui a pas pardonné. Elle se nourrit de passion exclusive et Thomas n'a rien voulu lui sacrifier. Et pourtant, lui aussi a gagné. Lui aussi a connu la griserie des bras qui se lèvent, le déferlement de plaisir à l'arrivée, l'impression de flotter, d'être invulnérable et juste après ces secondes d'exaltation totale, une indescriptible sensation de sérénité et de délivrance. Ces moments d'extase, qu'il a presque oubliés, étaient à chaque fois pour lui, comme une méprise.

Il n'a jamais eu le sentiment de les avoir vraiment mérités. Aujourd'hui, dans cette nouvelle vie par procuration, il éprouve la jouissance d'un pouvoir inconnu. Il est en prise directe avec le destin, mais ce destin n'est plus le sien. Le sien est bien ailleurs désormais et l'énergie qu'il y puise n'a rien à envier à ses émotions sportives. C'est pour cela qu'il est resté à Berlin, qu'il poursuit son travail d'entraîneur. Pour pouvoir mener à bien l'opération Jason. Il sait ce qu'il risque mais pour rien au monde il ne reculerait.

Il entend, au loin le coup de pistolet du départ, le silence, les cris d'encouragement. Il n'a pas besoin de regarder, il sait que Franz va gagner. Lorsqu'il sort, il est là, essoufflé, conquérant, au milieu des reporters et des officiels. Leurs regards se croisent. Le sourire illuminé, le poing tendu, à cet instant, ne s'adresse qu'à lui, fugace connivence, intermittente reconnaissance pour ces heures de préparation, de douleur et d'espoir partagés entre un athlète et son entraîneur. L'œuvre est collective mais la gloire solitaire. À vingt-cinq ans, Franz von Zollern vient de graver son nom à la légende du sport. Il est champion Olympique.

Thomas l'aperçoit maintenant, aux côtés de Jesse Owens, se diriger vers la tribune officielle mais au moment où il doit monter avec l'américain, Hitler quitte son fauteuil précipitamment. Goebbels lui emboîte le pas. Le malaise est évident dans la tribune officielle. La Presse entoure les vainqueurs et met du temps à comprendre l'attitude des nazis.

— Il ne veut pas serrer la main d'un noir !

Lotte ! Le son de sa voix le fait sursauter. La silhouette est restée la même. Elle est une des rares femmes dans l'enceinte à porter un pantalon, noir, fluide, évasé. La veste noire élégamment cintrée sur le chemisier en soie blanc témoigne avec sobriété de son goût pour les tenues androgynes. Ses boucles auburn semblent plus claires que dans son souvenir. Elle ne cherche plus à les discipliner sous un chapeau cloche. Elle est encore plus désirable que dans son souvenir. Les mots jaillissent entre les dents laiteuses, culbutant les lèvres rosies par le fard. Les yeux mordorés viennent se noyer dans les siens. Il ne l'écoute plus. Soudain, c'est comme une décharge, une explosion de tendresse et de regrets. Elle est là, près de lui, telle qu'il l'a imaginée si souvent et c'est comme si rien ne les avait éloignés. C'est peut-être cela aimer, ce lien indestructible, au-delà du temps, de la souffrance, de la haine. Au-delà de l'oubli et des reproches. Il n'a pas besoin d'explications. Il n'en veut plus. Ses insouciances coupables, ses trahisons à leur jeunesse, toutes les fois où son visage est venu gâcher les instants où il allait être heureux, il a pardonné. Jamais il ne s'était senti aussi conquérant, libre, qu'à l'époque où ils s'aimaient. Depuis leur séparation, il n'a jamais pu serrer avec plénitude un autre corps, jamais respirer une autre peau, faire l'amour à Doris sans qu'elle ne soit là, obsédante et lointaine. Pourtant il aime Doris. Différemment. L'une est l'audace et ses vertiges, l'autre, la paix, une certaine forme de renoncement qui lui convient. Il aime être aimé. Enfin il l'a cru longtemps. Jusqu'à la mort de Jason et aux révélations qu'elle lui a faites.

Sur le tapis rouge, Franz encore essoufflé, savoure les louanges. Au pied de l'escalier, il la contemple à nouveau. Quelque chose pourtant le surprend, sa voix, plus rauque, est moins assurée. Elle murmure :

— Tu fumes encore Thomas ? Tu as une cigarette ?

Il acquiesce, cherche son étui, lui tend une cigarette et sent brusquement en le remettant dans sa poche son porte-bonheur, un bout de genévrier avec leurs initiales enlacées, qu'elle lui a donné un soir de compétition Il n'a jamais pu le jeter. Peut-être, que l'essentiel de son bonheur, ce sont ses souvenirs. Un monde inviolé qui n'appartient qu'à lui. Un monde où il se réfugie sans cesse, comme un aller simple vers ses chimères. Il les choisit avec minutie, ses rappels du passé. Il se souvient des moindres détails, puis rassasié par ses voyages solitaires, il referme ses plaisirs d'hier au cimetière des nostalgies.

Les images lui reviennent comme des flashs. Il se souvient de leur première rencontre au *Romanischer Cafe* de Charlottenburg, de sa voix légèrement voilée, de son parfum de tubéreuse contrastant avec son allure affranchie.

Elle le regarde curieusement.

— Bravo, tu peux être fier de ton élève. Tu es un entraîneur comblé !

La banalité de l'échange lui fait prendre conscience des distances qui les séparent désormais. Il n'aurait jamais imaginé, lors de leur rupture, que son souvenir puisse à ce point l'obséder.

Il enchaîne sur un ton détaché.

— Tu veux rencontrer Franz, faire un reportage ?

— Bien sûr, j'ai essayé de te laisser un message mais apparemment, il s'est égaré.

L'arrivée d'un officier le dispense de répondre.

— Vous êtes attendue Frau Sandberg.

Elle tourne les talons. Son dos l'attendrit, il semble garder le souvenir de ses caresses. Elle gravit souplement les marches et disparaît derrière les uniformes. Sans se retourner. Dans la tribune officielle il aperçoit Horst Rathenald, Ilse et Ernst Siegen. Quelle belle brochette de salauds ! Ne peut-il s'empêcher de penser. Il y a bien longtemps qu'il n'a plus vu le couple. Ernst a grossi, les traits de son visage se sont affaissés. Il ressemble désormais à une grosse flaque. La face congestionnée, la lèvre inférieure légèrement déportée à droite qui transforme chacun de ses sourires en un rictus narquois.

Son attitude obséquieuse, ses mimiques emphatiques déclenchent les rires d'un petit groupe. Courtisan un jour, courtisan toujours ! pense Thomas.

— Où étais-tu ? demande Ernst à Lotte qui se rassoit à la tribune.

— Avec Thomas Lagache en bas.

— Ah oui, il entraîne Frantz von Zollern. J'espère que son influence se limitera au stade et qu'il va se dispenser de lui faire partager ses délires.

— De quoi veux-tu parler ?

— Tu sais très bien ce que je veux dire et tu devrais être heureuse que tes photos plaisent autant au Führer.

Elle n'a jamais supporté ce ton suffisant lorsqu'il s'adresse à elle.

— Vraiment Ernst ?

— Tu es mieux placée que quiconque pour savoir où vont ses amitiés politiques. Et puis, c'est bien toi qui l'as fait sortir de prison avec Rathenald, non ?

— On ne peut rien te cacher !

— Moi, je n'aurais même pas levé le petit doigt pour lui.

— Ça tombe bien, on ne t'a rien demandé !

— Fais attention ! Rathenald le ménage car il a encore besoin de lui pour ses travaux mais ça ne durera pas. Ce n'est pas parce qu'il s'est engagé à ne plus comploter contre le régime que ça empêche Doris de passer son temps avec sa compatriote Martha Dodd. Inutile que je te rappelle que Dodd l'ambassadeur des États-Unis est un opposant notoire à Hitler. Un nid de vipères hostiles au Reich ! Si j'ai un conseil à te donner reste loin d'eux !

Elle blêmit.

— C'est un sportif, pas un espion. On peut faire des erreurs de jeunesse ! Tu veux que je te rappelle son palmarès et ses succès que tu acclamais à l'époque.

— Les temps ont changé ! Il devrait se contenter de faire courir les autres, c'est tout ce qu'on lui demande.

Elle déteste l'arrogance de cette dernière phrase, redescend de l'estrade et cherche Thomas du regard. Il est avec Frantz sur la piste. Ils s'étreignent. Fraternelle osmose, partage éphémère de lumière. Sa place est désormais à l'ombre de cette gloire nouvelle. Il lui tend le drapeau allemand qu'un spectateur vient de jeter des tribunes.

Frantz, entreprend un tour de stade, ovationné par la foule. Il glisse sur la piste, exulte de bonheur. La journée est splendide. Il est champion olympique. Il le sera pour la vie. Cette victoire, rien ni personne ne pourra la lui reprendre. Plus tard, elle sera dépassée, mais il restera champion olympique à jamais. Un nom, un lieu et une date, dans la mémoire collective, qui mettront quelques générations à s'oublier. Il sait aussi que, comme Thomas, il devra un jour renoncer à ces moments d'exaltation, à ce sentiment de puissance indescriptible au moment de franchir la ligne d'arrivée. Il devra se réinventer, ailleurs, sur d'autres terrains, mais tout cela est très loin de ses préoccupations. Pour l'instant il savoure la reconnaissance qu'il lit dans les yeux idolâtres.

Thomas, assis à même le sol, au bord de la piste, la cherche du regard dans la tribune officielle. Et s'il lui parlait de l'opération Jason ? Il sait que, jamais, elle ne le trahirait.

— Tu veux aller boire un *Speakeasy* ?

Elle est à nouveau près de lui, mutine satisfaite de sa proposition. Il ne l'a pas vue revenir. Le *Speakeasy*, c'est un code entre eux, le souvenir d'une soirée au *café Josty* sur la Potsdamer Platz. Berlin ne comptait que cent mille voitures à l'époque mais elles semblaient s'être, toutes, donné rendez-vous au même endroit. Elle était arrivée en retard, de mauvaise humeur. Habitué à ses soudains dédains, il avait commandé un *Speakeasy* pour détendre l'atmosphère.

— C'est trop sucré avait-elle dit.

— Mais non, je t'assure, il n'y a pas de sucre, c'est du sel.

— Eh bien c'est trop... salé.

Certains jours, tout était de trop pour Lotte. Même lui. Ils en avaient ri longtemps et le *Speakeasy* était resté en témoignage de ces jours de trop-plein.

Il sourit. Il n'y a plus de place pour les regrets. Mais elle pourrait encore partager l'avenir ? Il va lui parler de leurs projets. Il ne peut poursuivre cette aventure sans elle.

— Allons donc boire ce Speakeasy. On a beaucoup de choses à se dire !

Chapitre XXXII

Berlin, l'effrontée n'est plus que l'ombre d'elle-même. Il est loin le temps des cabarets! Dans les rues, les passants, têtes baissées, circulent sans s'attarder devant les devantures closes des magasins tenus par des juifs et rentrent s'enfermer chez eux, dans l'espoir d'y trouver un peu de liberté. C'est sans compter sur la délation, qui offre aux nouveaux procureurs du régime, l'occasion de libérer leur haine, leurs frustrations et leur jalousie. Dans chaque immeuble, dans chaque rue cette armée de l'ombre fait son office en secret. Chacun scrute son voisin, une accusation anonyme peut déclencher une enquête, une visite de la Gestapo, briser une famille. Certains élus d'hier, devenus les ennemis d'aujourd'hui sont descendus en flamme par la presse nazie. Tout change si vite! La liste des arrestations s'allonge dans la rubrique des faits divers. Inconnus ou célèbres, les noms, les photos des personnes estimées coupables par la police occupent des pages entières.

Lotte y découvre parfois des connaissances et ne peut s'empêcher de redouter que le nom de Thomas n'apparaisse un jour. Elle n'a pas eu de ses nouvelles depuis qu'ils se sont croisés pendant les Jeux. Elle n'a pas osé lui parler de Jason mais elle sait par Minna que leur fils avant de se suicider avait laissé une lettre leur demandant de ne pas se quitter. Elle imagine leur douleur. Aurait-elle été une mère plus attentive? Elle en est persuadée. Jamais, elle n'aurait permis à Rathenald d'exercer sur son fils une telle emprise. Mais Jason n'était pas son fils. Il était la victime expiatoire de leurs illusions. Comment supporter cette culpabilité?

Et comment pouvait-elle, alors qu'elle n'avait jamais eu d'enfant, être aussi certaine qu'elle aurait pu le sauver ? N'était-ce pas aussi une autre forme d'illusion ? Non ! Elle n'avait peut-être pas été la compagne qu'il espérait mais elle aurait été une bonne mère ! Elle ne peut s'empêcher de poursuivre sa lecture par les pages sportives pour savoir où Thomas et Franz se trouvent. Ils voyagent beaucoup. Depuis le titre olympique, ils sont reçus en grande pompe dans toutes les capitales. Elle s'en veut d'avoir encore cette curiosité.

Un matin elle lit avec stupeur dans la rubrique des faits divers, l'arrestation d'Otto. Elle ne l'a pas revu depuis des années. Le journal mentionne qu'il a été interpellé dans une salle de concert et conduit à *Plötzensee* avec d'autres membres de son organisation, cette fameuse association dans laquelle, elle s'en souvient, il s'était engagé si mystérieusement. Il était en compagnie de Sophie von Hagen que Lotte connaît bien. Le père de Sophie, un noble prussien est un ami de Xavier. Un titre racoleur surplombe les photos prises par les policiers lors de leur interrogatoire : « *Poussés à la trahison par amour* ».

« Par amour » ? Elle a du mal à y croire. Otto aurait-il viré de bord ? Cela lui paraît improbable. Sur la photo son visage est amaigri, désespéré. Il semble avoir reçu des coups. Sophie en revanche est ravissante, juvénile, les cheveux mi-longs ramenés derrière les oreilles, vêtue d'une élégante veste blanche avec le col et les boutons noirs, elle fixe, bravache, l'objectif de ses yeux clairs sans qu'aucune peur n'apparaisse.

Mais que peut bien faire, cette fille gâtée, habituée de la rubrique mondaine, avec un pianiste homosexuel disparu depuis des années ?

Lotte se plonge dans la lecture. Sophie a le parcours classique d'une jeune aristocrate. Elle a été élevée dans le château familial de Liebenberg, effectué des études supérieures dans une école suisse réputée et travaillait comme attachée de presse pour le studio hollywoodien de la *Metro-Goldwyn-Mayer*.

Il y a quelques mois encore, elle appartenait au Parti nazi. Lotte le sait bien, elle se souvient de l'avoir vue flirter avec Hermann Göring lors d'une partie de chasse chez Minna et Xavier. Mais son existence bascule, détaille l'article, lorsqu'elle tombe amoureuse d'un lieutenant de la Luftwaffe, Günther Haas. Ils se marient en cachette. Elle coupe les ponts avec sa famille pour le suivre. Günther est affecté au centre de commandes de Göring. Il parle russe couramment. Au fil des mois, il s'éloigne du national-socialisme pour adhérer aux thèses staliniennes et trahir sa patrie poursuit le journaliste.

Sophie, de son côté, prétextant des critiques de films, profite de sa proximité avec le ministère du Reich à l'Éducation du peuple et à la Propagande pour essayer d'obtenir, des informations susceptibles d'être transmises aux Soviétiques. Ils rassemblent autour d'eux un groupe de dissidents hostiles au nazisme. Les renseignements sont échangés par l'intermédiaire d'un système de codage particulièrement astucieux : des partitions musicales. Chaque note, chaque silence, chaque signe, chaque nuance, correspond à une lettre. Leur combinaison forme une œuvre musicale facilement déchiffrable avec le tableau d'équivalences modifié régulièrement. Pour renforcer la crédibilité, l'agent de liaison soviétique qui véhicule les partitions est un pianiste d'origine allemande : Otto Dich. « Une transmission qui se voulait infaillible, mais n'a pas résisté à la vigilance de la Gestapo » souligne le texte.

La photo montre Günther, non pas à l'interrogatoire, comme les autres, mais dans sa tenue militaire, probablement pour mieux accentuer sa traîtrise, remarque

Lotte. Longiligne, les cheveux plaqués en arrière sous sa casquette à visière d'officier parachutiste, le col de son manteau en cuir relevé, le regard grave, il a belle allure, pense-t-elle poursuivant sa lecture.

Le fameux agent de liaison installé à Moscou, c'est... son Otto, transformé en espion, mais quelle mouche l'a piqué ?

La suite mentionne une soirée organisée par Sophie von Hagen pour la *Metro-Goldwyn-Mayer* sur les techniques de montage de Sergueï Eisenstein, le cinéaste du *Cuirassé Potemkine.*

Beaucoup de Soviétiques sont invités. Pendant le cocktail, Otto Dich, le pianiste de la soirée, propose à Sophie, excellente musicienne, d'interpréter en duo avec lui la cantate d'octobre de Serge Prokofiev. C'est là qu'ils auraient fait connaissance d'après les informateurs présents. Le journaliste, manifestement bien informé, date de cette rencontre, le début du complot. Avec force détails, il expose les mœurs et le parcours d'Otto, ses amitiés anciennes avec Magnus Hirschfeld, sa liaison avec l'un des conseillers de Viatcheslav Molotov, le chef du gouvernement de l'URSS, son installation à Moscou, sa fréquentation du premier cercle de Staline. Le compte rendu est suffisamment éloquent, le réquisitoire si violent, que Lotte se dit qu'ils n'ont guère de chance de s'en sortir.

Elle tente à plusieurs reprises de joindre Ilse. Sans succès. Manifestement des ordres ont été donnés pour l'éconduire. Elle n'a pas le temps d'insister davantage. Le 19 décembre, un jugement expéditif les condamne à mort, pour espionnage et haute trahison. La sentence est mise en œuvre trois jours plus tard, dans la salle d'exécution de *Plötzensee.* Günther et Otto sont pendus à des crocs de boucher, Sophie décapitée.

Lotte est anéantie. Le visage d'Otto l'obsède. Elle se souvient du *Play-Boy*, de l'eau-de-vie de Danzig, de leur complicité, des premières photos à l'institut de sexologie d'Hirchfed, de leurs soirées déjantées avec Lili la tigresse. Elle aimait Otto, pas seulement parce qu'il était le témoin de sa jeunesse, au temps où l'on pouvait encore la vivre en liberté, mais parce qu'elle le savait désespéré. Totalement. Il l'avait toujours été. Courageux par lassitude, vulnérable jusqu'à l'héroïsme. « Différent des autres », aurait dit Magnus.

Maintenant il n'est plus. Mort pour un combat qui n'était même pas le sien ! Solitude infinie du deuil, elle plonge dans cet abîme mémoriel et s'enferme pendant plusieurs jours, incapable de poursuivre sa carrière dans cette atmosphère de terreur, incapable de tricher. Fallait-il vivre ce drame pour prendre conscience ?

Mais que peut-elle faire ?

Minna et Xavier ne viennent pratiquement plus à Berlin Ils veulent quitter l'Allemagne pour les États-Unis. Minna lui propose dans sa dernière lettre de les accompagner.

Ilse et Ernst, absorbés par leurs responsabilités ne s'entourent plus que de nazis zélés. Lotte, ayant refusé à plusieurs reprises leurs invitations, est bientôt rayée de la liste des dîners. Elle n'en n'est guère affectée.

Comment a-t-elle pu être aussi naïve ? De dérisoires provocations, en vraies fautes, elle s'est trompée de port.

Combien de temps parviendra-t-elle à donner le change ? Elle n'a jamais eu l'âme militante, partir lui paraît être la meilleure solution. Cette ville n'est plus la sienne. Elle veut retourner à Paris.

Elle écrit une lettre à Sylvia et Adrienne pour leur demander de chercher un appartement près de chez elles, une autre à son éditeur pour lui proposer un portfolio sur « *Les conquérantes de Babelsberg* », ces actrices des années vingt, régnant sur le studio berlinois. C'était le bon temps celui de l'impertinence. Asta, Lucie, Anita, Grete, Erna, Dita, dansaient nues, se déclaraient bisexuelles, affichaient leurs divergences avec panache et bravaient les interdits. Elle les avait toutes photographiées ces audacieuses. Où sont-elles aujourd'hui ? Quelques-unes, parmi ces beautés ont choisi l'exil. D'autres, font le gros dos en attendant des jours meilleurs, mais peu de ces insoumises coopèrent avec le régime. Il faut dire que la production si foisonnante auparavant est tombée dans un tel conformisme, que c'en est fini de l'âge d'or du cinéma allemand. La plus célèbre d'entre elles, Marlène, auréolée par son « *Ange bleu* », est partie rejoindre les étoiles d'Hollywood, bien trop rebelle pour se soumettre.

Lotte trie ses clichés minutieusement et le résultat a de l'allure ! Autant par la beauté des actrices que par la puissance des légendes qui accompagnent les photos, des citations, toutes sur le même thème : liberté. Elle sait bien qu'aucun éditeur allemand ne prendra le risque d'imprimer l'ouvrage. Elle guette les réponses de Paris.

Un matin elle reçoit au courrier une lettre postée à Berlin. Elle reconnaît l'écriture de Thomas. Il lui donne rendez-vous le vendredi suivant à 9 heures le matin, dans le zoo, près de la station de la gare Bahnhof zoologischer garten. Il précise, si elle est libre, de prévoir un voyage aller et retour, en train, dans la journée pour effectuer des prises de vues. Elle pense à un reportage sur Frantz, comme ils l'avaient évoqué, et fait en sorte de lui consacrer toute sa journée. La perspective de le revoir éclaire son après-midi. Amis ! Voilà ce qu'ils doivent devenir désormais, c'est mieux que rien !

Le zoo est désert, il vient juste d'ouvrir. Elle le guette à l'entrée, appareil photo en bandoulière. Il débarque quelques minutes plus tard, l'embrasse distraitement, lui prend le bras comme s'ils s'étaient quittés la veille, regarde autour de lui, prend un air mystérieux :

— Viens allons voir les girafes !

— Ce n'est quand même pas elles que tu veux que je photographie !

— Puis-je encore te faire confiance ?

Comme d'habitude, il répond à sa question par une autre. Il n'a pas changé !

— Je suis là, non ? Cela devrait te suffire !

Elle est heureuse de ces retrouvailles mais interloquée par son attitude et sa question.

— J'ai besoin que tu viennes faire des photos dans une institution à Cottbus.

— À Cottbus ? Chez Horst ? Mais pourquoi pas sur le stade ?

— Il ne s'agit pas de Frantz. Nous avons besoin des photos d'enfants qui se trouvent à la *Victors Haus.* Elles nous serviront à établir de faux papiers d'identité afin de les faire passer à l'étranger. Ils sont en danger de mort là-bas.

— Quoi mais qu'est-ce que tu racontes ?

Il n'avait pas osé lui révéler son secret lorsqu'ils étaient allés boire un *Speakeasy* après la victoire de Franz. Il s'était dit qu'il devait d'abord en parler à Doris, Ella et Ferdinand. Ils lui avaient donné leur accord. Doris comprise. La mort de son fils avait été un tel choc que plus rien ne comptait vraiment à ses yeux. Elle n'éprouvait aucun sentiment de jalousie à l'égard de Lotte, aucune crainte que Thomas la quitte. Elle s'était repliée sur sa douleur et ne trouvait d'intérêt à la vie qu'à travers « l'opération Jason ».

Thomas lui parle, en continuant sa marche dans le zoo, de la mise en place d'*AktionT4* dans les institutions psychiatriques, de l'expérience de Rathenald sur Jason et Hans. Il lui détaille l'opération qu'ils conduisent pour éviter que les pensionnaires de la *Victors Haus*, les plus vulnérables, ne soient euthanasiés. Tout est déjà prêt. Martha, la fille de l'ambassadeur américain aide Doris à trouver des organismes pouvant accueillir les enfants. Les parents de Thomas reçoivent des petits dans leur maison béarnaise et coordonnent la prise en charge des familles d'accueil en France. Ella et Ferdinand ont la responsabilité des transferts vers l'Angleterre. L'opération a été baptisée « Jason ». Il aurait été heureux poursuit Thomas, lui qui se rêvait en rebelle, de savoir que c'est en son nom que nous organisons ce sauvetage.
Elle est médusée par son audace et sa détermination et ce qu'elle vient d'entendre.

— Mais, comment faites-vous pour sortir les enfants de l'institution ?

— Rathenald ferme les yeux pour l'instant. Une façon de se racheter une conduite ! Ella et Doris falsifient les listes, les identités, inventent des certificats de décès, prétendent qu'ils ont déjà été envoyés vers d'autres centres, brouillent les pistes depuis des mois mais il faut faire vite ! Tu es partante ?

Cette fois-ci elle se sent totalement concernée. Elle répond sans hésiter.

— Bien sûr ! Je sais où trouver l'imprimeur idéal pour les faux papiers. Il est à Paris, à Belleville. C'est un as ! Je me charge de vous fournir les cartes d'identité de toutes les nationalités souhaitées.

Thomas n'en demande pas tant. Lotte voit dans ses yeux briller plus que de la reconnaissance, cette complicité qui se substitue parfois aux amours défuntes.

— Parfait ! Nous cherchons aussi des refuges où les mettre en sécurité sur les trajets. Il faut ensuite les convoyer, leur procurer de la nourriture, des vêtements, sans nous faire remarquer. Nous ne pouvons les faire sortir qu'au fur et à mesure. La patience de Horst n'aura qu'un temps, il acceptera peut-être de passer pour un imbécile, qui contrôle mal son institution, mais il ne se mouillera pas davantage. En cas de pépin, il nous chargera, c'est certain !

— Il y en a combien en instance de départ ?

— Une trentaine, les plus valides, pour les autres il faudra un convoi spécial.

— Soyez prudents Ernst Siegen est aux aguets, il m'a fait des remarques il y a quelques mois sur l'amitié entre Doris et Martha Dodd et toi, il t'a toujours dans le collimateur. Il a un réseau d'espions et de délateurs prêts à tout pour se faire bien voir.

— Continue de les fréquenter, cela peut être utile.

— Quoi ! C'est toi qui me demandes ça ! Mais je peux plus les voir. À tel point que je m'apprêtais à repartir pour Paris.

— Vas-y ! Et rapporte-nous les papiers quand tu auras fait les photos. Ne change rien à tes plans, c'est la meilleure des couvertures. Je me sers de tous mes déplacements avec Frantz pour trouver des familles et de l'argent, mais même lui n'est pas au courant. Bon, je pense que les girafes nous ont assez vus. On prend le train pour Cottbus ?

Ils se dirigent vers la sortie en direction de la gare.

— Et Doris, elle est au courant de ta démarche ?

— Évidemment et elle espère que tu diras oui. Tout le reste Lotte, c'est de l'histoire ancienne, du temps où nous pouvions encore nous permettre d'être jaloux. Aujourd'hui c'est une autre aventure bien plus exaltante et celle-là, je serai heureux que nous la menions ensemble. J'ai besoin de ta présence à mes côtés !

— Banco ! dit-elle émue. Allons voir ces petits.

Il lui tend un billet, se séparent à l'entrée de la gare. Ils ne voyagent pas dans le même wagon.

À Cottbus, comme il le lui a recommandé, ils prennent une voiture différente pour se rendre à la *Victors Haus.* Lorsqu'elle arrive, elle ne reconnaît plus le lieu. Elle n'était pas venue très souvent mais elle est surprise par le silence qui y règne. Horst Rathenald n'est pas là. C'est probablement la raison pour laquelle Thomas lui a demandé de venir aujourd'hui.

C'est Ella qui l'accueille, le visage grave, elle la serre chaleureusement dans ses bras, « *vielen danke* » lui glisse-t-elle à l'oreille en l'entraînant vers le réfectoire.

Une trentaine d'enfants sont déjà installés autour des tables en bois. Ils observent, intrigués, Lotte installer son appareil sur le trépied. Ella les appelle un par un, pour s'asseoir sur le tabouret face à l'objectif. Ils sourient car ils savent qu'après la prise de vue, ils auront droit à un bonbon. Le cœur de Lotte se serre à chaque fois qu'elle appuie sur l'obturateur. Aucun ne survivra sans eux. Cette responsabilité la hante.

Chapitre XXXIII

Minna et Xavier font leurs valises pour New York. Ils savent maintenant que Minna n'obtiendra pas son certificat d'aryanité. Xavier a bien essayé de convaincre les services d'Himmler mais il n'a plus l'entregent d'autrefois. On lui a opposé un refus définitif. Il l'a pris comme un affront. Il est las, déçu, en colère. Pas Minna.

Les belles fêtes d'hier sont loin, elle ne les regrette pas. Elle n'a jamais vraiment été admise dans son cercle d'amis et leur désertion ne l'affecte guère. Elle se fait une joie de ce départ. L'Amérique, les soirées jazz du Cotton Club, les balades dans Central Park, les lumières de Broadway, toutes ces images ont nourri son imagination depuis si longtemps !

Pour Xavier c'est une autre histoire, malgré sa déception, il redoute l'exil. C'est un homme d'habitudes, de frontières définies, de journées planifiées. Sa seule exception à cette vie bien ordonnée, c'est Minna. Elle est son unique part de rébellion. Orphelin de son passé, privé de l'avenir qu'il espérait, il n'est certain que d'une seule chose, chaque fragment de son existence restera attaché à cette terre. Sa promenade matinale sur la tombe d'Elyett, les soirées au coin du feu avec leurs chiens, les paysages de son enfance, il va devoir laisser tout cela derrière lui. Plus que tout il ne supporte pas de voir son pays aux mains des nazis. Il se reproche sa crédulité qui le conduit aujourd'hui à leur laisser tout ce à quoi il tient. Mais il ne peut abandonner sa femme. D'un jour à l'autre ils peuvent venir s'emparer d'elle. Il ne se le pardonnerait pas.

Minna s'active avec les valises et le brusque un peu. Que faut-il prendre pour l'inconnu ? Il ne veut rien, juste quelques cadres, quelques livres, « débrouille-toi » ! lui dit-il. Parfois elle se demande s'il ne lui en veut pas de devoir partir. C'est un peu à cause d'elle, mais pas seulement. Il sait que le temps est venu de solder les comptes, d'assumer ses erreurs. Il ne pensait pas que ce serait si difficile. Bientôt ils prendront le bateau. Pour lui le voyage risque d'être sans retour. Les années ont passé, la fatigue, la dépression le gagnent. Il est bien moins solide qu'il ne l'imaginait. Minna virevolte autour de lui, tente de lui redonner le goût de l'espérance. Elle fourmille de projets.

Il l'observe avec un regard attendri. Il l'imagine demain sans lui. Il a peur pour elle, il a toujours été là pour la guider, la protéger. Il va la mettre à l'abri, loin de ses fils qui la haïssent et ne rêvent que de se débarrasser d'elle sans aucune considération pour ses sentiments. C'est son dernier devoir.

Bientôt, tout est prêt. La maison fermée, les chiens confiés au gardien, qui a aussi pour mission de fleurir chaque matin, la tombe d'Elyett.

La voiture chargée de malles quitte la propriété en direction du port de Hambourg où ils prendront le paquebot *Europa* pour New York.

Leur départ perturbe Lotte. Elle a suivi les préparatifs, redoutant à la fois autant la séparation qu'un éventuel renoncement qui ferait courir un risque à Minna. Quinze jours après leur départ, elle reçoit une lettre avec une photo du couple minuscule devant l'immense bateau. Minna décrit la salle à manger Art déco, les glaces, mettant en valeur les tenues sophistiquées des passagers de première classe, le bal du capitaine, leur cabine décorée de céramiques et d'un tapis persan. Son commentaire sur cette traversée de cinq jours : « un enchantement ! »

Dans le courrier suivant, à la fois tendre et inquiet Minna évoque l'humeur dépressive de son mari et sa joie de s'installer à Manhattan dans un appartement au dernier étage du *Fuller building*. Ta chambre est prête ! dit-elle.

C'est trop tard maintenant, pense Lotte en repliant la lettre. Pour rien au monde elle ne quittera Berlin avant la fin de « l'opération Jason ».

Elle a repoussé son voyage à Paris, se contentant de transmettre les photos aux parents de Thomas avec l'adresse de l'imprimeur. Doris et elle, se croisent régulièrement. Il n'y a plus aucune jalousie, juste une espèce de solidarité autour de cet homme qu'elles aiment toutes les deux et de ce projet qui les réunies.

Lotte sait que le suicide de Jason a mis un terme définitif à tout espoir de reconstruire un couple avec Thomas. Il ne quittera jamais sa mère. Doris le sait aussi, comme elle a très bien compris que Lotte occupera toujours la première place dans son cœur. Elles s'accommodent l'une et l'autre de la situation. Lui, ne pense qu'à réussir son « opération Jason ».

Les évènements s'accélèrent. Une dizaine d'enfants vient de quitter la *Victors Haus* avec Ella et Ferdinand. Horst a signé la feuille de sortie sans sourciller. Il leur a même souhaité « *viel glück* », bonne chance, lorsqu'ils sont partis. Sur le document Doris a mentionné : « voyage scolaire à Hambourg ».

Une longue route les attend jusqu'à Calais avant de prendre le ferry pour l'Angleterre. Le car, que Ferdinand a aménagé pour y passer les nuits, avance gaillardement mais lentement sur les petites routes qu'ils préfèrent emprunter pour ne pas se faire remarquer. Le soir en dévissant quelques sièges, ils peuvent étaler des matelas et dormir serrés les uns contre les autres. Les enfants sont heureux de cette escapade mais certains, plus anxieux, ne comprennent pas pourquoi, ils ont si soudainement quitté la *Victors Haus*, le seul refuge qu'ils connaissent depuis leur naissance. Ella déploie tous ses talents pour les rassurer. Lorsqu'elle les embrasse, le soir avant qu'ils ne s'endorment, elle sent leur odeur enfantine. Leur innocence l'émeut. Ils n'ont pas le droit à l'erreur. Après plusieurs journées de route, ils parviennent à la frontière avec les Pays-Bas. Au poste de police, Ferdinand tend les faux papiers d'identité fournis par Lotte et explique qu'il part avec ses élèves en voyage scolaire en Belgique. Contre toute attente, le douanier décide de fait descendre les enfants. Heureux de cette invitation inespérée, et inconscients de l'enjeu, ils en profitent pour courir en hurlant, faire pipi contre le mur, chanter, s'interpeller bruyamment. Débordés par le vacarme, Ella et Ferdinand sont priés de récupérer tout ce petit monde et de déguerpir au plus vite. Ils ne se font pas prier ! Les kilomètres suivants ne sont qu'éclats de rire et chansons. Le plus dur est fait, sortir de l'enfer qui leur était promis ! Ils se dirigent vers la Belgique, avant-dernière étape, avant de prendre le bateau qui les conduira à Douvres.

Voilà cinq jours qu'ils sont sur les routes. Ils ne peuvent guère rouler plus de cent kilomètres par jour, les petits ne le supporteraient pas. Certains sont mal en point, nécessitent des soins et réclament, à tour de rôle des stops pour se détendre. Ella et Ferdinand ont établi un emploi du temps précis Le matin, de bonne heure, ils roulent pendant que les enfants dorment encore. Premier stop, dans un village, à la recherche d'une fontaine ou d'une auberge pour s'abreuver et faire la toilette. Ensuite, ravitaillement. C'est Ferdinand qui s'en charge, avec le pécule que lui a donné Thomas.

Pendant ce temps-là, Ella organise la visite des villages traversés. Ces enfants n'ont aucun autre repère que la *Victors Haus* et les fêtes de la *Speewald* à Cottbus. Elle prend soin, à chaque sortie, de ne pas les perdre. Ils tiennent par la main une corde et marchent les uns derrière les autres afin de ne pas s'égarer. Ce joyeux et bruyant ruban multicolore qui s'étire cahin-caha sur le trottoir amuse les passants. Ils ont le droit de parler et de chanter maintenant et ils ne s'en privent pas !

Le soir, Ferdinand gare le véhicule dans un endroit tranquille pour qu'ils puissent se réunir autour d'un feu. Ella chante, danse, les entraîne dans le tourbillon de la liberté retrouvée. Ferdinand la contemple. Cette aventure renforce encore davantage son attachement. Il n'aurait jamais pris un tel risque sans elle mais il n'a pas peur. « L'opération Jason », soude leur couple plus solidement que n'importe quel anneau marital. Ils ont fait le choix de changer de vie. Lorsque la mission sera terminée, ils s'installeront en Angleterre, dans le Kent, dans la petite ville de Maidsone située à une cinquantaine de kilomètres de Douvres où ils emmènent les enfants. C'est Mathilda, leur correspondante anglaise, une ancienne danseuse, amie de Doris qui a loué pour eux cette maison à colombages entourée de dix hectares de terrain, au bord de la rivière Medlay.

Dans la grande demeure, tout est prévu une cinquantaine de chambres, un médecin deux infirmières du personnel pour prendre soin d'eux Toute cette organisation est financée par Thomas, ses parents et Lotte, grâce aux dons de leurs amis français. Minna et Xavier participent également depuis leur retraite new yorkaise. Lotte leur a demandé de trouver des familles d'accueil américaines. Pour Ella et Ferdinand ce n'est pas encore l'heure de s'installer dans la campagne anglaise, ils doivent effectuer deux ou trois autres voyages. Mathilda et son mari supervisent le domaine en leur absence et les départs vers les États-Unis.

Thomas et Doris ont proposé de prendre en charge Hans et Hygie. Depuis leur cohabitation, l'enfant s'est attaché au couple et Ella n'a plus le temps nécessaire pour se consacrer pleinement à sa rééducation. Elle a accueilli leur offre avec soulagement. Elle ne peut s'empêcher de revoir les images de son enfermement. Le visage du jeune garçon lui rappelle sa culpabilité. Cette vision la hante. Elle préfère s'occuper d'autres petits. Ils sont si nombreux à en avoir besoin.

Combien faudra-il d'enfants sauvés pour que sa honte disparaisse ?

Doris prend sa responsabilité très au sérieux, depuis plusieurs mois elle apprend à Hans à danser, à se mouvoir correctement. Il progresse vraiment bien maintenant. Thomas l'emmène faire des balades avec Hygie lui enseigne avec patience la lecture l'écriture. Il a ressorti les albums de Jason et raconte chaque soir les aventures du *Nain Tracassin*, du *Joueur de flûte de Hamelin* et *d'Hansel et Gretel.* Hans ne s'en lasse pas.

Le départ d'Éthel a été une bénédiction. Mais quelques jours plus tard, elle se présente à l'hôpital dans le service des enfants, exigeant de voir Rathenald. Le médecin qui s'avance dans le couloir, ne prend pas la peine de la recevoir. Doris qui a discrètement ouvert la porte de son bureau, entend Éthel lui demander si c'est bien lui qui a fait transférer Hans. Il répond sans aucune hésitation, plutôt sèchement, qu'il exécute les ordres, qu'elle n'a pas à s'inquiéter. Il la salue, entre dans le bureau de Doris. Leurs regards se croisent. Longuement. Les mots n'ont pas leur place dans cet échange. Il lui sourit, lui tend un dossier et repart. Elle ferme les yeux, respire profondément.

Chapitre XXXIV

Il fait un froid glacial ce matin de décembre, lorsque Lotte prend le volant de la puissante berline qui va la conduire vers Paris. Le contact avec la banquette en cuir la saisit et malgré le chauffage de l'automobile, elle ne peut s'empêcher de frissonner et d'avoir peur.

Hans dort avec Hygie sur la banquette arrière, bien au chaud, sous des couvertures. La petite chienne s'éveille dès qu'elle le sent bouger. « Chuuut » lui dit-il, lorsqu'ils arrivent à la douane. Hygie se colle contre lui, la tête dans son cou et fait la morte. C'est un jeu bien rodé entre eux.

Lotte s'arrête, après avoir jeté un coup d'œil à la couverture qui disparaît sous ses manteaux. Le militaire regarde ses papiers, lui sourit et la complimente sur son livre sur les toits de Paris. Il lui dit que depuis qu'il a vu ses photos, il rêve de se rendre dans la capitale française. La notoriété a du bon ! se dit-elle. Au garde-à-vous, il claque les talons, ouvre la barrière. « Bon voyage à Paris Frau Sandberg ! ». Elle appuie sur l'accélérateur en hochant la tête avec un sourire complice. Le vrombissement du moteur la rassure. Elle conduira vite pour rejoindre le Sud-Ouest. Elle est pressée d'arriver. C'est fini, elle ne craint plus rien maintenant, juste sa solitude. Reverra-t-elle un jour ce pays ?

Dans la voiture les manteaux ont tous volé dans les airs. « Yay ! » crie Lotte, « yay yay yay » répond Hans en attrapant Hygie qui saute d'une banquette à l'autre. Ils s'arrêtent brièvement sur la route pour promener la petite chienne. Pas de temps à perdre ! Doris et Thomas, qui viennent d'arriver en France avec une dizaine de pensionnaires de la *Victors Haus*, doivent les attendre dans la maison béarnaise qu'elle aimait tant.

La situation est devenue dangereuse à l'institution. Doris avant son départ pour la France, a reçu la visite de deux fonctionnaires s'étonnant de recevoir si peu d'enfants de l'établissement. Depuis le début de « l'opération Jason », trente enfants sont passés en Angleterre, une vingtaine d'autres a rejoint une famille d'accueil française, grâce au réseau qu'ils ont mis en place. Olga et Georges ses parents, viennent les récupérer à la frontière avec des amis qui s'organisent pour les accueillir. Doris les sélectionne. Ils ont pris soin de n'emmener que des orphelins qui ne reçoivent pas de visite. Lotte fournit les faux papiers. Le départ des enfants est justifié auprès des autres membres de la *Victors Haus* par des changements d'établissements. Rathenald s'arrange généralement pour ne pas être là au moment où ils partent. Lotte ne l'a jamais croisé, limitant ses séances de photos à Cottbus aux jours où il est absent.

Lorsqu'elle franchit le seuil de la maison béarnaise, elle ressent un pincement au cœur. Tant de souvenirs ! Cette famille, cet endroit, c'est si loin ! Hans se précipite dans les bras de Doris et Hygie dans ceux de Thomas. Olga l'attend sur le seuil et l'embrasse chaleureusement. Lotte est heureuse de la revoir. Elle est métamorphosée, le combat de son fils est devenu le sien.

Thomas vient prendre les bagages et la serre dans ses bras. Ils ont pris bien soin ces derniers mois à ne pas se rencontrer à Berlin. Ils communiquent en se laissant des messages dans la chapelle commémorative de l'église du Souvenir, la *Kaiser-Wilhelm-Gedächtniskirche*. Elle sait qu'elle trouvera chaque dimanche soir, sous une pierre de la frise retraçant l'histoire des Hohenzollern, les instructions pour la semaine. « L'opération Jason » est un succès. Cinquante petits sont partis. Les choisir a été un déchirement mais ils ne pouvaient pas vider l'institution de tous ses pensionnaires. Cela devenait trop dangereux. Surtout lorsque Horst a montré à Doris, une lettre du ministère s'étonnant que la plupart des enfants qu'ils avaient désignés ne soient pas parvenus à destination. « C'est fini ! », a-t-il maugréé en la quittant.

À New York Minna et Xavier ont adopté une petite fille, Juliet, qui avait été transférée dans la maison de Maidsone. Ils ont également transmis à Ella et Ferdinand des fonds pour payer le voyage d'une dizaine d'autres petits qui trouveront en Amérique, comme Juliet, une vie nouvelle.

« L'opération Jason », les a fait grandir. Bien au-delà de ce qu'ils auraient pu espérer. Cette chaîne de solidarité autour de la *Victors Haus* a redistribué les rôles et les liens qui les unissent. Ils n'ont pas le sentiment d'avoir accompli un exploit. Juste un devoir de cohérence avec leur conscience.

Ces enfants, sauront-ils un jour ce qu'ils leur doivent ? Peu importe ! Ce sauvetage c'est aussi pour eux une rédemption.

Chapitre XXXV

PARIS 1942

Lotte ne regrette pas d'avoir choisi de rester à Paris malgré la guerre.

À son retour du Béarn, après avoir confié Hans à Doris et Thomas, elle s'était dit que c'était là, définitivement, qu'elle voulait vivre.

Quelques semaines après son arrivée, le 3 septembre 1939, la France et le Royaume déclarent la guerre à l'Allemagne après l'invasion de la Pologne. Rentrer à Berlin n'est plus possible. Elle y a trop de mauvais souvenirs. Partir rejoindre Minna, l'éloignerait trop de ses bases. Quelles bases ? Elle doit reconnaître qu'elle n'est pas encore prête à tirer un trait sur son passé. Même si elle ne voit que très rarement Thomas, sa présence lointaine lui suffit.

Elle assiste à la déroute militaire française. En trois semaines les panzerswaffen de l'armée allemande traversent les Ardennes, percent la ligne Maginot ainsi que l'ensemble de fortifications destiné à protéger la frontière, et occupent le pays. Le 14 juin, la Wehrmacht entre à Paris, déclarée ville ouverte, après la fuite du gouvernement français. Les Allemands prennent possession des lieux. Pétain signe l'Armistice. Elle pensait retrouver la liberté et elle se retrouve prise au piège de la Wermacht.

Les colonnes de tanks défilent sur les Champs Elysées. La croix gammée remplace le drapeau tricolore sur la tour Eiffel, le Sénat et les principaux bâtiments administratifs. Sur le fronton de l'Assemblée Nationale, une banderole est déployée : « l'Allemagne gagne sur tous les fronts ». L'Hôtel Majestic, avenue d'Iéna est le siège du commandement militaire, le Ritz, celui de la Luftwaffe. Au Meurice sont installés les gouverneurs militaires. Les hôpitaux de la Salpêtrière et Lariboisière réquisitionnés. Les horloges réglées à l'heure de Berlin. Le cauchemar continue encore et encore ! se dit-elle.

Huit millions de personnes sont jetées sur les routes de l'exode. La débâcle est totale. Les nazis en revanche semblent avoir organisé cette occupation minutieusement. Bien qu'elle soit médusée par l'impréparation du gouvernement français, elle n'est d'aucun camp. Elle ne se sent pas concernée par ce conflit. Son pays, c'est sa valise, toujours prête à partir, mais jamais satisfaite des ports d'arrivée. Elle est seule, sans attaches, elle a 45 ans. Que lui reste-il ? Des regrets pour toutes ces impostures ordinaires où elle s'est égarée, mais aussi la fierté d'avoir participé à sauver des vies. La joie des enfants parvenus au bout du voyage, le regard de reconnaissance d'Hans avec Hygie dans les bras, la satisfaction de Thomas devant le devoir accompli. Tout cela, elle l'emporte dans sa valise. Un petit bagage encombrant, le bagage d'une vie à travers l'objectif. Une vie où elle s'applique à capter l'âme de l'autre en prenant bien soin de ne pas rencontrer la sienne. L'objectif cache ses douleurs, il est son armure, son dialogue avec le monde. En photographiant, elle évite son propre questionnement. Il faudra pourtant qu'elle cherche ailleurs que dans l'autre les réponses à son mal de vivre.

Des fenêtres de son vaste appartement au dernier étage, sur les quais, elle peut admirer la Seine, les péniches éclairées le soir qui illuminent son salon. Elle a repris sa collaboration avec *Excelsior* et son dernier portfolio est consacré à cette vie particulière autour du fleuve qui traverse Paris, ses baigneurs, ses vedettes pour touristes, ses compétitions de plongeons. Elle continue ses déambulations dans la ville au gré de ses inspirations.

En juillet, un mois après l'entrée des troupes une scène l'avait sidérée place de la République. La fanfare de l'armée allemande donnait un concert symphonique sur le terre-plein central. Un attroupement s'était formé. Un officier en costume nazi dirigeait l'orchestre. Au moment du final, la marche de Radetzky, l'accueil fut triomphal. Pas rancuniers ces Français ! pense-t-elle, alors qu'ils viennent d'être sévèrement battus, qu'ils enterrent à peine leurs morts, que deux millions de soldats sont prisonniers, ils applaudissent les vainqueurs. Sans doute la magie de la musique !

En quelques mois la vie a repris son cours. Les cinémas, les cabarets, les restaurants fonctionnent comme dans le Berlin de Weimar. Il y a ceux qui souffrent de la pénurie et les autres, organisés autour du marché noir, des petites combines et des compromissions ordinaires. Elle ne manque de rien, elle peut payer. Elle n'ignore pas qu'elle est « la boche de dernier étage » pour sa concierge mais ça lui va ! La situation des familles juives des étages inférieurs est bien pire que la sienne. Elle ne pensait pas qu'un tel antisémitisme régnait en France. Un déferlement de haine dans *Les Dernières nouvelles de Paris, La France au travail, Je suis Partout.* En mars 1941 le gouvernement français installé à Vichy instaure un Commissariat général aux questions juives chargé d'appliquer les lois promulguées depuis octobre 1940. Il reçoit un tombereau de lettres de dénonciations. Les rafles, les déportations reprennent. Ça ne finira donc jamais ?

Elle s'enferme chez elle, refuse les invitations et les jours de déprime classe ses archives. Des centaines de photos de reportages, de souvenirs, et au fond d'une boîte métallique, les portraits d'identité de cinquante visages poupins, aux dents mal plantées, aux sourires confiants. Les rescapés de « l'opération Jason ».

Elle reçoit de leurs nouvelles régulièrement. Certains ne vont pas bien. Beaucoup font des cauchemars, continuent de faire pipi au lit. Certaines familles adoptantes sont décontenancées. Lotte est allée consulter, un médecin, le professeur Georges Heuyer fondateur de la pédopsychiatrie à l'hôpital des enfants malades. Il est l'auteur de nombreux ouvrages, notamment sur les troubles du sommeil qu'elle a entrepris de traduire pour les envoyer à Ella. Elle écrit également à Doris et à Thomas d'aller le consulter pour Hans.

Ce n'est probablement pas par hasard qu'elle a choisi pour thème de son prochain reportage, Marie Bonaparte, pionnière de la psychanalyse en France. Lotte est tombée sous le charme de cette aristocrate avant-gardiste qui détonne dans son milieu. Elle mène de front vie mondaine et exercice d'une pratique nouvelle qui sonde les inconscients. Rien ne prédestinait cette descendante de Napoléon Bonaparte, épouse du fils du roi de Grèce, à cette plongée dans l'univers méconnu du psychisme, sinon sa rencontre en 1923 avec Freud qui accepte de la prendre comme patiente. Pendant dix ans, à chacun de ses passages à Vienne, elle poursuit avec lui une analyse et sur ses conseils, fonde la société psychanalytique de Paris avec huit autres praticiens. Grâce à ses relations, lors de l'annexion de l'Autriche par les nazis, elle lui permet de fuir pour Londres avec Martha sa femme et une partie de sa famille. Un répit de courte durée puisqu'il mourra un an plus tard d'un cancer de la mâchoire.

Lotte la rencontre dans sa luxueuse résidence de Saint Cloud, entourée de livres et de revues psychanalytiques, d'exemplaires de son ouvrage sur Edgar Poe, avec à ses pieds, son chien Topsy, auquel elle a consacré un livre : *Topsy chow-chow aux poils d'or.* C'est une femme élégante d'une cinquantaine d'années, le nez affiné par la chirurgie, le regard sombre et perçant, les cheveux ondulés, relevés en chignon. Sur son bureau des photos, des feuillets de traduction des œuvres de Freud. Une sensation de grande sérénité règne sur les lieux. Lotte ne se sent aussitôt en confiance. Marie lui dit qu'elle doit quitter la France prochainement pour l'Afrique du Sud et fermer la Société psychanalytique de Paris. Elle lui propose de l'aider à terminer la traduction des œuvres de Sigmund Freud.

— Voulez-vous revoir l'iconographie, trouver un éditeur. Ma secrétaire vous fournira les textes.

— Je n'ai aucune compétence mais oui ! Avez-vous des noms de confrères à me recommander pour une analyse ? Cela me semble indispensable pour envisager ce travail.

— René Laforgue sans aucun doute, c'est un ami. Il serait parfait pour vous. Il parle couramment allemand. Je vais lui écrire un mot pour qu'il vous reçoive.

Lotte n'en revient pas. En quelques heures, avec cette conversation, sa vie change de direction. Marie lui ouvre la perspective de l'introspection, ce retour sur elle-même auquel elle s'est toujours refusée.

Chapitre XXXVI

Ils se sont retrouvés au Dôme, comme autrefois, Il est heureux de la revoir. C'est elle qui a pris l'initiative. Elle doit aller à Biarritz pour la séance de dédicace de son livre sur Marie Bonaparte et voulait passer les voir dans la maison béarnaise. Elle a été surprise de le savoir à Paris. Il lui parle d'Hans, des incroyables progrès qu'il a accomplis et du drame qu'a été pour eux la mort d'Hygie. Elle est morte d'une hémorragie digestive. Ils n'ont rien pu faire. Elle avait quatorze ans. Leur douleur a été presque aussi forte que celle du jeune homme. Lorsqu'il en parle, il a les larmes aux yeux. Ils ont tous tendrement aimé cette petite chienne, qui le leur rendait bien. Hans n'aurait pas survécu sans elle. Sa disparition a aussi marqué une nouvelle étape dans sa vie d'adulte. Il est devenu plus autonome.

Il lui parle de Doris qui vient de rentrer des États-Unis, où elle a créé une fondation d'aide aux orphelins. Elle y passe de plus en plus de temps, essaie de convaincre Thomas de s'y installer, mais pas question, il veut rester dans la maison familiale du Sud-Ouest. Il est viscéralement attaché à cette demeure. « Une maison de famille pour ceux qui ont la chance d'en avoir, lui dit-il, c'est un port d'attache où l'on peut se réchauffer à la flamme du souvenir ». De quels souvenirs parle-t-il ? Elle n'en saura pas plus.

– Que dirais-tu si nous faisions le voyage ensemble ?

Elle est toujours heureuse d'être en sa compagnie, même si elle n'est plus la femme qu'il a connue. Son analyse lui a permis permet d'aller à la rencontre d'elle-même et elle se dit qu'il fallait passer par toutes ces méprises pour s'accepter enfin. Elle a tellement de choses à lui dire.

Toute la nuit, dans le wagon, ils ont parlé, pressés par l'essentiel. Un moment de vérité, comme seuls peuvent en créer ceux qui savent que le temps est compté. Elle est installée sur la banquette supérieure, il est juste en dessous. Ils ne se voient pas. Il sent son parfum de tubéreuse, distingue son épaule nue sous la fine chemise de nuit. Il n'aurait qu'à tendre le bras pour la toucher, mais le moindre geste briserait l'atmosphère diaphane de ces confidences nocturnes. Dans le chuintement lancinant du train, ils égrènent leurs souvenirs, s'étreignent dans un rire, se caressent dans un silence. Un geste suffirait pour que le plaisir s'assouvisse mais ils l'évitent soigneusement. La tentation est si violente, si palpable qu'un étranger aurait pu la sentir en pénétrant dans leur compartiment.

Pourquoi se sont-ils perdus ? C'est la seule question qu'ils ne posent pas.

La nuit n'a pas encore cédé la place à l'aurore, lorsque la porte s'ouvre brutalement sur le contrôleur. Il valide leurs billets et annonce qu'ils arriveront à destination dans moins d'une heure. Une heure, voilà tout ce qu'il leur reste. Après le départ du contrôleur, Il l'entend se vêtir. Ils ne parlent plus. Toute la nuit ils ont joué avec le désir. À présent, le besoin qu'ils ont l'un de l'autre est si violent que les mots n'y trouvent plus leur place.

Elle s'assoit sur le rebord de la couchette pour descendre. Les jambes serrées, les mains de chaque côté du matelas afin d'y prendre appui. Face à elle, il est là debout, immense et il l'attend. Elle glisse doucement jusqu'au sol dans les bras qu'il lui tend et frissonne sous la chaleur de ses lèvres. Leur étreinte cette nuit-là n'a plus rien à voir avec leur jeunesse. Elle est brève violente, désespérée mais d'une intensité qu'ils n'ont jamais connue.

Par la fenêtre du wagon, à l'entrée en gare, elle aperçoit la silhouette d'Olga et celle d'un jeune homme, Hans. Comme il a grandi ! Il avance sûr de lui au bras de sa grand-mère. Ils savent tous deux où est leur destin. Des larmes coulent sur leurs lèvres qui s'éloignent. Elle s'écarte des bras de Thomas, essuie ses larmes avec la manche de son pull et sort du compartiment sans se retourner.

Un passager, la regarde du coin de l'œil et lui adresse un sourire vaguement désolé. À chacun sa douleur ! Il doit avoir la sienne. On ne partage pas le malheur. Le bonheur non plus d'ailleurs.

Épilogue

1948

Ils se sont trompés. Tous. Ils vont devoir payer. Certains seuls dans le silence de leur conscience. D'autres viennent de le faire à la face du monde.

À Nuremberg devant le Tribunal militaire international les vingt et un dignitaires nazis sur le banc des accusés, plaident non coupables. « *Nicht schuldig* » proclament-ils en chœur. Du 20 novembre 1945 au 1er octobre 1946, l'horreur des massacres, des déportations, l'abjection et la haine s'étalent devant les juges et éclatent à la face du monde. Face aux images et aux témoignages accablants, les accusés se déclarent bouleversés. Ils ne savaient pas, condamnent les exterminations, parlent de folie politique, de patriotisme. Aucun n'assume sa responsabilité. Douze sont condamnés à mort par pendaison, sept à la prison à perpétuité. Les autres acquittés. Ironie du sort, les potences pour leur exécution, dans l'ancien gymnase du Palais de Justice, sont préparées par Johann Reichhart, le bourreau en haut-de-forme et nœud papillon noir, qui officiait à *Plötzensee.* Les alliés l'ont maintenu en activité pour poursuivre sa besogne. Il a de l'expérience ! Plus de trois mille sentences exécutées depuis ses débuts en 1924.

Après le procès des dignitaires nazis, douze autres procès sont programmés. Le premier d'entre eux, celui des médecins débute le 9 décembre 1946.

« *Nicht schuldig* » plaident, eux aussi, les 23 accusés. Pas coupables, pas complices, juste victimes du système qui proclamait que l'individu n'était rien, la race était tout, la race était hérédité et la sélection le seul moyen d'action ! Ils n'ont fait que se conformer aux consignes se justifient-ils devant les juges. Sept sont condamnés à mort, cinq à la prison à perpétuité et les autres libérés. Et les autres, tous ceux qui ne sont pas là ? S'interroge Lotte. Près d'un médecin sur deux adhérait à l'état nazi. Tous ces soldats du racisme biologique se sont évaporés dans la nature et poursuivent confortablement leur carrière universitaire, hospitalière ou privée, comme si rien ne s'était produit. Ils occupent à nouveau des postes de premier plan, retrouvent prestige et considération dans d'autres pays. La vie reprend son cours.

Eugen Kockter n'a pas été inquiété, pas plus que la plupart de ses collègues, psychiatres et biologistes. La corporation s'est immédiatement resserrée pour préserver l'honneur de la profession. Ils concèdent parfois, entre eux, certaines erreurs, mais de bonne foi ! Pour faire avancer la science !

Horst Rathenald s'en est bien sorti. Il a été brièvement arrêté comme responsable de la *Victors Haus*, mais les témoignages de Doris et d'Ella, expliquant qu'il avait favorisé le sauvetage d'enfants de l'institution lui valurent d'être célébré comme un héros.

Il n'a pas voulu reprendre ses travaux. Il s'est retiré de tous les cénacles médicaux, s'est installé définitivement à Cottbus pour se consacrer à son élevage de Spitz, devenu le plus réputé du pays.

La *Victors Haus* est devenue une auberge, le bâtiment où se trouvait Hans abrite un chenil et Birgit l'a quitté, lassée de voir les entraînements canins se substituer aux soirées mondaines.

Ernst et Ilse, prévenus de leur arrestation prochaine, ont

fui en Argentine. Ils ont bénéficié, comme bon nombre de nazis, des visas accordés généreusement sous la présidence de Juan Peron. Ils ont pu transférer des fonds sans difficulté, se sont installés dans la région de Cordoba, à Agua de Oro, où ils ont ouvert un salon de thé bavarois, *la confiteria tirol*. Leurs compatriotes viennent régulièrement goûter leurs forêts noires. Chaque année, pour *l'Oktoberfest*, ils se retrouvent dans la petite ville de Villa General Belgrano, exacte réplique d'un village allemand. Ilse ressort ses uniformes, Ernst a toujours sa cour. Autour des bières et des souvenirs, ils regrettent le bon vieux temps du Führer.

Ella et Ferdinand sont restés à Maidsone. L'ancienne maison des enfants a été transformée en un établissement pimpant grâce aux subventions versées par le gouvernement, en dédommagement des services rendus. Ils ont adopté un frère et une sœur, viennent d'avoir un bébé. Ils ne parlent plus qu'anglais.

Xavier est mort d'un infarctus il y a trois ans. Minna, remariée avec un Texan, surveille ses puits de pétrole en mâchant du chewing-gum. Juliet leur fille de douze ans, vient d'intégrer une école privée réputée à Dallas. Lotte reçoit et transmet encore quelques nouvelles, mais elles n'ont plus grand-chose à se dire.

Thomas et Doris vivent à distance. Thomas écrit des livres dans sa maison béarnaise et s'occupe de l'éducation de Hans. Doris passe de plus en plus de temps à Los Angeles. Minna est une généreuse donatrice pour ses associations caritatives. Elles se retrouvent parfois pour évoquer « l'opération Jason ».

Hans va bien. Grâce à Lotte, il est suivi par une psychanalyste de renom et a retrouvé presque toutes ses facultés. Il n'a plus jamais voulu un autre animal.

Lotte poursuit sa cure avec René Laforgue. Après la guerre, il est poursuivi par ses confrères psychanalystes parisiens pour sa collaboration avec l'institut berlinois de Matthias Göring, un neveu du dignitaire nazi. Elle se dit que l'histoire bégaie étrangement. Il se défend en rappelant qu'il a hébergé de nombreux juifs et résistants dans sa propriété du Sud et facilité leurs passages à l'étranger. Lotte témoigne en sa faveur. Il est acquitté lors d'un procès devant la section d'épuration de la cour d'appel de Paris. Il décide alors de s'installer à Casablanca. Elle hésite à le suivre. Il l'en dissuade. Elle doit poursuivre le voyage seule désormais.

Chaque jour, les mêmes interrogations reviennent. Que cherchaient-ils dans la danse macabre du temps, l'amour, la gloire, la puissance ou simplement vaincre la peur ? On peut parler du hasard des rencontres, évoquer l'incertitude et la nécessité, mais une seule lumière illumine les contours d'une vie, la conscience. Elle le sait maintenant. Finalement, elle a trouvé son port. Il n'était pas si loin, une petite étoile qui brillait, sans qu'elle le sache, au fond d'elle-même.

C'est court une vie, On n'oublie rien, on ne recommence rien, on apprend, on avance, et on serre les dents.

Remerciements

Ce roman mêle l'imaginaire à la réalité. Toute ressemblance avec des personnes existantes ou ayant existé est totalement... assumée.

Merci aux bibliothèques qui m'ont accueillie, aux historiens dont les ouvrages savants m'ont permis d'effectuer ce voyage dans le temps.

Merci à Christine fidèle amie des années lycéennes.

Merci à Didier, Pascale, Dominique, Matho, Sophie Quilina, Thomas, Christel pour leur soutien et leurs relectures attentives.

Merci à l'accompagnement de Librinova, qui a permis à ce livre d'exister.

Ma gratitude enfin aux lecteurs qui ont lu cet ouvrage et prendront le temps de me faire partager leurs impressions.
vpaparemborde@gmail.com

Sommaire

librinova
www.librinova.com

Achevé d'imprimer chez Sobook le 23-11-2018

LINSELLES - FRANCE

N° Impression : 523 828

Viel ist über den Antisemitismus geschrieben worden, doch eher wenig ist über die alltäglichen Dimensionen von Judenfeindschaft in den Beziehungen von Juden und Nichtjuden in Deutschland bekannt.
Der Autor geht dieser Frage am Beispiel des so genannten Bäder-Antisemitismus nach: Nicht erst in der NS-Zeit, sondern bereits im letzten Drittel des 19. Jahrhunderts deklarierte sich eine wachsende Zahl von Erholungsorten sowie Hotels und Pensionen öffentlich als »judenfrei«, um antisemitisch gesinnte Gäste anzusprechen. Im Gegensatz zu den etablierten, traditionsreichen Bädern mit internationalem Publikum (Baden-Baden, Norderney, Heringsdorf, Westerland) gerierten sich vor allem jüngere Bäder (Borkum, Zinnowitz) antisemitisch, weil sie als »Latecomer« eher ein kleinbürgerlich-mittelständisches Publikum ansprechen wollten. Damit breiteten sich lange vor dem Machtantritt der Nationalsozialisten öffentliche Zonen der »Apartheid« aus, die für das Selbstverständnis der deutschen Juden und ihre gesellschaftliche Stellung weit reichende Folgen hatten.
Der Autor beschreibt diese Nachtseite der touristischen Entwicklung im Wandel der Jahrzehnte und im internationalen Vergleich. Nach 1933 gipfelte der Bäder-Antisemitismus in Deutschland in der vollständigen Ausgrenzung von Juden aus Seebädern und Kurorten. Er war jedoch auch ein beklemmendes internationales Phänomen, das u. a. in den USA weit verbreitet war, wo noch in den 1950er Jahren rund 30 % der Ferienhotels keine jüdischen Gäste akzeptierten.

Frank Bajohr, geboren 1961, Dr. phil., studierte Geschichte, Sozial- und Erziehungswissenschaften in Essen; seit 1989 Historiker an der Forschungsstelle für Zeitgeschichte in Hamburg. 2000/2001 Fellow am International Institute for Holocaust Research in Yad Vashem/Jerusalem.
Verfasser wichtiger Bücher und Aufsätze zur NS-Zeit, darunter bei S. Fischer das innovative wie pointenreiche Buch »Parvenüs und Profiteure, Korruption in der NS-Zeit«, das von der Kritik sogleich auf Platz 1 der Sachbuch-Bestenliste gehoben wurde.

Unsere Adresse im Internet: www.fischer-tb.de

Frank Bajohr

»Unser Hotel ist judenfrei«

Bäder-Antisemitismus im 19. und 20. Jahrhundert

Fischer Taschenbuch Verlag

Die Zeit des Nationalsozialismus
Eine Buchreihe
Herausgegeben von Walter H. Pehle

Eine Veröffentlichung der Forschungsstelle für Zeitgeschichte in Hamburg

3. Auflage: September 2003

Originalausgabe
Veröffentlicht im Fischer Taschenbuch Verlag,
einem Unternehmen der S. Fischer Verlag GmbH,
Frankfurt am Main, Juni 2003

Satz: Fotosatz Otto Gutfreund GmbH, Darmstadt
Druck und Bindung: Clausen & Bosse, Leck
Printed in Germany
ISBN 3-596-15796-X

Inhalt

4. Kapitel
Von Kitzbühel bis Saratoga Springs: Der Bäder-Antisemitismus als internationales Phänomen

Anhang

Vorwort

Als ich vor rund zehn Jahren im Jahresband 1925 der »Vossischen Zeitung« blätterte, sprang mir ein längerer Artikel ins Auge, der den Titel trug: »Das Verbot der Borkum-Hymne ungültig. Eine befremdliche Entscheidung.«[1] Berichtet und kommentiert wurde ein Urteil des preußischen Oberverwaltungsgerichts, mit dem der dritte Senat ein polizeiliches Spielverbot des antisemitischen »Borkum-Liedes« aufgehoben hatte. Doch nicht die detaillierte juristische Begründung des Urteils weckte mein Interesse. Ausgesprochen verstört las ich, was die »Vossische Zeitung« zur Vorgeschichte und zum Entstehungszusammenhang des »Borkum-Liedes« berichtete. Schon seit mehreren Jahrzehnten war es von den Gästen der Insel gesungen, von der Kurkapelle gespielt und auf Postkarten vieltausendfach verbreitet worden. Dass Verse wie »Borkum der Nordsee schönste Zier/bleib du von Juden rein/laß Rosenthal und Levysohn/in Norderney allein« in einem Erholungsort öffentlich gesungen wurden, vermochte ich mir kaum vorzustellen, hatte ich bis dahin doch Seebäder und Kurorte vor allem mit entspannter Ferienatmosphäre assoziiert, nicht jedoch mit ritualisiertem Hass und symbolisch wie faktisch vollzogener Ausgrenzung.
Weitere Recherchen machten jedoch schnell deutlich, dass es sich bei den Ereignissen auf Borkum um eine zwar bizarre, aber keineswegs einzigartige Erscheinung handelte, für die sich unter den deutschen Juden schon vor dem Ersten Weltkrieg das Schlagwort »Bäder-Antisemitismus« einbürgerte. Nicht nur Borkum, sondern auch andere deutsche Seebäder und Kurorte bekundeten bereits in der Zeit des Kaiserreiches öffentlich, dass ihnen jüdische Gäste nicht genehm waren. Darüber hinaus wies eine wachsende Zahl von Hotel- und Pensionsinhabern in Anzeigen auf die »Judenreinheit« ihres Hauses hin. Schon vor der Jahrhundertwende tauchten in der deutsch-jüdischen Presse entsprechende Warnlisten auf, an denen sich jüdische Erholungssuchende orientierten,

wollten sie nicht Gefahr laufen, in ein antisemitisches Bad zu geraten oder durch einen antisemitischen Hotelinhaber abgewiesen zu werden. Nach Lektüre des Artikels in der »Vossischen Zeitung« nahm ich mir vor, der Geschichte und Entwicklung des Bäder-Antisemitismus in einer zeitlichen Längsschnittstudie nachzugehen, sobald es meine Forschungskapazitäten erlaubten. Diese nun vorliegende Studie ging von mehreren Grundüberlegungen aus, von denen vier für den Gesamtzuschnitt des Projekts zentral waren:

Erstens eröffnet der Bäder-Antisemitismus Zugang zu den Dimensionen alltäglicher Judenfeindschaft in Deutschland, die in der bisherigen Historiographie des Antisemitismus deutlich weniger Beachtung gefunden haben als die Analyse antisemitischer Ideologie, ihrer Agitatoren und Propagandisten sowie antisemitischer Parteien und Organisationen.[2] Demgegenüber blieben die faktischen Wirkungen des Antisemitismus, wie sie sich im Alltagsleben ausprägten – zum Beispiel in Urlaub und Freizeit, aber auch im Arbeits-, Berufs- und Geschäftsleben – eher blass und unterbelichtet. Gerade solche Alltagserfahrungen jedoch waren für das Selbstbild und Selbstverständnis deutscher Juden von herausragender Bedeutung.

Deshalb ermöglicht eine Analyse des Bäder-Antisemitismus zweitens die Integration des Antisemitismus in die deutsch-jüdische Geschichte, wenn nicht nur die Handlungen und Aktionen der Antisemiten, sondern auch die Reaktionen und Verhaltensstrategien der betroffenen Juden betrachtet werden, also ein multiperspektivischer Ansatz gewählt und mit verschiedenen analytischen Zugriffsweisen kombiniert wird, in denen die politischen, wirtschaftlichen und soziokulturellen Hintergründe des Bäder-Antisemitismus herausgearbeitet werden. Dabei erweist es sich als sinnvoll, das Phänomen des Bäder-Antisemitismus in eine Geschichte des Tourismus seit dem letzten Drittel des 19. Jahrhunderts einzubetten und auch kulturgeschichtlichen Aspekten wie den Konflikten um die Beflaggung von Seebädern und Strandburgen Beachtung zu schenken – wirken diese doch nur auf den ersten Blick kurios und randständig. Sie führen jedoch ins Zentrum des Themas, weil sich in solchen symbolischen Konflikten die Hintergründe des Bäder-Antisemitismus wie in einem Brennglas widerspiegeln.

Drittens trägt der Längsschnittcharakter der Studie Fragen nach Kontinuität und Diskontinuität Rechnung, die sich im Hinblick auf den deutschen Antisemitismus unweigerlich stellen, weil jede Untersuchung über Judenfeindschaft in Deutschland – auch wenn sie Alltagsphänomene behandelt – die Frage zu beantworten hat, wie und in welchem Umfang gesellschaftlicher Antisemitismus zur Ausgrenzung und Vertreibung der Juden nach 1933 und schließlich zur Ermordung von annähernd sechs Millionen europäischer Juden beigetragen hat. In diesem Zusammenhang präsentiert sich der Bäder-Antisemitismus als ein Phänomen, das in den 1870er Jahren aufkam, sich unter den Bedingungen des Kaiserreiches schleichend ausbreitete, nach dem Ersten Weltkrieg einen deutlichen Radikalisierungsschub erfuhr und schließlich nach 1933 in eine Politik der organisierten Ausgrenzung überführt wurde, die einerseits an den Bäder-Antisemitismus anknüpfte, andererseits qualitativ eine neue Entwicklung markierte. Mit dem Ende des »Dritten Reiches« 1945 scheint auch der Bäder-Antisemitismus abrupt im Orkus der (deutschen) Geschichte verschwunden zu sein, auch wenn jüngste Entwicklungen in Ostdeutschland die Gefahr einer Renaissance unter veränderten Vorzeichen – Stichwort: »national befreite Zonen« – deutlich gemacht haben.[3]

Freilich wäre es zu einfach, ja in vielerlei Hinsicht irreführend, die Radikalisierung des Bäder-Antisemitismus in Deutschland teleologisch auf die nationalsozialistische Judenverfolgung und den Holocaust zuzuspitzen. Dies zeigt viertens ein Blick über die deutschen Grenzen hinweg, wo der Bäder-Antisemitismus ebenfalls virulent war, beispielsweise in den Vereinigten Staaten von Amerika, wo die gesellschaftliche Ausgrenzung von Juden im Alltag ebenso erschreckende wie dauerhafte Dimensionen annahm und sich erst in den 1960er Jahren rapide verflüchtigte. Der internationale Vergleich des Bäder-Antisemitismus, der im Rahmen dieser Studie in groben Zügen angedeutet wird, vermag daher analytische Fehlschlüsse zu vermeiden und eine Verinselung der Antisemitismusforschung in der deutschen Geschichte zu verhindern.

Als grundlegend für das Projekt erwies sich die eingehende Lektüre der deutsch-jüdischen Presse, die immer wieder ausführlich über das Phänomen des Bäder-Antisemitismus berichtete. So habe ich u. a. sämtliche Jahrgänge der Verbandszeitung des »Centralvereins deutscher Staatsbürger jüdischen Glaubens« (»Im deutschen Reich«, später: »CV-Zeitung«) sowie des »Israelitischen Familienblattes« ausgewertet und mit zahlreichen anderen Quellen kombiniert: anderen Zeitungsberichten, Akten aus deutschen Regionalarchiven, Memoiren und Lebensberichten und literarischen Zeugnissen. Für die Zeit der Weimarer

Republik waren zudem die nach einzelnen Kur- und Erholungsorten aufgeschlüsselten Akten des Centralvereins hilfreich, die als Mikrofilmkopie im Central Archives for the History of the Jewish People in Jerusalem einsehbar sind.
Zudem konnte ich auf Vorarbeiten von Kollegen zurückgreifen, die sich in jüngster Zeit – aus unterschiedlichen Interessen und Perspektiven – mit dem Bäder-Antisemitismus beschäftigt haben. So haben der Jerusalemer Historiker Jacob Borut und der Hamburger Historiker Michael Wildt – gestützt auf die Akten des Centralvereins – Aufsätze über den Bäder-Antisemitismus der Weimarer Republik vorgelegt.[4] Jacob Borut arbeitet überdies an einer ebenso umfassenden wie wegweisenden Studie über den Alltags-Antisemitismus in der Weimarer Republik. In Österreich hat sich der Salzburger Historiker Albert Lichtblau mit dem »Sommerfrischen«-Antisemitismus befasst und u. a. herausgearbeitet, welch große Rolle die Sommerfrische als Topos in den Lebenserinnerungen österreichisch-jüdischer Emigranten spielt.[5] Der Münchner Historiker Michael Brenner schließlich hat sich den Kurorten als »Jewish Space« zugewandt, als internationalen Treffpunkten, an denen Juden unterschiedlicher nationaler, kultureller und religiöser Herkunft und Tradition zusammenkamen.[6]
Außer den vorgenannten Kollegen und den Mitarbeiter/innen der im Anhang aufgeführten Archive habe ich zahlreichen weiteren Personen zu danken – für Hinweise auf Quellen, interessierten Zuspruch, Diskussionsbereitschaft und Unterstützung mannigfaltiger Art. Dies sind, in alphabetischer Reihenfolge: Tönjes Akkermann, Keith Allen, Avraham Barkai, Jörg Berkemann, Gert Beschütz (†), Kurt Friedrichs, Christian Gerlach, Bettina Goldberg, Joist Grolle, Wolfgang Haney, Eberhard Jäckel, Otto Dov Kulka, Susanne Linnig, Beate Meyer, Rico Quaschny, Monika Richarz, Thomas Steensen, Joachim Szodrzynski, Eckhard Wallmann und Daniel Wildmann. In den Dank eingeschlossen sind die vielen Kollegen am International Institute for Holocaust Research in Yad Vashem/Jerusalem und der Forschungsstelle für Zeitgeschichte in Hamburg, mit denen ich über den Bäder-Antisemitismus oder einzelne seiner Aspekte diskutiert habe.

Hamburg, im Mai 2003
Frank Bajohr

1. Kapitel
Die Ausbreitung des Bäder-Antisemitismus im Kaiserreich

Jagdszenen aus einem »deutschen Inselbad«

Anfang August 1905 reiste der Düsseldorfer Kunsthändler Jakob Sander auf die Nordseeinsel Borkum, um eine Gemäldeausstellung mit anschließender Auktion zu organisieren. Nach anfänglich gutem Verkauf drangen Unbekannte nachts in das Geschäftslokal ein, entfernten zwei Gemälde und forderten, dass »der Jude« Borkum sofort zu verlassen habe. Wie sich zeigen sollte, war dies lediglich der Auftakt zu weiteren antisemitischen Radauszenen, die zwei Tage später ihren Höhepunkt erreichten. In einem vom »Berliner Tageblatt« veröffentlichten Schreiben berichtete Sander über die Ereignisse:

»Freitag früh sah ich an allen Häusern Plakate mit der Aufschrift: ›Raus mit den Juden aus Borkum.‹ Um 10 Uhr hatte ich Auktion anberaumt. Plötzlich besetzte eine Schar Kinder mit Gewehren (die sogenannte Schwarzweiß-Kompagnie) meine Lokalitäten und fing das sogenannte ›Borkumer Lied‹ zu singen an. Dann kam eine große Anzahl Antisemiten und rief: ›Der Jude muß hinaus!‹ Der Tumult wurde so groß, daß ich sofort die Behörde um Schutz ansuchen mußte. Zwei Gendarmen ersuchten die Kinder und die Übrigen, aus dem Geschäftsraume zu gehen. Das taten sie auch, aber auf der Straße ging die Sache noch schlimmer, es wurde gerufen: ›Wo ist der Jude? Heraus mit dem Juden.‹ Die Gendarmerie hatte keine Macht, die Tumultanten von der Straße zu entfernen. Die Sache wurde immer schlimmer, schließlich schossen die Jungens aus ihren Gewehren; ob dieselben mit Patronen geladen waren, weiß ich nicht, jedenfalls knallten die Schüsse. Gegen 1 Uhr war der Auflauf soweit vorbei, aber von der Kompagnie wurden zwei Jungen vor mein Geschäftslokal postiert. Meine Geschäftsräume habe ich schließen müssen, um eventuell nicht verhauen zu werden, und damit meine Gemälde nicht zerstört würden. Mein Logiswirt kam Nachmittags zu mir und ersuchte mich, sofort meine Wohnung zu verlassen. Um mich vor weiteren Unannehmlichkeiten zu schützen, habe ich meine Sachen sofort einpacken lassen und bin am andern Morgen von Borkum fortgegangen.«[7]

Der Düsseldorfer Kunsthändler war weder der Erste noch der Einzige, dem eine solche Behandlung auf Borkum widerfuhr, das schon seit den 1880er Jahren als »deutsches Inselbad« galt.[8] Ein 1897 erschienener, vom Borkumer Hauptlehrer Huismann verfasster Inselführer hob als »besonderen Vorzug« Borkums hervor, »daß es judenrein ist«.[9] Mit unverhohlener Genugtuung berichtete Huismann, dass die »Kinder Israels« von den Kurgästen »stets weggeärgert« worden seien, und fügte für zukünftige Fälle drohend hinzu: »Wenn trotzdem einzelne Juden es immer noch wagen, nach Borkum zu kommen, so haben sie es sich selbst zuzuschreiben, wenn ihnen hier schlecht begegnet wird.«[10]

Derartige antisemitische Tumultszenen sprachen nicht nur dem Recht auf Freizügigkeit Hohn, das Juden wie alle anderen deutschen Staatsbürger genossen. Sie erfüllten auch den Tatbestand von Sachbeschädigung, Nötigung und öffentlichem Aufruhr, was jedoch weder die örtliche Polizei noch die Borkumer Lokalbehörden oder die Gerichte zum energischen Einschreiten veranlasste. Fast zwei Jahre nach den Ereignissen im »Fall Sander« sprach das Schöffengericht Emden vier Tatbeteiligte – zwei Kaufleute, einen Studenten und einen Schüler – wegen Mangels an Beweisen frei. Lediglich ein Angeklagter erhielt eine Geldstrafe von 3 Mark, weil er den Gendarmen gegenüber einen falschen Namen angegeben hatte. Gegen einen weiteren Beteiligten stellte das Gericht das Verfahren ein, »weil er nicht aufzufinden war«.[11] Deshalb verwundert es nicht, dass der kritische Teil der deutschen Presse die Übergriffe wie den nachfolgenden polizeilichen und gerichtlichen ›Aufklärungseifer‹ mit »russischen Zuständen« verglich, die für den osteuropäischen Pogromantisemitismus typisch waren.

Während die Antisemiten derartige Ausschreitungen als »Judenulk« verharmlosten und bespöttelten, erlebten die betroffenen Juden sie oft als traumatische Ausgrenzung: so Max Nordau, Mitbegründer des Zionismus, Arzt und Schriftsteller, der im September 1893 Borkum besuchte. Wie Nordau später berichtete, war er auf Borkum »die zur Wehrlosigkeit verurteilte Zielscheibe der niederträchtigsten, natürlich anonymen, Angriffe antisemitischer Strolche, die mir durch die Post unflätige Drucksachen und Briefe ins Haus schickten, im Hotel, wo ich aß, mir auf und unter den Teller ebensolche Zuschriften legten«.[12] Um weiteren Kränkungen und Unannehmlichkeiten zu entgehen, reiste Nordau nach wenigen Tagen ab. Verbittert und in seiner Identität als deutscher Schriftsteller nachhaltig erschüttert, notierte er: »Ich ging, aber die Buben hatten ihr Ziel erreicht: sie hatten mir den tiefsten Seelenschmerz meines Lebens bereitet, denn ich mußte an mir erfahren, daß ein deutscher Schriftsteller, der an dem Rufe des deutschen Schrifttums selbst im widersten [...] Auslande nicht unrühmlich mitgearbeitet zu haben glaubt, auf deutschem Boden inmitten einer der gebildetsten Klassen angehörenden Gesellschaft nicht weilen kann, weil er den schwersten Ehrenkränkungen ausgesetzt ist.«[13]

Auch nichtjüdische Feriengäste gerieten auf Borkum bisweilen in ein antisemitisches Kesseltreiben, wenn sie aufgrund ihres äußeren Erscheinungsbildes für Juden gehalten wurden. So berichtete die »Nordwestdeutsche Zeitung« 1906, dass ein schwarzhaariger Badegast »in unglaublichster Weise belästigt« worden sei; eine antisemitische Meute habe u. a. »die Badehosennummer des betreffenden Badegastes gebrüllt und auf diesen mit Fingern gezeigt«.[14] Erst die Intervention eines Gendarmen habe dem Spuk ein Ende bereitet.

Angesichts derartiger Zustände verwundert es nicht, dass jüdische Kur- und Badegäste Borkum gewöhnlich mieden und allenfalls aus Unkenntnis über die antisemitischen Zustände auf die Insel gerieten. Wer wollte schon seine wenigen Ferienwochen damit verbringen, unentwegt angepöbelt oder in Auseinandersetzungen mit Antisemiten verstrickt zu werden? Deshalb stellte sich bereits Ende des 19. Jahrhunderts informell jener Zustand ein, der formalrechtlich gar nicht durchzusetzen war: Von jüdischen Gästen gemieden, war Borkum faktisch »judenfrei«.

Damit freilich gaben sich die antisemitischen Gäste keineswegs zufrieden. Ihnen kam es darauf an, die Ausgrenzung der Juden nicht nur faktisch, sondern auch in symbolisch-demonstrativer Form öffentlich zu vollziehen. An Häusern wurden antisemitische Schilder und Schmähplakate angebracht (»Juden und Hunde dürfen hier nicht herein!« »Dieses Haus ist judenrein, verdammt soll jeder Jude sein!«[15]), in sämtlichen Hotels der Insel hing ein »Fahrplan zwischen Borkum und Jerusalem«[16] (»Retourkarten werden nicht ausgegeben«), in der »Borkumer Zeitung« erschienen Inserate, die Broschüren mit »antisemitischen Strandliedern«[17] anpriesen (»Die Zerstörung Jerusalems oder Itzigs im Seebade«), und in allen Läden der Insel waren Postkarten zu kaufen, auf denen das »Borkum-Lied« abgedruckt war, das sich seit den 1890er Jahren zur antisemitischen »Nationalhymne« der Insel entwickelt hatte. Die letzte Strophe dieses von der Kurkapelle täglich intonierten und von den Kurgästen gesungenen Liedes lautete:

Es herrscht im grünen Inselland ein echter deutscher Sinn,
drum alle, die uns stammverwandt, zieh'n freudig zu dir hin.
An Borkums Strand nur Deutschtum gilt, nur deutsch ist das Panier.
Wir halten rein den Ehrenschild Germanias für und für!
Doch wer dir naht mit platten Füßen, mit Nasen krumm
und Haaren kraus,
der soll nicht deinen Strand genießen, der muß hinaus!
Der muß hinaus!
Hinaus![18]

Nicht genug, dass diese »Glanzleistung insularen Stumpfsinns«[19] das öffentliche Kurkonzert beschloss, auch in den Strandhotels konnte man die Gäste das Lied täglich »brüllen hören«, wie ein angewiderter Inselbesucher berichtete.[20]
Nicht alle Gäste beteiligten sich an diesem antisemitischen Gemeinschaftsritual, das die symbolische Ausgrenzung der Juden nicht nur sicht-, sondern auch hörbar vollzog. Ein empörter Urlauber, der Baurat C. Hensel aus Hildesheim, verfasste gar ein Anti-Borkumlied (»Das Peking-Lied«), das er drucken und auf der Kurpromenade verteilen ließ – als Parodie auf den »Fremdenhaß der Bewohner«, wie er dem Landrat in Emden schriftlich versicherte.[21] Bei solchem Humor freilich verstanden die Antisemiten keinen Spaß. Fieberhaft fahndeten sie nach dem Verfasser des inkriminierten Liedes, und als sie ihn in seinem Strandzelt »dingfest machten«, entwickelte sich ein Tumult, über den die Borkumer Lokalzeitung Folgendes berichtete:
»Sofort sammelte sich eine größere Menge um das Zelt. Ein Knabe, der mit den Worten: ›Ist es denn ein Jud?‹ in das Zelt hineinsah, erhielt von dem Insassen einen Schlag. Da sprang ein Herr, ein preußischer Major, vor, faßte den Judenfreund am Halse und schlug ihn rechts und links hinter die Ohren, indem er ausrief: ›Was, der gemeine Schuft wagt noch unsere Jungens zu schlagen!‹ [...] Als Herr Hensel trotz dieser Zurechtweisung keine Miene machte, den Strand zu verlassen, wurde er

am Arm gefaßt und abgeführt, Damen schlugen mit Schirmen auf ihn ein, alles wies mit Fingern nach ihm hin. Nachts wurde das Haus durch einen Gendarmen bewacht [...] Das nächste Dampfschiff trug Herrn Hensel mit Familie am frühen Morgen von dannen.«[22]

Dass der honorige Baurat öffentlich misshandelt, wie ein Krimineller »abgeführt« und von der Insel getrieben wurde, war für die Mentalität der Badegäste und die Einstellung der Borkumer Lokalbehörden mehr als bezeichnend. Als Störenfriede galten nicht die antisemitischen Gäste, die die Nordseeinsel mit ihrem Gesinnungsterror überzogen, sondern der »Judenfreund«, der das antisemitische Fait accompli beeinträchtigte und ob seiner Zivilcourage auch noch öffentlich gedemütigt wurde.

Dennoch herrschte zwischen Gästen, Badeverwaltung und den Borkumer Einwohnern kein allgemeiner antisemitischer Konsens. Irritiert vermerkte die antisemitische Presse, dass ihre politischen Vertreter bei den Reichstagswahlen gerade auf Borkum vernichtende Wahlniederlagen erlitten. Bei einer Nachwahl zum Reichstag 1910 erhielt der Kandidat der Deutschsozialen Partei auf Borkum ganze 26 Stimmen, während die Linksliberalen auf 404 Stimmen kamen.[23] Der Antisemitismus auf Borkum war keine endogene Erscheinung, sondern ein Importphänomen, das in erster Linie von antisemitischen Gästen ausging. So kam es vor, dass Borkumer Hoteliers auf Anfragen von Juden durchaus positiv reagierten.[24] Auch die Badedirektion Borkums bot einem jüdischen Interessenten an, »gern mit Rat und Tat zur Verfügung zu stehen«,[25] und ein Badearzt versicherte auf einer Wahlversammlung, den Borkumern wären »jüdische Mitbürger ebenso willkommen [...] wie die irgendeiner anderen Konfession«.[26]

Solche Ansichten vermochten sich jedoch gegenüber dem Schneeballeffekt nicht durchzusetzen, der von den antisemitischen Gästen ausging: Jeder Antisemit zog weitere Gesinnungsgenossen auf die Insel, und die Borkumer begannen mehr und mehr, sich mit der Majorität der Gäste zu arrangieren, unter deren Ansturm die Insel wirtschaftlich florierte. Öffentliche Interventionen vermochten diesen Trend nicht mehr umzukehren, wie ein offener Brief von 53 Hamburger Ärzten, die im Juni 1900 ihren Patienten und der Öffentlichkeit von einem Besuch Borkums »dringend« abrieten und der Badekommission vorwarfen, die »antisemitischen Rohheiten« zu tolerieren.[27] Selbst die Radauszenen wirkten sich keineswegs zum Nachteil des Bades aus, im Gegenteil:

Unter Nordseebädern wies Borkum mit die größte Steigerung der Gästezahlen auf, die sich allein von 1901 (13 951) bis 1911 (26 450) nahezu verdoppelten.[28] Der Bäder-Antisemitismus war nicht nur ein politischer und moralischer Skandal, er war vor allem eins: ein einträgliches Geschäft.

Antisemitische Bade- und Kurorte in Deutschland – eine Topographie

Gesonderte Einrichtungen für Juden hatte es in deutschen Kurbädern vereinzelt schon im 18. Jahrhundert gegeben. So berichtete der Leipziger Badearzt Zwierlein 1793 über einen »Judensaal«, den das hessische Bad Schwalbach für jüdische Kurgäste eingerichtet hatte: »Dieser Saal steht den Juden offen, da ihnen der Zutritt in den beiden andern Sälen untersagt ist. Sie finden sich daher sehr häufig ein und geben den Ton an. Hier allein ist es erlaubt Tabak zu rauchen, und dieß geschieht sehr häufig, daß man sich immer in einer dicken Wolke von Rauch befindet. Dessen ungeachtet scheint es dem schönen Geschlecht hier zu gefallen, und man sieht immer Damen von Stande unter Juden und Jüdinnen umherwandeln oder am Farotische sitzen.«[29] Solche Erscheinungsformen aus der Zeit vor der Emanzipation und rechtlichen Gleichstellung der Juden hatten jedoch mit dem Bäder-Antisemitismus des späten 19. Jahrhunderts nur wenig zu tun, als sich ganze Kur- und Badeorte als »judenfrei« definierten, mit einem antisemitischen Image kokettierten und in ihren Badeführern kundtaten, dass ihnen der Besuch »jüdischer«, »nichtchristlicher«, »semitischer«, »israelitischer« oder »mosaischer« Gäste nicht genehm sei. Dabei markierte die Nordseeinsel Borkum lediglich die Spitze eines Eisbergs. Deshalb veröffentlichten das »Israelitische Familienblatt« sowie die Zeitschrift »Im deutschen Reich« (später: CV-Zeitung), das Organ des »Centralvereins deutscher Staatsbürger jüdischen Glaubens«, zu Beginn der alljährlichen Kur- und Badesaison umfangreiche Listen über »Erholungsorte, bezw. Hotels und Pensionen, die antisemitischen Charakter haben«.

Vor allem in den Seebädern an Nord- und Ostsee breitete sich das neue Phänomen epidemisch aus. So galten mit Ausnahme Norderneys fast alle Ostfriesischen Inseln als mehr oder minder antisemitisch: Neben Borkum waren dies vor allem Juist, Langeoog und Spiekeroog. Das oldenburgische Wangerooge geriet 1907/08 nach antijüdischen Äußerungen seines Badekommissars Wittenberg auf die veröffentlichten Warnlisten. Als daraufhin ein Wangerooger Hotelier, der sich an jüdischen Gästen durchaus interessiert zeigte, kritische Nachfragen stellte, entgegnete der Badekommissar beschwichtigend, er habe lediglich einen »Dämpfer vorschieben« wollen, um den »guten Ruf« der Insel zu wahren und ihr »Überschwärmen« mit Juden zu verhindern. Gegen jüdische Gäste »in bescheidener Anzahl« habe er jedoch nichts einzuwenden.[30] Wie das Wangerooger Beispiel zeigte, hing die antisemitische Profilbildung eines Badeortes nicht allein von entsprechend gesinnten Gästen ab. Eine Schlüsselrolle in diesem Prozess kam nicht zuletzt dem Verhalten der lokalen Badeverwaltungen und »Badekommissare« zu, je nachdem, ob sie antijüdische Erscheinungen bekämpften, tolerierten oder sich gar an die Spitze derartiger Bestrebungen stellten. Wie nachgiebig sich manche Badekommissare gegenüber dem Drängen von Antisemiten verhielten, demonstrierte 1913 Badekommissar Evers, der auf Baltrum amtierte, der kleinsten ostfriesischen Insel. Nachdem im Jahre 1912 eine Reihe jüdischer Gäste nach antisemitischen Zwischenfällen abgereist war, zog Evers aus den Vorfällen eine bezeichnende Konsequenz: Zwar versicherte er auf Anfrage, dass ihm die Vorfälle »sehr leid« täten und die antisemitische Hetze nicht von den Inselbewohnern, sondern den Gästen ausgegangen sei, fügte jedoch resümierend hinzu: »Um solchen und ähnlichen Fällen in Zukunft vorzubeugen, werden wir uns durch das Geschehene leider genötigt fühlen, in unserm Prospekt darauf hinzuweisen, daß jüdische Gäste in Zukunft nicht willkommen sind.«[31] Diese bestechende Logik strafte die Opfer antijüdischer Übergriffe gleich doppelt ab und kam einer verkappten Einladung an Antisemiten gleich, mit entsprechenden Aktionen in den Bädern in ihrem Sinne Fakten zu schaffen.

Auf der Nordseeinsel Amrum buhlte der »deutsch-nationale« Badekommissar von Bismarck um die Gunst antisemitischer Gäste. »Was diesen Badeort gerade für erholungsbedürftige Deutsche vor vielen anderen auszeichnet« – so ließ er 1896 öffentlich inserieren –, »ist die Tatsache, daß hier das deutsche Element durchaus ausschlaggebend ist. Hier ist alles echt deutsch, Badedirektion, Badekommissar (Herr v. Bismarck), Inspektor und Badearzt. Ebenso sind sämtliche Wirte auf Amrum deutsch-national gesinnt.«[32] Dies war offensichtlich übertrieben, und als die Versuche des Badekommissars, aus Amrum ein zweites Borkum zu machen, nicht von dem erhofften Gästebesuch gekrönt waren, setzte die Badekommission Herrn von Bismarck den Stuhl vor die Tür und bereitete der antisemitischen Agitation »ein energisches Ende«, das sie 1903 auch öffentlich verkündete.[33] Fortan bildete das im Norden Amrums gelegene Norddorf das einzige antisemitische Residuum der Insel.

Auch im Nordseebad Büsum durchkreuzte die Badekommission entsprechende Versuche, Juden vom Besuch des Seebades auszuschließen. Dort hatte der örtliche »Badeverein« 1908 auf Initiative einiger Hoteliers beantragt, Büsum in Prospekten als »Deutsches Bad« auszuweisen, »um damit die Juden aus Büsum fern zu halten«. Die Badekommission lehnte den Antrag schließlich ab, stellte jedoch den Hotelbesitzern frei, sich in Anzeigen als »Deutsches Haus« zu bezeichnen.[34]

Einen ausgesprochenen Spagat führte die gemeinsame Direktion der Nordseebäder Westerland und Wenningstedt auf Sylt in der »Judenfrage« auf. Während sich Wenningstedt offensiv als antisemitisches Seebad profilierte und erklärte, »Gäste mosaischer Konfession« nicht aufzunehmen, warb Westerland im Gegenzug um eine jüdische Klientel. Als daher 1908 ein Westerländer Hotelier sein Haus für »christliche Gäste« reservierte, denen er versicherte, dass ihnen in seinem Haus »ein gewisser Verkehr« erspart bliebe, handelte er sich eine schriftliche Ermahnung des Westerländer Bürgermeisters ein, der sich um das »Ansehen des Bades« besorgt zeigte.[35]

Komplettiert wurde der Reigen antisemitischer Bäder an der deutschen Nordseeküste durch Lakolk auf der Insel Röm, die als Teil Nordschleswigs bis 1920 noch zum Territorium des Deutschen Reiches gehörte. Nachdem das Seebad Lakolk 1904 in Konkurs gegangen war, schlossen sich die Gläubiger – allesamt Männer »von scharf ausgesprochen (sic!) rein deutscher Gesinnung« – zu einer GmbH zusammen, die das Bad »als feines, reserviertes deutsches Familienbad zu erhalten« suchte. »Bisher ist dies vollkommen gelungen«, stellte der Geschäftsführer 1905 befriedigt fest, »denn unter den sämtlichen, für die diesjährige Saison bereits vorliegenden festen Anmeldungen (ca. 200) befindet sich nicht eine einzige jüdische Familie.«[36]

Insgesamt fällt im Hinblick auf die deutsche Nordseeküste auf, dass sich bereits vor dem Ersten Weltkrieg eine Mehrheit der Bäder offiziell als antisemitisch definierte. Auch in den anderen gab es antisemitische

Hoteliers oder Restaurantbesitzer, die jüdischen Gästen den Zutritt verwehrten. So brachte es der Besitzer des »Nordsee-Hotels« in Cuxhaven, Eduard Piller, sogar fertig, seine Servietten mit der Aufschrift »Judenreines Haus« zu verzieren.[37] Unter den größeren Nordseebädern galten lediglich Norderney, Helgoland, Wyk auf Föhr und Westerland auf Sylt als »judenfreundlich«. Allerdings handelte es sich bei diesen um etablierte und ausgesprochen begehrte und mondäne Seebäder, die auch ein internationales Publikum anzogen – ein Hinweis auf die soziokulturellen Hintergründe des Bäder-Antisemitismus, die uns noch eingehend beschäftigen werden.[38]
An der Ostsee brüstete sich das holsteinische Heiligenhafen mit dem »Vorzug«, sich als erstes Ostseebad schon in den 1880er Jahren »auf einen entschieden nationalen Standpunkt gestellt« zu haben, indem die Badeverwaltung jüdischen Gästen eine besonders hohe Kurtaxe abverlangte.[39] Bad und Kurhaus befanden sich im Eigentum der »Deutschen Badegesellschaft Heiligenhafen, AG«, die ihre Aktien »ausschließlich in christliche deutsche Hände« legte, um damit den »Charakter des Bades als Erholungsstätte für deutschnationale Kreise« zu wahren, wie die Badeverwaltung in der antisemitischen Presse versicherte: Dort pries sie nicht nur »elektrische Lichtbäder« an, die interessierten Gästen im städtischen Elektrizitätswerk verabreicht wurden, sondern warb auch mit der »Judenreinheit« des Bades um entsprechend gesinnte Gäste.[40] Bei so großem Eifer für die antisemitische Sache verwundert es nicht, dass sich der antisemitische Reichstagsabgeordnete Max Liebermann von Sonnenberg für einen »poetischen Gruß aus dem judenreinen Heiligenhafen« mit einem emphatischen »Heilo!« bedankte.[41]
Neben Heiligenhafen hatten sich vor dem Ersten Weltkrieg weitere sieben Ostseebäder als antisemitisch positioniert: Die mecklenburgischen Nienhagen und Graal-Müritz, Sellin auf Rügen, die Insel Vilm im Rügen'schen Bodden, Bansin und Zinnowitz auf Usedom sowie das pommersche Leba.[42] Eine vergleichbare Massierung antisemitischer Erholungsorte war in keiner anderen deutschen Ferienregion festzustellen. Allenfalls in Thüringen (Groß-Cabarz, Cabarz, Gehlberger Mühle, Fürstenblick und – nomen est omen – Finsterbergen), im Harz (Braunlage, Herzberg am Harz, Zellerfeld, Mühlental bei Wernigerode) und im Schwarzwald (Königsfeld, Oberweiler, Wildbad, Ettlingenweiler, Bruchhausen) konnte man eine gewisse Häufung antisemitischer Orte beobachten. In Bayern hingegen waren sie auffallend unterrepräsentiert

(Ruhpolding, Oberaudorf, Walchensee), auch wenn der Ausschluss von Juden aus Sektionen des Deutsch-Österreichischen Alpenvereins eine Radikalisierung des »Sommerfrischen«-Antisemitismus andeutete, die sich in Süddeutschland und Österreich nach dem Ersten Weltkrieg vollziehen sollte.[43]

In den klassischen Kurbädern des Deutschen Reiches – Baden-Baden, Wiesbaden, Bad Kissingen, Bad Harzburg, Bad Ems usw. – gab es vor 1914 zwar einzelne antisemitische Hotelbesitzer und Vermieter, doch kein einziges Bad, das sich im Ganzen als »judenfrei« definiert hätte. Selbst für die Erscheinungsformen des Bäder-Antisemitismus lässt sich ein charakteristisches Nord-Süd-Gefälle konstatieren: rabiate antisemitische Radauszenen im Norden, eher indirekte Hinweise auf den »christlichen Charakter« in Anzeigen süddeutscher Erholungsorte.[44] Hier spielte offensichtlich ein konfessionelles Moment eine Rolle. Vor allem die Erfahrungen des Bismarck'schen Kulturkampfes dürften im Kaiserreich den Eifer von Katholiken gebremst haben, ihrerseits gegen eine religiöse Minderheit vorzugehen, während die Ausgrenzung der Juden in den antisemitischen Seebädern mit kompromissloser protestantischer Rigidität betrieben wurde.

Darüber hinaus breitete sich in den Seebädern eine weitere Erscheinungsform des Antisemitismus aus, für die sich der Begriff des »Zellen-Antisemitismus« einbürgerte: antisemitische Kritzeleien, Schmierereien und Gedichte in Umkleidekabinen, Badezellen und Badekarren, in denen Badewillige vor allem vor der Jahrhundertwende ins Meer geschoben wurden. Verse wie »Nach Sellin und Göhren/die Juden nicht gehören/schickt sie nur nach Binz/das ist die Judenprovinz«[45] oder Gelegenheitsprosa wic »Die Judenfrechheit ist doch zu stark« gehörten eher zu den Harmlosigkeiten unter den Sudeleien, die ein nichtjüdischer Badegast in einem Lesebrief an das Stuttgarter »Neue Tageblatt« als »abscheulich roh, häßlich und dumm« klassifizierte: »Der Zellen-Antisemitismus ist von so niedrigen Trieben eingegeben, entbehrt so jeder Größe des Empfindens und wirkt in seiner kleinbürgerlichen, engen Anschauungsweise so widerlich, daß alle Deutschen ihm mit Ernst entgegentreten sollten.«[46] Was einen anderen süddeutschen Badegast besonders konsternierte, war der Umstand, dass die meisten Kritzeleien weder Angehörigen sozialer Randgruppen noch pubertierenden Jünglingen zugeschrieben werden konnten. »Wer aber schreibt diese Dinge?«, fragte er, und fand die Antwort »nicht geeignet, mich über den

Kulturstand der deutschen Nation völlig zu beruhigen«: »Das Publikum der deutschen Ostseebäder setzt sich im wesentlichen aus dem mittleren Bürgerstand zusammen. Also recht eigentlich der Kern des Volkes; und zudem Männer, die eine höhere Schule besucht haben oder deren Empfinden durch anständigen Umgang und saubere Lektüre geläutert sein müßte.«[47]

Der Bäder-Antisemitismus im Allgemeinen und die Gewaltphantasien und Verbalinjurien des »Zellen-Antisemitismus« im Besonderen repräsentierten einen Extremismus der sozialen Mitte der deutschen Bevölkerung, der politisch lange Zeit hinter einem liberalen Firnis verborgen blieb und über die Kernkreise des politischen Antisemitismus deutlich hinausreichte. So berichteten die »Deutsch-Sozialen Blätter« 1913 höhnisch über »linksliberale Gelegenheitsantisemiten«, die bei ihrem Aufenthalt auf Borkum enthusiastisch in das »Borkum-Lied« einstimmten: »Begeistert sang der 2. Vorsitzende des Fortschrittlichen Volkspartei-Vereins Strophe für Strophe mit. Ein nationalliberaler Herr, eifriges Mitglied des Hansabundes, schlug mit seiner Strandpromenadenkrücke den Takt hinzu.«[48]

»Hübsche Titel, aber nur wenige Mittel« – zu den soziokulturellen Hintergründen des Bäder-Antisemitismus

Politischer Antisemitismus und Bäder-Antisemitismus wiesen insgesamt zwar gemeinsame Schnittmengen auf und gingen – wie noch zu zeigen sein wird – vor allem nach dem Ersten Weltkrieg eine stärkere Verbindung ein, doch handelte es sich bei der Judenfeindschaft in Seebädern, Kurorten und Sommerfrischen um einen gesellschaftlich verankerten Antisemitismus, der unabhängig von den Konjunkturen antisemitischer Parteien und Institutionen auf längerfristige antijüdische Einstellungen innerhalb der deutschen Gesellschaft verwies. Der Bäder-Antisemitismus war damit nicht einfach eine Ausdrucksform des politischen Antisemitismus, sondern speiste sich aus spezifischen soziokulturellen Entwicklungen, die eng mit den gesellschaftlichen Funktionen der Badereise vor Entstehung des modernen Massentourismus verbunden waren.

Seit dem letzten Drittel des 19. Jahrhunderts differenzierte sich das Pu-

blikum der Bäder und Kurorte nach sozialen Kriterien deutlich aus. Ursprünglich ein Privileg einer kleinen gesellschaftlichen Elite aus Hochadel und Großbürgertum, wurde die Badereise in dieser Zeit zu einer ausgesprochen bürgerlichen Gepflogenheit, an der immer größere Kreise der bürgerlichen Mittelschichten partizipierten.[49] Nach der Jahrhundertwende dehnte sich das Reisepublikum zudem auf das Kleinbürgertum aus. Im Jahre 1910 befand der Moraltheologe Erich Vogeler, dass das Reisen »allmählich tief bis in die mittleren Stände herabgesickert« sei.[50] So verzehnfachte sich die Zahl der Kurgäste in Seebädern im Zeitraum von 1880 bis 1900 (von 23469 auf 239403), während die Kurgastfrequenz in Mineralbädern im gleichen Zeitraum um das Doppelte stieg (von 192394 auf 345999). Nach der Jahrhundertwende setzte sich dieser Trend weiter fort: Allein von 1900 bis 1905 verdoppelten sich die Kurgastzahlen erneut, als das »Deutsche Bäderbuch« 670846 Kurgäste in Mineralbädern und 402155 in Seebädern verzeichnete.[51] Bis zum Ausbruch des Ersten Weltkrieges stiegen die Gästezahlen erneut an. Allein die deutschen Seebäder meldeten für die Saison 1911 insgesamt 800439 Gäste, unter ihnen allerdings 372021 »Passanten«, die sich nur kurze Zeit im Badeort aufgehalten hatten.[52]
Im Laufe der Jahre verlor die klassische Klientel der Bäder und Kurorte quantitativ zunehmend an Bedeutung. So sank der Anteil der adligen Kurgäste in Bad Ems im Zeitraum von 1870 bis 1914 von 17,7 % auf 3,8 %.[53] Zu den dominierenden Gruppen gehörten nun vor allem Kaufleute und Bankiers, Angestellte und Beamte sowie Freiberufler wie Ärzte und Rechtsanwälte. Im renommierten Nordseebad Westerland auf Sylt machten sie 1913 mehr als drei Viertel der Gäste aus (Kaufleute und Bankiers: 44,4 %, Angestellte und Beamte: 22,9 %, Freiberufler: 10,8 %).[54]
Von einem Durchbruch zum Massentourismus konnte dennoch nicht einmal ansatzweise die Rede sein. Als die deutschen Seebäder 1911 zusammengenommen rund 800000 Gäste zählten, verzeichnete allein das britische Seebad Blackpool vier Millionen Besucher, unter ihnen eine große Zahl von Arbeitern.[55] Die deutschen Bäder und Erholungsorte blieben schon deswegen nahezu »arbeiterfrei«, weil das Gros der Arbeiterschaft im Kaiserreich über keinerlei Erholungsurlaub verfügte. Obwohl Arbeiter die Mehrheit der Erwerbstätigen bildeten, machten sie unter den Gästen des Seebades Westerland im Jahre 1913 nur 0,7 % aus.[56] Vor dem Ersten Weltkrieg konnten sich nur 11 % der deutschen

Bevölkerung eine jährliche Urlaubsreise leisten.[57] Ein längerer Aufenthalt in einem Bade- oder Kurort war damit zwar nicht auf eine winzige gesellschaftliche Elite beschränkt, doch blieb die Erholungsreise insgesamt ein gesellschaftliches und in hohem Maße bürgerliches Privileg. Ins Bad reisten Menschen, »die Gott mit viel Geld gesegnet und mit viel Leibesfülle gestraft« hatte, wie der Schriftsteller Scholem Alejchem in seinem Roman »Marienbad« sarkastisch bemerkte.[58]

Die Reise ins Bad diente nicht allein der Gesundheit und persönlichen Erholung oder der Zerstreuung und Ablenkung vom Trott des beruflichen Alltags. Gerade durch ihren privilegierten Charakter erfüllte die Erholungsreise eine Reihe wichtiger gesellschaftlicher Funktionen. Als Statussymbol fungierte sie besonders für soziale Aufsteiger als Vehikel der sozialen Anerkennung. Der angemessenen »Repräsentation« durch Quartier, Kleidung, Auftreten und Konversation kam daher eine überragende Bedeutung zu. Hotels warben gezielt mit dem »vornehmen« Charakter ihrer Gäste, Kurlisten und Badezeitungen veröffentlichten nicht nur die Namen der neu angekommenen Gäste, sondern auch deren Titel und Beruf.

Für die Repräsentation war von entscheidender Bedeutung, dass die Kur- und Badegäste keine anonyme Masse bildeten, sondern eine überschaubare und mehr oder minder lose Gemeinschaft, deren Angehörige sich relativ schnell kennen lernten, schon weil sie sich im ritualisierten Alltag des Badelebens fast ständig begegneten: bei der mittäglichen *table d'hôte* im Hotel, in der Lesehalle, auf der Promenade, am Trinkbrunnen oder auf den Reunions, den regelmäßigen Bällen und Tanzveranstaltungen. Das »Sehen-und-gesehen-Werden« machte einen wesentlichen Reiz des Aufenthaltes aus, noch gesteigert durch den Umstand, dass man hier außerhalb seiner alltäglichen Umgebung mit Personen aus verschiedensten Ländern, Regionen und Sozialmilieus zusammenkam. Schon deshalb stellten Damen den Inhalt des heimischen Schmuckkästchens gern offen zu Schau, schon deshalb promenierte man – zumindest vor dem Ersten Weltkrieg – auch am Meeresstrand in der Regel in Kleid oder Anzug, wäre doch an der Badehose der gesellschaftliche Rang des Betreffenden nicht erkennbar gewesen. Wer auf repräsentative Selbstdarstellung Wert legte, mied die Anonymität halb nackter Körper am Strand. Deshalb spielte das Baden beim Kur- und Seebadaufenthalt lange Zeit nur eine untergeordnete Rolle. Der Badevorgang fand nicht nur im Kurbad außerhalb der Öffentlichkeit statt, sondern auch im Seebad, wo die Gäste – nach Geschlechtern getrennt – mit Badekarren ins Meer hinausexpediert wurden. Die von den Badedirektionen um die Jahrhundertwende herausgegebenen Saisonführer rieten den Gästen, das erste Seebad »nicht vor dem dritten Tage der Ankunft« einzunehmen, den Aufenthalt im Wasser auf »drei, höchstens fünf Minuten« zu beschränken und längeres Liegen im Sande zu »vermeiden«.[59]

Wichtiger als unstandesgemäßes Herumplanschen im Wasser war die mit entsprechender Selbstdarstellung und Repräsentation verbundene Aussicht, am Badeort interessante gesellschaftliche Beziehungen zu knüpfen, die sich beruflich wie persönlich auszahlen konnten, mindestens jedoch im Kreis der Gutsituierten den eigenen gesellschaftlichen Status zu dokumentieren. Insofern ließen sich die Badeorte mit dem französischen Soziologen Pierre Bourdieu[60] auch als großer Kapitalmarkt beschreiben, als Orte, an denen einerseits ökonomisches Kapital eingesetzt wurde, um soziales und symbolisches Kapital zu erwerben – gesellschaftliche Beziehungen, Anerkennung und Ansehen –, aber dieselben umgekehrt eingesetzt werden konnten, um lukrative ökonomische Geschäfte vorzubereiten.

Da die gesellschaftliche Repräsentation im Kur- oder Badeort eine wichtige Rolle spielte, verwundert es nicht, dass die zeitgenössischen Bücher für den guten »Takt und Ton« dem Badeaufenthalt zumeist ein eigenes Kapitel widmeten.[61] Hier konnte sich die Leserin nicht nur über eine geeignete »Ball-Toilette« informieren, die an einem »fashionablen Badeort« obligatorisch war, hier wurde vor allem vor den Schattenseiten gewarnt, die mit der gesellschaftlichen Repräsentation verbunden waren. Die Badeorte seien nämlich ein »Sammelpunkt von Glücksrittern und Abenteurern aller Art«,[62] die mehr Schein als Sein repräsentierten, sodass Hoffnungen auf eine vornehme Bekanntschaft oder gar eine »gute Partie« bisweilen mit Enttäuschungen endeten: »Der distinguierte Herr mit den vornehmen Manieren, der alles mitmachte und keine Gelegenheit versäumte, um seine Wohlhabenheit zur Schau zu tragen, entpuppte sich als ein Herr von Habenichts, als ein Industrieritter vom reinsten Wasser, die glänzende Dame als eine gewöhnliche Abenteurerin, die nichts ihr eigen nannte, als eben nur die wohlgefällige Außenseite.«[63]

Ungeachtet solcher potenziellen Bedrohungen entwickelten sich viele Badeorte zu einem regelrechten Heiratsmarkt, auf dem Mütter ihre

Töchter an einen Herrn von »Rang und Stand« zu vermitteln suchten. Im Jahre 1903 etablierte sich in Westerland auf Sylt – einem der typischen »Verlobungsbäder« – ein »internationales Heiratsbüro« in einer Strandburg. In der Saison 1909 konnte die Rekordzahl von 69 Verlobungen von Kurgästen gemeldet werden.[64] Die Funktion des Badeorts als Heiratsmarkt übte nicht zuletzt auf jüdische Gäste eine besondere Anziehungskraft aus, vor allem auf jene, die eine interkonfessionelle »Mischehe« vermeiden wollten, aber im engen Rahmen der lokalen jüdischen Gemeinde keinen geeigneten jüdischen Ehemann bzw. keine passende jüdische Ehefrau fanden. Die Bäder hingegen boten, noch dazu mit professioneller Unterstützung eines »Schadchens«, beste Bedingungen für die Partnerwahl. Der schon erwähnte jüdische Schriftsteller Scholem Alejchem hat am Beispiel Marienbads diesen Aspekt des Badelebens mit beißendem Spott karikiert: der Badeort als dynamisches Beziehungskarussell von Intrigen und Affären, als Ort, an dem Mütter »die Mitgiften nur so aus dem Ärmel« schüttelten und ihre Töchter »zur Ausstellung« brachten.[65]

Gemessen an ihrem Bevölkerungsanteil waren Juden unter den Badegästen überrepräsentiert. Dies hing zum einen mit den besonderen sozialen Merkmalen der jüdischen Bevölkerungsgruppe zusammen: Vor allem die deutschen Juden wiesen ein betont bürgerliches Sozialprofil auf.[66] Viele gut verdienende jüdische Selbständige und Freiberufler konnten sich finanziell eine Reise ins Bad leisten; sie waren – gemessen am deutschen Bevölkerungsdurchschnitt – darüber hinaus deutlich mobiler. Als Angehörige einer Bevölkerungsgruppe, die überwiegend in Großstädten lebte, bot der Aufenthalt in einem See- oder Kurbad dem jüdischen Bürgertum die Möglichkeit, eine naturnahe Erholung mit dem gewohnten städtischen Komfort, aber auch den kulturellen Vorzügen der Urbanität zu kombinieren. Nicht zuletzt deshalb lassen sich die Kurorte geradezu als »Jewish Space« beschreiben.[67] In manchen traditionsreichen Kur- und Seebädern gingen Natur und Mondänität eine einzigartige Mischung ein. So beschrieb ein jüdischer Beobachter die Vorzüge der Nordseeinsel Norderney mit den charakteristischen Worten: »Die Erscheinungswelt und die Gemütswelt rinnen gewissermaßen zusammen, und das mondbeglänzte ewige Meer, die lustwandelnden Menschen, die schönen Frauen, die eleganten Toiletten, die funkelnden Brillanten, das bildet alles ein untrennbares phantastisches Ganzes.«[68]

Auch die gesellschaftliche Funktion der Badereise, die mit der Repräsentation verbundene Demonstration und Bekräftigung des sozialen Status, war für das jüdische Bürgertum ebenso attraktiv wie für die nichtjüdischen Gäste. Als der jüdische Inhaber eines Konfektionshauses in Hamburg, Isidor Hirschfeld, im Jahre 1894 zum ersten Mal die Insel Helgoland besuchte, gab er als Begründung an: »Man mußte sich ›sehen lassen‹.« Zur gleichen Zeit weilte sein Bruder Joseph auf Sylt, wo er seine spätere Ehefrau kennen lernte, die er heiraten konnte, nachdem die Schwiegereltern Einblick in die Geschäftsbücher seines Unternehmens genommen hatten.[69] Ansehen und Anerkennung, wichtige soziale und berufliche Kontakte, die Demonstration des wirtschaftlichen Erfolgs – dies alles war für eine gesellschaftliche Minderheit von besonderer Bedeutung, die einerseits wirtschaftlich überdurchschnittlich erfolgreich war und ein relativ hohes berufliches Qualifikationsprofil aufzuweisen hatte, die andererseits jedoch niemals vollständig in die deutsche Gesellschaft integriert war. Marion Kaplan hat die gesellschaftliche Funktion der Badereise für das jüdische Bürgertum als Streben nach »sozialer Konsolidierung« bezeichnet, die sich »hinter dem Vergnügen an Bädern, Brunnen, Wanderungen, Kasinobesuchen, Konzerten und Sahnetorten« verborgen habe.[70]

Das Streben nach sozialer Repräsentation am Badeort hatte jedoch eine fast unvermeidliche Kehrseite: Wer sich aufwendig in Szene setzte und seinen sozialen Status in der Öffentlichkeit markierte, betonte fast immer jene »feinen Unterschiede«, mit denen er sich von anderen Gästen zu unterscheiden suchte; er sortierte und hierarchisierte die Gäste nach ihrem gesellschaftlichen Rang und hielt Abstand zu jenen, die nur ein geringes Sozialprestige besaßen. Diese »feinen Unterschiede« gewannen in den Bade- und Kurorten auch deswegen besondere Bedeutung, weil hier traditionelle Standesunterschiede tendenziell eingeebnet wurden und sich Angehörige unterschiedlicher Milieus einigermaßen zwanglos begegneten. Die vermeintlich »freiere« Atmosphäre des Badelebens führte keineswegs zu einer egalitären Gästegemeinschaft, sondern förderte im Gegenteil das Bedürfnis nach Distinktion. Schon durch die Wahl eines teuren Quartiers ließ sich vielfach soziale Exklusivität sicherstellen.[71] Repräsentation war daher in der Regel mit permanenter Konkurrenz, mit Aus- und Abgrenzung verbunden und rief deshalb Neid, Hass und Ressentiment hervor. Die soziale Ausweitung des Badepublikums seit dem letzten Drittel des 19. Jahrhunderts verstärkte die Bemühungen um Abgrenzung und Exklusivität, die wiederum Frustrationen und Missgunst mobilisierten. So hat der amerikanische Historiker Douglas Mackaman am Beispiel der französischen Kurorte hervorgehoben, dass die wachsende Verbürgerlichung des Kurbetriebes im 19. Jahrhundert keineswegs mit einer Demokratisierung des Kur- und Badelebens einherging. Im Vergleich zu den Zeiten des Ancien Régime entwickelte sich vielmehr eine wachsende soziale Segregation, die beispielsweise in der Ausgrenzung von Armen aus den Kurorten zum Ausdruck kam.[72] Hinter der glänzenden Fassade des Kur- und Badelebens vor dem Zeitalter des Massentourismus braute sich daher eine konfliktträchtige Melange zusammen. Der Badeort bildete kein unpolitisches, privates Idyll, sondern spiegelte die vorhandenen gesellschaftlichen Konflikte, vor allem die heftigen Konkurrenzkämpfe bürgerlicher Gesellschaftsschichten ungeschminkt wider.

Solange sich die Repräsentation auf ein bürgerliches Gesellschaftsspiel beschränkte, bei dem die individuelle Inszenierung und Konkurrenz innerhalb eines Sozialmilieus überwog, zeitigte sie keine weit reichenden Folgen. Wo sie jedoch über die individuelle Abgrenzung hinaus in die Ausgrenzung ganzer ethnischer, konfessioneller, sozialer oder nationaler Gruppen umschlug, da veränderte sie den Gesamtcharakter der Kur- und Badeorte nachhaltig. Der Bäder-Antisemitismus war das extremste Produkt dieser Ausgrenzungstendenzen, aber Juden waren nicht die einzige Gruppe, die auf diese Weise diskriminiert wurde.

In seiner Untersuchung über den Kurort Bad Ems hat sich Hermann Sommer ausführlich mit der »konfessionellen und nationalen Segregation« am Kurort befasst.[73] An einem international renommierten Kurort wie Ems offenbarte ein Teil der Gäste trotz der vorherrschenden kosmopolitischen Atmosphäre ein nationalistisches Ressentiment, das sich indirekt gegen französische Gäste richten konnte. Auch antikatholische Vorbehalte waren im Zeichen des »Kulturkampfes« der 1870er Jahre und in den Jahren danach weit verbreitet. Vor allem katholische Geistliche standen im Zentrum solcher Anwürfe. So beschwerten sich Gäste beim Badekommissar, dass die Soutanen katholischer Geistlicher Staub aufwirbelten.[74] Ein Kurgast notierte 1886 in seinem Tagebuch: »Etwas eckelhaftes (sic) sind aber diese niederträchtigen katholischen Pfaffen und Jesuiten, namentlich einer, eine Physiognomie – der reine Verbrecher. Eine Composition der Gesichter Janke und Cohn ergeben (sic) noch lange nicht die Visage dieses Herren.«

Nicht nur in dieser Formulierung wird deutlich, dass Katholikenfeindschaft und Antisemitismus bei manchen protestantisch-nationalen Badegästen eine enge Verbindung eingingen. Anlässlich einer Reunion echauffierte sich der Tagebuchschreiber über »eine kleine 16-jährige Judendame aus Paris mit ihrem Galan, einem Anhänger des alten Testaments mit Perücke«.[75]

Wurzelten demnach Katholiken- und Judenfeindschaft in einer allgemeinen »konfessionellen Segregation« und entsprangen ähnlichen Motiven? Auf einer phänotypischen Ebene waren durchaus einige Gemeinsamkeiten zwischen Antikatholizismus und Antisemitismus auszumachen. Wie die katholische Presse berichtete, richtete sich ein Teil der Sudeleien in Badehäusern nicht nur gegen Juden, sondern auch gegen Katholiken (»Ihr Zentrumsschweine, heraus aus dem Meere«).[76] Wenn in vielen Seebädern wie auf Juist »katholische Strandklubs« gegründet wurden, in manchen Kurorten mit dezidiert »katholischen Hotels« ein konfessionelles Milieu entstand oder ein »Katholisches Reise-Adreßbuch« gleich mehrere Auflagen erlebte, dann spiegelten sich darin indirekt auch antikatholische Vorbehalte eines Teils der Badegäste wider.

Dennoch konnte von einem organisierten Antikatholizismus in den Bädern und Erholungsorten keine Rede sein. Der entscheidende Unterschied zum Bäder-Antisemitismus bestand darin, dass sich kein einziges Bad öffentlich als anti-katholisch definierte. Von Ausnahmen abgesehen,[77] hielt sich das Gros der Antisemiten aus Gründen »nationaler Einheit« gegenüber Katholiken zurück, die im Gegensatz zu Juden nicht als »undeutsch« betrachtet wurden. Wenn daher ein Antisemit ein »Damenrestaurant auf breitester deutscher Grundlage«[78] eröffnete, dann war der gesamten Öffentlichkeit bewusst, dass eine solche Formulierung Katholiken ein- und Juden ausschloss.

Der Bäder-Antisemitismus gründete sich nicht auf konfessionelle Abneigung und Distanz, sondern nahm auf die gesellschaftliche Funktion der Badereise Bezug, vor allem auf die soziale Repräsentation, die als »undeutsch« und als »typisch jüdisch« denunziert wurde. Alle charakteristischen Argumentationsfiguren der bäder-antisemitischen Agitation fanden sich in einem Artikel der »Deutsch-Sozialen Blätter« aus dem Jahre 1905, in dem der Kurort St. Moritz näher beschrieben wurde: »St. Moritz wird der Typus des modernen Badelebens, der Mittelpunkt von allem, was moderner Luxus nur ersinnen kann, das Eldorado unserer Herren und Meister, des internationalen Judentums, das hier über den jungen Nachwuchs verfügt, und standesgemäße Ehen vereinbart. [...] Wo noch vor kurzem ein einfacher, solider Gasthof gute Gesellschaft vereinigte, [...] da erheben sich jetzt Paläste, und die Judenschaft setzt sich in ihnen fest mit Pariser Toiletten, Brillanten, mit Anmaßung und Lärm.«[79]

In ähnlicher Diktion suchte der Feuilletonist der preußischen »Kreuz-Zeitung« die allgemein verbreitete Repräsentation in den Badeorten antisemitisch umzudefinieren und als Ausdruck eines jüdischen »Rassedünkels« hinzustellen. In einem Grundsatzartikel vom Juli 1905, der den bezeichnenden Titel »Der Jude auf Reisen« trug, schlug das Zentralorgan des preußischen Konservatismus eine Tonart an, die sich in nichts von der geifernden Antisemitenpresse unterschied: »In den Modebädern und Sommerfrischen aber zeigt sich die Macht des Geldes, die Unterschiede in Rang und Stand verschwinden oder treten mehr zurück, und wer vom Juden profitiert, huldigt seiner Eitelkeit. Daher das selbstbewußte Auftreten der Juden, das leider nur zu oft in Rücksichtslosigkeit und Unverschämtheit ausartet.«[80] Die allgemeine gesellschaftliche Repräsentation kreidete der Autor den Juden als »unangenehme Eigenschaften ihrer Rasse« an. Es treibe sie der »Wunsch, sich geltend zu machen, etwas vorzustellen«, insbesondere ihre »erfolgreiche Geschicklichkeit im Geldverdienen« und ihren »Stolz auf die sogenannte Intelligenz« öffentlich zu demonstrieren. Der Artikel schloss mit der verkappten Drohung: »In unserem deutschen Vaterlande den hier eingewanderten jüdischen Asiaten die Herrschaft überlassen – das geht wirklich nicht an.«

»Etwas vorstellen« wollten am Badeort Juden und Nichtjuden gleichermaßen, nicht zuletzt auch der preußische Großgrundbesitzer, der zur klassischen Klientel der Bade- und Kurorte wie zu den Stammlesern der »Kreuz-Zeitung« gehörte. Im Badeort bewegte er sich allerdings außerhalb seines alltäglichen Sozialmilieus. Hier wurden ihm nicht die gewohnten Ehrbezeugungen seines Gesindes zuteil, hier musste er soziale Achtung im sozialen Austausch erst erwerben und konnte nicht auf traditionelle Vorrechte pochen. Wie alle anderen Gäste stand auch der konservative Junker unter gesellschaftlichem Präsentationsdruck und musste seinen Status entsprechend repräsentieren: durch Kleidung, Schmuck, Benehmen, Kontakt- und Kommunikationsfähigkeit, Bildung und Witz. Wenn er zwar einen erlauchten Ahnenstammbaum aufwies, aber in puncto Bildung und Reichtum eher bescheiden abschnitt, musste er damit rechnen, dass sein Selbstbild als Angehöriger der traditionellen Elite mit den Reaktionen seiner Umgebung nicht in Einklang zu bringen war. Da konnte es geschehen, dass in der Konkurrenz um soziale Repräsentation ein wohlhabender und gebildeter jüdischer Händler die gesellschaftlichen Hierarchien unter Druck setzte und den Landadeligen im sozialen Ranking hinter sich ließ. Hier hatte die Aversion eines Teils der konservativen Adelsgäste gegen die soziale Repräsentation am Badeort ihre Wurzeln. Es war kein Zufall, dass Juden diese Aversionen in besonderer Weise auf sich zogen, weil sie als sozial mobile Bevölkerungsgruppe das verhasste soziale Aufsteigertum repräsentierten, das vor allem die weniger vermögenden Angehörigen der traditionellen Eliten als Bedrohung ihres gesellschaftlichen Ranges ansahen.

Hier lag einer der soziokulturellen Hintergründe des Bäder-Antisemitismus, der sich massiv am Neid gegenüber dem vermeintlichen jüdischen Parvenü entzündete. Welches Ausmaß an Ressentiment und Missgunst gegen Juden hier mobilisiert werden konnte, und wie weit dieses Ressentiment über die Kernkreise des politischen Antisemitismus hinausreichte, zeigt das Beispiel des Schriftstellers Theodor Fontane. Fontane weilte 1882 auf Norderney und schrieb in einem Brief an seine Frau Emilie:

»Fatal waren die Juden; ihre frechen, unschönen Gaunergesichter (denn in Gaunerei liegt ihre ganze Größe) drängen sich einem überall auf. Wer in Rawicz oder Meseritz ein Jahr lang Menschen betrogen oder wenn *nicht* betrogen, eklige Geschäfte besorgt hat, hat keinen Grund darauf, sich in Norderney unter Prinzessinnen und Comtessen mit herumzuzieren. Wer zur guten Gesellschaft gehört, Jude oder Christ, darf sich auch in der guten Gesellschaft bewegen; wer aber 11 Monate lang Katun abmißt oder Kampfer in alte Pelze packt, hat kein Recht im 12. Monat sich an einen Grafentisch zu setzen.«[81]

Sein ganzes Leben lang war der Schriftsteller Fontane – mehr oder minder vergeblich – um Anerkennung durch den preußischen Adel bemüht und hatte – symbolisch formuliert – um seinen Platz am Grafentisch gerungen. Dass dort nun ein jüdischer Pelzhändler – noch dazu ein so genannter Ostjude – Platz nahm, der im Gegensatz zu Fontane obendrein in einem teureren Hotel logierte, erweckte den Neid Fontanes, dessen Ressentiment für den Bäder-Antisemitismus konstitutiv war. Die Ausgrenzung und Verächtlichmachung der jüdischen Gäste sollte die eigene

1. Der »jüdische Parvenü« als antisemitisches Klischee (Postkarte, um 1900)

Person aufwerten und den Umstand kaschieren, dass man bei der sozialen Präsentation im Kurbad möglicherweise nicht besonders erfolgreich war.

Welche Inferioritätsängste aufseiten der weniger begüterten Badegäste mobilisiert wurden, zeigt ein weiterer Brief Fontanes aus dem Jahre 1883, in dem er die ärmliche Erscheinung eines aus »kleinen Verhältnissen« stammenden Oberlehrers beschrieb und sich ängstlich fragte, ob er selbst »wohl auch so wirke«: »Wenig Geld, vier Personen, erst *er* krank, dann *sie*. Hätten sie mehr Geld und mehr Zeit, so wären sie wahrscheinlichlich gar nicht krank geworden oder hätten wenigstens besseres Wetter oder bessere Gesundheit abwarten können. Die reichen dicken Juden, die hier herumlaufen, sehen alle sehr wohl aus. Und nun gar erst die Jüdinnen! Sie platzen fast und quietschen vor Vergnügen.«[82]

Das hier verbreitete Klischee des »reichen Juden« war ein antisemitisches Stereotyp, das mit den realen Einkommensverhältnissen vor allem des jüdischen Mittelstandes wenig zu tun hatte, der sich mehrheitlich eine luxuriöse Badereise nicht leisten konnte. Gleichwohl war nicht zu übersehen, dass seit dem letzten Drittel des 19. Jahrhunderts besonders in den renommierten Bädern Juden vermehrt in die wohlhabende und tonangebende Gesellschaft der Kur- und Badegäste eingerückt waren. Dies mobilisierte nicht nur die Ressentiments eines Teils der traditionellen Eliten, sondern auch des ebenfalls um sozialen Aufstieg bemühten bürgerlichen Mittelstandes sowie der kleinbürgerlichen Schichten. Für einen Teil der traditionellen Eliten repräsentierten Juden verhasste gesellschaftliche Aufsteiger, die bis dahin auch für das Reisen geltende Standesgrenzen einebneten und egalisierten. Aus mittelständischer Perspcktive wurden sie als unerwünschte Konkurrenten um den sozialen Aufstieg wahrgenommen, und aus kleinbürgerlicher Perspektive personifizierten sie ein elitäres »Protzentum«. Alle diese Perspektiven, die sich eigentlich ausschlossen, flossen im antisemitischen Stereotyp des jüdischen Parvenüs zusammen, der als Feindbild für ganz unterschiedliche gesellschaftliche Schichten funktionalisiert werden konnte.

Im Jahre 1911 befasste sich ein Autor des »Israelitischen Familienblattes« ausführlich mit den sozialen Trägerschichten des Bäder-Antisemitismus.[83] In einem scharfsinnigen Grundsatzartikel charakterisierte er die Judenfeindschaft in den Bädern und Sommerfrischen als ein Phänomen, das vor allem im bürgerlichen Mittelstand verbreitet sei, wäh-

rend sich das »eigentliche Bürgertum«, d. h. vor allem das höhere Wirtschaftsbürgertum und das Bildungsbürgertum, den Juden gegenüber vorurteilsfrei verhalte. Es sei »wahrlich nicht das werktätige Bürgertum und die Leute mit vollen Taschen. Auch nicht so sehr das höhere Beamtentum und die Gebildeten. Vielmehr das mittlere und ganz kleine Beamtentum, diese sind es, welche die antisemitischen Kurorte geschaffen haben. Man sehe sich nur einmal die Kurlisten an, überall der Herr Gerichtssekretär, der Herr Steuerkontrolleur, der Herr Kanzleirat, der Herr Assistent usw. Natürlich auch die Rätin und Geheimrätin usw. Dazwischen gesprenkelt leider auch Volksschullehrer und höhere Lehrer und besonders stark vertreten die Geistlichkeit.« Diese gesellschaftlichen Schichten bezeichnete der Autor als »Papachen- und Mamachenexistenzen, treu, deutsch und pensionberechtigt«. Vor allem Sozialneid treibe sie in ihrem antisemitischen Gebaren an: »Warum gerade diese? Weil gerade sie vom Neid besessen sind gegen alle diejenigen, die im Besitze der dazu nötigen Mittel sich mehr und Besseres leisten können, als die, die zwar recht hübsche Titel, aber nur wenige Mittel besitzen.«[84]
Damit hatte der Autor einen zentralen Aspekt des Bäder-Antisemitismus und seiner kleinbürgerlich-mittelständischen Trägerschicht angesprochen. Die offensichtliche Häme des Autors entsprang wohl nicht nur der Erbitterung über das antisemitische Treiben, sondern markierte auch eine geistige Distanz, die zwischen dem jüdischen Bürgertum und den mittelständisch-kleinbürgerlichen Schichten bestand.

Dieser Aspekt kam in den Lebenserinnerungen Toni Cassirers, der Ehefrau des Philosophen Ernst Cassirer, deutlich zum Ausdruck. Im Jahre 1906 reiste sie ins mecklenburgische Ostseebad Müritz, um ihren Sommeraufenthalt bewusst jenseits der mondänen Badeorte in einer zwar landschaftlich reizvollen, aber doch »sehr einfachen, ja sehr primitiven« Umgebung zu verbringen. Dabei war ihr der antisemitische Charakter des Ortes nicht bekannt, was sich jedoch insofern als unproblematisch herausstellte, als sie nicht als Jüdin erkannt und als »selbstverständlich dazugehörig« betrachtet wurde. Cassirer beschreibt ihren Aufenthalt in Müritz als eine ebenso exotische wie traumatische Erfahrung, in der sie, aus jüdisch-bildungsbürgerlichem Hause stammend, zum ersten Mal »richtigen Kleinbürgern« begegnete, einer »kompakten deutschen Mittelstandsmasse«, deren Auffassungen sie als »fremdes, feindliches Weltbild«, ja »geistigen Kannibalismus« begriff:

»Ungeahnte Vorurteile, hauptsächlich sozialer Natur, traten mir entgegen. Nicht der leiseste Wunsch nach Gerechtigkeit oder Objektivität kam zum Vorschein. Ich staunte über den Mut, mit dem diese Menschen ihre Anschauungen vortrugen und propagierten; die Schamlosigkeit, mit der sie die Schwerpunkte zu ihren Gunsten verschoben. Ich fühlte mich grenzenlos verlassen inmitten dieser nett aussehenden, wohlerzogenen, anscheinend harmlosen Spießbürger [...]. Auf dem Boden solcher Ungüte und Ungeistigkeit konnte jede Saat aufgehen – ausgenommen diejenige der Güte und des Geistes.«[85]

Was Toni Cassirer besonders irritierte, war der augenfällige Kontrast, ja »merkwürdige Widerspruch«, der zwischen den extremistischen Auffassungen der kleinbürgerlichen Badegäste und der nach außen dokumentierten Fassade bürgerlicher Wohlanständigkeit zu existieren schien: »Die Männer waren die zärtlichsten Väter und die ritterlichsten Beschützer ihrer Frauen; die Frauen die besten, liebevollsten Mütter und Ehegattinnen – während sie gleichzeitig den Kampf gegen die ›Andersartigen‹ mit skrupellosen Mitteln und skrupellosen Ausdrücken führten.«[86] Mit der Bildungsbürgerin und Individualistin Toni Cassirer und der Mehrheit der Müritzer Badegäste trafen nicht nur unterschiedliche soziale, sondern auch geistige Welten aufeinander: zum einen eine bildungsbürgerliche Suche nach »Objektivität«, die wohl von unterschwelligem Dünkel nicht ganz frei war, zum anderen ein radikaler, vorurteilsbeladener Subjektivismus, der nicht auf Individualität, sondern auf Ausgrenzung, Abschottung und Gemeinschaftlichkeit orientiert war.

Cassirers Bemerkung über die »kompakte deutsche Mittelstandsmasse« in Müritz deutete an, dass die soziale Ausweitung des Badepublikums nicht automatisch zur sozialen Egalisierung desselben führte. Stattdessen entmischten sich die Badeorte tendenziell nach sozialen Kriterien und zogen eine spezifische soziale Klientel an, sodass sich in manchen Bädern zahlreiche Angehörige der Oberschichten, vor allem auch ein internationales Publikum einfand, während andere Bäder von der erwähnten »kompakten deutschen Mittelstandsmasse« bevölkert waren. Die Tradition, Ausstattung und Komfort, aber auch das »Image« eines Badeortes bildeten die entscheidenden Faktoren für die soziale Zusammensetzung des Publikums.

In dem teilweise offenen Wettbewerb der Badeorte untereinander hatten kleinere Bäder und »Latecomer« gegenüber den etablierten Traditionsbädern einen deutlichen Nachteil. Sie besaßen nicht das Flair alter

Adelsbäder und konnten deren infrastrukturellen Entwicklungsvorsprung auch mit hohen Investitionen nicht einfach wettmachen. Ihnen blieb deshalb kaum etwas anderes übrig, als die »Einfachheit« und »Ursprünglichkeit« ihrer Orte hochzuhalten und vom mondänen Treiben andernorts positiv abzusetzen. So pries der Saisonführer des Nordseebades Borkum aus dem Jahre 1903 »ländlichen Frieden und idyllische Einsamkeit«, die sich vom »übertriebenen Luxus« und »weltstädtischen Treiben« in anderen Bädern unterscheide: »Ungezwungenheit im geselligen Verkehr, Unterhaltungen und Vergnügungen in Einfachheit und ohne Aufdringlichkeit, vor allem aber Ruhe und Erholung – das sind die Vorzüge des Borkumer Badelebens.«[87] Schon zwanzig Jahre zuvor hatte die »Monatsschrift für deutsche Beamte« die Insel einem Publikum empfohlen, »welches im Kuponabschneiden weniger Übung hat«: »Ein Publikum freilich, welches immer angeregt und gekitzelt sein will, das für seine federnden Sohlen der Kolonnaden, Reunions- und Ballsäle bedarf, soll vorläufig nicht nach Borkum gehen.«[88]

Schon diese Beispiele deuteten an, dass sich in den Marketing- und Positionierungsstrategien der Bäder Komfortnachteile ideologisch uminterpretieren ließen: Ursprünglichkeit statt »übertriebener Luxus«, »Ungezwungenheit« im sozialen Umgang statt lärmige »Aufdringlichkeit« dubioser »Kuponschneider« – eine solche Werbung griff die Ressentiments der mittelständisch-kleinbürgerlichen Kreise in besonderer Weise auf. Zwar ging der Bäder-Antisemitismus von den Gästen eines Badeortes aus, wurde aber von manchen Bade- und Kurverwaltungen für die eigenen Werbestrategien instrumentalisiert. »Kein Luxusbad, judenfrei« hieß es beispielsweise im Prospekt des Badeortes Vitte auf Hiddensee.[89]

Zwischen antisemitischen Gästen und manchen Badeverwaltungen wurde auf diese Weise eine stille Koalition des Neides geschlossen, gingen Neid auf das etablierte Bad mit Neid auf jüdische Gäste eine enge Verbindung ein.

Es verwundert deshalb nicht, dass vor allem die »zu spät gekommenen« Bäder, die in puncto Komfort und Infrastruktur mit ihren etablierten Konkurrenten nicht mithalten konnten, sich besonders antisemitisch gerierten. Demgegenüber waren die etablierten Kur- und Seebäder von antisemitischen Tendenzen weitgehend frei und wurden wegen ihrer Offenheit gegenüber jüdischen Gästen von ihren Konkurrenten auch als »Judenbäder« tituliert. So ergab sich topographisch oft ein unmittelba-

Heringsdorf

Moritz Silberstein wärs peinlich,
Wenn es hieß, er sei nicht reinlich.
Drum reist jährlich er ins Bad,
Einmal weil er's dazu hat,
Andrerseits gehörts zum Ton,
Wenn man zu der Reunion
Abends nach dem Kursaal wanzt,
Wo man so schön geigt und tanzt.
Dort ist man, was sehr viel wert,
Unter sich und ungestört.
Drum die bessren Juden alle
Trifft man da in jedem Falle.

Seht da kommt er schon gegangen.
Mammeleben spricht voll Fraid:
Heringsdorf is doch zu vornehm
Un speciell for ünsre Lait.

2. Das Ostseebad Heringsdorf auf Usedom wird mit antisemitischen Knittelversen als »Judenbad« lächerlich gemacht (aus: Richard Schmidt, O diese Juden! Humoristische Satyren aus dem Volke Israel, Berlin 1905, S. 33 f.)

res Nebeneinander von antisemitischem Latecomer und dem etablierten »Judenbad«: das antisemitische Borkum neben dem etablierten Norderney, dem alten Staatsbad der hannoverschen Könige, das antisemitische Wenningstedt neben dem mondänen Westerland auf Sylt, die antisemitischen Usedomer Badeorte Zinnowitz und Bansin neben dem etablierten Heringsdorf, das sich selbst als »vornehmstes Ostseebad« anpries. Auf diesen Zusammenhang machte auch der schon erwähnte Autor des »Israelitischen Familienblattes« aufmerksam: »Eigentümlicherweise liegen diese kleinen Antisemitennester fast immer in unmittelbarer Nähe von renommierten und natürlich auch von Juden frequentierten Plätzen. So Borkum in der Nähe von Norderney, Schwarzbach in der Nähe von Flinsberg, Tabarz und Finsterbergen in der Nähe von Friedrichsroda, auch Bansin in der Nähe von Heringsdorf. Diese kleinen Plätze aber bieten wenig an Komfort und Amusement.«[90]

Zwar konnten die »Antisemitennester« in puncto Komfort mit ihren etablierten Nachbarn nicht konkurrieren, doch konnten sie mit ihrem mittelständisch-kleinbürgerlichen Publikum auf eine Gästeklientel spekulieren, der quantitativ die touristische Zukunft gehörte. Mochte der »Herr Gerichtssekretär« als Individuum nur über bescheidene finanzielle Mittel verfügen, so war eine große Zahl von Gästen aus der mittleren Angestellten- und Beamtenschaft durchaus lukrativ. Wenn sich der Bäder-Antisemitismus mit dem ökonomischen Kalkül mancher Bäder nicht vertragen hätte, so wäre er ein Randphänomen geblieben.

»Ostjuden« in deutschen Seebädern und Kurorten

Der Bäder-Antisemitismus bediente sich über das dominierende Zerrbild des »protzig« auftretenden Juden hinaus eines ganzen Arsenals antijüdischer Klischees und Stereotype. Im letzten Jahrzehnt vor dem Ersten Weltkrieg trat in den Badeorten ein »Ostjuden«-Antisemitismus hervor, der Juden nicht primär als reiche, um gesellschaftliche Aufmerksamkeit buhlende Parvenüs kennzeichnete, sondern das genau gegenteilige Klischee bemühte, dem zufolge es sich bei den »Ostjuden« um verwahrloste Erscheinungen ohne Kultur und Manieren handelte. Symptomatisch für das Niveau der gegen »Ostjuden« gerichteten Agitation war die Forderung der »Deutsch-Sozialen Blätter«, in den Kurbädern stets eine »frische Tucheinlage« für die Wannenbäder bereitzu-

stellen, »die wenigstens den ärgsten Schmutz und das häßliche Ungeziefer der Hebräer fern hält«.[91] In einem weiteren antisemitischen Artikel wurden russisch-jüdische Kurgäste mit folgender Suada charakterisiert: »Sie essen Häringe (sic), Butter, Eier unmittelbar auf der gestickten Tischdecke, stellen den heißen Teekessel unbekümmert auf die polierten Möbel, sie spucken auf den Teppich, hinter die Vorhänge, benutzen die Gardinen als Schnupftücher, sind laut, zudringlich, anspruchsvoll bei einem aufs Minimum herabgedrückten Mietpreis.«[92]
Warum schwoll dieser »Ostjuden-Antisemitismus« in den Bädern vor allem im letzten Vorkriegsjahrzehnt an?
Jüdische Gäste aus dem österreichisch-ungarischen Galizien oder aus Russland hatten seit langem zu den Besuchern deutscher Bäder gehört und vor allem vor dem Ersten Weltkrieg zu deren internationaler Atmosphäre maßgeblich beigetragen. Dies galt nicht nur für die von osteuropäischen Gästen schnell erreichbaren Bäder in Schlesien, Pommern und Ostpreußen, sondern auch für die »klassischen« Kurbäder wie Bad Kissingen oder Wiesbaden. Selbst in einem Nordseebad wie Westerland auf Sylt stammten 1913 fast drei Viertel der ausländischen Gäste aus Österreich-Ungarn oder Russland, auch wenn natürlich nicht alle Gäste aus diesen Ländern Juden waren.[93] In manchen Bädern wie dem pommerschen Kolberg bildeten »Ostjuden« gar die Majorität der Gäste. So hieß es in einem Bericht über Kolberg aus dem Jahre 1910: »Neben der Hauptumgangssprache in Kolberg, dem Polnischen, hört man noch sehr viel Jargon (Jiddisch, der Verf.), Russisch und Deutsch. Geht man an den sich überall bildenden Gruppen vorbei, so kann man in vielen Fällen feststellen, daß sich vier Gruppen in polnischer, 2 in deutscher, 2 in russischer, 1 in hebräischer Sprache und 1 in Jargon unterhalten.«[94]
Die Kurlisten Kolbergs verzeichneten vor dem Ersten Weltkrieg u. a. Gäste aus Warschau, Krakau, Lodz, Witebsk, St. Petersburg, Kiew, Moskau, Kowno, Odessa, Rogow, Bialystok, Radom und Lemberg, und statt deutscher Märsche wurde von der Kurkapelle der »Tscherkessische Zapfenstreich« intoniert.[95]
Die meisten der jüdischen Besucher aus Osteuropa gehörten einer wohlhabenden ostjüdischen Elite an und entsprachen in keiner Weise den gängigen Klischees des »Ostjuden-Antisemitismus«, der »Ostjuden« in aller Regel mit »chassidischen Kaftanträgern« gleichsetzte und diesen ein besonderes Maß an Verwahrlosung unterstellte. Kolberg beispielsweise wurde von russischen und galizischen Juden aus »gutbür-

gerlichen Verhältnissen« aufgesucht, die nach der neuesten Mode gekleidet waren. So hieß es in dem schon erwähnten Bericht:
»Es ist ein neuer Typ von Ostjuden, den die Intellektuellen repräsentieren. Das macht sich besonders in dem äußeren Habit bemerkbar: Die Herren promenieren im schicken Strandanzug, im vorschriftsmäßigen Segel- oder Ruderdress, die Damen besitzen einen außergewöhnlich feinen Instinkt für eine individuelle Kleidung, die sich den Gesetzen der augenblicklichen Mode geschickt anpaßt und dennoch etwas Persönliches hat. Die kostbarsten Stoffe, fein und diskret abschattiert zu den brünetten Gesichtern, beweisen oft aparten Geschmack. Mit diesem feinen Geschmack ist jedoch der protzende Diamantenreichtum sehr wenig in Einklang zu bringen, der in seiner prunkvollen Aufdringlichkeit gar oft die graziöse Linie unterbricht und dem feinen Geschmack eine unfreie Note verleiht.«[96]
Geht man von dieser Schilderung einer deutsch-jüdischen Autorin aus, dann verhielten sich »Ostjuden« in den Bädern insgesamt genauso wie alle anderen Gäste und achteten nicht weniger darauf, durch ihren äußeren Habitus ihren gesellschaftlichen Status zu unterstreichen. Nach der Jahrhundertwende veränderte sich die Zusammensetzung der »ostjüdischen« Gäste jedoch insofern, als nun in den deutschen Bädern auch arme, oft orthodoxe Juden auftauchten, die vor den Pogromen in Russland geflohen waren. In manchen schlesischen Bädern machten diese ärmeren »Ostjuden« um 1906 bis zu 30 % der Kurgäste aus.[97] Einen Bad- oder Kuraufenthalt konnten sich diese Juden finanziell gar nicht leisten. Sie profitierten jedoch von dem gut ausgebauten Wohlfahrtswesen der deutsch-jüdischen Gemeinden, die ihre in Russland verfolgten, ärmeren Glaubensgenossen in Kurhospitälern oder Kurheimen für »unbemittelte Israeliten« unterbrachten.
Solche Einrichtungen standen in aller Regel nur in jenen Bädern zur Verfügung, die stark von jüdischen Gästen frequentiert waren, in denen sich im Laufe der Jahre eine »jüdische Infrastruktur« aus rituell geführten Hotels, koscheren Restaurants, Synagogen und gemeindlichen Wohlfahrtseinrichtungen herausgebildet hatte. Es waren also keineswegs die antisemitischen Orte, sondern die so genannten Judenbäder, in denen im letzten Vorkriegsjahrzehnt verstärkt ärmere »Ostjuden« auftauchten. Betrachtet man die Reaktionen der Badedirektionen auf die neue Gruppe »ostjüdischer« Gäste, dann erahnt man, wie dünn der Firnis der Liberalität selbst in den »Judenbädern« war. Wenn auch der

wohlhabende und zahlungskräftige »Ostjude« vielerorts zu den gern gesehenen Kurgästen zählte, so gefährdeten die ärmeren »Ostjuden« aus Sicht der Badedirektionen das »vornehme« Erscheinungsbild des jeweiligen Bades und drohten dessen besonderen gesellschaftlichen Rang zu unterminieren.

So rügte der Badekommissar in Bad Ems in seinem Saisonbericht 1904 manche »nicht salonmäßige Erscheinung« unter den jüdischen Gästen, denen er vorwarf, an einigen öffentlichen Plätzen einen »widerwärtigen Raum« eingenommen zu haben. Arme »Ostjuden« wurden von ihm als Seuche und Abschaum tituliert.[98]

Im Jahre 1906 gingen einzelne Bäder dazu über, ärmere »Ostjuden« mit administrativen Maßnahmen vom Besuch auszuschließen. So verbot die Kurverwaltung im schlesischen Bad Salzbrunn des Tragen des Kaftans in den Kuranstalten und Promenaden – mit der haarsträubenden Begründung, dass der Kaftan »von der hier landesüblichen Tracht« stark abweiche.[99] Ein Kaftanverbot hatte Bad Reinerz bereits um die Jahrhundertwende erlassen. Das Betreten der Kuranlagen sei – so eine amtliche Bekanntmachung – »nur in hier üblicher moderner und reinlicher Kleidung, sowie mit gepflegtem Kopf und Barthaar gestattet«.[100] In Bad Nauheim wurde gar ein »Antikaftanverein« gegründet. Das ostpreußische Cranz erließ zwar kein Kaftanverbot, hielt jedoch ärmere russische Juden von den Uferpromenaden fern: »Nur den schmutzigen russischen Juden, die in ekelerregendem Aufzuge öffentlich Ärgernis und den Widerwillen auch des anständigen jüdischen Publikums hervorrufen, ist, wie jeder andern Person in unordentlicher Kleidung oder in ärgerniserregendem Zustande, der Zutritt versagt.«[101] Im schlesischen Bad Kudowa, von den Antisemiten auch als »Bad Judowa« verhöhnt, fasste der örtliche Verband der Pensions- und Logierhausbesitzer 1914 den Beschluss, in den Hotels und Pensionen das Tragen des Kaftans nicht mehr zuzulassen. Auf Beschwerden des »Vereins zur Abwehr des Antisemitismus« erklärte der Verband, dass dieser Beschluss »lediglich der Rücksichtnahme auf die Gebote der Sauberkeit entspräche«.[102]

Selbst eine Fachzeitschrift für das Bäderwesen, die »Balneologische Zeitung«, behandelte das »Problem« der ärmeren »ostjüdischen« Gäste in einer Diktion, die deutlich machte, dass die vermeintliche Toleranz schnell an ihre Grenzen stieß, wenn es sich nicht um zahlungskräftige jüdische Kurgäste, sondern um arme »Ostjuden« handelte. In einem Ar-

3. »Ostjüdische Kurgäste« in der antisemitischen Karikatur (Postkarte)

tikel aus dem Jahre 1906, der von einem rassistisch-antisemitisch eingefärbten kulturellen Hochmut getragen war, sprach die »Balneologische Zeitung« von »den polnisch-galizischen Sitten der Unsauberkeit«. Man könne von niemandem verlangen, »dass, wenn diese polnischen Herren sich gebadet haben, andere Leute mit westlicher Kultur vertrauensvoll in dieselben Wannen steigen. [...] Wir wissen von einem schlesischen Kurdirektor, dass in einem Stübchen, das kaum für eine Person Platz bietet, vier solcher Leute gewohnt haben. Dagegen einzutreten ist einfach Pflicht!«[103]

Neben antisemitischen Vorurteilen machte der Artikel auch deutlich, dass die von jüdischen Flüchtlingen aus Osteuropa verkörperte Armut in der auf Sozialprestige bedachten Atmosphäre der Badeorte keinen Platz haben sollte. Deshalb waren die Bäder darum bemüht, den schönen Schein des Badelebens zu wahren und soziale Probleme von den Gästen aus Adel, Bürgertum und Jeunesse dorée fern zu halten.

Die gegen »Ostjuden« gerichteten Beschlüsse mancher Bäder und Artikel wie die der »Balneologischen Zeitung« lieferten dem »Ostjuden-Antisemitismus« willkommenen Agitationsstoff. Sie dürfen allerdings nicht zu der Annahme verleiten, dass sich »Ostjuden« in deutschen Bädern unter permanenter antisemitischer Bedrohung befunden hätten. Sonst wäre nicht erklärbar, warum »Ostjuden« neben den böhmischen Bädern bevorzugt deutsche Seebäder und Kurorte aufsuchten, schätzten sie doch gerade hier »die Möglichkeit des freien und ungezwungenen Sichgehenlassens«, wie es der schon erwähnte Bericht über Kolberg formulierte: »Tief in den Sand eingewühlt liegen sie hier und lesen die in Russland verbotenen Bücher, die von Freiheit, Recht und Selbsthilfe sprechen, eine Lektüre, die ihnen in Russland schwere Kerkerhaft oder gar Sibirien einbringen kann.«[104]

Selbst in die USA ausgewanderte »Ostjuden« reisten zum Sommeraufenthalt in ein deutsches Bad, nicht zuletzt, um hier Verwandte und Bekannte zu treffen.[105] Manche Bäder wie das ostfriesische Norderney behandelten ihre »ostjüdischen« Gäste selbst in politisch zugespitzten Zeiten mit Höflichkeit und Toleranz. Als kurz vor Ausbruch des Ersten Weltkrieges der »Zustand drohender Kriegsgefahr« zwischen dem Deutschen Reich und Russland verkündet wurde und die russisch-jüdischen Gäste die Insel zu verlassen hatten, nahm der Königliche Polizeikommissar selbst in dieser Situation auf die religiösen Gefühle der russischen Gäste Rücksicht: Als sich diese wegen des Sabbats weigerten, eine Fähre zu besteigen, orderte der Polizeikommissar einen Sonderdampfer, der die russischen Juden nach Sabbatende auf das Festland brachte.[106] Toleranz und Höflichkeit gegenüber »ostjüdischen« Gästen in Kolberg und auf Norderney gingen einher mit antisemitischer Diskriminierung von armen »Ostjuden« in Bad Salzbrunn und andernorts. Der Zustrom »ostjüdischer« Gäste in die deutschen Bäder und Kurorte führte zu einem international weit verzweigten jüdischen Publikum, das in den Badeorten keineswegs ein homogenes jüdisches Kollektiv bildete. Vielmehr nahmen sich die jüdischen Gäste verschiedener Herkunftsländer in ihrer kulturellen Differenz und Andersartigkeit deutlich wahr. Diese Unterschiede charakterisierte das »Israelitische Familienblatt« auf eine eher humorige Weise: »Sieht man drei deutsche Juden zusammensitzen, so ist man sicher, daß sie einen soliden Skat klopfen, bei den wagemutigeren und unternehmenderen Galizianern sind Okko, Mauscheln oder andere riskante Kartenspiele beliebt, und die russisch-jüdische Intelligenz sitzt mit nachdenklichem Blick beim Schachspiel.«[107]

Wie aber wirkte sich der »Ostjuden-Antisemitismus« auf das jüdische Publikum der verschiedenen Nationalitäten aus? Wie gingen vor allem die deutschen Juden mit diesem Phänomen um, wenn Badedirektionen in ihren Verlautbarungen »schmutzige russische Juden« von einem »anständigen jüdischen Publikum« unterschieden?

Für das Verhalten der deutsch-jüdischen Institutionen ist diese Frage eindeutig zu beantworten: In allen dokumentierten Fällen intervenierten der »Verein zur Abwehr des Antisemitismus« oder der »Centralverein deutscher Staatsbürger jüdischen Glaubens« (CV)[108] bei den Badedirektionen und prangerten deren Mitteilungen in ihren Presseorganen an. Auch subtile Formen des »Ostjuden-Antisemitismus« zogen in der Regel den sofortigen Protest des CV nach sich. Als etwa die Kurverwaltung von Bad Reichenhall auf der Rückseite eines Kurprospektes »humoristische« Verse veröffentlichte, in denen es u. a. hieß: »Gerne ist sogar gelitten/jene Abart der Semiten/die aus Lodz und anderen Orten/bis ins Tal der Saalach schnorrten«, wies der örtliche Vorsitzende des CV diese Verse umgehend als antisemitische Entgleisung zurück.[109]

Sehr viel schwieriger als die offizielle Haltung der deutsch-jüdischen Institutionen sind die Reaktionen der deutschen Juden auf das »ostjüdische« Publikum und den »Ostjuden-Antisemitismus« zu bestimmen.[110]

Die antisemitische Presse wies in höhnischem Unterton darauf hin, dass ein Teil der deutsch-jüdischen Gäste den »Ostjuden« in den Bädern mit indignierter Ablehnung begegnete. So zitierten die »Deutsch-Sozialen Blätter« einen deutschen Juden mit der angeblichen Bemerkung: »Es ist doch eine Schmach, diese stinkigen Juden überhaupt erst hereinzulassen.«[111] Ob solche Äußerungen tatsächlich gefallen oder zu antisemitischen Propagandazwecken erfunden worden waren, muss offen bleiben.

Einige Indizien deuten jedoch darauf hin, dass sich die wechselseitige Wahrnehmung von deutschen Juden und »Ostjuden« sehr viel ambivalenter gestaltete, als es die solidarische Haltung der deutsch-jüdischen Institutionen im Kampf gegen den Antisemitismus nahe legte.

So wies der jüdische Schriftsteller Aharon Appelfeld, der mit seinem Roman »Badenheim« eine der wichtigsten literarischen Bearbeitungen zum Thema »Bäder« vorgelegt hat, in einem Gespräch mit Philip Roth darauf hin, dass seine Eltern bei der Wahl ihrer »Sommerfrische« einen Ort bevorzugten, wo die Gäste »natürlich nicht jiddisch sprachen«.[112] Wer als Jude seine weitgehende Assimilation zu demonstrieren suchte und deshalb an gesellschaftlichen Kontakten zu einer nichtjüdischen Umgebung interessiert war, hielt Abstand zu einem sozialen Umfeld, das nach Kleidung und Sprache als dezidiert »jüdisch« galt und nur wenig Sozialprestige versprach. Auch ein Teil der »ostjüdischen« Gäste scheint darum bemüht gewesen zu sein, als solche nicht erkannt zu werden und »echtes Deutsch aus Kamenez« zu sprechen, wie eine der Figuren in Scholem Alejchems Roman »Marienbad« spöttisch bemerkte.[113]

Soziale Distanz und Animositäten zwischen deutschen Juden und »Ostjuden« blieben in den offiziellen Verlautbarungen der deutsch-jüdischen Presse zwar ein Tabu, kamen in manchen Quellen jedoch in versteckter Form zum Ausdruck. So führte ein jüdischer Leser der »CV-Zeitung« den Bäder-Antisemitismus u. a. auf die mangelnde Kenntnis zurück, »den gebildeten, besseren Juden von dem minderwertigen zu unterscheiden«.[114] Ein Pensionsinhaber aus Bad Reichenhall lehnte Inserate u. a. in jüdischen Zeitungen mit der Begründung ab, »dass die polnischen Juden dann ins Haus kommen, die den deutschen jüdischen Gästen alles andere wie angenehm sind«.[115] Solche Äußerungen machten deutlich, dass der »Ostjuden-Antisemitismus« untergründig ein entsolidarisierendes Potenzial entfaltete und auf Vorurtei-

len basierte, die nicht nur von Antisemiten propagiert, sondern auch von manchen deutschen Juden geteilt wurden.
Andererseits war nicht zu übersehen, dass der gegen »Ostjuden« gerichtete Antisemitismus in den Bädern nur eine Variante des allgemeinen Bäder-Antisemitismus darstellte. Dieser richtete sich nicht nur, ja nicht einmal primär gegen den vermeintlichen galizischen »Schnorrer«, der sich tendenziell in einem homogenen jüdischen Milieu bewegte, sondern vor allem gegen den Typus des assimilierten, auf gesellschaftliche Anerkennung orientierten »Parvenüs«. Auch schroffe Distanz gegenüber »Ostjuden« befreite deutsche Juden nicht von den antisemitischen Zuschreibungen ihrer Umgebung. Diese Erkenntnis konnte für das Selbstbild der deutschen Juden nicht ohne Folgen bleiben.[116]

Rezeption und Reaktion

»Von allen Ungeheuerlichkeiten, die der Antisemitismus im deutschen Vaterlande erzeugt hat [...], hat uns keine mit solcher Empörung erfüllt, als die Stempelung gewisser Bäder und Sommerfrischen zu antisemitischen«, empörte sich die »Allgemeine Zeitung des Judentums« im Jahre 1904.[117] Sie brachte damit nicht nur den geballten Unmut der deutschen Juden über den Bäder-Antisemitismus zum Ausdruck, sondern auch ihre Entschlossenheit, diesem Phänomen mit allen Mitteln entgegenzutreten und sich nicht passiv-fatalistisch zurückzuziehen.
Schon deshalb verging fast keine Bade- und Urlaubssaison, in der sich die deutsch-jüdische Presse nicht intensiv mit dem Bäder-Antisemitismus und möglichen Gegenmaßnahmen beschäftigt hätte. So forderte das »Israelitische Familienblatt« seine Leser 1901 in einem »Geleitwort in die Bäder« auf, ihr Geld »nicht einem von der modernen Zeitkrankheit affizierten oder von ihr durchseuchten Bade« zuzuwenden: »Wehrt euch! Und auch bei der Reise ins Bad sei es das Geleitwort, das wir jedem unsrer Glaubensgenossen zum treuen Gedächtnis mitgeben möchten.«[118]
Dies war jedoch leichter gesagt als getan. Noch am ehesten ließ sich die vielfach erhobene Forderung nach Aufklärung und Information erfüllen. Schon vor der Jahrhundertwende konnte sich der Leser des Familienblattes wie der Zeitung des Centralvereins über die sich antisemitisch gerierenden Badeorte und Hotels anhand der veröffentlichten Warnlis-

ten informieren, wobei insbesondere der CV seinen »Warndienst« stetig ausbaute und in der Weimarer Republik zu einem Schwerpunkt seiner Tätigkeit machte.[119]

Wer die veröffentlichten Listen aufmerksam studierte und sich in der Wahl des Erholungsortes an ihnen orientierte, konnte zwar unliebsamen antisemitischen Pöbeleien entgehen, er verzichtete jedoch implizit auf die Durchsetzung seines Freizügigkeitsrechts. Genau dies entsprach dem Ziel der Antisemiten, nämlich das Freizügigkeitsrecht »teilweise illusorisch zu machen«, wie das Familienblatt 1905 befand.[120] Die Perfidie des Bäder-Antisemitismus bestand gerade in seinem informellen Charakter, gegen den mit rechtlichen Mitteln nur schwer vorzugehen war. Wenn auch Antisemiten jüdische Gäste nicht daran hindern konnten, einen Erholungsort zu betreten, so konnten sie ihnen den Aufenthalt dennoch gründlich verleiden – durch antisemitische Schmierereien, unflätige Zurufe oder demonstrative Isolierung.

Umgekehrt verhielt sich die rechtliche Situation im Falle der Hotels und Pensionen, denen die Abweisung jüdischer Gäste nicht verboten werden konnte. Juden konnten – wie alle anderen deutschen Staatsbürger – ihre Aufnahme in ein Hotel nicht erzwingen, weil dies dem Recht des Hotelbesitzers widersprochen hätte, sich seine Gäste auszusuchen. Der Widerstand gegen den Bäder-Antisemitismus bewegte sich daher auf einem schwierigen juristischen Terrain. Zwar hätte das polizeiliche Ordnungsrecht genügend Handhabe geboten, gegen die sichtbaren Auswüchse der Judenfeindschaft als Störung der öffentlichen Ordnung vorzugehen, doch widersprach ein solches Vorgehen dem Selbstverständnis des wilhelminischen Obrigkeitsstaates, der eher die staatliche Autorität gegenüber der Gesellschaft hochhielt, als sich in innergesellschaftlichen Konflikten aufseiten öffentlich diskriminierter Minderheiten zu engagieren.

Nur in besonders gelagerten Einzelfällen gelang es, gegen antisemitische Hotelbesitzer im Wege des Rechtsstreits vorzugehen, sofern staatliche und städtische Institutionen bereit waren, nach Beschwerden jüdischer Bürger und Organisationen gegen Antisemiten aktiv zu werden. So hatte der Inhaber des »Kölner Hofs« in Frankfurt am Main, Hermann Laaß, auf dem Bürgersteig vor seinem Hotel Plakate mit der Aufschrift »Juden ist der Aufenthalt hier nicht gestattet« aufgestellt. Nach entsprechenden Beschwerden jüdischer Geschäftsreisender entzog ihm der Frankfurter Magistrat die Konzession für die Nutzung des Bürger-

steigs, weil die »im städtischen Eigenthum stehende Trottoirfläche durch Sie zu Ärgerniß erregenden antisemitischen Demonstrationen Verwendung findet«.[121] Das Badische Ministerium des Innern prozessierte jahrelang gegen den Inhaber der Bahnhofsgaststätte in Oberlauchringen, weil dieser seine Gaststätte auf dem Bahnhofsgelände als »Judenreines Haus« anpries. Die Entfernung dieses Schildes – so das Ministerium – sei wegen des beleidigenden Inhalts »im öffentlichen Interesse« geboten. Daraufhin änderte der Wirt das Schild in »Judenfreies Haus«, um es nach einem verlorenen Prozess in »Jüdischer Zutritt höflichst verbeten« erneut abzuändern.[122] Einen ähnlich hartnäckigen Widerstand leistete ein Wirt im böhmischen Karlsbad in Österreich-Ungarn. Er kennzeichnete sein Lokal mit dem Schild »Juden haben keinen Zutritt« und versah einen Teil seiner Trinkgläser mit der Aufschrift »Nur für Juden« (»Judengläser für ganz Aufdringliche«). Der Karlsbader Bezirkshauptmann zwang den Wirt zur Entfernung von Tafel und Gläsern und berief sich dabei auf die Konzessionsbestimmungen, nach denen der Wirt gehalten sei, Speisen und Getränke unterschiedslos an alle Gäste auszugeben. Das Vorgehen des Wirtes entspreche nicht dem »im Gesetz vorgesehenen Erfordernis der Verläßlichkeit«. Daraufhin brachte der Wirt ein neues Schild an seinem Lokal an: »Nur infolge behördlichen Zwanges werden hier Juden geduldet.«[123]
Die hier geschilderten Fälle gehören zu den wenigen, in denen staatliche und städtische Institutionen überhaupt gegen antisemitische Hotelbesitzer und Gastwirte vorgingen, und sie zeugen sowohl von der hartnäckigen Obstruktion der Antisemiten wie von der begrenzten Reichweite der öffentlichen Intervention. So war es im Falle des »Kölner Hofs« ja keineswegs gelungen, die antisemitische Agitation des Hotelbesitzers einzudämmen, sondern lediglich deren Ausdehnung auf den Bürgersteig zu verhindern.
Als ähnlich schwierig erwiesen sich die Versuche des CV, gegen die Beförderung antisemitischer Schmähpostkarten vorzugehen. Mit dem Aufschwung der Bildpostkarte seit der Jahrhundertwende nahm auch die Zahl antisemitischer Motive stetig zu: Da wurde nicht nur das »Borkumlied« auf Postkarten gedruckt, sondern auch jüdische Urlaubsgäste mit antisemitischen Karikaturen verhöhnt.[124] Allen diesen Karikaturen war gemeinsam, dass sie Juden als lächerliche, außerhalb der »guten Gesellschaft« agierende Wesen zeichneten und ihre »Andersartigkeit« durch groteske Physiognomien hervorzuheben suchten: Jüdische

Frauen wurden als feiste Matronen, jüdische Männer als kleine, schmächtige und ängstliche Wesen, »Ostjuden« als ungepflegte, zerlumpte Gestalten dargestellt. Promenierende jüdische Paare wurden als juwelenbehangene Parvenüs lächerlich gemacht.
Gegen die Beförderung solcher Postkarten legte der CV bei den jeweiligen Oberpostdirektionen Beschwerde ein, da § 14 der Postordnung vom 11. Juni 1892 alle Karten von der Beförderung ausschloss, »aus deren Inhalt die Absicht der Beleidigung oder einer sonst strafbaren Handlung sich ergibt«.[125] Die Oberpostdirektionen gaben – schon aufgrund der rechtlichen Situation – solchen Beschwerden statt und wiesen die Postbeamten an, Karten mit antisemitischen Karikaturen nicht zu befördern, sofern sie diese bemerkten – eine Praxis, die der Staatssekretär im Reichspostamt, Victor von Podbielski, im Reichstag ausdrücklich guthieß. Gleichzeitig hatten jedoch die Postbeamten Anweisung, sich um den Inhalt von Postkarten nicht zu kümmern. Bei mehr als drei Millionen täglich versandter Karten war daher ein effizientes Aussieben antisemitischer Postkarten von vornherein unmöglich. Wenn auch die rechtliche Situation das Einschreiten der Postbehörden begünstigte, so waren derartige Interventionen im Arbeitsalltag der Beamten wohl die Ausnahme.[126]
Während der Bäder-Antisemitismus die jüdischen Organisationen aus begreiflichen Gründen intensiv beschäftigte, nahm die nichtjüdische Öffentlichkeit im Kaiserreich von diesem Problem kaum Notiz. Obwohl die jüdische Presse alle Proteste von Nichtjuden aufmerksam registrierte, waren diese quantitativ an den Fingern einer Hand abzuzählen: So beschwerte sich ein Oberlehrer bei der Kurkommission des Badeortes Braunlage im Oberharz, weil diese in ihrem Prospekt »Israeliten« als »nicht gern gesehen« bezeichnet hatte.[127] Ein Arzt wandte sich in der »Zeitschrift für Balneologie« gegen die Versuche, »Politik, Klassenhaß und Rassenhaß in unsere Bäder hineinzutragen«, weil diese den Heilerfolg des Kuraufenthaltes massiv beeinträchtigten: »Wir Ärzte, die wir allezeit unentwegt der Fahne der Humanität folgen, empfinden es als einen Schlag ins Gesicht, solche Engherzigkeit zu sehen, wie sie sich z. B. ›aus der Verfolgung deutsch-nationaler Prinzipien‹ im Ostseebad Heiligenhafen ausspricht; besonders, wenn Kur- und Badeverwaltungen – sonst doch unsere Bundesgenossen – die ärztliche Ethik mißachten und noch den traurigen Mut besitzen, uns Ärzte als Helfershelfer und Spitzel für ihre Zwecke aufzurufen.«[128] So bemerkenswert

solche öffentlich vorgebrachten Proteste auch waren, so blieben sie doch Ausnahmen, die über die indifferente Haltung der Öffentlichkeit nicht hinwegtäuschen konnten.
Vor allem das Schweigen in Politik und Parlamenten war für diese Indifferenz charakteristisch. Nur ein einziges Mal durchbrach ein Politiker diese bemerkenswerte Gleichgültigkeit. Es war der Hildesheimer Oberbürgermeister Dr. Gustav Struckmann, der ausgerechnet im konservativen Preußischen Herrenhaus am 31. März 1908 das Wort ergriff, um die Zustände auf Borkum öffentlich anzuprangern. Er trug den versammelten »Herren« den Text des Borkum-Liedes vor, bezeichnete die antisemitischen Pöbeleien als »groben Unfug«, der »Sitte« und »Anstand« widerspreche, und forderte den Preußischen Innenminister zum Einschreiten auf.[129] Ob Struckmann bei seinen Kollegen im Herrenhaus auf positive Resonanz stieß, muss stark bezweifelt werden, verzeichnete das Protokoll doch »Heiterkeit« und »Rufe: Schluß!«. Immerhin stufte der Preußische Innenminister Friedrich von Moltke das Absingen des Liedes als »grobe Beleidigung«und »grobe Ungehörigkeit« ein. Er versprach, die Justizbehörden »zu veranlassen, daß mit allen Mitteln, die möglich sind, dagegen eingeschritten wird«, wies jedoch gleichzeitig darauf hin, dass gegen das bloße Absingen strafrechtlich nicht vorgegangen werden könne.[130] Deshalb verwundert es nicht, dass es der Innenminister mit einer Anfrage an den Regierungspräsidenten in Aurich bewenden ließ, der seinerseits achselzuckend auf die schwierige Rechtslage verwies, sodass die Initiative Struckmanns zwar den Preußischen Innenminister zu einer bemerkenswerten öffentlichen Stellungnahme animierte, im Ergebnis aber faktisch versandete.
Der virulente Bäder-Antisemitismus und die Schwierigkeiten einer effektiven Gegenwehr wirkten sich bereits im Kaiserreich auf das Alltagsverhalten jüdischer Bade- und Erholungsgäste massiv aus. Entgegen der antisemitischen Propaganda, die Juden eine besonders auffällig-protzige Selbstdarstellung unterstellte, zogen sich nicht wenige jüdische Gäste tendenziell zurück und übten im gesellschaftlichen Verkehr eine defensive Zurückhaltung. »Man ist«, so beklagte das »Israelitische Familienblatt« 1909 in einer Betrachtung über Ferienbeziehungen, »oft zur Gezwungenheit verdammt, Angst vor der Gesinnung der Umgebung führt zur Einschüchterung, zum Verbergen der eigenen Natur«.[131] Die Beziehungen zwischen Juden und Nichtjuden am Badeort waren daher vielfach von Unsicherheit und Misstrauen gekenn-

zeichnet. Wenige Jahre zuvor hatte das Familienblatt den »Bade-Brief eines Christen« veröffentlicht, der jüdischen Gästen in leicht aufgesetzter Jovialität empfahl, sie sollten »mehr Selbstbewußtsein hervorkehren«, »ihre übertriebene Nervosität ablegen« und sich nicht »zu hyper-empfindlich« zeigen: »Aus dieser wohl erklärlichen aber nicht zu billigenden Zurückhaltung der Juden bilden sich dann sehr oft jene freiwilligen Bade-Ghettos, wie wir sie in gewissen Nord- und Ostseebädern leider nur zu häufig bemerken.«[132] Dass die von ihm erwähnten »Bade-Ghettos« eine unmittelbare Folge des Bäder-Antisemitismus waren, deutete der Autor zwar an, interpretierte die beklagte »Zurückhaltung« aber vor allem als Charakterzug der Juden, den sich diese »abgewöhnen« sollten.

Die Antisemiten hingegen warfen Juden ein genau gegenteiliges Verhalten vor, sich nämlich allzu »selbstbewußt«, »anmaßend« und »unverschämt« aufzuführen. »Man warf den Juden vor«, so erinnerte sich die Tochter eines Oldenburger Getreidehändlers, deren Mutter begeisterte Sängerin des Borkum-Liedes war, »daß sie fleidig seien – darunter verstanden wir eine schmierige, unaufrichtige Höflichkeit – dazu laut und vor allem protzig.«[133] Schon in dieser Aufzählung fällt auf, dass Juden vollständig gegensätzliche Verhaltensweisen zugeschrieben wurden – denn lautes Protzentum geht wohl nur selten mit Höflichkeit einher. In antisemitischer Perspektive konnten sich Juden folglich niemals angemessen verhalten: Selbstbewusstes Auftreten wurde als laut und protzig, höfliche Bescheidenheit als »süßlich-zuvorkommendes« bzw. »schmierig-unaufrichtiges« Verhalten denunziert – und von nichtantisemitischen, wohlmeinenden Beobachtern obendrein als unangebrachte Zurückhaltung beklagt. Diese widersprüchlichen Verhaltenserwartungen, die vom Kern des Problems – nämlich dem Verhalten der nichtjüdischen Umgebung – weitgehend abstrahierten, trugen sicherlich nicht zu einer entsprechenden Verhaltenssicherheit aufseiten der jüdischen Gäste bei.

Die tendenzielle Verunsicherung der jüdischen Gäste und ihre Folgen standen im Mittelpunkt der alljährlich im »Israelitischen Familienblatt« veröffentlichten »Bade-Plaudereien«, meist unterhaltsame Kurzgeschichten, die in unterschiedlichen Variationen letztlich um dasselbe Thema kreisten und dieses mit einer eingängigen pädagogischen Grundbotschaft versahen: Kritisiert wurde die vermeintliche Neigung jüdischer Badegäste, ihre Herkunft zu verleugnen, sich den Erwartungen ihrer Umgebung anzupassen, sich gar mit antijüdischen Bemerkungen anzubiedern und dadurch eine besonders abstoßende Form des »Assimilantentums« demonstrieren zu wollen. So ließ der Verfasser der Kurzgeschichte »Am Strande« eine Dame – die sich am Ende der Geschichte als Jüdin entpuppt – fast paradigmatisch ausrufen: »Giebt es nicht genug Auswüchse bei den Juden, die einem den Verkehr verleiden? Dieses Haschen nach der Gunst der ›Andern‹, die Verleugnung bei Vielen jedes Stolzes in dieser Beziehung, die Feigheit, ja Feigheit, die darin liegt, sich zu freuen, wenn sie äußerlich ihre Rasse verleugnen ...«[134]

Derselben Pointe bedienten sich auch die Schriftsteller Julius Stettenheim und Victor Frank, um den »Verstellungsdruck« zu karikieren, der vom Bäder-Antisemitismus auf das Verhalten der jüdischen Gäste ausging. So legte Stettenheim in seiner »wahren Geschichte aus der Sommerfrische« einer blonden Dame, die jüdische Familien als »odios« bezeichnet, folgenden antisemitischen Redeschwall in den Mund: »Sie müssen die Damen sehen! Juwelierläden, Schaufenster, sage ich Ihnen, und täglich zweimal andere Dekorationen, selbst für den Ball zu auffallend. Und die Männer nach dem Frühstück mit ihrem ewigen Tarock, während die Kinder in ihren Matrosenanzügen zwischen den Tischen herumtrompeten. Wenn sie fallen, so schreien die Männer, weil sie wahrscheinlich glauben, es sind die Kurse. Fürchterlich! Sie mögen meinetwegen ganz brave Leute sein, aber ich kann sie nicht ausstehen. Genug, daß man ihnen in Berlin nicht ausweichen kann, aber da sollen sie bleiben und einen nicht in die Bäder verfolgen!« Dieselbe Dame weist am Ende der Geschichte einen Braten mit der Bemerkung zurück: »Meine Eltern waren sehr orthodox, und ich bin sehr streng erzogen, ich esse nur koscher.«[135]

Während Stettenheim seine Kurzgeschichte mit diesem Überraschungseffekt ausklingen lässt, liefert Victor Frank in »Meine antisemitische Freundin« noch eine Charakterisierung einer »falschgebildeten jüdischen Dame«, die sich über den »Spektakel« und die »schreienden Toiletten« der »Hebräer« erregt: »Sie ist lebhaft, espritvoll und weiß nichts von jüdischen Werthen; sie ist antisemitisch angehaucht, aber dennoch von warmem Empfinden und angeborener Menschenfreundlichkeit: die falschgebildete jüdische Dame, die beim Worte Judenthum an nichts Ernsteres denkt, als an lebhafte Gesten und polnische Physiognomien. Eine Palme des Südens, aufgewachsen auf hartem Parkettboden. Arme Tochter von uraltem Fürstenstamme! Die Dichter und Denker im Purpurmantel würden dich nicht wiedererkennen; der Weisheitskönig würde lächelnd trauern über dich und mit deinen Erziehern würde er rechten!«[136]

Als letztes Beispiel dieser pädagogisch-humoristischen Kurzgeschichten sei ein »Norderneyer Brief« angeführt, der das Verhalten von Juden persifliert, die sich in nichtjüdischen Lokalen mucksmäuschenstill verhalten, sich in koscheren Restaurants aber über jede Kleinigkeit lautstark beschweren und dabei einen kleinlichen Geiz an den Tag legen, dem Kellner beispielsweise eine halbe Flasche Selter zur Aufbewahrung für den nächsten Tag übergeben. Über einen notorischen Querulanten hieß es: »›Sobald komme ich nicht wieder‹ sagte laut ein Herr. ›Man muß ja nicht koscher essen, es gibt ja noch genug Restaurants hier. Ein Fraß und eine Bedienung, jämmerlich.‹ ›Sehen Sie, sagte mein Begleiter, das ist der richtige Restaurantprotz. Er saß schon oft am Nebentisch im Englischen Hof. Dort ist er so ruhig und still, daß man meint, er sei froh und dankbar, daß er dort essen darf.‹«[137] Die ausufernde Kritikbereitschaft der jüdischen Gäste im koscheren Restaurant wurde hier als Ventil für den selbstauferlegten Bescheidenheitszwang im nichtjüdischen Restaurant gedeutet.

Die heimliche pädagogische Botschaft dieser Kurzgeschichten ist nicht schwer zu entschlüsseln: Nicht mit den Wölfen zu heulen, sich nicht zu verstellen und vor allem in der Öffentlichkeit mit Stolz zu seinem Judentum zu stehen. Gleichzeitig wurde eine Anpassungsbereitschaft kritisiert, die in den genannten Beispielen auf eine öffentliche Selbstverleugnung hinauslief. Insgesamt spiegelten die Botschaften der Kurzgeschichten dissimilatorische Tendenzen wider und propagierten ein »Trutzjudentum«, das sich als Reaktion auf den gesellschaftlichen Antisemitismus seit dem Kaiserreich ausbreitete und eine – wie auch immer definierte – »jüdische« Identität stabilisierte. Und deshalb wundert es nicht, dass das »Israelitische Familienblatt« seinen Lesern in den Ferien riet, »möglichst im eigenen Milieu zu bleiben und da alles Schöne und Gute zu pflegen. Wir sollten uns keine Mühe geben, in solche Kreise einzudringen, die uns nicht haben wollen. Wir erkaufen uns den Eintritt meistens nur durch Verzicht auf unsere Individualität und müssen doch jeden Augenblick fürchten, daß wir nur geduldet, aber nicht geliebt werden.«[138]

2. Kapitel
Die Radikalisierung des Bäder-Antisemitismus in den zwanziger Jahren

Fremdenverkehr zwischen Krieg und Krise

»Die antisemitischen Wühler werden sich aber verrechnet haben, Deutschland ist, durch den Weltkrieg aufgerüttelt, durch Not und Gefahr geeint und veredelt, auf dem Wege, nicht nur seine barbarischen Gegner, sondern auch die antisemitische Seuche zu überwinden. Das deutsche Schwert, das unser Kaiser nur widerwillig aus der Scheide zog, wird erst dann wieder in die Scheide fahren, wenn der Friede nach außen und nach innen vollständig gesichert ist. Dann erst wird neues Leben aus den Ruinen blühen, und die allgemeine Menschenliebe Deutschland zum ersten Kulturvolk der Welt machen.«[139]

Die vorstehende optimistische Prognose des »Centralvereins deutscher Staatsbürger jüdischen Glaubens« aus dem Jahre 1914 entpuppte sich bereits während des Krieges als Trugbild. Auch die äußere Fassade des innenpolitischen »Burgfriedens« konnte nicht darüber hinwegtäuschen, dass der Antisemitismus nach 1914 nicht etwa zurückging, sondern sich im Gegenteil schleichend radikalisierte. Vor allem die 1916 im deutschen Heer durchgeführte »Judenzählung« gab bereits während des Krieges die Richtung vor, in die sich der Antisemitismus nach 1918 entwickelte. Im Hinblick auf den Bäder-Antisemitismus meldete die deutsch-jüdische Presse keine Veränderungen: Die bekannten antisemitischen Badeorte gaben selbst während des Krieges ihre Orientierung nicht auf, und der jüdische Kurgast musste sich auch nach 1914 an den weiterhin veröffentlichten »Warnlisten« orientieren, die 1915 insgesamt 20 antisemitische Erholungsorte und 90 Hotels antisemitischen oder »christlichen Charakters« verzeichneten.[140]
Der mit der Revolution von 1918/19 eingeleitete demokratische und soziale Reformprozess, der nicht zuletzt zur vollständigen Gleichberech-

tigung der jüdischen Minderheit in Deutschland führte, wurde anfänglich mit ähnlich optimistischen Hoffnungen begleitet wie der Kriegsausbruch 1914. Auch auf die Entwicklung des Tourismus wirkte sich die politische, gesellschaftliche und kulturelle Modernisierung der zwanziger Jahre aus. Zwar stellte die Erholungsreise in jenen Jahren noch keine allgemeine soziale Realität dar, wurde aber dennoch zu einem Leitbild, das sich über die besitzenden Schichten hinaus verbreitete.[141]

Die mehrwöchige, oft mehrmonatige Reise ins Bad, die in der Regel in ein festes System gesellschaftlicher Konventionen, von Selbstdarstellung und Repräsentation eingebunden war, verlor schleichend an Bedeutung. Neue und einfachere Formen des Reisens – nicht zuletzt inspiriert von der Jugendbewegung – breiteten sich aus. Dies war unter anderem an der steigenden Bedeutung von Jugendherbergen, von Kinder-, Wander-, Ferien- und Erholungsheimen abzulesen, die von verschiedensten Organisationen, nicht zuletzt von Städten und Gemeinden, betrieben wurden. So stieg dic Zahl der Übernachtungen in Jugendherbergen von 60 000 im Jahre 1919 auf 4,3 Millionen im Jahre 1932.[142]

Angebote zu Kurzurlauben und Wochenendaufenthalten nahmen an Bedeutung zu – auch aufgrund verbesserter Verkehrsverbindungen zu den Erholungsorten – und wurden erstmals sogar von einer kleinen Minderheit von Arbeiterhaushalten wahrgenommen. 1928 enthielten 95 %, 1929 sogar 98 % der Tarifverträge von ArbeiterInnen Urlaubsklauseln, auch wenn diese selten mehr als eine Urlaubswoche vorsahen. Vor dem Ersten Weltkrieg hatten lediglich 10 % der ArbeiterInnen einen solchen tarifvertraglichen Anspruch besessen.[143]

Von den neuen touristischen Trends profitierten vor allem kleinere Erholungsorte mit einfachen Unterkünften, während die Besucherzahlen in den klassischen Badeorten stagnierte oder sogar rückläufig war. So konnte das bekannte Nordseebad Norderney in der ersten Hälfte der zwanziger Jahre nur mit Mühe die Zahl der Kurgäste aus der Zeit vor 1914 wieder erreichen. Im Jahre 1926 verzeichnete die Badedirektion sogar ein Drittel weniger Kurgäste als 1913 (14 179 statt 21 286), während gleichzeitig doppelt so viele Kurzbesucher – die »Passanten« – die Insel besuchten (16 723 statt 7313).[144] In der Weltwirtschaftskrise seit 1929/30 gingen dann die Gästezahlen weiter zurück. 1932 erzielten die Beherbergungsbetriebe Norderneys nur noch 40 % der Einnahmen des Jahres 1928. »Irgendwelche Reserven sind nicht mehr vorhanden«, hieß es Ende 1932 lakonisch in einer Denkschrift der »Notgemeinschaft deutscher Nordseeinseln«.[145]

Wenngleich nicht alle Erholungsorte in der Weimarer Republik mit den Problemen Norderneys zu kämpfen hatten, so war doch nicht zu übersehen, dass sich die touristische Entwicklung insgesamt in einer ökonomischen Dauerkrise vollzog. Modernisierung und Krise gingen Hand in Hand, und auch in touristischer Hinsicht können die Jahre der Weimarer Republik als »Krisenjahre der klassischen Moderne« charakterisiert werden.[146]

So wurde das Reallohnniveau des Vorkriegsjahres 1913 erst 1928 wieder erreicht. Die Hyperinflation 1923 entwertete zahllose Ersparnisse und Vermögen. »Überall wurde gespart, billigste Preise wurden von den Kurgästen noch als zu teuer empfunden. Am besuchtesten waren die Pensionen, die die niedrigsten Preise aufriefen«, brachte der Gemeindevorstand Norderneys das touristische Verhalten 1926 auf den Punkt.[147] Im Reichsdurchschnitt gaben die Reisenden Mitte der zwanziger Jahre gegenüber der Vorkriegszeit pro Reisetag nur noch die Hälfte aus.[148] Die Reiseintensität nahm demgegenüber zwar leicht zu, war aber von einem Durchbruch zum Massentourismus immer noch weit entfernt: Während im Jahre 1913 rund 11 % der Deutschen eine jährliche Urlaubsreise unternahmen, war diese Zahl 1929 auf 15 % gestiegen.[149] Zwischen den wachsenden touristischen Bedürfnissen der breiten Bevölkerung und den tatsächlichen Chancen ihrer Realisierung klaffte in der Weimarer Republik eine riesige Lücke.

Die zaghaften Ansätze der touristischen Modernisierung reichten insgesamt nicht aus, um das Phänomen des Bäder-Antisemitismus, der sich ja nicht zuletzt am Wechselspiel von soziokultureller Repräsentation und Segregation entzündet hatte, nachhaltig einzudämmen. Phasenweise hatten die jüdischen Institutionen gehofft, dass wenigstens die wirtschaftliche Krise der antisemitischen Ausgrenzungswut einen Riegel vorschieben könnte. Schließlich entsprang der Bäder-Antisemitismus auch einem wirtschaftlichen Kalkül von Hotelbesitzern und Badeverwaltungen, und wer wollte – so hofften manche – angesichts schwieriger wirtschaftlicher Umstände schon freiwillig auf die zahlungskräftige Klientel jüdischer Gäste verzichten? So witzelte der jüdische Autor und Schauspieler Karl Schnog 1926 in der »Weltbühne«:

Der Lenz brach an, der Bergschnee schmilzt,
und Not lehrt jüdisch beten.
Wenn du jetzt an die Nordsee willst:
Man bittet, einzutreten!

Dort herrscht ein völlig neuer Geist,
man ward viel toleranter.
Man grüßt, auch wenn du Levy heißt,
als wärst du ein Bekannter.

Man fragt nicht, wer dein Vater war,
ob hohle Füß', ob platte.
Denn diesmal sind die Gäste rar.
Man packt dich fast in Watte.

Ist deine Hose ausgefranst,
hast du 'nen Rock aus Kork um –
die Hauptsach: dass du zahlen kannst:
Thalatta! Auf nach Borkum![150]

Wie noch zu zeigen sein wird, erwogen zwar einzelne antisemitische Orte eine Veränderung oder wenigstens Milderung ihrer Ausgrenzungspraxis. Insgesamt führte die wirtschaftliche Krise jedoch nicht zu einem Rückgang des Bäder-Antisemitismus, sondern verstärkte ihn. Während vor dem Ersten Weltkrieg das antisemitische Klischee des um den Eintritt in die »gute Gesellschaft« bemühten jüdischen »Parvenüs« im Mittelpunkt des Bäder-Antisemitismus gestanden hatte, war es nach 1918/19 das antisemitische Stereotyp des jüdischen »Kriegsgewinnlers«, »Schiebers« und »Spekulanten«, auf das Teile der wirtschaftlich bedrängten Mittel- und Oberschichten ihre Aversionen projizierten.
Die inflationär zunehmenden »Mahnworte« in der deutsch-jüdischen Presse, die vor »Prunk«, »Putzsucht und Schlemmerei« eindringlich warnten, spiegelten indirekt die Intensität dieser antijüdischen Agitation wider.[151] Eindringlich wurden die möglichen Folgen individuellen Fehlverhaltens für die jüdische Gesamtheit ausgemalt: »Wenn Frau Müller sich auffällig kleidet oder sich mit Schmuck beladet, wenn Herr Raffke die ganze Kurterrasse an seiner Unterhaltung teilnehmen läßt oder wenn er glaubt, der Öffentlichkeit zeigen zu müssen, daß er sich Sekt leisten kann, wenn Herr oder Frau Neureich vergessen, daß auch der Pensionsinhaber leben will und wenn sie ihm gegenüber den Stand-

punkt vertreten: ›Um das zu haben, sind wir ins Bad gegangen!‹, so wird die Allgemeinheit mit einem vielsagenden Achselzucken solche ›Emporkömmlinge und Schieber‹ abtun. Niemandem wird es einfallen, für solches Verhalten die Religionsgemeinschaft haftbar zu machen. Wenn aber Herr Cohn oder Frau Israel in einen dieser Fehler verfallen, so helfen sie den Antisemitismus fördern; denn ihr Tun wird nicht nur ihnen persönlich zur Last gelegt, sondern dem Judentum.«[152]

Das antisemitische Stereotyp des jüdischen »Schiebers« oder »Inflationsgewinnlers«, das in der antisemitischen Presse verbreitet wurde, war im Kern nicht neu, sondern gemäß den Zeitumständen lediglich modifiziert worden. Es entsprang einer Grundhaltung des Neides und des Ressentiments, wie sie für Teile des bürgerlichen Mittelstandes, aber auch der traditionellen Eliten schon während des Kaiserreiches konstitutiv gewesen war. Antijüdische Stereotype lieferten in der Weimarer Zeit eingängige Erklärungsmuster für die wirtschaftlichen Krisen und die sozialen Auf- und Abstiegsprozesse. Dagegen vermochten auch beschwörende Aufrufe zu mehr »Bescheidenheit« in den Bädern wie im öffentlichen Leben nichts auszurichten. Tief verinnerlichte antisemitische Einstellungen ließen sich durch individuelles Verhalten nicht widerlegen.

Es war jedoch nicht allein die Langlebigkeit antijüdischer Einstellungen, die den Bäder-Antisemitismus in der Weimarer Republik entfachte und radikalisierte, sondern die nationalistischen Aufwallungen der Nachkriegszeit, die Hasspropaganda gegen den vermeintlichen »Schandfrieden« und die für ihn verantwortlich gemachten »Novemberverbrecher«. Mit dem »Deutsch-Völkischen Schutz- und Trutzbund« betrat eine Bewegung die politische Bühne, deren rabiater Antisemitismus erstmals größere Massen der Bevölkerung mobilisierte.[153] Der Bäder-Antisemitismus als Ausdruck judenfeindlicher Einstellungen in der deutschen Gesellschaft hatte zwar nie unabhängig vom politischen Antisemitismus existiert, doch gingen nun gesellschaftlicher und politischer Antisemitismus eine engere Verbindung ein. Einzelne Kur- und Badeorte entwickelten sich nach 1918 zu Zentren der antisemitischen Agitation, und der politische Antisemitismus mit seiner charakteristischen Symbolik drückte nun auch dem Badeleben seinen Stempel auf: Antijüdische Kundgebungen und Aufmärsche, gewalttätige Übergriffe auf jüdische Gäste, Hakenkreuze auf Sandburgen, schwarz-weiß-rote Schleifen an der Kleidung der Kurgäste, Werbeanzeigen der Hotel- und

Pensionsinhaber, die mit Hakenkreuzen versehen waren, Kurverwaltungen, die ihre Prospekte »mit deutschem Gruß« versandten – dies alles hatte es im Kaiserreich – wenn überhaupt – nur an einzelnen Orten wie Borkum gegeben. Vor 1914 hatten nur wenige Gäste ihre politische Gesinnung mit Flaggen an Strandkörben oder politischen Abzeichen in aller Öffentlichkeit dokumentiert, ja den öffentlichen Raum symbolisch besetzt.

In der Weimarer Republik hingegen spiegelte dieses Massenphänomen einen schleichenden Formwandel der bürgerlichen Öffentlichkeit wider. Die individuelle Inszenierung verlor gegenüber Bekundungen politischer Gemeinschaftlichkeit an Bedeutung. »Die Uniformierung und Politisierung des öffentlichen und gesellschaftlichen Lebens« habe – so der »Centralverein deutscher Staatsbürger jüdischen Glaubens« – einen »verhängnisvollen Umfang angenommen«, der in das tägliche Leben des Einzelnen tief einschneide und sich »naturgemäß auch im Bade« auswirke.[154] Überschriften im »Israelitischen Familienblatt« wie »Der antisemitische Bäderfeldzug« oder »Das Hakenkreuz in der Sommerfrische« dokumentierten diesen Formwandel der bürgerlichen Öffentlichkeit im Allgemeinen und des Bäder-Antisemitismus im Besonderen.[155] Ein Stimmungsbericht von der Nordseeinsel Juist vom Sommer 1920 machte die Radikalisierung des Bäder-Antisemitismus und die hohe Bedeutung politischer Symbolik in der Weimarer Zeit besonders deutlich:

»Flaggen flattern am Strande, schwarz-weiß-rot und schwarz-weiß und dazwischen zwei Schweizer Fahnen mit dem Wimpel in französischen Farben. Am Tag, da Joachim von Hohenzollern sich erschoß, senkten sich einige auf Halbmast. Burgen stehen da, viele hundert, und auf dem Burggraben wird das Hakenkreuz eingemauert und weht hoch in der Luft auf den Fahnen. Sechs Juden hat ein junger Mann aus Berlin gezählt. Daraufhin entwarf er ein antisemitisches Gedicht und ließ es am schwarzen Brett des Kurhauses anschlagen. Dann berief er eine Versammlung, die Stellung nahm zur Judenfrage auf Juist. Heute abend findet bei Ankunft des Dampfers eine Demonstration am Bahnhof statt. Plakate mit dem Hakenkreuz fordern zur Beteiligung auf. Man wird zuerst das Lied ›Deutschland, Deutschland über alles‹ singen und dann das Judenlied. Man weiß ja, daß man keine Gegenwehr finden kann, und so ist man tapfer.«[156]

An diesem Bericht fällt nicht nur die spezifische Formensprache des

Bäder-Antisemitismus der Weimarer Republik auf – Flaggen, eingemauerte Hakenkreuze, antisemitische Gedichte, Lieder und Plakate, öffentliche Demonstrationen und gemeinschaftlicher Gesang. Vor allem die symbolische Präsenz des Hakenkreuzes auf einer norddeutschen Insel sticht ins Auge, und dies zu einem Zeitpunkt, als die NSDAP noch eine unbedeutende Münchner Lokalpartei war.

Von anderen Inseln und Seebädern wie Wangerooge, Kolberg, Cranz und Swinemünde liegen ähnliche Berichte vor.[157] Eine dumpfe Atmosphäre des Antisemitismus und Nationalismus breitete sich in manchen Bädern aus. Hatten noch vor dem Ersten Weltkrieg viele Bäder die internationale Zusammensetzung ihres Publikums mit Stolz vermerkt, so spiegelte sich nun in manchen Badeführern ein bornierter Nationalismus wider. Dabei gab wieder einmal Borkum den Ton an, das sich gegen den Besuch »feindlicher Ausländer und undeutscher Inländer« verwahrte.[158] Auch der Bürgermeister und Badedirektor der Insel Juist suchte sich mit nationalistischem Stumpfsinn zu profilieren. Die Anfrage einer britischen Firma nach einem Badeführer in englischer Sprache bezeichnete er in seiner Antwort, die er anschließend in der Presse verbreitete, als »grenzenlose Anmaßung« und fügte energisch hinzu: »In das deutsche Bad Juist reisen nur Deutsche, die während ihrer Erholungszeit mit Angehörigen feindlich gesinnter Mächte nicht zusammentreffen wollen.«[159]

Fassungslos listete das »Israelitische Familienblatt« im Sommer 1920 eine ganze Reihe nationalistischer und antisemitischer Radauexzesse auf, die es als »problematische Neuerscheinung im Badeleben« einstufte.[160] So zog in Swinemünde eine große Menschenmenge vor die örtlichen Vergnügungslokale, um dort »vaterländische Lieder« mit dem Refrain »Juden raus« zu singen. Die Spitze der Menschenmenge bildeten zahlreiche Reichswehrsoldaten und Angehörige der ehemaligen Marinebrigade Loewenfeld, die schon in den Wochen zuvor die Strandpromenade unsicher gemacht und gedroht hatten, »die jüdischen Badegäste zu erschlagen«.[161] Die örtliche Polizei verhielt sich weitgehend passiv und schritt nicht energisch ein. Zwar veranstalteten die Gewerkschaften eine Gegendemonstration, die jedoch nicht mehr als das gewaltsame Ende einer Badesaison bilanzieren konnte: »Hunderte von Badegästen sind bereits abgereist. Die ohnehin schwache Saison ist vernichtet. Hunderte von Musikern, Kellnern usw. werden brotlos. Der Ruf Swinemündes ist zerstört.«[162]

Auch im ostpreußischen Cranz setzte eine Massenflucht jüdischer Gäste ein, vertrieben durch antisemitische Kundgebungen am Strande und auf der Promenade, bei denen u. a. eine Hakenkreuzfahne mitgeführt wurde. Vor einem jüdischen Restaurant sang die Menschenmenge antisemitische Lieder. Um den Radau einzudämmen, forderte der Cranzer Amtsvorsteher Kräfte der Sicherheitswehr aus Königsberg an, die u. a. einen Gutsbesitzer verhafteten.[163] Auch aus dem pommerschen Kolberg wurden Übergriffe auf jüdische Gäste gemeldet. Dort hatte sich nach Borkumer Vorbild eine so genannte »Strandkompagnie« gebildet, die Umzüge veranstaltete und jüdische Gäste mit Schusswaffen bedrohte. Im westfälischen Bad Salzuflen endete eine Kundgebung des »Deutschvölkischen Schutz- und Trutz-Bundes« mit einer Massenschlägerei, die das »Israelitische Familienblatt« sarkastisch als »keine erfreuliche Bereicherung des Badelebens« bezeichnete.[164] In Badeorten wie Zinnowitz oder Borkum, die bereits im Kaiserreich zu den antisemitischen Bädern gehört hatten, radikalisierte und verfestigte sich die antisemitische Szenerie weiter, indem sich u. a. antijüdische Interessenorganisationen der Badegäste formierten, wie der »Zweckverband zur Freihaltung des Badeortes Zinnowitz für deutschblütige Kurgäste«.[165] Neu am Bäder-Antisemitismus der unmittelbaren Nachkriegszeit war nicht nur die brutale antisemitische Gewalt, die sich vielerorts offenbarte, sondern auch die Tatsache, dass Orte wie Kolberg oder Cranz davon betroffen waren, die vor dem Ersten Weltkrieg als klassische »Judenbäder« gegolten hatten. Verglichen mit dem Kaiserreich vor 1914 schränkten sich damit die Reisemöglichkeiten der deutschen Juden in der Weimarer Republik ein. Auch wenn die Zahl der prinzipiell antisemitischen Erholungsorte mit rund 20 relativ konstant blieb, nahm die Zahl der antisemitischen Hotels und Pensionen in den nicht ausdrücklich antisemitischen Orten drastisch zu und stieg von 83 im Jahre 1914 über 198 im Jahre 1924 bis auf 360 im Jahre 1931[166], während sich im gleichen Zeitraum die Zahl der »Beherbergungsbetriebe« im Deutschen Reich mehr als halbierte. Rechnet man die Zahl der antisemitischen Hotels und Pensionen auf die Gesamtzahl der Übernachtungsstätten im Deutschen Reich hoch, dann betrug der Anteil der sich antisemitisch gerierenden Häuser selbst auf dem Höhepunkt des Bäder-Antisemitismus in der Weimarer Republik zwar nie mehr als maximal zwei Prozent. Dieser scheinbar geringe Anteil trügt jedoch insofern, als es »judenfreie« Hotels in den meisten deutschen Städten praktisch nicht gab. Wer als Jude in Städte wie Berlin oder Hamburg reiste, die ein eher liberal-großstädtisches Klima aufwiesen, musste sich bei der Wahl des Quartiers nur an seinem Geldbeutel orientieren und nicht zuvor umfängliche Listen antijüdischer Unterkünfte studieren. Diese beschränkten sich fast ausschließlich auf Bäder, Kurorte und Sommerfrischen, wo der Anteil antisemitischer Hotels prozentual sehr viel höher lag und die betroffenen Juden zu massiven Einschränkungen bei der Reiseplanung zwang.

Die wachsende Zahl antisemitischer Hotels und Pensionen, die auch in den politisch »stabilen« Jahren von 1924 bis 1929 nicht zurückging, indizierte eine deutliche Radikalisierung des Antisemitismus in Deutschland nach dem Ersten Weltkrieg. In ihnen kam die sich subkutan ausweitende antijüdische Stimmung in der deutschen Gesellschaft offen zum Ausdruck.

Wie weit nun antijüdische Einstellungen in Deutschland verbreitet waren, wie hoch der Prozentsatz überzeugter Antisemiten war, lässt sich jedoch nur schwer aus dem Bäder-Antisemitismus ableiten, weil sich dieser nicht zuletzt auch mit ökonomischen Kalkülen verband. An einzelnen Kur- und Badeorten hatte die Judenfeindschaft in der Weimarer Republik Formen angenommen, die ihren Charakter als Stätten von Ruhe und Erholung massiv in Frage stellte und selbst ein betont »nationales« Publikum abstieß. Selbst ein überzeugter Antisemit war nicht automatisch daran interessiert, in seinem Strandurlaub täglich an antijüdischen Kundgebungen teilzunehmen. Die Auswüchse an einzelnen Orten mobilisierten auch Gegenkräfte, und eine Mehrheit der Bäder- und Kurorte war schon aus wirtschaftlichen Gründen wenig geneigt, sich entweder antisemitisch oder gar pro-jüdisch zu positionieren. Vor allem in der Endphase der Weimarer Republik wuchs der Verdruss der Kur- und Badeverwaltungen am Lärm der politischen Kundgebungen, die zumindest Teile ihres Publikums wechselseitig verschreckten. So sprach sich der Deutsche Bäderverband 1932 gegen politische Hetze in den Kurorten aus und rief dazu auf, den »Burgfrieden« zu wahren. Kurorte hätten »Friedensinseln« zu sein.[167] In Preußen hatte der Innenminister im Mai 1932 ein generelles Verbot politischer Veranstaltungen in Kur- und Badeorten erlassen[168], und schon zuvor hatten zahlreiche Regionalverwaltungen und Provinzregierungen für die Kurzeit Demonstrationsverbote verhängt. So untersagte die Provinzregierung Lübeck 1931 auf Anregung des Wirteverbandes alle Demonstrationen in den

Badeorten der Provinz, nachdem die Nationalsozialisten im Vorjahr zahlreiche uniformierte Umzüge durch die Ostseebäder veranstaltet und dabei u. a. »Juda verrecke« skandiert hatten. Aufgebracht über diesen Beschluss schäumte das nationalsozialistische »Hamburger Tageblatt«: »Es ist unglaublich, daß der Wirteverband sich solch tolles Stück leistet. [...] Bürgerliche Kurzsichtigkeit kennt tatsächlich weiter nichts als seinen [sic] Geldbeutel.«[169]
In der Tat waren solche Beschlüsse ausschließlich wirtschaftlich motiviert und dürfen nicht als Stellungnahmen gegen die Nationalsozialisten missdeutet werden. Der Bäder-Antisemitismus hatte in der Weimarer Republik ein alarmierendes Ausmaß angenommen, stieß aber durch die Radikalisierung seiner Formen gleichzeitig auch an Grenzen der gesamtgesellschaftlichen Akzeptanz. Nicht alle, die für die gesellschaftliche Ausgrenzung der Juden eintraten, waren an Lärm und antisemitischen Radauszenen am Urlaubsort interessiert.

Tatort Bayern – die »Arisierung« der Alpen

Die Radikalisierung des Bäder-Antisemitismus in der Weimarer Republik machte auch vor jenen Regionen nicht Halt, in denen das Phänomen »judenfreier« Erholungsorte vor 1914 kaum verbreitet gewesen war. So zeichnete sich beispielsweise das Königreich Bayern in der »Prinzregentenzeit« durch seine allseits attestierte »Gemütlichkeit«, nicht aber durch antijüdische Exzesse aus. Dies änderte sich nach 1918/19 und der Niederschlagung der revolutionären Bewegungen dramatisch, als sich der Freistaat Bayern in eine antirepublikanische und gegenrevolutionäre »Ordnungszelle« verwandelte. In diesem politischen Klima der Nachkriegsjahre wuchs nicht nur die NSDAP zu einer massenwirksamen rechtsextremistischen Partei heran, sondern offenbarte sich auch ein rabiater, gewalttätiger Antisemitismus, der vor allem durch eine Perzeption der Münchner Räterepublik als »Judenherrschaft« genährt wurde. Vor allem »Ostjuden« hätten »in der Zeit der Räterepublik sich am meisten in der Aufstachelung der Massen hervorgetan«, brachte der Regierungspräsident und spätere bayerische Ministerpräsident Gustav von Kahr diese Wahrnehmung der Revolutionszeit auf den Begriff.[170] Daher verwundert es nicht, wenn Kahr in seiner ersten Regierungserklärung als Ministerpräsident am 16. März 1920 an-

kündigte, gegen die »Überfremdung durch Stammesfremde« einzuschreiten, und die »Reinhaltung des eigenen Volkes von fremden Elementen« zum Gebot der Stunde erklärte.[171]
In der Folgezeit verschärfte Bayern seine »Fremdenpolitik«, erschwerte die Einreise von Personen »nichtbayerischer Herkunft« durch behördliche Schikanen, richtete ein Internierungslager für Ausländer ein und wies »Ostjuden« – den besonders verhassten »Teil der jüdischen Rasse« (von Kahr) – verstärkt aus. Neben diesem Antisemitismus von oben als Teil der bayerischen Staatspolitik machte sich ein gewalttätiger Antisemitismus von unten bemerkbar, der besonders in München offen hervortrat: »Seit 1920/21 konnte kein Jude in München mehr ausschließen, Opfer von rechtsextremer Straßengewalt zu werden.«[172] Zu den prominentesten Opfern dieser antisemitischen Gewalt gehörte der Vizepräses der Münchner Handelskammer, Sigmund Fraenkel, der im Juni 1923 in einer Straßenbahn von Nationalsozialisten zusammengeschlagen wurde. Die Münchner Polizei schritt gegen diesen gewalttätigen Radau-Antisemitismus nicht energisch ein, stand doch mit Polizeipräsident Ernst Pöhner ein Mann an ihrer Spitze, der es 1921 für nicht ausgeschlossen hielt, wenn »wegen der unerträglichen Teuerung etwas unternommen, etwa einige Juden aufgehängt würden«.[173]
Die antijüdische Gewalt wurde durch eine Propaganda angestachelt, die sich ausdrücklich auch gegen die jüdischen Touristen richtete. Dabei bewegte sich besonders der »Miesbacher Anzeiger« und sein Kolumnist Ludwig Thoma auf einer Ebene antisemitischer Demagogie, die bis dahin in Deutschland noch nicht betreten worden war. So hetzte der »Anzeiger« über »die vielen Juden«, die »unsere bayerischen Sommerfrischen verschandeln, die dort herumwatscheln, und die unsere bayerischen Seen zu stinkigen Judenaquarien machen, statt sich in Palästina zu erholen und gleich dort zu bleiben«.[174] Ludwig Thoma höhnte über »Teiteles Cohn und Isidor Veigelduft, die dürfen im Sommer nach wie vor ihre verschnörkelten Haxen in die Lederbuxen stellen, am Arm ihre Rebekka im Dirndlg'wand, nach Veilchen und Knoblauch duftend«.[175]
Diese Suada deutete an, dass sich im Bayern der Nachkriegsjahre nicht nur die Wirren der Revolutionszeit ihr antisemitisches Ventil suchten. In der hasserfüllten Diffamierung jüdischer Touristen wurden jene Konflikte antisemitisch umgedeutet, die generell die Ausbreitung des modernen Tourismus begleiteten: die Konfrontation zwischen Einheimischen und Fremden, von modernen und traditionellen Lebensstilen. Mit

seiner Erzählung »Altaich« lieferte gerade Ludwig Thoma ein Beispiel für die in Bayern verbreitete Neigung, die Sphäre der Einheimischen als idyllische »heile Welt« zu verkitschen, die durch den Einbruch der »Fremden« in ihrem Bestand bedroht sei.[176]

Für die Karikaturisten der Zeitschrift »Simplicissimus« hatten die großstädtischen Juden schon vor 1914 die Prototypen des modernen Tourismus verkörpert, und dementsprechend wimmelte es von antisemitischen Karikaturen, in denen juwelengeschmückte Juden durch bayerische Bergdörfer paradierten oder in Lederhosen und Dirndl der Lächerlichkeit preisgegeben wurden.[177] Vor allem der Antisemitismus in Bayern kanalisierte eine ganze Reihe von Grundhaltungen, die sich unter dem Eindruck der beschleunigten Modernisierung in den zwanziger Jahren radikalisierten: Modernitätsängste, Großstadtfeindschaft und nicht zuletzt auch ein Berlin- und Preußenhass, der im Zuge des Verfassungskonflikts zwischen Bayern und dem Reich aufgeflammt war. Deshalb verwundert es nicht, dass der typische »Berliner« oder »Preuße« in den Kolumnen Ludwig Thomas für den »Miesbacher Anzeiger« von galizischen Ostjuden verkörpert wurde. Indem er Preußen als einen von »fremdrassigen« Ostjuden unterwanderten Staat charakterisierte, beugte Thoma dem Vorwurf des allgemeinen Preußenhasses und des bayerischen Separatismus vor. Der Antisemitismus kehrte somit die traditionellen Perspektiven um: Als national unzuverlässig erschien nicht die »Ordnungszelle« Bayern, sondern das allzu liberale, tolerante und demokratische Preußen. Deshalb mutierte die Reichshauptstadt Berlin in bayerisch-antisemitischer Sicht zur jüdischen »Kloake«, regiert von der »Mischpoche vom Kurfürstendamm«; eine Stadt, in der zahlreiche Juden wie der Sexualwissenschaftler Magnus Hirschfeld, »der alte galizische Saubär«, ihr Unwesen trieben: »In Berlin ist nichts mehr deutsch. Es war im Frieden schon ein halbes Krakau-Tarnopol-Krotoschin. Heute ist es eine Mischung aus galizischem Judennest und New Yorker Verbrecher-Viertel.«[178]

Angesichts der aufgeheizten antisemitischen Stimmung rieten selbst bayerische Juden von einem Besuch Bayerns dringend ab. So veröffentlichte der Münchner Hans Guggenheimer in der CV-Zeitung ein »Mahnwort an jüdische Reisende«, in dem er bitter konstatierte, »daß unser bisher so gemütliches Bayern heute der Sitz der unentwegtesten und leidenschaftlichsten Judenanfeindung ist, und daß in keinem anderen deutschen Staat der Jude so vielen bitteren Geschmacklosigkeiten

4. Verhöhnung jüdischer Touristen in den Alpen (Postkarte)

ausgeliefert ist wie in Bayern«.[179] Vor allem das bayerische Oberland sei »zum größten Teil antisemitisch verseucht«: »Hakenkreuze empfangen dich am Steg in Egern, im lieblichen Dorf Kreuth bereichert man Theatervorstellungen mit Vorlesungen aus dem Miesbacher Anzeiger, und im herzoglichen Bad Kreuth ist zwar heute die Tafel verschwunden, derzufolge an ›Juden nichts verabreicht‹ wird, aber der gastfreundliche Geist dieser Verlautbarung lebt noch heute!«[180]

Schon 1921 hatte Kurt Tucholsky in der »Weltbühne« die Parole »Reisende, meidet Bayern!« ausgegeben, und war deshalb von Ludwig Thoma im »Miesbacher Anzeiger« als »jüdischer Paralytiker«, »kleiner galizischer Krüppel« und »Chaim Wrobel, alias Teiteles Tucholsky, alias Isak Achselduft« diffamiert worden.[181] Dies hielt Tucholsky jedoch nicht davon ab, seine Boykottaufrufe zu wiederholen: »Berliner, die auch noch israelitisch sind, Fremde, die eine Erholungsreise und keinen Guerillakrieg unternehmen wollen«, sollten Bayern meiden, von dessen Besuch »nicht genug abgeraten werden« könne: »Man reist selbst in Afrika bequemer und gefahrloser als in Bayern – ganz abgesehen von der dort herrschenden Zivilisation.«[182]

Solche Boykottaufrufe waren innerhalb des »Centralvereins deutscher Staatsbürger jüdischen Glaubens« nicht unumstritten und blieben auch nicht unwidersprochen, nicht zuletzt wegen der jüdischen Hotel- und Pensionsinhaber in bayerischen Kurorten, die auf ein jüdisches Reisepublikum angewiesen waren. Deshalb war die CV-Zeitung sichtlich darum bemüht, neben energischen Boykottaufrufen auch gegenläufige Meinungen zu Wort kommen zu lassen, selbst wenn diese die Fakten im Kern nicht bestritten, sondern nur unterschiedlich bewerteten. So veröffentlichte die CV-Zeitung eine Stellungnahme der Gastwirteinnung von Garmisch-Partenkirchen, die sich vom antisemitischen Treiben in Bayern distanzierte, es jedoch gleichzeitig verharmloste, indem sie den Antisemitismus einer »kleinen Gruppe Unvernünftiger« zuschrieb und darum bat, solche Erscheinungen »nicht so tragisch zu nehmen«.[183] Ähnlich fragwürdig fielen Beschwichtigungsversuche in der »Weltbühne« aus, wo der Autor Hans Glenk »das andre Bayern« beschwor und darauf verwies, dass die Bezeichnung »Jud« oder »Oberjud« bei »den bayerischen Gebirglern keine Rassen-, geschweige eine Konfessionsbezeichnung, sondern ein Name für unreelle Kaufleute«[184] sei. Damit entkräftete Glenk ja keineswegs die Virulenz antijüdischer Stereotype in Bayern, sondern bestätigte sie ungewollt.

In dieser Situation rief der CV zwar nicht zu einem prinzipiellen Boykott Bayerns auf, mahnte aber zu äußerster Vorsicht. Deshalb gab er potenziellen Reisenden Verhaltensratschläge mit auf den Weg, die eher an ein Kommandounternehmen im Feindesland als an einen Erholungsaufenthalt erinnern. So empfahl die CV-Zeitung im Mai 1923: »Im allgemeinen soll derjenige, der auf bayerische Sommerfrischen verzichten kann, sie unbedingt meiden. Insbesondere empfiehlt es sich, den Aufenthalt in München so kurz wie möglich zu nehmen. Die meisten der kleineren Orte sind durch Judenhaß verseucht. Vielfach tritt die Bewegung im Sommer zurück, um im Winter desto stärker aufzutreten. Deshalb raten wir jüdischen Nichtbayern: Haltet euch von allen bayerischen Kur- und Sommerplätzen fern, von denen ihr nicht genauestens wißt, daß ihre Leitung, insbesondere ihre Bürgermeister, Gemeinde- und Kurverwaltungen, jüdischen Besuch wünschen.«[185]

Nachdrücklich abgeraten wurde von einem Besuch des Chiemgaus und Berchtesgadens, während Orte wie Garmisch-Partenkirchen oder die klassischen Kur- und Heilbäder wie Bad Kissingen als unbedenklich galten.

Erst seit 1924 deutete sich eine leichte Entspannung der Situation an. Das klägliche Ende des Hitlerputsches im November 1923 führte zu einem Rückgang der antijüdischen Übergriffe. Vor allem jedoch hatte Bayern einen touristischen Imageschaden davongetragen, der sich in der Saison 1924 erstmals massiv auswirkte. Das Prinzip des Sommerfrischen-Antisemitismus »A Pogrom muaß her und a Fremdenverkehr« stieß an die Grenzen seines wirtschaftlichen Erfolgs.[186] Fast überall klagten die Kurorte und Sommerfrischen über nur mäßigen Besuch, und einzelne Hotelinnungen und Kurverwaltungen machten erstmals öffentlich die antisemitische Agitation dafür verantwortlich. So stellte der Vorstand des Gastgewerbevereins Garmisch-Partenkirchen, der sich stets aktiv um jüdische Gäste bemüht hatte, im Sommer 1924 fest:

»Die Juden gehen nicht nach Bayern, sie lassen sich nicht beschimpfen, anpöbeln und selbst schlagen. Der gemeine Überfall auf Kommerzienrat Fraenkel, die Anpöbelung der jüdisch aussehenden Menschen in München, die gemeine Beschimpfung in einem Teil der Presse hat eine Gegenbewegung verursacht: den absoluten Boykott Bayerns durch die Juden und eines Teils von Nichtjuden. Der Feldzug gegen die Juden kann mit einem wirtschaftlichen Fiasko enden, den zwar die Vernünftigen vorausgesehen haben, den aber die Gewerbetreibenden und alle, die von dem Ertrag ihrer Arbeit leben müssen, bezahlen werden.«[187]

Trotz solcher öffentlicher Stellungnahmen gegen den grassierenden Antisemitismus blieben Bayern und die Alpenregion auch nach 1924 ein für jüdische Touristen prekäres Territorium. Antijüdische Schilder an Berghütten, Hakenkreuze als Wegmarkierungen und antisemitische Schmierereien in Gipfelbüchern gehörten in der Weimarer Republik zu den typischen Begleiterscheinungen des Alpentourismus.

Für diese Entwicklung zeichnete maßgeblich der seit 1873 bestehende »Deutsch-Österreichische Alpenverein« (DÖAV) verantwortlich, der ursprünglich von jüdischen Alpinisten mitgegründet worden war.[188] Nach dem Ersten Weltkrieg offenbarte sich im Verein ein rabiater Antisemitismus, der auf den Ausschluss der jüdischen Vereinsmitglieder drängte. Diese Ausschlusstendenzen gingen vor allem von den österreichischen Vereinsmitgliedern aus, deren Wiener Sektion »Austria« im Januar 1921 einen »Arierparagraphen« einführte, dem zufolge nur »deutsche Arier« der Sektion angehören durften. Bis 1924 hatten 98 von 110 österreichischen Sektionen des Alpenvereins den Arierparagraphen übernommen. Daraufhin gründeten jüdische und nichtjüdische Vereinsmitglieder eine eigene Sektion »Donauland«, die im Gesamtverband jedoch schnell ins Abseits geriet. An zahlreichen Berghütten tauchten Schilder auf wie »Juden und Mitglieder des Vereines ›Donauland‹ sind hier nicht erwünscht«. Andere Plakate wollten »Juden einen Aufenthalt nur im Notwendigkeitsfalle und nur für eine Nacht« gewähren.[189]

Wie stark auch die deutschen – und hier besonders die bayerischen – Sektionen des DÖAV völkisch-antisemitisch eingestellt waren, zeigte sich auf einer außerordentlichen Jahreshauptversammlung, die am 14. Dezember 1924 in München stattfand. Mit der überwältigenden Mehrheit von 1663 gegen 190 Stimmen wurde die Sektion »Donauland« aus dem Verein ausgeschlossen, woraufhin zahlreiche jüdische Mitglieder den DÖAV verließen. In der Folgezeit gründeten sie eigene Organisationen wie den »Alpenverein Donauland«, den »Süddeutschen Alpenverein München« oder den »Deutschen Alpenverein Berlin«, der auch in Breslau und Leipzig über Ortsgruppen verfügte. Die jüdischen Alpenvereine gehörten zu den einzigen deutschsprachigen Mitgliedern des 1932 gegründeten Internationalen Verbands der Bergsteigervereine, weil der DÖAV in völkisch-nationalistischer Verblendung einen Beitritt abgelehnt hatte. Vor allem aber gewährten ihre Berghütten jüdischen

Wanderern und Bergsteigern eine der wenigen Möglichkeiten, in den deutschen und österreichischen Alpen überhaupt zu wandern. Seit Ende der zwanziger Jahre bewegten sich jüdische Bergsteiger faktisch in kleinen, alpinen Ghettos, und nirgendwo sonst war die öffentliche Ausgrenzung der Juden weiter vorangeschritten als in den Bergregionen des Deutschen Reiches.

Die nichtjüdische Öffentlichkeit hatte sich schon Ende der zwanziger Jahre mit diesem Zustand weitgehend abgefunden. Als der DÖAV 1929 seinen Sitz nach Innsbruck verlegte, dadurch seine Rechtsfähigkeit in Deutschland verlor und diese durch einen Beschluss des Reichsrates neu erwerben musste, machte lediglich der Vertreter Preußens Einwände geltend. Er bezweifelte den »unpolitischen« Charakter des Vereins, verwies auf die anhaltende »Belästigung jüdischer Touristen in den Alpen« und bezichtigte den DÖAV des Antisemitismus, der »in krassem Widerspruch mit dem Geist der Reichsverfassung« stünde.[190] Mit dieser Position blieb jedoch Preußen im Reichsrat isoliert: Ende 1930 erhielt der DÖAV seine Rechtsfähigkeit in Deutschland erneut zuerkannt, obwohl deutsche Staatsbürger jüdischen Glaubens faktisch aus seinen Reihen ausgeschlossen worden waren.

Zinnowitz und Borkum: Zentren antisemitischer Agitation

Im August 1927 verbrachte der Dresdner Romanist Victor Klemperer seinen alljährlichen Erholungsurlaub auf der Halbinsel Usedom an der Ostsee. Nicht zufällig hatte er in Heringsdorf Quartier genommen, dem mondänsten und traditionsreichsten der »Kaiserbäder«, das gleichzeitig als »Judenbad« galt und geographisch von den antisemitischen Erholungsorten Zinnowitz und Bansin flankiert wurde. Daher blieb es nicht aus, dass jüdische Gäste aus Heringsdorf auf Ausflügen mit dem Antisemitismus der Nachbarorte konfrontiert wurden – so auch Klemperer, der auf einem Strandspaziergang Zinnowitz erreichte und darüber in seinem Tagebuch vermerkte:

»Zinnowitz wäre ein Bad wie die andern hier auch, aber es ist daß (sic) betont judenreine Bad, es ist in Judenreinheit Bansin noch überlegen. Am (sehr langen) Landungssteg führt es die Hakenkreuzfahne, u. in den Läden kaufte man auf Postkarten das Zinnowitzlied, ein blödsinniges Gereime nach der Melodie ›Hip, hip, hurra!‹, mit dem Refrain, fern bleibe der Sohn vom Stamme Manasse u. jeder Itz – man wolle keine fremde Rasse in Zinnowitz (auf das ein andermal Gott behüt's gereimt wird). Es ist ekelhaft, daß solche Verhetzung erlaubt ist. Sie erscheint mir an sich nicht schlimmer u. nicht besser als die kommunistische Verhetzung, aber sie ist erlaubt u. die kommunistische ist verboten.«[191]

Was Victor Klemperer in den zwanziger Jahren zu Recht als »ekelhaft« bezeichnete, reichte bis in die Jahre des Kaiserreiches zurück, als sich das Seebad Zinnowitz in Abgrenzung zum etablierten Heringsdorf bereits antisemitisch geriert hatte. Es halte Abstand »von dem Prunk eines Ostende, Norderney, Heringsdorf«, so ließ die Badedirektion Zinnowitz 1912 verlauten.[192] Solche eher dezenten Hinweise wichen nach dem Ersten Weltkrieg einer offenen antisemitischen Bekenntnisfreude. Freilich gingen die radikalen Impulse zunächst nicht von der örtlichen Badedirektion, sondern von den antisemitischen Gästen aus. Als sich im Mai 1920 ein jüdischer Interessent brieflich an die Zinnowitzer Kurverwaltung wandte und um Aufklärung über »antisemitische Tendenzen« in Zinnowitz bat, erhielt er eine gewundene Antwort, in der die örtliche Verwaltung noch eine gewisse Distanz zum antisemitischen Treiben erkennen ließ. Der Antisemitismus in Zinnowitz – so wurde der Fragesteller beschieden – sei nämlich »weniger genährt von den Einwohnern, als von den das Bad aufsuchenden Gästen, die auf die Vermieter dann einen dahingehenden Druck ausüben. So ist es auch erklärlich, dass die Verwaltung diesen Tendenzen machtlos gegenübersteht und durch unliebsame Zwischenfälle in für sie selbst recht peinliche Situation[en] gerät.«[193]

So unbeteiligt und »machtlos«, wie sich die Badedirektion in ihrem Antwortschreiben gab, stand sie dem Antisemitismus in Zinnowitz jedoch nicht gegenüber. Als im August 1920 ein »Zweckverband zur Freihaltung des Badeortes Zinnowitz für deutschblütige Kurgäste« gegründet wurde, beschloss die Gemeindevertretung in Zinnowitz wenige Tage später, eine Anzeige des Zweckverbandes, die mit Hakenkreuzen verziert war, in ihren Badeprospekt aufzunehmen.[194] Es nahm auch niemand daran Anstoß, dass das Dienstgebäude des Zinnowitzer Amtsvorstehers mit einem monarchischen Hoheitszeichen versehen war und am Brückensteg ein Schild mit der Aufschrift »Hier wollen Deutsche unter sich sein« prangte. Im Jahre 1926 warb die Badedirektion dann offen für das »Deutsche Ostseebad Zinnowitz« und wies in ihrem Badeführer darauf hin, »daß von jeher Bestrebungen unter den unsern schönen Badeort immer wieder aufsuchenden Gästen bestehen, das Bad von semitischen Kurgästen freizuhalten«.[195] Neben den antisemitischen Gästen gehörte die Lobby der Zinnowitzer Hotel- und Grundbesitzer zu den treibenden Kräften des antisemitischen »Zweckverbandes«, allen voran das Vorstandsmitglied Eduard Podolski, der das »Haus Heimdal« als »kleines deutsches Fremdenheim« betrieb. Auf seine Initiative kamen bei der Gründungsversammlung des Zweckverbandes im August 1920 mehr als sechshundert Personen im Hotel »Kurhaus« zusammen, um »die Judenfrage und ihre Bedeutung für Zinnowitz« zu diskutieren. Dabei hoben die Redner hervor, dass es sich bei der Verbandsgründung »um keinerlei rückschrittliche konservative oder aber radauantisemitische Strömungen handele«. Vielmehr gehe es darum, »den rein deutschen Standpunkt zur Geltung zu bringen«.[196]

Solche Bemerkungen zielten auf einen anvisierten breiten Kreis von Unterstützern, konnten jedoch nicht verbergen, dass vor allem Aktivisten des Deutsch-Völkischen Schutz- und Trutzbundes hinter der Verbandsgründung standen, die sich hinter den Kulissen emsig um eine reichsweite Vernetzung ihrer Aktivitäten bemühten und im Januar 1921 den »Schutzbund für deutschvölkische Ostseebäder« ins Leben riefen.[197] Solche Aktivitäten markierten die qualitative Veränderung und Radikalisierung des Bäder-Antisemitismus in der Weimarer Republik, der stärker als zuvor aus der Sphäre des gesellschaftlichen Antisemitismus heraustrat und sich mit dem politischen Antisemitismus verband.

In Zinnowitz waren die Bemühungen der völkischen Aktivisten, aus dem Seebad ein »Borkum der Ostsee« zu machen, besonders erfolgreich. Hier wurde wie in Borkum die Ausgrenzung der Juden fast täglich symbolisch inszeniert. Das berüchtigte »Borkumlied« hatte – in dem schon von Klemperer erwähnten – »Zinnowitzlied« ein antisemitisches Pendant gefunden, das auf Postkarten gedruckt und fast täglich von der Kurkapelle und in den Zinnowitzer Caféhäusern gespielt wurde. Es endete mit dem Vers:

Und wer da naht vom Stamm Manasse
Ist nicht begehrt,
Dem sei's verwehrt.
Wir mögen keine fremde Rasse!
– Fern bleibt der Itz
Von Zinnowitz. –

Wer als jüdischer Urlauber einen Ausflug nach Zinnowitz machte, bekam die Folgen dieser Verhetzung unmittelbar zu spüren. »In den Lokalen werden jüdische Gäste zum Verlassen desselben aufgefordert, unterwegs jüdisch aussehende Passanten belästigt und mit Sand beworfen«, berichtete ein Urlaubsgast 1926 an den Centralverein deutscher Staatsbürger jüdischen Glaubens.[198] Der Verleger Wolf Jobst Siedler erinnert sich in seiner Autobiographie an den Vers »Juden raus aus Zinnowitz, Heringsdorf ist euer Sitz«, der jedoch – so Siedler – »nicht eigentlich bösartig gemeint«, ja »harmlos« gewesen sei.[199] Ob dies die in Zinnowitz angepöbelten jüdischen Gäste auch so sahen, darf tunlichst bezweifelt werden.

Die politische Linke nahm die Zustände in Zinnowitz keineswegs ohne Gegenwehr hin. Die Zinnowitzer Ortsgruppe der pazifistischen »Deutschen Friedensgesellschaft« beklagte den »Terror« und beantragte – wenn auch ohne Erfolg –, auf die Titelseite des Badeprospektes den Werbeaufdruck »Zinnowitz, Ostseebad der deutschen Republik« drucken zu lassen.[200] Die lokale Ortsgruppe der SPD nahm mehrfach öffentlich gegen den Antisemitismus Stellung, und der pommersche »Gauleiter« des »Reichsbanners Schwarz-Rot-Gold«, der gleichzeitig als Vorsitzender des Centralvereins deutscher Staatsbürger jüdischen Glaubens in Swinemünde fungierte, plante gar einen republikanischen Propagandamarsch nach Zinnowitz, der jedoch auf Bedenken der CV-Zentrale stieß, die schwere Ausschreitungen befürchtete.[201] Kurt Tucholsky nahm das antisemitische Zinnowitz in der »Weltbühne« ins Visier, und schrieb 1922 über den »Saisonbeginn an der Ostsee«:

»Zinnowitz läßt auf dem Gemeindehaus ein großes blank poliertes Hakenkreuz anbringen: im dortigen Herrenbad werden Badehosen nur nach vorheriger Revision durch den Badearzt abgegeben. (Es sollen dabei böse Vertuschungsmanöver vorgekommen sein.) Ein herzerfrischender antisemitischer Wind pfeift brausend über den judenreinen Strand des anmutigen Badeörtchens; seine Toiletten sind sämtlich schwarz-weiß-rot angestrichen und mit frommen Wünschen für die Monarchie versehen. Horridoh! Die Stellung kann bezogen werden.«[202]

Trotz solcher kritischer öffentlicher Stimmen überrascht es jedoch, dass die Zustände in Zinnowitz während der Weimarer Republik keine größeren öffentlichen Debatten auslösten. Waren sie für das überwiegend deutschnationale Vorpommern zu »normal«, um überhaupt noch massives Aufsehen zu erregen? Manches spricht dafür, dass die Vor-

gänge in Zinnowitz im Windschatten jener Exzesse blieben, die sich parallel auf der Nordseeinsel Borkum abspielten und die ein ungleich größeres öffentliches Interesse mobilisierten, weil sie jahrelange juristische und politische Auseinandersetzungen zur Folge hatten.
Auch Borkum hatte sich – wie schon ausführlich geschildert – bereits im Kaiserreich als antisemitisches Bad profiliert, in dem es schon vor dem Ersten Weltkrieg zu Übergriffen auf jüdische Gäste gekommen war. In der Weimarer Republik mutierte die Insel jedoch zeitweise zum antisemitischen Tollhaus, das reichsweit Aufsehen erregte.
An die Spitze des antisemitischen Treibens auf Borkum hatte sich Ludwig Münchmeyer gesetzt, der seit 1920 die lutherische Pfarrstelle auf der Insel innehatte und als »Borkumpastor« und späterer »Reichsredner« der NSDAP zu den bekanntesten antisemitischen Agitatoren der zwanziger Jahre gehörte.[203] Was Münchmeyer seinen oft Tausenden von Zuhörern auf »Deutschen Abenden«, »Strandandachten«, »religiös-musikalischen Morgenfeiern« und unzähligen politischen Versammlungen auftischte – als Pfarrer und später als NSDAP-Redner –, bezeichnete das Oldenburgische Innenministerium im Februar 1927 als »unglaubliche Rohheit und Unflätigkeit«, die mit »fanatischem Judenhaß« einhergehe. Eine einschlägige Zitatenlese aus Münchmeyer-Reden, die das Innenministerium zusammengestellt hatte, ließ am pathologischen Antisemitismus des priesterlichen Hetzapostels keinen Zweifel aufkommen: »Erzberger und Rathenau hätten das Volk den Juden ausgeliefert. Die Revolution sei das Werk der Juden, in der Regierung hätten Juden alle maßgeblichen Stellen inne [...] Die Verfassung sei von einem Juden gemacht. Die Inflation sei ein gemeiner Börsentrick der Juden gewesen, die Rechtspflege sei verjudet, aus Krieg und Revolution hätten nur die Juden den Profit gezogen, und die Juden seien geborene Lügner.«
Die Ermordung des Zentrumspolitikers Matthias Erzberger und des Außenministers Walther Rathenau, »des schlimmsten aller Juden«, bezeichnete Münchmeyer öffentlich als »Segen« und verstieg sich gar zu der Forderung: »Die Juden müßten in Deutschland ausgemerzt werden, wie es Polen gemacht habe.«[204]
Auf der Nordseeinsel Borkum, die Münchmeyer als »eins der letzten festen, deutschen Bollwerke« begriff, widmete sich der antisemitische Pfarrer besonders dem »Abwehrkampf gegen undeutsches Wesen«, assistiert von dem 1920 als Interessengemeinschaft Borkumer Kurgäste

gegründeten »Bund zur Wahrung deutscher Interessen auf Borkum«, der über die »Judenfreiheit« der Insel wachte. Dies schloss die Durchführung von Festen ein, auf denen »ausschließlich altdeutsch getanzt« wurde, samt Anstellung eines Tanzlehrers, »der nur unsere deutschen Tänze lehrt«, was das »Israelitische Familienblatt« zu der Mutmaßung veranlasste, es solle ein »judenreiner Hakenkreuz-Schiebetanz« eingeübt werden.[205] Pfarrer Münchmeyer wandte sich im Besonderen gegen »unzüchtige Darstellungen, Gesangsvorträge oder Tanzlieder«, forderte energisch »deutsche Bezeichnungen«[206] auf den Speisekarten der Borkumer Restaurants und »deutsche Ausdrücke« an den Inschriften von Häusern. Bisweilen kontrollierte er sogar persönlich die Personalien von Borkumer Kurgästen, an deren »arischer« Abstammung er Zweifel hegte.

Wie mit jenen Kur- und Badegästen umgegangen wurde, die der »deutschen« Atmosphäre auf Borkum entgegentraten oder gar dem Pfarrer auf seinen »Deutschen Abenden« öffentlich zu widersprechen wagten, geht aus zahlreichen Beschwerden hervor, mit denen sich Gäste an die Polizei bzw. die zuständigen Behörden in Emden und Aurich wandten. Ein nichtjüdischer Arzt aus dem Odenwald, der auf Borkum Urlaub machte und sich auf einem »Deutschen Abend« über die Hetze Münchmeyers ungehalten zeigte, berichtete über die Reaktionen: »Es wurden Fäuste geballt, Stühle erhoben, die Leute drängten in Massen auf unseren Tisch und riefen: ›Judenbengel, Judenknecht, Stinkjude, geh nach Norderney.‹ Ich wehrte mich gegen die Pöbeleien, indem ich einem Schreier meine Windjacke um die Ohren schlug. Daraufhin kam der im Saal befindliche Schupo und forderte mich und meine Frau auf, den Saal zu verlassen. Wir entsprachen sogleich dem Wunsch, baten aber, die Personalien des Herrn festzustellen, der Stinkjude gerufen hatte. Der Schupobeamte lehnte das ab mit der Äußerung: ›Es geschieht Ihnen recht, Sie waren selbst schuld.‹«[207]

Über ähnlich gesetzlose Zustände berichtete ein Feriengast aus Siegen, der mit seiner hochschwangeren Frau in einem Café saß und es gewagt hatte, beim Abspielen des Deutschlandliedes durch eine Unterhaltungskapelle sitzen zu bleiben: »Nach dem Absingen der 1. Strophe erschien an unserem Tisch ein mit allen Lastern des Alkohols und der Veneris behafteter junger Mensch von Mitte 20, der uns zum Aufstehen aufforderte. Ich verbat mir diese Belästigung. Der Bursche versuchte dann, unseren Tisch mit dem Geschirr umzuwerfen und brachte durch lautes Schimpfen wie Saujud, Ausländer, Internationaler Sozialist etc. das ganze Lokal gegen uns auf. Einige 100 Männer zum Teil mit ›Schmissen‹ und weissen Haaren drangen mit Faustschlägen auf mich und meine hochschwangere Frau ein und bedrohten uns mit Totschlag und Fenster-Hinauswerfen. Es gelang uns schließlich, zwischen uns und diese losgelassenen Bestien den Tisch zu bringen, der uns vor weiteren Faustschlägen schützte. Die Kellner bahnten uns dann mit Mühe einen Notausgang durch den anschließenden Cigarrenladen, wobei man uns weiter mit Faustschlägen, Tritten und meine einer Ohnmacht nahen Frau mit Zerren traktierte. Eine Rotte junger Burschen folgte uns zu unserer Pension (Villa Irene), wo man sich unsere Adresse verschaffen konnte. Wir packten die Nacht unsere Koffer, um am nächsten Morgen abzureisen. Am Bahnhof hatte sich der Hauptträdelsführer mit seinen Spiessgesellen in vollkommen betrunkenem Zustande ebenfalls eingefunden [...] Die Behörden in Borkum mit derartigen Feststellungen zu betrauen, dürfte aussichtslos sein, da von den Radaubrüdern das Wort fiel: Auf der Insel könne man einen Juden totschlagen, ohne daß ein Hahn danach krähe.«[208]

Im Vergleich zu den Borkumer Zuständen vor dem Ersten Weltkrieg hatte sich der Antisemitismus auf der Insel nach 1918/19 noch einmal deutlich radikalisiert. Dies war nicht zuletzt an den Metamorphosen des »Borkum-Liedes« abzulesen, das vor dem Ersten Weltkrieg nur in den vier Schlusszeilen der dritten Strophe offen antisemitisch gewesen war. Nach 1918 kamen weitere Strophen hinzu, mit denen sich Borkum aggressiv von der vermeintlichen »Judeninsel« Norderney abgrenzte (Borkum, der Nordsee schönste Zier/bleib du von Juden rein/laß Rosenthal und Levysohn/in Norderney allein).[209] Angewidert charakterisierte der sozialdemokratische »Vorwärts« das Lied als »Hymne jenes Pöbels, der seine arisch-teutsche Kulturbefähigung durch Absingung widerlicher Pogromlieder zu bekunden beliebt«.[210] Das öffentliche Absingen des Liedes ging häufig einher mit der Rezitation eines antisemitischen Gedichtes »Die Scheidung der Geister auf dem Hauptbahnhof von Emden«, das ebenfalls auf den Gegensatz zwischen Borkum und Norderney abzielte: »Vom Chaos scheidet sich die Rasse/vom Edelmenschen Völkermasse/und jene ziehn zum grünen Inselland/die andern an den Judenstrand/nach Borkum wir, der Völkerbrei/nach dem geliebten Norderney«.[211]

Die zuvor eher verdeckt ausgetragene Konkurrenz der Seebäder geriet

5. Postkarte mit den Schlußzeilen des Borkum-Liedes

in der Weimarer Republik zum offenen Schlagabtausch, wobei Borkum sich nicht nur als »deutscheste aller Inseln« zu profilieren, sondern auch das Aschenputtel-Image abzustreifen suchte, indem es sich als »hochmodernes Seebad« präsentierte und auf seine »modernen Anlagen« verwies, die Borkum »an die Spitze der deutschen Nordseebäder« stelle.[212] Der immanente Dreiklang der Borkum-Werbung: modern-deutsch-antisemitisch machte deutlich, dass der Bäder-Antisemitismus nicht nur anti-modernistische Aversionen ansprach, sondern sich als modernes und »zeitgemäßes« Phänomen zu etablieren suchte.

Die zwanziger Jahre waren jedoch nicht allein durch eine Radikalisierung des Antisemitismus gekennzeichnet, sondern auch durch eine verstärkte und nun offen ausgetragene Gegenwehr.[213] Im Falle Borkums konzentrierte sich dieser Anti-Antisemitismus vor allem auf das Borkum-Lied, das ja nicht nur öffentlich gesungen, sondern auch öffentlich von der gemeindlichen Kurkapelle gespielt wurde. Schon unmittelbar nach der Revolution 1918/19 drängten sowohl die Borkumer SPD als auch der Centralverein deutscher Staatsbürger jüdischen Glaubens auf ein Spielverbot. Der Regierungspräsident in Aurich sah jedoch für ein Verbot des Liedes keine gesetzliche Handhabe, da die öffentliche Ordnung auf Borkum durch das Absingen des Liedes nicht gefährdet sei. Der Borkumer Gemeinderat sprach sich am 22. Juli 1919 »mit überwältigender Mehrheit« für das Absingen des Liedes aus, weil er auf weiterhin einträgliche Geschäfte mit den antisemitischen Gästen hoffte. Dieser ebenso durchsichtige wie unter ethisch-moralischen Gesichtspunkten erbärmliche Dukaten-Antisemitismus wurde in besonderer Weise vom Borkumer Bürgermeister Kieviet personifiziert, der einen »wirtschaftlichen Schaden« für die Gemeinde befürchtete. Im Übrigen seien die Krawallszenen auf Borkum »auf das stark ausgeprägte nationale Empfinden der überwiegenden Zahl unserer Gäste zurückzuführen, das durch provozierende Handlungen Andersgesinnter verletzt wurde«. Nicht der antisemitische Radau gefährdete nach dieser Lesart die öffentliche Ordnung auf Borkum, sondern die physische Anwesenheit »Andersgesinnter« stellte die eigentliche Provokation dar.[214] Jegliches Eintreten gegen die antisemitischen Tendenzen lehnte Kieviet mit den Worten ab: »Die Abhängigkeit der Inselbewohner verbietet geradezu, ihren Gästen in solchen Fällen entgegenzutreten, weil alsdann der wirtschaftliche Schaden noch vergrößert wird, als er ohnehin schon ist.«[215] Der Regierungspräsident in Aurich stellte sich ausdrücklich hin-

ter diese Argumentation der Borkumer Gemeindevertretung, die er mit den Worten zusammenfasste:
»Die Gemeindeverwaltung hat sich nach der Begründung ausschließlich aus wirtschaftlichen Gründen für die Freigabe des Liedes erklärt. Es kann wohl als weithin bekannt angenommen werden, daß Borkum seit vielen Jahren fast ausschließlich von Deutschen christlichen Glaubens besucht wird. Diese Tatsache hat zweifellos wesentlich zu dem wirtschaftlichen Aufschwung des Bades beigetragen, es würde daher einen unzulässigen Eingriff in die Selbstverwaltung der Gemeinde bedeuten, wenn man ihr bestimmte Maßnahmen von Aufsichtswegen aufzwingen wollte, die sie selbst im Interesse ihres wirtschaftlichen Gedeihens vermieden sehen will.«[216]
In der Folgezeit wurde jedoch deutlich, dass mit dem Übergang zur Weimarer Republik die Zeiten vorbei waren, in denen derartige Ausführungen widerspruchslos hingenommen wurden. Nachdem die Borkumer SPD 1922 erneut das fortgesetzte Spielen des Borkum-Liedes moniert hatte, nahm sich der Hannoveraner Oberpräsident und vormalige Reichswehrminister Gustav Noske (SPD) der Angelegenheit an. Er erteilte dem Regierungspräsidenten in Aurich eine mündliche Anweisung, dem »hetzerischen Treiben« ein Ende zu machen, und gab seinem »lebhaften Befremden darüber Ausdruck, daß dem Skandal auf Borkum nicht energisch entgegengetreten worden ist.«[217] Im Wiederholungsfall drohte Noske der Inselgemeinde Borkum eine Herabsetzung der polizeilichen Sperrstunde auf 10 Uhr abends an, um sie dort zu treffen, wo sie am empfindlichsten war: in ihren wirtschaftlichen Interessen.
Zum ersten Mal hatte sich gegen den Borkum-Antisemitismus eine geschlossene Abwehrfront formiert, die vom Landrat des Landkreises Emden, Walter Bubert (SPD), über den Regierungspräsidenten in Aurich und den Oberpräsidenten Noske in Hannover bis zum Preußischen Innenministerium reichte, in dem Ministerialrat Hermann Badt als Sozialdemokrat, Jude und Zionist die Borkumer Entwicklung mit besonderem Interesse verfolgte. Mit der Demission des kaisertreuen Auricher Regierungspräsidenten von Hepp, den der linksliberale Jann Berghaus (DDP) 1922 abgelöst hatte, war die Abwehrfront gegen den Borkum-Antisemitismus seit 1922 personell endgültig geschlossen worden. Berghaus hatte zuvor als Schulleiter, Beigeordneter und Bürgermeister auf Norderney amtiert und stand dem antisemitischen Treiben auf Borkum schon deshalb mit schroffer Distanz gegenüber. Noch in seinen Le-

benserinnerungen berichtete Berghaus, dass er bei einem Ausflug nach Borkum in einem Lokal beinahe nicht bedient worden war: »Bei der Bestellung blickte mich der Kellner fragend an, sein Auge haftete an meinen schwarzen Haaren und dunklen Augen; er zweifelte offenbar an meiner ›arischen‹ Abstammung. Dann richtete er seinen Blick auf meine Frau mit dem Flachshaar und den hellen Augen. Das Zögern und Schwanken wurde überwunden, das Essen aufgetischt.«[218]

Im Jahre 1922/23 zeigte die Abwehrfront gegen den Borkum-Antisemitismus insofern Wirkung, als das öffentliche Spielen des »Borkum-Liedes« tatsächlich unterblieb, nachdem Regierungspräsident Berghaus und der stellvertretende Landrat in Emden der Gemeinde Borkum »auf das Bestimmteste« eine entsprechende Anweisung erteilt und »polizeiliche Maßnahmen« angedroht hatten, um eine »Beunruhigung sei es jüdischer, sei es sozialistischer und anderer Staatsbürger« zu verhindern.[219] Im August 1923 hatten die Emdener Hafenarbeiter zudem wegen des Antisemitismus den Schiffsverkehr zwischen Emden und Borkum lahm gelegt, die Schiffe nach Norderney hingegen passieren lassen. Schon im August 1920 hatten sie auf diese Weise das Spielen des Borkum-Liedes unterbunden.[220]

Im Juni/Juli 1924 spitzten sich die Ereignisse auf Borkum erneut zu. Das von Landrat Bubert (SPD) erneuerte Spielverbot des Borkum-Liedes beantworteten der »Borkumpastor« Münchmeyer und der völkische Borkumer Badedirektor Hempelmann mit wüsten Protestkundgebungen, auf denen sie Bubert, Berghaus und Noske unflätig beschimpften und dazu aufriefen, das Spielverbot zu ignorieren. Die Protestversammlungen wurden jeweils mit dem demonstrativen Absingen des Borkum-Liedes beendet. Ins gleiche Horn stieß das antisemitische »Deutsche Tageblatt«, das eine »fortschreitende Verkoscherung Deutschlands« behauptete und herausfordernd fragte: »Was geht eigentlich den Landrat Bubert, was geht die ›Vossische Zeitung‹, was geht überhaupt das ganze, zufällig in Deutschland etablierte jüdische Zigeunertum das ›Borkumlied‹ an? Bekümmern sich die Deutschen vielleicht darum, was die Juden in ihren Jahwetempeln und ähnlichen politischen Gemeinschaftshäusern in Jeruscholaim [sic] und Umgebung treiben?«[221]

Nachdem die Kurkapelle auf Anweisung des Badedirektors wieder mit dem Spielen des Borkum-Liedes begonnen hatte, machte Landrat Bubert seine Drohung wahr, zur Durchsetzung des Spielverbots auch polizeiliche Zwangsmittel einzusetzen. Noch während eines Konzertes verhinderte die eigens verstärkte Borkumer Lokalpolizei das Spielen des Liedes, nahm die Musiker teilweise in polizeilichen Gewahrsam und beschlagnahmte deren Instrumente. Außerdem wurde der Borkumer Badedirektor von Landrat Bubert mit sofortiger Wirkung aus seinem Amt entfernt.[222]

Zweifellos hätten die Vertreter des demokratischen Preußens den politisch-symbolischen Konflikt um das Borkum-Lied damit zu ihren Gunsten entschieden, wenn ihnen nicht in dieser Situation die »dritte Gewalt« in Gestalt der Justiz in den Rücken gefallen wäre. Auf Antrag des Borkumer Badedirektors sprach das Amtsgericht Emden unter dem Vorsitz des Amtsgerichtsrats von Steuber eine einstweilige Verfügung aus, in der das Spielverbot als »vollendete Rechtsbeugung« und damit als nichtig bezeichnet und dem Preußischen Staat bei Zuwiderhandlung eine Geldstrafe von 100 000 Goldmark angedroht wurde.[223] Dieser skandalöse Beschluss wurde von Münchmeyer sogleich als »Sieg« enthusiastisch gefeiert, stieß jedoch in der republikanischen Öffentlichkeit reichsweit auf helle Empörung. Die »Vossische Zeitung«, die als »Tante Voss« für ihre eher behutsame Kommentierung bekannt war, nahm in diesem Fall kein Blatt vor den Mund: »Aber die republikanische Justitia trägt nicht nur eine Binde vor Augen, sondern auch Watte in den Ohren. Die Feigheit, mit der die Republik ängstlich jedem Konflikt ausweicht, muß ja geradezu ihre Gegner von Tag zu Tag zu offenem Vorgehen herausfordern.«[224] Die Ortsgruppe Berlin des Republikanischen Richterbundes kennzeichnete Amtsgerichtsrat von Steuber als »den wahrhaft verwerflichen Typ des politischen, das heißt des parteipolitisch funktionierenden Richters. Die tolle Besonderheit des Falles liegt darin, daß ein Richter seinem Fanatismus nicht in einem gewöhnlichen Prozeß von Privatpersonen die Zügel schießen läßt, sondern sich nicht scheut, der Verwaltungsbehörde in den Arm zu fallen, um Anreizung zu Haß und Gewalt, also Rechtswidrigkeit und Kulturschande zu schützen.«[225]

Amtsgerichtsrat von Steuber, der mit Pastor Münchmeyer entfernt verwandt war, hatte beim Erlass der einstweiligen Verfügung gegen den Preußischen Staat eine Reihe haarsträubender Formfehler begangen. So hatte er nicht einmal die Legitimation des Antragstellers – nämlich des Borkumer Badedirektors – ausreichend geprüft, der gar nicht berechtigt war, für die Gemeinde Borkum eine einstweilige Verfügung zu beantragen. Damit bestand nicht nur berechtigter Anlass zu öffentlicher Empörung, sondern auch zu einem richterlichen Disziplinarverfahren, um den Amtsgerichtsrat in scharfer Form in die Schranken zu weisen. Im Falle von Steuber zeigte sich jedoch, dass in der überwiegend republikfeindlichen Weimarer Justiz eine Krähe der anderen kein Auge aushackte und der richterliche Corpsgeist jene zu decken pflegte, die zwar juristische Fehler begangen, aber doch die »richtige« Gesinnung gezeigt hatten. Nicht etwa die Ausfälle des Emdener Amtsgerichtsrats gegen den Preußischen Staat und seine unverhohlene Parteinahme für ein antisemitisches Hetzlied erregten die justiziellen Gemüter, sondern die öffentliche Stellungnahme des Republikanischen Richterbundes gegen von Steuber. »Daß überhaupt preußische Richter es über sich bringen konnten, derartiges über einen anderen preußischen Richter zu schreiben, dürfte ohne Vorgang sein«, teilte der Oberlandesgerichtspräsident in Celle dem Preußischen Justizminister mit gespielter Empörung mit.[226] Von Steuber wurde sogleich mit einem sommerlichen Bronchialkatarrh krankgeschrieben, später als dienstunfähig in eine Kur geschickt, um ihn aus der Schusslinie zu nehmen. Sowohl der Disziplinarsenat des Oberlandesgerichts Celle als auch der Große Disziplinarsenat des Kammergerichts lehnten es bezeichnenderweise ab, gegen von Steuber ein förmliches Disziplinarverfahren einzuleiten, und es bedurfte gar der persönlichen Intervention des Preußischen Justizministers, damit der Landgerichtspräsident in Aurich dem forschen Amtsgerichtsrat wenigstens eine Rüge erteilte.[227]

Die Affäre um Amtsgerichtsrat von Steuber sollte nicht der letzte Justizskandal bleiben, der aus dem öffentlichen Spielen des Borkum-Liedes erwuchs. Im Mai 1925 befasste sich das preußische Oberverwaltungsgericht mit der Angelegenheit und erklärte die polizeilichen Anordnungen über ein Spielverbot für ungültig. Die Urteilsbegründung bot ein prägnantes Beispiel für absurde juristische Spitzfindigkeiten, weil das Oberverwaltungsgericht zwar das öffentliche Singen, nicht aber das Spielen des Borkum-Liedes als Störung der öffentlichen Ordnung einstufte. Da beim Spielen der Liedmelodie (des Kaisermarsches »Hipp-hipp-hurrah«) der inkriminierte Text nicht gesungen werde, könne der Kapelle auch kein Spielverbot erteilt werden, zumal der Text des Borkum-Liedes theoretisch auch zu anderen Marschliedern gesungen werden könne.[228] Eine solche haarsträubende Begründung bezeichnete die »Vossische Zeitung« als »befremdliche Entscheidung« und der ehemalige preußische Staatsminister Wolfgang Heine als »Weltfremdheit«.[229] Erst im Herbst 1925 gab der Gerichtshof für die Entscheidung von Kompetenzkonflikten den Behörden wieder freie Hand für ein Spielverbot des Borkum-Liedes, von dem die Polizei zeitweise auch Gebrauch machte.[230] Im August 1931 verbot die Polizeiverwaltung auch das gemeinschaftliche Singen des Liedes auf der Kurpromenade und berief sich dabei auf eine Notverordnung des Reichspräsidenten, die dieser im März 1931 zur Bekämpfung politischer Ausschreitungen erlassen hatte.[231]

Die erwähnten Gerichtsverfahren bildeten im juristischen Streit um das Borkum-Lied lediglich die Spitze eines Eisberges. Allein bis Januar 1925 waren in diesem Zusammenhang 32 Strafprozesse anhängig, in deren Mittelpunkt fast immer der »Borkumpastor« Münchmeyer stand. Dessen Beleidigungen und Ausfälle hatten 1924/25 eine Dimension erreicht, die einerseits die Borkumer Honoratioren, andererseits das Evangelisch-lutherische Landeskirchenamt in Hannover von Münchmeyer abrücken ließ. Dieser beschränkte sich bei seinen öffentlichen Auftritten nämlich nicht mehr nur auf Ausfälle gegen Juden, sondern betrieb seit 1924/25 eine ausgedehnte Katholikenhetze. Als die rheinische Presse folgerichtig über die »Katholikenhetze auf Borkum« berichtete, waren damit die wirtschaftlichen Interessen der Insel unmittelbar berührt, gehörten doch Katholiken aus dem Rheinland aufgrund der günstigen Zugverbindungen nach Emden zur traditionellen Gästeklientel Borkums. »Alte Badegäste haben sich, durch diese Treibereien angewidert, mit den Worten verabschiedet: Auf Nimmerwiedersehen«, berichtete die alarmierte Borkumer »Badezeitung« in ihrer Bilanz der Saison 1924.[232] Nachdem die schwangere Frau eines deutschnationalen Staatsanwaltes auf der Insel von völkischen Rowdys misshandelt worden war, distanzierte sich auch der Deutsche Bäderverband von Borkum und beschloss, Fahrten nach Borkum nicht mehr zu empfehlen.[233] Als die Insel in ihren wirtschaftlichen Interessen massiv bedroht war, wuchs die Opposition gegen Münchmeyer und seine Agitation, zumal das Landeskirchenamt im Herbst 1925 ein Disziplinarverfahren gegen ihn eröffnete.[234]

Zu Fall brachte den Borkumpastor jedoch eine satirische Streitschrift, die Ende 1925 unter dem Titel »Der falsche Priester oder Der Kannibalenhäuptling der Nordsee-Insulaner« erschien. Hinter dem Pseudonym des Verfassers »Doktor Sprachlos« verbarg sich der Borkumer Kurgast

Dr. Albrecht Völklein, der die Schrift mit Hilfe des jüdischen Rechtsanwalts und CV-Syndikus Dr. Julius Charig und des jüdischen Kaufmanns Lazarus Pels in Umlauf gebracht hatte.[235] Die Streitschrift charakterisierte Münchmeyer – ohne ihn namentlich zu nennen – als einen »falschen Priester«, der mit einem Kreis von Gesinnungsgenossen in »heidnischer und kannibalischer Absicht« eine Insel terrorisiere, und warf ihm im Einzelnen Erpressung, Falschaussage, Vorspiegelung falscher Tatsachen, Amtsanmaßung und auch sexuelle Verfehlungen vor. Die satirische Streitschrift endete mit einem Frontalangriff auf die vorgesetzte Kirchenbehörde, der vorgeworfen wurde, den »falschen Priester als den ihren« anzuerkennen, ja möglicherweise selbst von »falschen Priestern« durchsetzt zu sein.[236]
Auf diese kalkulierte Provokation reagierte das Evangelisch-lutherische Kirchenamt in Hannover mit einem Strafantrag[237] wegen öffentlicher Beleidigung, der im Mai 1926 zu einem Verfahren gegen Völklein, Charig und Pels vor dem Großen Schöffengericht in Emden führte. Bei dem Prozess trat der angegriffene Münchmeyer als Nebenkläger auf, während die Verteidigung den angesehenen Rechtsanwalt Dr. Bruno Weil aufbot, der für den Centralverein deutscher Staatsbürger jüdischen Glaubens in Berlin tätig war.[238] Vordergründig handelte es sich bei dem Prozess um eine in das Gewand der Beleidigungsklage gekleidete Provinzposse, in Wirklichkeit um einen eminent politischen Prozess, mit dem der rabiateste und prominenteste Propagandist des Bäder-Antisemitismus öffentlich demaskiert werden sollte. An dieser Absicht ließ Rechtsanwalt Weil keinen Zweifel aufkommen, der das Verfahren später als »eine im höchsten Grade politische Aktion« bezeichnete, mit der »der antisemitische Vorkämpfer getroffen werden sollte«. Dabei habe »eines der höchsten Rechtsgüter auf dem Spiel« gestanden, nämlich das »auch Juden zustehende Grundrecht auf Freizügigkeit«.[239] Schon deshalb bemühte sich die Verteidigung mit großem Aufwand, die Richtigkeit der in der Streitschrift gegen Münchmeyer erhobenen Vorwürfe nachzuweisen.
Die Urteilsverkündung am 18. Mai gab den aufwendigen Bemühungen der Verteidigung Recht. Zwar stufte das Schöffengericht die satirische Streitschrift als »formale Beleidigung« ein und verurteilte die Angeklagten zu Geldstrafen, doch gab sie ihnen in der Sache in allen Punkten Recht und stellte wörtlich fest, dass das Verhalten Münchmeyers »eines Geistlichen nicht würdig« sei und dieser deshalb »als nicht rich-

tiger Priester, als falscher Priester bezeichnet werden kann«, ja sich »ein falscher Priester nennen lassen muß«.[240] Auch der vorgesetzten Kirchenbehörde in Hannover erteilte das Gericht eine schallende Ohrfeige. Auf die Hetze Münchmeyers gegen die Vertreter von Behörden und Polizei anspielend, stellte das Gericht fest: »Man staunt, daß nicht schon auf diesen Vorfall hin der Geistliche sofort seines Amtes entsetzt wurde.«[241]

Der Gesamttenor dieses eher ungewöhnlichen Urteils spiegelte deutlich den richterlichen Verdruss über die Person Münchmeyers wider, der in den Jahren zuvor in Dutzenden von Prozessen die Gerichte immer wieder beschäftigt hatte. Damit hatte der Geistliche durch seine maßlose Hetze, die sich zudem mit einem pathologischen Narzissmus paarte, den Bogen überspannt. Für den Centralverein und dessen Vertreter Bruno Weil war das Urteil ein voller Erfolg. Kurz nach der Urteilsverkündung trat Münchmeyer von seinem Amt als Pastor zurück – vor allem auf Druck des Landeskirchenamtes Hannover, das dessen Treiben allzu lange nachsichtig begegnet war und dafür einen gerichtlichen Tadel hatte einstecken müssen. Erst jetzt distanzierte sich die vorgesetzte Kirchenbehörde von ihrem »falschen Priester«, dem sie wenige Monate später auch das Recht aberkannte, den Titel »Pfarrer a. D.« zu führen.[242] Zwar hatte der CV über einen der schlimmsten antisemitischen Hetzer obsiegt, der sich fortan vor allem als »Reichsredner« für die NSDAP betätigte. Die Annahme, damit auch dem Phänomen des Bäder-Antisemitismus einen schweren Schlag versetzt und dem Freizügigkeitsrecht zu seinem Durchbruch verholfen zu haben, erwies sich jedoch als Trugschluss. Zwar bekundeten einzelne Borkumer Hotelbesitzer am Ende des Gerichtsprozesses, auch jüdische Gäste aufnehmen zu wollen, doch zeitigten solche Stellungnahmen keine wesentlichen Folgen. Denn mit der öffentlichen Desavouierung Münchmeyers war noch keineswegs jenes politisch-gesellschaftliche Milieu verschwunden, das ihn hervorgebracht und ihm zugejubelt hatte. Dies mussten die Angeklagten des »Münchmeyer-Prozesses«, Albrecht Völklein und Julius Charig, buchstäblich am eigenen Leibe erfahren, als sie sich nach Prozessende nach Borkum begaben, um damit die Durchsetzung ihres Freizügigkeitsrechtes zu demonstrieren. Sie wurden auf der Strandpromenade angepöbelt und mit Rufen wie »Schlagt den Juden tot« empfangen, während die Borkumer Kurkapelle demonstrativ das Borkum-Lied spielte. Erneut musste sich das Große Schöffengericht in Emden mit dem Vorfall beschäftigen; es verurteilte die Haupträdelsführer wegen Landfriedensbruchs und Beleidigung zu drei Monaten Gefängnis.[243] Der Vorfall zeigte, dass auch nach dem Rücktritt Münchmeyers ein Aufenthalt von Juden auf Borkum nur mit polizeilichen und gerichtlichen Mitteln durchgesetzt werden konnte. Für die deutschen Juden blieb Borkum auch fortan eine Insel, die man besser nicht betrat.

Der Bäder-Antisemitismus und der symbolisch-politische Konflikt um das Borkum-Lied beschäftigten in den zwanziger Jahren jedoch nicht nur die Gerichte, sondern hatten auch ein parlamentarisches Nachspiel. Die behördlichen und polizeilichen Maßnahmen gegen das Borkum-Lied führten zu einer Reihe parlamentarischer Anfragen und lösten im Preußischen Landtag eine kontroverse Debatte aus, in der sich paradigmatisch die Haltung der verschiedenen Parteien zum Antisemitismus widerspiegelte. So richtete die Völkische Reichstagsfraktion im Juli 1924 eine Interpellation an die Reichsregierung, in der sie die Vertreter des verhassten demokratischen Preußens des Verfassungsbruchs bezichtigte und behauptete, dass »preußische Behörden in offensichtlichem Zusammenwirken mit jüdischen Kreisen unter Bruch der Reichsverfassung und unter Verletzung der gesetzlichen Vorschriften gegen Borkum« vorgingen.[244] Nicht die angepöbelten und öffentlich gedemütigten Juden standen in dieser Argumentation als Opfer da, sondern das von preußischen Behörden vermeintlich drangsalierte Borkum.

Auch die Deutschnationalen schlugen in die gleiche Kerbe und sprachen in einer Anfrage an die Preußische Landesregierung von einem »unglaublichen Terror«, dem – nicht etwa die Juden, sondern – »die nach Borkum fahrenden Badegäste« ausgesetzt seien.[245] In dieser Perspektive wurde das Borkum-Lied nicht als öffentliche Hetze, sondern als legitime »Abwehrmaßregel gegen das Eindringen des Judentums auf Borkum« interpretiert – als sei ausgerechnet Borkum jemals in Gefahr gewesen, von jüdischen Gästen »überschwärmt« zu werden. Im Hauptausschuss des Preußischen Landtages bezeichnete der deutschnationale Abgeordnete Theodor Milberg die Gegner der Republik als »vollkommen vogelfrei«, wohingegen »diese paar Juden« durch behördliche Maßnahmen »gesetzlich geschützt« würden und »die Judenschaft« in Deutschland zu einer »sacrosanten Einrichtung« geworden sei. Milberg stellte sich ebenso wie die deutschnationale Fraktion eindeutig auf die Seite derjenigen, die den Bäder-Antisemitismus im Allgemeinen und die Zustände auf Borkum im Besonderen nachdrücklich unterstützten. Auch an seiner persönlichen antisemitischen Überzeugung ließ Milberg keinen Zweifel aufkommen. So bekannte er im Hauptausschuss des Landtages: »Es gebe eine ganze Reihe Deutscher, arischer Volksgenossen, denen die semitische Rasse unangenehm sei, die nicht mit Semiten zusammen sein möchten. Ihm gehe es ebenso. Er würde nie nach Bad Harzburg oder nach Heringsdorf gehen. Mögen doch die Juden von Borkum wegbleiben; sie brauchten ja nicht unbedingt hinzugehen.«[246]

Demgegenüber verteidigten die parlamentarischen Vertreter von SPD und DDP das Vorgehen der Behörden im Fall Borkum und stellten sich nachdrücklich hinter das Spielverbot des Borkum-Liedes. Der Preußische Innenminister Carl Severing (SPD) kündigte im Hauptausschuss des Landtages an, dass er gegen Störungen der öffentlichen Ordnung auf Borkum auch weiter mit Polizeigewalt vorgehen werde, und Ministerialrat Hermann Badt (SPD) breitete vor dem Preußischen Landtag in einer engagierten Rede, in der er vor allem die Justiz kritisierte, die Einzelheiten des Borkum-Skandals aus. Dabei stellte sich Badt demonstrativ hinter das Vorgehen der Behörden, die dem verfassungsrechtlich garantierten Recht auf Freizügigkeit zur Durchsetzung verholfen hätten: »Die Behörden haben früher gegen die empörenden Zustände in Borkum nichts getan. Die höhere Staatsweisheit des ancien régime gipfelte in dem Satze: ›Da kann man nix machen!‹ Bis endlich neue Beamte kommen [...], die mit Energie, Klugheit und Kenntnissen gegen diesen Skandal vorgehen. Sie gehen in dem Bewußtsein dagegen vor, daß Artikel 111 der Reichsverfassung in flagrantester Weise verletzt ist und daß sie die verfassungsmäßigen Zustände wiederherzustellen haben.«[247] Badts Stellungnahme hob nicht nur die politischen Unterschiede zwischen den Parteien im Hinblick auf den Antisemitismus hervor, sondern offenbarte auch die rechtspolitischen Differenzen zwischen Deutschnationalen und Sozialdemokraten in der Frage der verfassungsmäßigen Grundrechte, die nach Badts Auffassung nötigenfalls auch durch die Staatsgewalt durchgesetzt werden sollten, um die Diskriminierung von Minderheiten zu unterbinden.

Mit dieser Position standen freilich die Sozialdemokraten und Linksliberalen isoliert da. Völkische und Deutschnationale unterstützten offen die Antisemiten, während sich die KPD ebenso wie die rechtsliberale Deutsche Volkspartei in beredtes Schweigen hüllten. Im Hauptausschuss des Landtages hatte der DVP-Abgeordnete Eugen Leidig das

Borkum-Lied immerhin noch als »eingewurzelten Unfug« bezeichnet.[248]

Besonders bemerkenswert war jedoch, dass der Koalitionspartner von DDP und SPD in Preußen, die katholische Zentrumspartei, den Sozialdemokraten und Linksliberalen in der Frage des Antisemitismus offen in den Rücken fiel. Ihr Vertreter Joseph Heß, seines Zeichens preußischer Regierungsdirektor bei der Regierung Koblenz, sprach sich vor dem Landtag eindeutig gegen behördliche und polizeiliche Maßnahmen im Fall Borkum aus. Die antisemitischen Pöbeleien stufte er als »Bewegungen« ein, »die man sich totlaufen lassen muß. Jedes Extrem läuft sich ganz von selbst tot in der Geschichte. Es dauert eine gewisse Zeit und dann hört es auf.«[249] Zwar unterstrich Heß im Namen seiner Partei, dass diese ein »Gegner jeder antisemitischen Einstellung« sei, offenbarte jedoch in seiner Rede einen unverhohlenen katholischen Antisemitismus, der eng mit einer antikommunistischen und antimodernistischen Einstellung verbunden war. So vertrat Heß in einer Debatte, die ja eigentlich den Zuständen auf Borkum galt, die bemerkenswerte Auffassung, dass »die gesamte Bewegung des Bolschewismus eigentlich auf jüdischen Schultern steht«. Deshalb brachte er auch für den Antisemitismus ein »gewisses Verständnis« auf. Damit bediente sich Heß einer klassischen antisemitischen Argumentation, die den Antisemitismus als legitime Abwehr gegen das vermeintlich »anmaßende« Verhalten von Juden hinzustellen suchte. Wie in der Argumentation der Deutschnationalen und Völkischen verkehrte Heß hier in grotesker Weise die Perspektiven: Nicht die antisemitischen Pöbeleien, sondern die vermeintlich unheilvolle öffentliche Rolle der Juden wurde als Ursache des Problems deklariert. Im Hauptausschuss des Landtages vertrat Heß diese Argumentation noch offensiver: »Allerdings lasse die Art und Weise, wie manche Kreise der deutschen Juden in den letzten Jahren in die Erscheinung getreten seien, es doch schon begreiflich erscheinen, wenn dadurch eine gewisse Verstimmung gegen die Judenheit in ihrer Gesamtheit erweckt werde. Wenn man sich Typen wie die eines Katz und Scholem vor Augen halte, müsse man schon zugeben, daß einem manchmal die Galle überlaufen könne.«[250]

In der Frage des Antisemitismus und dessen Bekämpfung – so lautete die Quintessenz der Landtagsdebatte – erwies sich die »Weimarer Koalition« aus SPD, DDP und Zentrum als nicht handlungsfähig, weil die Zentrumspartei offen aus der antisemitischen Abwehrfront ausscherte und unverhohlen selbst antisemitische Argumentationsmuster propagierte.[251] Als die einzigen verlässlichen politischen Bündnispartner verblieben den deutschen Juden die Sozialdemokraten und Linksliberalen, die sich im Falle Borkums auch nicht scheuten, mit polizeilichen und behördlichen Mitteln gegen antisemitischen Aufruhr vorzugehen, obwohl sie auf keine breite politische Unterstützung zählen konnten. Ähnlich zwiespältig fiel die Bilanz der Rechtsprechung im Fall des Borkum-Liedes und des antisemitischen Agitators Münchmeyer aus. Zwar war es dem CV und seinem Vertreter Bruno Weil gelungen, den völkischen Hetzpriester öffentlich zu desavouieren und ihn aus seinem Amt zu drängen, doch war auf die notorisch republikfeindliche Weimarer Justiz in der Bekämpfung antisemitischer Ausschreitungen kein Verlass, wie das Skandalurteil des Emdener Amtsgerichtsrats von Steuber oder das höchst problematische Urteil des Preußischen Oberverwaltungsgerichts in der Frage des Borkum-Lieds gezeigt hatte. Insgesamt präsentierte sich die politische Öffentlichkeit Weimars in der Frage des Antisemitismus als eine zuticfst gespaltene, in der ein republikfeindlich-antisemitisches Lager einem republikanisch-demokratischen Lager gegenüberstand. Im Vergleich zum Kaiserreich vor 1918 hatte sich der Antisemitismus in seinen Methoden deutlich radikalisiert. Seebäder wie Zinnowitz und Borkum bildeten in den zwanziger Jahren kein beschauliches Ferienidyll, sondern brodelnde Zentren antisemitischer Agitation. Zur politischen Realität der Weimarer Jahre gehörte jedoch gleichzeitig eine offensive Abwehr antisemitischer Tendenzen, die nicht nur auf jüdische Institutionen wie den Centralverein beschränkt blieb, sondern von SPD und DDP unterstützt wurde. Ob die antisemitische oder nicht-antisemitische Option die Oberhand gewinnen würde, war Mitte der zwanziger Jahre keineswegs sicher und wurde erst mit der Machtübernahme der Nationalsozialisten 1933 entschieden.

Norderney und Bad Kissingen: Beispiele jüdischer »Bäderpolitik«

Mit der Radikalisierung des Bäder-Antisemitismus an Orten wie Zinnowitz und Borkum nahm für die deutschen Juden die Bedeutung jener Refugien zu, die als traditionelle »Judenbäder« galten. Je länger die »Warnlisten« wurden, in denen antisemitische Orte und Hotels aufgeführt waren, desto eher zogen sich die jüdischen Feriengäste dorthin zurück, wo sie sich vor Nachstellungen sicher wähnten. Strikt religiös lebenden Juden stand ohnehin nur ein eingeschränktes Angebot von Orten und Unterkünften zur Verfügung. Sie waren in jedem Fall auf eine »jüdische Infrastruktur« mit koscheren Restaurants »unter Aufsicht des Rabbinats« und rituell geführten Hotels angewiesen. Auch eine Synagoge oder mindestens ein Betsaal, der Gottesdienste am Ferienort ermöglichte, gehörte zu den essenziellen Bestandteilen dieser Infrastruktur.

Auf der viel geschmähten »Judeninsel« Norderney hatten sich jüdische Einrichtungen bereits im Laufe des 19. Jahrhunderts herausgebildet. So wurde die erste koschere Küche auf der Insel bereits 1840 eröffnet.[252] 1878 folgte der Bau einer Synagoge, die in Anwesenheit des Preußischen Justizministers eröffnet wurde und den zahlreichen jüdischen Feriengästen während der Saison zur Verfügung stand. »Bis auf den letzten Platz ist während der Sommermonate die Synagoge besetzt, und oft sieht man die Beter in den Gängen und in dem Vorhof stehen. Das ist fürwahr ein erfreuliches Zeichen. Es gehört zum Lokalkolorit Norderneys, daß am Freitagabend festlich gekleidete Menschen, erfrischt durch den Aufenthalt und in freudiger Stimmung, durch die Straßen gehen«, berichtete das »Israelitische Familienblatt« 1928 zum 50-jährigen Bestehen der Synagoge.[253] Seit 1910 betrieb der Unabhängige Orden B'nai B'rith ein Kindererholungsheim auf Norderney, und schon seit dem 19. Jahrhundert zeichnete sich die Insel durch ein flächendeckendes Angebot ritueller Speisehäuser einschließlich einer koscheren Metzgerei aus. Ein solches »Lokalkolorit« wäre auf der Nachbarinsel Borkum schier undenkbar gewesen, und zum besonderen Flair Norderneys gehörte nicht nur die Präsenz von Juden im Alltag der Insel, sondern auch deren weitgehende Integration in die lokale Gesellschaft. So fungierte Julius Hoffmann, der als Inhaber von »Hoffmann's Hotel Falk« eines der besten Inselhotels betrieb, nicht nur als örtlicher Vertrauensmann des Centralvereins, sondern auch als Vorsitzender des örtlichen Hotelbesitzerverbandes und des Wirteverbandes. Überdies gehörte er dem Aufsichtsrat der Norderneyer Badebetriebsgesellschaft an. Darüber hinaus veranstaltete Norderney in den zwanziger Jahren als eines von wenigen Seebädern öffentliche Verfassungsfeiern, die oft von mehr als tausend Personen besucht waren.[254] Eine Verfassungsfeier oder die Beflaggung mit schwarz-rot-goldenen Fahnen waren für die meisten Seebäder und Kurorte keineswegs selbstverständlich, stand doch eine große Zahl von Feriengästen der Weimarer Republik mit Distanz, wenn nicht mit offener Ablehnung gegenüber. Dabei begriff die Inselverwaltung solche Veranstaltungen keineswegs als einseitige politische Parteinahme, sondern hielt sich in ihren Verlautbarungen gerade die strikte Neutralität in allen politischen Fragen zugute. Sie wollte als »Insel der Toleranz« gelten, auf der die Gäste »ihre politischen, konfessionellen und sonstigen Zwistigkeiten zu Hause« lassen sollten. Und nicht ohne Sendungsbewusstsein stellte die Badedirektion 1926 fest: »Hier soll man gemeinsam Kräfte sammeln, um zu Hause zu kämpfen. Wenn ein Aufenthalt am Strande von Norderney schon verschiedentlich dazu geführt haben sollte, daß dieser Kampf nicht etwa weniger scharf, aber weniger persönlich und gehässig geführt werden sollte, dann könnte Norderney sich rühmen, nicht nur wesentlich zur Gesundung des einzelnen, sondern auch zur Gesundung unseres öffentlichen Lebens beigetragen zu haben.«[255]

Aus Sicht der deutschen Juden stellte sich das vermeintliche Norderneyer Idyll allerdings wesentlich gefährdeter dar, als es nach außen erschien. Angesichts des offenen Antisemitismus auf den benachbarten Ostfriesischen Inseln befürchteten jüdische Gäste wie die Vertreter des Centralvereins, dass auch Norderney einmal »kippen« könnte, wenn dem Geschehen auf der Insel nicht genug Aufmerksamkeit geschenkt werden würde. »Sonst ginge uns, ehe wir es ahnen, Norderney verloren«, warnte der Emdener Vertrauensmann Dr. Julius Charig 1926 in einem Schreiben an die CV-Hauptgeschäftsstelle in Berlin.[256]

Solche Befürchtungen waren nicht ganz unbegründet, war doch auch Norderney keineswegs frei von Antisemiten. Bei den Reichstagswahlen im Frühjahr 1924 hatten antisemitische Parteien – die Deutschnationalen, Christlich-Sozialen und Völkischen – auf Norderney rund 18 % der Stimmen erhalten.[257] Zwar blieb deren Stimmenanteil deutlich hinter denen der republikanischen Parteien zurück – allein die SPD hatte rund 30 % der Stimmen auf sich vereinigt –, wurde aber doch als Warnsignal aufgefasst. So blieb den Vertretern des CV nicht verborgen, dass sich einzelne Geschäftsinhaber auf Norderney in antisemitischem Sinne betätigten.

Dabei machte besonders der örtliche Buchhändler Frerichs von sich reden, der 1921 »altgermanische Weissagungen« in Flugblattform verbreitete, in denen die Sozialdemokratie als »Heerbann von Itzig, Cohn

und Veilchenduft« bezeichnet wurde.[258] Ein Großteil der Auflage wurde seitens der Inselverwaltung noch in der Druckerei beschlagnahmt und vernichtet, um der öffentlichen antisemitischen Hetze energisch entgegenzutreten. Durch antijüdische Übergriffe fiel auch der Pensionsinhaber und Restaurantbesitzer Engehausen auf, der ausdrücklich für sein »christliches Hotel« warb, Werbeanzeigen mit Hakenkreuzen dekorierte und seine Mitgliedschaft im »Deutschen Offiziersverein« hervorhob.[259]
Größeres Kopfzerbrechen bereitete den Vertretern des CV freilich der »Stahlhelm – Bund der Frontsoldaten«, der 1923 eine Ortsgruppe mit rund 100 Mitgliedern auf Norderney gründete.[260] Zwar suchte die örtliche Leitung des »Stahlhelm« aufkommende Befürchtungen mit der Ankündigung zu beschwichtigen, auch Juden als Mitglieder aufzunehmen, doch nahmen jüdische Feriengäste seit 1923/24 verstärkt eine politische Klimaveränderung auf der Insel wahr. Im Juli 1924 kamen Mitglieder des Unabhängigen Ordens B'nai B'rith auf Norderney zu einer zwanglosen Aussprache zusammen, auf der einstimmig festgestellt wurde, »daß der Antisemitismus auch hier sich bedenklich breit zu machen beginnt«: »So weigerte sich dieser Tage der Besitzer eines bekannten hiesigen Hotels, einen jüdisch aussehenden Herrn bedienen zu lassen; so wurden zwei jüdische Damen von einem Angestellten der Badeverwaltung wegen ihres Aussehens beleidigt – ganz zu schweigen von der Tatsache, daß sich Inhaber von ersten Cafés, Restaurants und Geschäftshäusern offen als Mitglieder des Stahlhelms bekennen.«[261]
Durch solche Berichte alarmiert, entsandte der Centralverein im August 1924 seinen stellvertretenden Direktor Dr. Alfred Wiener zu einem Sondierungsgespräch auf die Insel, das aus Sicht des CV insgesamt befriedigend verlief.[262] So erklärten sowohl der Bürgermeister wie auch der Kurdirektor Norderneys, »daß sie sich jedem Versuche, aus Norderney ein zweites Borkum zu machen, energisch widersetzen würden, und daß ihnen jeder Kurgast gleich welcher politischer Richtung und Religion willkommen sei«.[263] Selbst der örtliche Stahlhelmführer bekundete erneut, jüdische Mitglieder entgegen den reichsweiten Organisationsstatuten nicht ausschließen zu wollen. Mit diesen Erklärungen zufrieden gestellt, suchten Wiener und der CV gleichzeitig mäßigend auf ihre eigenen Mitglieder bzw. das »Reichsbanner Schwarz-Rot-Gold« einzuwirken. Diese hatten zuvor zum Boykott von Wirten aufgerufen, die sich öffentlich zu ihrer Mitgliedschaft im »Stahlhelm« bekannten.

Dieser »Waffenstillstand« sollte auf Norderney bis 1933 Bestand haben, war jedoch äußerst fragil und wurde von nervösem Misstrauen auf allen Seiten begleitet. So hegte der CV große Befürchtungen, als der »Stahlhelm« 1925 nicht nur ein Erholungsheim auf Norderney einrichtete, sondern auch mit großem Erfolg Anzeigen der örtlichen Hotelinhaber für die Periodika des »Stahlhelm« einwarb. Im Jahre 1925 ließen sich nicht weniger als 24 Hotels und Pensionen auf Norderney öffentlich als »Stahlhelm-Erholungsstätten« klassifizieren.[264]

Wie labil das Sicherheitsgefühl jüdischer Besucher auf der vermeintlichen »Judeninsel« Norderney ausgeprägt war, und welch ausgedehnte »Bäderpolitik« hinter den Kulissen betrieben wurde, um den Status quo des »Burgfriedens« auf der Insel zu wahren, zeigte ein Brief des CV-Vertrauensmannes Dr. Julius Charig an die Hauptgeschäftsstelle des CV in Berlin vom Mai 1925.[265] Charig berichtete über den Stahlhelm-Gautag in Emden und über angebliche Pläne, im Sommer »die schwarzweißroten Fahnen auf Norderney zur machtvollen Entfaltung zu bringen«. Er habe sich mit Julius Hoffmann, dem CV-Vertrauensmann auf Norderney, auf eine »Taktik« geeinigt, provozierenden uniformierten Aufmärschen des »Stahlhelm« möglichst mit »Nichtachtung« zu begegnen, befürchte aber dennoch öffentliche Ausschreitungen, die jüdische Gäste zum Fernbleiben von der Insel veranlassen könnten:

»Sobald eine Störung der Ruhe eintreten wird, werden [...] unsere Glaubensgenossen das Feld räumen. Dann haben die Gegner erst recht Oberhand. Unsere Freunde werden nicht die Selbstüberwindung aufbringen, trotz der Unannehmlichkeiten die Stellung zu halten. Daran ändert auch nichts die Tatsache, daß das Reichsbanner voll bereit ist, jeden Schwarzrotgoldenen zu schützen. Auch ist es wenig wertvoll, daß der Reg. Präsident Berghaus, mit dem ich am Sonntag in aller Vorsicht über diese Dinge sprach, als der Weisheit letzter Schluß eine Hundertschaft Schupo ins Gefecht führte. Ein Badebetrieb unter ›Polizeiaufsicht‹ ist auf jeden Fall ein Unding. Helfen kann allein ein Zurückerobern der Hausbesitzer selbst.«[266]

Schon die militärische Sprache des Briefes (»Feld räumen«, »Stellung halten«, »ins Gefecht führen«, »Zurückerobern«) machte deutlich, dass sich hinter dem viel proklamierten »Burgfrieden« auf Norderney ein faktischer Kriegszustand verbarg, bei dem die Parteien jeden Winkelzug des Gegners minuziös beobachteten. Seit 1930 trat der »Stahlhelm« als Hauptgegner zunehmend hinter die aufkommende NSDAP zurück, die im Jahre 1930 erstmals öffentliche Umzüge und Versammlungen auf der Insel veranstaltete und in der Folgezeit zunehmend Anhänger auf Norderney rekrutierte.[267] Dies verschob auch die politischen Gewichte auf der Insel, denen die Badeverwaltung in der Endphase der Weimarer Republik zunehmend Rechnung trug. Als die offizielle Norderneyer Badezeitung im August 1932 ein Militär-Konzert der »Gau-SA-Kapelle Weser-Ems-Oldenburg« anpries[268] und »den Freunden der schönen Militär-Musik« ganz besonders ans Herz legte, da deuteten sich jene Verhältnisse bereits an, die 1933 auch auf Norderney ihren Einzug hielten und jüdische Gäste binnen kürzester Zeit eines traditionsreichen Refugiums beraubten.

Selbst die Insel Helgoland, eines der traditionellen Erholungsziele deutscher Juden, geriet in der Endphase der Weimarer Republik in die Schlagzeilen, als das Berliner Tageblatt im Juni 1929 über eine »Antisemitische Agitation auf Helgoland« berichtete.[269] Ende 1928 hatte sich eine Ortsgruppe der NSDAP auf der Insel gebildet, und Nachrichten über einzelne antisemitische Zwischenfälle machten die Runde. Erstmals in der Geschichte des Seebades verkündeten 1930/31 einzelne Vermieter – die Villa Mohr, die Villa Kronprinz und die Pension Georg Friedrichs –, dass ihnen jüdische Gäste nicht willkommen waren. Dies alarmierte sowohl die Helgoländer Gemeindevertretung als auch den Centralverein, die sich hinter den Kulissen in beiderseitigem Einvernehmen um Schadensbegrenzung bemühten. So stellte die Gemeindevertretung 1929 ausdrücklich fest, dass auf der Insel »jeder herzlich willkommen« sei und auf Helgoland nicht »nach Partei oder Konfession« differenziert werde.[270] Der Inhaber eines Zigarrengeschäftes, der einen jüdischen Rechtsanwalt aus Hamburg in einer persönlichen Streitsache als »gemeinen Judenbengel« bezeichnet hatte, wurde nicht nur vom Helgoländer Gemeindevorsteher Erwin Lange »verwarnt«, sondern in der »Helgoländer Zeitung« auch noch öffentlich an den Pranger gestellt.[271] Noch 1931 und 1932 bekundete der Gemeindevorsteher, er werde gegen jede Belästigung jüdischer Gäste energisch einschreiten, und versicherte: »Jüdische Besucher sind wie stets auf unserer Insel willkommen.«[272] Damit war es dem Centralverein und der Gemeindevertretung noch einmal gelungen, den Charakter Helgolands als eines bevorzugten Refugiums für jüdische Gäste zu erhalten.

Während Orte wie Norderney, Helgoland und Heringsdorf unter den Seebädern als solche Refugien dienten, galten Orte wie Baden-Baden

oder Bad Kissingen unter den inländischen Kurorten als »Judenbäder«. Vor allem das bayerische Staatsbad Kissingen gehörte schon seit dem 19. Jahrhundert zu jenen Orten, die von jüdischen Kurgästen bevorzugt aufgesucht wurden. Dementsprechend hatte sich auch in Bad Kissingen eine vielgestaltige »jüdische Infrastruktur« ausgebildet: rituell geführte Hotels, koschere Restaurants, jüdische Geschäfte, jüdische Kur- und Badeärzte, besonders jedoch ein Israelitisches Kurhospiz für Erwachsene und eine Israelitische Kinderheilstätte, die alljährlich Hunderte jüdischer Kinder – größtenteils unentgeltlich – aufnahm.[273] Da Bad Kissingen im Gegensatz zu Norderney zudem über eine größere jüdische Gemeinde verfügte – 1925 waren 504 von 9517 Bad Kissingern Juden (= 5,3 %) –, stand den Gläubigen eine Synagoge auch ganzjährig – nicht nur während der Saison – zur Verfügung.
Dieses scheinbare Idyll wurde Anfang der zwanziger Jahre nachhaltig erschüttert, als der bayerische Antisemitismus vor Bad Kissingen keinen Halt machte, jüdische Gäste belästigt wurden und völkische Verbände einen »Deutschen Tag« in Bad Kissingen veranstalteten, sodass viele jüdische Gäste es vermieden, »die bayerischen Grenzen zum Zwecke der Erholung zu überschreiten«, wie der CV in Bad Kissingen rückblickend bemerkte.[274] Zu spät bemerkte die Bad Kissinger Badeverwaltung, dass sie dem völkischen Treiben nicht energisch genug entgegengesteuert hatte, zumal der größte Teil der Bevölkerung sich 1923/24 »nach jeder Richtung hin judengegnerisch gezeigt« hatte.[275] Immerhin bemühte sie sich seit 1924 intensiv, das ramponierte Image wieder aufzupolieren, antisemitischen Strömungen entgegenzutreten und die Träger von Hakenkreuzabzeichen von den Kurplätzen zu entfernen.[276]
Vor allem jüdische Kurgäste aus Berlin hatte die bayerische Mischung aus Antisemitismus und Preußenhass nachhaltig vergrault, auch zum Leidwesen der jüdischen Pensions- und Hotelbesitzer in Bad Kissingen, die auf jüdisches Publikum materiell angewiesen waren. Fast flehentlich wandte sich der Besitzer der »Villa Gleißner« im Juni 1924 an einen Redakteur der »CV-Zeitung«, beklagte eine »starke Agitation«, die in Berlin gegen Bad Kissingen geführt werde und nur den böhmischen Bädern nutze.[277] Im Mai 1925 luden der Kurverein Bad Kissingen sowie der örtliche Centralverein den CV-Direktor und Chefredakteur der CV-Zeitung, Dr. Ludwig Holländer,[278] gar offiziell zu einem Besuch ein, den der Kurverein mit dem Satz begründete: »Es liegt uns außerordent-

lich viel daran, Ihnen zu zeigen, daß uns in Kissingen jeder Gast willkommen ist und daß uns besonders die Israeliten, die seit Jahren treue Stammgäste von Kissingen waren, und es heute noch sind, uns herzlich willkommen bleiben.«[279]

In der Folgezeit unterstrich der Bad Kissinger Kurverein durch sein Verhalten, dass solche Bekundungen nicht nur Lippenbekenntnisse waren. So gingen Kurverein, Magistrat, Badekommissariat und prominente Bad Kissinger Bürger 1926 gegen einen Juwelier und Uhrmacher vor, der seinen nationalsozialistischen Fanatismus vor allem bei der Dekoration seiner Schaufenster austobte, die mit riesigen Hakenkreuzen »geschmückt« waren. Nachdem der Uhrmacher in seinem Laden auch noch völkische Hetzblätter vertrieb und sich gegenüber dem hartnäckigen Einwirken des Bad Kissinger Bürgermeisters uneinsichtig zeigte, wurde ihm sein Ladenlokal schließlich seitens des Hausbesitzers gekündigt, der damit den Forderungen der Öffentlichkeit Rechnung trug.[280]

Der Centralverein war daraufhin vom guten Willen der Verantwortlichen in Bad Kissingen überzeugt, was sich vor allem in der Berichterstattung der »CV-Zeitung« niederschlug. Im August 1926 veröffentlichte sie einen »Reisebrief aus Bad Kissingen«, der die friedliche Atmosphäre des Kurortes hervorhob und mit den antisemitischen Belästigungen andernorts kontrastierte: »Aus allen Teilen Deutschlands berichten unsere Freunde, auf Promenaden- und Waldwegen, zu Frühstück, Mittag und Abend über antisemitische Zwischenfälle im Reiche, über die mehr oder minder ernste Lage in vielen Provinzen. Aber aus Kissingen ist nichts zu berichten. Jüdische und christliche Kurgäste leben friedlich nebeneinander. Die Badeverwaltung räumt vorsorglich jeden Stein des Anstoßes aus dem Wege.«[281] Auch im Folgejahr empfahl die CV-Zeitung Bad Kissingen für einen Kuraufenthalt, da der Ort »kein Betätigungsfeld für Störenfriede« sei.[282] Die Bad Kissinger Kurverwaltung und der Centralverein zogen Mitte der zwanziger Jahre sichtbar an einem Strang und waren bestrebt, das traditionelle jüdische Publikum dem Kurort zu erhalten bzw. ehemalige Gäste wieder zurückzugewinnen. Angesichts des schwärenden Antisemitismus in vielen Bade- und Kurorten kam es für den Centralverein vor allem darauf an, traditionelle Refugien zu erhalten und dabei auch die »jüdische Infrastruktur« dieser Orte zu stabilisieren. Der Centralverein unternahm – zusammen mit jüdischen Ärzten aus Bad Kissingen sowie dem Kissinger Kurverein – sogar eine konzertierte Aktion, mit der jüdische Ärzte in Berlin bewegt werden sollten, ihren Patienten eine Kur in Bad Kissingen zu empfehlen. Dabei nahm der CV vor allem jene jüdischen Ärzte ins Gebet, die ihm seitens des Kurvereines als »prinzipielle Gegner des Bades« benannt worden waren. Wie an diesem Beispiel deutlich wird, richtete sich jüdische »Bäderpolitik« keineswegs allein an die Adresse von Kurverwaltungen und Behörden, sondern suchte auch die deutschen Juden in eine Gesamtstrategie einzubeziehen. Im konkreten Fall suchte der CV zu verhindern, dass sich als Gegenreaktion gegen den bayerischen Antisemitismus eine undifferenzierte Bayernphobie unter den Berliner Juden ausbreitete, die sich auf Orte wie Bad Kissingen außerordentlich negativ ausgewirkt hätte. Dieses Ansinnen zeitigte durchaus Erfolge, sodass der Abgesandte des CV über seine Besuche bei jüdischen Ärzten in Berlin zufrieden berichtete, diese hätten »unseren Standpunkt« nicht nur verstanden, sondern ihn auch geteilt. Überdies stellte er fest: »Die vorgenannten Herren sind fast alle von einem Vertreter des Kissinger Kurvereins und auch von jüdischen Ärzten aus Kissingen in der letzten Zeit besucht worden, und es scheint, daß diese Besuche günstig im Sinne von Kissingen gewirkt haben.«[283]

In der Endphase der Weimarer Republik wurde freilich zusehends deutlicher, dass die gute Zusammenarbeit zwischen der Bad Kissinger Kurverwaltung und dem Centralverein keineswegs auf gemeinsamen Grundüberzeugungen beruhte. Die Bereitschaft der Kurverwaltung, antisemitische Belästigungen zu unterbinden, ging vor allem auf wirtschaftliche Motive zurück: Zahlungskräftige jüdische Kurgäste sollten auch weiterhin ihr Geld nach Bad Kissingen tragen. Das offizielle Vorgehen gegen den Antisemitismus war jedoch nicht von einer dezidiert liberalen oder gar pro-jüdischen Einstellung der Kurverwaltung motiviert. So verortete sich der Bad Kissinger Kurdirektor »Kommerzienrat Major a. D. Binder« in einem Gespräch mit einem Vertreter des CV »weltanschaulich zwischen Hugenberg und Hitler«.[284] In diesem Gespräch, das im Juni 1931 stattfand, erneuerte Binder zwar seine Bereitschaft, gegen die Belästigung jüdischer Gäste »unerbittlich« vorzugehen, schränkte jedoch diese Bereitschaft durch eine verkappte Drohung wieder ein: So warnte er vor einer »Überempfindlichkeit der ›Judenschaft‹«, die dazu führen könne, »im Kurort den starken Mann zu spielen«.[285] Auch an diesen Formulierungen wurde deutlich: Selbst in ihren traditionellen Refugien wie Norderney und Bad Kissingen konnten sich

Juden in der Endphase der Weimarer Republik nicht mehr sicher sein, ob sie immer noch geschätzte oder nur noch geduldete Gäste waren. Ohne die massive »Bäderpolitik« des Centralvereins einerseits und die wirtschaftlichen Interessen der Bäder andererseits, die an politischem Aufruhr und der Ausgrenzung zahlungskräftiger Gäste kein Interesse hatten, wären die vermeintlichen »Judenbäder« möglicherweise schon vor 1933 in ein anderes Fahrwasser geraten. Dafür spricht nicht zuletzt die Geschwindigkeit, mit der diese vermeintlichen Trutzburgen gegen den Antisemitismus von den Nationalsozialisten nach 1933 geschleift werden konnten.

»Barmatfahne« und »Judenlappen« – der Flaggenstreit in den Bädern

Die Jahre der Weimarer Republik waren durch heftige öffentliche Auseinandersetzungen um politische und nationale Symbole im öffentlichen Raum gekennzeichnet. Mit wachsendem Streit um die politische Symbolik gewannen Fragen der symbolischen Politik zunehmend an Bedeutung.[286] Im Mittelpunkt der Auseinandersetzungen stand vor allem die »Flaggenfrage« – der Konflikt zwischen den Weimarer Nationalfarben Schwarz-Rot-Gold und der Flagge Schwarz-Weiß-Rot der 1918 untergegangenen Hohenzollernmonarchie. Die verfassunggebende Weimarer Nationalversammlung hatte diesen Streit 1919 durch einen Kompromiss zu entschärfen versucht, der in Artikel drei der Reichsverfassung zwar Schwarz-Rot-Gold als Nationalfarben bestimmte, die schwarz-weiß-rote Fahne – ergänzt durch ein schwarz-rot-goldenes Obereck – jedoch als Handelsflagge beließ. Dennoch ging der »Flaggenstreit«, der vor allem um Verordnungen und Ausführungsbestimmungen des Verfassungskompromisses kreiste, während der gesamten Zeit der Weimarer Republik weiter und führte im Mai 1926 gar zur Demission des damaligen Reichskanzlers Hans Luther. Luther hatte Konsulaten und Auslandsvertretungen des Deutschen Reiches erlaubt, neben der Nationalflagge auch die schwarz-weiß-rote Handelsflagge zu hissen, und war nach einem Misstrauensvotum des Reichstags zurückgetreten.

Schon deshalb wäre es irrig, den Flaggenstreit als nebensächliche und abseitige Auseinandersetzung ohne größere Bedeutung abzutun. Mit dem symbolischen Konflikt um die Reichsflagge verknüpften sich unmittelbar Fragen der Macht wie der Legitimität und öffentlichen Akzeptanz der Weimarer Republik. Nichts enthüllt die Zerrissenheit und Segmentierung der politischen Kultur Weimars stärker als die verbissenen Auseinandersetzungen um die politischen Symbole, mit denen die Anhänger der verschiedensten politischen Richtungen den öffentlichen Raum okkupierten, und nichts offenbart die Fragilität der demokratischen Republik deutlicher als die gescheiterten Versuche, die Reichsflagge Schwarz-Rot-Gold als gesellschaftlich akzeptiertes Nationalsymbol zu etablieren.

Der seit 1919 ausgefochtene Flaggenstreit machte auch vor den Seebädern und Kurorten nicht Halt, die sich nach dem Ersten Weltkrieg zu Zentren der politisch-symbolischen Auseinandersetzung entwickelt hatten. Dies zeigten die jahrelangen Konflikte um das antisemitische Borkum, die sich vor allem auf das »Borkum-Lied« konzentrierten, mit dessen Spielverbot nicht nur die öffentliche ritualisierte Ausgrenzung der Juden unterbunden, sondern auch das staatsbürgerliche Freizügigkeitsrecht symbolisch durchgesetzt werden sollte.

In ähnlicher Weise erhitzte die »Flaggenfrage« in den Bädern die politischen Gemüter. Dabei waren die Konflikte um die Reichsflagge in mehrfacher Hinsicht mit dem Bäder-Antisemitismus verbunden. Zum einen pflegten die antirepublikanischen Gegner die Reichsflagge häufig mit antisemitischen Bemerkungen zu diffamieren. Schon 1921 hatte Ludwig Thoma im »Miesbacher Anzeiger« die schwarz-rot-goldene Fahne als »schwarz-gelb-rote (sic!) Schabbes-Flagge« verhöhnt.[287] Im antisemitischen Liedgut einzelner Bäder spielte der Flaggenstreit eine zentrale Rolle. So beschwor das »Wangerooger Judenlied« die Farben schwarz-weiß-rot (»Mit ihnen kämpften wir in Feindes Lande«) und kennzeichnete die verhasste neue Reichsflagge als jüdisches Symbol (»Jetzt schwarz-rot-gold führ'n die Semiten/Die uns betrogen und verrieten«).[288] Das »Zinnowitzlied« begann mit den charakteristischen Zeilen: »Wo deutsch man fühlt, deutsch bis zum Tod/Da ehrt man schwarz-weiß-rot.«[289] In vielen antisemitischen Seebädern hatten sich für die Reichsflagge Schwarz-Rot-Gold im allgemeinen Sprachgebrauch die Bezeichnungen »Barmatfahne« und »Judenlappen« etabliert. Als im Sommer 1929 ein Badegast im überwiegend nationalsozialistischen Prerow eine schwarz-rot-goldene Fahne mitführte, brüllte ihn der dort urlaubende Berliner NSDAP-Gauleiter Joseph Goebbels mit den bezeichnenden Worten an: »Das ist eine Judenfahne, ein Judenfetzen, ein Mistfetzen, und die Republik, die sie vertritt, ist eine Judenrepublik.«[290]

Nun gehörten die deutschen Juden keineswegs zu den prononciertesten Verfechtern der schwarz-rot-goldenen Flagge im öffentlichen Raum, sondern vor allem die in der Sozialdemokratie, den freien Gewerkschaften und dem »Reichsbanner Schwarz-Rot-Gold« organisierten Arbeiter und Angestellten, unter denen Juden nur eine verschwindende Minderheit bildeten.[291] Gleichwohl markierte die »Flaggenfrage« eine wichtige symbolische Scheidelinie zwischen dem jüdischen und nichtjüdischen Bürgertum in Deutschland. Während die nichtjüdischen traditionellen Eliten und die große Mehrheit des nichtjüdischen Bürgertums ganz überwiegend die schwarz-weiß-rote Fahne favorisierten, bekannten sich viele Juden zur schwarz-rot-goldenen Flagge und damit zum Symbol jener demokratischen Republik, die ihnen zum ersten Mal in der deutschen Geschichte die vollständige staatsbürgerliche Gleichheit beschert hatte. Deshalb traten jüdische Kur- und Badegäste auch für eine verstärkte öffentliche Präsenz der Reichsflagge in den Bädern ein. So beschwerte sich ein jüdischer Kurgast auf Helgoland 1928 beim Preußischen Innenminister Albert Grzesinski, dass auf der Insel »keine Reichsfarben« gezeigt würden und stattdessen »hundertfach die deutschnationale Parteifahne« wehe. Seine Beschwerde gipfelte in der Frage: »Woran sollen die Ausländer merken, daß der Klassen- und Untertanenstaat tot und die freie deutsche Republik erstanden ist?«[292]

Seit Mitte der zwanziger Jahre sorgte die »Flaggenfrage« in vielen Bade- und Kurorten für tumultartige Auseinandersetzungen unter den Badegästen. Dabei hatten vor allem die Anhänger der schwarz-rot-goldenen Reichsfarben einen schweren Stand, da sie sich fast überall in der Minderheit befanden. In einem antisemitischen Badeort eine schwarz-rot-goldene Fahne aufzuziehen erforderte viel Mut und glich einem Kommandounternehmen auf feindlichem Territorium, bei dem Anpöbeleien und gewalttätige Übergriffe zu gewärtigen waren. Solche typischen Auseinandersetzungen spiegelten sich in dem Bericht eines Badegastes wider, der 1925 am Verfassungstag, dem 11. August, im antisemitischen Nordseebad Juist eine schwarz-rot-goldene Fahne hissen wollte: »Am Verfassungstage zogen wir mit wehender Reichsfahne fröhlich zum Strande [...] Aber die Reichsfarben Schwarz-Rot-Gold scheinen hierorts fremd zu sein. Im Handumdrehen hatten wir murrende

Massen um uns. Wir stellten – nachdem ein passender Platz gefunden war – ruhig unser Zelt auf, hißten die Fahne. Nun brach das Unwetter los! Es erschien vorerst eine Deputation bartloser Jünglinge, die sich ›Schwarzweißrote Strandkompagnie‹ nannte und uns im Auftrage ›sämtlicher Badegäste‹ aufforderte, die Fahne herunterzuholen! [...] Wenige Augenblicke später waren wir von hunderten von Menschen umringt, die in ein wüstes Gejohle ausbrachen! Die Reichsfarben wurden als Juden- und Barmat-Fahne bezeichnet, und einzelne aus der Menge entblödeten sich nicht, meine Frau – die mit unseren fünf Kindern bei mir stand – als ›Frauenzimmer‹ zu bezeichnen. Die Menge wurde bösartig. Einer der Helden sprang auf den Sandhügel zur Fahne und fragte meinen Sohn höhnend, wie lange er wohl glaube, die Fahne noch bewachen zu können. Da sprang ich hinzu und antwortete: ›Heute, am Verfassungstage, bleibt die Fahne solange stehn, wie es mir beliebt.‹ Inzwischen – unser Zelt mochte seit etwa zwei Stunden belagert sein, und die Zudringlichkeiten wurden größer – kam ich mit einem der Helden ins Handgemenge. [...] Schutz war nicht vorhanden. Einige Gleichgesinnte rieten mir dringend, die Fahne zu entfernen, da wir sonst in Juist keine ruhige Stunde mehr haben würden. [...] Erst am Mittag, nachdem man sich allgemein zum Essen begeben hatte, habe ich, von meiner Familie umgeben, die Fahne entrollt und hocherhoben in die Wohnung zurückgebracht. Nicht unerwähnt möge hierbei bleiben, daß selbst Schwestern evangelischer Verbände in eine Art Veitstanz verfielen, als sie unsere schwarz-rot-goldene Fahne gewahrten.«[293]

Beschwerden und Berichte wie dieser gingen im Preußischen Innenministerium in großer Zahl ein, wobei fast immer der Diebstahl und das demonstrative »Herunterreißen« der schwarz-rot-goldenen Fahnen im Mittelpunkt standen. Die republikanische Presse beklagte sich bitter über den »Terror der Schwarzweißroten« und verlangte nach Maßnahmen zum besonderen Schutz der Reichsflagge in Bädern und Kurorten.[294] Mitunter entbehrten solche Beschwerden nicht einer grotesk-komischen Note, wenn etwa der sozialdemokratische »Vorwärts« beklagte, dass bei Strandburgwettbewerben mit öffentlicher Preisverleihung die mit schwarz-rot-goldenen Fahnen geschmückten Burgen »geflissentlich übergangen« würden.[295]

Im März 1926 richtete der damalige preußische Innenminister Severing deshalb an die zuständigen Regierungspräsidenten einen Erlass zum »Schutz der Reichsfarben in den Seebädern«, der auf die »peinlichen

Belästigungen« und »Gewalttätigkeiten« gegen republikanisch gesinnte Badegäste Bezug nahm. Aus diesem Grunde forderte Severing einen besonderen polizeilichen Schutz jener Badegäste, »die sich zur Republik und ihren Farben öffentlich zu bekennen wünschen«.[296] In den Folgejahren erneuerte das Innenministerium diesen Erlass, ergänzt um die Aufforderung, über die im Laufe eines Sommers gesammelten Erfahrungen zu berichten.
Ein wirksamer Schutz der Reichsfarben und der republikanischen Gäste erforderte freilich einen erheblichen polizeilichen Aufwand. Da Flaggen von den Sandburgen und Strandkörben gewöhnlich bei Nacht gestohlen wurden, blieb der Polizei gar nichts anderes übrig, als nächtens auf Streife zu gehen und sich persönlich hinter besonders diebstahlgefährdeten Objekten auf die Lauer zu legen, zumal »eine Spurensicherung im losen Sandstrand unmöglich« war, wie ein Landrat bedauernd an den Regierungspräsidenten in Stralsund berichtete.[297] Ein auf die Insel Hiddensee kommandierter Landjäger, der verdächtige Flaggendiebe observierte und ihre Gespräche belauschte, wusste über angebliche Pläne zu berichten, »in strengste Opposition zum Judentum auf Hiddensee zu treten und die Juden von Hiddensee zu werfen«.[298] Auf die Ergreifung von Flaggendieben wurden hohe Belohnungen ausgesetzt, Badegäste erhielten beim Diebstahl der Reichsflagge ein Entschuldigungsschreiben des jeweiligen Bades.[299]
Dieser geballte Einsatz der Staatsmacht blieb keineswegs ohne Erfolg: In einzelnen Fällen wurden Flaggendiebe gefasst und anschließend wegen Diebstahls und Sachbeschädigung vor Gericht gestellt. Bei den Tätern handelte es sich weder um Angehörige sozialer Randgruppen noch um gewaltbereite junge Männer, sondern um gut situierte und nicht vorbestrafte Angehörige der traditionellen Eliten, nicht selten Damen, die mit dem Diebstahl von schwarz-rot-goldenen Fahnen ihren Hass auf die Symbole der demokratischen Republik zum Ausdruck brachten.[300] Die mehrheitlich konservative Justiz zeigte allerdings wenig Neigung, solche Delikte zu verfolgen, und sprach die Angeklagten in vielen Fällen frei. Ein Staatsanwalt in Aurich stufte gar das öffentliche Zeigen einer schwarz-rot-goldenen Flagge am Strande als Provokation ein.[301]
Wenn der preußische Innenminister mit seinem Flaggenerlass die Hoffnung verbunden hatte, das öffentliche Bekenntnis der Bürger zur Weimarer Republik zu fördern, dann fiel das Ergebnis insgesamt ernüchternd aus. An der erdrückenden Dominanz der schwarz-weiß-roten

FAMILIE

6./7. Schwarz-Rot-Gold ist unerwünscht: Zerstörung eines Fahnenmastes in Sellin auf Rügen, 1928

Fahnen an den Stränden von Nord- und Ostsee konnten weder Erlasse noch Polizeieinsätze etwas ändern. Dies galt sowohl für die dezidiert antisemitischen Badeorte, wo schwarz-rot-goldene Fahnen faktisch nicht zu sehen waren, als auch für die »Judenbäder«, wo ebenfalls das Symbol schwarz-weiß-rot dominierte. Im Juli 1928 führte das völkische Blatt »Fridericus« eine Flaggenzählung in einzelnen Seebädern durch, die mit einem eindeutigen Ergebnis endete: So waren weder im antisemitischen Zinnowitz noch in Borkum auch nur eine schwarz-rot-goldene Fahne zu sehen. Im ebenfalls antisemitischen Heiligenhafen wurden neben 379 schwarz-weiß-roten nur 22 schwarz-rot-goldene Fahnen gezählt, während in Westerland neben 298 schwarz-weiß-roten ebenfalls nur 24 schwarz-rot-goldene Flaggen wehten.[302] Selbst wenn man davon ausgeht, dass die Pöbeleien und Übergriffe gegen Anhänger von Schwarz-Rot-Gold einen Einschüchterungseffekt hervorriefen und einen gewissen Anpassungsdruck erzeugten, dann wurde am Beispiel der Flaggenfrage offensichtlich, dass jene gesellschaftlichen Schichten, die sich eine Urlaubsreise leisten konnten, die Weimarer Republik mehrheitlich ablehnten. Das Schlagwort von der »Republik ohne Republikaner« fand hier seinen sinnfälligen, symbolischen Ausdruck.
Darüber hinaus sorgte die Flaggenfrage auch im Verhältnis zwischen den Kur- und Badeorten und dem Preußischen Innenministerium für politischen Zündstoff: Vor allem die sich antisemitisch gerierenden Orte boykottierten die schwarz-rot-goldenen Reichsfarben prinzipiell und hissten selbst an öffentlichen Einrichtungen ungeniert die schwarz-weiß-rote Fahne: auf Kurhäusern ebenso wie auf Strandpromenaden und an Landungsstegen. So warb das antisemitische Seebad Bansin in einem vom Verband Deutscher Ostseebäder 1927 herausgegebenen Bäderführer mit dem Satz: »Ein Wald von schwarz-weiß-roten Flaggen gibt dem Seebad Bansin das Gepräge.«[303] Ein solches Verhalten wollte sich das Preußische Innenministerium seit 1927 nicht mehr bieten lassen und ging mit unmittelbaren Anweisungen gegen das offizielle Hissen der schwarz-weiß-roten Fahne vor, die es mit dringenden Empfehlungen verband, an öffentlichen Plätzen die Reichsfarben zu zeigen. Im Juli 1929 kündigte der Innenminister schriftlich die Rundreise eines Ministerialrates durch fast sämtliche Seebäder an, der die »zur Beflaggung der Seebäder getroffenen Maßnahmen« prüfen sollte.[304]
Was Ministerialrat Dr. Bandmann als Ergebnis seiner sommerlichen Rundreise zu berichten wusste, dürfte im Innenministerium keine Be-

geisterung ausgelöst haben. Große Seebäder wie Swinemünde, Ahlbeck und andere hatten lediglich eine einzige Reichsflagge gehisst, die auf das Gesamtbild des Strandlebens »völlig ohne Einfluß« blieb, ja geradezu »peinlich« wirkte.[305] Manche kleinen Bäder hatten schwarz-rot-goldene Fahnen »vorbildlich« angebracht, an vielen Orten wie auf Rügen und Hiddensee hingegen waren überhaupt keine Reichsfarben aufgezogen. Die Durchführung der staatlichen Beflaggungsaktion lasse daher »noch recht viel zu wünschen übrig«, fasste der Ministerialrat das Ergebnis seiner Besichtigungstour zusammen.[306]

An vielen Orten reagierten Badeverwaltungen und Gemeindevertretungen in der Flaggenfrage mit Widerstand und Obstruktion. So hisste die Kurverwaltung der ostfriesischen Insel Baltrum 1927 demonstrativ eine schwarze Fahne, nachdem der Regierungspräsident in Aurich die Beseitigung der schwarz-weiß-roten Fahne auf dem Badegebäude der Kurverwaltung angeordnet hatte.[307] Auf Hiddensee weigerte sich die Gemeinde Kloster, die schwarz-rot-goldene Fahne samt Fahnenmast zu bezahlen, die sie auf Anweisung des Landrates auf Rügen hatte anschaffen müssen. Daraufhin mussten die Kosten in Höhe von 80 RM aus dem Haushalt der Preußischen Allgemeinen Finanzverwaltung zur Verfügung gestellt werden.[308] Der Ostpommersche Bäderverband lehnte 1929 die Aufstellung von Reichs- und Landesflagge am Badestrand aus »rechtlichen und wirtschaftlichen Erwägungen« ab und warf dem Preußischen Innenministerium implizit vor, mit seiner Anordnung den Flaggenstreit in die Bäder hineinzutragen.[309] In dieser Perspektive galt das Hissen einer schwarz-weiß-roten Fahne als normal, während das Zeigen einer schwarz-rot-goldenen Flagge, die ja offiziell das Hoheitszeichen des Deutschen Reiches darstellte, als unzulässige Politisierung bezeichnet wurde, die die Mehrzahl der antirepublikanischen Badegäste verschrecke. Auch der schlesische Bäderverband argumentierte gegenüber dem Breslauer Oberpräsidenten zunächst mit der vermeintlichen »Aufrechterhaltung der Neutralität«, versprach jedoch 1930, künftig auf den Kurhäusern die schwarz-rot-goldene Fahne zu zeigen.[310] Die Gründe für die zögerlich-obstruierende Haltung vieler Bade- und Kurverwaltungen fasste ein Landrat 1931 mit dem Satz zusammen: »Die Mehrzahl der Badegäste ist reaktionär eingestellt, und die Gemeindeverwaltungen wollen es sich nicht mit diesen Leuten verderben, besonders da die Mehrzahl der Gemeindevertreter ebenfalls rechts eingestellt ist.«[311]

Selbst am Verfassungstag, dem 11. August, ignorierten viele Gemeinde- und Kurverwaltungen die ergangenen Anweisungen zur Beflaggung mit Schwarz-Rot-Gold. So hatten am Verfassungstag 1928 auf Rügen nur 13 von 92 Gemeinden überhaupt geflaggt.[312] In Prerow auf dem Darß spielte eine Marinekapelle bei der Verfassungsfeier das Lied »Stolz weht die Fahne Schwarz-weiß-rot«. Eine schwarz-rot-goldene Fahne war gar nicht erst gehisst worden, wobei der Gemeindevorsteher von Prerow zur Begründung angab, dass seine neue Fahnenstange »an diesem Tag noch nicht fertig gewesen« sei.[313]

In Prerow zeigte sich überdies bereits Ende der zwanziger Jahre ein Problem, das in der Endphase der Weimarer Republik den Streit zwischen Schwarz-Rot-Gold und Schwarz-Weiß-Rot zunehmend überlagerte. Hier hatte die Hakenkreuzfahne schon seit 1927/28 die Flaggen des Kaiserreiches und der Weimarer Republik verdrängt. Prerow warb 1928/29 öffentlich mit dem »anerkannt national-sozialistischen Charakter« des Bades.[314] Selbst die Sandburgen waren mit Hakenkreuzflaggen gespickt, und manche Badegäste pflegten sich mit Heil-Rufen »nach italienischem Muster« zu begrüßen, wie eine Zeitung 1930 kritisch vermerkte.[315] Der zuständige Regierungspräsident in Stralsund sah hierin »eine bedenkliche Gefahr für Ruhe und Ordnung«, zumal die Hakenkreuzfahne weit über Prerow hinaus expandierte und das Strandbild auch andernorts zu dominieren begann. »Der Anblick dieser Hetzflagge wirkt erholungsverhindernd«, beschwerte sich 1931 ein Kurgast aus Binz auf Rügen beim Preußischen Innenminister.[316]

Mit welchen Mitteln aber sollten die Gemeinden gegen nationalsozialistische Flaggenparaden am Badestrand vorgehen, sofern sie überhaupt willig waren, entsprechende Maßnahmen zu ergreifen? Der Oberbürgermeister von Kolberg ging mit den Mitteln der Polizeiverordnung gegen die Hakenkreuzfahnen vor, während die schleswig-holsteinischen Nordseebäder seit Juni 1931 nur jene Fahnen am Strand zuließen, die »den jetzigen und ehemaligen Flaggen, Wimpeln, Standarten usw. des Reiches, der Länder, der Provinzen, der Landschaften, der Gemeinden usw. entsprechen.«[317] Gleichzeitig wurden die Gemeinden vom Regierungspräsidenten in Schleswig verpflichtet, an ihren Fahnenmasten die schwarz-rot-goldenen Reichsfarben sowie die Landesfarben zu zeigen. Diese Regelung empfahl der Preußische Innenminister den übrigen Regierungspräsidenten ausdrücklich zur Übernahme. Sie sorgte einerseits für eine minimale öffentliche Präsenz der Reichsflagge, ließ die

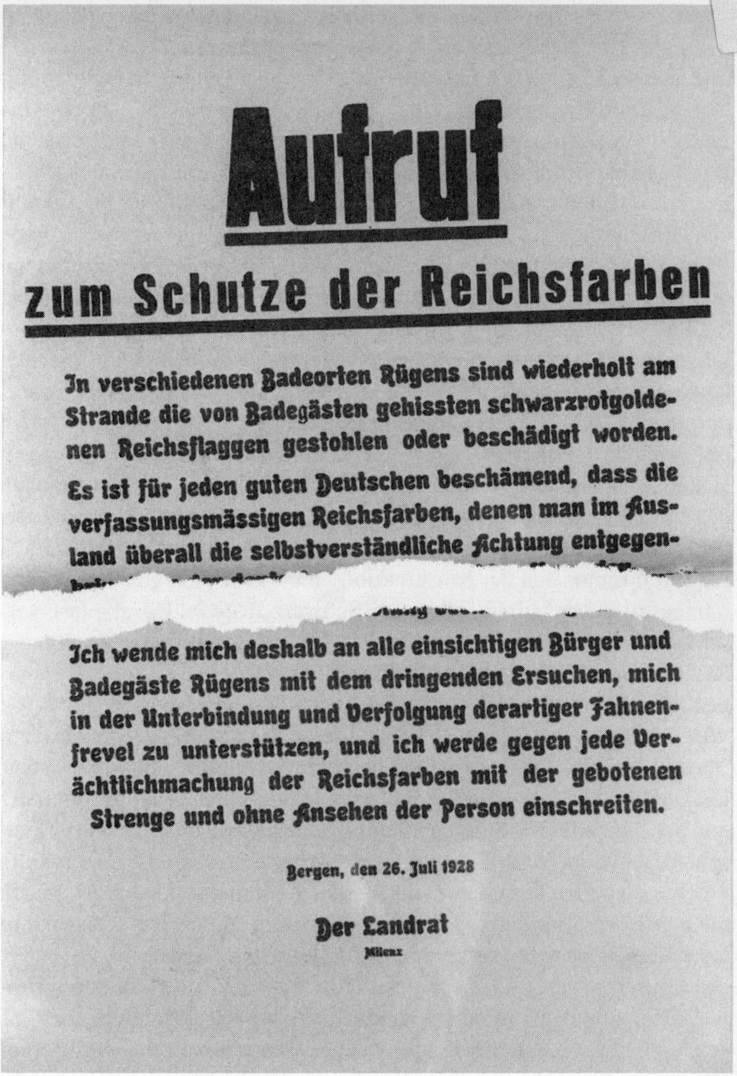

Aufruf

zum Schutze der Reichsfarben

In verschiedenen Badeorten Rügens sind wiederholt am Strande die von Badegästen gehissten schwarzrotgoldenen Reichsflaggen gestohlen oder beschädigt worden.

Es ist für jeden guten Deutschen beschämend, dass die verfassungsmässigen Reichsfarben, denen man im Ausland überall die selbstverständliche Achtung entgegen-

Ich wende mich deshalb an alle einsichtigen Bürger und Badegäste Rügens mit dem dringenden Ersuchen, mich in der Unterbindung und Verfolgung derartiger Fahnenfrevel zu unterstützen, und ich werde gegen jede Verächtlichmachung der Reichsfarben mit der gebotenen Strenge und ohne Ansehen der Person einschreiten.

Bergen, den 26. Juli 1928

Der Landrat
Milenz

8. Aufruf des Landrates auf Rügen vom 26. 7. 1928 zum Schutz der Reichsfarben Schwarz-Rot-Gold (Ausschnitt) schwarz-weiß-rote Fahne am Badestrand zu und fand sich stillschweigend mit ihrer Dominanz ab, schloss jedoch die Hakenkreuzfahne wie alle anderen politischen Flaggen aus. Nachdem es faktisch nicht gelungen war, den Reichsfarben in den Bade- und Kurorten eine größere öffentliche Geltung zu verschaffen, ließen die Verantwortlichen in Preußen den Streit zwischen Schwarz-Rot-Gold und Schwarz-Weiß-Rot beiseite und konzentrierten sich fast ausschließlich auf die Abwehr des Hakenkreuzes.

Auch wenn diese Bemühungen bei einem Teil der Badeverwaltungen durchaus auf Resonanz stießen, weil diese kein Interesse daran hatten, die bürgerkriegsähnlichen Zustände von den Großstädten in die Erholungsorte zu importieren, erhoben andere Gemeinden gegen die Hakenkreuzbeflaggung keine Einwände. So beschrieb ein Berliner Rabbiner, der im Juli 1932 einen ausgedehnten Spaziergang an der Ostsee unternahm, den Strand des pommerschen Swinemünde als »Meer von Hakenkreuzfahnen«.[318] Auch in Ahlbeck seien manche »Feldzeichen des dritten Reiches« zu sehen, die in Zinnowitz, dem Stammsitz der »Hakenkreuzritter«, schon lange dominierten. Lediglich in Heringsdorf sei durch Eingreifen der Kurdirektion »nicht eine einzige Hakenkreuzfahne« zu sehen, allerdings auch Schwarz-Rot-Gold dort »fast verschwunden«. Die Fahne Schwarz-Weiß-Rot, das klassische Signum der Republikfeindlichkeit, wirke demgegenüber »heute geradezu beruhigend und gemütlich«.[319]

Was der Berliner Rabbiner in seiner »saisongemäßen Betrachtung« des Badelebens 1932 zum Ausdruck brachte, war ein Gefühl von Heimatlosigkeit und Isolation, das viele Juden in deutschen Urlaubsorten kurz vor der Machtübernahme der Nationalsozialisten überkam. Das zwischen Schwarz-Weiß-Rot und Hakenkreuz changierende Strandbild brachte diese Isolation symbolisch zum Ausdruck und spiegelte auch die politische Stimmung in den nichtjüdischen Mittel- und Oberschichten wider. Angesichts dieser Situation stehe die »jüdische Angst« – so der Rabbiner – »in wuchernder Blüte«, und um das Gefühl der Heimatlosigkeit zu illustrieren, fügte er hinzu: »›Wir reisen nur noch ins Ausland!‹ sagen die einen und meinen Marienbad oder das Berner Oberland. Andere sagen dasselbe, fragt man sie aber, wohin, so hört man die halb-verschmitzte, halb ironisch-schmerzliche Antwort: ›Nach München!‹«[320]

Ausbruch oder Isolation?

Die Radikalisierung des Bäder-Antisemitismus in der Weimarer Republik hatte für den jüdischen Reisenden wie für die Interessenvertretung der deutschen Juden weit reichende Folgen. Der flüchtige Blick in die eingangs der Urlaubssaison veröffentlichten Warnlisten, der noch im Kaiserreich genügt hatte, reichte in der Weimarer Republik nicht mehr aus, wollten jüdische Reisende keine unliebsamen Überraschungen erleben. Da die Zahl der sich »antisemitisch« bis »christlich« gerierenden Hotels und Pensionen beständig expandierte, bestürmten viele deutsche Juden vor der Urlaubsreise den Centralverein mit Einzelanfragen, die den CV notgedrungen stark beschäftigten. Die Warnlisten der Jahre 1931 und 1932, die neben Hunderten von Hotels und Pensionen auch die Verkehrslokale der NSDAP umfassten, mussten bereits als separater Sonderdruck veröffentlicht werden, da sie den Umfang des Israelitischen Familienblattes oder der CV-Zeitung schlichtweg sprengten.
Im gleichen Jahr richtete der CV erstmals offiziell einen Reisedienst ein, »um alle Anfragen, die täglich über judenfeindliche Kurorte und Gasthäuser gestellt werden, zuverlässig beantworten zu können«.[321] Dies setzte nicht zuletzt das gründliche Studium der rechtsradikalen und antisemitischen Presse im Hinblick auf Hotel- und Restaurantanzeigen voraus. Als weitere zentrale Informationsquelle fungierten die Berichte der örtlichen CV-Vertrauensleute, die in der Regel mit den lokalen Verhältnissen am besten vertraut waren. Darüber hinaus griff der CV auf Mitteilungen zurück, die ihm seitens einzelner Mitglieder über antisemitische Zwischenfälle oder persönliche Erfahrungen mit einzelnen Hotelbesitzern und Vermietern gemacht wurden. 1931 forderte der CV seine Mitglieder und die Leser der CV-Zeitung systematisch auf, ihm entsprechende Berichte über schlechte oder besonders gute Urlaubserfahrungen zuzusenden.[322] Diese Angaben wurden allerdings nie für bare Münze genommen, sondern in ausgedehnten Schriftwechseln mit den Bade- und Kurverwaltungen einerseits, den Hotelbesitzern und Pensionsinhabern andererseits entweder verifiziert oder ad acta gelegt. Solange die Badeverwaltungen oder die Hotelbesitzer erklärten, jüdische Gäste aufnehmen zu wollen, geriet kein Ort, Hotel, Pension oder Lokal auf eine antisemitische Warnliste, weil der CV den schriftlichen Versicherungen der Verwaltungen bzw. der Inhaber ein größeres Gewicht beimaß als den Angaben Dritter.

Für die Mitarbeiter des CV gehörte eine solche Korrespondenz zu den zweifelhaften Vergnügen, weil die Antworten antisemitischer Vermieter häufig mit entsprechenden Beleidigungen gespickt waren. Der CV sprach in diesem Zusammenhang von »einem Wust von Gemeinheiten, Vorurteilen, hemmungsloser Freude am Beleidigen und Engstirnigkeit«.[323] Obwohl man hätte erwarten können, dass die antisemitische Bekenntnisfreude der Inhaber und Vermieter durch die schlechten wirtschaftlichen Verhältnisse in der Weimarer Republik gedämpft worden wäre, um möglichst keine potenziellen Kunden zu verprellen, war in der Realität das genaue Gegenteil der Fall. Statt hinhaltender und ausweichender Antworten dominierten seit den späten zwanziger Jahren offen beleidigende und herausfordernde Bemerkungen. Im Juli 1930 veröffentlichte das »Israelitische Familienblatt« aus einschlägigen Zitaten einen antisemitischen »Musterbrief«, verbunden mit dem Hinweis, hier nicht etwa ein Zerrbild zu liefern, sondern das getreue Abbild eines Briefes, »der so oder ähnlich hundertfach geschrieben zu werden pflegt«.[324] Er sei im Folgenden in Ausschnitten zitiert:

»›Deutsche Antwort auf jüdische Anmaßung‹[325] [...]
›Ihr provozierendes, typisch jüdisches Schreiben habe ich erhalten.‹[326] [...]
›Es entspricht ganz ihrer Rasse, ein derart schamloses Benehmen an den Tag zu legen.‹[327] [...]
›Ich wundere mich bloß, daß Sie bei dem Ihnen sonst eigenen Spürsinn meine ›Judenfreundlichkeit‹ erst so spät entdecken.‹[328]
›Wir Deutsche legen nämlich gar keinen Wert darauf, den Anblick jüdischer Typen zu genießen und vermissen recht gern ihre knoblauchduftende Anwesenheit.‹[329] [...]
›Darum: Für Juden, Judenknechte, Neger und Mulatten ist das Betreten meines Grundstücks verboten. Vorsicht! Hundepeitsche.‹[330]
›Ich bleibe Judenfeind bis 100000 Jahre nach Christi Geburt.‹[331]
›Mit Hitler Heil.‹«[332]

In solchen Antworten spiegelte sich die Radikalisierung des Bäder-Antisemitismus in der Weimarer Republik deutlich wider. Zwar gab es in Deutschland vor 1933 keine einzige Urlaubsregion, die Juden in Gänze verschlossen gewesen wäre. Selbst in den oft antisemitisch orientierten Bädern an Nord- und Ostsee standen jüdischen Gästen – nicht zuletzt dank vorausschauender »Bäderpolitik« des CV – einschlägige Residuen wie Norderney oder Heringsdorf zur Verfügung. Zudem gehörte die Mehrzahl der deutschen Kur- und Badeorte weder zu den prononciert antisemitischen Erholungsstätten noch zu den »jüdischen« Residuen, sondern verhielt sich in weltanschaulich-politischer Hinsicht neutral. Dies war allerdings weniger in den Seebädern als vielmehr in den traditionellen Kurorten im Inland der Fall, die auf ein internationales Publikum orientiert waren und durch offenen antisemitischen Radau negative Konsequenzen für die wirtschaftliche Entwicklung des Kurortes befürchteten. Sofern die Nationalsozialisten in solchen Orten antijüdische Aktionen initiierten, gerieten – auch in der Endphase der Weimarer Republik – bisweilen sie und nicht die jüdischen Gäste in die Isolation: so im Frühjahr 1930 in Baden-Baden, wo Arbeitgeber und Gewerkschaften in bemerkenswerter Eintracht eine »Einheitsfront gegen politischen Randalismus« bildeten und im Juli 1930 eine gemeinsame Massenkundgebung gegen antijüdische Übergriffe durchführten.[333] Allerdings hielten solche Aktionen den Vormarsch der Nationalsozialisten weder in den traditionellen Kurorten noch in Baden-Baden auf, wo die NSDAP schon im September 1930 fast 20 % der Stimmen erhielt.[334] Trotz einer wirtschaftlich begründeten Ablehnung des Antisemitismus in vielen klassischen Kurbädern war doch insgesamt nicht zu übersehen, dass sich der potenzielle Aktionsradius jüdischer Kurgäste und Touristen in Deutschland und ihre Optionen bei der Wahl eines Urlaubsortes zunehmend verengte und damit auch eine wachsende gesellschaftliche Isolation der Juden beförderte.

Mit diesem Zustand fand sich vor allem der CV nicht kampf- und kommentarlos ab, wie die Konflikte auf Borkum gezeigt hatten. Gleichzeitig richtete vor allem das »Israelitische Familienblatt« zahlreiche Aufrufe und Mahnungen an die deutschen Juden, mögliche Konflikte und Reibungsflächen mit Antisemiten zu minimieren. Stellenweise kam dahinter der Wunsch zum Ausdruck, antisemitische Stereotype durch ein entsprechendes Verhalten widerlegen zu wollen. Die schon erwähnten Aufrufe zu demonstrativer Bescheidenheit in der Öffentlichkeit, die vor allem in den Anfangsjahren der Weimarer Republik verbreitet waren, trugen diesem Ansinnen Rechnung. »Ohne Zweifel schadet es dem gesamten Judentum sehr, wenn wir direkt auffallen. Je bescheidener und einfacher wir auftreten, desto weniger Stoff zu neidischen Blicken und unliebsamen Angriffsflächen bieten wir«, mahnte ein Prediger und Religionslehrer im »Israelitischen Familienblatt« zur Badesaison 1921.[335] Eine Widerlegung antisemitischer Stereotype versprach sich auch Heinz Caspari, der 1929 im »Israelitischen Familienblatt« anregte, allen Widrigkeiten zum Trotz auch antisemitische Ferienorte aufzusuchen, um dort ein lebendes Gegenbeispiel gegen die grassierenden antijüdischen Klischees abzugeben. Als mögliche Folge erhoffte Caspari eine »Revolution in Zinnowitz oder auf Juist«, mit einschneidenden Veränderungen in den Einstellungen der dortigen Einheimischen und nichtjüdischen Gäste:

»Sie würden baß erstaunt sein angesichts der Feststellung, daß ›die Juden‹ weder sämtlich noch auch nur überwiegend mit Krummnasen, Plattfüßen, Negerlocken, Wulstlippen und Hängebäuchen behaftet sind. Sie würden sich davon überzeugen können, daß diese Fremdrassigen ein reines und einwandfreies Deutsch sprechen; daß sie ihre Hände und Füße zu allem anderen verwenden als zum Reden, daß sie sich wie europäische Kulturmenschen benehmen, daß sie weder feige noch wasserscheu sind. Sie würden ganz zwangsläufig darauf kommen, daß diese höflichen, bescheidenen, zurückhaltenden Gäste doch eigentlich viel besser zu leiden sind als die mit ihren blutroten Hakenkreuzbannern, ihrer Blechmusik, ihrem unaufhörlichen ›Heil‹-Gebrüll die Straßen unsicher machenden Hitlerleute. Sie würden nicht umhin können, den schnoddrigen Befehlston, die dauernden Quengeleien, die Knickerigkeit des Herrn Kgl. Oberzollamtsassistenten a. D. Pachulke mit der liebenswürdigen, verbindlichen, noblen Art des Herrn Rechtsanwalts Kahn zu vergleichen. Sie würden überhaupt, in summa, herausfinden, daß diese Juden sozusagen auch Menschen sind – Menschen, deutsche Menschen, die wie alle anderen Volksgenossen das Recht haben, Erholung zu suchen, wo es ihnen paßt.« Dann – so Caspari – »könnte es vielleicht so weit kommen, daß wir unsere Liste ›Wo Juden unerwünscht sind‹ eines schönen Tages wegen Materialmangels nicht mehr herausbringen könnten, was niemandem mehr Freude machen würde als ihrem beklagenswerten Redakteur«.[336]

In Casparis Ausführungen und Hoffnungen kam vor allem der Wunsch zum Ausdruck, aus der faktischen Ghettoisierung der Juden in manchen Ferienregionen auszubrechen. Indirekt opponierte er gegen ein Vermeidungsverhalten, das vielen deutschen Juden im Laufe der Jahrzehnte zwangsläufig zur zweiten Natur geworden war. Wer Borkum, Zinnowitz, Bansin und die vielen anderen Orte oder die zahlreichen antisemitischen Hotels umging, konnte der unmittelbaren Konfrontation mit dem Antisemitismus entgehen, lief jedoch auch Gefahr, sich in einer trügerischen Sicherheit zu wiegen, in der das Vermeidungsverhalten so weit verinnerlicht war, dass es als solches gar nicht mehr reflektiert wurde.[337]

Mit diesem Zustand wollte sich Caspari nicht abfinden. Sofern er jedoch ernsthaft gehofft hatte, den Antisemitismus durch das persönliche Beispiel ad absurdum zu führen und ihn durch Konfrontation mit der Realität zu widerlegen, unterschätzte er fundamental die Funktion antisemitischer Stereotype, die jedes soziale Verhalten von Juden negativ klassifizierten und selbstbewusstes Auftreten als »Anmaßung«, Bescheidenheit als »süßlich-schmierige Zuvorkommenheit« einzustufen pflegten.

Die spezifische Topographie der antisemitischen Erholungsorte, die sich in den Grundzügen bereits im Kaiserreich ausgebildet hatte, löste sich in der Weimarer Republik nicht auf, sondern verfestigte sich und expandierte sogar. Aus der Perspektive der jüdischen Touristen und Erholungssuchenden standen daher die Zeichen nicht auf Überwindung und Ausbruch aus den überkommenen Verhältnissen, sondern eher auf Rückzug und Selbstbesinnung. Fast niemand war bereit, als lebendes Versuchsobjekt die »Toleranz« einer zweifelhaften Umgebung zu erproben und sich möglichen Pöbeleien auszusetzen. Repräsentativ für diese Grundstimmung war die Reaktion des Schriftstellers Stefan Zweig, als er 1922 von seinem Kollegen Victor Fleischer eingeladen wurde, ihn auf der tendenziell antisemitischen Nordseeinsel Langeoog zu besuchen. Zweig lehnte dankend mit der Bemerkung ab, er könne »jetzt auf zwei Meilen weit keine alldeutschen Jungens« sehen: »lieber Norderney als diese Geistigkeit, die einen Rathenau ermordet hat«. Im Übrigen fügte Zweig hinzu: »Ich lasse mich nicht pardonnieren und ›dulden‹, besonders dort wo ich bezahle. Lieber in ein Bad mit 700 000 galizischen Juden! Das habe ich nicht nötig – da lieber nach Marienbad oder Italien, falls ich nichts Rechtes finde.«[338]

Die Tendenz zum Rückzug in »sichere« Refugien hatte sich bereits während des Kaiserreiches herausgebildet. Ein deutliches Indiz für dessen Fortgang in der Weimarer Republik war der weitere Ausbau der »jüdischen Infrastruktur« an vielen Erholungsorten, die nicht allein Kindern und Bedürftigen zur Verfügung stand, sondern sich stetig ausdifferenzierte und immer weiter über den Kreis religiöser Juden hinausgriff. So wurde beispielsweise 1931 in Arendsee an der Ostsee ein schlossähnliches Gebäude von Leo Baeck als Rabbiner-Erholungsheim eingeweiht, das jedoch als »Hausmann-Heim für jüdische Akademiker« schon bald jüdischen Akademikern aller Berufsstände offen stand.[339] Bei den rituell geführten Hotels und koscheren Restaurants zeigte sich eine ähnliche Entwicklung. Sie schlossen sich zum »Verein jüdischer Hotelbesitzer und Restaurateure e. V.« zusammen, die sämtlich der Aufsicht des »Vereins zur Förderung ritueller Speisehäuser e. V.« unterstanden.[340] In diesem Verbund vernetzten und professionalisierten sie ihre Aktivitäten. Dabei streiften sie zunehmend ihre Nischenfunktion für religiös-orthodoxe Juden ab. Sie warben gezielt um eine nicht-religiöse jüdische Klientel, der sie sich in Zeiten äußerer Bedrängnis als Alternative anboten, von der sie allerdings auch »jüdische Solidarität« erwarteten. Wie die beständigen Klagen über mangelnde Qualität und hohe Preise in jüdischen Restaurants allerdings zeigten, gewannen sie dabei ebenso kritische wie anspruchsvolle Kunden hinzu, die in jüdischen Hotels und Restaurants auf den gewohnten Komfort bzw. das gewohnte Niveau nicht verzichten wollten.[341]

»Wer nicht wegen der koscheren Verpflegung zu uns kommt, der komme als Jude, als Volksgenosse, der komme aus Solidaritätsgefühl«, forderten jüdische Restaurantbesitzer 1931 im »Israelitischen Familienblatt«.[342] Der Appell an den jüdischen »Volksgenossen« deutete die schleichenden Veränderungen im Selbstbild der Juden in Deutschland an, wo vor allem in der Endphase der Weimarer Republik immer weniger von »deutschen Juden« oder gar »jüdischen Deutschen« die Rede war. »Man ›trägt‹ wieder Judentum«, meldete das Familienblatt Ende 1932 und vertrat die Auffassung, dass die Zeiten weitgehender Emanzipation und Assimilationshoffnungen endgültig vorbei seien: »Es ist heute anders geworden. Alle diese Leute werden durch den Antisemitismus unserer Tage daran erinnert, daß sie Juden sind. Sie können geistige und gesellschaftliche Geltung nicht mehr in Kreisen anderer finden [...] Die exklusiven Kreise des Berliner Westens, die man sonst an Sonntagen nur auf Golfplätzen und Rennbahnen sah, finden es wieder modern, in die Synagoge zu gehen, und sei es auch nur, um einen Vortrag dort anzuhören.«[343] Jüdische Selbstbesinnung – auch in Urlaub und Freizeit – bot eine Alternative zur geistigen und politischen Heimatlosigkeit, die viele Juden angesichts der Erosion liberal-demokratischer Bürgerlichkeit in Deutschland überfiel. Arno Herzberg skizzierte in der

CV-Zeitung diese »Selbstaufgabe des bürgerlichen Seins« im deutschen Bürgertum mit bemerkenswerter Schärfe und konstatierte, »daß die alte liberale Zeit, die Emanzipation gebracht hat, vorbei ist, unrettbar vorbei ist«.[344] Schon um dem »Gefühl des Alleinseins« zu begegnen, sei eine Stärkung jüdischer Gemeinschaftsbindungen unabdingbar. »Ihre praktische Verwirklichung und lebendige Durchsetzung als Gemeinschaftsgefühl, als Selbstwürde und und Selbstachtung, als gegenseitige Hilfeleistung muß mehr in den Vordergrund treten.« In dieser Situation wachsender gesellschaftlicher Isolation, aber auch einer neuen jüdischen Gemeinschaftlichkeit trat die jüdische Minderheit in Deutschland in das nationalsozialistische »Dritte Reich« ein.

3. Kapitel
Administrative Ghettoisierung im »Dritten Reich«

Die Seebäder als Wegbereiter des Ausgrenzungsprozesses

Trotz ihrer antisemitischen Agitation in Bade- und Kurorten reglementierten die Nationalsozialisten nach 1933 die Reisemöglichkeiten von Juden zunächst nicht. Erste reichsweit gültige Anordnungen für »jüdische Kurgäste in Bädern und Kurorten« erließ das Reichsinnenministerium nicht vor Juli 1937, und im September 1933 ordnete Martin Bormann, der Stabsleiter des Stellvertreters des Führers, sogar an, lokale Maßnahmen »nach Möglichkeit« zurückzunehmen, die Juden das Betreten von Bädern und Ortschaften untersagten.[345]
Diese reichsweiten Anordnungen spiegelten jedoch das tatsächliche Ausmaß der Judenverfolgung nach 1933 nur unvollkommen wider und täuschten über die Ausgrenzungsrealität in vielen Städten und Gemeinden hinweg. Dies galt nicht nur für die antijüdischen Maßnahmen in Bade- und Kurorten, sondern für die »Judenpolitik« generell, wo lokale und regionale Initiativen den reichsweiten Anordnungen oft weit vorauseilten.[346] Nur ein systematischer Blick auf die Situation in den einzelnen Orten enthüllt die Dynamik antisemitischer Ausgrenzung, die sich nach 1933 »von unten« vollzog. Auf den ersten Blick schienen die Nationalsozialisten damit an den Bäder-Antisemitismus der Weimarer Republik und des Kaiserreiches anzuknüpfen, der ja ebenfalls ein Phänomen »von unten« gewesen war.
Bei genauerem Hinsehen offenbaren sich freilich zentrale Unterschiede: Vor 1933 war der Bäder-Antisemitismus in erster Linie von Kur- und Badegästen ausgegangen, die auf Vermieter, Hotelbesitzer und Badeverwaltungen einen entsprechenden Druck ausübten. Im Großen und Ganzen regelte sich die Topographie antisemitischer Bade- und Kurorte damit nach den Gesetzen von Angebot und Nachfrage. Politisch-administrative Maßnahmen waren hingegen vor 1933 nur bedingt

möglich, da diese gegen grundsätzliche Verfassungsnormen wie das Grundrecht der Freizügigkeit verstießen. Nach 1933 verloren diese Normen rapide an Bedeutung, ohne formal jemals außer Kraft gesetzt zu werden. Die Initiative verlagerte sich nach 1933 von den Gästen auf die »Hoheitsträger« der örtlichen NSDAP sowie die neuen nationalsozialistischen Kur- und Gemeindeverwaltungen, die geradezu miteinander wetteiferten, ihren Badeort »judenfrei« zu machen. Die Wünsche der Gäste sowie die Interessen der örtlichen Hotelbesitzer spielten demgegenüber nur eine nachrangige Rolle, ja mussten sich den lokalpolitischen Vorgaben der Nationalsozialisten anpassen und unterordnen.

Die systematische Ausgrenzung der Juden nach 1933 stand daher keineswegs in ungebrochener Kontinuität zum Bäder-Antisemitismus. Dies zeigte sich besonders an jenen Orten, die zuvor als »Judenbäder« gegolten hatten. Wie überall im Deutschen Reich, waren auch hier die Nationalsozialisten 1933 an die Macht gekommen und machten sich schon bald daran, den vermeintlichen Makel jüdischer Gäste loszuwerden. Dabei schreckten sie vor rabiaten Methoden keineswegs zurück.

So konnten jüdische Gäste in ihrem traditionellen Erholungsort Norderney 1933 zum letzten Mal Urlaub machen, doch war bereits diese Saison von einzelnen antisemitischen Maßnahmen überschattet. So verkündete die Badeverwaltung Ende Juni 1933 öffentlich, dass jüdische Kurgäste auf Norderney unerwünscht seien.[347] Im August 1933 wurden in vielen Lokalen Schilder mit der Aufschrift »Die deutsche Frau tanzt mit keinem Juden!« angebracht.[348] Im gleichen Monat wurde ein jüdischer Kurgast in »Schutzhaft« genommen, weil er von anderen Gästen wegen einer vermeintlichen Beziehung zu einem »Christenmädel« denunziert worden war. Die »Norderneyer Badezeitung« forderte sogleich die Todesstrafe für den Festgenommenen und kündigte an, in künftigen Fällen den Betreffenden öffentlich anzuprangern und ihn mit einem umgehängten Plakat durch den Ort zu führen.[349] Es blieb jedoch der Norderneyer Kurverwaltung vorbehalten, den Tiefpunkt in der antisemitischen Agitation auf der Insel zu setzen. Ende 1933 ließ sie Tausende von Briefverschlussmarken mit der Aufschrift »Nordseebad Norderney ist judenfrei« drucken und u. a. an die Einwohner verteilen. Jüdischen Zeitungen ließ die Kurverwaltung eine Presseerklärung zukommen, in der sie versicherte, »daß jüdische Kurgäste auf Norderney nicht erwünscht sind«: »Sollten Juden trotzdem versuchen, im kommenden Sommer in Norderney unterzukommen, so haben sie selbst die Verantwortung zu

tragen. Bei vorkommenden Reibereien müßte die Badeverwaltung im Interesse des Bades und der anwesenden deutschen Kurgäste die anwesenden Juden sofort von der Insel verweisen.«[350]
Für ein solches Vorgehen fehlten jedoch selbst im »Dritten Reich« die gesetzlichen Voraussetzungen. So monierte der Reichswirtschaftsminister in einem Schreiben an den Reichsinnenminister, dass Aufenthaltsverbote und die Drohungen der Norderneyer Badeverwaltung mit der Reichsverfassung »nicht vereinbar« seien, und regte eine generelle Anordnung an, »um die Beachtung der gesetzlichen Vorschriften sicherzustellen«.[351] Erst im Juni 1934 bequemte sich der Preußische Innenminister zu einer Stellungnahme, dass der polizeiliche Schutz allen Badebesuchern »ohne Unterschied der rassischen Zugehörigkeit« zu gewähren sei.[352] Ein Dementi oder eine öffentliche Richtigstellung forderte jedoch niemand von der Norderneyer Badeverwaltung ein, die im Juni 1934 erneut öffentlich verkündete, »daß Juden in Norderney ebensowenig aufgenommen werden wie auf anderen Inseln«.[353] Es war für die Verfassungswirklichkeit des »Dritten Reiches« mehr als bezeichnend, dass offene Rechtsbrüche und Gesetzesverstöße zwar intern benannt, aber nicht öffentlich sanktioniert wurden. Die Reichsministerien missbilligten zwar manches Vorgehen lokaler Behörden im Detail, sympathisierten jedoch unverhohlen mit deren Ergebnis: der beschleunigten Ausgrenzung von Juden aus dem öffentlichen Raum. So vollzog sich binnen kurzer Zeit eine faktische Arbeitsteilung in der antijüdischen Politik, die radikalen Initiativen »von unten« weiten Spielraum gewährte und nur dort einschritt, wo dies aus Gründen außenpolitischer Rücksichtnahme geboten erschien. Damit besaßen Juden im Deutschen Reich schon 1933 keine gesicherte Rechtsstellung mehr.
Dies zeigte sich nicht zuletzt in der Behandlung der jüdischen Pensions- und Hotelbesitzer auf Norderney, die auf jüdische Gäste angewiesen waren und durch das Vorgehen der Badebetriebsgesellschaft in den Ruin getrieben wurden. Der Norderneyer Vertrauensmann des CV und Besitzer von »Hoffmanns Hotel Falk«, Julius Hoffmann, wollte sich mit diesem Zustand nicht ohne Gegenwehr abfinden, beschwerte sich beim Reichswirtschafts- und Reichsinnenministerium und klagte schließlich gegen die Badebetriebsgesellschaft auf Schadenersatz. Das Landgericht Aurich wies die Klage jedoch mit der Begründung ab, dass das Vorgehen der Badeverwaltung nicht gegen die guten Sitten verstoße, zumindest nicht nach dem »herrschenden Volksbewußtsein« bzw. »der

9. Antisemitische Agitation der SA auf Norderney, Oktober 1933

jetzt herrschenden nationalsozialistischen Anschauung«.[354] Statt auf die einschlägigen Rechtsnormen zu verweisen, die eine Entschädigung zwingend geboten hätten, zog sich das Gericht auf die wolkige Konstruktion des angeblichen »Volksbewußtseins« zurück, die einer willkürlichen Handhabung der bestehenden Rechtsgrundlagen Tür und Tor öffnete.

Die Haltung der Norderneyer Badeverwaltung war vor allem von der Maxime bestimmt, das Image des »Judenbades« durch demonstrative antisemitische Aktionen loszuwerden. Unter den politischen Verhältnissen des »Dritten Reiches« befürchtete die Verwaltung einen Wettbewerbsnachteil gegenüber der Konkurrenz, die im Kielwasser der »nationalen Erhebung« zusätzliche Gäste auf Kosten ihrer Konkurrenten zu gewinnen suchte und ihre Werbung dementsprechend ausrichtete. So streuten u. a. die Nordseeinseln Baltrum und Wangerooge in ihre Werbeprospekte 1935 gezielt antijüdische Hinweise ein (»Juden finden keine Aufnahme«, »Israeliten sind nicht erwünscht«).[355] Borkum warb gar mit der »rasseformenden Nordseeheilkraft«.[356] Die Badeverwaltung Norderney sah dadurch das neu gewonnene antisemitische Image Norderneys massiv gefährdet, ging sie doch davon aus, dass »das Fernbleiben der Nichtarier von unserer Insel jetzt unbedingt eine Lebensfrage für Norderney geworden ist«.[357]

Auch die neue nationalsozialistische Gemeinde- und Kurverwaltung Heringsdorfs bemühte sich nach 1933 um schroffe Distanz gegenüber der toleranten Tradition des Badeortes, der vor der Machtübernahme der Nationalsozialisten ein beliebtes Ferienziel jüdischer Touristen gewesen war. Deshalb hatten einzelne Amtsträger wie der Landrat von Wollin nach 1933 auch ernsthaft vorgeschlagen, Heringsdorf offiziell zum »Judenbad« und damit zu einem jüdischen Ferienghetto zu erklären, um jüdische Gäste aus den umliegenden Seebädern offiziell ausschließen zu können.[358] Dies lag freilich nicht im Interesse der Heringsdorfer Nationalsozialisten. Schon im Januar 1934 hatte der Leiter der NSDAP-Ortsgruppe Neuhof-Heringsdorf apodiktisch verkündet: »Heringsdorf wird dieses Jahr ohne Juden sein.« Dies werde auch die Presse »durch alle deutschen Gaue tragen«.[359] Um jüdischen Gästen den Aufenthalt nach Möglichkeit zu verleiden, stellte die Gemeinde der Berliner SA 1934 ein Erholungsheim zur Verfügung. Am Ortseingang signalisierte 1935 ein großes Plakat: »Juden stop! Juden sind an diesem Ort nicht erwünscht«, und an zahlreichen Stellen wurden Tafeln angebracht, die »deutschen Nichtariern« den Zutritt zu Veranstaltungen der Kurverwaltung und zu den Einrichtungen der Gemeinde verwehrten.[360] 1936 versicherte die Kurdirektion in einem Werbeschreiben an frühere Badegäste, dass sie »durch strenges Fernhalten unerwünschter Rassenangehöriger ein rein deutsches Publikum vor unliebsamen Begegnungen in jeder Weise schützen« werde.[361] In den Anfangsjahren des »Dritten Reiches« gab es – wie schon erwähnt – für ein solches Vorgehen noch keinerlei rechtliche Grundlagen. Dies kümmerte die nationalsozialistischen Machthaber in Heringsdorf jedoch ebenso wenig wie auf Norderney, konnten sie doch von einem stillschweigenden Wohlwollen vieler vorgesetzter Stellen ausgehen, auch wenn diese nicht jede einzelne Maßnahme guthießen. Überdies spekulierten sie auf einen nachhaltigen Einschüchterungseffekt der Brachialmaßnahmen gegenüber den jüdischen Gästen.

Vor allem die Seebäder traten nach 1933 in einen regelrechten Wettbewerb ein, »von unten« durch entsprechende Maßnahmen Fakten zu schaffen und ihren Ort anschließend als »judenfrei« zu präsentieren, während die traditionsreichen Kurbäder im Inland, die stärker von einem internationalen Publikum frequentiert waren, jüdischen Gästen aus taktischen Gründen noch eine gewisse Galgenfrist gewährten. Nachdem die einstigen »Judenbäder« Norderney und Heringsdorf mit antijüdischen Maßnahmen vorangeprescht waren, wollten auch die anderen Seebäder, die vor 1933 jüdische Gäste beherbergt hatten, nicht zurückstehen: Ahlbeck auf Usedom schloss Juden 1936 gemäß einer neu erlassenen Kurtaxordnung von allen Strand-, Kur- und Gemeindeeinrichtungen aus, ebenso die Seebäder Misdroy und Kolberg.[362] In Misdroy hatte die NSDAP 1935 zudem öffentliche antisemitische Aktionen organisiert, Umzüge mit antisemitischen Liedern veranstaltet und an Pensionen mit jüdischen Gästen Schilder mit der Aufschrift »Hier wohnt ein Verräter unserer Weltanschauung« angebracht.[363] Auch die Gemeinde Helgoland ließ antijüdische Schilder aufstellen und beantwortete Anfragen jüdischer Interessenten mit »Heil Hitler« und dem Hinweis, dass das Gros der Besucher aus »arischen Volksgenossen« bestehe. Um angebliche »Unzuträglichkeiten« zu vermeiden, riet die Badeverwaltung von einem Aufenthalt »dringend« ab.[364] So konnte das antisemitische Hetzblatt »Der Stürmer« im Sommer 1935 vermelden: »Heute findet erstmalig Gymnastik am Strande ohne Juden statt und die Gymnastiklehrerin kann den Sport mit ›Heil Hitler‹ eröffnen.«[365] Swi-

nemünde sprach zwar kein generelles Zutrittsverbot aus, doch beschloss die Fachversammlung des Fremdenverkehrsvereins 1935 mit großer Mehrheit, in Zukunft keinen jüdischen Gästen mehr Unterkunft zu gewähren. In Westerland auf Sylt sprach der Bürgermeister und Kurdirektor Dr. Schuldt im März 1934 ein generelles Zutrittsverbot für Juden aus.[366] Der Centralverein deutscher Staatsbürger jüdischen Glaubens kam daher schon Ende 1935 zu dem Schluss, dass den Juden der Aufenthalt an Nord- und Ostsee durch Beschluss der Kurverwaltungen oder durch eine entsprechende Beschilderung faktisch verwehrt sei.[367]
Ob die Aktionen der Nationalsozialisten in den Badeorten die Mehrheitsmeinung der Einwohner widerspiegelte, ja lebhaft begrüßt wurde, wie die NS-Propaganda vorgab, stand hingegen auf einem anderen Blatt und darf durchaus bezweifelt werden. Nicht einmal die NS-Funktionäre in den Gemeinde- und Badeverwaltungen waren sich über den antisemitischen Kurs in allen Fällen einig. So hatte der Bürgermeister von Westerland auf Sylt im März 1934 ein Zutrittsverbot für seinen Ort ausgesprochen, das faktisch nur geringe Wirkung zeitigte. Noch im Sommer 1935 beklagte der NSDAP-Ortsgruppenleiter, dass ein Teil der Pensionsinhaber auch jüdische Gäste aufnehme und in der Sommersaison statt der Hakenkreuzflagge die schwarz-weiß-rote Fahne aufziehe. In Zukunft solle jüdischen Gästen der Aufenthalt in Westerland jedoch »verleidet« werden.[368] Hinter dieser Ankündigung verbarg sich nichts anderes als das verkappte Eingeständnis, dass ein Zutrittsverbot rechtlich gar nicht durchsetzbar war, zumal man den jüdischen Geschäftsinhabern in Westerland schwerlich verbieten konnte, ihre Läden zu betreten. Zudem war der Vorstoß des Bürgermeisters vom März 1934 in der Badeverwaltung nicht auf ungeteilte Begeisterung gestoßen. Dies kam in einem Schreiben der Badeverwaltung an einen jüdischen Interessenten, der sich nach Urlaubsmöglichkeiten in Westerland erkundigt hatte, deutlich zum Ausdruck: Zwar wies die Badeverwaltung auf die Stellungnahme des Gemeinderates hin, nach der Juden in Westerland als »unerwünscht« galten, und kennzeichnete die Stimmung der örtlichen SA als »sehr scharf judengegnerisch«. Gleichzeitig teilte sie dem Interessenten jedoch mit: »Eine gesetzliche Handhabe, Juden von Westerland fernzuhalten, besteht bekanntlich nicht. [...] Wir würden uns freuen, Sie in Westerland begrüßen zu können.«[369]
Solche versteckten Dissonanzen unter den lokalen NS-Verantwortlichen einerseits sowie zwischen NS-Funktionären und Einheimischen

andererseits wurden vom Centralverein deutscher Staatsbürger jüdischen Glaubens aufmerksam registriert. In einem Bericht über die »Lage der Juden in Deutschland« vom Mai 1936 beklagte der CV zwar eine »Atmosphäre des Hasses im Bade« und bezeichnete es als »Kunststück, noch einen Ort ausfindig zu machen, in den ein Jude zur Erholung gehen kann«. Dabei differenzierte der CV allerdings zwischen den Verantwortlichen der NSDAP und den Hotel- und Pensionsbesitzern, die nicht durchweg Antisemiten seien, es aber nicht wagten, »sich gegen den Terror der ortsgewaltigen Parteiführer der NSDAP aufzulehnen«.[370] Der jüdische Rechtsanwalt Kurt Ball aus Berlin berichtete in seinen im Juni 1945 niedergeschriebenen Erinnerungen ausführlich über antijüdische Schilder (»Juden unerwünscht«) an Urlaubsorten, die seiner Auffassung nach vielerorts »gegen den Willen der Bevölkerung von der nationalsozialistischen Partei erzwungen waren, und je nach den Informationen, die man darüber erhielt, richtete man sich mit Reisen ein. Tatsächlich wurden an sehr vielen Stellen trotz dieser Schilder Juden in keiner Weise belästigt.«[371]

Welche Unterkünfte jüdischen Gästen in den Seebädern noch zur Verfügung standen, war in den Anfangsjahren des »Dritten Reiches« vor allem an der Beflaggung der Pensionen und Hotels erkennbar. Die Klage des Westerländer Ortsgruppenleiters über das demonstrative Aufziehen schwarz-weiß-roter Fahnen im Sommer gibt einen Hinweis auf die fortwirkende Bedeutung politischer Symbolik in den Bädern bei gleichzeitigem rapiden Bedeutungswandel des einzelnen Symbols. Einst ein Zeichen antidemokratischer, republikfeindlicher Gesinnung, mutierte die schwarz-weiß-rote Fahne zu Beginn der NS-Herrschaft zu einem Symbol, mit dem Vermieter ihre Bereitschaft demonstrierten, jüdische Gäste aufzunehmen. Diese wiederum hätten noch in der Weimarer Republik um ein derartig beflaggtes Haus einen Bogen gemacht, hielten aber nun nach dem schwarz-weiß-roten Symbol geradezu Ausschau. Die Vermieter freilich handhabten die Beflaggung ihrer Häuser durchaus flexibel und passten sich den Erwartungen ihrer Gäste an. So erinnert sich die Schriftstellerin Carola Stern, deren Mutter eine Pension im pommerschen Seebad Ahlbeck betrieb, dass ihre Mutter bei einer jüdischen Dame die Pommernfahne aufzog, bei anderen Gästen hingegen die Hakenkreuzfahne hisste.[372]

Die skeptische Distanz mancher Einheimischer gegenüber den antisemitischen Aktionen der örtlichen Nationalsozialisten entsprang daher

nur selten einer philosemitischen Haltung. Sie war nicht zuletzt von wirtschaftlichen Erwägungen bestimmt. Wer vor 1933 eine feste Klientel jüdischer Gäste beherbergt hatte, war schon aus finanziellen Interessen nicht einfach bereit, auf diesen traditionellen Kundenkreis zu verzichten. Deshalb kam es vereinzelt vor, dass Einheimische gegen antijüdische Maßnahmen offen opponierten. So beschwerte sich ein nichtjüdischer Pensionsinhaber auf Norderney über die Einnahmeausfälle, die er durch die antisemitischen Maßnahmen und den Verlust jüdischer Gäste zu verzeichnen hatte, und beantragte bei der Badebetriebsgesellschaft eine Entschädigung.[373] Im Frühjahr 1935 wandten sich in einem Erholungsort am mecklenburgischen Röblinsee rund 40 Unterzeichner gegen die Aufstellung eines »Stürmerkastens«. Sie befürchteten eine »Schädigung ihrer wirtschaftlichen Interessen«, weil sie davon ausgingen, dass jüdische Kurgäste aus Berlin ihren Kurort meiden würden. »Dieser Fall zeigt blitzartig«, so resümierte die Mecklenburgische Politische Polizei, »wie schnell der Rassengedanke in den Hintergrund tritt, wenn nicht den Volksgenossen eine ständige Aufklärung über die Rassentheorie und über die verderblichen Einflüsse, die vom Judentum ausgehen, gegeben wird.«[374]
Anders freilich als die Mecklenburger Gestapo hier suggerierte, lag der Schlüssel für die Akzeptanz antisemitischer Maßnahmen durch die Hotel- und Pensionsinhaber nicht in antisemitischer Propaganda, sondern in einem angemessenen Ausgleich für die verloren gegangenen jüdischen Touristen. Dies hatten auch die örtlichen Nationalsozialisten begriffen, die sich emsig um eine entsprechende Kompensation bemühten und vermehrt Urlauber der NS-Gemeinschaft »Kraft durch Freude«[375] in die ehemaligen »Judenbäder« sandten. Allein zu Pfingsten 1934 waren mehr als 2000 KdF-Touristen nach Norderney gereist.[376] Auch Kongresse und Massenveranstaltungen wurden gezielt in einschlägigen Seebädern abgehalten. So fand beispielsweise in Heringsdorf 1935 ein Schulungstreffen des NS-Lehrerbundes statt, an dem mehr als 7000 Lehrer teilnahmen.[377] Auf Helgoland waren die strukturellen Veränderungen durch die neuen Ansätze eines nationalsozialistischen Massentourismus am deutlichsten sichtbar. Einstmals ein eher exklusives Reiseziel für eine kleine, aber feine Zahl von Gästen, darunter nicht wenige Juden, wurde das wirtschaftliche Leben der Insel nach 1933 von dem militärischen Ausbau der Insel zur Seefestung und den Tagestouristen von KdF bestimmt. Dies verschaffte den Inselbewohnern zwar gesi-

10. Postkarte, um 1938

cherte, kalkulierbare Einnahmen, zwang ihnen jedoch durch KdF einen festen Arbeitsrhythmus und obendrein ein Preisdiktat auf. Ein ehemaliger Helgoländer berichtete in diesem Zusammenhang:
»Für das Ein- und Ausbooten hatte die Dampferbörte [= Schifferorganisation, d. V.] früher zwei Mark pro Fahrgast erhalten. Die KdF-Fahrer zahlten 30 Pfennige, und die Mannschaften, die früher bei einigen Hunderten von Gästen genug verdienten, um zusammen mit dem Erlös des Hummerfanges auch in den langen Wintermonaten leben zu können, brachten nunmehr bei Abertausenden von Besuchern kaum noch einen Wochenlohn nach Hause. Ein ganz anderes Tempo kam jetzt mit den Menschen. Von einem fertigen Ticketblock wurde mit den Karten das Programm abgerissen: Aquarium, Inselrundfahrt und Dünenfähre. [...] Dann ging es zum Festland und zur Arbeit zurück. Was blieb, waren Eierschalen und Butterbrotpapier.«[378]
Lukrative Geschäfte mit zahlungskräftigen Einzeltouristen – wie die früher beliebten Segeltörns – waren unter den neuen Bedingungen schon zeitlich nicht mehr möglich. Die neuen KdF-Touristen kamen zwar in Massen, entpuppten sich jedoch als Habenichtse, die mit selbst geschmierten Broten anreisten und die etablierten gastronomischen Einrichtungen der Insel links liegen ließen. Unter diesen Bedingungen wurde die KdF-Organisation nie wirklich beliebt, und der Helgoländer Volksmund übersetzte das Kürzel KdF respektlos mit »Kotz durchs Fenster«.[379]
Zudem waren die Bemühungen, die ausgeschlossenen jüdischen Gäste durch eine neue Gästeklientel zu ersetzen, nicht überall erfolgreich. So hatte beispielsweise der nationalsozialistisch geführte Freistaat Danzig in Erwartung »reichsdeutscher« Touristen seine Strände, namentlich das bekannte Seebad Zoppot, für jüdische Gäste 1938 gesperrt. Aufgrund von Devisenproblemen blieb jedoch der erhoffte Zustrom aus dem Reich aus, was die Einwohner Zoppots mit einem ironischen »Ein Volk, ein Reich, ein Kurgast« quittierten.[380]
Die Bilanz der nationalsozialistischen Kompensationsanstrengungen für die ehemaligen »Judenbäder« fiel insgesamt zwiespältig aus: An die Stelle der ausgegrenzten jüdischen Touristen traten neue Gäste, vorzugsweise vermittelt durch KdF, aber damit auch neue touristische Strukturen, die bei den Einheimischen nicht auf ungeteiltes Wohlwollen stießen. Und wer als traditioneller Gast eines etablierten Seebades eine gewisse soziale Exklusivität des Reisepublikums geschätzt hatte,

rümpfte über die neuen Touristen die Nase. Die nicht nur »rassisch«, sondern auch sozial homogene »Volksgemeinschaft am Urlaubsort« blieb in der NS-Zeit daher eine propagandistische Fiktion.

Die Verdrängung der Juden aus den Kurorten des Deutschen Reiches 1933–1939

Während die Ausgrenzung jüdischer Touristen aus den Seebädern des Deutschen Reiches Ende 1935 weitgehend abgeschlossen war, vollzog sich dieser Prozess in den inländischen Kurorten mit einer gewissen Verzögerung. Vor allem in den Kurorten mit internationalem Publikum schreckten die örtlichen Nationalsozialisten anfänglich vor rabiaten Maßnahmen zurück. In Baden-Baden, wo die NSDAP mit antisemitischen Aktionen in der Endphase der Weimarer Republik ein lokalpolitisches Debakel erlebt hatte, beeilten sich die neuen NS-Machthaber mit beschwichtigenden Erklärungen: Anfang April 1933 kündigten sie in einer öffentlichen Massenversammlung an, dass in politischer und konfessioneller Hinsicht »unbedingter Burgfriede« herrschen und »Gastfreundschaft gegenüber allen Besuchern – besonders aber gegenüber allen Ausländern, gleichgültig welcher Einstellung und Rasse, in Baden-Baden zu Hause« sein solle.[381] Baden-Baden war als »Besuchskarte« Deutschlands ausersehen worden, die ausländischen Gäste »von dem geordneten Gang der Dinge zu überzeugen«.[382] Um das internationale Flair des Ortes zu stärken, erhielt Baden-Baden im August 1933 eine Spielbankkonzession, die nur bedeutenden Kurorten mit einem ausländischen Besucheranteil von mindestens 15 % gewährt wurde. Antisemitische Maßnahmen waren mit dem angestrebten Image nicht zu vereinbaren und wurden bis Anfang 1937 zurückgestellt, sodass jüdische Gäste den Ort nicht nur als Kurgäste besuchten, sondern sich auch verstärkt in Baden-Baden niederließen: Von 1933 bis 1939 zogen insgesamt 320 Juden zu.[383]

Nachdem sich von 1933 bis 1936 die jährlichen Besucherzahlen auf mehr als 120 000 nahezu verdoppelt hatten, fühlte sich die NSDAP-Kreisleitung sicher genug, eine scharfe antisemitische Wendung der bisherigen Politik einzuleiten. Am 20. Januar 1937 verfügte der Reichsstatthalter in Baden und NSDAP-Gauleiter Robert Wagner die Ausgrenzung von Juden aus den städtischen Bädern und Kureinrichtungen.

Auch die Kurtaxkarten sollten jüdischen Gästen künftig verweigert werden. Während in den Seebädern radikalere Maßnahmen schon in den Jahren zuvor durchgeführt worden waren und kaum nennenswerte Proteste hervorgerufen hatten, hielten die Geschäftsinhaber und Hotelbesitzer Baden-Badens mit ihrer Meinung über die Maßnahmen nicht hinter dem Berg. »Die den Hotels zugesandten Vorschriften ›Juden betreffend‹ bedeuten den Niedergang unserer schönen Badnerstadt!!! [...] Alle Bewohner waren von der Nachricht wie von einem Blitzstrahl getroffen«, bemerkten die Hoteliers in einem Protestschreiben.[384] Auch Geschäftsinhaber sahen die positive Entwicklung der Besucherzahlen nach 1933 »durch diese Maßnahmen vernichtet«, ohne jedoch bei den NS-Machthabern Baden-Badens mit ihren Protesten auf Resonanz zu stoßen. Immerhin deuteten die massiven Proteste noch nachträglich darauf hin, dass Kurorte wie Baden-Baden in den Anfangsjahren des »Dritten Reiches« eine bemerkenswerte Sonderstellung in der nationalsozialistischen »Judenpolitik« eingenommen hatten.
In den von ausländischen Gästen nur wenig frequentierten Kurbädern vollzog sich die Verdrängung der jüdischen Gäste durchweg schneller. So hatten beispielsweise Bad Tölz, Bad Wörishofen, Grünthal/Brannenburg, Bad Wildbad, Bernburg, Bad Badenweiler und Bad Harzburg bereits vor 1937 Juden von den Kureinrichtungen ausgeschlossen, antisemitische Schilder aufgestellt oder die Vermieter gezwungen, keine jüdischen Gäste mehr aufzunehmen.[385] Die anfangs staatlicherseits erwünschte Zurückhaltung vermochte sich hier gegenüber der Verdrängungsdynamik von unten nicht durchzusetzen. Vor allem die lokalen NS-Machthaber lehnten einen vorsichtigen Kurs in der Behandlung jüdischer Kurgäste durchweg ab und nutzten die »Judenfrage«, um sich im polykratischen Machtgefüge des »Dritten Reiches« zu profilieren, nicht zuletzt gegenüber innerparteilichen Konkurrenten oder rivalisierenden Amtsträgern, denen ideologische Lauheit vorgeworfen wurde. Diese Verschränkung von »Judenfrage« und »Machtfrage« in den Kurorten soll im Folgenden an Beispielen aus Tölz, Oeynhausen und Kissingen illustriert werden.
In Bad Tölz hatte NSDAP-Kreisleiter Eduard Bucherer 1935 mit brutalen Maßnahmen die Initiative bei der Ausgrenzung von Juden an sich gerissen. Unmittelbar vor dem in jüdischem Besitz befindlichen »Parkhotel« ließ er die Aufschriften »Juden sind unser Unglück« und »Hier wohnen die Vaterlandsverräter« anbringen und platzierte eine SA-Pos-

tenkette vor dem Hotel. Dem Hotelbesitzer Hellmann, dessen jüdische Gäste »sehr verschüchtert« auf die Aktion reagierten und sich nicht mehr auf die Straße wagten, wurde schließlich in zynischer »Großzügigkeit« mitgeteilt, »daß seine jüdischen Gäste ruhig abreisen könnten, ohne daß sie irgendwelche persönliche Belästigung zu befürchten hätten«.[386] Noch kurz zuvor hatten SA-Männer sämtliche Fensterscheiben des Hotelrestaurants eingeworfen. Daraufhin reisten alle jüdischen Kurgäste in Bad Tölz – es sollen insgesamt 350 gewesen sein – sofort ab, sodass das britische Generalkonsulat in München die Vorgänge als »die erste Massenausweisung von Juden, die bislang in Deutschland stattgefunden hat«, scharf kritisierte.[387] Gleichzeitig berief der NSDAP-Kreisleiter Vertreter des Bezirksamts, der Stadtverwaltung und der Kurdirektion zu einer Besprechung, verlangte kategorisch, keine Kurkarten mehr an Juden abzugeben und das Parkhotel zu schließen. Er sei nicht mehr bereit, »dieses Treiben« – gemeint war die Anwesenheit von Juden – länger mit anzusehen.[388] Im Jahre 1936 wurde schließlich das Parkhotel an einen »arischen« Betreiber verpachtet und die jüdischen Gäste von den Kureinrichtungen ausgeschlossen, »trotz Protest einiger weniger Hotel- und Pensionsinhaber«, wie der Kreisleiter schriftlich versicherte, und trotz eines als »streng vertraulich« deklarierten Rundschreibens des Tölzer Kurdirektors, der im Hinblick auf die Olympischen Spiele 1936 gemahnt hatte, Ausländer und auch Juden gastfreundlich zu behandeln: »Die ausländischen Besucher müssen deshalb unter allen Umständen davon überzeugt werden, daß die Gastlichkeit Deutschlands von keinem andern Land der Erde überboten werden kann.«[389] Was der Tölzer Kreisleiter unter »Gastlichkeit« verstand, hatte er bereits hinlänglich demonstriert und gegenüber den anderen Amts- und Funktionsträgern mit Brachialgewalt durchgesetzt. Dabei konnte er auf die Unterstützung des bayerischen Innenministers und oberbayerischen Gauleiters Adolf Wagner rechnen, der ungeachtet der reichsweiten Anordnungen die Stadt Bad Tölz zu ihrem Vorgehen öffentlich beglückwünschte und seine Hoffnung kundtat, dass »das gesamte bayerische Oberland diesem Beispiel folgen werde«.[390]

In Bad Oeynhausen suchte sich der örtliche NSDAP-Ortsgruppenleiter gegenüber dem Bürgermeister in der »Judenfrage« zu profilieren. Im August 1935 wollte er am Rathaus gegenüber dem Kurpark einen »Stürmerkasten« öffentlich einweihen und anschließend eine antijüdische Demonstration veranstalten. Dies wollte der Bürgermeister nach Möglichkeit verhindern, weil Oeynhausen einen größeren Anteil ausländischer Gäste aufwies und sich ein Teil von ihnen über die permanenten politischen Demonstrationen am Kurort bereits beschwert hatte. So hatte u. a. der niederländische Konsul in Dortmund dem Bürgermeister mitgeteilt, dass er zukünftig Oeynhausen meiden werde, weil er angesichts der hohen Kurtaxe nicht auch noch von Sprechchören und Umzügen belästigt werden wolle.[391] Auch der Leiter der Stapostelle für den Regierungsbezirk Minden sowie der zuständige NSDAP-Gauleiter hielten nichts von den Plänen des Ortsgruppenleiters und untersagten die geplante antijüdische Aktion. Dieser freilich fand sich mit dem Verbot nicht ab und nutzte eine öffentliche Kundgebung mit dem »Borkumpastor« Münchmeyer, um den Bürgermeister als seinen Widersacher öffentlich zu desavouieren. Auf der Kundgebung führte Münchmeyer laut Bericht der Lokalzeitung unter dem »stürmischen Beifall« der Anwesenden aus: »Es sei unbedingt notwendig, daß sich auch Bad Oeynhausen dem Vorgehen in allen deutschen Bädern anschlösse. Auch hier müsse es heißen: ›Juden unerwünscht!‹, und es sei völlig unverständlich, daß man sich beispielsweise gegen die Anbringung eines ›Stürmer‹-Kastens am Rathause und an öffentlichen Gebäuden gewandt habe.«[392] Dabei wandte sich Münchmeyer in nicht zu übersehender Weise dem Bürgermeister zu, der auf der Kundgebung anwesend war und schließlich »wie der blamierte Verwaltungsbürokrat vor der Bevölkerung auf der Bühne stand«, wie er in einer schriftlichen Beschwerde bitter vermerkte, [393] zumal der NSDAP-Ortsgruppenleiter am Ende der Kundgebung seiner Hoffnung öffentlich Ausdruck gab, »daß in Zukunft auch in Bad Oeynhausen die Stürmerkästen aufgestellt und Plakate gegen die Juden aufgehängt würden«.[394] Wenngleich nicht alle antijüdischen Initiativen in Kurorten sofort erfolgreich waren, so zeigt das Beispiel Oeynhausens doch eindringlich, wie leicht Emotionen in der »Judenfrage« demagogisch mobilisiert und in NS-internen Machtkämpfen funktionalisiert werden konnten.

Auch das bayerische Staatsbad Kissingen gehörte zu denjenigen Kurbädern in Deutschland, die traditionell einen hohen Anteil ausländischer wie jüdischer Gäste aufwiesen und dem von daher eine gewisse Zurückhaltung bei antijüdischen Maßnahmen auferlegt war. Dies hielt jedoch verschiedene Personen auf lokaler Ebene und darüber hinaus nicht davon ab, auch in Kissingen die antijüdische Politik voranzutreiben bzw. deren stetige Verschärfung zu fordern. Schon im Juli 1934

prangte an der städtischen Badeanstalt das Schild »Juden nicht erwünscht«, dessen Entfernung vom Stadtrat und der NSDAP-Kreisleitung Kissingen abgelehnt wurde, »weil dies einen Triumph für das Judentum bedeutet hätte«.[395] Als im Jahr darauf an allen gemeindlichen Schwimmanstalten Kissingens derartige Schilder auftauchten, setzte sich der Kissinger Badkommissär Conrath in einem Schreiben an den zuständigen Regierungspräsidenten sogleich dafür ein, die antijüdischen Schilder dort zu belassen, weil sie dazu beigetragen hätten, »daß nahezu alle Volksgenossen das Zusammensein mit Juden in einem Bad als ekelhaft ablehnen«.[396] Vor allem die Kissinger NSDAP suchte das antisemitische Klima im Kurort anzuheizen und veranstaltete im August 1935 im Kurgarten eine Demonstration gegen die vermeintliche »Judeninvasion«.[397] Die von Badkommissär und NSDAP behauptete »Judenplage« in Kissingen, unter der sie eine »Überschwemmung mit Juden« verstanden, hielt freilich einer näheren Überprüfung nicht stand: So betrug der Anteil jüdischer Gäste in Kissingen in den Jahren 1935 und 1936 rund 7 %.[398] Verstärkte antijüdische Maßnahmen auf Lokalebene ließen sich angesichts dieser Zahlen weder schlüssig begründen noch bei den zuständigen Regierungsstellen durchsetzen.
Bei den Kurgastzählungen in Kissingen zeigte sich, dass zwei Drittel der jüdischen Kurgäste in von Juden geführten Hotels und Pensionen abgestiegen waren, während immerhin ein Drittel in Unterkünften mit »arischen« Inhabern übernachtete.[399] Dies deutete zum Leidwesen der Nationalsozialisten keineswegs darauf hin, dass Juden im Kurort völlig isoliert waren. Was die zuständigen Stellen noch mehr überraschte, war der Umstand, dass die von Juden geführten Pensionen und Hotels über einen »arischen« Gästeanteil von immerhin 15 % verfügten, was der Bayerische Ministerpräsident Ludwig Siebert in einem Brief an das Reichsinnenministerium als »unglaublich« bezeichnete.[400]
Nach der Sommer-Olympiade 1936 wurden in Kissingen jene Stimmen lauter, die für eine völlige Ausgrenzung jüdischer Gäste plädierten. Diese kamen jedoch nicht nur aus Kissingen selbst, sondern auch aus dem Reichsinnenministerium: So hatte der Staatssekretär im Reichsinnenministerium, Hans Pfundtner, im Sommer 1936 seine Kur in Kissingen verbracht und sich anschließend schriftlich beim Bayerischen Ministerpräsidenten Siebert über die »vielen Juden« beschwert, die »direkt massiert« aufgetreten seien und deren Anwesenheit dazu beigetragen habe, »den hiesigen Aufenthalt etwas zu beeinträchtigen«.[401]

Pfundtner, der bis 1932 der DNVP angehört hatte und zu den konservativen Kollaborateuren des Nationalsozialismus gehörte, mahnte nicht etwa zur Zurückhaltung bei den antijüdischen Maßnahmen, sondern forderte den Ministerpräsidenten zum Handeln auf, »zumal ja die Olympiade jetzt vorbei« sei, wie Pfundtner am Rande bemerkte.[402] Zwar gaben die jüdischen Kurgäste in Kissingen keinerlei Anlass zu antijüdischen Maßnahmen, da trotz intensiver polizeilicher Beobachtung »kein einziger Fall ungehörigen Benehmens festzustellen gewesen« sei, wie Siebert bedauernd an Pfundtner berichtete, doch wirkte die Ermunterung Pfundtners »von oben« als deutliches Signal, dass die taktische Zurückhaltung für die Kurorte mit internationalem Publikum obsolet geworden war.

1936/37 forderte daher der NSDAP-Kreisleiter Hermann Schneider in der Jahreshauptversammlung des Kissinger Kurvereins, Juden in Zukunft zur Kur nicht mehr zuzulassen, weil es »ekelerregend« sei, »einen Baderaum zu benutzen, den vorher ein Jude benutzt hat«.[403] Da gleichzeitig der Reichsstatthalter in Baden – wie erwähnt – weit reichende Ausgrenzungsmaßnahmen für Baden-Baden verfügt hatte, griff das Reichsinnenministerium diese Initiativen »von unten« auf, um sie zu einer reichseinheitlichen Regelung zu bündeln. Bereits im März 1937 kündigte der Präsident des Reichsausschusses für Fremdenverkehr, Hermann Esser, eine solche Regelung an, die dann Staatssekretär Pfundtner als Vertreter des Reichs- und Preußischen Ministers des Innern am 24. Juli 1937 in einem Schnellbrief verkündete.[404]

Der Schnellbrief Pfundtners sanktionierte die lokal verfügten Ausgrenzungen jüdischer Gäste aus jenen Erholungsorten, die nicht primär als Heilbäder im engeren Sinne galten. Dies traf u. a. auf die Seebäder und die typischen »Sommerfrischen« zu, die nun auch den ministeriellen Segen erhielten, jüdische Gäste von den Kureinrichtungen »allgemein« auszuschließen. Auch für die Heilbäder im engeren Sinne erhielten jüdische Gäste keine Zugangsgarantie. Nur dort, wo sie getrennt von den übrigen Gästen in »jüdischen« Hotels und Pensionen untergebracht werden konnten und diese kein »deutschblütiges« Personal unter 45 Jahren beschäftigten, sollten jüdische Gäste überhaupt zugelassen werden. Dies bedeutete jedoch keineswegs eine unbegrenzte Nutzung der Kuranlagen. Vielmehr ermöglichte der Erlass, Juden von allen Einrichtungen auszuschließen, die nicht unmittelbaren Heilzwecken dienten. Ausdrücklich wurden in diesem Zusammenhang Kurgärten, Sport-

plätze und Kurgaststätten erwähnt. Des Weiteren konnte auch die Nutzung der Heilanlagen »örtlich« und »zeitlich« beschränkt werden. Im Ergebnis segnete der Erlass die nahezu völlige Ausgrenzung der Juden aus den meisten Erholungsorten des Deutschen Reiches ab.
Nur in einigen wenigen Heilbädern, die noch über Rudimente einer »jüdischen Infrastruktur« verfügten, war jüdischen Gästen fortan ein Kuraufenthalt unter diskriminierenden Bedingungen und Einschränkungen gestattet.
In Bayern kamen für jüdische Kurgäste fortan nur noch die bayerischen Staatsbäder Reichenhall, Brückenau und Kissingen in Frage. Das vierte Staatsbad Steben war stets antisemitisch orientiert gewesen und verfügte deshalb auch über kein einziges »jüdisches« Hotel. Die übrigen drei Bäder unternahmen alles, um in der praktischen Umsetzung des ministeriellen Erlasses den jüdischen Kurgästen einen Aufenthalt nach Möglichkeit zu verleiden.[405] In Kissingen erhielten sie besondere gelbe Kurkarten, für deren Inhaber die Benutzung der Heileinrichtungen nur zu festgelegten Zeiten gestattet war. Im Kurgarten wurden ihnen einige wenige Bänke zugewiesen, die durch besondere Beschriftung gekennzeichnet waren. Jüdische Kurgäste konnten nur eins der staatlichen Badehäuser benutzen und erhielten dort bestimmte Badezellen zugewiesen, durften das staatliche Kurhaus sowie das Kurtheater nicht betreten und hatten die Kinderspielplätze, Liegeplätze und Sportanlagen Kissingens zu meiden. Ebenso durften sie die Gaststätten in »arischem« Besitz nicht aufsuchen. Von den einstmals rund 20 jüdischen Beherbergungsunternehmen Kissingens erhielten nur vier eine Konzession. Diese durften weder »deutschblütiges« Personal beschäftigen noch nichtjüdische Gäste aufnehmen und mussten zudem ihre Häuser mit entsprechenden Schildern kennzeichnen.[406]
Es ist nicht bekannt, in welchem Umfang sich jüdische Kurgäste solch realen Apartheidsbedingungen nach 1937/38 überhaupt noch aussetzten, zumal die Bewegungsfreiheit in Großstädten zur gleichen Zeit sehr viel größer war. Vermutlich reisten nur diejenigen noch ins Bad, die einen Kuraufenthalt aus medizinischen Gründen dringend benötigten. Ab 1938/39 schränkte der NS-Staat selbst diese Minimalbedingungen weiter ein. So bekräftigte der Beauftragte für den Vierjahresplan am 28. Dezember 1938 die Zulässigkeit eines »Judenbanns« in Badeorten und Hotels, »in denen vor allem die Parteigenossenschaft verkehrt«.[407]
Ein Runderlass des Reichsinnen- und des Reichspropagandaministeri-

ums vom 16. Juni 1939 knüpfte schließlich einen Kurbesuch von Juden an eine befürwortende Bestätigung des zuständigen Gesundheitsamtes. Eine Überweisung durch einen jüdischen »Krankenbehandler« – wie sich jüdische Ärzte nunmehr nennen mussten – reichte nicht mehr aus.[408] Damit dürfte die Ausgrenzung von Juden aus Kur- und Erholungsorten faktisch abgeschlossen gewesen sein.

Die politische Bedeutung der schleichenden Ausgrenzungsmaßnahmen seit 1933, des Erlasses von 1937 und der abschließenden Maßnahmen bestand vor allem darin, dass sie auf Reichsebene die administrative Ghettoisierung der Juden einleiteten – lange bevor die jüdische Wohnbevölkerung in den Städten in »Judenhäusern« konzentriert und von der nichtjüdischen Wohnbevölkerung systematisch separiert wurde. Dieser Prozess nahm nicht zufällig in den Kur- und Erholungsorten seinen Ausgang, hatte doch ein jahrzehntealter Bäder-Antisemitismus solchen Ausgrenzungsmaßnahmen den Boden bereitet. Gleichzeitig war dieser jedoch vor 1933 nicht über eine informelle Teilausgrenzung aus bestimmten Orten bzw. Unterkünften und Hotels hinausgekommen, weil das in der Reichsverfassung verankerte Freizügigkeitsrecht eine formale Ausgrenzung jüdischer Gäste nicht erlaubte und die politischen Freiheitsrechte sowohl den betroffenen Juden als auch den politischen Gegnern des Antisemitismus vielfältige Widerstandsmöglichkeiten eröffneten. Erst die nationalsozialistische Diktatur schuf die Voraussetzungen, die Ausgrenzung von Juden aus Kur- und Erholungsorten mit Zwangsmaßnahmen zu dekretieren – auch gegen den erklärten Willen der Einwohner, Hotel- und Pensionsinhaber eines Ortes.

Als typisches Beispiel für diese Zwangsmaßnahmen sei abschließend der Luftkur- und Wintersportort Garmisch-Partenkirchen angeführt, der traditionell zu den von Juden viel besuchten Erholungsorten zählte. Im Jahre 1937 legte NSDAP-Kreisleiter Hans Hausböck den Hotel-, Pensions- und Restaurantbesitzern ultimativ eine Verpflichtungserklärung vor, die mit dem Vorspann »Aus der Erkenntnis, daß der internationale Jude der größte Feind des Deutschen Volkes und Reiches ist« eingeleitet wurde.[409] Im Einzelnen sollten sich die Betriebsinhaber »freiwillig« verpflichten, in Zukunft keine Juden mehr aufzunehmen, zu bedienen oder Geschäftsbeziehungen mit Juden zu unterhalten. Obendrein wurden sie gezwungen, ein von der NSDAP-Kreisleitung herausgegebenes »Abwehrschild gegen die Juden« an »sichtbarster Stelle« ihres Betriebes anzubringen. Selbst dem Reichswirtschafts- und dem Reichsinnenministerium ging dieses Vorgehen zu weit, die sich beschwerdeführend an den »Stellvertreter des Führers« wandten. Dieser stellte sich jedoch hinter den Kreisleiter und rechtfertigte dessen Vorgehen mit einem angeblichen »dringenden Bedürfnis« der »arischen Besucher« Garmisch-Partenkirchens. »Ich sehe mich daher nicht in der Lage, den Kreisleiter in seinem Vorhaben zu hindern«, teilte der Stab des »Stellvertreters des Führers« dem Reichsinnenministerium kaltschnäuzig mit. Wer unter den Bedingungen der nationalsozialistischen Diktatur antijüdische Zwangsmaßnahmen verfügte, so zeigte auch dieser Vorgang, konnte weitgehend ungehindert von rechtlichen Hemmnissen agieren und fand schon aus ideologischen Gründen fast immer einen Fürsprecher, der selbst ein brutales Vorgehen rechtlich sanktionierte.

Freizeit unter Ghettobedingungen

Die nationalsozialistische Ausgrenzungsdynamik »von unten« stellte jüdische Reisende nach 1933 vor ein schier unlösbares Problem: Wenn schon einstige Refugien jüdischer Touristen wie Norderney und Heringsdorf für einen Besuch nicht mehr in Frage kamen, wohin sollte man dann überhaupt noch gehen? Die »Warnlisten« des Centralvereins gaben keine Orientierung, weil sie nach 1933 nicht mehr veröffentlicht wurden: Wo der Antisemitismus zur Staatsideologie geworden war, erwies sich die alte Unterscheidung zwischen antisemitischen und nicht-antisemitischen Orten als obsolet. Oder anders ausgedrückt: Unter den Bedingungen des »Dritten Reiches« wagte es keine Kur- oder Badeverwaltung, jüdische Gäste ausdrücklich und uneingeschränkt willkommen zu heißen. Dies erschwerte die Tätigkeit des CV-Reisedienstes, der seine Informationen vor allem aus der Korrespondenz mit den Badeverwaltungen bezogen hatte. Nach 1933 erkannte der CV jedoch schnell, dass offizielle Anfragen eher kontraproduktiv waren, weil faktisch niemand einem jüdischen Fragesteller schriftlich bescheinigte, ihn gerne aufnehmen zu wollen. So ließ die Kurverwaltung des Ostseebades Timmendorfer Strand informell durchblicken, dass sie leider gezwungen sei, auf offizielle Anfragen restriktiv zu reagieren. »Auf Grund der heute im dritten Reich herrschenden Ansicht« müsse sie »eine derartige Antwort« geben.[410]

Für den jüdischen Reisenden stellte sich angesichts dieser Sachlage nicht mehr die Frage nach antijüdischen Badeorten und Hotels, sondern konkret nach jenen Unterkünften, die jüdischen Gästen noch zur Verfügung standen, zumal sich auch außerhalb der Bäder und Kurorte das Angebot an Quartieren stetig verringerte. In Ostpreußen beispielsweise erhielten jüdische Handelsvertreter um 1935/36 in den meisten Städten keine Unterkunft mehr.[411] Selbst in den Großstädten nahmen einzelne Hotels keine jüdischen Gäste mehr auf oder gewährten Unterkunft nur unter diskriminierenden Bedingungen. So erhielten jüdische Gäste bei der Anmeldung im Hotel Reichshof am Hamburger Hauptbahnhof 1933 einen gedruckten Zettel ausgehändigt, auf dem zu lesen war: »Gäste jüdischer Rasse werden gebeten, sich nicht in der Hotelhalle aufzuhalten. Das Frühstück wird nur auf dem Zimmer, die anderen Mahlzeiten im blauen Salon neben dem Frühstücksraum im Hochparterre serviert. Die Hotelleitung.«[412] Wer solch praktizierter Apartheid im Alltag entgehen und vor unliebsamen Überraschungen sicher sein wollte, benötigte beim Reisen ein genaues Unterkunftsverzeichnis, an dem er sich orientieren konnte.

Der Centralverein sah sich anfänglich überfordert, ein solches Verzeichnis zu erstellen. So teilte er einem Anfragenden im Dezember 1934 mit, »daß eine systematische Zusammenstellung der in Frage kommenden Unterkunftsmöglichkeiten nicht besteht«.[413] Diese Bedarfslücke füllten jüdische Reiseagenten und Inhaber von Reisebüros, wie beispielsweise das Berliner Reisebüro »Traversum«, das 1933/34 eine von Walter Böhme geleitete Abteilung »Erholung« einrichtete und über mehr als 400 Adressen »von rituellen, jüdischen und judenfreundlichen Hotels« verfügte. Da die Abteilung »Erholung« allein im Sommer 1934 mehr als 1500 Erholungsreisen vermittelte, überließ die Zentralstelle für Jüdische Wirtschaftshilfe dem Reisebüro die Zusammenstellung geeigneter Unterkünfte und stellte die Sammlung entsprechenden Informationsmaterials ein.[414]

Eine zentrale Bedeutung kam nach 1933 für den einzelnen jüdischen Reisenden den Informationen von Bekannten zu. Solche vom »Hörensagen« oder durch aufmerksame Zeitungslektüre ermittelten Angaben erwiesen sich bisweilen als effektivere Informationsquelle als die zusammengestellten Listen, die angesichts der voranschreitenden Ausgrenzungsdynamik schnell veralteten. Manchmal blieb dem Reisenden nichts anderes übrig, als nach der Methode »Trial and Error« selbst Erkundigungen einzuziehen und sich vor Ort nach einem geeigneten

Quartier umzusehen. Dabei kam es in den Anfangsjahren der NS-Herrschaft bisweilen auch zu positiven Überraschungen.
So berichtete Dr. Fritz Goldschmidt, der als Syndikus für den Centralverein tätig war, über eine besonders zuvorkommende Behandlung im Ostseebad Kolberg, wo er im Sommer 1934 mit seiner Familie Urlaub machte: »Wir trafen in den Tagen des so genannten ›Röhm-Putsches‹ dort ein. Die jüdische Pension, in der wir einkehren wollten, hatte kein freies Zimmer. Man riet uns, wir sollten versuchen, im Hotel Hindenburg, dem ersten Hotel des Bades, Zimmer zu bekommen. Der Hotelbesitzer erwiderte auf meine Frage, ob jüdische Gäste erwünscht seien, daß er uns besonders gern aufnähme. Die Großgrundbesitzer, die im Hotel abgestiegen waren, begrüßten uns mit außerordentlicher Zuvorkommenheit und veranlaßten, daß unsere Kinder schnell Spielgesellschaft fanden. In Geschäften konnten Kunden, die mit dem Gruß ›Heil Hitler‹ eintraten, öfters die Antwort hören: ›Der ist nicht mehr zu heilen!‹ In dem Städtchen war eine Spannung und nazifeindliche Stimmung, die in mir die trügerische Hoffnung erweckte, das Ende des Dritten Reiches stehe bevor.«[415] Bei näherem Hinsehen zeigte sich jedoch, dass die Stimmung auf Verfehlungen eines aus Kolberg stammenden hohen SA-Führers zurückzuführen war und in ihrer Momentaufnahme die skeptisch-distanzierte Haltung konservativer Kreise im Sommer 1934 widerspiegelte. Diese war weder für die Gesamtheit der Bevölkerung repräsentativ, noch hielt sie längere Zeit an. Dennoch machte die Episode deutlich, dass man im Hinblick auf die Bade- und Kurorte nicht immer von einer allgemeinen antijüdischen Stimmung ausgehen konnte. Allerdings beschränkten sich die Ausnahmen nahezu ausschließlich auf die Anfangszeit des »Dritten Reiches«, als sich das NS-Regime noch nicht fest etabliert hatte.
Wer vor antisemitischen Belästigungen einigermaßen sicher sein wollte, musste ins Ausland reisen. Die große Zahl von Anzeigen ausländischer Erholungsorte, die in den deutsch-jüdischen Zeitungen auftauchte, deutete darauf hin, dass schon seit der Endphase der Weimarer Republik immer mehr deutsche Juden von dieser Möglichkeit Gebrauch machten. Auch die Berichte der Grenzkommissariate und Staatspolizeistellen weisen auf vermehrte Urlaubsreisen ins Ausland hin. So meldete die Staatspolizeistelle Stettin in einem Bericht für Juli 1935, dass 90 % der Reisenden nach dem dänischen Bornholm »deutsche Juden« seien.[416]
Auch die Niederlande, Dänemark, Österreich und die Schweiz, wohin

sich etwa die bekannte Dresdner Bankiersfamilie Arnhold[417] zur Kur zurückzog, gehörten nach 1933 zu den bevorzugten Urlaubsländern deutscher Juden. Zu einem Refugium deutsch-jüdischer Gäste entwickelte sich ironischerweise ausgerechnet das Seebad Lakolk auf der dänischen Insel Röm.[418] Vor dem Ersten Weltkrieg, als Lakolk noch zum Deutschen Reich gehörte, hatte es noch als dezidiert antisemitisches Bad gegolten.

Freilich erschwerte die Verwaltungs- und Verordnungspraxis des »Dritten Reiches« einen Auslandsurlaub in vielfältiger Weise. So verweigerte beispielsweise die Gestapo Gruppenreisen jüdischer Kinder ins Ausland die Genehmigung, obwohl ausländische Wohlfahrtsinstitutionen sie gern aufgenommen hätten.[419] Überdies setzte ein Auslandsurlaub schon aufgrund der bestehenden Devisenbewirtschaftung entsprechende finanzielle Mittel voraus, über die nur ein Teil der deutschen Juden verfügte. Wer konnte es sich schon leisten, beim Umtausch von Reichsmark in ausländische Devisen weit mehr als die Hälfte als »Abschlagszahlung« an die Deutsche Golddiskontbank zu überweisen? Für Reisen nach Österreich hatte die Reichsregierung 1933 überdies eine »1000-Mark-Sperre« verhängt, der zufolge deutsche Staatsbürger beim Grenzübertritt nach Österreich eine »Gebühr« in dieser Höhe zu entrichten hatten.

Für die Mehrheit der deutschen Juden gab es daher nur die Alternative, sich bei Verwandten oder Bekannten einzuquartieren, die in oder in der Nähe von Urlaubsregionen wohnten, zumal sich das Angebot »jüdischer« oder »judenfreundlicher« Unterkünfte ständig verringerte. So führte die Zentralwohlfahrtsstelle der Reichsvertretung der Juden in Deutschland am 10. 6. 1938 nur rund 100 Unterkunftsmöglichlichkeiten für Juden in »Norddeutschland« auf, wobei ein Teil der Unterkünfte nur über drei bis vier Betten verfügte und »Norddeutschland« das Gebiet der heutigen Bundesländer Schleswig-Holstein, Hamburg, Bremen, Niedersachsen, Mecklenburg, Sachsen-Anhalt sowie Teile von Brandenburg und Nordrhein-Westfalen umfasste.[420] Die meisten Unterkünfte waren als »rituell« oder »neukoscher« eingestuft. Indirekt spiegelte sich hier die Renaissance jüdisch-religiösen Lebens im Angesicht des äußeren Verfolgungsdrucks wider.

Fast keine der in der zweiten Hälfte der dreißiger Jahre noch verfügbaren Unterkünfte lag am Meer. So erhielten ab 1935 selbst Asthmatiker und Heuschnupfengeplagte an Nord- und Ostsee kaum noch ein Quar-

tier. Für die Nordsee riet der Centralverein dringend von einem Aufenthalt ab und empfahl in dringenden Fällen einzelne Unterkünfte in Kampen auf Sylt, Wyk auf Föhr oder in Cuxhaven, wo Juden – mehr oder weniger inkognito – noch unterkommen konnten.[421] An der Ostsee standen 1937 jüdischen Besuchern faktisch keine Strände und Kureinrichtungen mehr zur Verfügung. Nur in einzelnen »jüdischen« Häusern fanden sie noch ein Unterkommen, mussten sich dort allerdings auf einen Aufenthalt unter diskriminierenden Bedingungen einstellen. So stand beispielsweise jüdischen Reisenden in Ahlbeck auf Usedom noch das »Haus Tannenburg« zur Verfügung, das am Ortsrand lag und für seine Gäste einen kleinen, abgetrennten Strand hatte, da Juden das Betreten von Stränden auf Usedom ansonsten verboten war.[422] Auch das »Jüdische Kurhospital« in Kolberg stand jüdischen Gästen noch zur Verfügung, die jedoch den Kurstrand des Ortes nicht benutzen durften. Die »jüdischen« Häuser glichen daher häufig einem im Feindesland gelegenen Kleinstghetto, dessen Bewohner auf nahezu alle Annehmlichkeiten eines Erholungsaufenthaltes verzichten mussten.
In den Gebirgsregionen gestaltete sich die Unterkunftssituation für Erholung suchende Juden noch etwas günstiger, vorausgesetzt, sie verfügten über eine genaue Ortskenntnis und waren über die wenigen nicht-antisemitischen Enklaven orientiert, die häufig außerhalb von Ferienorten lagen und deren Besitzer sich dem Druck der NSDAP nicht gebeugt hatten. So berichtete Alfred Neumeyer, der Präsident des »Verbandes Bayerischer Israelitischer Gemeinden«, in seinen Erinnerungen, wie es ihm in den Jahren 1938–1940 immer wieder gelang, ein entsprechendes Quartier zu finden: Im Sommer 1938 stieg er im Hotel Burggraf auf dem Schauinsland im Schwarzwald ab, dessen Inhaber ihn aufnahm, obwohl die NSDAP gedrängt hatte, jüdische Gäste nicht zu akzeptieren. Anschließend wechselte Neumeyer ins Park-Hotel nach Triberg, deren Inhaberin, Frau Wehrle, ihn »durch Übersendung ihres Prospektes ausdrücklich wieder eingeladen« hatte: »Frau Wehrle lehnte alle Einwirkungen der Partei strikt ab, und der Ton unter den Gästen, meist Engländer und Familien vom Rhein, war insbesondere bei den gemeinschaftlichen Wagenfahrten in die Umgebung gänzlich einwandfrei.«[423] Auch den Sommer 1939 verbrachte Neumeyer im Park-Hotel in Triberg. Im Winter stieg er bei jüdischen Bekannten in Oberstdorf im Allgäu ab. Selbst im Sommer 1940 erhielt er mit Bekannten in einer entlegenen Pension in Saig oberhalb Titisee Unterkunft und erlebte »dort

einen erholenden Sommer frei von jeder Belästigung«.[424] Ansonsten waren Hotelzimmer – wenn überhaupt – nur unter bestimmten Bedingungen zu erhalten, wie im Frühjahr 1940 in Stuttgart: »Das Reichsbahnhotel dort gab Juden nur die teuersten Zimmer und ließ auf dem Zimmer servieren.«[425] Insgesamt war es Neumeyer bis zu seiner Emigration 1941 immer wieder gelungen, allen Widrigkeiten zum Trotz mit Geschick, finanziellen Mitteln und guten persönlichen Kontakten auch in Erholungsgebieten ein Quartier zu finden – wie er in seinen Erinnerungen mit sichtlichem Stolz vermerkt. Repräsentativ für die Gesamtheit der deutschen Juden war Neumeyer – schon aufgrund seiner herausgehobenen Position – jedoch nicht. Und wenn er in seinen Erinnerungen ausdrücklich hervorhebt, an bestimmten Orten nicht belästigt worden zu sein, lässt dies zumindest erahnen, dass eine alltägliche Diskriminierung von Juden an vielen Orten die Regel war.

Nicht einmal in ihren Enklaven waren jüdische Gäste vor Belästigungen und Drangsalierungen wirklich geschützt. Da wurden Juden angepöbelt oder wegen »ungebührlichen Benehmens« verhaftet,[426] da wurde schon die bloße physische Anwesenheit als »jüdische Frechheit« ausgelegt. Wenn sich jüdische Gäste in einer »jüdischen« Pension spontan zum gemeinsamen Abendgebet am Ende des Sabbats versammelten, mussten sie mit einer Anzeige rechnen, galten doch solche Zusammenkünfte als »genehmigungspflichtige Veranstaltung«, wie es im verschwiemelten nationalsozialistischen Bürokratendeutsch hieß.[427]

Seit 1938/39 löste sich die »jüdische Infrastruktur« infolge massiver Gewalt und brutalen Zwangs weitgehend auf. Viele Unterkünfte wurden während des Novemberpogroms beschädigt, gewaltsam besetzt und die Inhaber verhaftet. So wurde beispielsweise das jüdische Kinderheim in Wyk auf Föhr, das bereits im Sommer 1938 in Flammen aufgegangen war, am 10. November 1938 durch SA-Männer weitgehend zerstört.[428] Lukrative Hotels schanzten die Nationalsozialisten auf dem Wege der »Arisierung« einzelnen Parteigenossen zu. So übernahm ein Nationalsozialist das renommierte Hotel Blum in Oberhof und erhielt anschließend ein Darlehen von 25 000 RM von einem Sonderkonto der NSDAP-Gauleitung Thüringen, das sich aus »Arisierungsspenden« zusammensetzte.[429] Auch die Kur- und Badeorte sowie nationalsozialistische Organisationen bedienten sich gerne der jüdischen Immobilien. So wurde beispielsweise das »Israelitische Kurhospiz« in Bad Kissingen von der Stadt Kissingen übernommen und in ein Wohnhaus umgewandelt. Der Hamburgische Staat eignete sich ein Erholungsheim des Jüdischen Religionsverbandes in Hamburg-Blankenese an, die Wehrmacht zog 1940 mit einer Baukompanie in das ehemalige »Schwarzwaldheim« in Mühringen/Württemberg ein, die Nationalsozialistische Volkswohlfahrt übernahm das ehemalige »Haus Weinberg« in Wyk auf Föhr und richtete dort einen Kindergarten ein – um nur einige wenige Beispiele zu nennen.[430]

Da ein Kur- oder Erholungsaufenthalt jüdischer Gäste durch die seit 1937 erlassenen Regelungen zwingend an eine »jüdische Infrastruktur« gebunden war, setzte deren gewaltsame Auflösung auch den Schlusspunkt unter einen Ausgrenzungsprozess, der seit 1933 vor allem durch Initiativen »von unten« systematisch vorangetrieben worden war. Obwohl gesetzliche Regelungen lange Zeit fehlten, war schon Mitte der dreißiger Jahre vielerorts ein Zustand der administrativen Ghettoisierung jüdischer Erholungsgäste erreicht, der ab 1938/39 mit ihrer vollständigen Verbannung aus allen Kur- und Erholungsorten des Deutschen Reiches endete.

4. Kapitel
Von Kitzbühel bis Saratoga Springs: Der Bäder-Antisemitismus als internationales Phänomen

Sommerfrischen- und Winter-Antisemitismus

Der Antisemitismus in Bädern und Kurorten nahm in Deutschland vor allem nach dem Ersten Weltkrieg brutale und aggressive Züge an und wurde mit der Machtübernahme der Nationalsozialisten 1933 in eine systematische Politik der Ausgrenzung, Ghettoisierung und schließlich der Deportation und Ermordung überführt, die historisch ihresgleichen sucht. Dies darf jedoch nicht zu dem Fehlschluss verleiten, dass der gesellschaftliche Antisemitismus eine Besonderheit der deutschen politischen Kultur darstellte, mithin auch eine dominierende Erklärungskraft für die nationalsozialistische Vernichtungspolitik besitze.[431] Zwar konnten die Nationalsozialisten nach 1933 an ein breites Segment antijüdischer Einstellungen in der deutschen Gesellschaft anknüpfen, und wer nach Erklärungen für die Beteiligung der deutschen Gesellschaft an der NS-Judenverfolgung sucht, wird am Faktor Antisemitismus nicht vorbeikommen, der unter den Deutschen begeistertes Mitmachen wie auch Indifferenz gegenüber dem Schicksal der Juden hervorrief. Dennoch können die verschiedenen Formen der gesellschaftlichen Judenfeindschaft weder mit einem eliminatorischen Antisemitismus gleichgesetzt werden, noch blieben diese auf Deutschland beschränkt.

Vor allem der Bäder-Antisemitismus war in vielen Ländern innerhalb und außerhalb Europas zu Hause, wenngleich er dort in unterschiedlicher Form und Intensität auftrat. Dies zeigt schon ein oberflächlicher Blick in die deutsch-jüdische Presse, in der immer wieder über entsprechende Ereignisse in anderen Ländern berichtet und implizit ein Vergleich zur Situation in Deutschland gezogen wurde. Nur ein systematischer internationaler Vergleich vermag daher den Stellenwert des gesellschaftlichen Antisemitismus in der deutschen politischen Kultur

angemessen zu verorten. Im Folgenden soll dieser Vergleich für den Bäder-Antisemitismus in groben Strichen skizziert werden.
Wenn das »Israelitische Familienblatt« oder die Zeitung des Centralvereins deutscher Staatsbürger jüdischen Glaubens über den Bäder-Antisemitismus im Ausland berichtete, dann nahm Österreich-Ungarn bis 1918 bzw. die Republik Österreich in den zwanziger Jahren einen besonderen Stellenwert ein: zum einen, weil sowohl die Ferienorte in Österreich als auch die böhmischen Kurbäder sich aus geographischen und sprachlichen Gründen für deutsch-jüdische Gäste als Reiseziel anboten, zum anderen, weil diese Gäste vor unliebsamen antisemitischen Überraschungen gewarnt werden mussten. Wenn das »Israelitische Familienblatt« die Habsburgermonarchie schon 1904 als »das gelobte Land des Radauantisemitismus«[432] bezeichnete, dann deutete sich in dieser Formulierung der skeptisch-negative Blick bereits an, den die deutschen Juden nicht nur auf die geographische Peripherie der Doppelmonarchie richteten, sondern auch auf die Verhältnisse im innerösterreichischen Kernland selbst.
Dort breitete sich bereits vor dem Ersten Weltkrieg ein »Sommerfrischen-Antisemitismus« aus. Die alpine »Sommerfrische«, in der Angehörige des Adels und des Bürgertums die Sommermonate außerhalb Wiens und der Großstädte mit »gepflegtem Nichtstun« verbrachten – zumeist in Villen und Sommerhäusern, Hotels und Pensionen rund um die österreichischen Bergseen –, bildete in der Habsburgermonarchie die dominierende Form der touristischen Erholung. Sie war zwar auch im Deutschen Reich weit verbreitet, stand jedoch in Deutschland stärker im Schatten des klassischen Kur- und Seebad-Tourismus.
Für das Bürgertum verbanden sich mit dem alljährlichen Aufenthalt in der »Sommerfrische« das Bedürfnis nach naturnaher Erholung mit der Pflege familiärer und standesspezifischer Geselligkeit und dem Wunsch nach sozialer Anerkennung im Kreis von Gutsituierten. Das jüdische Bürgertum suchte hier »die in den Städten verwehrte Integration« und die »soziale Anerkennung als Bürger unter Bürgern«: »Dazuzugehören, das war das Grundmotiv dieses sozialen Experiments.«[433]
Die Grenzen dieses Wunsches nach Integration und sozialer Anerkennung markierte der Sommerfrischen-Antisemitismus, der das Gegenstück zum deutschen Bäder-Antisemitismus bildete, aber in Österreich in größerer Intensität und Schärfe auftrat. Dies war vor allem auf die nationalistische Aufladung des Tourismus im Zuge des wachsenden Na-

tionalitätenkonfliktes zurückzuführen. Deutschösterreichische Organisationen wie »Südmark« oder der »Deutsche Böhmerwaldbund« förderten seit der Jahrhundertwende einen »völkischen« Tourismus, um eine nationale Identität der Deutschösterreicher zu propagieren und zu stärken.[434] Darüber hinaus suchten nationalistisch inspirierte Reisehandbücher traditionell mehrsprachige und multi-ethnische Regionen ideologisch in ethnisch homogene umzudefinieren, wurde somit das Reisen zum Vehikel des Nationalitätenkonflikts und der Reisende zum Träger einer »völkischen Idee«. Dementsprechend warnten Reiseführer vor italienischen Gaststätten in Südtirol, tschechischen Ärzten in böhmischen Kurbädern oder slowenischen Vermietern von Berghütten in den Karawanken.[435] Der Tourismus in der Habsburgermonarchie fungierte gar als Mittel der symbolischen und faktischen Inbesitznahme von Orten und Landstrichen, was in einzelnen Fällen zu örtlichen gewalttätigen Auseinandersetzungen zwischen den verschiedenen Nationalitäten führte. Aus einer völkisch-touristischen Perspektive, wie sie vor allem von den radikal deutschnationalen Organisationen propagiert wurde, gefährdeten jüdische Touristen die angestrebte nationale Homogenität von Ferienregionen.

So gaben im österreichischen Vorkriegsantisemitismus einerseits die radikalen Deutschnationalen um Georg von Schönerer, andererseits die Christlichsozialen um den Wiener Bürgermeister Karl Lueger den Ton an. Ihnen stand als einzige ernst zu nehmende Kraft die Sozialdemokratie gegenüber, während eine bürgerlich-liberale, nicht-antisemitische Partei weitgehend fehlte.[436] In diesem politischen Klima verwundert es nicht, dass der Sommerfrischen-Antisemitismus in Österreich nicht nur von antijüdisch gesinnten Gästen bzw. den Hotel- und Pensionsbesitzern ausging, sondern im Gegensatz zum Deutschen Reich zentral von Tourismusorganisationen, Gemeindeverwaltungen und Fremdenverkehrsvereinen getragen wurde. Diese suchten durch entsprechende Verlautbarungen, administrative Maßnahmen oder gar Gemeinderatsbeschlüsse ihren Ort möglichst vollständig »judenfrei« zu machen.

Eine unrühmliche Vorreiterrolle nahm 1897 der bekannte Ferienort Kitzbühel in Tirol ein, als dort die Generalversammlung des Fremdenvereines beschloss: »Anfragen von Juden haben unberücksichtigt zu bleiben.«[437] In der Folgezeit zierte ein entsprechender Stempelaufdruck sämtliche Ferienprospekte des Ortes.[438] Die Sommerfrische Tragöß ließ

1908 Bänke mit der Aufschrift »Für Juden und Judensprösslinge kein Platz« aufstellen.[439] In den österreichischen Alpenregionen machte sich nicht erst nach dem Ersten Weltkrieg, sondern auch schon zuvor der Antisemitismus deutlich bemerkbar. So erinnerte sich rückblickend ein deutsch-jüdischer Bergsteiger, »wie schon lange vor dem Weltkriege seitens der Antisemiten in den Alpen jede Gelegenheit wahrgenommen wurde, gegen uns zu hetzen. Worte wie ›Judengesindel‹, ›Saujud‹ las man in Fremden- und Gipfelbüchern. Ich habe gesehen, daß jüdische Touristen, denen man den Juden auf den ersten Blick ansah, in Gasthäusern einfach nicht bedient wurden, trotzdem sie höflich und bescheiden auftraten.«[440]

Der 1890 gegründete Österreichische Gebirgsverein, der vor allem in Niederösterreich verbreitet war, nahm seit seiner Gründung nur »deutsche Volksgenossen« als Mitglieder auf.[441] In Wien gründete sich 1905 eine Sektion des Deutsch-Österreichischen Alpenvereins (DÖAV), deren Mitgliedschaft auf »Deutsche arischer Abstammung« beschränkt war.[442] Hier zeichnete sich in Grundzügen bereits jene Entwicklung ab, die nach dem Ersten Weltkrieg zunächst zur Ausgrenzung, dann zum weitgehenden Ausschluss jüdischer Mitglieder aus dem DÖAV führte. Zwar war der Antisemitismus keineswegs auf die österreichischen Sektionen des Vereins beschränkt, doch ging von ihnen eine Vorreiterrolle für die »Arisierung« des Gesamtverbandes und die faktische Ausgrenzung der Juden aus den deutschen Sektionen aus.

In ähnlicher Weise fungierte der österreichische Antisemitismus nach dem Ersten Weltkrieg auch in anderen Bereichen als Initiator und Impulsgeber, wie beispielsweise in der verfassten Studentenschaft, wo sich in den österreichischen und sudetendeutschen Gebieten nach 1918 als Erstes eine rassistisch-antisemitische Mitgliedsformel durchsetzte, die dann 1922 für die gesamte, großdeutsch organisierte »Deutsche Studentenschaft« übernommen wurde.[443]

Bei der weiteren Radikalisierung und Eskalation des Antisemitismus in Österreich nach dem Ersten Weltkrieg spielten mehrere Faktoren eine Rolle: Die faktische »Schutzherrenfunktion« des Kaisers für die jüdische Minderheit war entfallen, die Wirtschafts- und Ernährungskrise der Kriegs- und Nachkriegsjahre belastete das Verhältnis von Einheimischen und Touristen und mobilisierte Hass und Sozialneid unter den »Sommerfrischlern«. Der Nationalitätenkonflikt hatte durch Zerschlagung Österreich-Ungarns zwar schlagartig an Bedeutung verloren, sich für die jüdische Minderheit jedoch insofern verschärft, als im österreichischen Kernland aus Sicht der radikalen Deutschnationalen, aber auch der Christlichsozialen einzig die Juden als Minderheit übrig geblieben waren. Nationalistische Tourismusorganisationen stritten nun nicht mehr mit Italienern um die Vorherrschaft an der »österreichischen Adria« oder mit Tschechen um die touristische Dominanz in Böhmen, sondern konzentrierten ihre Angriffe auf Juden, die Anfang der zwanziger Jahre aus vielen einschlägigen Organisationen ausgeschlossen wurden: aus dem »Österreichischen Touristenclub« ebenso wie aus dem »Österreichischen Skiverband« oder dem »Deutschen Turnerbund«.[444] Damit hatte der Antisemitismus nach dem Ersten Weltkrieg den bloßen Verbalantisemitismus endgültig hinter sich gelassen und sich zu einem »Antisemitismus der Tat« entwickelt, der nicht zuletzt auch antijüdische Demonstrationen in Sommerfrischen oder gewalttätige Übergriffe auf jüdische Gäste einschloss. Vor allem jedoch manifestierte sich der »Sommerfrischen-Antisemitismus« in Gestalt von antisemitischen Gemeinderatsinitiativen: So beschloss der Gemeinderat im oberösterreichischen Eferding, dass sich Juden nur 24 Stunden im Ort aufhalten durften.[445] Die Gemeinde St. Margarethen in Kärnten billigte Juden ein dreitägiges Aufenthaltsrecht zu. Das salzburgische Mattsee, das ein eher mittelständisches Publikum anzog und im Schatten der mondänen österreichischen Sommerfrischen wie Bad Ischl oder Zell am See lag, erließ 1920 eine Verordnung zur Vermietung von Wohnungen, die festlegte: »Die Vermietung darf nur für Antisemiten (Nichtjuden) erfolgen, da für Juden der Aufenthalt nicht gestattet wird.« Eines der prominentesten Opfer dieses Beschlusses war der zum Protestantismus konvertierte Komponist Arnold Schönberg, der 1921 Mattsee besuchte und es verließ, nachdem die Gemeindevertretung seinen Aufenthalt zum Anlass genommen hatte, an den Ruf Mattsees als »judenreine Sommerfrische« zu erinnern.[446] Während Schönberg gekränkt und empört abreiste, erntete die Gemeindevertretung die stürmische Zustimmung antisemitischer Gäste, die öffentlich kundtaten: »Die Sommerfrischler Mattsees danken der Gemeindevertretung für ihre stramme antisemitische Verlautbarung und geben der Erwartung Ausdruck, daß die Bewohner Mattsees auch in Zukunft in erster Linie den deutsch-arischen Stammesgenossen gastliche Aufnahme gewähren.«[447] Die Verwaltung der Stiftswälder der Stadt Krems an der Donau vermochte 1928 die Perfidie der Mattseer Gemeindevertretung noch zu steigern, indem sie das

Betreten der Wälder nur mit einem Passierschein erlaubte, auf dem zu lesen war: »Juden erhalten keine Passierscheine.«[448]

In Werbeannoncen bezeichneten sich Fremdenverkehrsorte als »arische Sommerfrische ersten Ranges« (Pöllau) oder »judenrein« (Mittersill, Tamsweg) und warben mit den Zusätzen »Nur für Arier« (St. Veith im Mühlkreis), »Der Aufenthalt wird nur Ariern bewilligt« (Wachau), »Juden nicht erwünscht« (Schladming) oder »Angenehmer Aufenthalt für christliche Familien« (Trofaiach).

Mit rund 60 bis 70 lag allein die Zahl der »judenreinen« Sommerfrischen in Österreich mehr als doppelt so hoch wie im Deutschen Reich, und die inflationäre Verwendung des Wortes »arisch« machte deutlich, dass die meisten Orte gar nicht erst versuchten, ihren Rassenantisemitismus hinter dem Mantel der »Christlichkeit« zu tarnen.[449]

Auch die antisemitischen Gemeinderatsbeschlüsse hatten im Deutschen Reich kein Pendant und stellten einen klaren Verfassungsbruch durch eine öffentlich-rechtliche Körperschaft dar, da Juden in Österreich nicht anders als im Deutschen Reich das staatsbürgerliche Freizügigkeitsrecht genossen. Wenn es sich um Juden handelte, nahmen die tonangebenden politischen Kräfte in Österreich allerdings solche verletzten Rechtsgrundsätze nicht besonders ernst. 1929 überreichte die »Union deutschösterreichischer Juden« dem Bundeskanzleramt eine Eingabe mit dem Ziel, »die erforderlichen Verfügungen wegen Aufhebung dieser gesetzwidrigen Beschlüsse zu treffen«.[450] Statt gegen die Gesetzesverstöße einzuschreiten, verwies das Bundeskanzleramt die Union an die für die Gemeinden zuständigen Bezirkshauptmannschaften, sodass die Abwehraktion der Union 1930 mit einem mehr als bescheidenen Ergebnis endete: Lediglich das salzburgische St. Johann und das niederösterreichische Mank mussten ihre Gemeinderatsbeschlüsse außer Kraft setzen.[451] Dies war angesichts der Vielzahl entsprechender Beschlüsse kaum mehr als ein Tropfen auf den heißen Stein.

Während der österreichische »Sommerfrischen-Antisemitismus« den deutschen Bäder-Antisemitismus vor 1933 an Intensität deutlich übertraf und als Impulsgeber für antijüdische Maßnahmen im Deutschen Reich fungierte, kehrte sich dieses Verhältnis mit dem Machtantritt der Nationalsozialisten 1933 beinahe um. Nun ließen sich deutsch-jüdische Emigranten bevorzugt in jenen österreichischen Sommerfrischen nieder, die sich nicht als »arisch« oder »judenfrei« definiert hatten, und der

zur Staatspolitik gewordene Antisemitismus im »Dritten Reich« strahlte eher auf die Verhältnisse in Österreich aus, sodass der österreichische Antisemitismus seine Vorreiterfunktion tendenziell verlor. Vor allem Regionen wie Vorarlberg, die einen hohen Prozentsatz »reichsdeutscher« Touristen aufzuweisen hatten, passten sich nun den Verhältnissen in Deutschland an. So wurde den Fremdenverkehrsämtern im Kleinen Walsertal 1937 nahe gelegt, keine Unterkünfte mehr an Juden zu vermitteln. Bei einer Besprechung, die von der Bezirkshauptmannschaft Bregenz einberufen worden war, waren die Beteiligten übereingekommen: »Es herrscht allgemein die Auffassung, daß der Aufenthalt vieler Juden schwere wirtschaftliche Nachteile für das Tal zur Folge haben könnte, da bei einem Überhandnehmen der Juden mit Rücksicht auf die allgemeine feindselige Einstellung der arischen reichsdeutschen Gäste gegenüber den Juden mit dem Ausbleiben der arischen Gäste zu rechnen sei.«[452] Dies nahm die Verhältnisse nach dem »Anschluß« Österreichs 1938 bereits vorweg, als die Nationalsozialisten die »reichsdeutsche« Ausgrenzungspolitik auf das zur »Ostmark« degradierte Österreich übertrugen.
Trotz der zahlreichen »antisemitischen« Sommerfrischen gab es in Österreich vor 1938 noch viele Erholungsorte, die traditionell einen hohen Prozentsatz jüdischer Gäste aufwiesen, ja geradezu als »jüdische Sommerfrischen« galten. Dazu gehörten beispielsweise Bad Gastein, Bad Ischl (von Antisemiten als »Bad Ischeles« bezeichnet) oder Bad Aussee, wo zahlreiche Schriftsteller und Intellektuelle zusammenkamen, u. a. Arthur Schnitzler, Theodor Herzl, Hugo von Hofmannsthal, Richard Beer-Hofmann und Jakob Wassermann. Zahlreiche jüdisch-österreichische Schriftsteller hatten in der Sommerfrische einen »Schreibtisch mit Aussicht«.[453]
Letztlich erwiesen sich jedoch auch die »jüdischen Sommerfrischen« als fragiles Idyll, da Juden mancherorts nur aus wirtschaftlichen Gründen als Gäste akzeptiert wurden. So musste der Bürgermeister der tendenziell »jüdischen« Sommerfrische Bad Aussee 1922 einen öffentlichen Aufruf gegen die Belästigung jüdischer Kurgäste erlassen, in dem er die Anwendung »aller Straf- und Vorbeugungsmittel« androhte.[454] Zudem passte sich der regionale Antisemitismus oft virtuos dem saisonalen Ferienrhythmus an. So berichtete die »Wiener Morgenzeitung« im Sommer 1926 über dieses Phänomen: »Im Frühjahr und im Sommer, wenn es gilt, die Fremden anzulocken, verhalten sich die Ritter vom Ha-

kenkreuz ein wenig ruhig, und erst, wenn sie sehen, daß die Saison zu Ende geht und die Fremden genügend geschröpft sind, dann stimmen sie ihr ›Juden hinaus‹-Geheul an und veranstalten gelegentlich eine Judenhatz, die mit panikartigem Verlassen der Sommerfrischen ihr Ende nimmt.«[455] Ein Jahr später stellte die »Wiener Allgemeine Zeitung« fest, dass »viele sehr stark besuchte Sommerfrischen in Österreich bis Mitte Juni radikal antisemitisch, von Mitte Juni bis Mitte September verlogen judenfreundlich – Judengeld ist eben doch auch Geld – und vom halben September an wieder radikal antisemitisch sind«.[456] Dieses Phänomen wurde u. a. in einem bekannten Witz persifliert, in dem ein von einem jüdischen Gast zur Rede gestellter antisemitischer Wirt ausruft: »Was! I, in der Sommersaison a Nazi?«[457] Die Erscheinung eines saisonal angepassten Antisemitismus ging nicht auf wirtschaftliche Motive zurück, sondern hatte auch einen konfessionellen Hintergrund. Es ist wohl kein Zufall, dass eine solchermaßen ambivalente Alltagspraxis in erster Linie in katholischen Regionen auftrat. Ähnlich war sie im Deutschen Reich vor 1914 vor allem in süddeutschen Regionen anzutreffen, nicht jedoch in den protestantisch geprägten Nord- und Ostseebädern.

Zu besonderer Blüte gelangte der saisonal begrenzte Antisemitismus im Bäderdreieck Böhmens um Karlsbad, Marienbad und Franzensbad, die vor dem Ersten Weltkrieg zu den bekanntesten internationalen Kurorten gehörten. Hier trafen nicht zuletzt zahlreiche jüdische Gäste unterschiedlicher Herkunftsländer, sozialer Schichten und religiöser Orientierungen zusammen. Vor allem Karlsbad und Marienbad fungierten als Treffpunkt von West- und Ostjuden aus den verschiedensten Regionen des Deutschen Reiches, Österreich-Ungarns und Russlands. In einer Stadt wie Karlsbad, deren jüdischer Bevölkerungsanteil um die Jahrhundertwende 9,6 % ausmachte, fanden jüdische Gäste eine besonders gut entwickelte »jüdische Infrastruktur« vor.[458] Gleichzeitig jedoch lagen die böhmischen Bäder im Brennpunkt des Nationalitätenkonfliktes und in einer Region, in der politisch ein radikaler Deutschnationalismus den Ton angab: So hatte der deutschnationale Radikalantisemit Georg von Schönerer hier das Reichratsmandat inne.

Weltanschauliche Vorlieben und wirtschaftliche Interessen stießen daher in den böhmischen Bädern in besonderer Weise aufeinander. Vor allem für antisemitisch gesinnte Hotel- oder Restaurantbesitzer stellte sich die Frage, ob sie aus weltanschaulichen Motiven auf die lukrative

Klientel jüdischer Kurgäste verzichten sollten. Im Ergebnis war fast niemand dazu bereit, sodass sich für die böhmischen Bäder das Phänomen des »Winter-Antisemitismus« herausbildete, eine Melange aus geheuchelter Freundlichkeit während der Sommersaison und brachialem Antisemitismus in der Winterzeit. Selbst die örtliche Presse wie das »Karlsbader Fremdenblatt« passte sich diesem Rhythmus an. 1913 warnte der Generalsekretär der »Österreichisch-Israelitischen Union«, Siegfried Fleischer, öffentlich vor der Lektüre des Blattes, »das im Sommer auf den Absatz unter den jüdischen Kurgästen spekuliere, im Winter aber gegen die einheimischen Juden hetze«.[459] Der jüdische Humorist Julius Stettenheim beschrieb den Karlsbader »Winter-Antisemitismus« 1901 mit folgenden Worten:

»Von besonderer Komik ist der Antisemitismus in Karlsbad. Im Sommer freilich haben sie zu viel mit dem Plündern der Fremden zu tun. Wie die Bauern während der Ernte keine Zeit zum Tanzen haben, so hat der Antisemit während des Sommers keine Zeit zum Hetzen. [...] Im Sommer haben die Antisemiten mit höflichstem ›Küß d' Hand‹ die Juden übers Ohr gehauen, im Winter nehmen sie keine Hand vor den Mund, sondern verlangen energisch, daß wenigstens alle Nichtkurgäste vom Erdboden vertilgt werden. Dann ist ihnen nichts heilig als nur die Zucker-, Nieren- und Lebersteinkranken, die in einigen Tagen wieder mit vollen Taschen erscheinen, die sie bei hellem Tage sorgfältig überfallen. Dann wimmelt Karlsbad von Herren ›von Cohn‹, und namentlich in den Läden wird jeder baronisiert, der im Winter wenigstens in Worten verbrannt oder durchgeprügelt worden ist.«[460]

Was Stettenheim hier in pointierter Schärfe beschrieb, führte im Alltag des jüdischen Kurgastes zu ambivalenten Situationen. Auf der einen Seite begegneten ihm selbst Antisemiten mit katzbuckelnder Höflichkeit, auf der anderen Seite stieß er in den Geschäften Karlsbads und Marienbads auf die größte Zahl antisemitischer Postkarten, die es in europäischen Kurorten überhaupt gab.[461] Während die antisemitischen Vermieter in der Kursaison nach dem Prinzip des »non olet« verfuhren, galt im Winter in den böhmischen Bädern das Prinzip der gesellschaftlichen Abschottung gegenüber Juden. Schon 1897 hatte der Karlsbader Turnverein mit großer Mehrheit beschlossen, »daß nur Deutsche arischer Abstammung Vereinsmitglieder sein können«.[462] Der böhmische Winter-Antisemitismus erwies sich als so zählebig, dass er den Zusammenbruch des Habsburgerreiches 1918 unbeschadet überstand und auch unter tschechoslowakischer Herrschaft seine Doppelgesichtigkeit bewahrte. Noch 1931 stellte ein jüdischer Arzt aus Karlsbad in einem Schreiben an den Centralverein deutscher Staatsbürger jüdischen Glaubens fest: »Der Antisemitismus ist hier latent und zu klug, um sich materielle Vorteile entgehen zu lassen. In Häusern, deren Besitzer deutschnationale Stadtverordnete sind, wird selbst der schäbigste polnische Jude, wenn er bezahlt, mit aller Hochachtung behandelt.«[463]

Für den Reisedienst des Centralvereins ergab sich aus diesem Umstand ein fast unlösbares Problem: Sollte er ein Hotel in die Liste antisemitischer Unterkünfte aufnehmen, wenn der Besitzer zwar Antisemit war, im Übrigen aber versicherte, dass ihm jüdische Gäste jederzeit willkommen seien? Sollte man ein Hotel als antisemitisch charakterisieren, dessen Besitzer deutschnationaler Stadtrat und Vorstandsmitglied eines »arischen Turnvereins« war, der aber jeden Antisemitismus in Abrede stellte und seinen Verein als »unpolitisch« deklarierte?[464] Diese Fragen waren nicht nur schwer zu beantworten, sondern entzweiten je nach Standpunkt auch die jüdischen Gäste. Der Direktor des Centralvereins, Ludwig Holländer, bezeichnete den »wirtschaftlichen Antisemitismus« als das »schwierigste Arbeitsgebiet unseres Vereins«: »Wir sind zwischen Scylla und Charybdis.«[465] Ein Teil der Mitglieder des Centralvereins verlange kategorisch, politisch verdächtige Hotelbesitzer auf die Warnlisten zu setzen, während andere sich genau darüber beschwerten. In solchen Auffassungsunterschieden spiegelte sich die Ambivalenz des Winter-Antisemitismus deutlich wider, der gesellschaftlichen Antisemitismus mit wirtschaftlichen Interessen in Einklang zu bringen suchte.

Wenig ambivalent und vergleichsweise eindeutig stellte sich der Bäder-Antisemitismus in den Staaten Osteuropas dar. Besonders vor dem Ersten Weltkrieg reisten viele osteuropäische Juden in die deutschen und böhmischen Bäder – nicht zuletzt, um einem in Form und Intensität radikaleren Antisemitismus zu entfliehen. Schon in der Habsburgermonarchie hatte es vor 1914 einen Anstieg des Antisemitismus von West nach Ost gegeben. So stellte das »Israelitische Familienblatt« in einem Bericht über Galizien aus dem Jahre 1909 fest: »In den galizisch-polnischen Kurorten, die von tausenden Juden aufgesucht werden, herrscht eine Atmosphäre von Judenverachtung, wie sie nur eben den Polen eigentümlich ist.«[466] Laufend berichtete das »Familienblatt« über gewalttätige Überfälle und staatliche Übergriffe auf jüdische Gäste:

»Vorige Woche kam es zu einem Überfall von Bergpolen in Szczawnica. Ein Wachmann mißhandelte einen armen Juden, der, ohne Kurtaxe zu zahlen, den Kurpark betreten hat. Viele Juden protestierten gegen die Tätlichkeit des Polizisten und sammelten sich vor dem Kommissariat, wohin der arme Jude geschleift wurde. Das genügte, um eine große Ansammlung von Polen aus der umliegenden Berggegend mit Sensen und Äxten herbeizuführen. Es kam zu einer Schlägerei. Die Juden in Szczawnica leben in beständiger Angst.«[467] Auch aus der Bukowina wurde wiederholt über pogromartige Zustände und gewalttätige Übergriffe auf Juden berichtet, die auch in den zwanziger Jahren noch zu verzeichnen waren. »Im gesamten Kurorte-Gebiet der Bukowina herrscht Panik«, meldete das Familienblatt im August 1927, nachdem jüdische Kurgäste und Reisende in Zügen überfallen und schwer verletzt worden waren.[468] Noch drastischer fiel die Berichterstattung des »Familienblatts« vor dem Ersten Weltkrieg über Russland aus, wo der Zar zeitweise sämtliche Juden aus den kaukasischen Bädern verbannt hatte und Zutrittsverbote für Juden in vielen russischen Bädern an der Tagesordnung waren.[469]

Während die Bäder Osteuropas aus deutsch-jüdischer Perspektive als Zentren eines gewalttätigen Antisemitismus galten, verhielt es sich bei einigen westeuropäischen Ländern genau umgekehrt: Namentlich die Niederlande und Großbritannien wurden als Länder eingestuft, deren gesellschaftliches Klima sich wohltuend von dem des Deutschen Reiches unterschied. Einen mit Deutschland oder gar den Zuständen in Mittel- und Osteuropa vergleichbaren Bäder-Antisemitismus vermochten die deutsch-jüdischen Beobachter nicht zu entdecken. Im Gegenteil hoben einzelne Reiseberichte die Toleranz und aufgeschlossene Atmosphäre der Niederlande und Großbritanniens hervor. Im September 1927 veröffentlichte das »Israelitische Familienblatt« die Zuschrift eines niederländischen Lesers, dem es nach eigenem Bekunden bei einem Besuch in Deutschland »die Kehle zugeschnürt« habe. Demgegenüber würde eine Liste judenfeindlicher Gasthäuser in den Niederlanden »kaum einen Namen aufweisen können«.[470] In einem im Juli 1927 veröffentlichten Reisebericht aus den Niederlanden vermerkte ein deutsch-jüdischer Autor: »Eines fordert unsagbaren Respekt – ihre vornehme Ruhe und ihre generös-natürliche Toleranz, durch die ich mit meiner Judennase mich, als wenn ich mich in einem Sanatorium befände, durch diesen kleinen Kosmos umherstreifen fühle.«[471]

Im gleichen Jahr unternahm Heinz Caspari als Redakteur des »Familienblattes« eine längere Reise nach Großbritannien, über die er in einer Artikelserie ausführlich berichtete. Dabei hob er ausdrücklich die freiere Atmosphäre in britischen Ferienorten gegenüber der Situation in Deutschland hervor: »Man hält es zunächst gar nicht für möglich – glaubt zu träumen, wenn man am Strand promeniert, und alle Leute, die vorbeikommen, einen anlachen, gleichgültig, welcher ›Rasse‹ man angehört – während man in Deutschland einen Juden, der als solcher deutlich zu erkennen ist, bestenfalls auslachen würde. [...] Das Wunderbare, das Unfaßbare ist nur, daß diese Gesichter weich, hell und offen bleiben, wenn sie einen Juden sehen, und daß ihr Lächeln nicht um einen Grad weniger freundlich wird. Bei uns – ach, wie oft haben wir's erleben müssen, daß diese weichen, hellen offenen Gesichter sich verhärteten, verdunkelten, verschlossen – daß ihr Lächeln zur undurchdringlichen Maske gefror oder sich zu einer scheußlichen Fratze des Hasses verzerrte, nur weil ein Jude in ihre Nähe kam [...] Und wie vieltausendmal mehr hat dieser stumme Haß, diese schweigende Verachtung uns wehgetan als ein uns nachgerufenes Schimpfwort oder der Hieb einer rohen Faust! [...] Wenn man in England gewesen ist, dann zweifelt man daran, daß am deutschen Wesen, wie es jetzt ist, jemals die Welt wird genesen können.«[472]

Casparis enthusiastisches Loblied auf die britische Toleranz darf freilich nicht darüber hinwegtäuschen, dass gesellschaftlicher Antisemitismus in Großbritannien keineswegs unbekannt war.[473] Vor allem das jüdische Bürgertum fand in der ausdifferenzierten britischen Klassengesellschaft nur schwer einen anerkannten Platz. Viele exklusive Herrenclubs, besonders jedoch Golf- und Tennisvereine zeichneten sich durch einen ungeschriebenen Arierparagraphen aus. Antisemitismus gehörte hier bisweilen sogar zum normalen Ton der Konversation, sodass Juden in bürgerlichen Vororten vielfach ihre eigenen gesellschaftlichen Vereinigungen und Clubs gründen mussten.[474]

Solche Tendenzen der gesellschaftlichen Exklusion wirkten sich freilich nur bedingt auf die »British Seaside« aus: In manchen britischen Seebädern existierten blühende jüdische Gemeinden, die jüdischen Gästen eine gut entwickelte jüdische Infrastruktur bereitstellten, aber auch gesellschaftliche Vorurteile und Stereotype mobilisierten. So war der Ort Westcliff bei Southend in antisemitischen Kreisen auch als »Neu-Jerusalem« oder »Klein-Palästina« bekannt, und antisemitische

Stereotype über protzende jüdische Parvenüs waren auch in den britischen Seebädern verbreitet.[475] Andererseits bildete sich niemals ein »Bäder-Antisemitismus« mit »judenfreien« Badeorten nach deutschem oder ost-/mitteleuropäischem Vorbild heraus. Dies mochte auch mit den Besonderheiten des Seebädertourismus in Großbritannien zusammenhängen, der sich ungeachtet der vielfältigen Differenzierungen der britischen Gesellschaft wie der jeweiligen Badeorte schon vor dem Ersten Weltkrieg zu einem klassenübergreifenden Phänomen entwickelte. Dank gut ausgebauter Verkehrswege und der geographischen Gegebenheiten war ein Seebad von nahezu jedem Punkt der britischen Insel schnell erreichbar. Auch Facharbeiter und Handwerker partizipierten an dieser touristischen Entwicklung, selbst wenn sie sich keinen längeren Ferienaufenthalt leisten konnten und die Bäder in der Regel als »excursionists« besuchten.[476] Dies minderte die Exklusivität einer Badereise in der britischen Gesellschaft, verringerte ihre Bedeutung als Statussymbol und dämpfte die Dynamik von sozialer Repräsentation und Segregation, die in Deutschland zur Aufladung des Bäder-Antisemitismus beigetragen hatte. Überdies zeichneten sich viele britische Seebäder durch eine urbane Struktur und eine beachtliche Einwohnerzahl aus. Anders als in Deutschland, wo die Seebäder nur eine geringe Bevölkerungsdichte aufwiesen und den Charakter von dörflichen Enklaven hatten, lebten mehr als 5 % der Einwohner in England und Wales in einem Seebad. Eine formale Ausgrenzung der jüdischen Bevölkerung wäre daher kaum zu bewerkstelligen gewesen. Auch deshalb bildete sich trotz eines gesellschaftlichen Antisemitismus in Großbritannien kein eigenständiger »Bäder-Antisemitismus« heraus.

»No Mosquitos, no Malaria, no Jews«: Bäder-Antisemitismus in den USA

Obwohl einzelne westeuropäische Länder wie die Niederlande oder Großbritannien keinen spezifischen Bäder-Antisemitismus kannten, war dieser nicht ausschließlich auf Mittel- und Osteuropa beschränkt. Dies zeigt die weite Verbreitung dieses Phänomens in den USA, wo der Antisemitismus in Erholungsorten – den *Summer* und *Seaside Resorts* – seine weltweit größte Ausprägung erfuhr und einen wichtigen Indikator für die Stellung der Juden in der amerikanischen Gesellschaft bildete.

Im Jahre 1877 wurde die amerikanische Öffentlichkeit erstmals mit dem Problem des *Resort Antisemitism* konfrontiert, als der Manager des »Grand Union Hotels« in Saratoga Springs, Henry Hilton, dem deutsch-jüdischen Bankier Joseph Seligman, immerhin ein Freund des amerikanischen Präsidenten Grant, die Aufnahme verweigerte. Dieser Vorgang erregte als »Seligman-Hilton-Affäre« große Aufmerksamkeit in den amerikanischen Zeitungen und wurde zum »ersten veröffentlichten Fall von Antisemitismus in Amerika«.[477] Zwar empörte sich ein Teil der amerikanischen Öffentlichkeit über das Verhalten des Hotelmanagers, doch konnte diese Empörung nicht darüber hinwegtäuschen, dass der Fall Seligman lediglich die Spitze eines Eisbergs darstellte und sogar als Initialzündung und Ermunterung wirkte, dem Beispiel des »Grand Union Hotels« zu folgen.

So breitete sich der *Resort Antisemitism* in den 1880er Jahren besonders in den Urlaubsorten der Catskills und der Adirondacks epidemisch aus, in jenen Höhenzügen im Staate New York, in denen die Einwohner von New York City bevorzugt ihren Erholungsurlaub verbrachten. Der vornehme »Lake Placid Club« hob öffentlich hervor, dass er niemanden aufnehme, gegen den »körperliche, moralische, gesellschaftliche oder rassische Einwände« bestünden. Selbst bei besten persönlichen Qualifikationen werde für »Hebräer« keine Ausnahme gemacht. Außerdem seien »Schwindsüchtige und Invaliden« sämtlich ausgeschlossen.[478] Hotelbesitzer in den Catskills priesen die Vorzüge ihrer *Resorts* in Werbeanzeigen wie »Hebräer begehren vergeblich Einlass«, »Keine Mosquitos, keine Malaria, keine Juden«, »Keine Juden, Hunde oder Schwindsüchtige« oder »Höhe 1000 Fuß, zu hoch für Juden«.[479] Ein Bericht aus dem Jahre 1887 über »Rassenvorurteile in Sommerurlaubsorten« hob hervor, dass in mehr als der Hälfte aller Fälle jüdischen Gästen der Einlass verwehrt werde.[480]

Komplementär zu den antisemitischen Erholungsorten bildeten sich seit den 1880er Jahren fast ausschließlich »jüdische« Orte aus, sodass sich die *Resorts* in den Catskills und Adirondacks fast zur Hälfte in jüdische und nicht-jüdische aufteilten.[481] Oftmals genügten schon ein oder zwei Hotels in jüdischem Besitz, um einen Erholungsort in einen jüdischen zu verwandeln, da nichtjüdische Gäste solchen *Resorts* schnell fernblieben. In einzelnen Fällen wie in Pine Hill vertrieben bewaffnete Banden jedoch den jüdischen Besitzer, um eine solche Entwicklung zu verhindern.[482]

Es fällt auf, dass sich der *Resort Antisemitism* in den USA zur gleichen Zeit ausprägte wie in Deutschland, nämlich im letzten Drittel des 19. Jahrhunderts, der so genannten *gilded age*. Er richtete sich zudem gegen dieselbe Gruppe, nämlich deutsche Juden, die in dieser Zeit einen sichtbaren wirtschaftlichen Aufstieg vollzogen. Und er bediente sich derselben antisemitischen Stereotype, vor allem des Klischees vom »rücksichtslosen, protzenden Parvenü«. Als die »Anti-Defamation League« 1914, ein Jahr nach ihrer Gründung, den *Resort Antisemitism* untersuchte und antisemitische Hotelbesitzer wegen ihrer Ausschließungspraxis zur Rede stellte, erhielt sie vor allem folgende Antworten: »Sie (die Hotelbesitzer) ließen durchblicken, dass Juden ein unkultiviertes, lautes und vulgäres Volk seien, das Geld für das einzige Kriterium von Vornehmheit halte und glaube, sich mit Geld zu jeder feinen Gesellschaft Zutritt verschaffen zu können, wie vornehm und kultiviert diese Gesellschaft auch sein möge.«[483] Übereinstimmend deuteten die jüdischen Zeitungen Amerikas die antijüdische Ausgrenzungspraxis in den Erholungsorten als Reflex der Ober- und Mittelklasse auf die massive Aufstiegsmobilität der (deutschen) Juden in in der *gilded age*. In dem Bestreben, »sich seines Platzes in der amerikanischen Gesellschaft durch Ausgrenzung der Juden zu versichern«, drücke sich vor allem eine »Statusunsicherheit« der oberen Mittelklasse aus.[484] Das negative Stereotyp des jüdischen Parvenüs, das in jener Zeit in so vielen Ländern, aber auch den USA, verbreitet war, spiegele eine Aversion in den führenden Gesellschaftsschichten über den wachsenden Verlust traditioneller Kriterien gesellschaftlicher Distinktion wider: Tradition und Familienhintergrund traten zunehmend zurück, während Leistung und Geld in der modernen, dynamischen Gesellschaft wachsende Bedeutung erlangten.[485]

Es war kein Zufall, dass sich gerade an Erholungsorten eine gesellschaftliche Abschottung gegenüber Juden manifestierte. »Das Problem war in den Erholungsorten akuter als anderswo, weil sich nirgendwo sonst eine solch unterschiedslose soziale Vermischung mit so weit gehenden sozialen Ambitionen paarte«, brachte der amerikanische Historiker John Higham die Atmosphäre von sozialer Repräsentation und Segregation auf den Begriff, die sich in den Erholungsorten offenbarte, obwohl – oder gerade weil – sich in diesen die traditionellen sozialen Grenzen im Urlaubsalltag tendenziell einebneten.[486] Freilich blieb der gesellschaftliche Antisemitismus in den USA keineswegs auf die Erholungsorte beschränkt. So beklagten die »B'nai B'rith News« 1908 ein »wachsendes Vorurteil gegenüber dem Juden«, das sich in allen Bereichen des gesellschaftlichen Alltags bemerkbar mache: »In vielen Urlaubshotels ist er unerwünscht. Aus gesellschaftlichen Klubs unterschiedlichen Charakters ist er ausgeschlossen. Von den gesellschaftlichen Kreisen der selbst ernannten Elite wird er zurückgewiesen. In den Vereinigungen der Colleges ist er nicht willkommen. Von manchen Schulen und Universitäten wird er schon vor der Immatrikulation darüber informiert, dass der Besuch für Angehörige jüdischen Glaubens nicht angenehm sein werde.«[487]

Obwohl es sich bei den Vereinigten Staaten von Amerika um eine multiethnische Einwanderergesellschaft handelte, die sich vom ethnisch weitaus homogeneren deutschen Nationalstaat krass unterschied, wiesen die soziokulturellen Begleitumstände des gesellschaftlichen Antisemitismus in beiden Nationen eine frappierende Ähnlichkeit auf: In beiden Ländern klopfte im letzten Drittel des 19. Jahrhunderts eine wirtschaftlich und beruflich erfolgreiche jüdische Minderheit an die Eingangstür zur »guten Gesellschaft«, und dies zu Zeiten eines dynamischen wirtschaftlichen und sozialen Wandels, der von heftigen soziokulturellen Positionierungskonflikten in den oberen und mittleren Gesellschaftsschichten begleitet war. Eine amerikanische Besonderheit war jedoch, dass der *Resort Antisemitism* gerade in den prestigeträchtigen, luxuriösen *Resorts* seinen Ausgang nahm. Während in Deutschland gerade die »Luxusbäder« als »Judenbäder« galten und die antisemitischen Orte eher von einem mittelständischen Publikum frequentiert waren, schlossen in den USA vor allem die feineren Orte und Hotels Juden aus. Es war kein Zufall, dass der *Resort Antisemitism* gerade von Saratoga Springs, der selbst ernannten »Queen of American Resorts«, seinen Ausgang nahm. Geht man von den Hotelanzeigen aus, dann legten gerade exklusive Clubs wie der »Lake Placid Club« oder die teuersten Hotels in Miami Beach auf jüdische Gäste keinen Wert. Durch offene Ausgrenzung der Juden hofften viele Hotelbesitzer, eine sozial exklusive Klientel von Gästen anzuziehen. Symptomatisch für diese Haltung sind die Äußerungen Austin Corbins, des Präsidenten der »Manhattan Beach Company«, die 1879 auf Coney Island ein »fashionable summer resort« aufbauen wollte: »Wir können nicht die höchsten gesellschaftlichen Kreise nach Manhattan Beach bringen, wenn die Juden weiterhin kommen.«[488]

Im Laufe der Zeit gingen viele Hotels dazu über, Juden zwar während des Sommers als Gäste auszuschließen, sie jedoch als Teilnehmer an beruflichen Tagungen und wissenschaftlichen Kongressen außerhalb der Saison zu akzeptieren. Diese sommerliche Intoleranz (»Summertime Bigotry«) bildete das Gegenstück zum böhmischen »Winter-Antisemitismus«, folgte aber dem gleichen ökonomischen Kalkül.
Ähnlich wie der »Centralverein deutscher Staatsbürger jüdischen Glaubens« nahmen auch die amerikanisch-jüdischen Organisationen den *Resort Antisemitism* nicht widerstandslos hin. Vor allem das »American Jewish Committee«, die 1843 gegründete Organisation »B'nai B'rith« und die aus ihm 1913 hervorgegangene »Anti-Defamation League« kämpften gegen den gesellschaftlichen Antisemitismus in den Vereinigten Staaten. Ihre Bemühungen richteten sich vor allem gegen diskriminierende Werbeanzeigen von Hotels und Erholungsorten, die nicht nur eine rassistisch-antisemitische Gesinnung zum Ausdruck brachten, sondern Vorurteile zudem noch öffentlich schürten. So enthielt beispielsweise eine Broschüre der »Graham Morton Transportation Company« aus dem Jahre 1908 nicht weniger als 30 antisemitische Anzeigen von Hotels und Erholungsorten, die im Westen des Staates Michigan lagen.[489] Zwar versicherte der Präsident des Transportunternehmens nach entsprechenden Protesten, solche Anzeigen künftig nicht mehr aufzunehmen, doch waren die diskriminierenden Anzeigen insgesamt so zahlreich, dass der einzelne Protest gegen sie auf Dauer einem Kampf gegen Windmühlenflügel glich. Sigmund Livingston, ein in Deutschland geborener Rechtsanwalt, verglich die Tätigkeit der »Anti-Defamation League« dementsprechend mit einer Feuerwache: »Wenn Alarm gegeben wird, beeilen wir uns, die Flammen und die Glut auszutreten, sodass kein größerer Schaden entsteht und sich kein Großbrand entwickeln kann. Wenn wir unsere Arbeit getan haben, kehren wir zurück und warten auf den nächsten Alarm.«[490]
Deshalb suchten die amerikanisch-jüdischen Organisationen – im Gegensatz zu ihren deutschen Glaubensgenossen –, mit gesetzlichen Abwehrmaßnahmen gegen diskriminierende Anzeigen vorzugehen und damit ein wesentliches Element des *Resort Antisemitism* rechtlich zu unterbinden. Einen ersten wichtigen Erfolg errangen sie 1913 im Staate New York, wo der Gouverneur William Sulzer ein *Civil Rights Act* erließ.[491] Es verbot »Orten der öffentlichen Unterbringung« – zu denen auch Hotels gehörten – »from advertising their unwillingness to admit

anyone because of race, creed, or color«, wie es in der gewundenen Juristensprache hieß: Diskriminierende Anzeigen, die auf Rasse, Glaubensbekenntnis oder Hautfarbe Bezug nahmen, sollten fortan nicht mehr erlaubt sein. Bis 1931 schlossen sich 18 amerikanische Staaten dem Beispiel New Yorks an, während die Mehrheit der Staaten keinerlei entsprechende Regelungen erließ.[492]

Die gesetzlichen Maßnahmen gegen die gesellschaftliche Diskriminierung waren unter den amerikanischen Juden nicht unumstritten. Kritisiert wurden vor allem zwei Aspekte der *Civil Rights Laws*: zum einen ihr Versuch, auf die gesellschaftlichen Beziehungen mit den Mitteln des Rechts einzuwirken, zum anderen die universalistische Tendenz des Diskriminierungsverbots, das nicht nur die jüdische Minderheit, sondern auch die Schwarzen betraf, die noch stärker als Juden unter alltäglicher Diskriminierung zu leiden hatten und ebenfalls vom Besuch zahlreicher Hotels und Erholungsorte ausgeschlossen waren. Teile der »Anti-Defamation League« hätten den Diskriminierungsschutz offenbar lieber auf das Glaubensbekenntnis beschränkt, sodass die Bürgerrechtsgesetze nur die Juden vor diskriminierender Werbung geschützt hätten.[493] Prominentester Kritiker des Gesetzes war Rabbi Dr. Julian Morgenstern, der Präsident des Hebrew Union College, der 1913 in den »B'nai B'rith News« mit bemerkenswerter Offenheit bekannte: »Ich habe bislang noch nie einen Neger zum Essen eingeladen und werde es wahrscheinlich niemals tun. [...] Ich glaube, dass ich das gesetzlich verbriefte Recht habe, analog dieser natürlichen Empfindungen mir meine Bekanntschaften selbst auszusuchen. Ich möchte dem Neger sein gesetzliches Recht nicht streitig machen. [...] Aber ich möchte nicht in ein Hotel gehen, das Neger akzeptiert, nicht im gleichen Bett schlafen, in dem in der Nacht zuvor vielleicht ein Neger geschlafen hat, mich nicht in derselben Wanne waschen, nicht dasselbe Glas und denselben Hausrat benutzen. [...] Und wenn ich mich in dieser Weise gegenüber dem Neger verhalte, dann muss ich dem antisemitisch eingestellten vornehmen Herrn das gleiche Recht zubilligen, sich gegenüber dem Juden zu verhalten.«[494] Auch wenn Morgenstern mit dieser Auffassung in der Minderheit blieb, so macht sie doch hinlänglich deutlich, dass rassistische Vorurteile auch unter den amerikanischen Juden – ungeachtet ihrer eigenen gesellschaftlichen Diskriminierung – verbreitet waren.

Auf die antijüdische Ausgrenzungspraxis der Hotels und *Resorts* hatten die *Civil Rights Laws* insgesamt nur geringe Auswirkungen. Hotelbe-

sitzer wiesen jüdische Gäste mit fadenscheinigen Begründungen (»Alles ausgebucht«) ab, deklarierten ihr Hotel als »Privatclub« und übten informell Druck auf Reisebüros aus, ihnen keine jüdischen Gäste zu vermitteln (»Don't send me any kikes« – »Senden Sie mir keine Itzigs«). Darüber hinaus passten sie ihre Hotelwerbung den neuen rechtlichen Bedingungen an, indem sie beispielsweise auf nahe gelegene Kirchen verwiesen (»Protestant and Catholic Churches Nearby«). Statt eines offen diskriminierenden »No Hebrews wanted« war in den Werbeanzeigen jetzt von »selected guests« oder »restricted clientele« die Rede, die als Chiffre für »Keine Juden« dienten. Es bedurfte mehrerer Jahrzehnte, bis sich die amerikanische Rechtsprechung dem neuen Sprachgebrauch angepasst hatte und auch die Wortwahl »selected clientele« als diskriminierend einstufte – so der New York Supreme Court 1943 in einem Prozess, den der Erholungsort Camp-of-the-Pines gegen die New York Times angestrengt hatte, nachdem diese die Formulierung »selected clientele« aus einem Inserat gestrichen hatte.[495]
Nicht einmal die Zahl der diskriminierenden Anzeigen konnte durch die *Civil Rights Laws* eingedämmt werden, wie aus einer Untersuchung der Drake University hervorging, die 1939 im »American Journal of Sociology« veröffentlicht wurde: In einer Zeitung wie der »Chicago Tribune« erreichten sie Ende der dreißiger Jahre ihren Höhepunkt, als rund 8 % aller Anzeigen von Urlaubsorten antijüdische Bemerkungen enthielten.[496] Und noch in den fünfziger Jahren stellte die »Anti-Defamation League« resigniert fest: »Die meisten Gesetzesbestimmungen stehen nur auf dem Papier und werden eher gebrochen als befolgt. [...] Von Neu-England bis Florida, von den Adirondacks bis zur Westküste kann ein Reiseexperte Hunderte von Urlaubshotels ausmachen, die das Prinzip der Judenreinheit praktizieren«[497] (»Judenrein policy«). Der *Resort Antisemitism* hatte sich in den USA zu einem Phänomen entwickelt, das zwar nicht von öffentlichen antisemitischen Manifestationen begleitet war, das aber umso tiefer und lang anhaltender in die soziale Alltagspraxis Eingang gefunden hatte.
Die Dynamik der Segregation ließ vor allem in den Catskills einen ganzen Gürtel jüdischer Erholungsorte entstehen, den so genannten *Borscht Belt*. Zuerst waren es Juden deutscher Herkunft, die hier ihren Urlaub verbrachten. Seine eigentliche Ausprägung erfuhr der *Borscht Belt* jedoch durch die vielen Juden osteuropäischer Herkunft, die seit den 1880er Jahren in die USA eingewandert waren und in den Catskills

der sommerlichen Hitze von New York City entflohen. Vor allem in den 1920er Jahren, als die »christlichen« *Resorts* von Juden aufgekauft wurden, entwickelten sich die Catskills zu einem nahezu uniform jüdischen Urlaubsgebiet. Hotels, die noch kurz zuvor »No Hebrews Accomodated« verkündet hatten, warben jetzt mit »Kosher Cuisine Featured«.[498] Nunmehr prägte sich in den Catskills bis in die 1970er Jahre eine spezifische ostjüdisch-amerikanische Urlaubskultur aus, mit Hunderten von koscheren Hotels und Restaurants, in denen ein Gemisch aus Jiddisch und Amerikanisch gesprochen wurde, und einer besonderen Form des Entertainments mit jiddisch-amerikanischem Gesang und Humor. Fast alle bedeutenden amerikanischen Komiker traten in den Hotels der Catskills auf oder begannen dort sogar ihre Karriere.[499] Es war kein Zufall, dass Abraham Cahans 1917 erstmals erschienener Roman-Klassiker »The Rise of David Levinsky«, ein Buch über einen ostjüdischen Aufsteiger in Amerika, teilweise in den Catskills spielte.[500] Eine stetig anschwellende Erinnerungsliteratur über den »jüdischen« Urlaub in den Catskills, ja ein vom Soziologen Phil Brown ins Leben gerufenes »Catskills Institute«[501], machen deutlich, dass der *Borscht Belt* mehr war als eine bloße Reaktion auf den *Resort Antisemitism* in den USA. Hier ging es für die Massen der ostjüdischen Zuwanderer nicht zuletzt auch um die Pflege von »Yiddishkeit«, die Bewahrung einer spezifischen religiös-ethnischen Identität. Die Multiethnizität der amerikanischen Gesellschaft trug zu den ethnischen Segregationstendenzen im amerikanischen Lebensalltag bei und war für die Entstehung »jüdischer« und »nicht-jüdischer« Urlaubsgebiete mitverantwortlich.

Freilich wäre es verfehlt, den *Borscht Belt* und andere »jüdische« Urlaubszentren vom gesellschaftlichen Antisemitismus in den USA vollständig abzukoppeln und ihn euphemistisch als bloßen Ausdruck ethnischer Vielfalt in der amerikanischen Gesellschaft zu klassifizieren. Wohl nicht zufällig löste sich der *Borscht Belt* genau in jener Zeit – den späten 1960er Jahren – weitgehend auf, in der auch die gesellschaftlichen Barrieren gegenüber Juden in den Vereinigten Staaten fielen und der *Resort Antisemitism* keine bedeutende Rolle mehr spielte. Von gesellschaftlichen Restriktionen befreit, amerikanisierte sich die jüngere Nachkriegsgeneration amerikanischer Juden in den sechziger Jahren nahezu vollständig und identifizierte sich nun vor allem mit der amerikanischen Pop- und Jugendkultur. »Out with Yiddishkeit, in with Woodstock«[502], brachte der amerikanische Soziologe Jerry A. Jacobs diesen

Einstellungswandel auf den Begriff, der nicht zuletzt durch den massiven Rückgang des gesellschaftlichen Antisemitismus in den USA befördert wurde.

Zudem spiegelten Ausgrenzungen aus Erholungsorten und diskriminierende Anzeigen von Hotels nicht bloß eine allgemeine ethnische Segregation wider. Sie richteten sich zwar auch gegen Schwarze, zielten aber in erster Linie gegen Juden und gingen auf den gesellschaftlichen Antisemitismus zurück. Es gab nämlich keine entsprechenden Anzeigen gegen Katholiken oder gegen Einwanderer aus bestimmten Herkunftsländern, zum Beispiel Iren oder Italiener.[503]

Nach dem Zweiten Weltkrieg ging das Phänomen des *Resort Antisemitism* zwar langsam zurück, nicht zuletzt deshalb, weil immer mehr Nichtjuden gegen die alltägliche Diskriminierung von Juden protestierten. Nach dem Holocaust erschien die antisemitische Ausgrenzungspraxis in den USA auch manchem Hotelinhaber zunehmend fragwürdig. »Die meisten sind unsicher geworden, mit einem rassistischen Prinzip offen zu werben, das sie in Verbindung mit dem Feind bringt, gegen den die Vereinigten Staaten im Zweiten Weltkrieg gekämpft haben«, bemerkte eine Untersuchung aus den fünfziger Jahren.[504] Die sich wandelnde Stimmung gegenüber dem Antisemitismus in Amerika fand nach 1945 nicht zuletzt ihren filmischen Niederschlag in Elia Kazans Film »Gentleman's Agreement« mit Gregory Peck in der Hauptrolle, der die antijüdischen Ausgrenzungstendenzen in den weißen Eliten Amerikas zum Thema machte und dabei auch das Problem der »judenfreien« Hotels streifte. In einzelnen Staaten wie in New York gründeten sich Staatskommissionen gegen Diskriminierung, die sich solcher Fälle annahmen.

Wie weit verbreitet der *Resort Antisemitism* jedoch in den fünfziger Jahren immer noch war, zeigte eine landesweite Untersuchung der »Anti-Defamation League« aus dem Jahre 1956/57, die vor allem auf Selbstauskünften von Hotelbesitzern beruhte. Demnach nahmen 22,9 % aller amerikanischen Hotels keine jüdischen Gäste auf. Der tatsächliche Anteil dürfte nach Angaben der ADL sogar über 30 % gelegen haben, weil ein Teil der Hotels, über deren Diskriminierungspraxis entsprechende Berichte vorlagen, sich nicht öffentlich dazu bekennen mochte. In den Staaten Maine, Vermont und New Hampshire schlossen gar 56 % aller Hotels jüdische Gäste aus, in Arizona 44,6 %, in Michigan, Minnesota und Wisconsin 34 % – und dies mehr als ein Jahrzehnt nach dem Zwei-

ten Weltkrieg, in dem die USA das mörderischste antisemitische Regime der Weltgeschichte niedergerungen hatten. Noch in den fünfziger Jahren war der Hotel- und *Resort Antisemitism* in den USA stärker verbreitet als der Bäder-Antisemitismus in Deutschland vor 1933. Die »Anti-Defamation League« sprach sarkastisch von einer »international herausragenden Stellung«, die die Vereinigten Staaten auf diesem Gebiet einnähmen. Urlaubsträume könnten deshalb leicht in einem »Albtraum der Frustration« enden.[505]
Der »Centralverein deutscher Staatsbürger jüdischen Glaubens« hatte deshalb schon in den zwanziger Jahren das Geschehen in den USA mit wachsender Kritik verfolgt. Während die Anti-Diskriminierungsgesetze noch ausdrückliches Lob fanden – und umgekehrt von den Antisemiten als »staatlicher Judenschutz in Amerika«[506] verurteilt wurden –, verfinsterte sich der Blick des CV auf die USA seit der zweiten Hälfte der zwanziger Jahre. Für besondere Empörung sorgte 1927 eine Anordnung der amerikanischen Einreisebehörden, nach der sich Juden in den Einreiseformularen unabhängig von ihrer Nationalität als »Hebräer« (Hebrews) einzustufen hatten, mithin die deutschen Juden sich nicht als »Deutsche« bezeichnen sollten.[507] Im Jahre 1931 veröffentlichte das »Israelitische Familienblatt« einen Artikel über »Antisemitismus in Amerika«, der nichts weniger als freundlich ausfiel. Die Verfasserin Dr. Trude Weiss-Rosmarin, eine 1908 in Frankfurt geborene Religionswissenschaftlerin und Judaistin, war 1931 nach New York ausgewandert und leitete dort u. a. die »School of the Jewish Woman«. In ihrem Artikel charakterisierte sie die USA als »das Land der größtmöglichen Unfreiheit«, als »das Land, in dem die Bevölkerung den Juden durch ein ungeschriebenes Gesetz aufs Neue ins Ghetto zwingt«.[508] Die amerikanischen Juden lebten »zumeist völlig abgesondert von der amerikanischen Gesellschaft, nicht freiwillig allerdings, sondern weil der echte Amerikaner den Juden nicht liebt«. Ausdrücklich verwies Weiss-Rosmarin dabei auf »die große Anzahl von Kurorten und Hotels«, in denen Juden nicht erwünscht seien, und die zur Entstehung ausschließlich jüdischer Hotels und Orte geführt hätten: »Man nennt diese Kurorte ›das jüdische Land‹.« Zwar habe der Antisemitismus im Gegensatz zu Deutschland keinerlei politische Bedeutung, bestimme jedoch die gesellschaftliche Alltagspraxis sehr viel nachhaltiger. »Der deutsche Antisemit redet, der Amerikaner, der nicht so viel Zeit besitzt, handelt [...].«

Zu einem ähnlichen Eindruck kam der Soziologe Leo Löwenthal, der Ende der siebziger Jahre in einem autobiographischen Gespräch bekannte: »Einem alltäglich erfahrbaren Antisemitismus bin ich erst hier in Amerika begegnet.«[509] Dabei nahm Löwenthal ausdrücklich auf die Ausgrenzungspraxis der Hotels Bezug und berichtete, wie er 1935 eine Urlaubsreise zu planen versuchte: »Wir haben uns in einem sehr eleganten Reisebüro im Rockefeller-Center beraten lassen. Da habe ich ungefähr 20 Adressen von Hotels und Gasthäusern bekommen, an die ich dann schrieb, wobei ich jeweils hinzusetzte ›Please tell me whether Jews are welcome‹. Denn das hatten Alteingesessene mir geraten. Von diesen zwanzig Anfragen [...] blieb gut die Hälfte unbeantwortet. Von den anderen haben einige geschrieben, sie vermieteten meist an ältere Leute, was ganz lächerlich war, weil ich mein Alter gar nicht genannt hatte. Andere wiederum sagten, sie hätten natürlich nichts gegen Juden, aber vielleicht würden wir uns ›uncomfortable‹ fühlen mit anderen Gästen. Also kurzum, wir haben auf einmal entdeckt, daß es hier etwas gibt wie wirklichen everyday-Antisemitismus und daß man sich nicht ungehemmt und frei als Jude in allen gesellschaftlichen Bereichen bewegen kann.«[510]

Vielen Berichten deutscher Juden ist diese Irritation über die alltägliche Ausgrenzung von Juden in den USA anzumerken – nicht nur aus Hotels und *Resorts*, sondern auch aus bestimmten Wohngegenden, Country Clubs, Colleges und Universitäten. Einer Untersuchung der »Anti-Defamation-League« zufolge akzeptierten noch 1962 mehr als die Hälfte der amerikanischen Clubs keine jüdischen Mitglieder.

Umso mehr überrascht daher, dass der weit verbreitete gesellschaftliche Antisemitismus in den USA kaum Auswirkungen auf die politische Sphäre zeitigte. In der zutiefst individualistischen politischen Kultur der USA hatten politische Bewegungen keine Chance, die den Kampf gegen Juden in den Mittelpunkt ihrer Ideologie stellten, ja in ihm den Schlüssel zur Lösung aller nationalen Probleme sahen. Abgesehen von agrarisch-populistischen Bewegungen um die Jahrhundertwende, der Agitation des »Ku-Klux-Klan« oder Henry Fords Ausfällen gegen den »internationalen Juden« in der Zeitung »Dearborn Independent« blieben die Manifestationen eines politisch-ideologischen Antisemitismus unbedeutend und gewannen niemals hegemonialen Einfluss. Dementsprechend war auch der *Resort Antisemitism* nicht von massiver antisemitischer Agitation begleitet, die für deutsche Seebäder wie Borkum und Zinnowitz nach dem Ersten Weltkrieg typisch war. Ein radikaler ideologischer »Erlösungs-Antisemitismus«[511] (Saul Friedländer), der in der politischen Rechten in Deutschland grassierte, fand in den USA kaum Anhänger. Manche amerikanischen Autoren haben daher im Hinblick auf den Antisemitismus in den USA vorgeschlagen, zwischen einem »gewöhnlichen« (*ordinary*) Antisemitismus, der vor allem durch gesellschaftliche Vorurteile und alltägliche Abschottungstendenzen gegenüber Juden gekennzeichnet war, und einem »außergewöhnlichen« (*extra-ordinary*), politisch-ideologisch verdichteten Antisemitismus zu unterscheiden.[512]

Neben der Hochschätzung des Individuums dürfte auch die Multiethnizität der amerikanischen Gesellschaft zur Marginalität eines politisch-ideologischen Antisemitismus beigetragen haben. Zwar förderte die ethnische Vielfalt gesellschaftliche Abschottungstendenzen gegenüber Juden, begrenzte aber gleichzeitig die Wirkungsmacht einer genuin antisemitischen Weltanschauung, weil Juden in der multi-ethnischen amerikanischen Gesellschaft nicht die einzige Gruppe waren, die rassistische Vorurteile auf sich zog. Der Rassismus fand in den USA eine Vielzahl ethnischer Ziele.

Vor allem jedoch ließen die hohe gesellschaftliche Akzeptanz der amerikanischen Demokratie und das wirksame konstitutionelle System der *Checks and Balances* es nicht zu, dass in den USA ein radikales antisemitisches Programm hätte verwirklicht werden können. Die Schwäche eines politisch-ideologischen Antisemitismus und die Stabilität der Demokratie und ihrer Institutionen markierten die beiden entscheidenden Unterschiede zur Entwicklung in Deutschland, nicht jedoch der gesellschaftliche Antisemitismus, der im Lebensalltag der amerikanischen Gesellschaft stärker als in Deutschland ausgeprägt war.

Deutscher Sonderweg oder internationale »Normalität«?

Der internationale Vergleich des Bäder-Antisemitismus wirft wichtige Fragen für dessen Einordnung und historische Bedeutung in Deutschland auf. Die Geschichte des Antisemitismus in Deutschland ist fast unvermeidlich mit Fragen der Kontinuität und Diskontinuität verbunden. Vor allem jedoch steht sie unter dem Eindruck der Judenverfolgung nach 1933 und der Ermordung von sechs Millionen europäischer Juden

im Zweiten Weltkrieg. Überspitzt formuliert: Gab es einen Weg, der – wie gewunden auch immer – »Borkum« und »Auschwitz« miteinander verband? Repräsentierte die gesellschaftliche Judenfeindschaft in Deutschland, wie sie sich im Bäder-Antisemitismus manifestierte, ein Element der Kontinuität, an das die nationalsozialistische Judenverfolgung bruchlos anknüpfen konnte, ja die Judenverfolgung nach 1933 massiv beförderte? Kann man im Hinblick auf die gesellschaftliche Judenfeindschaft gar von einem deutschen Sonderweg des Antisemitismus sprechen, oder verbietet sich eine solche Annahme schon deshalb, weil gesellschaftlicher Antisemitismus – wenngleich in unterschiedlicher Form und Intensität – in vielen Ländern auftrat?
Die bisherige Forschung zum deutschen Antisemitismus hat die Frage nach dessen Kontinuität und Diskontinuität ambivalent und außerordentlich differenziert beantwortet, und auch die Geschichte des Bäder-Antisemitismus in Deutschland entzieht sich einfach gestrickten Kontinuitätsthesen. Auf der einen Seite steht er zweifellos für eine in den mittleren und oberen Schichten der deutschen Gesellschaft weit verbreitete Judenfeindschaft, die sowohl im Kaiserreich als auch in der Weimarer Republik und dem »Dritten Reich« anzutreffen war und sich massiv auf die alltäglichen Beziehungen zwischen Juden und Nichtjuden in Deutschland auswirkte. Auf der anderen Seite markierten das Ende des Ersten Weltkrieges und die Machtübernahme der Nationalsozialisten wichtige Radikalisierungsstufen, die nicht einfach in einer undifferenzierten Kontinuitätsthese eingeebnet werden können: So nahmen nach 1918/19 sowohl die Zahl antisemitischer Hotels als auch die gewalttätigen Übergriffe auf jüdische Gäste zu. Gleichzeitig gingen Bäder-Antisemitismus und politischer Antisemitismus, gesellschaftliche Judenfeindschaft und politisch-ideologische Agitation eine engere Verbindung ein. So waren die »judenreinen« Badeorte nach 1918 nicht mehr nur Refugien für Antisemiten, sie avancierten in der antisemitischen Agitation zu Modellen für ein »judenreines« Deutschland insgesamt.
Nach 1933 griffen die Nationalsozialisten solche Forderungen auf, setzten jedoch nicht auf eine Radikalisierung des Bäder-Antisemitismus nach den althergebrachten Mustern, sondern trieben die Ausgrenzung der Juden vor allem durch politische Initiativen der lokalen und regionalen NS-Machthaber sowie durch administrative Zwangsmaßnahmen voran. Beides wäre unter den rechtlichen Rahmenbedingungen der Wei-

marer Republik wie der segmentierten politischen Kultur Weimars gar nicht durchsetzbar gewesen, die nicht nur den Antisemitismus radikalisierte, sondern auch dessen Gegenkräfte mobilisierte.
Wie ist nun die Bedeutung des Bäder-Antisemitismus für die deutsche Entwicklung nach 1933 einzuschätzen? Bei der Beantwortung dieser Frage zeigt sich, dass ein Blick auf die internationale Entwicklung vor kurzschlüssigen Thesen bewahren kann. Nicht nur in Deutschland, sondern in vielen Ländern Europas wie den Vereinigten Staaten von Amerika machte sich im letzten Drittel des 19. Jahrhunderts eine gesellschaftliche Judenfeindschaft in Bädern, Kurorten, Sommerfrischen und *Summer Resorts* bemerkbar, die eng mit dem Antisemitismus, der gesellschaftlichen Stellung der jüdischen Minderheit sowie der soziokulturellen Funktion des Tourismus in jener Zeit zusammenhing. Zwar verlief die Entwicklung dieses Phänomens in Deutschland radikaler als in manchen Ländern des Westens – beispielsweise der Niederlande oder Großbritanniens –, doch blieb sie gleichzeitig hinter der vieler ost- und mitteleuropäischer Länder oder der Entwicklung in den USA zurück. Trotz eines sehr viel kleineren Staatsgebiets wies die Republik Österreich im Vergleich zum Deutschen Reich eine doppelt so hohe Anzahl »judenfreier« Sommerfrischen auf. In den USA lag der prozentuale Anteil derjenigen Hotels, die keine jüdischen Gäste akzeptierten, noch in den fünfziger Jahren 15fach höher als in Deutschland vor 1933. Die Besonderheit des deutschen Antisemitismus – dies zeigt auch der Vergleich mit den USA – liegt weniger in seiner gesellschaftlichen Quantität als vielmehr in seiner radikalen ideologischen Qualität. Von daher greift jede Erklärung zu kurz, die in der gesellschaftlichen Judenfeindschaft in Deutschland das wichtigste Movens, ja den zentralen Faktor der Judenverfolgung nach 1933 sieht. Das Deutsche Reich lag vor 1933 im Hinblick auf den gesellschaftlichen Antisemitismus keineswegs außerhalb eines zivilisatorischen *mainstreams*, wobei sich dieser *mainstream* nicht in erster Linie durch Liberalität und Toleranz auszeichnete, sondern in vielen Ländern vom Gift des Antisemitismus infiziert war.
Gleichwohl lässt sich die Frage nach der Relevanz des gesellschaftlichen Antisemitismus für die Judenverfolgung nach 1933 nicht hinlänglich beantworten, indem man auf die Internationalität dieses Phänomens verweist. Für die Haltung der nichtjüdischen deutschen Bevölkerung nach 1933 war zweifellos die im Bäder-Antisemitismus manifestierte Judenfeindschaft von erheblicher Bedeutung. Allem dik-

tatorischen Zwangscharakter des NS-Regimes zum Trotz nahmen die Nationalsozialisten auf die jeweilige »Volksmeinung« Rücksicht, war die NS-Herrschaft keine reine Diktatur von oben nach unten, sondern eine soziale Praxis, an der die deutsche Gesellschaft in vielfältiger Weise beteiligt war. Und für die Haltung der deutschen Gesellschaft gegenüber der jüdischen Minderheit war nicht ohne Bedeutung, dass sich lange vor 1933 massive Tendenzen der Ausgrenzung und Abschottung herausbildeten, dass unter dem Einfluss des Bäder-Antisemitismus öffentliche Zonen der Apartheid entstanden, die die gesellschaftlichen Kontakte zwischen Juden und Nichtjuden immer stärker reduzierten. Dies förderte eine Grundhaltung gegenüber der jüdischen Minderheit, ohne die die nationalsozialistische Ausgrenzungspolitik nicht so erfolgreich verlaufen wäre: die weit verbreitete Auffassung nämlich, dass es sich bei Juden nicht um »Deutsche« oder gar »Volksgenossen« jüdischen Glaubens handelte, sondern um »Fremde«, ja »Andersartige«, die nicht wirklich dazugehörten. Wer die Frage beantworten will, warum die große Mehrheit der deutschen Bevölkerung die Ausgrenzung der Juden nach 1933 widerspruchslos hinnahm und zumeist zwischen Indifferenz und Mitmachen schwankte, kommt am gesellschaftlichen Antisemitismus vor 1933 nicht vorbei. Dieser bildete zwar nicht das alleinige Movens der Entwicklung nach 1933, bereitete ihr jedoch insofern den Boden, als er für die wachsende gesellschaftliche Ausgrenzung der Juden in Deutschland verantwortlich war.

Anhang

Antisemitische Lieder und Gedichte aus deutschen Seebädern

Borkum-Lied (vor 1914)[513]

[Melodie: »Hipp, hipp, hurra« (Kaisermarsch)]

Wir grüßen heut' im frohen Lied dich, Borkums schönen Strand.
Wo durch die Luft die Möwe zieht, und grün sich dehnt das Land!
Wo an die Dünen braust die See des Nordens wild heran.
:Wo Leuchtturms Licht von stolzer Höh' dem Schiffer weist die Bahn.:
Drum wollen laut dein Lob wir singen, wir Gäste all', von fern und nah,
Begeistert soll der Ruf erklingen: Borkum hurra! Borkum hurra!

Wohl gibt es Bäder viel und reich im weiten Vaterland,
Doch kommt an Wert dir keines gleich, du prächt'ger Inselstrand,
In deinem Zauberbann, wie weicht die Sorge scheu zurück!
:Wie wird das Herz so frisch und leicht, wie hebt sich froh der Blick!:
Drum wollen laut dein Lob wir singen, wir Gäste all', von fern und nah.
Begeistert soll der Ruf erklingen: Borkum hurra! Borkum hurra!

Es herrscht im grünen Inselland ein echter deutscher Sinn.
Drum alle, die uns stammverwandt, ziehn freudig zu dir hin.
An Borkums Strand nur Deutschtum gilt, nur deutsch ist das Panier.
:Wir halten rein den Ehrenschild Germanias für und für!:
Doch wer dir naht mit platten Füßen, mit Nasen krumm und Haaren kraus,
Der soll nicht deinen Strand genießen, der muß hinaus, der muß hinaus!
Hinaus!

Neuestes Borkum-Lied[514]

Versammelt haben sich zur Stund'
Viel Gäste groß und klein,
Drum seid willkommen alle uns,
Die Ihr Euch habt vereint.
Reichet Euch brüderlich die Hand,
Stimmt kräftig mit uns ein:
: Borkum bleib' deutsch auch künftig hin,
Nichts Kosch'res laß' herein,:

Denn herrlich ist's an deinem Strande,
Vom nord'schen Meere rings umbraust –
Und kommt der Cohn mit seiner Mammle:
Der muß hinaus, der muß hinaus!

'ne Lustfahrt, die von Norderney
Einst eines Tag's traf ein,
Da war'n auch uns're Lait' dabei,
Wie's anders nicht konnt sein.
Doch wie man sie hier hat erblickt,
Sang alles im Verein:
    :Borkum bewache deinen Strand,
    Nichts Kosch'res laß' herein!:
Rebeckchen Mayer und Herr Levy,
Kehrt schnell nach Norderney nach Haus':
Allhier auf Borkums grüner Insel
Blüht Euch kein Glück, Ihr müßt hinaus!

Und naht die Zeit, daß wir von hier
Scheiden mit frohem Sinn,
Dann nehmt von uns als letzten Gruß
Noch jene Worte hin:
Borkum, der Nordsee größte Zier,
Bleib' frei auch künftig fein,
    :Laß Rosenthal und Levysohn
    In Norderney allein!:
Denn herrlich ist's an Deinem Strande,
Für Juda zwar ist's traife hier,
Und kommt trotzdem 'ne kosch're Bande:
Hinaus mit ihr, hinaus mit ihr!

Neuestes Borkum-Lied (nach 1918)[515]

Seid willkommen, all' ihr Gäste
Aus dem deutschen Vaterland,
Hier auf Borkums grüner Insel
Reicht Euch brüderlich die Hand,
Bewahrt die alte deutsche Sitte,
Prägt es Euren Kindern ein:
    :Laß't keinen Jud' in Eure Mitte
    Borkum soll frei von Juden sein!:

Kennt Ihr das Eiland meerumschlungen,
Wo außer Kirch' auch Leuchttürm' steh'n,
den Schiffern ihre Straßen weisend,

Die abends d'ran vorüberzieh'n;
Da tönt's vom Ufer laut herüber:
He! Schiffer! stimmet mit uns ein:
:Laß't keinen Jud' in Eure Mitte,
Borkum soll frei von Juden sein!:

Seht Eurer Knaben munt're Scharen,
Geziert am Arm mit blauem (gelben) Band,
Die Fahne stolz vorangetragen,
Die blaue (gelbe) Kompanie genannt.
Und wie sie einig all' beim Spiele,
So stimmen, wenn es gilt, sie ein:
:Laß't keinen Jud' in Eure Mitte,
Borkum soll frei von Juden sein!:

Und naht dereinst die Abschiedsstunde,
Daß wir, gestärkt an Geist und Blut,
Nach Hause uns're Schritte lenken,
Gilt Borkum unser letzter Gruß.
Bewahret deutsche Art und Sitte,
Bewacht den Strand auch künftig fein:
:Laß't keinen Jud' in Eure Mitte,
Lebt wohl, es muß geschieden sein!:

Borkum Lied (1930)[516]

Wir trauern heut' in diesem Lied,
Um Borkums freien Strand,
Wo frei nur noch die Möwe zieht
Doch unfrei liegt das Land
Wo einst die Strandburg frei im Wind
Am Flaggenmast gesetzt
Die Fahne, ihrer Hoffnung Kind
Schreckt ein Verbot sie jetzt!
Dagegen dieser Ruf erschalle
Am ganzen Strand, mit einem Schrei,
Daß das Verbot in Fetzen falle:
Borkum sei frei! Borkum sei frei!

Das freie Recht zu Bild und Wort,
In Weimar garantiert,
Wer riß es uns vom Strande fort?
Die Börse, die uns regiert!
Mit einem heuchlerischen Grund
Wie einst sie angeklagt
Den Christus, der mit freiem Mund
Kritik an ihr gewagt!
Drum laßt uns laut den Ruf erheben

Zum Trotze Lug und Tyrannei
Daß in Berlin die Börsen beben
Borkum sei frei! Borkum sei frei!

»Die Ordnung und die Sicherheit
Sei hier am Strand gestört!«
(Auf Borkum, wo seit alter Zeit
Kein Jude hingehört)
Durch eine Fahne, weiß und rot
Mit schwarzem Hakenkreuz!
Wer uns die Heuchlerworte bot
Bei Wotan, der bereut's!
Zum Trotz laßt schwarze Fahnen flattern
Am ganzen Strand, von Burg und Haus
Damit gebannt der Freiheit Nattern:
Schwarz-Fahnen raus! Schwarz-Fahnen raus!

Die einst wie hier vom Strand verbannt
Sie haben jetzt die Macht!
In ihren Fesseln liegt das Land
Auch Borkum, letzte Wacht
Sie nahmen uns das Fahnenrecht
Sie nehmen bald das Lied,
Wenn Ihr die Fesseln nicht zerbrecht,
Wenn keine Tat geschieht!

Wir aber werden hier nicht weichen
Von Deinem Strand, wir halten aus!
Vor Juda nicht die Segel streichen:
Schwarz-Fahnen raus! Schwarz-Fahnen raus!

Du wähltest Dir ein Fahnentuch:
Weißkreuz im grünen Feld
Mit Deinem alten Kirchenspruch:
»Ruhig in der Wogenwelt!«
Nie aber kannst Du ruhig sein,
Borkum, vom Meer umbrüllt,
Solang in Deinem Flaggenhain
Die Freiheit nicht mehr gilt!

Deß' hißt zum Zeichen schwarze Fahnen
Wählt dies Panier für Borkum aus:
Der Freiheit einen Weg zu bahnen:
Schwarz-Fahnen raus! Schwarz-Fahnen raus!

Wangerooger Judenlied[517]

[Melodie: »Ich bin ein Preuße«]

O Wangeroog, wie tief bist Du gesunken:
Stets war Dein Strand vom Judenvolk so rein,
Nie hat die Luft nach Knoblauch noch gestunken,
Nur Deutsche durften Deine Gäste sein!
Jetzt sieht man nichts als krumme Nasen
Im Bad, am Strand und auf allen Straßen;
Und tausendstimmig schallet unser Schrei:
»Der Jud' muß raus, er muß nach Norderney!«

O Wangeroog, sonst sah an Deinem Strande
Man nur die Farben schwarz und weiß und rot:
Mit ihnen kämpften wir in Feindes Lande
Für Weib und Kind und deutschen Landes Not.
Jetzt schwarz-rot-gold führ'n die Semiten,
Die uns betrogen und verrieten;
Und tausendstimmig schallet unser Schrei:
»Raus muß der Jude, raus nach Norderney!«

Drum Wangeroog, schmeiß raus die Judenbande!
Werd' wieder wie Du sonst gewesen bist!
Nichts hat der Jud' verlor'n an Deinem Strande,
Raus die Mischpoke, die nur feilscht und frißt!
Die Arons, Moses, Cohns und Isedor –
Schmeißt raus das ganze viese (sic!) Judenchor (sic!)!
Vieltausendstimmig schalle stets aufs Neu:
»Raus, raus, raus der Jud – nach Norderney!«

Das Zinnowitzlied[518]

[Weise: »Hipp, hipp, hurra!«]

Wo deutsch man fühlt, deutsch bis zum Tod,
Da ehrt man schwarz-weiß-rot –
Drum grüß ich an der Nordsee Strand
Dich, deutsches Borkumland,
Gruß an der Ostsee – Gott behüt's –
Dich schönes Zinnowitz
: Kein Strand kommt Deinem Strande gleich
An deutschem Wald so reich:

Und wer da naht vom Stamm Manasse
Ist nicht begehrt,
Dem sei's verwehrt.

Wir mögen keine fremde Rasse
– Fern bleibt der Itz
Von Zinnowitz. –

Das Meer so blau am weißen Strand!
Es funkelt hell der Sand
Die Düne dehnt sich meilenweit!
Fern Rügens Felsenkreid!
Wie grünt der Wald an Ufers Rand
Gott schütze Leut und Land!
: Kein Strand kommt diesem Strande gleich
An deutschem Wald so reich:

Und wer da naht vom Stamm Manasse
Ist nicht begehrt,
Dem sei's verwehrt.
Wir mögen keine fremde Rasse
– Fern bleibt der Itz
Von Zinnowitz. –

In Zinnowitz herrscht deutscher Geist!
Und nicht was undeutsch heißt!
In Zinnowitz herrscht deutscher Sinn,
Drum zieht freudig hin
Ihr alle die Ihr stammverwandt,
Nach unserem Inselland!
: Kein Strand kommt unserem Strande gleich
An deutschem Wald so reich:

Und wer da naht vom Stamm Manasse
Ist nicht begehrt,
Dem sei's verwehrt.
Wir mögen keine fremde Rasse
– Fern bleibt der Itz
Von Zinnowitz. –

In Zinnowitz, am Ostseestrand![519]

Das neue Zinnowitzlied! Text und Musik W. Strauß

Wo still träumt das Meer im Mondenschein
Von alten, besseren Zeiten –
Wo treudeutsche Menschen bei deutschem Wein
Vereint sind in Freuden und Leiden:
Mit blauen Augen und blondem Haar
Dich deutsche Mädchen grüßen –
Ein heimliches Sehnen wunderbar,
Zwingt dich zu ihren Füßen!

Und wo dieses herrliche Paradies
Auf unserer Erde zu finden,
Das ist mein Geheimnis, so zart und süß –
Mein Lied soll dir verkünden:
In Zinnowitz am Ostseestrand
Ist unbeflecktes, deutsches Land!
Deß sollst du stets gedenken!
Dort kannst du ohne Sorgen frein –
Denn nur ein deutsches Mägdelein
Wird sich in Lieb dir schenken!

Wie haben wir gelitten, gesucht –
Als Deutsche uns deutsch zu erweisen –
Wie haben wir jene Rasse verflucht –
Die Deutschland uns möchte entreißen!
Mit frechen Lügen und geilem Gold
Wollte man uns bestechen. –
Doch geht es nicht so, wie ihr es wollt!
Ihr sollt die Zeche blechen!
Und bist du erfüllt von demselben Haß,
Und würgt dich der Zorn in der Kehle,
Dann schnüre dein Bündel, wandre fürbaß
Und sing aus freudiger Seele:
In Zinnowitz, am Ostseestrand
Ist unbeflecktes, deutsches Land!
Dort wehn die alten Flaggen!
Kein Jude darf den Ort entweih'n –
Und wagt sich trotzdem einer rein,
Der kriegt 'ne Nuß zu knacken! –

Deutsch sein heißt treu sein unwandelbar!
Laßt nie dies uns jemals vergessen!
Deutschland soll werden, wie einst es war
Und wie es von jeher gewesen!
Erzieht die Jugend im deutschen Sinn!
Deutschtum pflanzt in die Seelen,
Umhegt ihr Denken von Anbeginn,
Dann kann es nimmer fehlen!
Und bist du dereinst mal ein altes Haus –
Erfüllt ist dein Hoffen und Sehnen,
Dann wische dir heimlich die Augen aus
Und summe das Lied unter Tränen:
Ja Zinnowitz am Ostseestrand
Bleibt unbeflecktes, deutsches Land!
Weg mit den Sorgenfalten!
Ein stolzes Herz, ein froh Gemüt –
Ein altes, liebes deutsches Lied
Mag uns der Herr erhalten!

Zinnowitz, Juni 1925

Die Scheidung der Geister auf dem Hauptbahnhof Emden[520]

Von Graf S. von der Schulenburg.

Es ist ein Zug, doch ist es mehr
der D-Zug Emden über Leer,
ein Völkerzug, wie vor viel tausend Jahren
scheint hier sich neu zu offenbaren:
Madjaren, Tschechen, Slaven und Semiten –
Germanen scheinen nur gelitten –
Doch, wie sich dies Ragout auch nennt,
vorherrschen tut der Orient.
Stilgebend wirkt im Kaftanrocke
die salbentriefende Ringellocke;
zwar ist der Kaftanrock modern,
zwar ziert die Damen Kett' und Stern,
doch ist man auch geschminkt und eingerieben,
dem Volk ist sein Geruch geblieben;
die deutsche Nase rümpft sich angstbeklommen,
von dem Benehmen ist man ganz benommen;
die deutsche Faust, sie ballt sich wohl im Sack:
Werft es hinaus, dies schwarze P ...ublikum!
Doch sieh in Emden, welch ein Wunder,
dort bleibt zurück der fremde Plunder:
Die schwarzen Schafe von den weißen
sieht man sich schmerzlich voneinander reißen;
da lassen Blonde ziehn die Dunklen,
Blauaugen – die so finster funkeln,
gewölbte Füße – platte, breite,
ade, nun watschelt in die Weite!
Die geraden und die Hakennasen
erleichtert auf die krummen blasen;
vom Chaos scheidet sich die Rasse,
vom Edelmenschen Völkermasse,
und jene ziehn zum grünen Inselland,
die andern an den Judenstrand;
nach Borkum wir, der Völkerbrei
nach dem geliebten Norderney –
O, schied'st du Deutscher endlich doch vom Fremden
so rein wie auf dem Hauptbahnhof von Emden;
ein Borkum wär das ganze Reich,
und wer sich hier nicht wohler fühlet,
auf deutschem Eiland, meerumspület, der melde sich! –
Drum sorgt, ob arm, ob reich,
daß einst ganz Deutschland Borkum gleich!

Und zetert auch das Morgenland,
daß dieses Lied erscholl –

nur lauter tön, was je am Strand
aus deutschem Herzen quoll.
In Deutschland singt, wer singen kann
und singt, wies ihm ums Herz,
ob auch so mancher Dunkelmann
den Mund verzerrt voll Schmerz.
Und wer sich naht mit platten Füßen.
mit Nasen krumm und Haaren kraus,
den soll das alte Lied begrüßen:
der muß hinaus, der muß hinaus! hinaus!

So singen wir schon manches Jahr
an Borkums grünem Strand:
wie aber schaut's derweilen aus
im deutschen Vaterland?
Dort herrscht der Jude unbeschränkt
und lacht den Michel aus.
Der Deutsche ist, wenn man's bedenkt,
nicht Herr im eigenen Haus.
Drum wollt vom Judentum befrein
ihr Deutschen Euch für alle Zeit,
so laßt den Hader der Parteien
und strebt zuerst nach Einigkeit.

U. S. P. D. und Kommunist
Sind nur der Juden Knecht.
Der Mehrheitssozi fragt sich stets:
wie mach' ich's Juda recht,
die Demokraten, seht sie an,
da ist der Jud zu Haus.
Und selbst beim braven Stresemann
Sieht's (Kompro-) mißlich aus.
Drum wollt vom Judentum befrein
ihr Deutschland ein- für allemal,
so laßt den Hader der Parteien,
seid wahrhaft deutsch und national!

Verzeichnis antisemitischer Erholungsorte, Hotels und Pensionen, 1914 und 1931

A) Verzeichnis 1914

(aus: »Im deutschen Reich. Zeitschrift des Centralvereins deutscher Staatsbürger jüdischen Glaubens«, 20. Jahrgang, Juli/August 1914)

1. Erholungsorte, die antisemitischen Charakter haben

Bansin (Inserat der Badeverwaltung: »Christlicher Badeort«).
Borkum.
Braunlage (O.-Harz). Die frühere antisem. Notiz in dem Prospekt erscheint jetzt in der Fassung: »B. wird fast ausschließlich von Kurgästen christl. Glaubens besucht.« – Nur dem Hotel »Blauer Engel« und d. »Villa Germania« sind jüd. Gäste willkommen.
Einöd b. Friesach in der Obersteiermark
Fallingbostel (Bez. Lüneburg), Pension Kersten (»Lungenkranke und Israeliten werden nicht aufgenommen.«).
Gehlberger Mühle b. Oberhof.
Groß-Tabarz i. Thür.
Heiligenhafen.
Herzberg a. Harz.
Juist.
Kitzbühel (Fremdenverkehrsheim versendet Reklamebücher m. Stempel: Beschluß d. Gen. Vers. 1897: Anfragen von Juden bleib. unberücksichtigt. Der Besitzer d. Hotels Edinger-Hof hat aber erklärt, Juden gern aufzunehmen).
Königsfeld, Schwarzw.
(Prospekt: »Der christl. Charakter d. Orts bedingt christliche Hausordnung i. d. meisten Häusern, wesh. Israel. ihn nicht aufsuchen«).
Lakolk.
Langeoog.
Nienhagen i. M. Christl. Ostseebad.
Oberlauchringen i. Bd. (Gasthof z. Wutachtal, Besitzer Albiez).
Rentsch b. Bozen.
Schalders-Wildbach (Südtirol), Israeliten ausgeschl.
Schwarzbach bei Wiegandsthal.
Unterstmatt, Schwarzwald. Das Kurhaus versend. Empfehlungsschreiben mit dem Vermerk: »Für jüdische Empfänger ungültig.«
Volderbad bei Hall.
Wald im Oberpinzgau (»Israeliten ausgeschloss.«)

Waldliesborn bei Lippstadt in Westf.
Wangerooge (Mit Ausnahme des »Hotels Germania«).
Wenningstedt-Sylt.

2. Hotels und Pensionen, die antisemitischen Charakter haben

Arendsee (Villa »Lubeca« u. »Waldhaus«).
Berchtesgaden (Villa »Minerva«).
Binz (Haus Goebel, Quisisana; Hotel Potenberg; Rest. Imperial, Bes. Staub).
Brunshaupten i. M. (Hot. Waldschlößchen).
Clausthal (Hotel u. Pension Voigtslust).
Danzig (August Biebersteins Restaurant, Holzmarkt 8).
Frankfurt a. M. (Bahnhofs-Hotel Köln. Hof, Besitzer Laaß).
Georgenthal i. Thür. (Villa »Daheim«).
Hahnenklee i. Harz (Pens. Burgfriede, Villa Bocksberg, Villa Maria in Bockswiese).
Harzburg (Villa Winterberg, Nordhäuserstr., Villa Waldfried, Besitz. Frl. Hagelberg).
Hasserode b. Wernigerode (Kurhaus Dr. Kurbel).
Karlsbad (Elisabethh., Hot.: Morgenstern, National, Residenz, Römischer Feldherr, Italia, Florenz, Stadt Warschau, Insel Malta, Rosenstock, Kaiser-Straße, Brandenburger Th., Preuß. Krone, Diamant, Engl. Krone, Haus Abbazia, Gasthof Alt-Heidelberg, Buchhandlung Herm. Jacob).
Landeck (Elysium).
Malente-Gremsmühlen (Villa Emma, Besitzer Alex Tippel).
Neuhäuser b. Königsbg. (Villen: Schmiedke).
Noordwijk aan Zee i. Holl. (Villa Mathilde).
Oberhof (Haus Achilles, Villa Waldheil).
Pyrmont (Richters Pension. Bes. C. Holborn; Villa Heimburg, Bes. Frl. Montua (»Israeliten werden nicht aufgenommen«)).
Rengsdorf i. Westerwald (Hot. z. Stern u. Hot. Forsthaus, Bes. Hartmann). Hotel u. Pens. Eul.
Sachsa, Bad a. H. (Haus Arnim; Villa Buchenhöhe: Frieda v. Lüpke u. Anna Herrmann vers. Prosp. m. d. Bemerkg.: »Israeliten werden nicht aufgenommen«).
Salzbrunn (Villa Anni; Dachroedens Hof).
Salzuflen (Haus Bismarck, Roonstr.).
Schierke i. Harz (Haus Tannenheim; Haus Wedel; Haus Waldesruh: »keine Israeliten«).
Stecklenberg, Ostharz (Hotel z. grünen Walde, Besitzer Otto Große).
Westerland Sylt (Pension Lambeck).
Wildbad (Pension Reuß und Waldeck, Montebello).
Wildungen (Villa Carola, Hufelandstr. 9).

3. Hotels und Pensionen, die sich als christlich bezeichnen

Ahlbeck (Dünenschloß, Inh. Geschw. Schnür).
Arendsee (Logh. Wotan).
Berchtesgaden (Pension Walterlehen i. d. Schönau).

Brunshaupten i. M. (Pensionen Bella Vista, Castle Mona und R. Stichert, Lindenstr. 52).
Finsterbergen (Kurhaus »Felsenstein«).
Flinsberg (Pensionate Borussia und Hasse; Villa Bergfrieden; Haus Bötticher).
Freudenstadt i. Schwarzwald (Palmenwald).
Gernrode i. H. (1. Christl. Logierhaus: Vorsteh. Frau Sup. Schlemm).
Johanneser Kurhaus b. Clausthal.
Landeck (Villa Ostrowicz, Inh. Frau Major Kägler).
Münster a. Stein (Villa Otto, Inh. Israel & Behrens).
Müritz (Hamburger Haus, Inh. Frau Schmidt).
Oberschreiberhau (Haus Sunem; Inh. v. Bonin.).
Oybin b. Zittau (Landhaus Heidrich).
Polzin (Kur- und Erholungsheim Marienbad).
Pyrmont (Pension Bock-Wenzel, Inh. Fräulein Hermine Bock).
Salzbrunn (Haus Baden, Inh. Frau Pfarrer Hagemeyer).
Salzuflen (Christl. Erholungsheim, Roonstr.).
Schreiberhau i. Riesengebirge (Pensionen Frl. v. Versen, Inh. Frl. v. Siegert u. Pauli; Villa Irene, Inh. Frl. Rippe; Pension Dubois; Landhaus Maria Elisabeth, Inh. Frl. von Skal; Pension Baude am Rabenstein; Haus Hochstein »christl. Haus für bessere Kreise«).
Swinemünde (Seeschloß, Bes. Geschw. Schnür; Strandpalast, Inh. Kaphan & Balla; Neptun, Inh. Siebenbürger; Glückauf, Inh. Helene Bündiger).
Warnemünde (Pension Seeheim, Inh. Frl. v. Troschke).

B) Verzeichnis 1931

(Beilage zur »Central-Vereins-Zeitung« vom 8. Mai 1931)

Kurorte und Gasthäuser, deren Besuch unseren Freunden nicht anempfohlen werden kann

Abgeschlossen 1. Mai 1931

Die mit einem * versehenen Orte müssen ihrer Bevölkerung nach als überwiegend judenfeindlich bezeichnet werden. Die den Ortsnamen beigefügten römischen Ziffern geben an, in welchem Landesteil sich der Ort befindet, und zwar bedeuten: Ostsee (I), Nordsee (II), Norddeutsche Ebene (III), Thüringen (IV), Schlesien (V), Harz (VI), Sachsen (VII), Baden und Württemberg (VIII), Wesergebirge (IX), Hessen (X), Rheinland (XI), Bayern (XII), Österreich (XIII), Tschechoslowakei (XIV), übriges Ausland (XV).
Ein (G) hinter der Angabe bedeutet, dass sie dem Nationalsozialistischen Jahrbuch 1931, Verlag Franz Eber G. m. b. H., München, enthaltenen »Gaststättenverzeichnis für Nationalsozialisten« entnommen ist.
Der Landesteil, in dem sich der Ort befindet, wird durch Buchstaben bezeichnet. Es bedeuten: A = Anhalt, B = Baden, BN = Bayern, BG = Braunschweig, H = Hessen, M = Mecklenburg, P = Preußen, S = Sachsen, T = Thüringen, W = Württemberg

Aach bei Oberstaufen (Ba), an der österreichischen Grenze: Pension Café Seywald. (G)

Aalen (W): Gasthof und Metzgerei » Zum wilden Mann«. (G)

Ahlbeck (P) Seebad: Pension Villa Anna. (G)

Altheide (V): Villa Haunex, Haus Jahn, Haus Leopoldshöh lehnen die Aufnahme von Juden ab. Haus Schitting. Haus Helene, christliches Heim. Die Inhaberin legt jedoch Wert darauf, nicht als judenfeindlich zu gelten. Ilse, christliches Haus.

Amberg (Opf.) Gasthof »An der Wart«. (G)

Amorbach (XII): Deutscher Hof.

Amrum (II): Nordseesanatorium. Der leitende Arzt schreibt: »Jüdische Kinder nehme ich nicht gern auf und nur dann, wenn es sich um besondere Kur- und Behandlungsbedürftigkeit handelt.«

Andernach (XI): Hotel Schäfer »Am Schänzchen«, Verkehrslokal der NSDAP.

***Anger** (XII).

Annaberg (Erzgebirge). Restaurant »St. Privat«. (G)

Ansbach (Bn). Fränkische Bauernstube. (G)

Arenberg b. Koblenz (P): »Hotel zur schönen Aussicht«, Gasthof »Zur Traube«. (G)

Arendsee (I): »Rheinischer Hof«. Hotel-Pension Waldperle. Dreimäderlhaus inseriert: »Christliches Haus«. Haus Burmeister inseriert »Ruhiges christliches Haus«, Haus Sonnenschein empfiehlt »Pension bei christlicher Familie«.

Arnstadt (Thür.): »Güldener Greif«. (G)

Auerbach (Vogtland): Gastwirtschaft »Auersbachs Keller«. (G)

Augsburg (XII): Restaurant Bayrischer Hof (nicht zu verwechseln mit Hotel Bayrischer Hof) legt auf jüdische Gäste keinen Wert. Gaststätte Schachmayer.

Augustabad bei Neubrandenburg (III). Kurhaus Augustabad. Auf Wunsch des Deutschnat. Handlungsgehilfenverbandes aufgenommen.

Aumenau (P): Gasthof und Pension »Lahngold«. (G)

Backnang (W): Gasthaus »Zur Linde«. (G)

Baden-Baden (P): Haus Feyerabend (G).

Ballenstedt (Harz) (P): Försterei und Gastwirtschaft »Sternhaus«. (G)

Baltrum (II): Hotel Kyper. Der Inhaber lehnte die Aufnahme von jüdischen Gästen ab, da bei ihm hauptsächlich deutschvölkische Herrschaften verkehren.

Bamberg (Bn): Gasthof und Restaurant Weiersch. (G)

Bansin (I): Haus Aegir: »Christliche Pension«. Pension Runge: »Christliches und vornehmes Haus«. Pension Margarete: »Seit 1899 bestbekanntes christliches Haus.« Pension Dünenschloß: Christliches Haus. Haus Imperator: Christliches Erholungsheim. Waldhaus Eden: Christliches Erholungsheim. Haus Harald: Christliches Hospiz. Haus Rosenthal: Christliches Haus. Christliches Haus Inselfrieden. Haus Buchenhof: Christliche Pension. Haus Kehrwieder.

Bauerhufen bei Köslin (I): Hotel Strandschloß versieht seine Postkarten mit dem Stempel: »rein christl. Haus«.

Bayreuth (Bn): Restaurant »Prinz Leopold«. Restaurant »Frische Quelle«. Café Wien. (G)

Bayrischzell (Bn): Müller, »Deutsches Haus«. (G)

Beerfelden im Odenwald (P). Gasthaus »Zum Schwanen«. (G)

Behringersmühle (XII) (Oberfranken). Gasthof und Pension zur Behringersmühle. »Juden finden keine Aufnahme.«

Belgard (Persante) Hotel Pommerscher Hof.

Benediktbeuren (Bn). Gasthof »Zur Benediktenwand«. (G)

Benneckenstein (Südhochharz) (VI): Kurhaus Tannenwald inseriert: »Vornehmes christliches Hospiz«, nimmt aber jüdische Gäste auf.

Berchtesgaden (XII): Haus Schöneck auf Gut Fischmichelleben gewährt Fremden christlicher Stände angenehmen Sommeraufenthalt.

Bergen a. Rügen (P). Restaurant Otto Schubbe. (G)

Berleburg (P) (Westfalen, Rothaargebirge) Gasthof »Winter«. (G)

Berlin. Hotel Rheingold, Mittelstraße 24, gibt Lesern des nationalsozialistischen »Schlesischen Beobachters« Rabatt.

Berneck im Fichtelgebirge (Bn) (Kneippkurort). Gaststätte Merkel. (G)

Bevensen (III). Kreis Uelzen. Hotel Stadt Hamburg hat sich Gästen gegenüber jüdische Besucher verbeten.

***Bibra** (IV): Der Magistrat schreibt, dass er keinen besonderen Wert auf Reklame in jüdischen Kreisen legt. Café Reichhardt. (G)

Bielstein (Rheinland) (P). Hotel »Kranenberg«. (G)

Binz (I): Haus Gäbel. Haus Quisisana, christliches Haus.

Bad Blankenburg (T): Pension B. Canz. Die Inhaberin schreibt: »Bedingung für die Überlassung von Räumen ist: keine irgendwie ansteckenden Krankheiten, keine Juden, keine Ententeleute«. Pension Schreiber. (G)

Blankenstein (T): Gasthaus »Zur Eintracht«. (G)

Bochum (P): Hotelrestaurant »Zur Krone«. (G)

Bodenfelde a. d. Oberweser. Ing. K. Weickelhardt. (G)

Bögendorf (V): Gasthaus zur Hoffnung.

Boltenhain (V): Drei Kronen.

Boltenhagen (I): Haus Südwest.

***Borkum** (II) ist als judenfeindlich anzusehen, wenn auch einige Besitzer von Fremdenhäusern und die Badeverwaltung selbst sich in den letzten Jahren bemühen, jüdische Kurgäste heranzuziehen: Haus Dr. Pannenborg. Inselhalle. Pension »Constance«. (G)

Braunlage (VI): Haus Weidmannsheil ziert sein Schild mit einem großen Hakenkreuz. Pension Elisabeth-Ilse. Haus Simon.

Breslau (V): Hotel Stadt Trebnitz: Gaststätte Berger. Café Opitz. Universitätscafé. Kaisers Café. Konditorei Bruno Laubner. Bauernschänke zum fidelen Gottlieb. Kaffee Geier, Gartenstraße. Pflaumes Gaststätte. Rabickes Gaststätte. Klostermühle, Klosterstraße. Bürgergarten, Taschenstraße. Weidners Hotel.

Brieg (V): Hotel Goldener Löwe.

Brünninghausen (P) am Nesselberg-Saupark (Kreis Hameln-Bad Pyrmont) Gasthaus »Zur Krone«. (G)

Brunshaupten (I): Villa Barbarossa schreibt: »Ich mache Sie darauf aufmerksam, daß ich Mitglied der Deutschvölkischen Freiheitspartei bin, und da Sie Jüdin sind, werden wir nicht miteinander fertig werden.« Haus Glückauf.

Brüssow (P), Kreis Prenzlau-Brandenburg. Gastwirtschaft »Deutscher Kaiser«. (G)

Buckow (III): Hotel Wilhelmshöhe, christliches Erholungsheim.

Büsum, Nordseebad (P): Pensionat »Siegfried«. Logierhaus »Siegfried«. (G)

Buttelstedt (T): Gast- und Logierhaus »Zur Bahn«. (G)

Carlshagen auf Usedom (P) Ostseebad: Pension »Waldesblick«. (G)

Caub am Rhein (P): Gasth. »Krone«. (G)

Celle (P): Rats-Café. (G)

Clausthal (P): Haus Hoppe. (G)

Colditz (S): Restaurant »Zur Post«. (G)
Conradswalde (Sommerfrische bei Bad Landeck, Schlesien): Pension »Zum Kreuz«. (G)
Cranz (I): Oberstlt. A. D. Görschen: »Nur gebildete, christliche Mieter«.
Cuxhaven, Nordseebad (P): Restaurant Lütts Eck. (G)
Darmstadt (H): Restaurant »Martinsglöckchen«. (G)
Daxenberg-Unterwössen (Chiemgau) (XII): Gasthaus Pension Darenberg.
Deep, Ostseebad (P): Pension »Joachimsthal«.
Deetz, Kreis Zerbt (A): Gasthof »Zu den 3 Linden«. (G)
Delmenhorst (III): Buschmanns Hotel.
Dessau (A): Kulmbacher Bierstuben. »Zum alten Dessauer«. (G)
Detmold (P): Gasthaus »Zur Rose«. Gaststätte Richter. (G)
Deutsch-Krone (III): Kaffee und Konditorei R. Schmidt.
Dinkelsbühl (Bn). Gasthaus »Roter Hahn«. (G)
Dittersbach-Neuhaus (V): Schlossbrauerei Neuhaus. Verkehrslokal der NSDAP.
Ditzenbach (VIII): Kurhaus und Sanatorium. Prospekt enthält Vermerk: »Das Haus trägt christlichen Charakter«. Inhaber legt aber Wert darauf, nicht als judenfeindlich zu gelten.
Donaueschingen (B): Gasthaus »Zur Sonne«. (G)
Dorf Kreuth b. Tegernsee (B): Hotel und Gasthof »Zur Post«. (G)
Dresden-Ebenheit (VII): Gasthaus Ebenheit.
Duderstadt im Harz (P): Gastwirtschaft »Zur Stadt Hannover« (G)
Durach bei Kempten im Allgäu (Bn): Gasthaus »Zum Hirsch«. (G)
Dürkheim, Bad (XII): Forsthaus Weilach Jochen.
Dürrheim, Bad (VIII): Privatkinderheim Villa Hilda. In dem Werbeschreiben heißt es: »Aufnahme finden christliche Kinder beiderlei Geschlechts.« Die Inhaberin legt jedoch Wert darauf, nicht als judenfeindlich zu gelten.
Eberstadt (X): Gastwirtschaft »Deutsches Haus«, ist Versammlungslokal der Nationalsozialisten.
Ebstorf (P), Kreis Uelzen, Lüneburger Heide. Café u. Restaurant G. Laue.
Edesheim bei Landau (Pfalz) (XII): »Zu den vier Jahreszeiten«.
Eilsen bei Bückeburg (IX): Villa Ingeborg, Villa Schlösschen, Kurpension Hofmeister, jetzt »das Haus für christliche Gäste«.
Einbeck (VI): Hotel zur Traube.
Eisenstein (XII): Gasthof Neuwaldhaus verschickte Postkarten mit dem Aufdruck: »deutschvölkisches Haus« und einem Hakenkreuz.
Elisenhof, Bahnstation Maltsch a. O. Jugend- und Freizeitheim »der nationalen Jugend«.
Bad Elster (S): Kurheim »Prinz von Preußen«. (G)
Elsterberg (Vogtland). Hotel »Goldenes Lamm«, Caf. Schenderlein. (G)
Bad Ems (P). Hotel und Restaurant »Weilburger Hof« (G)
Eppstein im Taunus (X): Café Lorsbachtal
Eschenlohe vor Garmisch (Bn). Haus »Werdenfels«. (G)
Ettenhausen bei Schleching im Hachental (Bn). Gasthof und Pension Ettenhausen, Café und Pension Rudersburg. (G)
Falkenberg (III): Hotel Kettlitz, ausgesprochen völkisches Haus.
***Fallingbostel.** Bez. Lüneburg (III).
Feuchtwangen (Bn). Gasthaus »Zum wilden Mann«. (G)
Fichtelberg i. Fichtelgebirge (Bn), Luftkurort: Gasthof Anton Richenberger. (G)

***Finsterbergen** (IV): Die Kurverwaltung versandte Prospekte mit Aufschrift »Nur für christliche Gäste«. Im Ort zahlreiche Plakate, so am Kurhaus: »Juden ist der Zutritt nicht gestattet.«

Fischbach-Au (XII): Kinderheim »Fischeralm«. Der Inhaber ist Vorsitzender der NSDAP.

Fischerkathen (I). Strandhaus »Vaterland«.

Flinsberg (V): Villa Burgfrieden: Christliches Haus. Villa Borussia: christliche Pension. Haus Daheim: Heim für christliche Gäste. Haus Feodora: Fremdenheim für christliche Gäste. Haus Quifisana: Fremdenheim für christliche Gäste. Villa Lichtenau legt auf jüdische Gäste keinen Wert.

Flintsbach a. Inn (Bn): Landhaus Café Liebhart. (G)

Floß (Opf.) Berglerbräu. (G)

Forchheim (Ofr.). Gasthaus Eismann. (G)

Kloster Frankenberg bei Goslar (VI): Verschickt Prospekte mit dem Aufdruck: Israeliten werden nicht aufgenommen.

Bad Frankenhausen a. Kyffhäuser (T): Erholungsheim Gößlingen der Ortsgr. Bad Frankenhausen der NSDAP.

Frankenstein (V): Hotel »Goldener Löwe«, Verkehrslokal der NSDAP; Gasthaus »Zum Blauen Hecht«.

Frankfurt am Main: Zum goldenen Reichsapfel.

Freiberg (Sachsen). Gasthof »Peterhof«. (G)

Freiburg (V): Konditorei B. Langer, »Stadt Wien«, Parteilokal der NSDAP.

Freudenstadt (VIII): Kurhaus Palmenwald. Christl. Haus. Der Direktor legt jedoch Wert darauf, nicht als judenfeindlich zu gelten. Kurhaus Teuchelwald. Christliches Erholungsheim. Der Leiter des Hauses legt jedoch Wert darauf, nicht als judenfeindlich zu gelten.

Friedrichroda (IV): Villa Charlotte. Die Besitzerin steht auf deutschnationalem Boden, schließt aber anständige jüdische Gäste nicht aus. Haus Schönau und Villa Lorenz, christliche Häuser.

Friedrichsbrunn (VI): Kurhaus. Auf Wunsch des Deutschnationalen Handlungsgehilfenverbandes aufgenommen.

Friedrichshafen a. Bodensee (W): Sternen-Seeterasse. (G)

Füssen im Allgäu (Bn). Bahnhofgaststätte Konr. Herrmann. (G)

Garmisch-Partenkirchen (XII): Kurerholungsheim »Alpina«.

***Georgenthal** (IV): Die Kurdirektion teilt mit, dass die Einwohner des Ortes zum größten Teil judenfeindlich eingestellt sind.

Gernrode (VI): Haus Hagenthal, christliches Erholungsheim. 1. christliches Logierhaus, Besitzerin Frau Schlemm.

Gfall b. Oberaudorf (Bn): Pension Edelweiß. (G)

Giersdorf im Riesengebirge: Herrschaftliche Brauerei. (G)

Gießen (II): Restaurant »Zum Schwarzen Walfisch«. (G)

Glogau (V): Gasthof zum Kronprinzen.

Gnarrenburg, Bez. Bremen (P): Bahnhofs-Hotel. (G)

Göhren a. Rügen: Hotel »Aegir«.

Görlitz (V): Habsburger Hof Bräustübl. (G)

Gößweinstein (Fränkische Schweiz (Bn)): Gasthaus und Pension »Zur Wagnerhöhe« (G)

Gotha (T): Restaurant »Zum Prinzenhaus«. Park-Pavillon.

Graal i. M. (I): Haus Wenden

Grabenstätt a. Chiemsee (Bn): Gasthaus »Zum Schwarzbauer«. Sommerwirtschaft am Badestrand. (G)
Grafenhausen (VIII): Dem Gastwirt Franz Merk sind jüdische Gäste unerwünscht.
Grafing b. München (Bn): Gasthof »Zum Reiterbräu«. (G)
Groß-Möllen b. Köslin (III): Haus Wedel, lt. Badeprospekt: Erholungsheim für Kinder aus gebildeten christlichen Familien.
Grundmühle, Post Rosendorf, b. Teischen: »Grundmühle«, Franz Wirsam. (G)
Gummersbach (Rheinland): Hotel Köster. (G)
Günzburg a. d. Donau (Bn): Gasthaus »Zu den drei Königen«. Café und Konditorei Joseph Mader, Hofgarten. (G)
Güstrow (Mecklenburg). Hotel Fürst Bismarck.
Gutenfürst (Vogtld.): Restaurant »Zur Schlossbrauerei«.
Gützlaffshagen a. Rügen: Gutshaus Haack. (G)
Habelschwerdt (Grafschaft Glatz): Hotel »Zu den drei Karpfen«.
Hahnenklee (VI): Haus Bocksberg-Bockswiese, christliche Familienpension. Villa Daheim bietet Erholungssuchenden christlicher Gesellschaft ruhigen Aufenthalt. Haus Elisabeth, Haus Hubertusheim, Fremdenheim für Angehörige christlicher Konfession. Haus Loni, christliches Fremdenheim. Der Inhaber legt jedoch Wert darauf, nicht als judenfeindlich zu gelten. Haus Maria, christliches Familienpensionat 1. Ranges. Geschw. Haacke, christliche Fremdenpension.
Hameln a. d. Weser: Holländers Gasthaus »Zur Börse«. (G)
Bad Harzburg (VI): Restaurant Stadt Hannover. Im Fenster hängt eine große Tafel mit Hakenkreuzen.
Hasserode (Harz): Gast- und Logierhaus »Zum Hofjäger«. (G)
Hattingen-Ruhr: Restaurant Paul Märker, Obermarkt 1. Restaurant »Bruchtor«. (G)
Heidelberg (B): »Silberner Hirsch«. (G)
***Heiligensee** (I).
Heinrichau (V): Gasthaus zur Krone.
Helgoland (II): Villa Mohr, Villa Kronprinz, Pension Georg Friedrichs. (G)
Helmstedt (Bg): Restaurant Paul Günther (G)
Heringsdorf (I): Haus Meeresstrand, christliches Erholungsheim. Haus Albertina. (G)
Hermsdorf (Sächs. Schweiz): Gasthof »Hermsdorf«. (G)
Herrsching (XII) am Ammersee: Bahnhofshotel.
Herzogenborn (VIII), Post Todtnau: Gasthof Herzogenborn.
Hidessen b. Detmold: Sanatorium Grotenburg. Der Inhaber Dr. Fuhrmann betätigt sich führend in der NSDAP.
Hildburghausen (T): Gasthof und Pension »Zum weißen Schwan«. (G)
Hindenburg (V): Restaurant und Café Metropol ist der Besuch von Juden nicht erwünscht.
Hinterzarten i. Hochschwarzwald (B): Heinrich Andris. (G)
Hirschberg (V): Hotel Deutsches Haus. Auto-Park-Restaurant. (G) Hotel »Langes Haus«. (G)
Hirschbichel b. Aslingen (XII): Dr. Bracks Kindererholungsheim.
Hof a. d. Saale (Bn): Gasthof »Sächsischer Hof«. (G)
Hofheim (Ufr.): Restaurant Zeißner. (G)
Hohenwiese i. Riesengebirge: Haus Frommhold. (G)
Bad Homburg (P): Altdeutsche Weinstube. (G)
Homburg (Saarpf.): »Ratskeller«. (G)

Horsdorf, Post Staffelstein (Ofr.): Gasthaus »Zum Staffelberg«. (G)
Höxter-Corvey a. d. Weser: Gasthaus und Sommerfrische »Steinkrug«. (G)
Ilsenburg (Harz): Gasth. »Brauner Hirsch«. (G)
Immenstadt (bayr. Allgäu): Gasthof »Drei Könige«. (G)
Ingolstadt a. d. Donau (Bn): Konditorei und Café Fritz Wiedemann.
Inzell b. Bad Reichenhall (Bn): Gasthaus Klenberg. (G)
Irshöft (Kreis Schlawe, Pommern): Max Velthaus. (G)
Iserlohn: Haus Schulte. (G)
Jauer (V): Striegauer Hof. Das Lokal der NSDAP.
Jena (T): Hotel und Restaurant »Gute Quelle«. (G)
Jocketn (S): Hotel »Zur Vogtländischen Schweiz«. (G)
***Juist** (II).
Juliusruh b. Breege (I): Villa Daheim. Der Inhaber erklärt durch einen Anschlag am schwarzen Brett des Kurhauses, dass sein Haus Juden nicht aufnimmt. Dat lütte Haus und Sperlingslust.
Kappelrodeck im Achertal (B): Gasthof und Pension »Zum Prinzen«. (G)
Karpenstein b. Bad Landeck (Schles.): Berggasthaus Brauner. (G)
Kassel: Fremdenheim Köhler-Sielaff. (G)
Kellberg (Stahlbad) (Bn): Stat. Schaiding. (G)
Kiel: Düppel-Restaurant. (G)
Bad Kissingen (Bn): Kurhaus »St. Hubertus«. (G)
Kitzingen a. Main (Bn): Colosseum. (G)
Klingenberg a. Main (Bn): Haus Ritterspach. (G)
Klosterlausnitz (T): Pensionshaus »Fürst Bismarck«. (G)
Koblenz (P): »Amandus«. Hotel »Bayerischer Hof«.
Koburg (XII): Fischerei. Jüdischer Besuch unerwünscht.
Kohlstadt b. Wegscheid (Bn): Rosa Oberader.
Kolberg (I): Haus Albarus, christliche Pension, Fremdenheim Lebbin. »Deutsches Familienheim«. Pension Elisabeth, Pension für christliche Kinder.
Pension Roepke, christliche Pension. Pension Haus Berndt. Christliches Kindererholungsheim. Der Besitzer Irmgart bittet um Aufnahme in die Liste. Pension Heer. Frau Martha Otto. (G)
Königsberg i. Pr. (I): Restaurant Kücken.
Königstein (VII): Pension Ebenheit.
Konstanz (B): Gasth. »Zum Elefanten«. (G)
Kornach (XII): Grüner Baum. Verkehrslokal der NSDAP. Hotel Feßner, vom nationalsozialistischen »Westdeutschen Beobachter« als »Parteilokal« bezeichnet.
Kösen (IV): Haus Alihn. Im Prospekt heißt es: Christliche Gäste gebildeten Standes finden jederzeit Aufnahme.
Koserow (I): Pension Waldfrieden versieht seine Briefbogen mit einem Hakenkreuz. Haus Sonnenblick vermietet Zimmer »für christliche Gäste«. (G)
Krummhübel (V): Hotel Waidmannsheil. Der Inhaber betätigt sich antisemitisch. Pension Hentschel flaggt bei Ankunft und Abfahrt der Gäste mit Hakenkreuzfahne.
Bad Kudowa im Glatzer Gebirge (P): Villa Edenhall. (G)
Kulmbach (Bn): Restaurant Markgrafenburg.
Lagow (Neumark) (III): Pension Lagow. G. Herter, christliches Haus.
Landeck (V): Villa Rheinhahen, Oberes Generalshaus, unteres Generalshaus, Villa Alhambra, Villa Daheim, Villa Landsfried nehmen keine jüdischen Gäste auf. Haus Schwarzenstein, inseriert: Christliches Fremdenheim. Hotel Blauer Hirsch.

– Hotel »Zur Krone« (G). »Haus Burggraf« (G). Kurhotel »Schlössel« (G). Villa »Erika« (G).

Landeshut (Schlesien), Riesengebirge: Gasth. »Weißer Schwan«. (G)

Landshut (Bn): Hacklberger Bierstüberl. (G)

Landstuhl (Bn): Gasthaus »Deutsches Haus«. (G)

Langenholzhausen i. Lippe: Pensionshaus »Zum Haiberg«. (G)

Laubau (V): Jägerhof annonciert »Treffpunkt der NSDAP«.

Lauterbach (Oberhessen): Café Duchhardt.

Lauterbach (Schwarzwald) (W): Gasthof »Waldeck«. (G)

Lauterbach a. Rügen: Pension und Café Haus Beu. (G)

Leba (I): Kurhaus lehnt die Aufnahme jüdischer Gäste ab.

Leipzig (S): »Silberner Bär«, an der Universität. (G)

Lepperhof (Oberberg. Schweiz): Otto Dürrenberg. (G)

Leutenberg (T): Privatpension Athur Moeller. (G)

Leuthen: »Bergschlössel« bei Bad Landeck, Schlesien. (G)

Liebenzell (VIII): Café Ehrhard, Inhaber Vorstand der NSDAP.

Lindach (X) bei Eberbach: Gasthaus zum Hirsch. Inhaber Nationalsozialist.

Lindenberg im Allgäu (Bn): Gasthaus Flachs. (G)

Lippstadt (Westf.): Gasthof »Zum Weißen Roß«. (G)

Lobeda (IV): Jugendburg. Auf Wunsch des Deutschnationalen Handlungsgehilfenverbandes aufgenommen.

Lohme a. Rügen: Pension »Fernsicht«. Basedow. B. Ludwig Benz. Pension Villa »Albert«. Pension »Seeblick«. (G)

Loßburg (Schwarzw.) (W): Gasthof »Zur Sonne«. (G)

Mainz: »Würzburger Bürgerbräu«. (G)

Malente-Gremsmühlen: Pension »Zum Steinbusch« nur Gäste christlicher Konfession.

Markneukirchen (S): »Schützenhaus«. (G)

Marquartstein (Chiemgau) (Bn): Pension Leopold. (G)

Märzdorf im Riesengebirge, Post Giersdorf: »Haus Rosengarten«. (G)

Meerane (S): »Hackepeter«. (G)

Meersburg am Bodensee (B): Haus Koblick, direkt am See. (G)

Memmingen (Bn): Albert Handel. Café Klösterle. Gasthaus »Weißes Roß«. (G)

Mergentheim (VIII): Haus Schwaben. Gehört dem Deutschnationalen Handlungsgehilfenverband. Es ist als »judenfrei« anzusehen.

Michelstadt (X): Zur Einhardsklause.

Miesenbach (Rheinpf.): Gasthaus und Metzgerei Ernst Schenkel. (G)

Misdroy (I): Haus Bieneck. Hospiz Dünenschloß. Erholungsheim Lydia Hahn, Erholungsheim Kalkreuth, Erholungsheim Ottilie v. Bieler bezeichnen sich als christliche Häuser. Pension Stolzenfels. Villa »Saxonia«.

Mittelberg b. Oy, Allgäu (XII): Erholungsheim Wandelow.

Mittenwald (Bn): Landhaus Haas. (G). Landhaus Sailer.

Montabaur (Westerland): Restaurant Rademacher. (G)

München (XII): Gaststätte Semmelmann. Gaststätte »Malkasten«. Weinhaus »'s Klauserl«. Ring-Café. »Zum goldenen Hirschen«. Gaststätte »Wuzerhof«. Hotel-Pension »Stachus«. Fremdenheim Dr. Schmidt. Fremdenheim Frau Obersekretär Wagner. (G)

München-Eichenau (Bn): Kur- und Erholungsheim

München-Gern (Bn): Gaststätte Semmelmann. (G)

Münster (Westf.): Gasthaus »Alte Börse«.
Münzenberg (X): Restaurant zum Burgfried. Der Inhaber verteilt völkische und nationalsozialistische Flugblätter.
***Müritz** (I): Die Bäderverwaltung schreibt: »Wir glauben Ihnen mitteilen zu müssen, dass in unserem Orte sich Juden nur ganz ausnahmsweise aufhalten und ihrer Mehrzahl nach ungern hier gesehen werden.«
Hamburger Hof. Villa Elisabeth versieht ihre Anzeigen mit Hakenkreuzen. Pension Iduna, christliches Haus.
Munsterlager (Lüneburger Heide): Hotel und Café »Kronprinz«. (G)
Munzig (Sa.): Gasthof »Munzig«. (G)
Nabburg (Opf.): Haus Lippert. (G)
Nagold (Schwarzw.) (W): Gasthaus und Metzgerei »Zum Engel«. Gasthof »Zum Waldhorn«. Gasthof und Saalbau »Zum Löwen«. (G)
Nassau a. d. Lahn (P): Hotel Ilk. (G)
Neisse (V): Restaurant Goldene Wiege.
Neuburg a. d. Donau (Bn): Kieferlbräu, Eybstraße. (G)
Neuhäuser (I): Haus Schmidtke.
Neustadt im Schwarzwald (VIII): Haus Sonnenhaid.
Neustadt a. d. Aisch (Bn): Brauerei Hans Hofmann. Gasthaus »Zum Löwen«. Café Meyer. Gasthaus »Zur Post«. Gasthaus »Zur Sonne«. (G)
Niederaudorf am Inn (Bn), Station Oberaudorf: J. Kreckl. (G)
Bad Niederbreisig (P): »Geyr-Sprudel«, Badeverwaltung Frhr. v. Geyr. (G)
***Norddorf** a. Amrum (II).
Norderney (II): Dortmunder Bierhallen. Hotel Engehausen, christliches Hotel. Haus Meeresleuchten, christliches Erholungsheim. Der Inhaber legt jedoch Wert darauf, nicht als judenfeindlich zu gelten. Villa Ausblick, streng christliches Haus. Deutsches Haus.
Nordhausen i. Harz: Riesenhaus. (G)
Nürnberg (XII): »Wild-West« inseriert im »Völkischen Beobachter«: »Völkische Gaststätte«.
Oberammergau (XII): Kurhaus Osterbichel. Auf Wunsch des Deutschnationalen Handlungsgehilfenverbandes aufgenommen.
Oberhof (IV): Haus Eisenhardt-Rothe, christliches Haus.
Oberkrummhübel (V): Pension und Sporthaus Hentschel. – Hotel und Pension Waidmannsheil. (G)
Oberstaufen (Bayr. Allgäu): Café Hener. Hotel Pension Klausner. Gasthof und Metzgerei »Zur Krone«. Gasthof und Metzgerei »Zum Ochsen«. Gasthof »Zum Löwen«. (G)
Oeslau b. Coburg (Bn): Gast- und Logierhaus Sauerteig
Oelsnitz i. V.: Hotel und Restaurant »Vogtländischer Hof«. (G)
Oeynhausen (X): Christliches Erholungsheim Pniel. Die Besitzerin legt jedoch Wert darauf, nicht als judenfeindlich zu gelten. Haus Saenger, Haus Waldeck, christliche Häuser. – Frau A. Werdenz. (G)
Oppeln (P): Konditorei und Café W. Malcometz. (G)
Passau (XII): Gasthof Goldene Sonne.
Pegnitz (XII): Gasthof zum Lamm
Peilau Schlössel (V): Schlossbrauerei. Verkehrslokal der NSDAP
Pelzerhaken, Holstein (III): Pension O. Witt, Fr. Schiegerhausen bezeichnen sich im »Fridericus« als antisemitisch.

Perleberg: Café Roland.
Pfeffenhausen (Hallertau) (Bn): Gasthof und Brauerei Rieder. (G)
Pfrondten-Ried (bayr. Allgäu): Haus Lohner. (G)
Pfrondten-Weitzbach (Bn): Brauerei und Gasthof »Zum Rößle«. (G)
Plauen: Hotel Bergkette. »Frankfurter Hof«. Konditorei und Café Mutschmann. Hotel Schützenhof. (G)
Pleutersbach im Neckartal (B): Gasthaus »Zum Löwen«. (G)
Polenztal (Sächs. Schweiz): Fremdenhof »Polenztal«. (G)
Polzin (III): Marienbad. Christlich-religiöses Kur- und Erholungsheim.
Pößneck (IV): Gastwirtschaft zur Gosenquelle.
Praußnitz (V): Gasthof zur goldenen Krone.
Prerow (Ostseebad): Haus Ostara. (G)
Pribbernow (III): Hotel H. Haut. Inhaber nationalsozialistischer Abg.
Pullach b. München (II): Gasthaus Rabenwirt
Putbus-Lauterbach a. Rügen: Fürstl. Friedrich-Wilhelm-Bad. (G)
Pyrmont (IX): Haus Wolf, christliches Haus. Pension Schrader, christliches Haus. Pension Christel. Holborn, Villa Stenzel, Haus von der Heyde, Kurpension Haus Emmerswiesen. Pension Ottomeyer. Villa Schloßblick. Fremdenheim Kunze trug jahrelang ein großes Hakenkreuz an seinen Eingangspforten. Hans Eichhorn. Haus Dr. Weitz. Parkhaus.
Quedlinburg (Harz): Café und Logierhaus »Preußischer Hof«. (G)
Rathen a. d. Elbe (Sächs. Schw.): Fremdenhof »Elbschlösschen«. Gasthof »Burgruine«. (G)
Raudten (V): Drei Kronen, Verkehrslokal der NSDAP.
Recklinghausen (Westf.): Gasthof Wilhelm Rosenbaum.
Regensburg: Gaststätte Jesuitenbrauerei. Café Speiser. (G)
Reichenbach (V): Stadtbrauerei Reichenbach.
Reichenhall (XII): Villa Lindenhof, christliches Haus. Hotel Deutscher Kaiser. Deutsches Heim, trägt am Eingang ein Schild mit Stahlhelm und Inschrift: »Arisches Haus«. Hofbuchhandlung vorm. H. Bühler, Inh. F. Bergmann. Arierhaus.
Reinerz (V): Villa Cornelia, christliches Heim, Villa Idylle.
Rengsdorf (Westerwald): Hotel »Zum Weinstock«:
Repelen bei Mörs (XI): Kurhotel Jungborn. (G) Der Pächter schützt jüdische Gäste nicht vor Anrempeleien und erklärte, dass, wem es nicht passe, wegbleiben könne.
Riemendorf (P), Post Greifenberg-Land (Schlesien): Hugo Krischke, Scholtisei, Besitzer. (G)
Rothenburg o. d. Tauber (Bn): Gasthaus »Grüner Baum«. (G)
Rothenfelde (IX): Hotel Deutsches Haus, christliche Pension.
Rüdesheim (XI): Hotel Rheinstein. Kaffee Kremer.
Rudolstadt (T): Alte Garküche. – Deutscher Krug. (G)
Saalfeld (T): Gaststätte »Gerlichers Ecke«. (G)
Saarau (V): Hotel Schwarzer Adler.
Saarbrücken: Hotelrestaurant »Union«. (G)
Saarow (III): Hospiz zur Furche, christliches Erholungsheim. Café Kremer.
Bad Sachsa (IV): Fremdenheim Frl. von Braunschweig, »Christliches Heim«. Erholungsheim Bergsegen, christliches Haus. Hotel und Pension »Lindenhof«. – Kurcafé und Konditorei Haase. (G)
Salzbrunn (V): Haus Abendfrieden, christliches Haus. Villa Anni, Christliches Logierhaus. Pension Berghaus, »Fürstliches Fremdenheim für christliche Gäste«.

Pension Komet, Christliches Logierhaus. Haus Lindenhaus, christliches Haus. Landhaus Schmidt, nur christliche Gäste.

Salzschlirf (X): Haus Lindenkohl annonciert: »Judenfrei«.

Salzuflen (IX): Pension Billerbeck. Die Inhaberin erklärt: »Ich bedaure sehr, Sie als Jüdin nicht aufnehmen zu können, da ich meinen Gästen nicht zumuten kann, sich mit Juden an einen Tisch zu setzen.« Kinderheim Hartmann. Christliches Haus. Der Inhaber legt jedoch Wert darauf, nicht als judenfeindlich zu gelten. Haus Heilbrunnen. Haus Langrehr. Haus Weber. Haus »Wiegand«. Kinderheim Sonnenschein, Christliches Haus. Haus Schmiedelamp, christliches Haus.

Saßnitz (I): Seeschloß, Wiener Café lt. Prospekt deutschvölkisch geführt. Hotel »Tourist«.

Bad Schandau (VII): »Zum deutschen Krug«. Gasthaus »Zum Deutschen Krug«. Gasthaus »Zur alten Quelle«.

***Scharbeutz** (I): Lübecker Bucht wird fast ausschließlich von Gästen christlichen Glaubens besucht.

Scheidegg (XII): Gasthof Hörmann.

Schierke (VI): Haus Waldesruh, Gästeheim für christliche Familien. Haus Wedel, lt. Prospekt deutsches Gästeheim.

Schillingsfürst (P). Gasthof Stein.

Schleching b. Marquartstein (XII): Gasthof Geigelstein.

Schliersee (Bn): Landhaus Mayerhofer. (G)

Schmiedeberg (VII): Haus Steinert »für Angehörige des israelitischen Volkes gesperrt«.

Schreiberhau (V): Christliches Kinderheim Mittelschreiberhau, jedoch nicht judenfeindlich. Deutsches Haus. Sanatorium Kurpark, lt. Prospekt: Heilanstalt des christl. guten Mittelstandes. Fremdenheim von Siegroth-Pauli, streng christlich. Haus Stahlquelle, streng christlich. Traugott-Ernestine-Miecke-Stiftung, christliches Haus, jedoch nicht judenfeindlich. Haus Sunem wird von Kraschnitzer Schwestern auf ausgesprochen religiöser Grundlage geleitet. Haus Stiller Winkel dito. Haus Sonnenrose. Katharinen-Heim, Mittelschreiberhau. Wird in christlichem Sinne geführt. Es wird jedoch Wert auf die Feststellung gelegt, dass es nicht judenfeindlich ist.

Schwäbisch-Gmünd (W): Gasthof »Zum Hohenstaufen«. (G)

Bad Schwartau (P) (Ost-Holstein): Geertz Hotel. (G)

Schweidnitz (V): Braukommune (Inh. Pachnike). – Konditorei Henschel. Benno Marxsche Bier- und Weinstuben. Frühstücksstube Helmuth Scholz. (G)

Sellin (I): Haus Rex am Meer, christliches Haus. Ostseehaus Sellinum, christliches Haus. Villa Daheim, christliches Haus. Villa Rugia nimmt lt. Anzeige im »Deutschen Tageblatt« keine Juden auf.

Sieberthal (Südharz, Station Herzberg): Hotel und Pension »Zum Paradies«. (G)

Sorau (Niederlausitz): Gasthaus »Zur goldenen Eule«, Rud.-Bahn-Pl. 6, Café Böhme. Gasthof »Zur Krone«. Logen-Restaurant. »Rautenkranz«. (G)

Sorenbohm b. Kolberg (I): Pension Daheim, Inhaber Müller, »christliches Haus«

Spandau (P): Wirtshaus »Achenbachklause«. (G)

***Spiekeroog** (II): Hotel Inselfried, lt. Anzeige im »Deutschen Tageblatt« antisemitisch.

Spreng (Odenwald) (II): Gasthaus »Zur Spreng«. (G)

St. Andreasberg (Harz): Gasthaus und Fremdenheim Neufang. (G)

Starnberg am See (Bn): Gasthof »Zur Eisenbahn«. Café Groß. (G)

Steinbach-Hallenberg (Thür. Wald): Gasthaus »Zur Hallenburg«. (G)
Stockheim b. Kronach (Bn): Gast- und Logierhaus »Zur Eisenbahn«. (G)
Stolberg (Harz): Hotel Eberhardt. (G)
Straubing (Bn): Brauerei Weidemann. (G)
Suhl (IV): Stadtcafé. Café Sperle. Berghotel »St. Hubertus«.
Bad Sulza (IV): Pension Lachmühle.
Swinemünde (I): Dünenschloß, christliches Fremdenheim. Haus Glückauf wünscht keine jüdischen Gäste. Pension Heideprinzeß, christliches Fremdenheim. Pension Heiderose, christliches Fremdenheim. Kaiserpark, christliches Haus. Neptun, christliches Fremdenheim. Pommernhaus, Haus der Evangelischen Frauenhilfe der Provinz Pommern. Seeschloß, Pension mit christlichem Charakter. Pension Trapp, christliches Haus. Café und Pension Lübke.
***Tabarz** (IV)
Tambach (IV): Haus Fürstenblick. Christliches Hospiz. Inhaberin antisemitisch.
Tanne (Harz) (Bn): Pension »Edler«. (G)
Tepliwoda, Kr. Münsterberg (V): Gasthaus zur Krone, Verkehrslokal der NSDAP.
Thal, Bad (IV): Haus Glückauf.
Tharandt bei Dresden (S): Althistorischer Gasthof »Erblehngericht«, »Ratskeller«. (G)
Thiede (Bg): Gasthof »Zur Krone«. (G)
Thumsenreuth (XII) bei Erbendorf (Opf.): Gastwirtschaft Hör.
Thurner im Hochschwarzwald (Post Breitnau): Jugendwanderheim »Michele-Häusle«. (G)
Tiefenbach bei Oberstdorf (Bn): Haus Barenthin. (G)
Timmendorfer Strand b. Travemünde (I): Villa Seestern. Haus Seeadler, auf Wunsch des Deutschnationalen Handlungsgehilfenverbandes aufgenommen.
Todtmoos-Rütte (VIII): Landhaus Bobsien.
Bad Tölz (VII): Villa Georg, am Hauseingang befindet sich die Inschrift: Haus nur für christliche Gäste. – Landhaus Eizenberger. Villa Veritas. (G)
Torgau a. d. Elbe: Konditorei und Kaffeehaus Georg Wolf. Gesellschaftshaus »Tivoli«. (G)
Traunstein (Oberbayern): Gasthof »Zum Sametz«. (G)
Travemünde (I): Kurgartenhotel. Haus des Deutschnationalen Handlungsgehilfenverbandes
Trebnitz (Schlesien): Gaststätte »Waldfrieden«. (G)
Tübingen (W): Schottei. (G)
Tutzing (XII) (Starnberger See): Gasthof Anton Elsperger.
Uebersee-Feldwies am Chiemsee (Bn): O. Distler. (G)
Uetze (Kreis Burgdorf, Provinz Hannover): Garten- und Konzertlokal »Wilhelmshöhe«. (G)
Unterweißbach, Bahnstation Sitzendorf (Schwarzatal): Weisleder. (G)
Waldkirchen bei Passau (Bayrischer Wald): Gasthof Bauer. (G)
Wangerooge (II): Pension Seeluft, auf den Briefbogen befindet sich der Satz: »Israeliten finden keine Aufnahme«. Strandhotel Germania.
Warnemünde (I): Villa Seeheim, Christliche Pension. Pension Perle verschickt Prospekte mit Hakenkreuzen. Pension Sonnenhaus. Haus Seerose.
Wassertrüdingen (Mfr.): Gasthaus »Zum Wilden Mann«. (G)
Weddersleben (VI): Gasthaus Carl Winkelmann.
Wegscheid (Bayr. Wald): Verschönerungsverein. (G)

Weinsberg a. d. Weibertreu (W): Weinschank Wesser. (G)
Wernigerode-Hasserode (VI): Haus Waldfrieden, christliches Haus. Fremdenpension »Ilseheim«. Gasthaus »Zum Kaiserhof«. Gasthaus »Altes Schützenhaus«. (G)
Wesel: »Bürgerkrug«, Besitzer Hugo Menke. (G)
Westerland auf Sylt (II): Villa Sanssouci annonciert: »Jüdischer Besuch verbeten«. Kurhaus des Deutschnationalen Handlungsgehilfen-Verbandes. – Haus Jacobsen. (G)
Wiesbaden: Hotel- und Badhaus »Weiße Lilien«.
Wieseth (Mfr.): Gastwirtschaft Fritz Meier. (G)
Wiesneck/Buchenbach, Breisgau (B): Landhaus v. Heyden. (G)
Bad Wildungen (P): Haus Kirchner. (G)
Wiligrad bei Lübstorf in Mecklenburg (III): Hospiz Wiligrad. Christliches Erholungsheim.
Wismar i. Mecklenburg: Fremdenhof »Zur Sonne«. (G)
Wittdün auf Amrum (II): Haus Therese vorm. Villa Quedens, die Inhaberin hat auf eine Anfrage geantwortet: »Es hat sich an dem christlichen Charakter meines Hauses nichts geändert.«
Witten a. d. Ruhr: Städtischer Saalbau (Hotel Voß). (G)
Wölfelsgrund (V): Villa Ebenezer nennt sich auf Wegweisern deutschchristliches Touristenheim. Touristenheim Hötzelei inseriert mit Hakenkreuzen. Paradiesla, Inhaberin wünscht angeblich Juden nicht als Gäste.
Wolfsberg (Sächs. Schweiz): Frau Rößler. (G)
Wolmirsleben (Bez. Magdeburg): Gasthof »Zum Adler«. (G)
Wörishofen (XII): Pension Martha.
Wunsiedel (Bn): Gasthaus »Weißes Lamm«. (G)
Zeitz: Ratskeller. Restaurant St. Nicolai. Schützenhaus. (G)
Ziegenhain (Bez. Kassel) (II): Gasthaus Wilhelm Groß. Am Südbahnhof. (G)
Zielenzig (III): Hotel »Zum Löwen«.
***Zinnowitz** (I). Laut Prospekt war es stets das Bestreben der Badeverwaltung, »das Bad von semitischen Kurgästen freizuhalten«.
Zschornegosda (Niederlausitz): Gasthof »Drei Lilien«. (G)
Zwickau (S): »Hotel Deutscher Kaiser«. Restaurant »Dresdner Tor«, Fremdenhof und Speisehaus. »Zum Schwarzen Bären«. (G)
Zwiesel (XI): Zwieseler Waldhaus, laut Schreiben des Inhabers deutschvölkisches Haus, Post Ludwigsthal (Bayr. Wald).

Österreich (XIII)

(Zusammengestellt nach »Mitteilungen der Union deutschösterreichischer Juden«, Wien IX, Berggasse 4.)

Nieder-Österreich

Aggsbach-Markt, Wachau: Nur an Katholiken
Emmersdorf a. d. Donau, Wachau: Nur Arier
Gobelsburg am Kamp.
Krems a. d. Donau. Die Verwaltung der Stiftswälder untersagt den jüdischen Kurgästen das Betreten der Wälder.
Mank. Gemeinderatsbeschluß, den Aufenthalt jüdischer Sommerfrischler nicht zu dulden.

Scheiblingkirchen a. d. Aspangbahn.
Türnitz.
Ybbsitz.

Ober-Österreich

Aigen im Ennstal.
Altmünster: Pension Dr. Müller
Eferding: Laut Gemeinderatsbeschluß Aufenthaltsdauer für »Nichtarier« auf 24 Stunden beschränkt.
Frankenmarkt.
Freistadt.
St. Georgen im Attergau: Der Gasthof »Bauern-Löckner« inseriert: »Nur christliche Sommergäste erhalten Unterkunft«.
Goisern, Hotel Post.
Guttau bei Kefermarkt: Mühlviertel.
Hausberg, Post St. Johann im Mühlviertel: Nur christliche Gäste.
Lambach: Hotel Menschik.
Mattighafen.
Micheldorf: Pension Haindl.
Neuhaus a. d. Donau: Gasthof Ernst.
Neuhofen a. d. Krems.
Nußdorf am Attersee.
Obermühl a. d. Donau.
Reichenthal, Mühlviertel: Nur Arier.
Scharnstein i. Almthal: Pension Herrenstraß.
Schörfling am Attersee: Alle Wirte mit Ausnahme des Gasthofes »Blaue Traube«.
Spital am Phyrn: Im Gasthof »Zur Post«, Eigentümer Grundner, in der Einfahrt Inschrift: Juden nicht erwünscht. Villa Schwarzenberg.
Traunkirchen: Hotel »Am Stein«.
St. Veith, Mühlviertel: Nur für Arier.
Vorderstoder: Steinerwirt.
Wallern b. Schallerbach: Gasthöfe Eberstaller und Renner.
Wartberg a. d. Krems.
Weyr a. d. Enns: Der Verschönerungsverein schreibt, daß »Juden nicht erwünscht« seien.
Weyregg am Attersee: Lehrerheim: Nur für Arier.

Salzburg

Abtenau-Bad.
Krimml.
Neumarkt am Wassersee.
Seeham b. Mattsee.
Seekirchen am Wassersee.
Tamsweg im Lungau.
Wagrain im Pongau.
Wald im Oberpinzgau.
Zell am See: Villa Olga, Villa Schmittental.

Steiermark

Alt-Aussee: Edlauer, Neue Post.
Murau-Pöllau: »Arische Sommerfrische ersten Ranges«.
Puch: Zentralverband.
Pürgg (am Eingang des Steirischen Salzkammergutes).
Ramsau: Arische Sommerfrische.
Schladming, Obersteiermark, versieht seine Prospekte mit dem Vermerk: »Juden nicht erwünscht.«
Trofaiach: Die Kurverwaltung annonciert: »Angenehmer Aufenthalt für christliche Familien.«
Waldbach a. d. Lafnitz: Pension Langenecker.

Kärnten

Afritzersee: »Arische Sommerfrische«.
Agathendorf: Post Hirt.
Kolbnitz.
Kötschach im Gailtal: Stempel »Nichtarier unerwünscht« auf einem Briefe eines dortigen Gasthofbesitzers.
Krumpendorf am Wörthersee: Villa Streicher.
St. Margarethen, Levantthal.
Möllbrücke.
Ober-Villach (nicht zu verwechseln mit Ober-Vellach bei Villach).
Rosenbach: Gasthof Matschnigg.
Weißensee: Juden sind am Weißensee in sämtlichen Sommerfrischen ungebetene Gäste, da gemäß einem Beschluß der dortigen Fremdenverkehrsverbände die Sommerfrischen »judenrein« zu sein wünschen.

Tirol

Fügen-Hall: »Goldener Engel«.
Hopfgarten – Judenstein ob Hall: Pension Wälsung.
St. Jacob am Pillersee: »Nur Arier werden aufgenommen.«
Kufstein: »Andreas Hofer«.
Mieders, Stubaital: Hakenkreuz am Gasthaus »Alte Post«, bezeichnet sich als antis. Haus.
Dorf Oberlängenfeld im Ötztal: Der Gasthof »Zum Hirschen« und dessen Dependence »Antonshaus« (Bes. Geschw. Skrein) nehmen jüdische Gäste nicht auf. Die Inhaber des Gasthofes »Zum Hirschen« sind auch Besitzer von »Kurbad und Pension Lengenfeld«.
Ötztal gilt zum größten Teil als antisemitisch; nicht judenfeindlich ist das »Hotel Cassel« in Ötz.
Vorderwildbad bei Hall nimmt lt. Prospekt »nur arische Gäste« auf.
Walchsee bei Kufstein. Gasthof Kramerwirt lehnt die Aufnahme jüdischer Gäste ab.
Zillertal gilt teilweise als antisemitisch; es dürfte sich empfehlen, jeweils zuvor Erkundigungen einzuziehen.

Vorarlberg

Gaschurn i. Montafon: Hotel »Rößle-Post«. Schreiben mit Hakenkreuz.
Schruns: An den Gasthöfen »Löwe« und »Taube« Hakenkreuze.

Nationalsozialistische Verkehrslokale in Österreich

(Zusammengestellt nach dem Gaststättenverzeichnis im »Nationalsozialistischen Jahrbuch 1931«, Verlag Franz Eher G. m. b. H., München)

Aigen bei Salzburg: Max Emminger.
Attersee, Salzkammergut: »Waldhof«.
Bad Böslau, Niederösterreich: Hotel »Böslauer Hof«.
Döbriach am Millstätter See, Kärnten: »Seebad«. – Pension Berger. – Pension Brunner.
Feld am See, Kärnten: Villa Forstnig.
Gries im Sellraintale: Gasthof »Zur Post«.
Hollenstein a. d. Ybbstalbahn, Niederösterreich: Gasthöfe Pachinger. – Rettensteiner Brauhaus.
Innsbruck, Tirol: »Kalterer Weinstube«.
Judenburg, Steiermark: Matthias Leitner, Gasthof und Fleischhauerei.
Klagenfurt, Kärnten: Gartencafé »Lerch«.
Kössen, Tirol: Gasthaus »Brennerwirt«.
Krumau am Kamp: Gasthof Purker, Kamptal Waldviertel.
Kufstein, Tirol: Gast- und Weinhaus »Andreas Hofer«.
Lienz, Osttirol, Pustertal und Mittenwald a. d. Drau.
Mutters bei Innsbruck (Stubai), Hotel-Pension »Mutterer Hof«.
Rauders bei Landeck, Tirol: Gasthaus »Zum Lamm«.
Rennweg, Kärnten: »Katschtaler Hof«.
Trofaiach, Obersteiermark: Fremdenverkehrsverein.
Wals bei Salzburg: Martin Reiter, Bäckerei.
Zell am See, Salzburg-Österreich: Großgasthof »Traube«.
Zillertal, Tirol: Gerlossteinhütte.

Anmerkungen

1 Vossische Zeitung, 15. 5. 1925.

2 Die Literatur zur Geschichte des Antisemitismus ist einerseits kaum noch überschaubar, andererseits gerade für das 20. Jahrhundert durch erstaunliche empirische Forschungslücken gekennzeichnet. Zu den wichtigsten übergreifenden Darstellungen und Aufsatzsammlungen gehören u. a. Helmut Berding, Moderner Antisemitismus in Deutschland, Frankfurt am Main 1988; Werner Jochmann, Gesellschaftskrise und Judenfeindschaft in Deutschland 1870–1945, Hamburg 1988; Jacob Katz, Vom Vorurteil bis zur Vernichtung. Der Antisemitismus 1700–1933, München 1989; Shulamit Volkov, Jüdisches Leben und Antisemitismus im 19. und 20. Jahrhundert, München 1990; zu den anregendsten neueren Beiträgen gehören u. a. Dirk Walter, Antisemitische Kriminalität und Gewalt. Judenfeindschaft in der Weimarer Republik, Bonn 1999; Anthony Kauders, German Politics and the Jews, Düsseldorf and Nuremberg 1910–1933, Oxford 1996; vgl. auch Till van Rahden, Ideologie und Gewalt. Neuerscheinungen über den Antisemitismus in der deutschen Geschichte des 19. und frühen 20. Jahrhunderts, Neue Politische Literatur, 41 (1996), S. 11–29; ders., Words and Actions: Rethinking the Social History of German Antisemitism, Breslau 1870–1914, German History, 18 (2000), S. 413–438.

3 So berichtet der Schriftsteller Peter Wawerzinek eindringlich über die Präsenz vor allem rechtsradikaler Jugendlicher in vorpommerschen Ostseebädern. Peter Wawerzinek, Sperrzone reines Deutschland. Szenen einer Sommerreise, Berlin 2001.

4 Jacob Borut, Antisemitism in Tourist Facilities in Weimar Germany, in: Yad Vashem Studies, Vol. XXVIII, Jerusalem 2000, S. 7–50, Michael Wildt, »Der muß hinaus! Der muß hinaus!« Antisemitismus in deutschen Nord- und Ostseebädern 1920–1935, in: Mittelweg 36, 10, Heft 4 (2001), S. 2–25.

5 Albert Lichtblau, Die Chiffre Sommerfrische als Erinnerungstopos. Der retrospektiv-lebensgeschichtliche Blick, in: Sabine Hödl/Eleonore Lappin (Hrsg.), Erinnerung als Gegenwart. Jüdische Gedenkkulturen, Berlin 2000, S. 89–128. Vgl. auch die Aufsätze in Robert Kriechbaumer (Hrsg.), Der Geschmack der Vergänglichkeit. Jüdische Sommerfrische in Salzburg, Wien 2002.

6 Michael Brenner, Zwischen Marienbad und Norderney: Der Kurort als »Jewish Space«, in: Jüdischer Almanach, Frankfurt am Main 2001, S. 119–139.

7 Zit. nach: Im deutschen Reich, 11 (1905), S. 485 f.

8 Vgl. Ein deutsches Inselbad, in: Monatsschrift für deutsche Beamte, 5 (1882), S. 234–238.

9 B. Huismann, Die Nordseeinsel Borkum einst und jetzt, Borkum 1897, S. 119.

10 Zit. ebd.
11 Deutsch-Soziale Blätter, 25. 5. 1907, S. 577.
12 Zit. nach Christoph Schulte, Psychopathologie des Fin de siècle. Der Kulturkritiker, Arzt und Zionist Max Nordau, Frankfurt am Main 1997, S. 195.
13 Ebd.
14 Zit. nach: Im deutschen Reich, 12 (1906), S. 613.
15 Deutsch-Soziale Blätter, 26. 8. 1911, S. 804.
16 Im Deutschen Reich, 1 (1895), S. 219.
17 Tönjes Akkermann, Antisemitismus auf Borkum. Dokumentation, Borkum 1993, S. 11.
18 Siehe den gesamten Liedtext sowie die verschiedenen Fassungen des »Borkum-Liedes« im Anhang.
19 So ein Leserbriefschreiber in der »Frankfurter Zeitung«, zit. nach: Israelitisches Familienblatt, 3. 8. 1905, S. 6.
20 Ebd.
21 Niedersächsisches Staatsarchiv Aurich, Rep. 16/I, 4090, Bl. 169 f., Schreiben Hensels vom 22. 7. 1900; dort auch Kopie des »Peking-Lieds«, das die Borkumer mit den Aufständischen während des »Boxer-Aufstands« in China verglich und mit den Zeilen endete: »Doch wer dir naht mit blonden Haaren, mit weißem Teint und rundem Aug', der soll nicht deinen Schutz erfahren, dem schlitz den Bauch, dem schlitz den Bauch!«
22 Ebd., Bl. 168; Zitat aus Zeitungsartikel vom 25. 7. 1900.
23 Deutsch-Soziale Blätter, 12. 7. 1913, Bl. 671.
24 Im Deutschen Reich, 14 (1908), S. 371. Dort die Versicherung des Besitzers des Nordsee-Hotels, F. Schmidt, gegenüber einem jüdischen Interessenten, »daß ich Sie in jeder Weise in Schutz nehmen werde«.
25 Ebd., S. 288.
26 Ebd., S. 286.
27 Ebd., 6 (1900), S. 357.
28 Siehe Dr. Rompel, Der Fremdenverkehr der bedeutenderen deutschen Badeorte, in: Zeitschrift für Balneologie, Klimatologie und Kurort-Hygiene, 6 (1913), S. 391–399.
29 Zit. nach Heinz Biehn/Johanna Baronin Herzogenberg, Große Welt reist ins Bad, München 1960, S. 31.
30 Im deutschen Reich, 14 (1908), S. 388–390.
31 Ebd., 19 (1913), S. 506.
32 Zit. nach ebd., 2 (1896), S. 397.
33 Israelitisches Familienblatt, 20. 6. 1903.
34 Vgl. Deutsch-Soziale Blätter, 22. 1. 1908, S. 88; ebd., 7. 3. 1908, S. 267 f.; Im Deutschen Reich, 14 (1908), S. 187 f.
35 Zur Ausrichtung von Wenningstedt und Westerland siehe Israelitisches Familienblatt, 13. 7. 1905; Im deutschen Reich, 12 (1906), S. 481–483; ebd., 14 (1908), S. 468; Fiete Pingel/Thomas Steensen, »Es gab einmal jüdisches Leben in Nordfriesland.« Jüdisches Leben und Antisemitismus in Friedrichstadt und im übrigen Nordfriesland, in: Gerhard Paul/Miriam Gillis-Carlebach (Hrsg.), Menora und Hakenkreuz, Neumünster 1998, S. 297–315, hier S. 304.
36 Zit. nach: Im deutschen Reich, 11 (1905), S. 446.
37 Israelitisches Familienblatt, 26. 5. 1904.
38 Siehe das folgende Unterkapitel.

39 Im deutschen Reich, 1 (1895), S. 133; ebd., 2 (1896), S. 335 f.
40 Siehe die Anzeigen Heiligenhafens z. B. in: Deutsch-Soziale Blätter, 6. 5. 1905, S. 491; 3. 6. 1911, S. 528.
41 Zit. nach: Im deutschen Reich, 6 (1900), S. 367.
42 Israelitisches Familienblatt, 1. 6. 1905.
43 Im deutschen Reich, 19 (1913), S. 365.
44 Typisch war die Formulierung im Prospekt von Königsfeld/Schwarzwald: »Der christliche Charakter des Ortes bedingt christliche Hausordnung in den meisten Häusern, weshalb Israeliten ihn nicht aufsuchen.« Zit. nach: Im deutschen Reich, 14 (1908), S. 544.
45 Zit. nach: Israelitisches Familienblatt, 4. 8. 1910.
46 Zit. nach: Im deutschen Reich, 10 (1904), S. 493.
47 Zit. nach: Israelitisches Familienblatt, 2. 9. 1909.
48 Deutsch-Soziale Blätter, 12. 7. 1913, S. 672.
49 Zur Entwicklung des Tourismus in Deutschland vgl. die vielfältigen Arbeiten des Historikers und Soziologen Hasso Spode, Der Tourist, in: Ute Frevert/Gerhard Haupt (Hrsg.), Der Mensch des 20. Jahrhunderts, Frankfurt, New York 1999, S. 113–137; ders., Zur Geschichte des Tourismus. Eine Skizze der Entwicklung der touristischen Reise in die Moderne, Starnberg 1987; ders. (Hrsg.), Goldstrand und Teutonengrill. Kultur- und Sozialgeschichte des Tourismus in Deutschland 1945–1989, Berlin 1996; ders., Oliver Kersten, Fremdenverkehr vor dem Zweiten Weltkrieg, in: Institut für Länderkunde, Leipzig (Hrsg.), Nationalatlas Bundesrepublik Deutschland, Bd. 10: Freizeit und Tourismus, Berlin 2002, S. 20 ff.
50 Zit. nach Hermann Bausinger, Grenzenlos. Ein Blick auf den modernen Tourismus, in: ders./Klaus Beyrer/Gottfried Korff (Hrsg.), Reisekultur. Von der Pilgerfahrt zum modernen Tourismus, 2. Aufl., München 1999, S. 346.
51 Zit. nach Hermann Sommer, Zur Kur nach Ems. Ein Beitrag zur Geschichte der Badereise von 1830 bis 1914, Stuttgart 1999, S. 414.
52 Dr. Rompel, Der Fremdenverkehr der bedeutenderen deutschen Badeorte, in: Zeitschrift für Balneologie, Klimatologie und Kurort-Hygiene, 6 (1913), S. 391–399.
53 Ebd., S. 726.
54 Hans Oestreich, Der Fremdenverkehr der Insel Sylt, Bredstedt 1976, S. 490.
55 John K. Walton, The British Seaside. Holidays and Resorts in the Twentieth Century, Manchester 2000, S. 52.
56 Oestreich, Fremdenverkehr, S. 490.
57 Vgl. Christine Keitz, Reisen als Leitbild. Die Entstehung des modernen Massentourismus in Deutschland, München 1997, S. 52.
58 Scholem Alejchem, Marienbad (dt. Übersetzung von Salcia Landmann), München 1972, S. 29.
59 So der Badeführer des Nordseebades Westerland aus dem Jahre 1904. Zit. nach: Jürgen Newig, Die Entwicklung von Fremdenverkehr und Freizeitwohnwesen in ihren Auswirkungen auf Bad und Stadt Westerland auf Sylt, Kiel 1974, S. 43.
60 Pierre Bourdieu, Die verborgenen Mechanismen der Macht. Schriften zu Politik und Kultur 1, Hamburg 1997.
61 Vgl. Franz Ebhardt, Der gute Ton in allen Lebenslagen. Ein Handbuch für den Verkehr in der Familie, in der Gesellschaft und im öffentlichen Leben, 3. Aufl., Berlin 1878, S. 621–628; Oswald Marschner, Takt und Ton. Plaudereien über

den feinen Takt und den guten Ton im geselligen Verkehr, Leipzig 1901, S. 287–313.
62 Ebhardt, Der gute Ton, S. 624.
63 Marschner, Takt und Ton, S. 296.
64 Oestreich, Fremdenverkehr, S. 175.
65 Scholem Alejchem, Marienbad, S. 41.
66 Zur beruflichen und sozialen Struktur der deutschen Juden im Kaiserreich siehe Monika Richarz, Berufliche und soziale Struktur, in: Deutsch-jüdische Geschichte der Neuzeit, Bd. III, Umstrittene Integration 1871–1918, München 1997, S. 39–68.
67 Michael Brenner, Zwischen Marienbad und Norderney; Albert Lichtblau, Sommerfrische.
68 M. Beßmertuy, Bade-Plaudereien aus Norderney, in: Israelitisches Familienblatt, 18. 8. 1904.
69 Monika Richarz, Jüdisches Leben in Deutschland. Selbstzeugnisse zur Sozialgeschichte im Kaiserreich, Stuttgart 1979, S. 248 f.
70 Marion A. Kaplan, Jüdisches Bürgertum. Frau, Familie und Identität im Kaiserreich, Hamburg 1997, S. 177.
71 Die vielfältigen Formen von Repräsentation und Segregation am Kurort hat Sommer, Zur Kur nach Ems, ausführlich dargestellt, vgl. vor allem S. 414–517.
72 Douglas Peter Mackaman, Leisure Settings. Bourgeois Culture, Medicine and the Spa in Modern France, Chicago 1998, bes. S. 68 ff.
73 Ebd., S. 485 ff.
74 Ebd., S. 492.
75 Zit. nach ebd., S. 486.
76 Zit. nach: Im deutschen Reich, 15 (1909), S. 580 f.
77 Vgl. die antikatholische Agitation des Pfarrers Münchmeyer auf Borkum Anfang der zwanziger Jahre, Kapitel 2.
78 Im deutschen Reich, 5 (1899), S. 664.
79 Deutsch-Soziale Blätter, 18. 1. 1905, S. 58.
80 Neue Preußische (Kreuz-)Zeitung, 29. 7. 1905.
81 Zit. nach: Michael Fleischer, »Kommen Sie, Cohn.« Fontane und die Judenfrage, Berlin 1998, S. 125.
82 Zit. nach: ebenda, S. 126.
83 R. Wohlberg, Antisemitismus in der Sommerfrische, in: Israelitisches Familienblatt, 20. 7. 1911.
84 Zit. nach ebd.
85 Toni Cassirer, Aus meinem Leben mit Ernst Cassirer, New York 1950, S. 83 f.
86 Zit. nach ebd., S. 84.
87 Nordseebad Borkum, Saison 1903. Illustrierter Führer, herausgegeben von der Badedirektion, S. 37.
88 Ein deutsches Inselbad, in: Monatsschrift für deutsche Beamte, 5 (1882), S. 234–238, Zitat S. 234.
89 Central Archives for the History of the Jewish People, Jerusalem, Bestand CV, Akte 2334.
90 R. Wohlberg, Antisemitismus in der Sommerfrische, in: Israelitisches Familienblatt, 20. 7. 1911.
91 Die jüdische Rasse in den deutschen Badeorten, in: Deutsch-Soziale Blätter, 5. 8. 1911, S. 731.

92 Wiesbaden und seine Kur-Juden, in: Deutsch-Soziale Blätter, 27.11. 1909, S. 1136.

93 Oestreich, Fremdenverkehr, S. 489.

94 Lucia Jacoby, Jüdisches Badeleben in Kolberg, in: Israelitisches Familienblatt, 9. September 1910, S. 11.

95 Alle Angaben nach Kolberger Bade-Blatt, 18. 6. 1906.

96 Lucia Jacoby, Jüdisches Badeleben in Kolberg, in: Israelitisches Familienblatt, 9. September 1910, S. 11.

97 Balneologische Zeitung, 19 (1906), Nr. 27, S. 110.

98 Sommer, Zur Kur nach Ems, S. 493.

99 Zit. nach: Im Deutschen Reich, 12 (1906), S. 615.

100 Ebd., 5 (1899), S. 366.

101 Zit. nach: Wem verdanken wir die judenreinen Badeorte?, in: Deutsch-Soziale Blätter, 11. 8. 1906, S. 888.

102 Israelitisches Familienblatt, 4. 6. 1914, S. 4.

103 Balneologische Zeitung, 19 (1906), Nr. 27, S. 110.

104 Lucia Jacoby, Jüdisches Badeleben in Kolberg, in: Israelitisches Familienblatt, 9. September 1910, S. 11.

105 Ebd., der Bericht zitiert eine »ostjüdische« New Yorkerin mit den Worten: »Kolberg ist so schön, daß es könnt' liegen bei New York.«

106 Israelitisches Familienblatt, 20. 8. 1914, S. 6/7.

107 Lucia Jacoby, Jüdisches Badeleben in Kolberg, in: Israelitisches Familienblatt, 9. September 1910, S. 11.

108 Vgl. Avraham Barkai, »Wehr Dich!« Der Centralverein deutscher Staatsbürger jüdischen Glaubens (C. V.) 1893–1938, München 2002, S. 73 ff.

109 Schreiben vom 24. 7. 1925 an das Bade-Kommissariat Bad Reichenhall, Central Archives for the History of the Jewish People, Jerusalem, Bestand CV, Akte 2391.

110 Zum allgemeinen Hintergrund siehe Jack Wertheimer, Unwelcome Strangers. East European Jews in Imperial Germany, New York, Oxford 1987; Trude Maurer, Ostjuden in Deutschland 1918–1933, Hamburg 1986; Shulamit Volkov, Die Dynamik der Dissimilation. Deutsche Juden und die ostjüdischen Einwanderer, in: dies., Jüdisches Leben und Antisemitismus im 19. und 20. Jahrhundert, München 1990, S. 166–180.

111 Zit. nach: Borkum?!, in: Deutsch-Soziale Blätter, 29. 4. 1911, S. 401.

112 Zit. nach Albert Lichtblau, Sommerfrische, S. 94.

113 Scholem Alejchem, Marienbad (dt. Übersetzung von Salcia Landmann), München 1972, S. 39.

114 CV-Zeitung, 8. 6. 1922, S. 79.

115 Schreiben Frau Schacht vom 15. 8. 1929 an Herrn Heilbronner, Central Archives for the History of the Jewish People, Jerusalem, Bestand CV, Akte 2391.

116 Vgl. Shulamit Volkov, Die Dynamik der Dissimilation, die davon ausgeht, dass die Beziehungen zwischen deutschen Juden und »Ostjuden« aufseiten der deutschen Juden langfristig auch dissimilatorische Wirkungen entfalteten.

117 Antisemitische Bäder und Sommerfrischen, in: Allgemeine Zeitung des Judentums, 29. 7. 1904.

118 Die Saison. Ein Geleitwort in die Bäder, in: Israelitisches Familienblatt, 17. 6. 1901. Zu den Abwehraktivitäten des CV im Allgemeinen siehe Barkai, »Wehr Dich!«; Arnold Paucker, Zur Problematik einer jüdischen Abwehrstrategie in

der deutschen Gesellschaft, in: Werner E. Mosse/ders. (Hrsg.), Juden im Wilhelminischen Deutschland 1890–1914, Tübingen 1976, S. 479–548.
119 Siehe unten, Kapitel 2.
120 Freizügigkeit, in: Israelitisches Familienblatt, 21. 9. 1905.
121 Zit. nach: Im deutschen Reich, 5 (1899), S. 370. Vgl. Jürgen Steen, »Gruß aus dem Kölner Hof in Neu Jerusalem«, in: Abgestempelt. Judenfeindliche Postkarten, hrsg. von Helmut Gold und Georg Heuberger, Heidelberg 1999, S. 256–261.
122 Deutsch-soziale Blätter, 24. 8. 1904, S. 947; 1. 2. 1905, S. 113, 332.
123 Ebd., Jg. 1904, S. 653, 765.
124 Vgl. den Katalogband: Abgestempelt, Judenfeindliche Postkarten.
125 Zit. nach: Antisemitische Postkarten, in: Im deutschen Reich 4 (1898), S. 82–85, Zitat S. 83.
126 Im deutschen Reich, 4 (1898), S. 293; Helmut Gold, Stimmungsbilder. Die Postkarte als Medium des (frühen) Antisemitismus, in: Abgestempelt, S. 13–17.
127 Die Badezeit, in: Israelitisches Familienblatt, 28. 5. 1903.
128 Zit. nach: Im deutschen Reich, 16 (1910), S. 616 f.
129 Stenographische Berichte des Herrenhauses 1907/08, Nr. 255, S. 231–233.
130 Ebd., S. 225.
131 Ferien, in: Israelitisches Familienblatt, 5. 8. 1909.
132 Die Konfessionen unterwegs. Bade-Brief eines Christen, in: Israelitisches Familienblatt, 28. 8. 1902.
133 Zit. nach Dieter Goertz, Juden in Oldenburg 1930–1938, Oldenburg 1988, S. 67.
134 B. Leiser, Am Strande, in: Israelitisches Familienblatt, 29. 5. 1901.
135 Julius Stettenheim, Die Blonde und die Brünette. Eine wahre Geschichte aus der Sommerfrische, Israelitisches Familienblatt, 5. 6. 1913.
136 Victor Frank, Meine antisemitische Freundin, in: Israelitisches Familienblatt, 5. 8. 1901.
137 Norderneyer Brief. Am Strand und im Restaurant. Plauderei von Leiser Lauter, in: Israelitisches Familienblatt, 3. 9. 1903.
138 Ferien, in: Israelitisches Familienblatt, 5. 8. 1909.
139 Im deutschen Reich, 20 (1914), S. 356 f.
140 Im deutschen Reich, 21 (1915), S. 143 f.
141 Vgl. Keitz, Reisen als Leitbild.
142 Ebd., S. 30.
143 Vgl. Keitz, Reisen als Leitbild, S. 52 f.; Spode, Zur Geschichte des Tourismus, S. 29.
144 Zahlen nach: Niedersächsisches Staatsarchiv Aurich, Rep. 36, 609.
145 Ebd., Rep. 16/I, 2673, Eingabe der Notgemeinschaft deutscher Nordseeinseln vom 30. November 1932.
146 Vgl. Detlev J. K. Peukert, Die Weimarer Republik. Krisenjahre der klassischen Moderne, Frankfurt am Main 1987.
147 Niedersächsisches Staatsarchiv Aurich, Rep. 36, 309, Schreiben des Gemeindevorstands Norderney an den Vorsitzenden des Kreisausschusses Norden vom 25. 10. 1926.
148 Keitz, Reisen als Leitbild, S. 44 f.
149 Ebd., S. 52.
150 Karl Schnog, Beginn der Badesaison, in: Die Weltbühne 22 (1926), Heft 17, S. 675.

151 Zur Badesaison, in: Israelitisches Familienblatt, 2.6. 1921; Luxus und – Not, ebd., 7.7. 1921; Übt Zurückhaltung! Ein Mahnwort gegen Putzsucht und Schlemmerei, ebd., 9.8. 1923; Vor der Sommerreise. Ein Mahnwort an die deutschen Juden, in: CV-Zeitung, 22.5. 1924, S. 306.

152 Vor der Sommerreise. Ein Mahnwort an die deutschen Juden, in: CV-Zeitung, 22.5. 1924, S. 306.

153 Vgl. Uwe Lohalm, Völkischer Radikalismus. Die Geschichte des Deutschvölkischen Schutz- und Trutz-Bundes 1919–1923, Hamburg 1970.

154 Erholung – keine Politik, in: CV-Zeitung, 3.7. 1925, S. 473.

155 Der antisemitische Bäderfeldzug, in: Israelitisches Familienblatt, 9.9. 1920; Das Hakenkreuz in der Sommerfrische, ebd., 12.3. 1925.

156 Bericht des Dichters Adolf von Hatzfeld von der Nordseeinsel Juist, in: Abendblatt, 16.8. 1920, in: Central Archives for the History of the Jewish People, Jerusalem, Bestand CV, Akte 2414.

157 Vgl. den Bericht des Unternehmers Fritz Mosbacher an den Centralverein deutscher Staatsbürger jüdischen Glaubens vom 26. Juli 1920: »Ich war jetzt 2 ½ Wochen mit meiner Familie in Wangerooge. Als ich am 10. Juli dort eintraf, war der ganze Ort mit den bekannten Zetteln des deutschen Schutz & Trutzbundes beklebt, die aber schon großenteils, anscheinend von jüdischen Badegästen, zerkratzt waren. An der Mauer der Strandpromenade waren große Hakenkreuze mit weißer Farbe und die Worte ›Juden raus‹ angemalt. [...] Nach mehreren Tagen waren wieder einige Hakenkreuzfahnen am Strand, die auch noch bis zu meiner Abfahrt sichtbar waren.« In. Central Archives for the History of the Jewish People, Jerusalem, Akte 2327.

158 Nordseebad Borkum, Führer für das Jahr 1925, S. 14.

159 Niedersächsisches Staatsarchiv Aurich, Rep. 36, 605, Artikel der Niederdeutschen Zeitung vom 28.6. 1925.

160 Der antisemitische Bäderfeldzug, in: Israelitisches Familienblatt, 9.9. 1920.

161 Antisemitische Skandalszenen, in: Die Freiheit (Berlin), 18.8. 1920.

162 Zit. nach: Der antisemitische Bäderfeldzug, in: Israelitisches Familienblatt, 9.9. 1920.

163 Israelitisches Familienblatt, 22.7. 1920.

164 Ebd., 19.8. 1920.

165 Siehe unten in diesem Kapitel.

166 Siehe die Zusammenstellung im Anhang.

167 Der Deutsche Bäderverband gegen politische Hetze, in: CV-Zeitung, 28.10. 1932, S. 442.

168 Verbot politischer Veranstaltungen in Kur- und Badeorten, in: CV-Zeitung, 20.5. 1932, S. 207.

169 Hamburger Tageblatt, 20.5. 1931.

170 Zit. nach Dirk Walter, Antisemitische Kriminalität und Gewalt. Judenfeindschaft in der Weimarer Republik, Bonn 1999, S. 56.

171 Ebd., S. 64.

172 So Walter, ebd., S. 108.

173 Zit. nach: ebd., S. 114.

174 Zit. nach: CV-Zeitung, 31.1. 1924, S. 35.

175 Ludwig Thoma, Sämtliche Beiträge aus dem »Miesbacher Anzeiger« 1920/21, kritisch ediert und kommentiert von Wilhelm Volkert, 2. Aufl., München, Zürich 1990, S. 225.

176 Ludwig Thoma, Altaich. Eine heitere Sommergeschichte, München 1992 (erstmals 1917 erschienen).
177 Vgl. u. a. Wolfgang Hackl, ›Sommerfrischler‹ und ›Eingeborene‹. Eine kulturgeschichtliche Lektüre des Simplicissimus, in: Gertrud M. Rösch (Hrsg.), Simplicissimus. Glanz und Elend der Satire in Deutschland, Regensburg 1996, S. 171–173; Ann Taylor Allen, Satire and Society in Wilhelmine Germany. Kladderadatsch & Simplicissimus 1890–1914, Lexington 1984, bes. S. 188–194.
178 Ludwig Thoma, Berlin, in: Miesbacher Anzeiger, 31. 12. 1920; Berlin Weh, in: Miesbacher Anzeiger, 7. 4. 1921; Sodoma, in: Miesbacher Anzeiger, 2. 8. 1921, zit. nach: ders., Sämtliche Beiträge, S. 93, 216, 416.
179 Hans Guggenheimer, Bayerische Sommerfrischen! Ein Mahnwort an jüdische Reisende, in: CV-Zeitung, 26. 5. 1922.
180 Ebd.
181 Ignaz Wrobel, Reisende, meidet Bayern!, in: Die Weltbühne, XVII, Heft 4/1921, S. 114; Ludwig Thoma, Reisende, meidet Bayern!, in: Miesbacher Anzeiger, 2. 2. 1921; Berliner Preßkanaille, in: Miesbacher Anzeiger, 1. 5. 1921, zit. nach Ludwig Thoma, Sämtliche Beiträge, S. 131 f., 267 f.
182 Ignaz Wrobel, Reisende, meidet Bayern!, in: Die Weltbühne, XX, Heft 6/1924, S. 164–166.
183 Zit. nach: CV-Zeitung, 22. 6. 1922, S. 103.
184 Hans Glenk, Das andre Bayern, in: Die Weltbühne, XIX, Heft 3/1923, S. 75–77.
185 CV-Zeitung, 11. 5. 1923, S. 155.
186 So die ironische Charakterisierung des Sommerfrischen-Antisemitismus durch die Wiener Allgemeine Zeitung, zit. nach: Rainer Amstädter, Der Alpinismus. Kultur, Organisation, Politik, Wien 1996, S. 311.
187 Stellungnahme der Vorstandschaft des Vereins des Gastgewerbes von Garmisch-Partenkirchen, abgedruckt im Garmisch-Partenkirchener Tagblatt, 14. 7. 1924, zit. nach: CV-Zeitung, 7. 8. 1924, S. 478.
188 Zum Folgenden siehe u. a. Albin Bachmann, Auf den Bergen wohnt die Freiheit. Die Geschichte des Antisemitismus im Deutsch-Österreichischen Alpenverein, in: Israelitisches Familienblatt, 12. 3. 1925; Amstädter, Alpinismus, bes. S. 287 ff.
189 Zit. nach: Neuestes aus dem D.Oe. A. V., in: CV-Zeitung, 6. 1. 1928, S. 3.
190 Zit. nach: Amstädter, Alpinismus, S. 311 f.
191 Victor Klemperer, Leben sammeln, nicht fragen wozu und warum, Tagebücher 1925–1932, Berlin 1996, S. 369.
192 Ostseebad Zinnowitz auf Usedom, Badeführer 1912, hrsg. von der Badedirektion, S. 3.
193 Central Archives for the History of the Jewish People, Jerusalem, CV, Akte 2405.
194 Vorpommersches Landesarchiv Greifswald, Rep. 66, Nr. 1187, Sitzung der Gemeindevertretung Zinnowitz vom 24. 8. 1920.
195 Deutsches Ostseebad Zinnowitz auf Usedom, 1926, hrsg. von der Badedirektion Zinnowitz, S. 7.
196 Zit. nach: Greifswalder Zeitung, 22. 8. 1920.
197 Deutsche Zeitung, 29. 1. 1921.
198 Schreiben Ernst Rosendorff an den Centralverein deutscher Staatsbürger jüdischen Glaubens vom 11. 7. 1926, in: Central Archives for the History of the Jewish People, Jerusalem, CV, Akte 2405.

199 Wolf Jobst Siedler, Ein Leben wird besichtigt. In der Welt der Eltern, Berlin 2000, S. 55.
200 Vorpommersches Landesarchiv Greifswald, Rep. 66, Nr. 1193, Bl. 3, Antrag vom 13. 3. 1931.
201 Central Archives for the History of the Jewish People, Jerusalem, CV, Akte 2405, Notiz vom 16. 7. 1927.
202 Peter Panter, Saisonbeginn an der Ostsee, in: Die Weltbühne 18 (1922), S. 481–483.
203 Zu Münchmeyer und seiner Rolle auf Borkum vgl. zusammenfassend: Gerhard Lindemann, »Typisch jüdisch«. Die Stellung der Ev.-luth. Landeskirche Hannovers zu Antijudaismus, Judenfeindschaft und Antisemitismus 1919–1949, Berlin 1998, S. 136–220; siehe auch folgende Schriften Münchmeyers: Borkum, die deutsche Insel, Borkum (1923); Der Sieg in der Sache des Borkum-Liedes, Borkum (1924); Meine Antwort an den C. V., zugleich eine Antwort auf die Fragen: Wann ruft der Jude »Alarm«? und Was versteht der Jude unter »Wahrheiten«, München 1930; Kampf um deutsches Erwachen, Dortmund 1934.
204 Bericht des Oldenburgischen Ministerium des Innern an den Reichskommissar für Überwachung der öffentlichen Ordnung vom 10. 2. 1927, Niedersächsisches Staatsarchiv Aurich, Rep. 16/I, 2427, Bl. 157–163.
205 Zit. nach: Israelitisches Familienblatt, 30. 9. 1920.
206 L. Münchmeyer, An alle, die es gut mit Borkum meinen!, Niedersächsisches Staatsarchiv Aurich, Rep. 16/I, 2456, Bl. 142.
207 Schreiben Dr. Oscar Joos an das Polizeiamt Borkum vom 14. 8. 1926, Niedersächsisches Staatsarchiv Aurich, Rep. 16/I, 2427, Bl. 94 ff.
208 Schreiben Rudolf Siebel-Achenbach an den Landrat, Aurich, 14. 7. 1925, Niedersächsisches Staatsarchiv Aurich, Rep. 16/I, 2456, Bl. 319 ff.
209 Siehe die verschiedenen Versionen des Borkum-Liedes im Anhang.
210 Vorwärts, 2. 7. 1924.
211 Vgl. den Wortlaut des Gedichtes im Anhang.
212 Vgl. Nordseebad Borkum, Führer für das Jahr 1925, hrsg. von der Badedirektion, S. 14.
213 Barkai, »Wehr Dich!«, S. 101 ff.; Arnold Paucker, Der jüdische Abwehrkampf gegen Antisemitismus und Nationalsozialismus in den letzten Jahren der Weimarer Republik, Hamburg 1969.
214 Schreiben Bürgermeister Kieviet an Polizeirat Bannier vom 11. 7. 1922, Niedersächsisches Staatsarchiv Aurich, Rep. 28, 3742.
215 Ebd.
216 Schreiben Regierungspräsident Aurich an den Centralverein deutscher Staatsbürger jüdischen Glaubens vom 9. 10. 1919, Niedersächsisches Staatsarchiv Aurich, Rep. 28, 3742.
217 Schreiben des Oberpräsidenten Hannover an den Regierungspräsidenten in Aurich vom 14. 8. 1922, ebd.
218 Jann Berghaus erzählt, hrsg. von Siever Johanna Meyer-Abich, Aurich 1967, S. 281.
219 Schreiben des stellv. Landrats Dr. Wüllenweber an die Badedirektion Borkum vom 9. 6. 1923, Niedersächsisches Staatsarchiv Aurich, Rep. 28, 3742.
220 Israelitisches Familienblatt, 19. August 1920, S. 3.
221 Deutsches Tageblatt, 5. 7. 1924.

222 Vorwärts, 5.7. 1924.
223 Abschrift des Gerichtsbeschlusses in: Geheimes Preußisches Staatsarchiv Berlin-Dahlem, I. HA, Rep. 84 a, 22035, Bl. 74–76.
224 Vossische Zeitung, 6.7. 1924.
225 Zit. nach: Berliner Zeitung, 17.7. 1924.
226 Schreiben des Oberlandesgerichtspräsidenten Celle an den Preußischen Justizminister vom 5.9. 1924, Geheimes Preußisches Staatsarchiv Berlin-Dahlem, I. HA, Rep. 84 a, 22035, Bl. 55.
227 Schreiben des Landgerichtspräsidenten in Aurich an Amtsgerichtsrat von Steuber vom 29.12. 1925, ebd., Bl. 224 f.
228 Urteilsabschrift in: Niedersächsisches Staatsarchiv Aurich, Rep. 16/I, 2456, Bl. 178 ff.
229 Vossische Zeitung, 15.5. 1925; Wolfgang Heine, Oberverwaltungsgericht und Borkumlied, in: CV-Zeitung, 22.5. 1925, S. 365–367; vgl. auch Erich Eyck, Die Stellung der Rechtspflege zu Juden und Judentum, in: Deutsches Judentum und Rechtskrisis, Berlin 1927, S. 33–66, hier S. 61 f.
230 Das ausgelieferte Borkumlied, in: Vorwärts, 4.11. 1925.
231 Bekanntmachung vom 4.8. 1931, zit. nach: Tönjes Akkermann, Antisemitismus auf Borkum, Borkum 1993, S. 49.
232 Zit. nach: Rede von Hermann Badt (SPD) im Preußischen Landtag vom 6.10. 1924, Sitzungsberichte des Preußischen Landtages, 1. Wahlperiode, 1. Tagung 1921/24, Bd. 17, Sp. 24174.
233 Israelitisches Familienblatt, 1.4. 1926, S. 4.
234 Vgl. Lindemann, »Typisch jüdisch«, S. 185 ff.
235 Ein Exemplar der Streitschrift befindet sich im Niedersächsischen Staatsarchiv Aurich, Rep. 16/I, 2427, Bl. 58 ff.
236 Zit. nach: Der Falsche Priester, S. 7. Vgl. auch Udo Beer, »Der falsche Priester«. Eine Borkumer Kampfschrift aus der Zeit der Weimarer Republik, in: Jahrbuch der Gesellschaft für bildende Kunst und vaterländische Altertümer zu Emden, Bd. 66/1986, S. 152–163.
237 Schreiben des Evangelisch-lutherischen Kirchenamtes Hannover an die Staatsanwaltschaft Aurich vom 10.12. 1925, Niedersächsisches Staatsarchiv Aurich, Rep. 109, C 39, Vol. I, Bl. 32.
238 Zur Person Weils siehe: Barkai, »Wehr Dich!«, S. 159 f.
239 Bruno Weil, Der politische Prozeß, in: Deutsches Judentum und Rechtskrisis, S. 81.
240 Urteilsabschrift, zit. nach: Warum hat Pfarrer Münchmeyer sein Amt niedergelegt?, Niedersächsisches Staatsarchiv Aurich, Rep. 16/I, 2427, Bl. 89–91.
241 Zit. nach: ebd., Bl. 90.
242 Lindemann, »Typisch jüdisch«, S. 208.
243 »Schlagt den Juden tot«. Wieder einmal Borkum, Vorwärts, 7.12. 1926.
244 Interpellation v. Graefe und Genossen vom 28.7. 1924, Geheimes Preußisches Staatsarchiv Berlin-Dahlem, I. HA, Rep. 84 a, 22035, Bl. 28.
245 Preußischer Landtag, 1. Wahlperiode, 1. Tagung 1921/24, Drucksachen, 14. Bd., Drucksache 7916 vom 1.7. 1924, S. 8814 f.
246 Protokoll des Hauptausschusses des Preußischen Landtages vom 4.9. 1924, Geheimes Preußisches Staatsarchiv Berlin-Dahlem, I. HA, Rep. 84 a, 22035, Bl. 82 f.
247 Rede von Hermann Badt (SPD) im Preußischen Landtag vom 6.10. 1924, Sit-

zungsberichte des Preußischen Landtages, 1. Wahlperiode, 1. Tagung 1921/24, Bd. 17, Sp. 24174f.

248 Protokoll des Hauptausschusses des Preußischen Landtages vom 4.9. 1924, Geheimes Preußisches Staatsarchiv Berlin-Dahlem, I. HA, Rep. 84 a, 22035, Bl. 83.

249 Rede von Joseph Heß (Zentrum) im Preußischen Landtag vom 6. 10. 1924, Sitzungsberichte des Preußischen Landtages, 1. Wahlperiode, 1. Tagung 1921/24, Bd. 17, Sp. 24179.

250 Protokoll des Hauptausschusses des Preußischen Landtages vom 4.9. 1924, Geheimes Preußisches Staatsarchiv Berlin-Dahlem, I. HA, Rep. 84 a, 22035, Bl. 83.

251 Zur Tradition des katholischen Antisemitismus siehe u. a. Olaf Blaschke, Katholizismus und Antisemitismus im Deutschen Kaiserreich, Göttingen 1997.

252 Martin Tielke, Judeninsel Norderney, in: Herbert Reyer, ders. (Hrsg.), Frisia Judaica. Beiträge zur Geschichte der Juden in Ostfriesland, Aurich 1991, S. 189–213.

253 50 Jahre Norderneyer Synagoge, in: Israelitisches Familienblatt, 23. 8. 1928.

254 Schwarz-Rot-Gold auf Norderney. Die Insel der politischen Toleranz, in: Ostfriesischer Kurier, 21. 8. 1927.

255 Zit. aus Sonderdruck der Illustrierten Zeitschrift »Europa auf Reisen« (1926), Central Archives for the History of the Jewish People, Jerusalem, Bestand CV, Akte 2351.

256 Ebd., Schreiben Charigs vom 4. 8. 1926.

257 Ebd., Schreiben Julius Hoffmann an den CV in Berlin vom 21. 7. 1924.

258 Exemplar des Flugblatts in ebd.

259 Ebd., Werbeanzeige des Hotels Engehausen.

260 Vgl. den Artikel in der Ostfriesischen Volks-Zeitung vom 15. 6. 1923.

261 Schreiben an den CV in Berlin vom 16. 7. 1924, Central Archives for the History of the Jewish People, Jerusalem, Bestand CV, Akte 2351.

262 Zur Person Alfred Wieners siehe: Barkai, »Wehr Dich!«, S. 162 f.; Ben Barkow, Alfred Wiener and the Making of the Holocaust Library, London 1997.

263 Central Archives for the History of the Jewish People, Jerusalem, Bestand CV, Akte 2351, Bericht vom 2. 9. 1924.

264 Ebd., Werbeanzeigen der »Stahlhelm-Erholungsstätten«.

265 Ebd., Schreiben Charigs vom 5. 5. 1925.

266 Ebd.

267 Schreiben Julius Hoffmann an den CV in Berlin vom 12. 5. 1930, ebd., Akte 2379.

268 Ebd., Ausschnitt der Badezeitung und Anzeiger, Kur- und Fremdenliste für das Nordseebad Norderney, 13. 8. 1932.

269 Berliner Tageblatt, 29. 6. 1929.

270 Central Archives for the History of the Jewish People, Jerusalem, Bestand CV, Akte 2344, Bl. 64, Auszug aus dem Protokoll der Helgoländer Gemeindevertretung vom 3. Juli 1929.

271 Ebd., Bl. 45, Helgoländer Zeitung vom 20. 9. 1929.

272 Ebd., Bl. 21 f. Schreiben Gemeindevorsteher und Badedirektor Lange an den Centralverein deutscher Staatsbürger jüdischen Glaubens vom 20. 6. 1931 und 2. 8. 1932.

273 Israelitische Kinderheilstätte Bad Kissingen, in: Israelitisches Familienblatt, 10. 4. 1931, S. 5.; Hans-Jürgen Beck, Rudolf Walter, Jüdisches Leben in Bad Kissingen, Kissingen 1993, S. 32 ff.

274 Schreiben des CV Bad Kissingen an den CV-Landesverband in München vom 5. 5. 1932, Central Archives for the History of the Jewish People, Jerusalem, Bestand CV, Akte 2354.
275 Ebd., Schreiben des CV Kissingen an Carl Fuchs, Berlin-Halensee, 28. 6. 1924.
276 Ebd., »Kissinger Eindrücke« vom Juli 1924.
277 Ebd., Schreiben Federlein an Dr. Holländer vom 28. 6. 1924.
278 Zur Person Holländers vgl. Barkai, »Wehr Dich!«, S. 157–159.
279 Central Archives for the History of the Jewish People, Jerusalem, Bestand CV, Akte 2354, Kurverein Bad Kissingen e. V. an Dr. Holländer vom 14. 5. 1925.
280 Israelitisches Familienblatt, 29. 4. 1926, S. 3.
281 Reisebrief aus Bad Kissingen, CV-Zeitung, 20. 8. 1926, S. 447.
282 Reichenhall – Harzburg – Kissingen. Kein Betätigungsfeld für Störenfriede, CV-Zeitung, 2. 9. 1927, S. 502.
283 Vermerk betr. Angelegenheit Bad Kissingen vom 8. 4. 1926, Central Archives for the History of the Jewish People, Jerusalem, Bestand CV, Akte 2354.
284 Ebd., Vermerk vom 1. 7. 1931 für »Herrn Dr. Holländer«.
285 Zit. nach ebd.
286 Die Auseinandersetzung um politische Symbole in der Weimarer Republik ist immer noch nicht hinreichend erforscht. Zum Folgenden vgl. u. a. Bernd Buchner, Um nationale und republikanische Identität. Die deutsche Sozialdemokratie und der Kampf um die politischen Symbole in der Weimarer Republik, Bonn 2001; Gotthard Jasper, Der Schutz der Republik. Studien zur staatlichen Sicherung der Demokratie in der Weimarer Republik 1922–1930, Tübingen 1963.
287 Thoma, Sämtliche Beiträge aus dem »Miesbacher Anzeiger«, S. 65.
288 Siehe den Text des »Wangerooger Judenlieds« im Anhang.
289 Vgl. den Text des »Zinnowitzliedes« im Anhang.
290 Der Vorpommer, 16. 7. 1929. Der Vorfall wird durch eine Eintragung in Goebbels' Tagebuch vom 10. 7. 1929 bestätigt: »Gestern abend mit einem Demokraten einen heftigen Flaggenzusammenstoß. Ein …, dem ich heimgeleuchtet habe.« Die Tagebücher von Joseph Goebbels, hrsg. von Elke Fröhlich, Teil I, Aufzeichnungen 1924–1941, Band 1, München u. a. 1987, S. 397.
291 Vgl. Buchner, Um nationale und republikanische Identität.
292 Vorpommersches Landesarchiv Greifswald, Regierung Stralsund, Rep. 65 c, Nr. 37, Schreiben von Dr. Joh. Blum an den Preußischen Innenminister Grzesinski vom 17. 6. 1928.
293 Berliner Tageblatt, 18. 8. 1925, zit. nach Abschrift des Artikels im Niedersächsischen Staatsarchiv Aurich, Rep. 109, C 46, Bl. 7 f.
294 Vgl. Schwarz-weiß-rot an Nord- und Ostsee. Unerfreuliches aus kleinen Bädern, Vorwärts, 6. 8. 1927; Flaggenschändung in Spiekeroog, in: Berliner Tageblatt, 29. 7. 1928.
295 Politik am Badestrand, in: Vorwärts, 9. 8. 1928.
296 Preußischer Minister des Innern an die Regierungspräsidenten Aurich, Schleswig, Stettin, Köslin, Stralsund und Königsberg vom 15. 3. 1926, Niedersächsisches Staatsarchiv Aurich, Rep. 109, A 203, Bl. 10.
297 Vgl. Schreiben des Landrates Bergen auf Rügen an den Regierungspräsidenten Stralsund vom 4. 10. 1928, Vorpommersches Landesarchiv Greifswald, Regierung Stralsund, Rep. 65 c, 37, Bl. 50.
298 Schreiben des Oberlandjägers Ruf an den Landrat zu Bergen/Rügen vom 26. 7. 1928, ebd., Bl. 2.

299 Bericht des Landrates des Kreises Franzburg-Barth an den Regierungspräsidenten in Stralsund vom 16. 10. 1928, ebd., Bl. 55.

300 Vgl. die Schöffengerichtsanklage beim Schöffengericht Aurich vom 20. 9. 1929 gegen die »Ehefrau Dr. Berta Geyer aus Berlin-Grunewald, vermögend, nicht vorbestraft« und die »Ehefrau Maria von Landsberg-Velen, geborene Graf Droste zu Vischering, vermögend, nicht vorbestraft«. Beide hatten auf der Insel Juist dem Stadtrechtsrat Verspohl aus Essen eine schwarz-rot-goldene Fahne vom Fahnenmast seiner Strandburg gestohlen. Wegen Vergehens gegen das Republikschutzgesetz wurden beide zu einer Geldstrafe von 400 RM verurteilt, die das Landgericht Aurich am 20. 5. 1930 auf 800 RM erhöhte. Dieses Urteil hob das Reichsgericht am 27. 10. 1930 auf und wies das Verfahren an das Landgericht zurück, vor dem beide Angeklagten schließlich mit einer Geldstrafe von 50 RM wegen gemeinschaftlicher Sachbeschädigung davonkamen. Niedersächsisches Staatsarchiv Aurich, Rep. 109, C 41, Bl. 14 f.

301 Ebd., Rep. 109, A 203, Schreiben J. Balog an den Oberstaatsanwalt Aurich vom 11. Juni 1926.

302 Zit. nach: Stralsunder Tageblatt, 27. 7. 1928, Schwarz-weiß-rot beherrscht die deutsche Küste.

303 Zit. nach: Schwarz-weiß-rot an Nord- und Ostsee. Unerfreuliches aus kleinen Bädern, Vorwärts, 6. 8. 1927.

304 Rundschreiben des Preuß. Minister des Innern vom 12. 7. 1929, Vorpommersches Landesarchiv Greifswald, Regierung Stralsund, Rep. 65 c, 37, Bl. 81.

305 Bericht des Ministerialrates Dr. Bandmann vom 23. Juli 1929, ebd., Bl. 85 ff.

306 Ebd., Bl. 85c.

307 Die Badefahne der Nordseeinsel Baltrum, in: Ostfriesischer Kurier, 26. 8. 1927.

308 Vorpommersches Landesarchiv Greifswald, Regierung Stralsund, Rep. 65 c, 37, Bl. 102, Schreiben des Regierungspräsidenten Stralsund an das Preußische Innenministerium vom 3. 10. 1929.

309 Der Flaggenstreit und die Bäder, in: Stralsunder Tageblatt, 6. 2. 1929.

310 Vorpommersches Landesarchiv Greifswald, Regierung Stralsund, Rep. 65 c, 37, Bl. 237, Oberpräsident Breslau an den Preußischen Minister des Innern, 5. 7. 1930.

311 Ebd., Bl. 279, Schreiben des Landrates Kreis Franzburg/Barth an den Regierungspräsidenten in Stralsund vom 29. 7. 1931.

312 Ebd., 36, Bl. 54, Aufstellung des Landrates auf Rügen für den Regierungspräsidenten in Stralsund.

313 Ebd., Bl. 88, Bl. 54, Landrat des Kreises Franzburg-Barth an den Regierungspräsidenten in Stralsund vom 22. 8. 1928.

314 Ebd., Bl. 67, Schreiben des Regierungspräsidenten Stralsund an den Oberpräsidenten Stettin vom 14. 1. 1929.

315 Ebd., 37, Bl. 262, In der Nazi-Hochburg Prerow a. Darß (1930).

316 Ebd., Bl. 272, Schreiben Dr. Eugen Gürster/Binz an den Preußischen Innenminister vom 13. 7. 1931.

317 Ebd., Bl. 270, Rundschreiben des Preußischen Ministers des Innern an die Regierungspräsidenten in Königsberg, Marienwerder, Stettin, Köslin, Stralsund, Stade, Aurich vom 17. 6. 1931.

318 Strandbummel an der Ostsee. Eine saisongemäße Betrachtung von Rabbiner Dr. Emil Bernhard-Cohn, Berlin, in: Israelitisches Familienblatt, 14. 7. 1932.

319 Ebd.

320 Ebd.

321 Reisedienst des Centralvereins, in: CV-Zeitung, 9. 6. 1932, S. 247.

322 An die Ostseebesucher 1931, in: CV-Zeitung, 9. 10. 1931, S. 483.

323 Wo Juden unerwünscht – und die Grundgesetze von Anstand und Sitte unbekannt sind!, in: Israelitisches Familienblatt, 10. 7. 1930.

324 Ebd.

325 Brief Restaurant Rademacher, Montabaur, vom 27. 5. 1930.

326 Brief Hotel Royal, Bad Ems, vom 21. 5. 1930.

327 Brief Konditorei und Café J. Ehrhardt, Liebenzell, vom 7. 3. 1930.

328 Brief Haus Beuß, Lautersbach auf Rügen, vom 19. 5. 1930.

329 Brief Restaurant Rademacher, Montabaur, vom 27. 5. 1930.

330 Seeschlößchen, Zinnowitz, Karte vom 18. 6. 1930.

331 Zur Behringmühle, undatierte Karte vom Mai 1930.

332 Brief Konditorei und Café J. Ehrhardt, Liebenzell, vom 7. 3. 1930.

333 Angelika Schindler, Der verbrannte Traum. Jüdische Bürger und Gäste in Baden-Baden, Bühl-Moos 1992, S. 95–98.

334 Ebd., S. 99.

335 Zur Badesaison, in: Israelitisches Familienblatt, 2. 6. 1921.

336 Heinz Caspari, Soll ich – soll ich nicht –?, in: Israelitisches Familienblatt, 1. 8. 1929.

337 Dies zeigt nicht zuletzt die Art und Weise, in der sich deutsche Juden rückblickend an den Bäder-Antisemitismus erinnern. So schreibt beispielsweise Walter Laqueur: »Zwar gab es Ferienorte an Nord- und Ostsee, die bekanntgaben, daß dort jüdische Feriengäste nicht erwünscht seien, aber darum sorgte man sich nicht; es gab genügend schöne Orte im In- und Ausland, wo deutsche Juden willkommen waren.« Zit nach: ders., Geboren in Deutschland. Der Exodus der jüdischen Jugend nach 1933, Berlin 2000, S. 29. Nicht die Tatsache der antisemitischen Orte steht hier im Vordergrund, sondern die »genügende« Zahl von Orten, an denen Juden »willkommen« waren.

338 Brief Zweigs an Victor Fleischer vom 29. 6. 1922, in: Stefan Zweig, Briefe 1920–1931, hrsg. von Knut Beck und Jeffrey B. Berlin, Frankfurt am Main 2000, S. 70 f.

339 Erstes Jahr Hausmann-Heim für jüdische Akademiker, in: Israelitisches Familienblatt, 25. 8. 1932; vgl. auch den Artikel zur Einweihung vom 23. 7. 1931.

340 Siehe die Mitgliederliste des Vereins jüdischer Hotelbesitzer und Restaurateure im Israelitischen Familienblatt, 18. 7. 1929.

341 Jüdische Reisende und jüdische Hotels, in: Israelitisches Familienblatt, 8. 12. 1932.

342 Jüdische Solidarität – auch bei der Erholung!, in: Israelitisches Familienblatt, 2. 7. 1931.

343 Uns fällt auf ... man »trägt« wieder Judentum, in: Israelitisches Familienblatt, 24. 11. 1932.

344 Arno Herzberg, Die Wandlung im deutschen Bürgertum – wo steht das deutsche Judentum?, in: CV-Zeitung, 8. 4. 1932, S. 134.

345 Anordnung des Stabsleiters Martin Bormann beim Stellvertreter des Führers an alle Gauleitungen vom 12. 9. 1933, abgedruckt in: Hans Mommsen/Susanne Willems (Hrsg.), Herrschaftsalltag im Dritten Reich, Düsseldorf 1988, S. 429.

346 Zur Dynamisierung der antijüdischen Politik durch die Städte und Kommunen

siehe u. a. Wolf Gruner, Öffentliche Wohlfahrt und Judenverfolgung. Wechselwirkung lokaler und zentraler Politik im NS-Staat (1933–1942), München 2002; Frank Bajohr, »Arisierung« in Hamburg. Die Verdrängung der jüdischen Unternehmer 1933–1945, 2. Aufl., Hamburg 1998.

347 Dies geht aus einem Schreiben des Rechtsanwalts Walter Poppinga an die Badebetriebsgesellschaft Norderney vom 15. 1. 1935 hervor. Niedersächsisches Staatsarchiv Aurich, Rep. 16/I, 976, Bl. 12.

348 Enno Meyer, Menschen zwischen Weser und Ems 1933–1945, Oldenburg 1986, S. 30.

349 Martin Tielke, Judeninsel Norderney, S. 208.

350 Norderney will »judenfrei« sein, in: CV-Zeitung, 14. 12. 1933.

351 Schreiben des Reichswirtschaftsministers an den Reichsminister des Innern vom 29. 1. 1934, Niedersächsisches Staatsarchiv Aurich, Rep. 16/I, 976, Bl. 2 f.

352 Vgl. die Mitteilung des Regierungspräsidenten Aurich an den Landesverkehrsverband Ostfriesland e. V. vom 12. 12. 1934: »Der Herr Preuß. Minister des Innern hat unter dem 5. Juni d. Js. dahin entschieden, daß der polizeiliche Schutz allen Badebesuchern ohne Unterschied der rassischen Zugehörigkeit in gleicher Weise zu gewähren sei.« Ebd., Bl. 9.

353 Mitteilung der Badebetriebsgesellschaft Norderney in der Reisebeilage der Volksparole, Wuppertaler Zeitung, vom 15. 6. 1934.

354 Beschluß des Landgerichts Aurich, Zivilkammer II vom 17. Juli 1935, Central Archives for the History of the Jewish People, Jerusalem, Bestand CV, Akte 2379, Bl. 6.

355 Nordseebad Norderney an den Regierungspräsidenten Aurich vom 25.3. und 9. 5. 1935, Niedersächsisches Staatsarchiv Aurich, Rep. 16/I, 976, Bl. 25 f.

356 Prospekt Borkum 1935 in: ebd.

357 Nordseebad Norderney an den Regierungspräsidenten Aurich vom 9. 5. 1935, Niedersächsisches Staatsarchiv Aurich, Rep. 16/I, 976, Bl. 25.

358 Bogdan Frankiewicz/Wolfgang Wilhelmus, Selbstachtung wahren und Solidarität üben: Pommerns Juden während des Nationalsozialismus, in: Margret Heitmann/Julius H. Schoeps (Hrsg.), »Halte fern dem ganzen Lande jedes Verderben …« Geschichte und Kultur der Juden in Pommern, Hildesheim, Zürich, New York 1995, S. 453–471, hier S. 458.

359 Zit. nach Die Heimat, Beilage zum »Swinemünder Greif« vom 19. Januar 1934, Central Archives for the History of the Jewish People, Jerusalem, Bestand CV, Akte 2379.

360 Central Archives for the History of the Jewish People, Jerusalem, Bestand CV, Akte 2420, Schreiben des CV-Landesverbands Pommern an die Centrale in Berlin vom 26. 6. 1935, Bl. 98.

361 Ebd., 2421, Bl. 193, Aufstellung über »Schwierigkeiten beim Besuch von Bädern durch Juden« (1936).

362 Ebd.

363 Robert Thévoz/Hans Branig/Cécile Lowenthal-Hensel, Pommern 1934/35 im Spiegel von Gestapo-Lageberichten und Sachakten. Darstellung, Köln und Berlin 1974, S. 186.

364 Kurt Friedrichs, Umkämpftes Helgoland, 3. Aufl., Helgoland 1995, S. 59; Central Archives for the History of the Jewish People, Jerusalem, Bestand CV, Akte 2421, Bl. 195.

365 Brief aus Helgoland, in: Der Stürmer, 13 (August 1935), Nr. 32.

366 Manfred Wedemeyer, »Nichtchristliche Gäste verbeten«. Der Antisemitismus auf Sylt, in: Die Heimat 90 (1983), S. 9–10, hier S. 10; Harald Voigt, Der Sylter Weg ins Dritte Reich, Münsterdorf 1977, S. 107.
367 Central Archives for the History of the Jewish People, Jerusalem, Bestand CV, Akte 2421, Bl. 195, Aufstellung betr. »Vertretungsverbote und sonstige Schwierigkeiten«.
368 Zit. nach Wedemeyer, »Nichtchristliche Gäste verbeten«, S. 10.
369 Central Archives for the History of the Jewish People, Jerusalem, Bestand CV, Akte 2418, Bl. 113, Schreiben der Städtischen Badeverwaltung Westerland an Dr. med. Lindenheim vom 7. 6. 1934.
370 Leo Baeck Institut, Jerusalem, 555/5, Bericht »Zur Lage der Juden in Deutschland, Mai 1936«, Einzelbericht 2: Neue Erschwerungen für jüdische Kinder und Erwachsene in den Bädern, S. 1.
371 Archiv Yad Vashem, Jerusalem, O1/22, K. J. Ball, Was nicht in den Archiven steht (Juni 1945), S. 13.
372 Carola Stern, In den Netzen der Erinnerung. Lebensgeschichten zweier Menschen, Reinbek 1986, S. 118.
373 Walter Poppinga, Rechtsanwalt, an die Badebetriebsgesellschaft Norderney vom 15. 1. 1935, Niedersächsisches Staatsarchiv Aurich, Rep. 16/I, 976, Bl. 12 f.
374 Bericht der Mecklenburgischen Politischen Polizei vom Mai 1935, in: Otto Dov Kulka/Eberhard Jäckel (Hrsg.), Die Juden in den geheimen NS-Stimmungsberichten 1933–1945, CD-ROM-Ausgabe, München 2002, Nr. 859.
375 Zur NS-Gemeinschaft »Kraft durch Freude« siehe u. a. Keitz, Reisen als Leitbild, S. 209 ff.; Bruno Frommann, Reisen im Dienste politischer Zielsetzungen. Arbeiter-Reisen und »Kraft durch Freude«-Fahrten, Diss., Stuttgart 1992; Susanne Appel, Reisen im Nationalsozialismus. Eine rechtshistorische Untersuchung, Baden-Baden 2001; Hasso Spode: »Der deutsche Arbeiter reist«. Massentourismus im Dritten Reich, in: Gerhard Huck (Hrsg.), Sozialgeschichte der Freizeit, 2. Aufl., Wuppertal 1982, S. 281–306.
376 Tielke, Judeninsel Norderney, S. 209.
377 Central Archives for the History of the Jewish People, Jerusalem, Bestand CV, Akte 2420, Schreiben des CV-Landesverbands Pommern an die Centrale in Berlin vom 26. 6. 1935, Bl. 98.
378 Friedrichs, Umkämpftes Helgoland, S. 61 f.
379 Interview mit Kurt Friedrichs, Hamburg, am 25. 8. 2000.
380 Deutschland-Berichte der SOPADE, 5 (1938), S. 771.
381 Zit. nach Schindler, Der verbrannte Traum, S. 106.
382 Ebd., S. 107.
383 Ebd., S. 111.
384 Zit. nach ebd., S. 113.
385 Central Archives for the History of the Jewish People, Jerusalem, Bestand CV, Akte 2421, Schwierigkeiten beim Besuch von Bädern durch Juden, Bl. 193–196.
386 Bericht der Bayerischen Politischen Polizei für Juli 1935 vom 1. 8. 1935, in: Otto Dov Kulka/Eberhard Jäckel (Hrsg.), Stimmungsberichte Nr. 1003.
387 Public Record Office London, F. O. 371, 18862, Bl. 425–427, Bericht des britischen Generalkonsulats München an die britische Botschaft in Berlin vom 8. 8. 1935 betr. Ausweisungen aus Bad Tölz.

388 Bericht der NSDAP-Kreisleitung Bad Tölz vom 7. 1. 1938, in: Otto Dov Kulka/Eberhard Jäckel (Hrsg.), Stimmungsberichte, Nr. Mü 732.

389 Rundschreiben des Kurdirektors Bad Tölz an alle Gast- und größeren Beherbergungsstätten vom 9. 2. 1936, Central Archives for the History of the Jewish People, Jerusalem, Bestand CV, Akte 2421, Bl. 168.

390 Zit. nach Public Record Office London, F. O. 371, 18862, Bl. 427, Bericht des britischen Generalkonsulats München an die britische Botschaft in Berlin vom 8. 8. 1935 betr. Ausweisungen aus Bad Tölz.

391 Bericht der Stapostelle für den Regierungsbezirk Minden für August 1935 vom 4. 9. 1935, in: Otto Dov Kulka/Eberhard Jäckel (Hrsg.), Stimmungsberichte, Nr. 1106.

392 Nordrhein-Westfälisches Staatsarchiv Detmold, M 1 I P, Nr. 670, Bl. 148 f., Zeitungsbericht vom 22. 8. 1935.

393 Ebd., Bl. 139–145, Schreiben des Bürgermeisters Dr. Stossberg an den Leiter der Staatspolizei für den Regierungsbezirk Minden vom 23. 8. 1935, Zitat Bl. 143.

394 Ebd., Bl. 135 ff., Bericht Dr. Stossberg an den Regierungspräsidenten in Minden vom 23. 8. 1935.

395 Bayerisches Hauptstaatsarchiv München, MF 67937, Schreiben des Bayerischen Staatsministeriums des Innern an die Bayerische Staatskanzlei vom 19. 9. 1934.

396 Ebd., Schreiben des Badkommissärs und Bezirksamtsvorstands Dr. Conrath an den Regierungspräsidenten von Unterfranken und Aschaffenburg vom 24. 7. 1935.

397 Beck/Walter, Jüdisches Leben in Kissingen, S. 85.

398 Bayerisches Hauptstaatsarchiv München, MF 67937, Aufstellung des Staatl. Badkommissariats Bad Kissingen betr. Jüdische Kurgäste in Bad Kissingen vom 9. 9. 1936.

399 Ebd.

400 Schreiben des Bayerischen Ministerpräsidenten an den Staatssekretär im Reichs- und Preußischen Ministerium des Innern vom 2. 10. 1936.

401 Ebd., Schreiben Pfundtner an den Bayerischen Ministerpräsidenten vom 30. 8. 1936.

402 Ebd.

403 Ebd., Schreiben des Staatl. Badkommissariats Kissingen an den Präsidenten des Landesfinanzamts Wurzburg vom 27. Januar 1937.

404 Bundesarchiv Berlin, R 58, 276, Bl. 83 f.

405 Zum Folgenden siehe die Haus- und Benutzungsordnung für das staatl. Bad Kissingen (undatiert, 1938), Bayerisches Hauptstaatsarchiv München, MF 67937.

406 Ebd., Schreiben des Bürgermeisters der Stadt Kissingen an Frau Sanitätsrat Apolant vom 20. 12. 1937.

407 Zit. nach: Paul Sauer (Bearb.), Dokumente über die Verfolgung der jüdischen Bürger in Baden-Württemberg durch das nationalsozialistische Regime 1933–1945, II. Teil, Stuttgart 1966, S. 83 f.

408 Ministerialblatt des Reichs- und Preußischen Ministeriums des Innern, 1939, Nr. 25, Sp. 1291–1294.

409 Bayerisches Hauptstaatsarchiv München, MF 67937, Schreiben Stab des Stellvertreter des Führers an den Herrn Reichsminister des Innern vom 31. 5. 1938.

410 Central Archives for the History of the Jewish People, Jerusalem, Bestand CV, Akte 2420, Bl. 8, dort folgende undatierte (1935) Notiz: »In Ergänzung wird

uns mitgeteilt, daß sich die Kurverwaltung auf Grund der heute im dritten Reich herrschenden Ansicht veranlaßt sieht, eine derartige Antwort zu geben, und daß man lieber keine derartigen Anfragen erhält, da die Gaststättenbesitzer gern Juden wie bisher aufnehmen.«

411 Ebd., 2421, Bl. 148, Schreiben Leo Hirschberg an die Industrie- und Handelskammer Berlin vom 6. 8. 1936.

412 Archiv Yad Vashem, Jerusalem, O.2, 10.

413 Central Archives for the History of the Jewish People, Jerusalem, Bestand CV, Akte 2418, Bl. 408, Schreiben Dr. Rosenstock an Albert Wertheim vom 24. 12. 1934.

414 Ebd., 2416, Bl. 99, Zentralstelle für Jüdische Wirtschaftshilfe an den Centralverein vom 27. 2. 1935.

415 Fritz Goldschmidt, Mein Leben in Deutschland vor und nach dem 30. Januar 1933, S. 16, Archiv Yad Vashem, Jerusalem, O.2, 550.

416 Lagebericht der Staatspolizeistelle Stettin für Juli 1935 vom 5. 8. 1935, zit. nach Thévoz/Branig/Lowenthal-Hensel, Pommern 1934/35, Quellen, S. 112.

417 Vgl. Simone Lässig, Nationalsozialistische »Judenpolitik« und jüdische Selbstbehauptung vor dem Novemberpogrom. Das Beispiel der Dresdner Bankiersfamilie Arnhold, in: Rainer Pommerin (Hrsg.), Dresden unterm Hakenkreuz, Köln, Weimar, Wien 1998, S. 129–191.

418 Wedemeyer, Nichtchristliche Gäste, S. 10.

419 Leo Baeck Institut, Jerusalem, 555/5, Bericht »Zur Lage der Juden in Deutschland, Mai 1936«, Einzelbericht 2: Neue Erschwerungen für jüdische Kinder und Erwachsene in den Bädern, S. 2.

420 Central Archives for the History of the Jewish People, Jerusalem, Bestand CV, Akte 2421, Bl. 15–21.

421 Ebd., 2422, Bl. 103, Schreiben Dr. Rosenstock an die CV-Ortsgruppe Krefeld vom 26. 5. 1937.

422 Ebd., 2424, Bl. 40, Schreiben Dr. Rosenstock and den CV-Landesverband Linksrhein vom 4. 8. 1937.

423 Leo Baeck Institut, New York, Erinnerungen Alfred Neumeyer, ME 471, MM 59, S. 230 f.

424 Ebd., S. 234.

425 Ebd., S. 232.

426 Thomas Steensen, Judenverfolgung in Nordfriesland. Spuren in nordfriesischen Zeitungen 1933–1939, in: Nordfriesland 84, Dezember 1988, S. 11–16, hier S. 13.

427 Bericht der Kriminalpolizei Bad Kissingen vom 13. 8. 1935, zit. nach: Kulka/Jäckel (Hrsg.), Stimmungsberichte, Nr. 1148.

428 Dirk Warkus-Thomsen, »Jüdische Kinder gehören in jüdische Heime«. Von einem jüdischen Kinderheim und einer ›Judenaustreibung‹ in Wyk auf Föhr, in: Gerhard Paul/Miriam Gillis-Carlebach (Hrsg.), Menora und Hakenkreuz, Neumünster 1998, S. 387–396, hier S. 394.

429 Frank Bajohr, Parvenüs und Profiteure. Korruption in der NS-Zeit, Frankfurt am Main 2001, S. 114, 219.

430 Vgl. Bericht der Reichsvereinigung der Juden in Deutschland an das Reichsministerium des Innern, Reichssicherheitshauptamt vom 8. 4. 1942 betr. Grundstücke, die sich zur Einrichtung von Erholungsheimen eignen, Bundesarchiv Berlin, R 8150/112/1; Dirk Warkus-Thomsen, Jüdische Kinder, S. 395 f.

431 Vgl. Daniel Jonah Goldhagen, Hitlers willige Vollstrecker. Ganz gewöhnliche Deutsche und der Holocaust, Berlin 1996.
432 Israelitisches Familienblatt, 16.6. 1904, S. 3 f.
433 So Hanns Haas, Der Traum vom Dazugehören – Juden auf Sommerfrische, in: Kriechbaumer (Hrsg.), Geschmack, S. 41–57, hier S. 42, 48.
434 Zum Folgenden siehe Pieter Judson, »Every German visitor has a völkisch obligation he must fulfill«. Nationalist Tourism in the Austrian Empire 1880–1918, in: Rudy Koshar (Hrsg.), Histories of Leisure, Oxford, New York 2002, S. 147–168.
435 Ebd., S. 152.
436 Bruce Pauley, Eine Geschichte des österreichischen Antisemitismus. Von der Ausgrenzung zur Auslöschung, Wien 1993; Albert Lichtblau, Antisemitismus – Rahmenbedingungen und Wirkungen auf das Zusammenleben von Juden und Nichtjuden, in: Emmerich Talos u. a. (Hrsg.), Handbuch des politischen Systems Österreichs. Erste Republik 1918–1933, Wien 1995, S. 454–471.
437 Im deutschen Reich, 12 (1906), S. 334.
438 Ebd., 19 (1913), S. 134.
439 Zit. nach: Günther Fellner, Judenfreundlichkeit, Judenfeindlichkeit. Spielarten in einem Fremdenverkehrsland, in: Kriechbaumer (Hrsg.), Geschmack, S. 59–126, hier S. 74.
440 Antisemitismus in den Bergen, in: CV-Zeitung, 27. 8. 1926, S. 458.
441 Amstädter, Alpinismus, S. 85.
442 Ebd., S. 150.
443 Vgl. Ulrich Herbert, »Generation der Sachlichkeit«. Die völkische Studentenbewegung der frühen zwanziger Jahre in Deutschland, in: Frank Bajohr/Werner Johe/Uwe Lohalm (Hrsg.), Zivilisation und Barbarei. Die widersprüchlichen Potentiale der Moderne. Detlev Peukert zum Gedenken, Hamburg 1991, S. 115–144.
444 Vgl. Lichtblau, Antisemitismus.
445 Zum Folgenden siehe Lichtblau, Sommerfrische.
446 Israelitisches Familienblatt, 21.7. 1921, S. 4; Harald Waitzbauer, Arnold Schönberg ist in Mattsee unerwünscht, in: Kriechbaumer (Hrsg.), Geschmack, S. 153–173.
447 Zit. nach: Waitzbauer, Schönberg, S. 162.
448 CV-Zeitung, 9. 8. 1928.
449 Eine Übersicht über antisemitische Sommerfrischen in Österreich findet sich bei Lichtblau, Sommerfrische, S. 116–124; vgl. auch die Übersicht im Anhang dieses Buches.
450 Die Union deutschösterreichischer Juden gegen die »judenreinen« Sommerfrischen, in: CV-Zeitung, 28. 6. 1929, S. 344.
451 Lichtblau, Sommerfrische, S. 112 f.
452 Zit. nach: Werner Dreier, »Rücksichtslos und mit aller Kraft«. Antisemitismus in Vorarlberg 1880–1945, in: ders. (Hrsg.), Antisemitismus in Vorarlberg. Regionalstudie zur Geschichte einer Weltanschauung, Bregenz 1988, S. 132–249, hier S. 192.
453 Wolfgang Kos/Elke Krasny, Schreibtisch mit Aussicht. Österreichische Schriftsteller auf Sommerfrische, Wien 1995; Brenner, Zwischen Marienbad und Norderney, S. 132 f.
454 Israelitisches Familienblatt, 17. 8. 1922, S. 4.

455 Zit. nach: Das Hakenkreuz in den Alpen, in: Israelitisches Familienblatt, 1.7. 1926.
456 Wiener Allgemeine Zeitung, 4. 6. 1927.
457 Zit. nach: Lichtblau, Sommerfrische, S. 111.
458 Rachel Dipper, »Einmal muß der Mensch ins Bad!« Grüße aus Karlsbad und Marienbad, in: Abgestempelt, S. 194–204.
459 Zit. nach: Im deutschen Reich, 19 (1913), S. 135.
460 Zit. nach: Im deutschen Reich, 22 (1916), S. 266.
461 Vgl. Dipper, »Einmal muß der Mensch ins Bad!«, in: Abgestempelt.
462 Im deutschen Reich, 3 (1897), S. 580.
463 Central Archives for the History of the Jewish People, Jerusalem, Bestand CV, Akte 2353, Dr. Rudolf Roubitschek an den Centralverein vom 16. 5. 1931.
464 Ebd., 2365, Schreiben Hans Schicker an das Israelitische Familienblatt vom 22. 7. 1927.
465 Ebd., Schreiben Dr. Holländer an Dr. Jonas vom 12. 2. 1926.
466 Judenhaß in galizischen Kurorten, in: Israelitisches Familienblatt, 19. 8. 1909, S. 4.
467 Ebd.
468 Vgl. Pogrome in Bukowinaer Kurorten, in: Israelitisches Familienblatt, 18. 8. 1927, S. 2.
469 Israelitisches Familienblatt, 20. 7. 1911.
470 Glückliches Holland, in: Israelitisches Familienblatt, 15. 9. 1927, S. 15.
471 Erlebnisse in Holland, in: Israelitisches Familienblatt, 7. 7. 1927, S. 14.
472 Dr. Heinz Caspari, Londoner Reisebriefe, in: Israelitisches Familienblatt, 8. 9. 1927.
473 Colin Holmes, Anti-Semitism in British Society 1876–1939, London 1979; Tony Kushner, The Persistence of Prejudice. Antisemitism in British Society during the Second World War, Manchester 1989; ders. (Hrsg.), Traditions of Intolerance. Historical Perspectives on Fascism and Race Discourse in Britain, Manchester 1989; Richard Griffiths, Patriotism Perverted. Captain Ramsay, the Right Club and British Anti-Semitism 1939–40, London 1998.
474 Vgl. Richard Holt, Sport and the British. A Modern History, Oxford 1989, S. 133, 351: »Racism thrived tolerably well in meritocratic suburbia where Jews sometimes had to form their own clubs« (S. 351); John Lowerson, Sport and the English Middle Classes 1870–1914, Manchester 1993, S. 22 f.
475 Walton, British Seaside, S. 160.
476 Ebd.
477 Stephen Birmingham, »Our Crowd«. The Great Jewish Families of New York, New York 1962, S. 141–150, Zitat S. 146. Demgegenüber weist Naomi W. Cohen auf zahlreiche weitere veröffentlichte Fälle von gesellschaftlichem Antisemitismus vor der Hilton-Seligman-Affäre hin: Antisemitism in the Gilded Age: The Jewish View, in: Jeffrey S. Gurock (Hrsg.), Anti-Semitism in America, New York 1998, S. 263–286, hier S. 188.
478 Ebd., S. 147; Heywood Broun/George Britt, Christians Only. A Study in Prejudice, New York 1931, S. 249.
479 Zit. nach Jeffrey Gurock, The 1913 New York State Civil Rights Act, AJS Review, 1976, S. 93–120, hier S. 116 (Zitate der Werbeanzeigen aus einem Schreiben von Louis Marshall an Sherman Moreland vom 29. 5. 1907).
480 Alice Hyneman Rhine, Race Prejudice at Summer Resorts, zit. nach: Stefan

Kanfer, A Summer World. The Attempt to Build a Jewish Eden in the Catskills, from the Days of the Ghetto to the Rise and Decline of the Borscht Belt, New York 1989, S. 42.

481 Zu den Anfängen der »Jewish Resorts« in den Catskills vgl. Irving Howe, World of our Fathers, New York 1976, S. 215 ff.

482 Kanfer, Summer World, S. 46.

483 Zit. nach Anti-Defamation League Bulletin No. 3, veröffentlicht in: B'nai B'rith News, November 1914, No. 3, S. 1.

484 Gurock, Civil Rights Act, S. 97.

485 Vgl. David A. Gerber (Hrsg.), Anti-Semitism in American History, Urbana und Chicago 1987, S. 30 f.

486 John Higham, Social Discrimination against Jews in America 1830–1930, in: Gurock (Hrsg.), Anti-Semitism, S. 229–261, Zitat S. 240.

487 B'nai B'rith News, 10 Oct. 1908, S. 5.

488 Zit. nach: Higham, Social Discrimination, S. 240 f.

489 B'nai B'rith News, 10. Oct. 1908, S. 5; Bericht über Abwehrmaßnahmen des »Public Bureau of District No. 6«.

490 Zit. nach: Deborah Dash Moore, B'nai B'rith and the Challenge of Ethnic Leadership, Albany 1981, S. 113.

491 Vgl. Gurock, Civil Rights Act.

492 Paul Hartman, State Laws against Resort Discrimination, in: Nathan C. Belth (Hrsg.), Barriers. Patterns of Discrimination against Jews, New York 1958, S. 40–42.

493 Vgl. Moore, B'nai B'rith, S. 110.

494 Julian Morgenstern, Self-Protection or Self-Assertion? In: B'nai B'rith News, May 1913, S. 4.

495 Milton R. Konvitz/Theodore Leskes, A Century of Civil Rights, New York 1961, S. 170.

496 A. L. Severson, Nationality and Religious Preferences as reflected in Newspaper Advertisements, in: American Journal of Sociology, Vol. XLIV, July 1938–May 1939, S. 540–545.

497 Harold Braverman, Bigotry and Hotels, in: Belth (Hrsg.), Barriers, S. 26.

498 Abraham Lavender/Clarence Steinberg, Jewish Farmers of the Catskills, in: Phil Brown (Hrsg.), In the Catskills. A Century of the Jewish Experience in »The Mountains«, New York 2002, S. 22–38, hier S. 24.

499 Kanfer, Summer World, S. 220 ff.

500 Abraham Cahan, The Rise of David Levinsky, with an Introduction and Notes by Jules Charmetzky, New York 1993, S. 403 ff.

501 Phil Brown, Catskill Culture. A Mountain Rat's Memories of the Great Jewish Resort Area, Philadelphia 1998. Eine detaillierte Übersicht über die Erinnerungsliteratur findet sich auf der Homepage des Catskills Institute: www.brown.edu/Research/Catskills-Institute.

502 Jerry A. Jacobs, Reflections on the Delmar Hotel and the Demise of the Catskills, in: Phil Brown (Hrsg.), In the Catskills, S. 198–213, Zitat S. 208.

503 So hebt die Untersuchung von Severson, Nationality and Religious Preferences, S. 545, ausdrücklich hervor: »We do not have the discrimination in summer resorts against Catholics as we do against Jews.«

504 Zit. nach Braverman, Bigotry and Hotels, in: Belth (Hrsg.), Barriers, S. 27.

505 Ebd., S. 26.

506 Staatlicher Judenschutz in Amerika, in: Deutsch-Soziale Blätter, 3.1. 1914, S.6.
507 Vgl. dazu im Einzelnen die Artikelfolge in der CV-Zeitung: 4.2. 1927, S.58; 18.2. 1927, S.88; 25.3. 1927, S.151; 6.5. 1927, S.255; 8.7. 1927, S.386.
508 Dr. Trude Weiss-Rosmarin, Zum Thema: Antisemitismus in Amerika, in: Israelitisches Familienblatt, 12.11. 1931.
509 Leo Löwenthal, Mitmachen wollte ich nie. Ein autobiographisches Gespräch mit Helmut Dubiel, Frankfurt am Main 1979, S.35.
510 Ebd., S.33.
511 Saul Friedländer, Das Dritte Reich und die Juden, Erster Band, Die Jahre der Verfolgung 1933–1939, München 1998, S.87ff.
512 Gerber (Hrsg.), Anti-Semitism, S.20ff.
513 Postkartentext (um 1900).
514 Entstanden nach 1918, zit. nach einem gedruckten Exemplar im Altonaer Museum, Hamburg.
515 Entstanden nach 1918, zit. nach einem gedruckten Exemplar, ebd.
516 Zit. nach: Niedersächsisches Staatsarchiv Aurich, Rep. 109, C 55, Bl. 66a. Diese Liedversion wurde erstmals am 11.8. 1930 zur Verhöhnung der Weimarer Verfassung gesungen.
517 Gedrucktes Exemplar im Central Archives for the History of the Jewish People, Jerusalem, Bestand CV, Akte 2327.
518 Ebd., Akte 2405.
519 Ebd., Akte 2405.
520 Zit. nach: Tönjes Akkermann, Antisemitismus auf Borkum. Dokumentation, Borkum 1993.

Quellen- und Literaturverzeichnis

Archivalische Quellen

1. Niedersächsisches Staatsarchiv Aurich
Rep. 16/I, 976, 2427, 2456, 2673, 4090
Rep. 28, 3742
Rep. 36, 309, 605
Rep. 109, A 203, C 39, C 41, C 46

2. Bundesarchiv Berlin
R 58, 276
R 8150/112/1

3. Geheimes Preußisches Staatsarchiv, Berlin-Dahlem
I. HA Rep. 84 a, 22035
Stenographische Berichte des Herrenhauses
Sitzungsberichte des Preußischen Landtags

4. Nordrhein-Westfälisches Staatsarchiv Detmold
M 1, I P, 670

5. Vorpommersches Landesarchiv Greifswald
Rep. 65 c, 36, 37
Rep. 66, 1187, 1193

6. Altonaer Museum, Hamburg
Postkartensammlung

7. Leo Baeck Institut, Jerusalem
Bestand 555/5

8. Central Archives for the History of the Jewish People, Jerusalem
CV-Akten 2327, 2334, 2344, 2351, 2353, 2354, 2365, 2379, 2391, 2405, 2414, 2416, 2418, 2420, 2421, 2422, 2424

9. Archiv Yad Vashem, Jerusalem
O 1.22
O 2.10, O. 2.550

10. Public Record Office, London
Foreign Office 371, 18862

11. Bayerisches Hauptstaatsarchiv München
MF 67937

12. Leo Baeck Institut, New York
ME 471, MM 59

Zeitungen und Periodika

Allgemeine Zeitung des Judentums
Balneologische Zeitung
Berliner Zeitung
B'nai B'rith News
CV-Zeitung
Deutsches Tageblatt
Deutsche Zeitung
Deutsch-Soziale Blätter
Die Freiheit (Berlin)
Greifswalder Zeitung
Hamburger Tageblatt
Helgoländer Zeitung
Im deutschen Reich
Israelitisches Familienblatt
Kolberger Bade-Blatt
Monatsschrift für deutsche Beamte
Neue Preußische (Kreuz-)Zeitung
Ostfriesischer Kurier
Stralsunder Tageblatt
Der Stürmer
Der Vorpommer
Vorwärts
Vossische Zeitung
Die Weltbühne
Wiener Allgemeine Zeitung
Wuppertaler Zeitung
Zeitschrift für Balneologie, Klimatologie und Kurort-Hygiene

Literatur

Abgestempelt. Judenfeindliche Postkarten, hrsg. von Helmut Gold und Georg Heuberger, Heidelberg 1999.
Akkermann, Tönjes: Antisemitismus auf Borkum. Dokumentation, Borkum 1993.
Alejchem, Scholem: Marienbad (dt. Übersetzung von Salcia Landmann), München 1972.

Allen, Ann Taylor: Satire and Society in Wilhelmine Germany. Kladderadatsch & Simplicissimus 1890–1914, Lexington 1984.
Amstädter, Rainer: Der Alpinismus. Kultur, Organisation, Politik, Wien 1996.
Appel, Susanne: Reisen im Nationalsozialismus. Eine rechtshistorische Untersuchung, Baden-Baden 2001.
Bajohr, Frank: »Arisierung« in Hamburg. Die Verdrängung der jüdischen Unternehmer 1933–1945, 2. Aufl., Hamburg 1998.
ders.: Parvenüs und Profiteure. Korruption in der NS-Zeit, Frankfurt am Main 2001.
Barkai, Avraham: »Wehr Dich!« Der Centralverein deutscher Staatsbürger jüdischen Glaubens (C. V.) 1893–1938, München 2002.
Barkow, Ben: Alfred Wiener and the Making of the Holocaust Library, London 1997.
Bausinger, Hermann/Beyrer, Klaus/Korff, Gottfried (Hrsg.): Reisekultur. Von der Pilgerfahrt zum modernen Tourismus, 2. Aufl., München 1999.
Beck, Hans-Jürgen/Walter, Rudolf: Jüdisches Leben in Bad Kissingen, Bad Kissingen 1993.
Beer, Udo: »Der falsche Priester«. Eine Borkumer Kampfschrift aus der Zeit der Weimarer Republik, in: Jahrbuch der Gesellschaft für bildende Kunst und vaterländische Altertümer zu Emden, Bd. 66/1986, S. 152–163.
Belth, Nathan C. (Hrsg.): Barriers. Patterns of Discrimination against Jews, New York 1958.
Berding, Helmut: Moderner Antisemitismus in Deutschland, Frankfurt am Main 1988.
Biehn, Heinz/Baronin Herzogenberg, Johanna: Große Welt reist ins Bad, München 1960.
Birmingham, Stephen: »Our Crowd«. The Great Jewish Families of New York, New York 1962.
Blaschke, Olaf: Katholizismus und Antisemitismus im Deutschen Kaiserreich, Göttingen 1997.
Borut, Jacob: Antisemitism in Tourist Facilities in Weimar Germany, Yad Vashem Studies, Vol. XXVIII, Jerusalem 2000, S. 7–50.
Bourdieu, Pierre: Die verborgenen Mechanismen der Macht. Schriften zu Politik und Kultur 1, Hamburg 1997.
Brenner, Michael: Zwischen Marienbad und Norderney: Der Kurort als »Jewish Space«, in: Jüdischer Almanach, Frankfurt am Main 2001, S. 119–139.
Broun, Heywood/Britt, George: Christians Only. A Study in Prejudice, New York 1931.
Brown, Phil: Catskill Culture. A Mountain Rat's Memories of the Great Jewish Resort Area, Philadelphia 1998.
ders. (Hrsg.): In the Catskills. A Century of the Jewish Experience in »The Mountains«, New York 2002.
Buchner, Bernd: Um nationale und republikanische Identität. Die deutsche Sozialdemokratie und der Kampf um die politischen Symbole in der Weimarer Republik, Bonn 2001.
Cahan, Abraham: The Rise of David Levinsky, with an Introduction and Notes by Jules Charmetzky, New York 1993.
Cassirer, Toni: Aus meinem Leben mit Ernst Cassirer, New York 1950.
Deutsch-jüdische Geschichte der Neuzeit, hrsg. von Michael Meyer, Bd. III, Umstrittene Integration 1871–1918, Bd. IV, Aufbruch und Zerstörung 1918–1945, München 1997.

Deutsches Judentum und Rechtskrisis, Berlin 1927.
Deutsches Ostseebad Zinnowitz auf Usedom, 1926, hrsg. von der Badedirektion Zinnowitz.
Dreier, Werner (Hrsg.): Antisemitismus in Vorarlberg. Regionalstudie zur Geschichte einer Weltanschauung, Bregenz 1988.
Ebhardt, Franz: Der gute Ton in allen Lebenslagen. Ein Handbuch für den Verkehr in der Familie, in der Gesellschaft und im öffentlichen Leben, 3. Aufl., Berlin 1878.
Fleischer, Michael: »Kommen Sie, Cohn.« Fontane und die Judenfrage, Berlin 1998.
Friedländer, Saul: Das Dritte Reich und die Juden, Erster Band, Die Jahre der Verfolgung 1933–1939, München 1998.
Friedrichs, Kurt: Umkämpftes Helgoland, 3. Aufl., Helgoland 1995.
Fröhlich, Elke (Hrsg.): Die Tagebücher von Joseph Goebbels. Teil I, Aufzeichnungen 1924–1941, Band 1, München u. a. 1987.
Frommann, Bruno: Reisen im Dienste politischer Zielsetzungen. Arbeiter-Reisen und »Kraft durch Freude«-Fahrten, Diss., Stuttgart 1992.
Gerber, David A. (Hrsg.): Anti-Semitism in American History, Urbana und Chicago 1987.
Goldhagen, Daniel Jonah: Hitlers willige Vollstrecker. Ganz gewöhnliche Deutsche und der Holocaust, Berlin 1996.
Griffiths, Richard: Patriotism Perverted. Captain Ramsay, the Right Club and British Anti-Semitism 1939–40, London 1998.
Gruner, Wolf: Öffentliche Wohlfahrt und Judenverfolgung. Wechselwirkung lokaler und zentraler Politik im NS-Staat (1933–1942), München 2002.
Gurock, Jeffrey S. (Hrsg.): Anti-Semitism in America, New York 1998.
ders.: The 1913 New York State Civil Rights Act, AJS Review, 1976, S. 93–120.
Heitmann, Margret/Schoeps, Julius H. (Hrsg.): »Halte fern dem ganzen Lande jedes Verderben ...« Geschichte und Kultur der Juden in Pommern, Hildesheim, Zürich, New York 1995.
Herbert, Ulrich: »Generation der Sachlichkeit«. Die völkische Studentenbewegung der frühen zwanziger Jahre in Deutschland, in: Frank Bajohr/Werner Johe/Uwe Lohalm (Hrsg.), Zivilisation und Barbarei. Die widersprüchlichen Potentiale der Moderne. Detlev Peukert zum Gedenken, Hamburg 1991, S. 115–144.
Higham, John: Send These to Me. Immigrants in Urban America, New York 1975.
Holmes, Colin: Anti-Semitism in British Society 1876–1939, London 1979.
Holt, Richard: Sport and the British. A Modern History, Oxford 1989.
Howe, Irving: World of our Fathers, New York 1976.
Huismann, B.: Die Nordseeinsel Borkum einst und jetzt, Borkum 1897.
Jasper, Gotthard: Der Schutz der Republik. Studien zur staatlichen Sicherung der Demokratie in der Weimarer Republik 1922–1930, Tübingen 1963.
Jochmann, Werner: Gesellschaftskrise und Judenfeindschaft in Deutschland 1870–1945, Hamburg 1988.
Judson, Pieter: »Every German visitor has a völkisch obligation he must fulfill«. Nationalist Tourism in the Austrian Empire 1880–1918, in: Rudy Koshar (Hrsg.), Histories of Leisure, Oxford, New York 2002, S. 147–168.
Kanfer, Stefan: A Summer World. The Attempt to Build a Jewish Eden in the Catskills, from the Days of the Ghetto to the Rise and Decline of the Borscht Belt, New York 1989.
Kaplan, Marion A.: Jüdisches Bürgertum. Frau, Familie und Identität im Kaiserreich, Hamburg 1997.

Katz, Jacob: Vom Vorurteil bis zur Vernichtung. Der Antisemitismus 1700–1933, München 1989.

Kauders, Anthony: German Politics and the Jews, Düsseldorf and Nuremberg 1910–1933, Oxford 1996.

Keitz, Christine: Reisen als Leitbild. Die Entstehung des modernen Massentourismus in Deutschland, München 1997.

Klemperer, Victor: Leben sammeln, nicht fragen wozu und warum, Tagebücher 1925–1932, Berlin 1996.

Konvitz, Milton R./Leskes, Theodore: A Century of Civil Rights, New York 1961.

Kos, Wolfgang/Elke Krasny: Schreibtisch mit Aussicht. Österreichische Schriftsteller auf Sommerfrische, Wien 1995.

Kriechbaumer, Robert (Hrsg.): Der Geschmack der Vergänglichkeit. Jüdische Sommerfrische in Salzburg, Wien 2002.

Kulka, Otto Dov/Jäckel, Eberhard (Hrsg.): Die Juden in den geheimen NS-Stimmungsberichten 1933–1945, CD-ROM-Ausgabe, München 2002.

Kushner, Tony (Hrsg.): Traditions of Intolerance. Historical Perspectives on Fascism and Race Discourse in Britain, Manchester 1989.

Laqueur, Walter: Geboren in Deutschland. Der Exodus der jüdischen Jugend nach 1933, Berlin 2000.

Lässig, Simone: Nationalsozialistische »Judenpolitik« und jüdische Selbstbehauptung vor dem Novemberpogrom. Das Beispiel der Dresdner Bankiersfamilie Arnhold, in: Rainer Pommerin (Hrsg.), Dresden unterm Hakenkreuz, Köln, Weimar, Wien 1998, S. 129–191.

Lichtblau, Albert: Antisemitismus – Rahmenbedingungen und Wirkungen auf das Zusammenleben von Juden und Nichtjuden, in: Emmerich Talos u. a. (Hrsg.), Handbuch des politischen Systems Österreichs. Erste Republik 1918–1933, Wien 1995, S. 454–471.

ders.: Die Chiffre Sommerfrische als Erinnerungstopos. Der retrospektiv-lebensgeschichtliche Blick, in: Sabine Hödl/Eleonore Lappin (Hrsg.), Erinnerung als Gegenwart. Jüdische Gedenkkulturen, Berlin 2000, S. 89–128.

Lindemann, Gerhard: »Typisch jüdisch«. Die Stellung der Ev.-luth. Landeskirche Hannovers zu Antijudaismus, Judenfeindschaft und Antisemitismus, Berlin 1998.

Lohalm, Uwe: Völkischer Radikalismus. Die Geschichte des Deutschvölkischen Schutz- und Trutz-Bundes 1919–1923, Hamburg 1970.

Löwenthal, Leo: Mitmachen wollte ich nie. Ein autobiographisches Gespräch mit Helmut Dubiel, Frankfurt am Main 1979.

Lowerson, John: Sport and the English Middle Classes 1870–1914, Manchester 1993.

Mackaman, Douglas Peter: Leisure Settings. Bourgeois Culture, Medicine and the Spa in Modern France, Chicago 1998.

Marschner, Oswald: Takt und Ton. Plaudereien über den feinen Takt und den guten Ton im geselligen Verkehr, Leipzig 1901.

Maurer, Trude: Ostjuden in Deutschland 1918–1933, Hamburg 1986.

Meyer, Enno: Menschen zwischen Weser und Ems 1933–1945, Oldenburg 1986.

Meyer-Abich, Siever Johanna (Hrsg.): Jann Berghaus erzählt, Aurich 1967.

Mommsen, Hans/Willems, Susanne (Hrsg.): Herrschaftsalltag im Dritten Reich, Düsseldorf 1988.

Moore, Deborah Dash: B'nai B'rith and the Challenge of Ethnic Leadership, Albany 1981.

Mosse, Werner E./Paucker, Arnold (Hrsg.): Juden im Wilhelminischen Deutschland 1890–1914, Tübingen 1976.
Münchmeyer, Ludwig: Borkum, die deutsche Insel, Borkum 1923.
ders.: Der Sieg in der Sache des Borkum-Liedes, Borkum 1924.
ders.: Kampf um deutsches Erwachen, Dortmund 1934.
ders.: Meine Antwort an den C. V., zugleich eine Antwort auf die Fragen: Wann ruft der Jude »Alarm«? und Was versteht der Jude unter »Wahrheiten«, München 1930.
Newig, Jürgen: Die Entwicklung von Fremdenverkehr und Freizeitwohnwesen in ihren Auswirkungen auf Bad und Stadt Westerland auf Sylt, Kiel 1974.
Nordseebad Borkum, Führer für das Jahr 1925, hrsg. von der Badedirektion.
Oestreich, Hans: Der Fremdenverkehr der Insel Sylt, Bredstedt 1976.
Ostseebad Zinnowitz auf Usedom, Badeführer 1912, hrsg. von der Badedirektion.
Paucker, Arnold: Der jüdische Abwehrkampf gegen Antisemitismus und Nationalsozialismus in den letzten Jahren der Weimarer Republik, Hamburg 1969.
Pauley, Bruce: Eine Geschichte des österreichischen Antisemitismus. Von der Ausgrenzung zur Auslöschung, Wien 1993.
Peukert, Detlev J. K.: Die Weimarer Republik. Krisenjahre der klassischen Moderne, Frankfurt am Main 1987.
Pingel, Fiete/Steensen, Thomas: »Es gab einmal jüdisches Leben in Nordfriesland.« Jüdisches Leben und Antisemitismus in Friedrichstadt und im übrigen Nordfriesland, in: Paul, Gerhard/Gillis-Carlebach, Miriam (Hrsg.), Menora und Hakenkreuz, Neumünster 1998, S. 297–315.
Rahden, Till van: Ideologie und Gewalt. Neuerscheinungen über den Antisemitismus in der deutschen Geschichte des 19. und frühen 20. Jahrhunderts, Neue Politische Literatur, 41 (1996), S. 11–29.
ders.: Words and Actions: Rethinking the Social History of German Antisemitism, Breslau 1870–1914, German History, 18 (2000), S. 413–438.
Reyer, Herbert/Tielke, Martin (Hrsg.): Frisia Judaica. Beiträge zur Geschichte der Juden in Ostfriesland, Aurich 1991.
Richarz, Monika: Jüdisches Leben in Deutschland. Selbstzeugnisse zur Sozialgeschichte im Kaiserreich, Stuttgart 1979.
Rösch, Gertrud M. (Hrsg.): Simplicissimus. Glanz und Elend der Satire in Deutschland, Regensburg 1996.
Rompel, Dr.: Der Fremdenverkehr der bedeutenderen deutschen Badeorte, Zeitschrift für Balneologie, Klimatologie und Kurort-Hygiene, 6 (1913), S. 391–399.
Sauer, Paul (Bearb.): Dokumente über die Verfolgung der jüdischen Bürger in Baden-Württemberg durch das nationalsozialistische Regime 1933–1945, II. Teil, Stuttgart 1966.
Schindler, Angelika: Der verbrannte Traum. Jüdische Bürger und Gäste in Baden-Baden, Bühl-Moos 1992.
Schulte, Christoph: Psychopathologie des Fin de siècle. Der Kulturkritiker, Arzt und Zionist Max Nordau, Frankfurt am Main 1997.
Severson, A. L.: Nationality and Religious Preferences as reflected in Newspaper Advertisements, American Journal of Sociology, Vol. XLIV, July 1938-May 1939, S. 540–545.
Siedler, Wolf Jobst: Ein Leben wird besichtigt. In der Welt der Eltern, Berlin 2000.
Sommer, Hermann: Zur Kur nach Ems. Ein Beitrag zur Geschichte der Badereise von 1830 bis 1914, Stuttgart 1999.

Spode, Hasso: »Der deutsche Arbeiter reist«. Massentourismus im Dritten Reich, in: Gerhard Huck (Hrsg.), Sozialgeschichte der Freizeit, 2. Aufl., Wuppertal 1982, S. 281–306.

ders.: Der Tourist, in: Frevert, Ute/Haupt, Gerhard (Hrsg.), Der Mensch des 20. Jahrhunderts, Frankfurt, New York 1999, S. 113–137.

ders. (Hrsg.): Goldstrand und Teutonengrill. Kultur- und Sozialgeschichte des Tourismus in Deutschland 1945–1989, Berlin 1996.

ders.: Zur Geschichte des Tourismus. Eine Skizze der Entwicklung der touristischen Reise in die Moderne, Starnberg 1987.

ders., Oliver Kersten: Fremdenverkehr vor dem Zweiten Weltkrieg, in: Institut für Länderkunde, Leipzig (Hrsg.), Nationalatlas Bundesrepublik Deutschland, Bd. 10: Freizeit und Tourismus, Berlin 2002, S. 20 ff.

Steensen, Thomas: Judenverfolgung in Nordfriesland. Spuren in nordfriesischen Zeitungen 1933–1939, in: Nordfriesland 84, Dezember 1988, S. 11–16.

Stern, Carola: In den Netzen der Erinnerung. Lebensgeschichten zweier Menschen, Reinbek 1986.

Thévoz, Robert/Branig, Hans/Lowenthal-Hensel, Cécile: Pommern 1934/35 im Spiegel von Gestapo-Lageberichten und Sachakten, Darstellung, Köln und Berlin 1974.

Thoma, Ludwig: Altaich. Eine heitere Sommergeschichte, München 1992 (Erstausgabe 1917).

ders.: Sämtliche Beiträge aus dem »Miesbacher Anzeiger« 1920/21, kritisch ediert und kommentiert von Wilhelm Volkert, 2. Aufl., München, Zürich 1990.

Voigt, Harald: Der Sylter Weg ins Dritte Reich, Münsterdorf 1977.

Volkov, Shulamit: Jüdisches Leben und Antisemitismus im 19. und 20. Jahrhundert, München 1990.

Walter, Dirk: Antisemitische Kriminalität und Gewalt. Judenfeindschaft in der Weimarer Republik, Bonn 1999.

Walton, John K.: The British Seaside. Holidays and Resorts in the Twentieth Century, Manchester 2000.

Warkus-Thomsen, Dirk: »Jüdische Kinder gehören in jüdische Heime«. Von einem jüdischen Kinderheim und einer ›Judenaustreibung‹ in Wyk auf Föhr, in: Gerhard Paul, Miriam Gillis-Carlebach (Hrsg.), Menora und Hakenkreuz, Neumünster 1998, S. 387–396.

Wawerzinek, Peter: Sperrzone reines Deutschland. Szenen einer Sommerreise, Berlin 2001.

Wedemeyer, Manfred: »Nichtchristliche Gäste verbeten«. Der Antisemitismus auf Sylt, in: Die Heimat 90 (1983), S. 9–10.

Wertheimer, Jack: Unwelcome Strangers. East European Jews in Imperial Germany, New York, Oxford 1987.

Wildt, Michael: »Der muß hinaus! Der muß hinaus!« Antisemitismus in deutschen Nord- und Ostseebädern 1920–1935, Mittelweg 36, 10, Heft 4 (2001), S. 2–25.

Zweig, Stefan: Briefe 1920–1931, hrsg. von Knut Beck und Jeffrey B. Berlin, Frankfurt am Main 2000.

Abbildungsnachweis

1. Bildarchiv Foto Marburg, FMBC 21531–09
2. Richard Schmidt, O diese Juden! Humoristische Satyren aus dem Volke Israel, Berlin 1905, S. 33 f.
3. Bildarchiv Foto Marburg, FMBC 21566–07
4. Altonaer Museum in Hamburg – Norddeutsches Landesmuseum, 1967–678–22 218
5. Altonaer Museum in Hamburg – Norddeutsches Landesmuseum, 1980–503–198
6. und **7.** Vorpommersches Landesarchiv Greifswald, Rep. 65 c, Nr. 37, Bl. 266
8. Vorpommersches Landesarchiv Greifswald, Rep. 65 c, Nr. 37, Bl. 2
9. Stadtarchiv Norderney, Bestand 10, Foto aus dem General-Anzeiger (Dortmund) vom 24. 10. 1933
10. Stadtarchiv Norderney, Bestand 10, Postkarte

Abkürzungen

ADL	Anti-Defamation League
CV	Centralverein deutscher Staatsbürger jüdischen Glaubens
DDP	Deutsche Demokratische Partei
DNVP	Deutschnationale Volkspartei
DÖAV	Deutsch-Österreichischer Alpenverein
DVP	Deutsche Volkspartei
GmbH	Gesellschaft mit beschränkter Haftung
KdF	Kraft durch Freude
NS	Nationalsozialismus, nationalsozialistisch
NSDAP	Nationalsozialistische Deutsche Arbeiterpartei
Opf.	Oberpfalz
RM	Reichsmark
SA	Sturmabteilungen der NSDAP
SPD	Sozialdemokratische Partei Deutschlands
USA	United States of America
USPD	Unabhängige Sozialdemokratische Partei Deutschlands

Ortsregister

Die in den Verzeichnissen antisemitischer Orte aufgeführten Ortsnamen sind im Ortsregister nicht enthalten

Personenregister

Götz Aly

Macht Geist Wahn

Kontinuitäten deutschen Denkens

Band 13991

»Götz Aly ist ein brillanter und verdienstvoller Historiker der deutschen Schandjahre zwischen 1933 und 1945. Seine Maxime (...) ›Wer sucht, der findet‹ ist nicht akademisch, sondern bissig-investigativ; und er kann schreiben und Emotionen wecken. Deswegen greift man mit Interesse zu seinem Band, den der sorgfältig recherchierende Polemiker gerade vorgelegt hat. Man wird nicht enttäuscht.«

Die Woche

»Als Journalist und Historiker zerstört Aly manche liebgewonnene Legende. Besonders delikat sind seine Funde in der Abteilung ›Ostforschung‹ er deutschen Historikerzunft. (...) Wir dürfen von dem Historiker Aly sicher auch weiterhin Aufsehenerregendes erwarten.«

Süddeutsche Zeitung

Fischer Taschenbuch Verlag

fi 13991 / 1

Robert Antelme
Das Menschengeschlecht
Aus dem Französischen von Eugen Helmlé
Band 14875

Ein einzigartiges Zeugnis, das in der französischen Literatur als Standardwerk über die Lager, die Deportation und die systematische Menschenvernichtung gilt. Robert Antelme, ein Gefährte von Maguerite Duras, berichtet über Leben und Sterben im deutschen Konzentrationslager. Sein Retter war der junge François Mitterand, der spätere französische Staatspräsident.

»Der Text verweigert jene Betroffenheit, die
beim Leser die Illusion des Mitleidens und damit
ein gutes Gewissen zu erzeugen vermag,
letztlich aber bloß eine Form der Abwehr ist.«
Jochen Hieber, Frankfurter Allgemeine Zeitung

»Eine Pflichtlektüre.«
Rainer Stephan, Süddeutsche Zeitung

Matthias Arning

Späte Abrechnung

Über Zwangsarbeiter, Schlußstriche und Berliner Verständigungen

Band 15018

Die Auseinandersetzung um die Entschädigung von Zwangsarbeitern hat das wiedervereinigte Deutschland nachhaltig erschüttert. Matthias Arning, der die Debatte als Journalist intensiv verfolgt hat, untersucht die Materie in ihrer historischen wie politischen Dimension. Er fragt nach Opfern und Tätern in der NS-Kriegswirtschaft, rekonstruiert die Verhandlungen zwischen Politik, Wirtschaft und Anwälten und stellt die Entschädigungsdiskussion in den großen Kontext öffentlichen Erinnerns in der Bundesrepublik.

Willem de Vries

Kunstraub im Westen

1940-1945

Alfred Rosenberg und der »Sonderstab Musik«

Band 14768

In seinem aufsehenerregenden Buch beschreibt Willem de Vries minutiös, wie die Männer des berüchtigten »Einsatzstabes Alfred Rosenberg« zusammen mit eifrigen deutschen Musikwissenschaftlern in den besetzten Ländern auf Raubzug gingen. Ihre Beute: Originalpartituren, ganze Musikbibliotheken, wertvolle Instrumente.

»Dieses Buch leistet unschätzbare Arbeit,
und seine Redlichkeit zeichnet sich auch in einem Stil ab,
der den Leser mitreißt. Daß die schändliche Tätigkeit
nach 55 Jahren doch noch aufgedeckt wurde,
spendet nur einen kleinen Trost angesichts der Menge
an Niedertracht, die sich hier offenbart.«
Opernwelt

Fischer Taschenbuch Verlag

fi 14768 / 1

Ernest Koenig

Im Vorhof der Vernichtung

Als Zwangsarbeiter in den Außenlagern von Auschwitz

Herausgegeben und mit einem Nachwort versehen

von Gioia-Olivia Karnagel

Band 14771

Wer sich dem Unrecht des NS-Systems nicht allein durch wissenschaftliche Analyse annähern will, sondern nach authentischen biographischen Zeugnissen sucht, dem sei dieser Bericht eines jüdischen Zwangsarbeiters empfohlen. Als Student in Paris meldete er sich 1939 als Freiwilliger, um mit der französischen Armee gegen Hitler zu kämpfen. Er wurde jedoch bald interniert und 1942 in den Osten deportiert. Es folgen Jahre als Zwangsarbeiter bei namhaften deutschen Firmen, die in Auschwitz billige Arbeitskräfte rekrutierten. Über die beiden hier beschriebenen Außenlager »Laurahütte« und »Blechhammer« ist nur wenig bekannt. In Blechhammer wurde die größte Anlage zur Gewinnung von Treibstoff aus Kohle gebaut, die zu den damals kriegswichtigen »Oberschlesischen Hydrierwerken« gehörte.

Nur durch Zufall konnte der Autor seiner physischen Vernichtung entgehen und wurde schließlich 1945 befreit.

Fischer Taschenbuch Verlag

fi 14771 / 1

Ernst Klee

Auschwitz, die NS-Medizin und ihre Opfer

Band 14906

»Die Machthaber des Dritten Reiches boten
Medizinern etwas unerhört Verlockendes,
in der Welt bis dahin Einmaliges:
Statt Meerschweinchen, Laborratten
und Versuchskaninchen konnten sie Menschen
massenhaft zu Versuchszwecken benutzen.«
Ernst Klee

Für dieses Buch,
das auf Platz 1 der Sachbuch-Bestenliste
stand, erhielt Ernst Klee den
Geschwister-Scholl-Preis.

Fischer Taschenbuch Verlag

fi 14906 / 1

Untertan in Uniform
Militär und Militarismus im Kaiserreich 1871-1914
Quellen und Dokumente
Herausgegeben von Bernd Ulrich,
Jakob Vogel und Benjamin Ziemann

Band 14903

Die Pickelhaube, vor der Zivilisten ehrfurchtsvoll erstarren, der schnarrende adlige Leutnant mit Monokel, hurrapatriotische Reservisten auf der Sedan-Feier – wenn es um die Rolle von Militär und Militarismus im deutschen Kaiserreich geht, können solche Stereotype den Zugang zur geschichtlichen Wirklichkeit eher verstellen als fördern.

Die kommentierten Dokumente dieses Bandes zeigen die zahlreichen Auswirkungen, die das Militär tatsächlich auf Lebenswelten und Politik hatte, und tragen dazu bei, ein anschauliches wie differenziertes Bild jener Epoche zu gewinnen.

Fischer Taschenbuch Verlag

fi 14903 / 1